J.B.METZLER

1682

Handbuch Promotion

Forschung – Förderung – Finanzierung

Herausgegeben von
Ansgar Nünning und Roy Sommer

Verlag J. B. Metzler Stuttgart · Weimar

Die Herausgeber

Ansgar Nünning (geb. 1959) ist Professor für Englische und Amerikanische Literatur- und Kulturwissenschaft an der Justus-Liebig-Universität Gießen und Gründungsdirektor des »Gießener Graduiertenzentrums Kulturwissenschaften« (GGK) sowie des im Rahmen der Exzellenzinitiative geförderten »International Graduate Centre for the Study of Culture« (GCSC).

Roy Sommer (geb. 1969), ehemaliger Geschäftsführer des »Gießener Graduiertenzentrums Kulturwissenschaften« (GGK) an der Justus-Liebig-Universität Gießen, ist seit dem Wintersemester 2005/06 Professor für Anglistische Literatur-, Kultur- und Medienwissenschaft und Gründungsbeauftragter des »Zentrums für Graduiertenstudien« (ZGS) an der Bergischen Universität Wuppertal.

Bibliografische Information der Deutschen Nationalbibliothek
Die Deutsche Nationalbibliothek verzeichnet diese Publikation in der Deutschen Nationalbibliografie; detaillierte bibliografische Daten sind im Internet über <http://dnb.d-nb.de> abrufbar.

Gedruckt auf säure- und chlorfreiem, alterungsbeständigem Papier

ISBN: 978-3-476-02011-6

© 2007 J. B. Metzler'sche Verlagsbuchhandlung
und Carl Ernst Poeschel Verlag GmbH in Stuttgart
www.metzlerverlag.de
info@metzlerverlag.de

Einbandgestaltung: Willy Löffelhardt
Satz: Dörr + Schiller GmbH, Stuttgart
Druck und Bindung: Ebner & Spiegel GmbH, Ulm
Printed in Germany
September 2007

Verlag J. B. Metzler Stuttgart · Weimar

Inhalt

Einleitung:
Promovieren mit System und Perspektive

Wer heute eine Promotion in Angriff nimmt, beginnt seine wissenschaftliche Karriere in einer Zeit grundlegender Reformen der Doktorandenausbildung. Wie der aktuelle Überblick über innovative Maßnahmen im Anhang dieses Bandes zeigt (s. Kap. VII.1), sind die deutschen Universitäten aus ihrem Dornröschenschlaf erwacht: Promovierende werden zunehmend als eine attraktive Zielgruppe wahrgenommen, deren Arbeit den Erfolg einer Universität als Forschungsstandort wesentlich mitbestimmt. Die Exzellenzinitiative hat mit der Förderlinie ›Graduiertenschulen‹ nachdrücklich auf die Bedeutung optimaler Promotionsbedingungen hingewiesen. Mit der Einrichtung von Graduiertenzentren, der Unterstützung von Doktorandeninitiativen oder der Einwerbung von DFG-Graduiertenkollegs tragen die Universitäten dazu bei, das Projekt Promotion für den wissenschaftlichen Nachwuchs transparenter, kalkulierbarer und planbarer zu gestalten.

Die Ziele und Maßnahmen, die mit der Neustrukturierung der Doktorandenausbildung verbunden werden, lassen sich konkret benennen. Angestrebt werden u. a. die Senkung der durchschnittlichen Promotionsdauer durch verbesserte Betreuungsstrukturen und die frühzeitige Professionalisierung des wissenschaftlichen Nachwuchses durch die gezielte Vermittlung von wissenschaftlichen Kompetenzen und Schlüsselqualifikationen. Die übergeordneten Ziele sind im Titel dieser Einleitung programmatisch formuliert: Die Reformen sollen das **Promovieren mit System und Perspektive** ermöglichen. Systematisch promovieren heißt, in transparenten Kontexten mit verbindlichen Absprachen zwischen allen Beteiligten ergebnisorientiert und effizient zu arbeiten; daraus ergeben sich klare Perspektiven für die Planung und Durchführung des Forschungsprojekts, das Anfertigen der Dissertation und die eigene Karriereplanung.

Der Reformprozess im Bereich Nachwuchsförderung ist an den deutschen Universitäten unterschiedlich weit vorangeschritten. Erste Eindrücke über den gegenwärtigen Stand vermittelt die Übersicht in Kapitel VII.1. In der Praxis gibt es derzeit ein Nebeneinander verschiedener Promotionsformen. Dazu zählen die Graduate Schools der Exzellenzinitiative (s. Kap. I.1), die klassischen DFG-Graduiertenkollegs (s. Kap. I.1, VII.2), Promotionsstellen und die klassische Individualpromotion mit oder ohne Finanzierung durch ein Stipendium eines Begabtenförderungswerkes. Wie sich die Förderung des wissenschaftlichen Nachwuchses an deutschen Universitäten weiter entwickeln wird, hängt von mehreren Faktoren ab:

■ Inwiefern können und sollen netzwerkartige **Betreuungsstrukturen** mit Betreuungsverträgen zwischen allen Beteiligten die enge, aber unverbindliche Beziehung zwischen Doktorvater bzw. -mutter und Doktorand/in ersetzen?

■ Welche Auswirkungen wird die **Elitenförderung der Exzellenzinitiative** auf die Qualifizierung des wissenschaftlichen Nachwuchses haben?

- Wird die **Standortwahl** zu einem entscheidenden Faktor für die Karriereplanung, oder gelingt es auch den nicht geförderten Universitäten, durch Graduiertenzentren und attraktive Angebote für den wissenschaftlichen Nachwuchs optimale Rahmenbedingungen für herausragende Forschungsleistungen zu initiieren und damit ihre Wettbewerbsfähigkeit zu sichern?
- Wie verändern sich durch die Einführung der Juniorprofessur als Konkurrenzmodell zum klassischen Weg über Lehrstuhlassistenz und Privatdozentur hin zur Professur die Anforderungen an die **Promotionsphase als Qualifizierungsphase**?
- Welche **Kompetenzprofile** werden künftig erwartet, und was kann man während der Promotionsphase tun, um die eigenen Berufsaussichten innerhalb des Wissenschaftssystems, aber auch auf dem außeruniversitären Arbeitsmarkt zu verbessern?

Zuverlässige Antworten auf diese Fragen wird es erst in einigen Jahren geben, wenn die derzeitigen Reformen greifen und ihre Ergebnisse evaluiert worden sind. Dann wird sich zeigen, ob die programmatischen Forderungen nach der Senkung der Promotionsdauer, der stärkeren internationalen Sichtbarkeit des Forschungsstandorts Deutschland und der Erhöhung der Attraktivität deutscher Universitäten für ausländische Promovierende sich durch die derzeitigen Maßnahmen in der Praxis erfüllen lassen.

Gestiegener Informations- und Orientierungsbedarf

Da **angehende Promovierende** aber bereits heute Entscheidungen treffen müssen, die ihren beruflichen Werdegang sowie die persönliche Lebensplanung ganz erheblich beeinflussen, ist es wichtig, sich gründlich über alle Risiken, vor allem aber auch über die neuen Chancen zu informieren, die sich durch die Reform der Doktorandenausbildung bieten. Das *Handbuch Promotion: Forschung – Förderung – Finanzierung* will dem gestiegenen Informations- und Orientierungsbedarf Rechnung tragen und angehende Promovierende möglichst frühzeitig, d.h. schon während der Entscheidungsfindung, durch umfassende Informationen, gezielte Hinweise und praktische Tipps unterstützen. Dem *Handbuch Promotion* liegt ein holistischer Ansatz zugrunde, der sich an den oben genannten Prinzipien strukturierter Promotionsprogramme orientiert: Die Kapitel geben einen systematischen Überblick über die einzelnen Phasen und Bestandteile des Promotionsprozesses. Sie wollen den Promovierenden dabei helfen, das Potenzial der Promotionsphase als Qualifizierungsphase zu nutzen, sich klar definierte Ziele zu setzen, ihre eigenen Fortschritte zu evaluieren und stets ihre beruflichen Perspektiven im Auge zu behalten.

Angesichts der Tatsache, dass die Promotionsbedingungen nicht überall gleich gut (oder schlecht), sondern von Universität zu Universität verschieden sind, sollte bereits die Standortwahl in der Promotionsphase – und ggf. in der darauf folgenden Postdoc-Phase – auch mit Blick auf die Karrierechancen im Hochschulbereich bzw. das Angebot an unterstützenden Maßnahmen zur Vorbereitung auf den Berufseinstieg außerhalb der Wissenschaft getroffen werden. Für die späteren **Berufsaussichten** sind folgende Aspekte entscheidend:

- der zügige **Abschluss** des Forschungsprojekts durch das termingerechte Einreichen der Dissertation (die angestrebte Promotionsdauer beträgt 3 Jahre),
- ein den individuellen beruflichen Zielen (innerhalb oder außerhalb der Forschung) entsprechendes **Kompetenzprofil**, das durch das Erwerben von Schlüsselqualifikationen während der Promotionsphase systematisch entwickelt wird, sowie
- der **Austausch** mit anderen Promovierenden und Ehemaligen, die **Vernetzung** innerhalb der *scientific community* und/oder der **Aufbau von Kontakten** zu prospektiven Arbeitgebern.

Das *Handbuch Promotion* zeigt, wie Promovierende das Erbringen hervorragender wissenschaftlicher Leistungen mit pragmatischen Anforderungen dieser Art verbinden können. Da neben **Zahlen** und **Fakten** rund um das Thema Promotion sowie Praxistipps zu zentralen Aspekten wie **Finanzierung, Zeitmanagement** und **Schreibstrategien** auch **Bewertungs- und Vergleichskriterien** erforderlich sind, um die Promotionsentscheidung und die Standortwahl guten Gewissens treffen zu können, stellen die Kapitel ein **breites Spektrum an Angeboten** vor, das von **Stipendienberatungen** über **Betreuungsverträge** und **Studienprogramme** bis hin zu **Career Services** und **Netzwerkbildung** reicht.

Aus der Bandbreite der behandelten Themen lässt sich ersehen, warum das *Handbuch Promotion* nicht nur für **Neueinsteiger**, sondern auch für **fortgeschrittene Promovierende** im zweiten oder dritten Jahr interessant ist. Insbesondere diejenigen Promovierenden, die eine wissenschaftliche Karriere anstreben, oder auch **Postdocs**, die die Promotionsphase bereits abgeschlossen haben und sich nun für eine Laufbahn als Universitätsprofessor/in qualifizieren, sollten mit den Formen, Prinzipien und Qualitätskriterien strukturierter Doktorandenausbildung vertraut sein – selbst dann, wenn sie selbst nicht in einem solchen Kontext promovieren bzw. promoviert haben. Schließlich ist, wie eingangs dargelegt, davon auszugehen, dass die derzeitigen Reformen die Wissenschaftslandschaft nachhaltig prägen werden. Zur Zielgruppe des Handbuchs zählen daher auch **Betreuerinnen und Betreuer**, die sich über den aktuellen Stand der Debatte um die Neustrukturierung der Doktorandenausbildung informieren möchten.

Konzeption und Aufbau des Handbuchs

Ein Band, der sich an eine derart weit gefasste Zielgruppe – von Studierenden in der Examensphase bis hin zu etablierten Wissenschaftlerinnen und Wissenschaftlern – richtet, darf sich weder auf individuelle Erfahrungsberichte noch auf programmatische Forderungen beschränken, wie es viele Promotionsratgeber sowie zahlreiche Stellungnahmen zum Thema Promotion von Institutionen wie der Deutschen Forschungsgemeinschaft, des Wissenschaftsrats oder der Hochschulrektorenkonferenz tun. Anstatt einen Blickwinkel in den Vordergrund zu stellen, ist das vorliegende Handbuch **multiperspektivisch strukturiert** und so konzipiert, dass es sich als Einführung in das Thema Promotion, als Leitfaden zur Strukturierung des Promotionsprozesses, aber auch als Nachschlagewerk nutzen lässt:
- Das Handbuch bietet – erstmals in einem Werk dieser Art – einen systematischen **Überblick** über Hintergründe, Debatten und Standpunkte im gegenwär-

tigen Reformprozess sowie einen Überblick über die bislang existierenden Studien in diesem Bereich. Auf diese Weise wird ein hohes Maß an Transparenz gewährleistet, das die Grundlage für eine fundierte Promotionsentscheidung bildet.

- Um der Perspektive der Zielgruppe bei den Reformbemühungen Gehör zu verschaffen, ist es unerlässlich, dass die Promovierenden selbst ihre Ansprüche und Vorstellungen formulieren und diese auf verschiedenen Ebenen einbringen – in der Hochschul- und Bildungspolitik, in den Begabtenförderungswerken und an den Universitäten selbst. Der Überblick über **Interessenvertretungen** für den wissenschaftlichen Nachwuchs im ersten Teil dieses Bandes vermittelt einen Eindruck von der Vielfalt der bestehenden Aktivitäten. Er soll dazu ermutigen, sich an den laufenden Diskussionen zu beteiligen und den derzeitigen Wandel aktiv mitzugestalten.

- Die drei Kapitel des Hauptteils – »Von der Promotionsentscheidung zur Finanzierung«, »Die Promotion als Qualifizierungsphase« und »Promotion und Karriere« – orientieren sich am **Verlauf eines Promotionsprojekts** von den ersten Überlegungen bis hin zu Strategien für den erfolgreichen **Berufseinstieg**. Hinter diesem chronologischen Aufbau steht nicht etwa ein lineares Modell von Forschung, sondern eine holistische Konzeption von Doktorandenausbildung, die von einer wechselseitigen Abhängigkeit unterschiedlicher Aspekte (Motivation, Perspektiven, Leistungsfähigkeit, Multitasking, Kompetenzen und Schlüsselqualifikationen) ausgeht.

- Die meisten Kapitel wurden von Personen verfasst, die selbst über **mehrjährige Erfahrung** in der Betreuung und Beratung von Promovierenden sowie im Aufbau strukturierter Promotionsprogramme verfügen. Sowohl bei der Themenwahl als auch bei der Gestaltung der Inhalte wurden die Schwerpunkte der täglichen Beratungsarbeit sowie der zahlreichen Anfragen an ein Graduiertenzentrum zugrunde gelegt, sodass das Handbuch auch Antworten auf eine Vielzahl von **FAQ** (frequently asked questions) gibt.

- Im Gegensatz zur Mehrzahl der erhältlichen Promotionsratgeber wird hier besonderes Gewicht auf zwei Aspekte gelegt, die für das Gelingen einer Forschungsarbeit von zentraler Bedeutung sind. Dabei handelt es sich zum einen um das **Forschungsdesign,** und zum anderen um die **Gattungskonventionen** von Doktorarbeiten und die Strategien zur **Textproduktion** (s. Kap. IV.6). Zudem wird in dem Kapitel zu Bewerbungsstrategien erstmals aus der Sicht der Entscheider dargelegt, welche **Fehler** es bei der **Bewerbung um Stipendien** unbedingt zu vermeiden gilt bzw. wodurch sich **erfolgreiche Bewerbungen** auszeichnen (s. Kap. II.7).

- Der abschließende Teil enthält eine Liste von 100 **Praxistipps**, die von den Autorinnen und Autoren der Kapitel sowie dem Redaktionsteam gemeinsam erarbeitet wurde. Da sowohl angehende Promovierende als auch Promovierende in der Endphase der Forschungs- und Schreibarbeit, Postdocs und Professorinnen und Professoren beteiligt waren, konnte ein breit gefächertes Spektrum an Hinweisen, Anregungen und Ratschlägen zusammengetragen werden.

- Das *Handbuch Promotion* verfügt über einen **Index**, der das schnelle Auffinden relevanter Passagen ermöglicht. Zusammen mit dem Anhang, der eine Auswahlbibliografie, einen Adressteil und Übersichten zur Neustrukturierung der

Doktorandenausbildung an deutschen Universitäten enthält, wird so eine Benutzung des Handbuchs als Nachschlagewerk ermöglicht.

Die drei Leitbegriffe im Untertitel des Handbuchs verweisen darauf, dass bei den Bemühungen um die Neustrukturierung der Doktorandenausbildung alle Beteiligten eng zusammenarbeiten müssen: Umfassende **Förderung** und gesicherte **Finanzierung** sind die Voraussetzung exzellenter **Forschung**. Es ist Sache der Promovierenden, mit Unterstützung der Betreuerinnen und Betreuer exzellente Forschungsergebnisse zu erbringen. Die Universitäten und die Deutsche Forschungsgemeinschaft sind dazu aufgerufen, **attraktive Forschungskontexte** zu schaffen, die solche Spitzenleistungen ermöglichen.

Zu den ausschlaggebenden Faktoren für optimale Promotionsbedingungen zählt in erster Linie die **finanzielle Unterstützung** Promovierender, an der auch die Begabtenförderungswerke einen maßgeblichen Anteil haben. Ebenso wichtig ist aber auch die Etablierung einer neuen **Wissenschaftskultur**, die die Promotionsphase nicht als eine Art Vorschule der ›richtigen‹ Forschung abtut, sondern Promovierende als vollwertige Mitglieder der *scientific community* anerkennt und akzeptiert. Das bedeutet auch, Promovierende mit **Privilegien** auszustatten, die ihnen bislang häufig verwehrt sind: Lehraufträge und Arbeitsplätze mit Grundausstattung für diejenigen, die ohne institutionelle Anbindung promovieren, sowie eine Begrenzung der Belastung der wissenschaftlichen Mitarbeiter/innen durch forschungsferne Tätigkeiten.

Es gibt unseres Wissens (bislang) **keine ›ideale‹ Eliteuniversität**, an der den Promovierenden alle dargestellten Leistungen, Unterstützungsmaßnahmen und Perspektiven geboten werden, dafür aber **zahlreiche reformorientierte Universitäten**, die sich bemühen, entsprechend ihrem jeweiligen Profil attraktive Ausbildungs- und Forschungsbedingungen zu schaffen bzw. die bestehenden Bedingungen weiter zu optimieren. Die tabellarische Aufstellung im Anhang zeigt, in welchem Umfang und Rahmen die dort genannten Universitäten die Doktorandenausbildung unterstützen und fördern, und bietet einen **Ausgangspunkt für eigene, fachspezifische Recherchen**.

***

Abschließend wollen wir im Namen aller Autorinnen und Autoren noch denjenigen danken, ohne deren Anregungen, konstruktive Kritik und tatkräftige Unterstützung dieser Band nicht entstanden wäre: Lena Scherfer, Cathy Höffer und Sebastian Weihs (Wuppertal) sowie Jessica Schmidt, Ilke Krumholz, Anna Schewelew, Anna Weigel, Anne Stoll und Sascha Reif (Gießen) waren bei Recherche, Literaturbeschaffung und Korrekturen behilflich. Dilek Gürsoy (Wuppertal) war nicht nur mit der Projektkoordination sowie der Konzeption und Gestaltung des umfangreichen Anhangs betraut, sondern hat auch mit Helga Helmich (Wuppertal), Janine Hauthal (Wuppertal) und René Dietrich (Gießen) die Koordination der Endredaktion des Bandes übernommen. Ute Hechtfischer vom Metzler Verlag danken wir für die ebenso herzliche wie verständnisvolle redaktionelle Betreuung sowie für ihre liebenswürdige Beharrlichkeit, mit der sie uns und die Autoren und Autorinnen in allen Phasen des Projekts unterstützt und motiviert hat.

In die Konzeption des Bandes sind in allen Entwicklungsstadien die langjährigen Erfahrungen des Gründungsteams des Gießener Graduiertenzentrums Kulturwissenschaften (GGK) eingeflossen, das mittlerweile Dutzende von Promovierenden beraten, unterstützt und gefördert hat. Das kritische Feedback der Promovierenden, ihre Ideen (darunter auch die Anregung zur Publikation der wichtigsten Anregungen und Hinweise für Promovierende, die zu diesem Handbuch geführt hat) und ihr Engagement haben den Slogan ›Promovieren mit System‹ erst zum Leben erweckt und die These bestätigt, dass die Doktorandenausbildung nicht allein durch von oben verordnete Reformen verbessert werden kann – die besten Experten sind die Promovierenden selbst.

Ansgar Nünning und Roy Sommer

I. Hintergründe, Debatten, Standpunkte

1. Promovieren mit System: Was heißt »optimale Promotionsbedingungen« in den Geistes-, Sozial- und Kulturwissenschaften?

Seit der Ausschreibungstext zur »Förderlinie Graduiertenschulen« im Rahmen der Exzellenzinitiative des Bundes und der Länder die antragstellenden Universitäten im Jahr 2005 explizit aufforderte, »optimale Promotionsbedingungen« zu skizzieren, ist zumindest eines klar: Der Status quo ist alles andere als optimal. Aus internationaler Sicht besteht in vielen Bereichen dringender Nachholbedarf, um die **Attraktivität Deutschlands als Wissenschaftsstandort** auch für exzellente Nachwuchswissenschaftler/innen zu sichern, etwa hinsichtlich der Etablierung von Betreuungsstrukturen und der Einbindung von Promovierenden in die Forschungsaktivitäten der Fächer und Fachbereiche.

Auch national hat sich durch die Exzellenzinitiative einiges bewegt: Die Kompetenzen von Bund und Ländern in der Bildungspolitik wurden neu geordnet, das traditionelle, auf Solidarität der Stärkeren mit den Schwächeren abzielende Gießkannenprinzip bei der Verteilung von Fördermitteln wurde durch das **Prinzip der Bestenauslese** abgelöst, das die Bildung von Eliten zum Ziel und zur Folge hat, und die Rolle der Universitäten bei der Reform der Doktorandenausbildung wurde neu definiert: Es reicht nicht mehr, DFG-Mittel für Graduiertenkollegs einzuwerben, sondern von den Universitäten wird erwartet, dass sie selbst, etwa durch die Einrichtung von Graduiertenzentren, Anstrengungen unternehmen, um – unabhängig von Drittmittelprojekten – alle Aktivitäten in diesem Bereich bündeln und verstetigen. Bevor wir darauf eingehen, worin nun die geforderten »optimalen Promotionsbedingungen« bestehen (können), soll im Folgenden überblicksartig die Vorgeschichte der aktuellen Reformbestrebungen rekapituliert werden.

Kritik an den Defiziten der deutschen Doktorandenausbildung in den Geistes-, Kultur- und Sozialwissenschaften: Die 1990er Jahre

In den 1990er Jahren wurde die bis dahin übliche Praxis der Doktorandenausbildung von unterschiedlicher Seite grundsätzlich in Frage gestellt. Die ironische Diagnose von den »promotionalen Infekten« und der »chronischen Doktoritis«, mit der Thomas Meuser in seinem 1994 erstmals erschienenen Ratgeber *Promo-Viren* auf grundlegende Mängel verwies, wurde vom deutschen Wissenschaftsrat bestätigt. Dessen »Empfehlungen zur Neustrukturierung der Doktorandenausbildung und -förderung« vom Mai 1995 kritisierten explizit die strukturellen **Defizite der Doktorandenausbildung an deutschen Hochschulen**. Bemängelt wurden insbesondere

- die im internationalen Vergleich zu langen Promotionszeiten,
- das entsprechend zu hohe durchschnittliche Alter der Promovierenden,
- die unstrukturierte Form der Doktorandenausbildung,
- der weitgehende Mangel an zielgruppenspezifischen Lehrangeboten für Doktorandinnen und Doktoranden,
- das Fehlen einer institutionalisierten Kommunikations- und Infrastruktur für Promovierende zum Austausch über ihre Dissertationsprojekte sowie
- Defizite in der Mobilität und im Ausbildungsprofil von Nachwuchswissenschaftlerinnen und -wissenschaftlern.

Zudem wurde darauf hingewiesen, dass »Doktoranden vielfach, vor allem in nicht-experimentellen sowie geistes- und sozialwissenschaftlichen Fächern, isoliert und ohne angemessene Betreuung arbeiten und nur unzureichend in die wissenschaftliche und forschungsbezogene Arbeit der Fachbereiche eingebunden sind« (Wissenschaftsrat 1997, S. 38).

Der **Kritik des Wissenschaftsrats** an der unstrukturierten Praxis der Doktorandenausbildung schloss sich die Hochschulrektorenkonferenz an. In den Dokumenten zur Hochschulreform (113/1996) wurden folgende **sechs Probleme und ihre Konsequenzen** benannt:

- Es fehlt ein dem Studentenstatus entsprechender Doktorandenstatus. Die Folge sind ein unklarer Beginn des Promotionsvorhabens sowie eine unzureichende Absprache der Themenvergabe und Betreuungsverpflichtung.
- Die Konzentration auf randständige Teilaufgaben innerhalb größerer Forschungsprojekte birgt die Gefahr der Überspezialisierung der Promovierenden.
- In den wenig drittmittelintensiven Fächern, insbesondere in den Kulturwissenschaften, arbeiten die Promovierenden vielfach isoliert und bei unzureichender Betreuung. Dies kann verstärkt zur Verfehlung der Themenstellung, zur Wahl unangemessener Forschungsmethoden und zur unprofessionellen Darstellung der Ergebnisse führen.
- Klassische Formen der Betreuung (Doktorandenkolloquien und Oberseminare) werden häufig zu unverbindlich und unstrukturiert angeboten und fördern die fächerübergreifende und interdisziplinäre Forschung in nur unzureichendem Maße.
- Der Umfang der von Doktorandinnen und Doktoranden zu erbringenden Dienstleistungen ist häufig zu hoch, so dass sich die zusätzliche Arbeit promotionsverlängernd auswirkt.
- Die schlechten Chancen auf dem Arbeitsmarkt schließlich führen zur Akkumulierung von Stellen und Stipendien und vielfach zu umfangreichen Dissertationen sowie zu einer weiteren Verlängerung der Promotionsdauer. Besonders letzteres wirkt sich auf den Berufseinstieg negativ aus.

Die von der Hochschulrektorenkonferenz prognostizierte **Verlängerung der Promotionsdauer** ist in den 1990er Jahren tatsächlich eingetreten. Die **Anzahl der erfolgreich abgeschlossenen Promotionen** hat sich deutlich erhöht. Die Sprach- und Kulturwissenschaften hatten mit 2674 Promotionen, die in diesem Zeitraum abgelegt wurden, einen Anteil von 10,4% und belegten damit nach den Rechts-, Wirtschafts- und Sozialwissenschaften mit 12,6%, der Mathematik und den Naturwissenschaften mit knapp 30% sowie dem Spitzenreiter Medizin mit gut 30% den vierten Platz. Auch das durchschnittliche **Promotionsalter** ist kontinuierlich gestiegen. Der Wissenschaftsrat nennt in seiner um die medizinischen Fächer bereinigten Statistik Durchschnittswerte von 32,1 Jahren (1993) bzw. 33 Jahren (2000). Mit einem erschreckend hohen Durchschnittsalter der Promovierten von 36,1 Jahren (2000) lagen die Sprach- und Kulturwissenschaften dabei klar über dem Durchschnitt. Das gestiegene Durchschnittsalter spiegelt sich auch in der gestiegenen Promotionsdauer wieder, die in so gut wie allen Fächern erheblich über drei Jahren liegt (vgl. Wissenschaftsrat 2002, S. 11).

Die Praxis steht damit in deutlichem Widerspruch zu der allseits geforderten Verkürzung der Promotionsdauer auf drei Jahre. Einen wichtigen Grund für die lange Dauer der Promotionsphase sieht der Wissenschaftsrat in der Dauer der **Übergangsphase vom Studium zur Promotion**. Während dieser Zeit sind die künftigen Promovierenden mit der Konzeption ihrer Forschungsfragen und dem Erstellen von Exposés für die Bewerbung um Stipendien beschäftigt – in der Regel ohne fachgerechte Betreuung, ohne jede geregelte Finanzierung und ohne Einbindung in die institutionelle Forschungsarbeit.

Eine im Jahr 2002 von der Deutschen Forschungsgemeinschaft (DFG) durchgeführte Befragung der Promovierenden in Graduiertenkollegs bestätigte diese Einschätzung. Demnach vergeht in den Geistes- und Sozialwissenschaften zwischen dem Studienabschluss und dem Beginn der Doktorarbeit in der Regel rund ein Jahr. Diese vergleichsweise lange Zeit – in der Mathematik etwa dauert die Phase bis zur Aufnahme der Arbeit an der Dissertation nur zwei Monate (vgl. Wissenschaftsrat 2002) – ist darauf zurückzuführen, dass in den Geistes- und Sozialwissenschaften die Promovierenden ihr Thema und ihre Fragestellungen häufiger selbst entwickeln: »Insbesondere in den geistes- und sozialwissenschaftlichen Kollegs haben die meisten Doktoranden das Thema ihrer Arbeit selbst bestimmt. In der Chemie und Biologie werden sieben von zehn Dissertationsthemen von den Betreuern festgelegt« (Stark 2002, S. 9). Auch wenn sich die Verhältnisse in den Graduiertenkollegs, die nur ca. 10 % aller Promovierenden fördern, nicht verallgemeinern lassen, ist hinsichtlich der Eigenständigkeit bei der Themenwahl und der damit verbundenen Dauer der Übergangsphase vom Studium zur Promotion doch von einem allgemeinen Trend auszugehen. Obgleich diese Praxis sicher auch zu der häufig als geisteswissenschaftliche Kernkompetenz gepriesenen Fähigkeit zu eigenständigem konzeptionellen Arbeiten beiträgt, wird dabei nicht nur wertvolle Zeit verschenkt, sondern auch dem oft beklagten isolierten Einzelkämpferdasein Vorschub geleistet.

DFG-Graduiertenkollegs: Reformen seit den 1990er Jahren

Seit dem 1. Oktober 1990 fördert die Deutsche Forschungsgemeinschaft (DFG) die Einrichtung von Graduiertenkollegs. Diese Form der strukturierten Doktorandenausbildung zeichnet sich durch ein **interdisziplinäres Forschungsprogramm** und ein eigens auf das Kolleg zugeschnittenes **Studienprogramm** aus. Ursprünglich war daran gedacht, die Doktoranden der Kollegs über Mitarbeiterstellen (damals nach BAT II/2) zu finanzieren, aus Mobilitäts- und Kostengründen wurde jedoch letztlich ein Stipendienprogramm eingeführt, das es jeweils 12 Promovierenden und zwei Postdocs erlaubte, sich im Rahmen des Kollegs voll auf die Forschungsarbeit zu konzentrieren. Bewilligt wurden Graduiertenkollegs jeweils für eine Förderphase von drei Jahren (daran orientiert sich auch die Förderhöchstdauer der Stipendiaten), die maximal um zwei weitere Förderphasen verlängert werden konnten. Mit der Neustrukturierung des Programms im Jahr 2006 hat die DFG die Aufteilung der Förderphasen geändert (eine Phase dauert nun 4,5 Jahre, und ein Kolleg endet spätestens nach der zweiten Förderphase), doch dies ändert weder an der **Förderhöchstdauer** der Kollegs (neun Jahre) etwas noch an der Laufzeit der Stipendien (maximal drei Jahre).

Eine umfassende Darstellung des Profils des Programms ›Graduiertenkollegs‹ findet sich – wie weitere einschlägige Informationen und Dokumente – auf den Webseiten der DFG (www.dfg.de), so dass hier nur einige zentrale Punkte kurz zusammengefasst werden. Die Kollegs zielen erstens darauf ab, besonders qualifizierten Doktorandinnen und Doktoranden die Möglichkeit zu geben, ihre Dissertationen in einem anspruchsvollen, von Zusammenarbeit geprägten **Forschungsumfeld** anzufertigen. Zweitens verstehen sich Graduiertenkollegs als ein **Beitrag zur Reform und Weiterentwicklung der Promotionsphase**, da sie für die (an der Einwerbung von Drittmitteln interessierten) Hochschulen Anreize zur Neustrukturierung der Nachwuchsförderung geben. Drittens fördern insbesondere die Internationalen Graduiertenkollegs **Kooperationen** im Bereich der Doktorandenausbildung und sollen dazu beitragen, deutsche Universitäten für ausländische Promovierende attraktiver zu machen. Weitere Ziele sind die Begrenzung der Promotionsdauer, die Senkung des durchschnittlichen Promotionsalters und die Stärkung der frühen wissenschaftlichen Selbstständigkeit Promovierender. Zudem sollen Strukturen geschaffen werden, die einen Verbleib von Frauen in der wissenschaftlichen Laufbahn begünstigen.

Graduiertenkollegs stellen **finanzielle Mittel** für folgende Zwecke bereit:
- Stipendien für Doktorandinnen und Doktoranden
- Stipendien für Postdoktorandinnen und Postdoktoranden
- Forschungsmaterial im notwendigen Umfang
- Mittel für Gastwissenschaftler/innen, kleinere Tagungen und Forschungsreisen der Kollegiatinnen und Kollegiaten
- Mittel für Forschungssemester der beteiligten Hochschullehrer/innen
- Mittel für Forschungsstudierende
- Mittel für die Koordination der Arbeit des Kollegs
- Mittel für notwendige Auslandsreisen der Hochschullehrer/innen (bei internationalen Kollegs)

Der Bericht der DFG über »Strukturelle Auswirkungen des Programms zur Förderung von Graduiertenkollegs« vom Oktober 2000 zog eine **erste Bilanz**. Die Graduiertenkollegs hätten Maßstäbe für Doktorandenbetreuung und interdisziplinäre Forschung gesetzt und dadurch die Promotionskultur in Deutschland verändert. Zudem sei es gelungen, die Kollegs als Instrument zur Förderung wissenschaftlicher Exzellenz zu etablieren und zudem die internationale Attraktivität deutscher Universitäten zu erhöhen. Graduiertenkollegs hätten auch zur Änderung von Promotionsordnungen geführt oder die Einführung neuer Studiengänge zur Folge gehabt. Das Programm, so das insgesamt positive Fazit, sei als Modell für die Reform der Promotionsphase erfolgreich.

Dennoch wurde auch **Kritik** geäußert, die auf die mangelnde Ausstrahlung der Kollegs in der Breite abzielte. Das Programm werde als Instrument der **Elitenförderung** wahrgenommen und habe nicht dazu geführt, dass die Universitäten das Konzept der strukturierten Doktorandenausbildung bei geringerer Ausstattung auf größere Doktorandenzahlen ausgedehnt hätten. Zudem gebe es zu **geringe Anreize für Hochschullehrerinnen und Hochschullehrer**, sich an dem arbeitsintensiven Veranstaltungs- und Betreuungsangebot der Kollegs zu beteiligen. Die vom Präsidium der DFG eingesetzte Arbeitsgruppe »Wissenschaftlicher Nachwuchs« habe empfohlen, dass auch in Sonderforschungsbereichen, die eine größere Anzahl von Promovierenden beschäftigten, Zentren für Doktorandenstudien eingerichtet werden sollten – ein Vorschlag, der die spätere Ausschreibung der »Förderlinie Graduiertenschulen« im Rahmen der Exzellenzinitiative antizipiert (s. u.).

Kritisiert wurde das Konzept der Graduiertenkollegs trotz seiner unbestrittenen Erfolge aber auch von den Geförderten selbst, die im Jahr 2002 in einer von der DFG durchgeführten »Befragung der Doktorandinnen und Doktoranden der Graduiertenkollegs zur Qualität der Förderung« zu Wort kamen. Angaben zur Datenerhebung und -auswertung sowie die Ergebnisse sind in dem gleichnamigen Dokument auf den Webseiten der DFG nachzulesen (vgl. Stark 2002). Das **Feedback der Promovierenden** ist zwar in vielen Bereichen positiv, zeigt aber auch deutlich die **Schwächen des Programms** aus der Sicht des Nachwuchses. So gaben nur 52 % der Befragten an, Unterstützung hinsichtlich der **Methodik** ihrer Arbeit erhalten zu haben, und im Durchschnitt jede/r zweite Kollegiat/in wurde von den Betreuern dazu angehalten, an Kongressen teilzunehmen und zu publizieren (vgl. ebd., S. 8). Auch mit der **Betreuung** selbst zeigten sich die Befragten nicht immer zufrieden: »60 % der Kollegiaten sagen beispielsweise, dass ihr Betreuer immer ausreichend Zeit für ihre Dissertation aufbringt, und 69 % der Kollegiaten erhalten kritische Rückmeldungen zum Leistungsstand der Dissertation« (ebd.). Da eine intensive Betreuung zu den Eckpunkten des Programms zählt, sind diese Zahlen ernüchternd, denn offenbar sind ca. 40 % der Geförderten mit ihrer Betreuung *nicht* zufrieden. Entsprechend überrascht wurde dieser Befund zur Kenntnis genommen:

> Nur rund die Hälfte der Kollegiaten hat den Eindruck, dass ihr Betreuer sich regelmäßig mit ihnen zu Besprechungen trifft und aus eigener Initiative auf sie zukommt und nicht wartet, bis die Doktoranden dies tun. Für Graduiertenkollegs haben wir einen im Durchschnitt viel höheren Anteil an regelmäßigen und von den Betreuern ausgehenden Besprechungen erwartet. (ebd., S. 33)

Der Wissenschaftsrat, der bereits mehrfach, insbesondere in seinen »Empfehlungen zur Neustrukturierung der Doktorandenausbildung und -förderung« (1997) auf den Reformbedarf hingewiesen hatte, lobte in seinen überarbeiteten Empfehlungen von 2002 zwar das DFG-Programm ›Graduiertenkollegs‹ als »wichtiges Instrument der Doktorandenförderung« (Wissenschaftsrat 2002, S. 6), weist aber auch darauf hin, dass veränderte Kontextbedingungen und notwendige Akzentverschiebungen in den wissenschaftspolitischen Zielsetzungen eine Reform des Förderprogramms notwendig machten (ebd., S. 89). Die notwendigen Reformen gingen weit über eine Neuformulierung der Aufgaben von Graduiertenkollegs hinaus: »Ziel und zentrales Anliegen der Empfehlung ist es, die bereits vielfältig existierenden

Ansätze einer strukturierten Graduiertenausbildung vor dem Hintergrund veränderter Rahmenbedingungen auszubauen und in der Fläche zu etablieren« (ebd., S. 5; vgl. Nünning/Sommer 2003). Neben der flächendeckenden **Erweiterung der strukturierten Graduiertenausbildung** über die Graduiertenkollegs hinaus forderte der Wissenschaftsrat auch die verstärkte Vermittlung von **Schlüsselqualifikationen**, die für eine wissenschaftliche Laufbahn von Bedeutung sind (ebd., S. 24). Außerdem wies der Wissenschaftsrat auf Schwierigkeiten hin, die aus der Struktur der Graduiertenkollegs erwachsen:

> Wegen der geringen Größe der Kollegs, der oft fehlenden Anrechenbarkeit auf das Lehrdeputat sowie der Heterogenität der Interessen und Bedürfnisse der Kollegiaten ist es nicht immer leicht, bei der Gestaltung des Studienprogramms den Bedürfnissen aller beteiligten Promovierenden gerecht zu werden. Ein Kursangebot, aus dem die Teilnehmenden Wahl- und Pflichtkurse auswählen können, wie es einige größere Graduiertenzentren inzwischen anbieten, lässt sich im Rahmen eines Graduiertenkollegs aufgrund der eher geringen Teilnehmerzahl kaum anbieten. (ebd., S. 23)

Trotz dieser Kritik kommt dem DFG-Programm ›Graduiertenkollegs‹ sicher das Verdienst zu, die überfällige Reform der Doktorandenausbildung in die Wege geleitet und erstmals **Standards** für **exzellente Nachwuchsförderung** etabliert zu haben. Aus diesem Grund ist seine Fortsetzung unter leicht veränderten Vorzeichen (u.a. wurden 2006 die Antragsmodalitäten durch Einführung eines zweistufigen Verfahrens geändert) uneingeschränkt zu begrüßen, und man darf gespannt sein, wie die neuen Graduiertenkollegs von den Vorgängern profitieren und welche neuen Maßnahmen sie einführen. Angesichts der Anmerkungen des Wissenschaftsrats zur Dimensionierung der Kollegs wird zudem besonders interessant sein, wie sich die im Rahmen der Exzellenzinitiative geförderten Graduiertenschulen bewähren, die alle bisherigen Programme und Anstrengungen in den Schatten stellen und schon alleine aufgrund ihrer Größenordnung eine **neue Ära der strukturierten Doktorandenausbildung** an deutschen Universitäten einläuten.

Best-Practice-Modelle:
Die Graduiertenschulen der Exzellenzinitiative

Die im Rahmen der Exzellenzinitiative geförderten **Graduiertenschulen** unterscheiden sich in ihrer **Konzeption und Dimension** grundsätzlich von den DFG-Graduiertenkollegs. Während letztere ein fokussiertes Forschungsprogramm verfolgen, durch die Förderhöchstdauer von 9 Jahren grundsätzlich befristet sind und eine vergleichsweise kleine Zahl von Professoren und Promovierenden zusammenbringen, dienen Graduiertenschulen der Profilbildung der Universitäten, sind – trotz der derzeitigen Beschränkung der Exzellenzförderung auf maximal zehn Jahre – prinzipiell auf Dauer angelegt und nehmen eine höhere Zahl von Promovierenden auf (in den unten angeführten Beispielen werden zwischen zehn und zwanzig Stipendien pro Jahr angeboten). Während die Graduiertenkollegs in der Retrospektive als ein erster Schritt der DFG hin zu einer Neustrukturierung der Nachwuchsförderung gesehen werden können, erscheint die »Förderlinie Graduiertenschulen« als ein grundlegender Einschnitt, der durch die Etablierung von Best-Practice-Modellen de facto **Promotionsstandards** einführen und die Konzentration von Fördermitteln auf eine begrenzte Zahl von Universitäten die Hochschullandschaft vermutlich nachhaltig verändern wird.

Anders als bei anderen Förderprogrammen wurden hier die inhaltlichen Vorgaben auf ein Minimum reduziert. Anstatt ein Schema vorzugeben, initiierten DFG und Wissenschaftsrat einen offenen **Ideenwettbewerb**, der die beteiligten Wissenschaftler/innen zu kreativem Denken aufforderte. Dies ist im Bereich der Drittmitteleinwerbung mit seinen strengen Vorgaben leider so unüblich, dass Dr. Jörg Schneider in seiner Präsentation für Antragsteller am 28. April 2006 im Wissenschaftszentrum Bonn explizit dazu aufforderte, bei der Konzeption nicht damit zu beginnen, bei der DFG nach Regeln zu suchen, die der Fantasie Grenzen setzen würden. Anstatt also vorgefertigte Muster zu bedienen, sollte die offene Grundfrage lauten: »Was muss am Standort passieren, damit er noch interessanter für die besten Promotionswilligen aus der ganzen Welt wird? Oder anders gefragt: Wie bietet der Standort möglichst optimale Forschungs- und Ausbildungsbedingungen für Promovierende?«

Während die inhaltliche Antwort auf diese Fragen den Hochschulen überlassen wurde, lassen die von der DFG zur Verfügung gestellten »Hinweise zur Erstellung von Antragsskizzen« bereits erkennen, in welchen Bereichen innovative Maßnahmen zur Gewährleistung optimaler Promotionsbedingungen erwartet werden. **Kernbereiche** sind Auswahl-, Qualifikations- und Betreuungskonzepte, die Einbindung der Doktorandinnen und Doktoranden in die Forschung am Standort sowie deren Stellung innerhalb der Graduiertenschule und der Universität, die Integration ausländischer Doktorandinnen und Doktoranden sowie der Aufbau einer Promotionskultur am Standort. Hinzu kommen Organisationsstrukturen und Maßnahmen zur nationalen und internationalen Vernetzung und Ausrichtung der Graduiertenschule. Diese Angaben werden in den Mustern für die Antragstellung noch präzisiert. Hier werden für Graduiertenschulen neben umfangreichen programmatischen Stellungnahmen, administrativen Details und statistischem Material detaillierte Aussagen zur Qualifizierung und Betreuung von Promovierenden und den **Rahmenbedingungen** gefordert. Zu klären sind u. a.

- die Zulassungsvoraussetzungen,
- die möglichen Abschlüsse (neben den ›Klassikern‹ wie dem Dr. phil. ist ja z. B. auch die Verleihung des internationalen Ph.D. denkbar),
- die Mehrsprachigkeit an der Graduiertenschule,
- die Einführung verbindlicher Rechte und Pflichten aller Beteiligten,
- die Zielsetzung und Struktur des Studienprogramms und anderer Qualifizierungsmaßnahmen,
- die Einbindung von Postdocs,
- die Gewährleistung zeitlicher Freiräume für eigenständige Forschung und die Erstellung der Dissertationsschrift,
- die Betreuungsstrukturen,
- das Prozedere für die Zuweisung von Promovierenden und Betreuungspersonen,
- ein effizientes Monitoring des Promotionsfortschritts,
- die Gewährleistung der Eigenständigkeit der Promovierenden trotz der engen Anbindung an die Graduiertenschule,
- Frauenförderung sowie
- Maßnahmen zur Erhöhung des Anteils ausländischer Promovierender.

Die offene Ausschreibung hat tatsächlich dazu geführt, dass sehr unterschiedliche Konzepte eingereicht wurden. In der ersten Ausschreibungsrunde wurden folgende drei **Graduate Schools mit geistes-, kultur- und sozialwissenschaftlichem Bezug** bewilligt:

- Berlin School of Mind and Brain (Humboldt-Universität, Berlin)
- Graduate School of North American Studies (John F. Kennedy-Institut, Freie Universität Berlin)
- International Graduate Centre for the Study of Culture (Justus-Liebig-Universität, Gießen)

Diese drei Graduate Schools streben die Etablierung einer transdisziplinären Plattform für die Kommunikation zwischen den Geistes- und Sozialwissenschaften auf der einen, sowie den Lebens- und Neurowissenschaften auf der anderen Seite an (Berlin School of Mind and Brain), vereinen soziologische, literatur-, kultur-, geschichts-, wirtschafts- und politikwissenschaftliche Zugänge zur Erforschung des gesellschaftlichen, ökonomischen und kulturellen Wandels der nordamerikanischen Gesellschaften zu Beginn des 21. Jahrhunderts (Graduate School of North American Studies) oder stellen einen Rahmen für interdisziplinäre kulturwissenschaftliche Forschungen bereit (International Graduate Centre for the Study of Culture).

Die **Unterschiede zwischen diesen drei Graduiertenschulen** betreffen z. B. den Grad der Formalisierung des Studienprogramms. In allen Fällen ist ein strukturiertes Curriculum integraler Bestandteil der Ausbildung, doch die am Berliner John F. Kennedy-Institut angesiedelte Graduate School of North American Studies geht noch einen Schritt darüber hinaus und führt ein dem B. A./M. A.-Modell entsprechendes *credit point system* ein, das für die Teilnahme an Lehrveranstaltungen, den Erwerb von Schlüsselqualifikationen, selbstständiges Unterrichten und das Abfassen der Dissertation Leistungspunkte vergibt. Das Graduate Centre for the Study of Culture an der Justus-Liebig-Universität Gießen zeichnet sich durch die enge Einbindung in internationale Promotionsnetzwerke sowie eine holistische Konzeption aus, die z. B. einen Career Service für Promovierende und ein Teaching Centre einschließt (vgl. Hauthal/Nünning 2007). Die Berlin School of Mind and Brain schließlich etabliert eine innovative Betreuungsstruktur, die verbindlich vorschreibt, dass jede Promotion von jeweils einem natur- und geisteswissenschaftlichen Mentor begleitet wird.

Diese drei Beispiele zeigen, dass der Begriff »**optimale Promotionsbedingungen**« einen großen Auslegungsspielraum lässt. Auch wenn die fachliche Ausrichtung und die interne Struktur der Graduiertenschulen stark variieren und hinsichtlich der Umsetzung, Administration und Außendarstellung eigene Wege gehen, lässt sich aber eine Reihe von **übergreifenden Gemeinsamkeiten** feststellen, die das Promotionsstudium an Graduiertenschulen charakterisieren:

- Die Doktorandenausbildung wird nicht mehr individuell den einzelnen Hochschullehrerinnen und Hochschullehrern überlassen, sondern entsprechend den anglo-amerikanischen Vorbildern als eigener Bereich innerhalb der Universität konzipiert und organisiert.
- Promovierende können sich in einem **transparenten Auswahlverfahren** um die öffentlich ausgeschriebenen Plätze bewerben (anstatt darauf warten zu müssen, dass ein Professor ihnen die Promotion anbietet), müssen aber auch in einem

echten Wettbewerb mit internationalen Mitbewerbern um die begehrten Plätze und Stipendien konkurrieren.

■ Durch **Betreuungsverträge** oder ähnlich formalisierte Übereinkünfte werden die Rechte und Pflichten aller Beteiligten verbindlich geregelt. Ein erfolgreicher Abschluss des Promotionsstudiums innerhalb von drei Jahren ist die Zielvorgabe.

■ Im Gegensatz zur klassischen Individualpromotion müssen weder promotionsferne Leistungen für den Doktorvater bzw. die Doktormutter erbracht werden, noch genügt es, lediglich eine Dissertationsschrift anzufertigen. Die **Teilnahme an den Veranstaltungen des Studienprogramms** ist Voraussetzung für den erfolgreichen Abschluss der Promotion.

■ Promovierende werden in einem international geprägten, **forschungsorientierten Umfeld** systematisch auf eine Karriere innerhalb oder außerhalb der Wissenschaft vorbereitet.

Zusammenfassend lässt sich also festhalten, dass Promovierende, die in eine Graduate School aufgenommen werden, wesentlich genauer einschätzen können, was in welchem Zeitraum von ihnen erwartet wird, und dass die Wahrscheinlichkeit steigt, das angestrebte Ziel innerhalb des vorgesehenen Zeitrahmens zu erreichen. Obwohl die Graduiertenschulen größer dimensioniert sind als die DFG-Graduiertenkollegs, wird nur ein Bruchteil aller Promovierenden in den Geistes-, Sozial- und Kulturwissenschaften **Zugang zu optimalen Promotionsbedingungen** erhalten. In noch stärkerem Maße als die Graduiertenkollegs sind die Graduate Schools dem Kriterium der wissenschaftlichen Exzellenz auf internationalem Niveau verpflichtet und angesichts des großen öffentlichen Interesses unter Zugzwang: Elite muss sich messen lassen.

Allerdings bedeutet diese Entwicklung nicht unbedingt, dass zugunsten der Elitenförderung die **Breitenwirkung** zu kurz kommen muss. Die knapp vierzig Universitäten, deren Graduate Schools im Rahmen der Exzellenzinitiative gefördert werden, setzen für die Gestaltung der Doktorandenausbildung neue Standards, die auch an anderen Universitäten künftig nicht ignoriert werden können, wenn diese etwa Anträge für neue Graduiertenkollegs konzipieren. Die Existenz fester, von den Universitäten selbst geschaffener und mit einer Grundausstattung versehener Graduiertenzentren wird künftig die Erfolgsaussichten von Drittmittelanträgen im Bereich der Nachwuchsförderung maßgeblich beeinflussen. Wenn dies letztlich dazu führt, dass die Bedürfnisse der Promovierenden innerhalb der Universitäten ernst genommen, entsprechende Investitionen getätigt und Forschung und Förderung als Einheit aufgefasst werden, hat die Exzellenzinitiative bewirkt, was seit den 1990er Jahren auf der hochschulpolitischen Agenda steht: eine nachhaltige Strukturreform zur Verbesserung der Doktorandenausbildung.

Literatur

DFG – Deutsche Forschungsgemeinschaft: »Strukturelle Auswirkungen des Programms zur Förderung von Graduiertenkollegs«. http://www.dfg.de/forschungsfoerderung/koordinierte_programme/graduiertenkollegs/download/strukturbericht2000.pdf
Fiedler, Werner/Hebecker, Eike (Hg.): *Promovieren in Europa. Strukturen, Status und Perspektiven im Bologna-Prozess.* Leverkusen 2006.

Hauthal, Janine/Nünning, Ansgar: »Pioniermodell mit internationalem Renommee und Vorbildcharakter: Das ›International Graduate Centre for the Study of Culture‹ (GCSC)«. In: *Spiegel der Forschung* 24.1 (2007), S. 12–19.

Koepernik, Claudia et al. (Hgg.): *GEW-Handbuch Promovieren mit Perspektive. Ein Ratgeber von und für DoktorandInnen*. Bielefeld 2006.

Kupfer, Antonia/Moes, Johannes: *Promovieren in Europa. Ein internationaler Vergleich von Promotionsbedingungen*. 2. Aufl. Frankfurt a.M. 2004 [2003].

Meuser, Thomas (Hg.): *Promo-Viren. Zur Behandlung promotionaler Effekte und chronischer Doktoritis*. Wiesbaden 1994.

Nünning, Ansgar/Sommer, Roy: »Defizite und Desiderate der deutschen Doktorandenausbildung: Das Gießener Graduiertenzentrum Kulturwissenschaften als Reformmodell«. In: Kimmich, Dorothee/Thumfart, Alexander (Hgg.): *Universität ohne Zukunft?* Frankfurt a.M. 2003, S. 187–208.

Stark, Barbara: *Befragung der Doktorandinnen und Doktoranden der Graduiertenkollegs zur Qualität der Förderung – Erste Ergebnisse Deutsche Forschungsgemeinschaft (DFG)*. Bonn 2002. http://www.dfg.de/forschungsfoerderung/koordinierte_programme/ graduiertenkollegs/download/befragung2002.pdf (30.06.2007)

Stock, Steffen et al. (Hgg.): *Erfolgreich promovieren. Ein Ratgeber von Promovierten für Promovierende*. Berlin et al. 2006.

Wisker, Gina: *The Postgraduate Research Handbook. Succeed with Your MA, MPhil, EdD and PhD.* Basingstoke et al. 2001.

Wissenschaftsrat (Hg.): *Empfehlungen zur Doktorandenausbildung und Förderung des Hochschullehrernachwuchses*. Köln 1997.

Wissenschaftsrat: *Empfehlungen zur Doktorandenausbildung*. Saarbrücken 2002. http://www.wissenschaftsrat.de/texte/5459–02.pdf (05.06.2007)

Ansgar Nünning und Roy Sommer

2. Interessenvertretungen für den wissenschaftlichen Nachwuchs

Promovierende haben in erster Linie eigene, **individuelle Interessen**, die naturgemäß sehr unterschiedlich sind: Manche interessieren sich für die hochschulpolitischen Rahmenbedingungen ihrer wissenschaftlichen Tätigkeit, andere nicht; manche engagieren sich gerne in Netzwerken, andere nicht; manche übernehmen gerne Verantwortung in Gremien, andere weniger gern; manche suchen den interdisziplinären Austausch, andere beschränken sich lieber auf das eigene Fach; manche besitzen als Stipendiaten und Stipendiatinnen das Privileg, sich ausschließlich ihren Forschungsaufgaben widmen zu können, andere müssen – oder dürfen, je nach Perspektive – als wissenschaftliche Mitarbeiter/innen auch administrative und organisatorische Tätigkeiten ausüben und eigenständig unterrichten; viele sind in der einen oder anderen Funktion in der Hochschule integriert, etliche müssen bzw. wollen aber auch Familie oder außeruniversitäre Erwerbsarbeit und Forschung unter einen Hut bringen.

Trotz der Heterogenität der persönlichen Interessen der Promovierenden lassen sich jedoch auch wesentliche Gemeinsamkeiten finden: Wer an einer Doktorarbeit sitzt, will u.a. gut betreut werden, konstruktives Feedback erhalten, die Arbeit erfolgreich zu Ende bringen und dadurch die eigenen Berufsaussichten verbessern. **Kollektive Interessen** dieser Art lassen sich über Repräsentationsstrukturen artikulieren, vertreten und durchsetzen, wie sie in neuen Graduiertenzentren und Graduate Schools üblich sind. Dort sind in der Regel auch Vertreter/innen der Gruppe der Promovierenden in Leitungsgremien eingebunden und an wichtigen Entscheidungen beteiligt.

Darüber hinaus gibt es auch eine Reihe überregionaler **Interessenvertretungen** wie etwa das Doktorandennetzwerk THESIS e.V. und die ›Projektgruppe DoktorandInnen‹ (PG Dok) der Gewerkschaft Erziehung und Wissenschaft (GEW). Beide haben im vergangenen Jahr eigene Promotionsratgeber publiziert (Moes et al. 2006; Stock et al. 2006), die hinsichtlich der Qualität und Bandbreite der Inhalte sowie der Vielzahl der integrierten Perspektiven neue Maßstäbe im Bereich der Literatur über das Promovieren setzen. Neben THESIS und der PG Dok der GEW ist die Bundesvertretung Akademischer Mittelbau (BAM) eine dritte bundesweit tätige Organisation, die auch den wissenschaftlichen Nachwuchs repräsentiert.

THESIS e.V. ist ein interdisziplinäres Netzwerk für Promovierende und Promovierte, das im Jahr 1991 von externen Doktoranden mit dem Ziel der bundesweiten Vernetzung Promovierender gegründet wurde. Mitglied können für einen jährlichen Beitrag von 30 € alle Personen werden, die eine Promotion anstreben, promovieren bzw. ohne Promotionsabsicht wissenschaftlich arbeiten, oder bereits promoviert sind. Mittlerweile gibt es über 500 Mitglieder an 150 Universitäten in 140 Städten in Deutschland und im Ausland. An zahlreichen Hochschulorten in Deutschland (Berlin/Potsdam, Bodensee, Bonn, Dortmund, Erfurt/Weimar, Erlangen/Nürnberg, Frankfurt a.M., Freiburg, Göttingen, Hamburg, Hannover, Karlsruhe, Kassel, Kiel, Köln, Lüneburg, München, Saarbrücken, Stuttgart, Tübingen und Würzburg) gibt es lokale Gruppen für den fachlichen und privaten Austausch. Wer sich näher über deren Arbeit informieren oder sich selbst engagieren möchte, kann zu den Regionalleitern und Regionalleiterinnen Kontakt aufnehmen (www.thesis.de). Promotionsrelevante Veranstaltungen und eine Reihe von Mailinglisten (eine allgemeine, sechs regionale und verschiedene thematische Listen) zum Informationsaustausch runden das Angebot ab.

Ihren Anspruch, als Lobby für Promovierende zu fungieren, unterstreichen die ›Thesianer‹, wie sich die Mitglieder von THESIS bezeichnen, durch ihr hochschulpolitisches Engagement. In einer gemeinsamen **Erklärung zur Dienstrechtsreform aus der Sicht des wissenschaftlichen Nachwuchses** mit ver.di, PI (s.u.), der Bundeskonferenz der Frauen- und Gleichstellungsbeauftragten an Hochschulen (BuKOF), der BAM (s.u.) und dem DGB nahm THESIS im Oktober 2001 zur Novellierung des Hochschulrahmengesetzes (HRG) und der Einführung der **Juniorprofessur** Stellung. Die Unterzeichner kritisierten, dass Organisationen des wissenschaftlichen Nachwuchses nicht ausreichend in das Gesetzgebungsverfahren einbezogen waren, dass die Reformen der Personalstruktur und -ausstattung sich nicht auf die Juniorprofessur beschränken dürften, sondern dem wissenschaftlichen Nachwuchs auch **andere Perspektiven** nach der Promotion gegeben werden sollten, und dass die Rahmenbedingungen der Juniorprofessur im Interesse der Promovierten in folgenden Punkten modifiziert bzw. spezifiziert werden sollten:

- Begrenzung der Aufgaben im Bereich Drittmitteleinwerbung,
- sukzessive Aufstockung der Lehrverpflichtung,
- klare Definition der Evaluationskriterien und
- Möglichkeit eines *tenure track* (Entfristung der Stelle bei positiver Evaluation).

Die Juniorprofessur an sich wurde als Maßnahme zum »Überwinden der nicht mehr zeitgemäßen Habilitation« begrüßt (http://THESIS.wecotec.de/cmsdata/0GemeinsameErklaerungOktober2001.pdf).

Die ›**Projektgruppe DoktorandInnen**‹ ist im Gegensatz zu THESIS eine von der Gewerkschaft Erziehung und Wissenschaft eingerichtete Arbeitsgruppe: Sie ist kein offenes Netzwerk, sondern eine Plattform für gewerkschaftlich engagierte Promovierende. Die Projektgruppe hat in den vergangenen Jahren zu verschiedenen Themen Stellung bezogen, die den wissenschaftlichen Nachwuchs betreffen. Dazu zählen die materielle und soziale Lage von Doktoranden/Doktorandinnen, Defizite in der Betreuung, Auseinandersetzungen mit den Vorschlägen des Wissenschaftsrats und der Hochschulrektorenkonferenz zur Reform der Doktorandenausbildung sowie mit der Förderlinie Graduiertenschulen der Exzellenzinitiative. Die ›Projektgruppe DoktorandInnen‹ fordert zudem eine klare Festschreibung des Doktorandenstatus und plädiert dabei – ihrer gewerkschaftlichen Orientierung entsprechend – für eine Definition des Promovierens als wissenschaftliche Arbeit. Nach dem Modell skandinavischer Länder und der Niederlande wird eine Anstellung der Promovierenden als wissenschaftliche Mitarbeiter mit Selbstverwaltungsrechten und einer Vergütung auf der Basis tarifrechtlich geregelter Arbeitsverträge an.

Daneben gibt es noch eine Reihe kleinerer Interessenvertretungen des wissenschaftlichen Nachwuchses. Die **Promovierendeninitiative π (PI)**, die von Stipendiaten und Stipendiatinnen der Begabtenförderungswerke gegründet wurde, informiert ihre Mitglieder über allgemeine Entwicklungen im Bereich der Hochschulpolitik, die Situation der Promovierenden – auch in den verschiedenen Stiftungen – und bezieht Stellung zu hochschulpolitischen Themen, die den wissenschaftlichen Nachwuchs betreffen: »Wir vertreten die Interessen der Promovierenden bei den entsprechenden Institutionen und Entscheidungsträgern. In Zusammenarbeit mit PartnerInnen aus Hochschule, Politik und Gesellschaft erörtern wir bestehende Probleme und entwickeln Lösungs- bzw. Verbesserungsvorschläge.« (http://www.promovierenden-initiative.de)

Neben bundesweiten Netzwerken wie PI und THESIS gibt es auch **lokale Initiativen** von Promovierenden an verschiedenen Universitäten. Zu nennen ist hier insbesondere die **Promovierendeninitiative der Humboldt-Universität Berlin**, die ebenfalls von Stipendiaten und Stipendiatinnen verschiedener Förderwerke gegründet wurde, sich aber auch explizit an Nicht-Stipendiaten/-Stipendiatinnen richtet. Diese Initiative vertritt die Interessen Promovierender auf Hochschulebene und fordert etwa die Verbesserung der Betreuungssituation ausländischer Promovierender, die Anerkennung von Promotionsstipendien als eingeworbene Drittmittel oder die Vereinheitlichung des Promotionsvorgangs auf verwaltungstechnischer Ebene (http://forschung.hu-berlin.de/wiss_nachw/wn_promin_html).

Die **Bundesvertretung Akademischer Mittelbau (BAM)** schließlich ist die Vertretung der Wissenschaftlerinnen und Wissenschaftler im akademischen Mittelbau an den Hochschulen der Bundesrepublik Deutschland. Ihre Mitglieder sind die Landesmittelbauvertretungen, die von gewählten Mandatsträgern der Hochschulen jedes Bundeslandes gebildet werden. Die Forderungen der BAM zur Ausgestaltung der Promotionsphase, der Juniorprofessuren und den Beschäftigungsverhältnissen in der Wissenschaft sind in den sog. »Ulmer Thesen« vom 6. Juli 2002 festgehalten. Sie umfassen

- die *tenure track*-Option,
- eine angemessene Grundausstattung sowie die Begrenzung der Lehrverpflichtung für Juniorprofessuren,
- die Einführung unbefristeter Beschäftigungsverhältnisse in Lehre und Forschung sowie
- eine bundeseinheitliche und wissenschaftsspezifische tarifvertragliche Regelung aller Arbeitsverhältnisse in Lehre und Forschung (www.mittelbau.org).

Nicht nur die genannten Organisationen und Netzwerke sowie die Stipendienprogramme der Begabtenförderungswerke, sondern auch universitäre Einrichtungen wie **Graduiertenschulen und Graduiertenzentren** bieten engagierten Promovierenden die Gelegenheit, den derzeitigen Reformprozess aktiv mitzugestalten. Die Form der Beteiligung der Promovierenden wird in der Satzung der jeweiligen Institution festgelegt. Zu den Bereichen, die für Promovierende von zentraler Bedeutung sind, zählen

- die Mitbestimmung bei der internen Mittelvergabe,
- die Beteiligung an Auswahlverfahren,
- die Festlegung der Leistungen und Angebote der Einrichtung, sowie
- die Mitwirkung an der Entwicklung des Forschungsprogramms.

Natürlich erfordert die Mitbestimmung individuelles und mitunter zeitintensives **Engagement** und setzt die Bereitschaft zur Übernahme von Verantwortung voraus.

Im Gegenzug erhalten diejenigen, die sich in Netzwerken, Organisationen oder Gremien engagieren, neben vielfältigen Kontakten weit reichende Einblicke in hochschulpolitische Entwicklungen; sie sind an Entscheidungsprozessen beteiligt, schulen ihre Argumentationskompetenzen und nehmen die Gelegenheit wahr, die Interessen von Promovierenden öffentlichkeitswirksam zu vertreten und der Perspektive des wissenschaftlichen Nachwuchses bei der Neustrukturierung der Doktorandenausbildung Gewicht zu verleihen.

Roy Sommer

3. Promotion als Forschungsgebiet: Aktuelle Studien zur Doktorandenausbildung

Die gegenwärtige Umstrukturierung der Universitäten in Deutschland geht mit einer verstärkten **Selbstreflexivität des Wissenschaftssystems** einher. Die Gründung der Gesellschaft für Hochschulforschung im Mai 2006 ist nur ein Beleg für die große Bedeutung, die der sozialwissenschaftlichen Erforschung des universitären Bildungssystems zurzeit beigemessen wird. Empirische Untersuchungen zu Studium, Forschung und Lehre liefern die Grundlage für Veränderungsvorschläge und überwachen den Prozess ihrer Umsetzung. Neben der Einführung des B. A.-/ M. A.-Systems an deutschen Hochschulen, der Situation von Frauen in der Wissenschaft und dem internationalen Vergleich von Hochschulsystemen und Karrierewegen in der Wissenschaft erhält auch die Doktorandenausbildung in Deutschland in den letzten fünfzehn Jahren große Aufmerksamkeit.

Dennoch ist Hochschulforschung keine Erfindung der 1990er Jahre. Die heute wichtigsten Zentren für Hochschulforschung in München und Kassel wurden beide bereits in den 1970er Jahren im Zuge der damaligen Hochschulreformen gegründet. Mit dem Zusammenwachsen der Europäischen Union erfolgt die nationale Hochschulforschung jedoch heute stärker als zuvor im **Kontext des internationalen Wissenschaftssystems**. In seiner »Entschließung über den Beruf und die Laufbahn der Forscher im Europäischen Forschungsraum« vom 10. November 2003 hat der Rat der Europäischen Union das Vorhaben der Europäischen Kommission begrüßt, »verschiedene Fragen im Hinblick auf den Karriereverlauf sowie die Thematik der Ausbildung im Forschungsbereich zu analysieren, wozu auch die Erhebung von Daten und das Erstellen von Bedarfsanalysen gehören«. Die Erforschung des Wissenschaftssystems wird als notwendige Bedingung der Etablierung und Vereinheitlichung des angestrebten Europäischen Forschungsraums (EFR) angesehen. Im Folgenden sollen **einige exemplarische Forschungsprojekte aus der deutschen Hochschulforschung** vorgestellt werden:

- die »Kasseler Promoviertenstudie«,
- die Untersuchung »Promovieren in Bayern« sowie
- Studien zur Situation von Frauen in der Wissenschaft.

Diese Untersuchungen unterscheiden sich sowohl hinsichtlich der leitenden Fragestellungen als auch im Hinblick auf die eingesetzte Methodik. Knappe historische Überblicke über die deutsche und internationale Hochschulforschung zur Nachwuchsförderung finden sich bei Berning/Falk (2005, S. 9–13) und Enders (2005).

Eine der wichtigsten deutschen Institutionen zur Erforschung des Hochschulwesens ist das **Internationale Zentrum für Hochschulforschung Kassel** (INCHER-Kassel), das aus dem seit 1978 an der Universität Kassel bestehenden Wissenschaftlichen Zentrum für Berufs- und Hochschulforschung hervorgegangen ist. Unter den vielfältigen Forschungsfragen der interdisziplinären Einrichtung nimmt diejenige nach der Situation des wissenschaftlichen Nachwuchses im Allgemeinen bzw. der Promotionsphase im Besonderen seit Mitte der 1990er Jahre eine zentrale Rolle ein. Insbesondere die Arbeiten von Ulrich Teichler, Jürgen Enders, seit 2002 am Center for Higher Education Policy Studies (CHEPS) im niederländischen Twente tätig, und Lutz Bornmann sind zugleich Indikator und Motor des seit Anfang der 1990er Jahre verstärkt festzustellenden wissenschaftlichen Interesses an der Praxis der deutschen Doktorandenausbildung.

»Kasseler Promoviertenstudie«

Bereits im Rahmen seiner Dissertation hat sich Enders (1996) mit der Promotion als Qualifizierungsphase beschäftigt. Während er in dieser Studie jedoch ausschließlich die Situation von promovierenden und promovierten Mitarbeitern an Universitäten untersuchte, ist die von Enders und Bornmann im Anschluss mit Unterstützung der DFG durchgeführte »Kasseler Promoviertenstudie« wesentlich breiter angelegt: Sie basiert auf einer schriftlichen Datenerhebung unter 2244 promovierten Akademikern/Akademikerinnen aus sechs verschiedenen Fachdisziplinen (Biologie, Elektrotechnik, Germanistik, Mathematik, Sozialwissenschaften und Wirtschaftswissenschaften), die ihre Promotion auf den unterschiedlichsten Wegen finanzierten. Die nach Repräsentativität ausgewählten, an westdeutschen Universitäten Promovierten wurden zu ihrem Bildungsweg bis zur Promotion, zur Promotionsphase, zum Berufsweg nach der Promotion und zu ihrem soziobiografischen Hintergrund befragt. Die Studie wurde in mehreren Publikationen ausgewertet, die jeweils einzelne Aspekte der Promotion fokussieren: Das im internationalen Vergleich recht hohe und daher oft kritisierte **Alter beim Promotionsabschluss** wurde beispielsweise von Bornmann/Enders (2002) nach Fächern und unterschiedlichen Ursachen differenziert betrachtet: Dabei stellte sich heraus, dass es zum einen deutliche fachspezifische Unterschiede gibt und dass zum anderen das Promotionsalter nicht nur auf eine lange Bearbeitungszeit der Dissertation zurückgeführt werden kann. Generell wirken sich hingegen vor allem ein später Promotionsbeginn und zwischenzeitliche Unterbrechungen in einem Anstieg des Promotionsalters aus. Darüber hinaus können die Formen der Finanzierung und der Einbindung in das Wissenschaftssystem die Promotionsdauer beeinflussen. So brauchen externe Doktoranden/Doktorandinnen in der Regel länger als wissenschaftliche Mitarbeiter/innen, während Stipendiaten/Stipendiatinnen ihre Promotion am schnellsten zum Abschluss bringen.

Promotionsdauer, Bearbeitungszeit und Promotionsalter nach Disziplinen (in Jahren)

	Biologie	Elektro-technik	Ger-manistik	Mathe-matik	Sozial-wissen-schaften	Wirt-schaftswis-senschaften
Promotionsdauer	4,5	6,9	6,0	4,3	7,3	5,5
Bearbeitungszeit	4,1	4,6	4,7	3,6	4,5	4,0
Promotionsalter	31,3	33,5	32,9	30,3	34,5	31,7

(Angaben nach Bornmann/Enders 2002, S. 56)

Auf der Basis der selben Umfrage konnten von Enders/Bornmann (2004) auch Aussagen zum **Einfluss des sozialen Hintergrunds** (Bildung und Beruf der Eltern) sowie des Geschlechts auf den Zugang zur Promotion sowie auf den Berufsweg nach der Promotion getroffen werden. Beide Faktoren haben Einfluss darauf, ob ein Akademiker nach dem Hochschulstudium promoviert: Der Anteil sowohl von Männern als auch von Personen, deren Eltern einer höheren Gesellschaftsschicht angehören, ist bei den Promovierten der meisten Disziplinen signifikant höher als bei der Vergleichsgruppe der Hochschulabsolventen ohne Promotion, so dass man von einem Selektionsprozess sprechen kann. Im Gegensatz zum sozialen Status der Eltern hat das Geschlecht auch nach erfolgreicher Promotion noch Einfluss auf den beruflichen Erfolg: Promovierte Männer besetzen tendenziell höhere Positionen und verdienen mehr Geld als promovierte Frauen. Dies gilt in besonders starkem Maße für Tätigkeiten außerhalb von Wissenschaft und Forschung. Ob der diagnostizierte Zusammenhang zwischen sozialem Hindergrund und Geschlecht auf der einen Seite und beruflichem Erfolg auf der anderen Seite auf diskriminierende Entscheidungsprozesse zurückzuführen ist, oder andere Faktoren wie z.B. die Eigenschaften der jeweiligen Gruppen wirksam werden, geht aus dieser Studie nicht hervor.

Wie hier bereits deutlich wird, liegt die Besonderheit der Kasseler Promoviertenstudie in ihrem speziellen Interesse an dem beruflichen Karriereweg nach der Promotion, der daher mehrfach unter wechselnden Gesichtspunkten beschrieben wird. Neben der Beobachtung der Übergangsphase und des Berufseinstiegs (Enders 2002; Enders/Bornmann 2002b) wird vor allem der **berufliche Erfolg von Promovierten** statistisch erfasst und ausgewertet (Enders/Bornmann 2001). Eine Promotion ist in Deutschland mehr als die Vorraussetzung für eine Karriere in Forschung und Wissenschaft, denen nur jede/r zweite Promovierte treu bleibt. Auch außerhalb der Hochschule ist eine Promotion ein Erfolgsfaktor: Im internationalen Vergleich zeigt sich, dass die Verwertbarkeit der Promotion auf dem deutschen Arbeitsmarkt sehr hoch ist und eine »außergewöhnliche Funktion bei der Selbstreproduktion gesellschaftlicher Eliten« (Enders 2005, S. 41) erfüllt.

Die Kasseler Promoviertenstudie liefert darüber hinaus z.B. auch **Daten zur internationalen Mobilität** von promovierten Wissenschaftlern und Wissenschaftlerinnen und erlaubt so Thesenbildungen über »spezifische[n] Charakteristika international mobiler Befragter« und den Einfluss der »Berufstätigkeit im Ausland auf den Berufsweg und -erfolg« (Enders/Bornmann 2002a, S. 357). In allen Fächern haben Auslandskontakte vor der Promotion »eine beflügelnde Wirkung auf die internationale Mobilität« (ebd., S. 358). Während eine temporäre Beschäftigung im Ausland für viele Promovierte den beruflichen Erfolg nach der Rückkehr steigert, gilt dies für die in der Studie vertretenen Geistes- und Kulturwissenschaftler/-innen aus der Germanistik und der Soziologie nicht.

Da in der Kasseler Promoviertenstudie neben dem Zugang zur Promotion und der Promotionsphase insbesondere der spätere berufliche Werdegang der Promovierten von Interesse war, wurden mit den drei Abschlussjahrgängen 1979/80, 1984/85 und 1989/90 Promovierte ausgewählt, deren berufliche Orientierung zum Zeitpunkt der Befragung als weitgehend abgeschlossen betrachtet werden konnte. Diese sich aus der Fragestellung ergebende Notwendigkeit bringt einen **Nachteil** mit sich. Die Studie erfasst nur Promotionen, die vor den grundlegenden Reformen der Doktorandenausbildung beendet wurden. Obwohl die wissenschaftlichen

Auswertungen von Enders und Bornmann erst wenige Jahre alt sind, können sie daher keine Auskunft über die gegenwärtige Situation geben. Dies gilt zumindest in eingeschränktem Maße auch für die von Enders und Mugabushaka (2005) durchgeführte Befragung von Postdoc-Stipendiaten der DFG. Zwar wurden hier immerhin Stipendiaten bis 1997 befragt, aber auch diese letzte berücksichtigte Förderphase liegt inzwischen schon zehn Jahre zurück und damit vor den wichtigsten Neuerungen der letzten Jahre wie der Einführung der Juniorprofessur 2002 oder des Emmy Noether-Programms 1999 (s. Kap. V.3).

»Promovieren in Bayern«

Das neben dem Kasseler Institut zweite wichtige Standbein der deutschen Hochschulforschung ist das in München ansässige **Bayerische Staatsinstitut für Hochschulforschung und Hochschulplanung**, das bereits seit 1973 besteht und neben der Zeitschrift *Beiträge zur Hochschulforschung* auch eine Monografienreihe herausgibt. In dieser Reihe ist 2006 der Band *Promovieren an den Universitäten in Bayern. Praxis, Modelle, Perspektiven* erschienen.

> **Tipp: Studien im Internet**
>
> Die Monografie von Berning/Falk kann, wie alle Publikationen des Bayerischen Staatsinstituts für Hochschulforschung und zahlreiche weitere Studien, im Internet als pdf-Dokument heruntergeladen werden. Die Internetadressen der hier erwähnten Studien sowie einiger weiterer Publikationen werden in der Bibliografie am Ende dieses Artikels aufgeführt.

Die von Ewald Berning und Susanne Falk vorgelegte Untersuchung ist im Gegensatz zur Kasseler Promoviertenstudie als **aktuelle Bestandsaufnahme** der seit den 1990er Jahren bestehenden Umbruchsituation des deutschen Promotionswesens konzipiert und geht unter anderem der Frage nach, ob und inwieweit eine strukturierte Doktorandenausbildung nach angloamerikanischem Vorbild die traditionelle deutsche Promotion nach dem »Meister-Schüler-Modell« abgelöst hat, »in welchen Bereichen strukturierte Promotionsstudien Stärken aufweisen und ob sie der traditionellen Weise des Promovierens überlegen sind« (Berning/Falk 2006, S. 18).

Die Untersuchung konzentriert sich dabei, anders als diejenige von Enders/Bornmann, auf den Zugang zur Promotion sowie die eigentliche Promotionsphase und erlaubte daher eine Befragung von Doktoranden/Doktorandinnen, die sich zum Zeitpunkt der Umfrage (November 2003 bis Februar 2004) noch im Prozess des Promovierens befanden. Neben 2661 Doktoranden/Doktorandinnen aller Fächer haben auch 680 Professoren bzw. Promotionsbetreuer an außeruniversitären Forschungseinrichtungen an der Onlineumfrage teilgenommen. Berning/Falk (2006) schlüsseln die aus der Umfrage gewonnenen Daten auf der Suche nach geschlechts-, fach- und promotionsmodellspezifischen Unterschieden sehr genau auf und illustrieren die Ergebnisse zu den einzelnen Aspekten der Fragestellung (z. B. der Betreuungssituation, den Ursachen für verlängerte Promotionszeiten oder der Einbindung in die *scientific community*) in Grafiken, die auch für Leser ohne statistische Kenntnisse leicht verständlich sind.

Die Ergebnisse der Umfrage zeigen, dass sich die Situation der Promovierenden in den einzelnen Fächern in mehrfacher Hinsicht deutlich unterscheidet: Zwar überwiegen in allen Disziplinen traditionelle gegenüber neueren Promotionsmodellen, während der Anteil traditioneller Promotionen in den Naturwissenschaften jedoch nur bei knapp über 50% liegt, beträgt er in den Rechtswissenschaften noch 85,5%. In den Geistes- und Kulturwissenschaften sind traditionelle Promotionen immerhin noch mit 63,5% vertreten.

Große fachspezifische Unterschiede bestehen zudem im Hinblick auf die **Hochschulverankerung der Promovierenden**: Während in den Ingenieurwissenschaften nahezu alle Doktoranden/Doktorandinnen eine Stelle an einer Hochschule bzw. außeruniversitären Forschungseinrichtung haben, trifft dies am anderen Ende des Spektrums nur auf 30% der Geistes- und Kulturwissenschaftler/innen zu, von denen 41% zudem weder eine Stelle noch ein Stipendium haben und sich daher anderweitig finanzieren müssen. Zusammen mit der nicht überraschenden Tatsache, dass in den Geistes- und Kulturwissenschaften überwiegend Individualdissertationen geschrieben werden, ergibt sich für diese Disziplinen eine erhöhte »Gefahr der wissenschaftlichen Isolation und des ›Einzelkämpfertums‹« (Berning/Falk 2005, S. 59), die wiederum zu einer vergleichsweise schwachen wissenschaftlichen Förderung durch die Betreuenden führen (ebd., S. 64).

Berning/Falk (2006) legen in ihren **abschließenden Empfehlungen** daher besonders strukturbildende und dissertationsfördernde Maßnahmen nahe wie eine »[v]erbindliche Regelung der Arbeits- und Betreuungsleistungen« (ebd., S. 191) oder eine stärkere Unterstützung des wissenschaftlichen Nachwuchses in karriererelevanten Bereichen: Auf eine mögliche Tätigkeit als Hochschullehrer/in soll durch »fachliche und überfachliche Ausbildungsangebote« (ebd.) vorbereitet werden, wozu z.B. die Unterstützung bei Publikationen oder die (begrenzte) Einbindung in die akademische Lehre zu zählen sind, aber auch die Vermittlung von Präsentationstechniken oder Schreibkompetenzen. Obwohl alle Vorschläge, die Berning/Falk unterbreiten, der Forderung nach einer stärkeren Etablierung der strukturierten Doktorandenausbildung gleichkommen, votieren sie doch nicht für eine gänzliche Ablösung des traditionellen Promotionsmodells, sondern salomonisch für die Beibehaltung der »Vielfalt an Promotionsmöglichkeiten« (ebd., S. 190) in Deutschland. Teilweise mag dieser Kompromiss den unterschiedlichen Fächerkulturen geschuldet sein, teilweise erscheint er aber auch als Zugeständnis an die überwiegende Mehrheit der Doktoranden/Doktorandinnen und Professoren/Professorinnen, die eine stärkere Strukturierung der Promotionsphase ablehnen (vgl. ebd., S. 187).

Frauen und Promotion: Geschlechtsspezifische Fragestellungen

Neben fachspezifischen Aspekten spielen geschlechtsspezifische Unterschiede in fast allen Studien zur Promotion eine Rolle, da Frauen zum einen in der Wissenschaft unterrepräsentiert sind, sich ihre Qualifizierungswege aber zum anderen auch von denen der Männer unterscheiden. So haben bspw. mehr promovierende Männer als Frauen eine Stelle an der Universität und mehr Frauen nehmen Erziehungszeiten. Um den quantitativen und qualitativen Unterschieden der Karrierewege von Männern und Frauen in der Wissenschaft nachzugehen und diese gegebenenfalls aufheben zu können, gibt es seit den 1990er Jahren verstärkt auch wissenschaftliche Untersuchungen, die sich ganz spezifisch mit der Situation von Frauen in der Wissenschaft beschäftigen. So z.B. die Berichte der Bund-Länder-Kommission, die in regelmäßigen Abständen erscheinen und über den jeweils aktuellen Frauenanteil in allen Qualifikationsstufen informieren und den Erfolg von Maßnahmen zur Frauenförderung kommentieren (vgl. BLK 2000 für einen historischen Überblick sowie BLK 2006 für den aktuellsten Bericht).

Frauenanteile im Qualifikationsverlauf

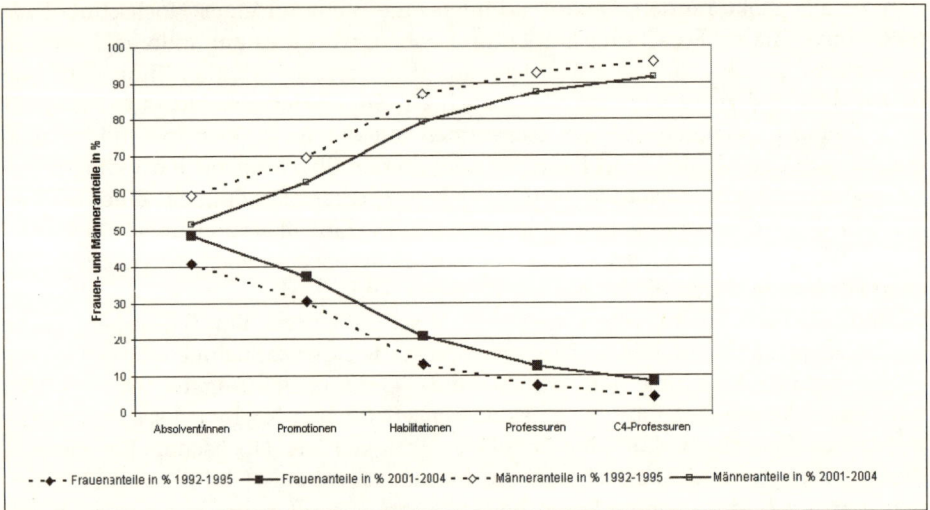

Quelle: Bund-Länder-Kommission 2006, S. 3

Nur sehr wenige *gender*-bezogene Studien beschäftigen sich speziell mit der Promotion, da in dieser Qualifizierungsphase der Frauenanteil – besonderes in den Geistes- und Kulturwissenschaften – im Vergleich zu den folgenden Karrierestufen noch recht hoch und die Chancenungleichheit daher noch nicht so offensichtlich ist. Zu den Ausnahmen gehören Kirschbaum et al. (2005), die der Frage nachgehen, ob und inwiefern bei der Förderung von Doktoranden/Doktorandinnen in Niedersachsen geschlechtsspezifische Unterschiede festzustellen sind, oder die Umfrage von Bartels/Eschbach-Szabo (2005) an der kulturwissenschaftlichen Fakultät der Universität Tübingen. Beide Untersuchungen können während der Promotion allerdings mit quantitativen Methoden keine gravierenden Unterschiede zwischen den Geschlechtern feststellen.

Dass dennoch bereits in der Promotionsphase geschlechtsspezifische Unterschiede bestehen, zeigen Macha/Forschungsgruppe (2000), deren Untersuchung sich von den meisten anderen Studien sowohl hinsichtlich der Fragestellung nach der »individuellen Verarbeitung von äußeren wie inneren Sozialisationsbedingungen von Wissenschaftlerinnen« (ebd., S. 51) als auch durch das methodische Vorgehen unterscheidet: Mittels einer äußerst aufwendigen qualitativen Analyse von Einzelinterviews wird der biografische Kontext der Wissenschaftlerinnen in den Blick genommen. Dabei zeigt sich, dass zumindest in der retrospektiven Selbstwahrnehmung Frauen bei der Durchsetzung ihrer intellektuellen Begabung größere **Hindernisse** zu überwinden haben als Männer. Diese Hindernisse sind jedoch vor allem mentaler Art und betreffen das eigene Selbstbild sowie die Erwartungen der Umwelt. Aufgrund geschlechtsspezifischer Sozialisationsprozesse ist beruflicher Erfolg für Männer grundsätzlich erstrebenswert, während er für Frauen problematisch sein kann: Um in einer männlichen Arbeitswelt wie der Hochschule Karriere machen zu können, müssen Frauen Eigenschaften entwickeln, die auch in der heutigen Zeit noch als unweiblich gelten (z.B. Ehrgeiz, Zielstrebigkeit, positive Aggressivität) und daher für Frauen die Gefahr der sozialen Isolation mit sich bringen. Die Beobachtung, dass »Frauen, die Karriere machen wollen, immer noch gegen Stereotype in den Köpfen ihrer Kollegen, ihrer Umwelt und nicht zuletzt in sich selbst kämpfen [müssen]« (ebd., S. 163), liefert eine Erklärung für den nach wie vor geringen Frauenanteil in den Führungspositionen der Wissenschaft.

Frauen in der Wissenschaft: Forschungsüberblick

Angesichts der Zunahme von Studien und Stellungnahmen zur Gleichstellung von Männern und Frauen sowie zur Situation des weiblichen wissenschaftlichen Nachwuchses fällt es schwer, in diesem Bereich der Forschung die Orientierung zu behalten. Besonders hilfreich ist daher Linds (2004) Forschungsüberblick zu Karrierewegen von Wissenschaftlerinnen, der auch die Ergebnisse des von Bund und Ländern finanzierten CEWS-Projekts evaluiert (zu institutioneller Wissenschafts- und Nachwuchsförderung s. Kap. II.6).

Neben den hier vorgestellten Studien gibt es eine **Vielzahl von Einzelstudien** von Hochschulforschern/Hochschulforscherinnen oder von an der Gestaltung des deutschen Promotionswesens beteiligten Institutionen, wie z.B. der DFG, die regelmäßig die Wirksamkeit der eigenen Förderinstrumente untersucht (vgl. bspw. die jährlichen Erhebungen zu »Entwicklung und Stand des Programms ›Graduiertenkolleg‹«), oder der Bund-Länder-Kommission für Bildungsplanung und Forschungsförderung. Auch die größte deutsche Interessenvertretung Promovierender THESIS e.V. hat 2004 eine eigene bundesweite Doktorandenbefragung zur Lebens- und Arbeitssituation der Doktoranden/Doktorandinnen in Deutschland durchgeführt, deren Ergebnisse im Großen und Ganzen diejenigen von Berning und Falk bestätigen (vgl. duz-SPECIAL 2004). Wie die meisten Studien basiert auch diese auf subjektiven Einschätzungen; objektive und vollständige Zahlen gibt es lediglich zu den Promotions*abschlüssen*. Sie werden jährlich vom Statistischen Bundesamt (zuletzt 2006) bereitgestellt und finden sich in aufbereiteter Form auch in der Empfehlung des Wissenschaftsrats (2002) zur Doktorandenausbildung.

Die Empfehlungen des Wissenschaftsrats enthalten dabei nicht nur Auswertungen des vorhandenen Datenmaterials, sondern sind – wie der Name schon sagt – in erster Linie Stellungnahmen und – zwar unverbindliche aber dennoch einflussreiche – **Handlungsrichtlinien** für Bund und Länder. Auf der Basis der Ergebnisse der Hochschulforschung werden vom Wissenschaftsrat und anderen mit Hochschulpolitik befassten Institutionen in regelmäßigen Abständen Reformkonzepte vorgelegt, um bestehende Missstände in der Nachwuchsförderung zu beheben und den von der Europäischen Union anvisierten Europäischen Forschungsraum zu optimieren und so international konkurrenzfähig zu machen.

Literatur

Aktuelle Studien zur Doktorandenausbildung

Bartels, Julia/Eschbach-Szabo, Viktoria:»Chancen bei der Promotion – Frauenförderung an der Fakultät für Kulturwissenschaften«. http://www.uni-tuebingen.de/gleichstellung-kultur/archiv/chancen_promotion.html (10.05.2007)

Berning, Ewald/Falk, Susanne:»Das Promotionswesen im Umbruch«. In: Bayerisches Staatsinstitut für Hochschulforschung und Hochschulplanung (Hg.): *Beiträge zur Hochschulforschung* 27.1 (2005), S. 48–72. http://www.ihf.bayern.de/dateien/beitraege/Beitr_Hochschulf_1_2005.pdf (29.5.2007)

Berning, Ewald/Falk, Susanne: *Promovieren an den Universitäten in Bayern. Praxis – Modelle – Perspektiven.* München 2006. http://www.ihf.bayern.de/dateien/monographien/Monographie_72.pdf (29.5.2007)

Bornmann, Lutz/Enders, Jürgen:»Was lange währt, wird endlich gut: Promotionsdauer an bundesdeutschen Universitäten«. In: Bayerisches Staatsinstitut für Hochschulforschung und Hochschulplanung (Hg.): *Beiträge zur Hochschulforschung* 24.1 (2002), S. 52–73. http://userpage.fu-berlin.de/~jmoes/pide/Material/bornmann-enders-promotionsdauer-beitr_hochschulf_1_2002_s52.pdf (29.5.2007)

Bund-Länder-Kommission für Bildungsplanung und Forschungsförderung (Hg.): *Frauen in der Wissenschaft – Entwicklung und Perspektiven auf dem Weg zur Chancengleichheit.* Bonn 2000. http://www.blk-info.de/fileadmin/BLK-Materialien/heft87.pdf (29.5.2007)

Bund-Länder-Kommission für Bildungsplanung und Forschungsförderung (Hg.): *Frauen in Führungspositionen an Hochschulen und außerhochschulischen Forschungseinrichtungen.* Bonn 2006. http://www.blk-info.de/fileadmin/BLK-Materialien/heft136.pdf (25.06.2007)

duz-SPECIAL: *Zur Situation Promovierender in Deutschland. Ergebnisse der bundesweiten THESIS-Doktorandenbefragung 2004.* Berlin 2004. http://www.duz.de/docs/downloads/duzspec_promov.pdf (25.06.2007)

Enders, Jürgen: *Die wissenschaftlichen Mitarbeiter. Ausbildung, Beschäftigung und Karriere der Nachwuchswissenschaftler und Mittelbauangehörigen an den Universitäten.* Frankfurt a.M./New York, NY 1996.

Enders, Jürgen:»Berufspraxis der Hochschullehrer und Berufschancen des wissenschaftlichen Nachwuchses«. In: Stockmann, Reinhard/Meyer, Wolfgang/Knoll, Thomas (Hgg.): *Soziologie im Wandel. Universitäre Ausbildung und Arbeitsmarktchancen in Deutschland.* Opladen 2002, S. 215–236.

Enders, Jürgen:»Brauchen die Universitäten in Deutschland ein neues Paradigma der Nachwuchsförderung?« In: Bayerisches Staatsinstitut für Hochschulforschung und Hochschulplanung (Hg.): *Beiträge zur Hochschulforschung.* 27.1 (2005), S. 34–47. http://www.ihf.bayern.de/dateien/beitraege/Beitr_Hochschulf_1_2005.pdf (29.5.2007)

Enders, Jürgen/Bornmann, Lutz: *Karriere mit Doktortitel? Ausbildung, Beschäftigung und Berufserfolg von Promovierten.* Frankfurt a.M./New York, NY 2001.

Enders, Jürgen/Bornmann, Lutz:»Internationale Mobilität von bundesdeutschen Promovierten«. In: Bellmann, Lutz/Velling, Johannes (Hgg.): *Arbeitsmärkte für Hochqualifizierte.* Nürnberg 2002, S. 357–374.

Enders, Jürgen/Bornmann, Lutz:»Übergangsverläufe und Statuspassagen nach der Promotion«. In: Wingens, Matthias/Sackmann, Reinhold (Hgg.): *Bildung und Beruf. Ausbildung und berufsstruktureller Wandel in der Wissensgesellschaft.* Weinheim/München 2002, S. 159–175.

Enders, Jürgen/Bornmann, Lutz:»Social Origin and Gender of Doctoral Degree Holders. Impact of Particularistic Attributes in Access to and in Later Career Attainment«. In: *Scientometrics* 61 (2004), S. 19–41.

Enders, Jürgen/Mugabushaka, Alexis-Michel: *Wissenschaft und Karriere – Erfahrungen und Werdegänge ehemaliger Stipendiaten der Deutschen Forschungsgemeinschaft.* Bonn 2004.

Kirschbaum, Almut/Noeres, Dorothee/Flaake, Karin/Fleßner, Heike: *Promotionsförderung und Geschlecht. Zur Bedeutung geschlechtsspezifisch wirkender Auswahlprozesse bei der Förderung von Promotionen an niedersächsischen Hochschulen.* Oldenburg 2005. http://docserver.bis.uni-oldenburg.de/publikationen/bisverlag/2006/kirpro05/pdf/kirpro05.pdf (29.5.2007)

Lind, Inken: *Aufstieg oder Ausstieg? Karrierewege von Wissenschaftlerinnen. Ein Forschungsüberblick.* Bielefeld 2004.

Macha, Hildegard/Forschungsgruppe: *Erfolgreiche Frauen. Wie sie wurden, was sie sind.* Frankfurt a.M./New York, NY 2000.

Rat der Europäischen Union: »Entschließung des Rates vom 10. November 2003 über den Beruf und die Laufbahn der Forscher im Europäischen Forschungsraum (EFR)«. In: http://archiv.bmbwk.gv.at/medienpool/10629/efr_forscherinnen-de2.pdf (29.5.2007)

Statistisches Bundesamt: *Prüfungen an Hochschulen – Fachserie 11 Reihe 4.2. 2005.* Wiesbaden 2006. [Download über http://www.destatis.de/themen/d/thm_bildung.php]

Wissenschaftsrat: *Empfehlung zur Doktorandenausbildung.* Saarbrücken 2002. http://www.wissenschaftsrat.de/texte/5459–02.pdf (29.5.2007)

Weitere Studien und Stellungnahmen

Conrad, Linda/Phillips, Estelle M.: »From Isolation to Collaboration: A Positive Change for Postgraduate Women?« In: *Higher Education* 30 (1995), S. 313–322.

Enders, Jürgen/Kaulisch, Marc: »The Binding and Unbinding of Academic Careers«. In: Teichler, Ulrich (Hg.): *The Formative Years of Scholars.* London 2006, S. 85–96.

Franck, Egon: *Die deutsche Promotion als Karrieresprungbrett. Mechanismen der Talentsignalisierung im Ländervergleich.* Stuttgart et al. 2005.

Janson, Kerstin/Schomburg, Harald/Teichler, Ulrich: *Wissenschaftliche Wege zur Professur oder ins Abseits? Strukturinformationen zu Arbeitsmarkt und Beschäftigung an Hochschulen in Deutschland und den USA.* Kassel 2006. http://www.gain-network.org/file_depot/0–10000000/10000–20000/16468/folder/44145/INCHER+Studie+zum+wissenschaftlichen+Arbeitsmarkt.pdf (25.06.2007)

Matthes, Jörg/Wirth, Werner/Mögerle, Ursina: »Learning by Doing? Eine empirische Studie zum Status quo und den Konsequenzen der Nachwuchsbetreuung in der Kommunikations- und Medienwissenschaft«. In: Bayerisches Staatsinstitut für Hochschulforschung und Hochschulplanung (Hg.): *Beiträge zur Hochschulforschung* 28.4 (2006), S. 82–100. http://www.ihf.bayern.de/dateien/beitraege/Matthes-Wirth-Moegerle-4_2006.pdf (25.06.07)

Kehm, Barbara M.: »Gibt es einen europäischen Arbeitsmarkt für Wissenschaftlerinnen?« In: Lang, Sabine/Sauer, Birgit (Hgg.): *Wissenschaft als Arbeit – Arbeit als Wissenschaftlerin.* Frankfurt a.M./New York, NY 1997, S. 188–199.

Klinkhammer, Monika: *Supervision und Coaching für Wissenschaftlerinnen. Theoretische, empirische und handlungsspezifische Aspekte.* Wiesbaden 2004.

Kupfer, Antonia/Moes, Johannes (Hgg.): *Promovieren in Europa. Ein internationaler Vergleich von Promotionsbedingungen.* Frankfurt a.M. 2003.

Lang, Frieder R./Neyer, Franz J.: »Kooperationsnetzwerke und Karrieren an deutschen Hochschulen – Der Weg zur Professur am Beispiel des Faches Psychologie«. In: *Kölner Zeitschrift für Soziologie und Sozialpsychologie* 56 (2004), S. 520–538. zope.psychologie.hu-berlin.de/prof/per/pdf/lang-neyer-2004.pdf (25.06.07)

Leemann, Regula Julia: *Chancenungleichheiten im Wissenschaftssystem. Wie Geschlecht und soziale Herkunft Karrieren beeinflussen.* Chur 2002.

Leemann, Regula Julia: »Geschlechterungleichheiten in wissenschaftlichen Laufbahnen«. In: Berger, Peter A./Kahlert, Heike (Hgg.): *Institutionalisierte Ungleichheiten. Wie das Bildungswesen Chancen blockiert.* Weinheim/München 2005, S. 179–214.

Löther, Andrea (Hg.): *Erfolg und Wirksamkeit von Gleichstellungsmaßnahmen an Hochschulen.* Bielefeld 2004.

Röbbecke, Martina/Simon, Dagmar: *Promovieren mit Stipendium – Zweite Evaluation der Förderung des wissenschaftlichen Nachwuchses nach dem Nachwuchsförderungsgesetz (NaFöG).* Berlin 2002. http://skylla.wzb.eu/pdf/2001/p01–001.pdf (29.5.2007)

Sadlak, Jan (Hg.): *Studies on Higher Education. Doctoral Studies and Qualifications in Europe and the United States – Status and Prospects.* Bukarest 2004.

Ulmi, Marianne/Maurer, Elisabeth: *Geschlechterdifferenz und Nachwuchsförderung in der Wissenschaft.* Zürich 2005. http://www.frauenstelle.uzh.ch/publikationen/dokus/sowi/SOWI-Diss-Studie3.pdf (29.5.2007)

Wissenschaftsrat: *Empfehlung zur Chancengleichheit von Frauen in Wissenschaft und Forschung.* Mainz 1998. http://www.wissenschaftsrat.de/texte/3534–98.pdf (29.5.2007)

Wissenschaftsrat: *Personalstruktur und Qualifizierung. Empfehlungen zur Förderung des wissenschaftlichen Nachwuchses.* Berlin 2001. http://www.wissenschaftsrat.de/texte/4756–01.pdf. (25.06.07)

Sandra Heinen

4. Die Internationalisierung der Doktorandenausbildung

Internationalisierung als Desiderat der deutschen und europäischen Doktorandenausbildung

Im Zusammenhang mit den intensiven Diskussionen über die Reform der Doktorandenausbildung, die seit einiger Zeit in Deutschland ebenso wie in anderen europäischen Ländern geführt werden, wird auch immer wieder die Forderung nach einer Internationalisierung des Promotionsstudiums laut. Bei der anvisierten **Etablierung eines durch Mobilität gekennzeichneten »Forschungsraums Europa«** (Gruber 2006) wird Nachwuchswissenschaftlern eine wichtige Rolle zugeschrieben. Der Begriff ›Early Stage Researcher Mobility‹ ist folglich geradezu zum hochschulpolitischen Schlagwort avanciert. So wurde beispielsweise zu diesem Thema von Euroscience, der Marie Curie Fellowship Association und einigen weiteren Organisationen 2004 in Lissabon eine Tagung veranstaltet (http://www.mariecurie.org/esrm2004/).

Der sogenannte **Bologna-Prozess**, d. h. die Bemühungen um eine Angleichung der Strukturen des Studiums innerhalb Europas, deren Rahmenbedingungen durch die Konferenzen von Bologna (1999), Prag (2001), Berlin (2001), Bergen (2005) und London (2007) festgelegt werden, hat nach der Reform der grundständigen Studiengänge (B. A./M. A.) auch eine Internationalisierung des Promotionsstudiums zum Ziel. Spätestens seit der Konferenz von Berlin ist die ›dritte Phase‹ (›third cycle‹) des Studiums, sprich: die Promotion, verstärkt in das hochschulpolitische Interesse gerückt (vgl. Keller 2006, S. 371). Für die Promovierenden selbst, aber natürlich auch für deren Betreuungspersonen sowie nicht zuletzt für alle, die im Kontext von strukturierten Promotionsprogrammen, Graduiertenschulen und Graduiertenzentren Verantwortung für die Neustrukturierung der Doktorandenausbildung tragen, stellt die Internationalisierung des Promotionsstudiums eine **Herausforderung**, aber auch eine **Chance** für die internationale Vernetzung der Nachwuchswissenschaftler und eine Intensivierung des internationalen wissenschaftlichen Austauschs dar:

> Auch wenn die Hochschulen und Forschungseinrichtungen weltweit von einem ›globalen‹ Wissenschaftssystem noch weit entfernt sind, ist eine immer stärkere Internationalisierung der Wissenschaft sowohl erklärtes Ziel als auch nüchterne Gegebenheit, in die der ›wissenschaftliche Nachwuchs‹ hineinwächst und mit der Promovierende ihren Umgang finden müssen. (Moes 2006, S. 341)

Unter dem Schlagwort ›**Internationalisierung**‹ werden in den gegenwärtigen Diskussionen durchaus heterogene Aspekte subsumiert:

- Häufig kommt dieses Schlagwort zur Sprache, wenn es um die Bestrebungen geht, die Doktorandenausbildung in Deutschland **internationalen (Exzellenz-) Standards** anzupassen bzw. sich selbst an der Etablierung internationaler Standards im Bereich der Doktorandenausbildung zu beteiligen.
- Mit der Forderung nach Internationalisierung ist oftmals das **Anwerben internationaler Doktoranden und Doktorandinnen** gemeint.
- Internationalisierungsbestrebungen verfolgen das Ziel, Promovierenden in Deutschland eine **Integration in einen internationalen wissenschaftlichen Kontext** zu ermöglichen.

Auf diese drei unterschiedlichen Aspekte der Internationalisierung des Promotionsstudiums und deren Konsequenzen für eine Reform des Promotionsstudiums soll im Folgenden eingegangen werden.

Internationale Standards für die Promotion an deutschen Hochschulen?

Wenn auf hochschulpolitischer Ebene von einer Internationalisierung der Doktorandenausbildung die Rede ist, dann geht es häufig um eine **Definition internationaler Standards** für das Promotionsstudium – eine Frage, die freilich auch für jede/n einzelne/n Promovierende/n unmittelbare Konsequenzen hat, steht doch bei der Definition internationaler Standards letztlich die **Optimierung der Bedingungen für das Promotionsstudium** im Mittelpunkt. Durch die Anlehnung an international erprobte Modelle in Bezug auf Betreuung, zielgruppenspezifische Lehrangebote oder Prüfungsmodalitäten sollen für Promovierende vergleichbarere Bedingungen geschaffen werden. **Aber wo sind solche internationalen Standards zu finden?**

Als Standards für die Doktorandenausbildung werden in der Regel die Promotionsprogramme der nordamerikanischen Hochschulen herangezogen. So stellt etwa die deutsche Hochschulrektorenkonferenz (1996, S. 13) fest: »Increasingly, doctoral training all over the world is being organised with a view to international compatibility. The US system of ›graduate education‹ (which, however, is quite varied in terms of academic level) serves as a kind of model of internationalisation.« Aber auch innerhalb Europas, beispielsweise in den skandinavischen Ländern und in den Niederlanden, sind Strukturen und Maßnahmen der Doktorandenausbildung erprobt und institutionalisiert worden, von denen das deutsche Universitätssystem profitieren könnte. Als Beispiel seien an dieser Stelle die niederländischen *Onderzoek Schools* erwähnt, die für Promovierende verschiedener Universitäten in einem Bereich wie z.B. Literaturwissenschaft oder Mediävistik ein **strukturiertes Promotionsprogramm** anbieten. Zum Angebot der *Onderzoek Schools* zählen u.a. regelmäßige Summer Schools und Winter Schools, die den Charakter von Nachwuchstagungen haben und die auch für die deutsche Doktorandenausbildung durchaus modellbildenden Charakter haben können.

Gerade weil die Diskussion über Reformen der Doktorandenausbildung keineswegs nur in Deutschland geführt wird (vgl. u.a. Enders 2005, S. 35), lohnt sich für die in der Doktorandenausbildung verantwortlich Tätigen der Austausch mit internationalen Kollegen und Kolleginnen. Die »nationalen Besonderheiten und

Variationen in der Förderung des wissenschaftlichen Nachwuchses und den traditionellen Berufsbezügen der Promotion« (ebd.) können wertvolle Anregungen für eine Reform des Promotionsstudiums in Deutschland liefern. Aber nicht nur Impulse für innovative Formen der Doktorandenausbildung können durch einen solchen Dialog gewonnen werden, sondern das gemeinsame Interesse für die Reform der Ausbildung bietet auch hervorragende Bedingungen für eine übernationale Zusammenarbeit speziell in diesem Bereich. Vor allem (weitgehend noch zu entwickelnde) **internationale Netzwerke** zwischen verschiedenen Universitäten bzw. Graduiertenschulen oder Graduiertenzentren können dazu beitragen, bei der Reform des Promotionsstudiums international anerkannte Standards (neu!) zu definieren und zu etablieren und eine Verstetigung der internationalen Kooperation herbeizuführen.

Internationale Promovierende an deutschen Hochschulen

Dem Vorbild angloamerikanischer Universitäten folgend, haben auch deutsche Hochschulen in den letzten Jahren immer mehr begonnen, auf nationaler und internationaler Ebene um Promovierende zu konkurrieren. Angesichts des in Deutschland im Vergleich zu Ländern wie Großbritannien und den USA, aber auch Frankreich, bisher eher geringen Ausländeranteils unter den Promovierenden **besteht dringender Handlungsbedarf**, wenn man auch im Hinblick auf die Zusammensetzung der Doktoranden und Doktorandinnen eine Internationalisierung erreichen will. Johannes Moes (2006, S. 352 f.) zufolge blieb »[d]er Ausländeranteil unter den Promovierten […] in Deutschland zwischen 1975 und 2001 immer unter 8 %, und ist erstmals 2003 auf 10 % gestiegen«. In Großbritannien, den USA und Frankreich liegt der Ausländeranteil hingegen sehr viel höher, zwischen 20 % und 35 % (vgl. ebd.). Eine Rekrutierung von Promovierenden erfolgt bislang oft nur innerhalb der Hochschule, was immer wieder als Schwäche der Doktorandenausbildung in Deutschland angeführt wird. So merkt etwa Jürgen Enders kritisch an:

> Traditionelle Strukturen des ›Zunftmodells‹ als einer Art akademisch-disziplinären Meisterlehre in der Wissenschaft haben lange Zeit die Strukturen und Prozesse in der Nachwuchsförderung dominiert. Dies zeigt sich schon in der Phase der Rekrutierung für die Promotion, die nicht durch einen nationalen, geschweige denn internationalen Markt geregelt wird, sondern durch Kooptation vor Ort. Hochschullehrer suchen sich ›ihre‹ Doktoranden aus dem Pool der ihnen bekannten Studierenden; angehende Nachwuchswissenschaftler suchen sich ›ihren‹ Doktorvater (oder ihre Doktormutter) aus dem Kreis der bekannten Lehrenden. (Enders 2005, S. 40 f.)

Will man zusätzliche Anreize für internationale Promovierende schaffen in Deutschland zu promovieren, dann besteht wohl der erste und wichtigste Schritt darin, **optimale Bedingungen für die Promotion** zu etablieren, denn: »highly skilled German and foreign graduates embarking on a doctorate tend to go where they are offered the best conditions« (Hochschulrektorenkonferenz 1996, S. 16). Das Ziel einer Internationalisierung der Doktorandenausbildung ist letztlich also auf das engste mit der Frage einer grundlegenden Reform des Promotionsstudiums verknüpft. Die Etablierung international kompatibler und konkurrenzfähiger

Strukturen für das Promotionsstudium an deutschen Hochschulen stellt die grundlegende Voraussetzung für eine Internationalisierung dar. Seitens der DFG und des DAAD sind insbesondere über die **Finanzierung strukturierter Promotionsprogramme** – der Internationalen Promotionsprogramme (IPPs) und der Internationalen Graduiertenkollegs – erfolgreiche Maßnahmen ergriffen worden, um den Ausländeranteil der Promovierenden in Deutschland zu erhöhen.

Wollen deutsche Hochschulen den Anteil internationaler Promovierender deutlich erhöhen, so bedarf es zudem wirkungsvoller **Marketingmaßnahmen**, die das für Doktoranden und Doktorandinnen bereitgestellte Angebot überhaupt erst über die jeweilige Universität hinaus bekannt machen. In der Vergangenheit war es weitgehend dem Zufall und persönlichen Kontakten geschuldet, wenn Promotionsinteressierte im Ausland auf eine Promotionsmöglichkeit in Deutschland aufmerksam wurden. Ein strategisches Marketing für Promotionsangebote zu betreiben mag manchem Hochschullehrer/mancher Hochschullehrerin vielleicht befremdlich erscheinen, weicht diese Vorgehensweise doch ganz erheblich von den traditionellen Rekrutierungsstrukturen an deutschen Universitäten ab. Nicht nur die um Professionalität bemühte Außendarstellung der Promotionsprogramme an nordamerikanischen Universitäten, sondern auch die positiven Erfahrungen mit Marketingaktivitäten im Rahmen der vom DAAD geförderten Internationalen Promotionsprogramme (IPPs) an deutschen Hochschulen belegen jedoch, dass für eine Anwerbung exzellenter internationaler Promovierender Marketingmaßnahmen erforderlich und auch mit dem gewünschten Erfolg durchführbar sind.

In den IPPs etwa ist eine Palette unterschiedlicher Marketingmaßnahmen erprobt worden. Der wichtigste und vergleichsweise kostengünstige Schritt in Richtung eines professionellen Marketings besteht in der **Einrichtung einer Homepage**. Ergänzt werden können die Marketingmaßnahmen durch die **Erstellung von Informationsmaterialien** (Plakate und Broschüren) sowie durch eine kontinuierliche **Pressearbeit** in Kooperation mit der Pressestelle der Universität. Es versteht sich von selbst, dass für Marketingmaßnahmen wie die soeben beschriebenen nicht nur finanzielle Mittel bereitzustellen sind, sondern dass hierfür auch Stellen geschaffen werden müssen, denn eine gute Marketing- und Pressearbeit ist zeitaufwendig. Ebenso dürfte es einleuchtend sein, dass Marketing- und Pressearbeit für Promotionsprogramme im Prinzip nur im Rahmen eines Graduiertenzentrums bzw. einer Graduiertenschule nachhaltig und erfolgreich geleistet werden kann, da nur solche Einrichtungen über die erforderliche Infrastruktur sowie über Personal mit dem nötigen Know-how und die finanziellen Mittel verfügen.

Die (mangelnde) internationale Mobilität deutscher Promovierender

Die Bemühungen um eine Internationalisierung des Promotionsstudiums können sich nicht darin erschöpfen, internationalen Doktoranden und Doktorandinnen Anreize für ein Studium in Deutschland zu schaffen und international konkurrenzfähige Strukturen für ein Promotionsstudium in Deutschland zu etablieren. Darüber hinaus muss es das Ziel von Bestrebungen um Internationalisierung sein, deutschen Promovierenden die **Integration in den internationalen wissenschaftlichen Kontext** zu erleichtern. Dies heißt in erster Linie, die Mobilität der Promovierenden zu fördern: »One of the aims of efforts to improve doctoral training in recent years has been to promote the international mobility of doctoral candidates with a view to giving them a broader background while establishing and improving areas of academic specialisation that are of international interest« (Hochschulrektorenkonferenz 1996, S. 13). Die Förderung von Auslandsaufenthalten Promovierender wird nicht nur als wichtig für den einzelnen Doktoranden/die einzelne Doktorandin erachtet, sondern ist auch von hochschulpolitischer Relevanz: »The Confederation [of European Union Rectors' Conferences] recommends that doctoral candidates spend at least six months at a university or research institute abroad. That will help improve not only doctoral training, but also the interlinkage of universities and research institutes in Europe« (ebd., S. 14).

Die **Mobilität von Promovierenden** (*Early Stage Researcher Mobility*) war bislang weitgehend der Eigeninitiative der Nachwuchswissenschaftler/innen überlassen. Dies ist sicherlich auch ein entscheidender Grund dafür, dass bislang die internationale Mobilität unter deutschen Promovierenden noch eher gering ausfällt.

Internationale Mobilität deutscher Promovierender

»Bei der von fast 10 000 Promovierenden beantworteten Befragung des Promovierendennetzwerkes THESIS [...] erwies sich, dass zwei Drittel der befragten Promovierenden noch an keiner internationalen Konferenz teilgenommen hat, dass nur ein Fünftel der Promovierenden bis zu drei Monate, und lediglich ein Zehntel mehr als drei Monate der Promotionszeit im Ausland verbracht hat« (Moes 2006, S. 346). Aus diesen Zahlen folgert Moes (ebd.): »Mobilität ist viel eher ein immer wieder beschworener Mythos als Realität, bestenfalls eine Zielvorstellung.«

Da jedoch Auslandserfahrung und eine gute internationale Vernetzung einen entscheidenden Vorteil für die spätere Karriere darstellen, sollten insbesondere Institutionen, die sich der strukturierten Promotionsausbildung widmen, systematisch Maßnahmen zur Förderung einer Internationalisierung der Doktorandenausbildung ergreifen. Strukturierte Promotionsprogramme bieten vielfach **finanzielle Unterstützung bei Auslandsaufenthalten**. Die IPPs und Graduiertenkollegs der DFG stellen Promovierenden finanzielle Mittel zur Verfügung, um ihnen kurzfristige Auslandsaufenthalte zur Literaturrecherche oder zur Teilnahme an internationalen Konferenzen zu erleichtern. Die von der DFG in Erweiterung des Programms Graduiertenkolleg im Jahr 1999 initiierten **Internationalen Graduiertenkollegs** betonen die Internationalisierung im Vergleich zu anderen Graduiertenkollegs darüber hinaus durch »[d]ie gemeinsame Doktorandenausbildung mit internationalen Partnern« (Bondre-Beil 2006, S. 31), die in der folgenden Weise umgesetzt wird:

> Es [das Programm ›Internationale Graduiertenkollegs‹] ist gekennzeichnet durch die systematische, gleichgewichtige, bilaterale Zusammenarbeit zwischen einer ausländischen Hochschullehrergruppe und einer deutschen Hochschullehrergruppe. Es gilt dabei ein gemeinsames Forschungs- und ein Studienprogramm zu entwickeln. (ebd.)

Internationale Graduiertenkollegs fördern die internationale Mobilität von Promovierenden zudem u. a. dadurch, dass sie einen Aufenthalt von sechs Monaten im Partnerland vorsehen. Strukturierte Promotionsprogramme und Graduiertenschulen können außerdem beispielsweise bei der Planung und Vorbereitung von Auslandsaufenthalten wertvolle Hilfestellung leisten und vor allem auch über Kontakte und Netzwerkbildung gute Voraussetzungen für mittel- und längerfristige Auslandsaufenthalte schaffen; insbesondere können sie eine Integration in die Gasthochschule vorbereiten, wie sie allein über Einzelinitiativen sicherlich sehr viel schwieriger zu bewerkstelligen ist.

Hinsichtlich ihrer Länge können sich Auslandsaufenthalte während der Promotionsphase natürlich sehr stark unterscheiden. Das Spektrum reicht vom Besuch internationaler Konferenzen über kürzere Forschungsaufenthalte zur Literaturrecherche (z.B. mit einem Stipendium des DAAD für einen Kurzzeitaufenthalt) bis zu längeren Aufenthalten, im Idealfall mit einer Integration in den Forschungs- und Lehrbetrieb an der Gasthochschule. Welche dieser Möglichkeiten für die/den einzelnen Promovierende/n die sinnvollste ist, hängt von einer Fülle von Faktoren ab, insbesondere vom Thema der Dissertation, von der Finanzierung und von der persönlichen Lebenssituation. Eine Beratung bei der Entscheidung über Länge und Gestaltung des Auslandsaufenthalts können neben den Betreuungspersonen auch Graduiertenzentren leisten.

Fremdsprachigkeit

Eine grundsätzliche Voraussetzung für eine Internationalisierung des Promotionsstudiums in Deutschland stellt auch die **Bereitstellung eines zumindest teilweise fremdsprachigen Lehr- und Betreuungsangebots** dar: »The international appeal of courses can be heightened appreciably by offering classes conducted in a foreign language as well as German courses at suitable levels and by allowing students to submit theses in a foreign language« (Hochschulrektorenkonferenz 1996, S. 28). Die britischen und nordamerikanischen Universitäten haben gegenüber Deutschland nicht zuletzt den Vorteil, dass Englisch als Fremdsprache international ungleich weiter verbreitet ist als Deutsch. Eine essentielle Voraussetzung für die Internationalisierung des Promotionsstudiums stellt außerdem die in der Promotionsordnung verankerte Möglichkeit dar, die **Dissertation in einer Fremdsprache** zu verfassen und die Disputation in einer Fremdsprache abzuhalten. Diese Voraussetzung ist bislang aber nicht an allen deutschen Hochschulen erfüllt.

Ein völliger Verzicht auf Deutsch in der Doktorandenausbildung ist aus dem soeben Gesagten jedoch nicht notwendig abzuleiten. Gerade in den Geisteswissenschaften wird immer wieder betont, dass **das Deutsche als Wissenschaftssprache** erhalten bleiben müsse. Zudem ist keineswegs auszuschließen, dass die Möglichkeit, Deutschkenntnisse zu erwerben oder zu verbessern, auch einen Anreiz für ein Promotionsstudium in Deutschland darstellen kann. In besonderem Maße gilt dies selbstverständlich für Germanisten und Germanistinnen aus dem Ausland, aber auch in anderen geisteswissenschaftlichen Fächern kann eine gute sprachliche Kompetenz im Deutschen sicherlich einen Vorteil für die spätere Karriere bedeuten.

Internationale Abschlüsse

Die Frage des im Rahmen der Promotion anzustrebenden Abschlusses stellt sicherlich einen weiteren zentralen Aspekt für die Internationalisierung der Promotion an deutschen Hochschulen dar. Zur Internationalisierung des Abschlusses bieten sich verschiedene Möglichkeiten an, auf die im Folgenden zumindest knapp eingegangen werden soll:

- Eine erste bisweilen diskutierte Möglichkeit der Internationalisierung besteht darin, die in den Geistes- und Kulturwissenschaften in Deutschland üblichen Abschlüsse des ›Dr. phil.‹ und ›Dr. rer. soc.‹ bzw. ›Dr. rer. pol.‹ durch den **angloamerikanischen ›Ph.D.‹** zu ersetzen. Als Signal für eine grundsätzliche Reform des Promotionsstudiums mag eine solche Umbenennung sinnvoll sein, als reine ›Etikettenänderung‹ erscheint sie wenig sinnvoll, da sich die Zugangsvoraussetzungen und Promotionsbedingungen teilweise deutlich unterscheiden (zu »Promovieren in Deutschland und in den USA« s. Kap. I.5).
- Eine weitere Möglichkeit in Richtung einer Internationalisierung der Doktorandenausbildung besteht in der **Einrichtung binationaler Abschlüsse**, die von Universitäten in verschiedenen Ländern gemeinsam verliehen werden. Das Modell für diese Möglichkeit ist die *cotutelle de thèse,* die seit 1994 in Frankreich existiert und auf einem Ko-Betreuungsvertrag zwischen einer französischen Hochschule und einer Hochschule in einem anderen Land beruht (vgl. Tucci 2006). Die Konditionen der *cotutelle* können individuell variieren, werden doch »die Anforderungen an die Promotion zwischen den zwei beteiligten Institutionen, die den Doktorgrad vergeben, im Einzelfall vertraglich geregelt« (Moes 2006, S. 352). Die jeweils auszuhandelnden Bedingungen für die *cotutelle* bedeuten u.U. einen ganz erheblichen Aufwand für die Promovierenden: »Zwei Promotionsordnungen, letztendlich aber auch zwei ›Promotionskulturen‹ müssen unter einen Hut gebracht werden; eine nicht geringe Leistung, hinter der oft einzelne Promovierende stehen, die dies in vielen Gesprächen und Verhandlungen erreicht haben« (ebd.). Bei der Regelung binationaler Abschlüsse ist gerade auch die Initiative von Graduiertenzentren und Graduiertenschulen gefragt, die als vermittelnde Instanz zwischen den beteiligten Hochschulen das Prozedere für die Promovierenden, die einen binationalen Abschluss anstreben, ganz erheblich erleichtern können.
- Ferner kann für eine Internationalisierung des Abschlusses ein **zusätzliches Zertifikat** angestrebt werden, das von einer ausländischen Universität in Ergänzung zum im Heimatland erworbenen Abschluss ausgestellt wird. Die Empfehlung für ein solches Modell eines ›**European doctorate**‹ wurde von der europäischen Vereinigung der Hochschulrektorenkonferenzen bereits 1991 ausgesprochen. Bislang bleibt die Praxis eines ›European doctorate‹ jedoch zumindest in den Geisteswissenschaften ein Desiderat. Sicherlich bilden insbesondere **europäische Netzwerke im Bereich der Doktorandenausbildung** eine hervorragende Voraussetzung für die Implementierung eines ›European doctorate‹. Einzelne Netzwerke dieser Art existieren bereits, z.B. HERMES (Giessen Graduate Centre for the Study of Culture, University College London, Universität Åarhus, Universität Lissabon, Universität Leuven, die niederländische Onderzoek School Literaturwissenschaft) und ESSCS (Giessen Graduate Centre for the Study of Culture, London Consortium, Amsterdam School of Cultural Analysis,

Copenhagen Doctoral School in Cultural Studies, Universität Åarhus, Universität Oslo; http://esscs.cms.hum.ku.dk). Die Mehrheit der Promovierenden in Deutschland profitiert jedoch noch nicht von der Einbindung der Hochschulen bzw. Graduiertenschulen in solche Netzwerke.

Bei der Frage der Abschlüsse sind im Prozess der Internationalisierung des Promotionsstudiums nicht nur die durch die Promotion zu erzielenden Abschlüsse zu berücksichtigen, sondern auch jene **Abschlüsse, die zu einer Zulassung zum Promotionsstudium berechtigen**. Insbesondere erscheint es sinnvoll zu klären, ob Promotionsinteressierten, die einen B.A. vorweisen können, ein Aufbaustudium angeboten werden kann, das einen baldigen Einstieg in das Promotionsstudium ermöglicht. Die derzeit erfolgende Modularisierung und Umstrukturierung der grundständigen Studiengänge nach dem B.A./M.A.-Modell bietet in dieser Hinsicht günstige Voraussetzungen.

Bildung internationaler Netzwerke

Einen idealen Rahmen für die Verwirklichung einer stärkeren Internationalisierung des Promotionsstudiums in Deutschland bietet die **Etablierung internationaler Netzwerke** zwischen europäischen Universitäten und Forschungseinrichtungen, die sich speziell der Doktorandenausbildung widmen. Um deren systematische Internationalisierung zu erreichen, ist es erforderlich, die bilaterale oder multilaterale Zusammenarbeit mit Universitäten oder Forschungseinrichtungen im Ausland über eine sporadische, punktuelle Zusammenarbeit hinaus auf eine verlässliche Grundlage zu stellen und zu institutionalisieren. Eine Empfehlung für die Bildung von Netzwerken spricht auch die Hochschulrektorenkonferenz (1996, S. 27 f.) aus: »Joint curricula and exchange programmes should be developed with foreign partner institutions within the framework of contractually arranged networks, if appropriate.«

Tipp

Über die Vernetzung auf der Ebene der Institutionen hinaus erscheint zudem eine stärkere Vernetzung auf der Ebene der Promovierenden sinnvoll. Impulse hierzu bietet EURODOC, die europäische Vereinigung der nationalen Verbände Promovierender. Eine Kontaktaufnahme mit EURODOC ist allen Promovierenden dringend zu raten (http://eurodoc.net)!

Literatur

Bondre-Beil, Priya: »Optionen und europäische Perspektiven des Programms Graduiertenkollegs der DFG«. In: Fiedler, Werner/Hebecker, Eike (Hgg.): *Promovieren in Europa. Strukturen, Status und Perspektiven im Bologna-Prozess.* Leverkusen 2006, S. 29–34.

Enders, Jürgen: »Brauchen die Universitäten in Deutschland ein neues Paradigma der Nachwuchsförderung?« In: Bayerisches Staatsinstitut für Hochschulforschung und Hochschulplanung (Hg.): *Beiträge zur Hochschulforschung* 27.1 (2005), S. 34–47. http://www.ihf.bayern.de/dateien/beitraege/Beitr_Hochschulf_1_2005.pdf (29.5.2007)

Gruber, Sieglinde: »Der Bologna-Prozess und der Weg zu einem gemeinsamen Forschungsraum Europa.« In: Fiedler, Werner/Hebecker, Eike (Hgg.): *Promovieren in Europa. Strukturen, Status und Perspektiven im Bologna-Prozess*. Leverkusen 2006, S. 35–41.

Hochschulrektorenkonferenz: *Doctoral Studies. Resolution of the 179th Plenary Session of the Con-
ference of Rectors and Presidents of Universities and Other Higher Education Institutions in the
Federal Republic of Germany (HRK)*. Bonn 1996.

Keller, Andreas: »Von Bologna nach London – Promovieren im Europäischen Hochschul-
raum«. In: Koepernik, Claudia/Moes, Johannes/Tiefel, Sandra (Hgg.): *GEW-Handbuch Promovieren mit Perspektive. Ein Ratgeber von und für DoktorandInnen*. Bielefeld 2006, S. 371–373.

Moes, Johannes: »Internationalisierung für Promovierende«. In: Koepernik, Claudia/Moes,
Johannes/Tiefel, Sandra (Hgg.): *GEW-Handbuch Promovieren mit Perspektive. Ein Ratgeber
von und für DoktorandInnen*. Bielefeld 2006, S. 341–356.

Tucci, Ingrid: »Erfahrungsbericht Cotutelle de Thèse. Binationale Promotion«. In: Koepernik,
Claudia/Moes, Johannes/Tiefel, Sandra (Hgg.): *GEW-Handbuch Promovieren mit Perspektive. Ein Ratgeber von und für DoktorandInnen*. Bielefeld 2006, S. 367–368.

Marion Gymnich

5. Promovieren in Deutschland und in den USA: Ein Vergleich

Wo promovieren? Deutschland vs. Amerika

Für viele junge Wissenschaftler/innen erscheinen die USA als das ›gelobte Land‹: Strukturierte Promotionsstudiengänge an international renommierten Universitäten, intensive Betreuung und die Aussicht auf eine vergleichbar frühe Möglichkeit zum selbstständigen Arbeiten als Assistenzprofessor/in gehören zu den Idealvorstellungen, die tatsächlich etwa jeden siebten deutschen Nachwuchswissenschaftler an dem ein oder anderen Punkt der Karriere nach Amerika locken. Was ist dran an dem ›**Mythos Amerika**‹? Wo liegen Gemeinsamkeiten, Ähnlichkeiten und Unterschiede, Vorteile und Nachteile von Promotionen in Deutschland und den USA?

Bevor diese Fragen beantwortet werden können, muss vorausgeschickt werden, dass von *der* amerikanischen Promotion ebenso wenig die Rede sein kann wie von *der* amerikanischen Hochschule. Das Hochschulsystem der USA ist sehr viel heterogener als das deutsche. Man trifft dort ein außerordentlich **breites Spektrum von Bildungsinstitutionen** an, das von den zumeist aus privaten Stiftungen finanzierten ›Eliteuniversitäten‹, wie Harvard, Princeton oder Yale, über die dominant von öffentlicher Hand getragenen (häufig qualitativ auch sehr hochwertigen) State Universities, wie der University of California, bis hin zu den kleineren Liberal Arts Colleges reicht. National verbindliche Regeln für die Promotion gibt es kaum. Im Gegenteil: Jede dieser höchst unterschiedlichen Hochschulen hat eigene Regeln, was Bewerbungsverfahren, Struktur, Zeitrahmen, Betreuungskonzept und die Finanzierung von Promotionen angeht.

Ein **Vergleich mit *dem* US-amerikanischen Promotionssystem** kann aus den genannten Gründen in vieler Hinsicht nur sehr **generalisierend** verfahren. Um tatsächlich konkrete Unterschiede – strukturell, finanziell und atmosphärisch – aufzuzeigen, werden im Folgenden die Erfahrungen der Autorinnen zugrunde gelegt: Im Fokus stehen literaturwissenschaftliche Promotionen an den anglistischen und germanistischen Instituten der Justus-Liebig-Universität Gießen und der University of Wisconsin-Madison, zwei Partneruniversitäten, deren Vergleich sich aus mehreren Gründen anbietet: Die UW-Madison gehört nicht zu jenen überaus reichen privaten Eliteuniversitäten, zu denen in Deutschland ohnehin kein Pendant zu finden ist (vgl. Graf 2004), sondern es handelt sich um eine sehr gute, etwa zur Hälfte aus öffentlichen Mitteln finanzierte und in zahlreichen Fächern international renommierte State University. Vor dem Hintergrund des aktuellen, tiefgreifenden Umbruchs im deutschen Promotionswesen eröffnet gerade der Vergleich mit der JLU Gießen, an der die Strukturierung der geistes- und kulturwissenschaftlichen Doktorandenausbildung wohl deutschlandweit am weitesten fortgeschritten ist, interessante Perspektiven auf die Gemeinsamkeiten und Unterschiede zwischen Promotionen in beiden Ländern. Dabei werden nicht zuletzt auch grundlegende Differenzen zwischen dem deutschen und dem amerikanischen System sichtbar, die vermutlich auch nach der Exzellenzinitiative noch weiterbestehen werden.

Das **Gesicht der deutschen Doktorandenausbildung** hat sich in den vergangenen Jahren immer mehr von der traditionellen Individualbetreuung hin zum Modell der ›Graduate Schools‹ nach amerikanischem Vorbild gewandelt (vgl. Berning/Falk 2005). Aus diesem Grund stehen in Deutschland zurzeit heterogene Modelle nebeneinander und es stellt sich die Frage, mit *welchem* deutschen System – dem ›alten‹ oder dem ›neuen‹ – die amerikanische Promotion eigentlich verglichen werden soll. Berning und Falk bemerken zur **Einführung strukturierter Promotionsstudiengänge in Deutschland**:

> Seit der Einführung strukturierter Promotionsstudien konkurrieren in Deutschland zwei unterschiedliche Paradigmen der Nachwuchsausbildung: die traditionelle deutsche Promotion, die aufgrund der engen Beziehung des Doktoranden zum und seiner Abhängigkeit vom Doktorvater auch als ›Meister-Schüler-Modell‹ bezeichnet wird, und das angloamerikanische Modell der Doctoral Studies. In letzterem erfolgt die Ausbildung der Doktoranden in eigenen Einrichtungen (so genannten Schools), in denen sie neben dem Verfassen der Dissertation ein promotionsbegleitendes Ausbildungsprogramm absolvieren. (ebd., S. 49)

Wenn man das **traditionelle deutsche Modell** der Promotion mit der **amerikanischen Doktorandenausbildung** vergleicht, lassen sich eine Reihe gravierender Unterschiede ausmachen, die in der folgenden Tabelle überblicksartig zusammengestellt sind, und auf die wir im Verlauf dieses Kapitels noch genauer eingehen werden:

	›Meister-Schüler-Modell‹ (Deutschland ›traditionell‹)	**›Doctoral Studies‹ (USA bzw. Deutschland ›reformiert‹)**
Träger	einzelne Professoren	Professoren, Fakultäten, Schools
Status des Doktoranden	Mitarbeiter an Lehrstühlen bzw. in Projekten, Stipendiat oder externer Doktorand	Ph.D. Student (eingeschriebener Doktorand)
Auswahlverfahren	informell	formell
Ausbildungsinhalte	geringe Formalisierung: Dissertation und Rigorosum bzw. Disputation	hohe Formalisierung: festes Studienprogramm vor bzw. neben der Dissertation
Betreuung	primär der Doktorvater	mehrere Betreuungspersonen bzw. Betreuungskomitee
Ausbildungsziel	Qualifizierung für universitäre und außeruniversitäre Berufsziele	Qualifikation für wissenschaftliche Laufbahn

(nach: Berning/Falk 2005, S. 50)

Die Unterschiede zwischen dem deutschen und dem amerikanischen Promotionswesen werden nicht nur in einer solchen Gegenüberstellung inhaltlicher und struktureller Aspekte erkennbar; sie offenbaren sich auch in Form schierer ›Größenunterschiede‹, wie die folgenden Zahlen verdeutlichen: Auf eine Bevölkerung von ca. 290 Mio. kommen in den USA insgesamt 4.200 Hochschulen – im Verhältnis also ungleich mehr als in Deutschland, wo für 82 Mio. Menschen nur 350 Hochschulen zur Verfügung stehen. Unter der Vielzahl amerikanischer Hochschulen sind allerdings tatsächlich nur 230 Universitäten mit Promotionsstudiengängen zu verzeichnen. In Deutschland gibt es vergleichsweise mehr Hochschulen mit Promotionsrecht, nämlich knapp 110 (vgl. Janson/Schomburg/Teichler 2006a, S. 15). 88 der 230 amerikanischen Universitäten, an denen promoviert werden kann, gelten als herausragende Forschungsinstitutionen (vgl. ebd., S. 30). Auffällig ist, dass in den USA eine sehr starke Konzentration der Promotionstätigkeit zu verzeichnen ist: 50 Hochschulen verleihen mehr als 50% aller Doktortitel. In Deutschland ist eine solche Konzentration auf wenige herausragende Bildungseinrichtungen bei der Promotionstätigkeit hingegen nicht auszumachen. Hier wird allerdings im Verhältnis häufiger promoviert: Während in den USA jährlich 46.000 Doktorabschlüsse gemacht werden, sind es in Deutschland 24.000 (vgl. ebd.).

Solche Unterschiede hängen mit den verschiedenen Hochschulsystemen, dem Ablauf und der Bedeutung der Promotion zusammen – Aspekte, auf die im Folgenden einzugehen sein wird. Unser **Vergleich orientiert sich an den typischen Stationen der Promotion**:

- **Voraussetzungen** zur Annahme als Promotionsstudent/in und **Bewerbungsverfahren**
- **Ablauf** des Promotionsstudiums
- **Finanzielle** Aspekte
- **Karriereaussichten** nach der Promotion

Im Folgenden werden wir der Einfachheit halber stets nur von **Ph.D.** sprechen, weil es sich dabei um den in den USA am häufigsten verliehenen Doktorgrad handelt. Der Ph.D. ist jedoch eigentlich nur *ein* Doktorgrad von vielen, die man in den USA erwerben kann. Daneben gibt es – um nur einige Beispiele zu nennen – den ›Doctor of Education‹ (Ed.D.), den ›Doctor of Library Science‹ (D.L.S.) oder den ›Th.D.‹ (›Doctor of Theology‹). ›Ph.D.‹ steht zwar für ›Doctor of Philosophy‹, doch auch in den Naturwissenschaften ist es der am meisten verliehene Doktortitel. Die Abkürzung ›Ph.D.‹ wird daher üblicherweise gleichbedeutend mit ›Doktortitel‹ gebraucht.

Der Einstieg: Voraussetzungen, Bewerbungsverfahren, Betreuer

Die grundlegende Unterscheidung zwischen *undergraduate studies* (das Studium bis zum Bachelor's) einerseits und *graduate studies* (Master's und Ph.D.) andererseits prägt das gesamte amerikanische Universitätssystem sehr viel tiefgreifender als dies in Deutschland auch nach der Modularisierung der Studiengänge der Fall sein wird. Der **Bachelor of Arts** (B.A.; bzw. der **Bachelor of Science**, B.Sc.) ist – nach ca. vierjährigem Studium – *der* **Standardabschluss** amerikanischer Hochschulabsolventen, der als vollwertig und berufsqualifizierend begriffen wird.

Einen **Master of Arts** (M.A.) bzw. einen **Master of Science** (M.Sc.) erwerben – im Gegensatz zu Deutschland, wo erst der Master als Äquivalent zu den Standardabschlüssen ›Magister‹, ›Diplom‹ und ›Staatsexamen‹ verstanden wird – nur vergleichsweise wenige Studierende, nämlich etwa ein Drittel der Bachelor-Absolventen (vgl. Janson/Schomburg/Teichler 2006a, S. 15).

Die Zusammenfassung von Master's und Ph.D. unter dem Begriff *graduate studies* zeigt schon an, dass **Master- und Promotionsstudiengänge in den USA sehr eng miteinander verknüpft** sind. In forschungsorientierten Graduate Schools werden entsprechende Programme angeboten, die als Abschlüsse den Master's *und* den Doktorgrad verleihen. Nicht selten verlassen amerikanische Studierende nach dem Bachelor's ihre Hochschule, um ihr Graduiertenstudium an einer möglichst renommierten Forschungsuniversität zu beginnen und dort zuerst ihren Master's und dann ihren Ph.D. zu erwerben. Somit lässt sich auch erklären, dass die Dauer des ›Graduiertenstudiums‹ in den USA statistisch sehr viel höher liegt als in Deutschland: Die durchschnittliche *time to degree* beträgt in Deutschland 4,2 Jahre, in den USA hingegen etwa 8 Jahre. Dieser Unterschied ergibt sich eben aus der Tatsache, dass die Masterstufe im amerikanischen System als Teil der *graduate studies* mitgezählt wird (vgl. auch ebd., S. 49 f.). Das Durchschnittsalter beim Promotionsabschluss liegt dann jedoch in beiden Ländern bei etwa 33 Jahren.

Gerade die renommierten Forschungsuniversitäten verfahren bei der Zulassung von Bewerbern zum Graduiertenstudium höchst selektiv. Die an einem Promotionsstudium interessierten Kandidaten müssen ein **mehrstufiges Bewerbungsverfahren** durchlaufen. Einzureichen sind:

- Aufstellungen von allen besuchten Kursen und erzielten Noten (*transcripts*), die auch die Durchschnittsnote des Bachelor-Studiums (*undergraduate grade point average*) enthalten,
- ein Nachweis über die erreichte Punktezahl beim nationalen Eingangstest (*Graduate Record Examination*),
- zwei bis drei Empfehlungsschreiben von Professoren,
- ein Motivationsaufsatz (*statement of purpose*),
- eine Arbeitsprobe (z. B. eine Seminararbeit; *writing sample*),
- ein Lebenslauf (Curriculum Vitae),
- für Nichtmuttersprachler außerdem der TOEFL-Test.

Sehr gute und offenbar stark umworbene Bewerber/innen werden von den Instituten nicht selten zu ***recruitment visits*** eingeladen – mehrtägige Besuche an der Universität, bei denen sie sich ein Bild von der Hochschule und ihrem Graduiertenprogramm machen können.

In Deutschland ist es noch die Regel, dass Studierende (üblicherweise in der Examensphase) von ihren Professorinnen bzw. Professoren zum Promotionsstudium ›ermuntert‹ bzw. als wissenschaftliche Mitarbeiter ausgewählt werden. Vom ersten Semester bis hin zur Habilitation können sich also Betreuungsverhältnisse von durchaus über fünfzehn Jahren entwickeln. **Das amerikanische System** weist dazu folgende Unterschiede auf:

- Der Wechsel von Universitäten und Betreuer/innen in frühen Phasen der wissenschaftlichen Laufbahn ist deutlicher vorgesehen.
- Die Bewerbungsverfahren sind klarer strukturiert und formalisiert.

■ Amerikanische Studierende nehmen bei der Planung ihrer Karriere eine aktivere Rolle ein.

Diese Unterschiede werden durch neuere **Entwicklungen in der deutschen Doktorandenausbildung** jedoch zunehmend eingeebnet: Auch die Aufnahme in deutsche Graduiertenkollegs, Internationale Promotionsstudiengänge und Graduate Schools ist mit formalisierten und selektiven Bewerbungsverfahren, Universitätswechsel und einer aktiveren Rolle der jungen Wissenschaftler/innen verbunden, die (im besten Fall) zwischen verschiedenen Angeboten wählen können.

Der **Erstgutachter der Dissertation** – der (ins Englische eigentlich unübersetzbare) ›Doktorvater‹ bzw. die ›Doktormutter‹ – ist **in Deutschland vielfach auch der einzige Betreuer des Projekts.** Zweitgutachter und weitere Mitglieder der Prüfungskommission werden nicht selten erst kurz vor Abgabe der Dissertation bestimmt. In den USA hingegen ist an der Supervision der Doktoranden **neben dem** *advisor* von Anfang an ein ganzes ›**Betreuerkollektiv**‹ beteiligt, dessen Mitglieder an verschiedenen Stationen des Promotionsprozesses aktiv ins Spiel kommen: Als Ansprechpartner bei Diskussionsbedarf, als Leser erster Textentwürfe, als Prüfer bei den *preliminary exams* (s. u.), als Gutachter nach Abgabe der Dissertation und als Kommissionsmitglieder bei der *defense*. Die Verschiedenheit der Betreuungskonzepte kommt auch sprachlich zum Ausdruck: In Deutschland promoviert man – ganz in der Metaphorik der deutschen Kleinfamilie – ›bei einem bestimmten Doktorvater‹, in den USA hingegen ›an einer bestimmten Universität‹.

Gerade am Beispiel des Betreuungsverhältnisses zeigen sich auch die **typischen atmosphärischen Unterschiede** zwischen dem deutschen und dem amerikanischen System. An amerikanischen Universitäten ist im Allgemeinen **weniger Hierarchiedenken** anzutreffen als an deutschen Hochschulen. Doktoranden werden früher als eigenständige – wenn auch junge – Wissenschaftler/innen akzeptiert und ernst genommen. In der Interaktion mit den Betreuern bzw. Betreuerinnen wechselt man üblicherweise schnell von der formalen Anrede ›Professor + Nachname‹ zu einer *first-name basis*, d. h. man spricht sich gegenseitig beim Vornamen an. Und so, wie es generell unter amerikanischen Kollegen der Fall ist (vgl. Fellbaum 2006), erstreckt sich das Verhältnis zwischen Ph.D.-*candidates* und ihren Betreuern sehr viel stärker als in Deutschland auch auf den privaten Bereich. Gemeinsame Ausflüge, Restaurant- und Kneipenbesuche erscheinen als integraler Bestandteil der Doktorandenbetreuung. Gerade internationale Promovenden werden an Thanksgiving oder Weihnachten von den betreuenden Professoren oder Professorinnen auch schon einmal nach Hause eingeladen; umgekehrt erscheinen *advisors* selbstverständlich als Gäste bei Hochzeiten der Doktoranden. Während an deutschen Universitäten die Rollen ›Wissenschaftler‹ und ›Privatmensch‹ auch in der Doktorandenausbildung noch häufig streng voneinander geschieden sind, ist in den USA also eine **holistischere Vorstellung von der Betreuung des ›wissenschaftlichen Nachwuchses‹** anzutreffen.

Der Ablauf: Zur Struktur des Promotionsstudiums

Der wohl auffälligste Unterschied im Ablauf des Promotionsstudiums ist die **amerikanische Unterscheidung zwischen einer Kurs- und einer Dissertationsphase.**

In der Kursphase (*pre-dissertation phase*) werden Seminare belegt, Hausarbeiten und Klausuren geschrieben. Für den deutschen Betrachter gleicht diese Phase damit mehr einem forschungsorientierten Master-Studiengang als einer Promotion. Erst in einem zweiten Schritt, der *dissertation phase*, wird dann die eigentliche wissenschaftliche Arbeit niedergeschrieben. Hinsichtlich der genauen zeitlichen Aufteilung beider Abschnitte gibt es sehr große Unterschiede sowohl zwischen amerikanischen Universitäten als auch zwischen individuellen Bildungsverläufen. Häufig werden für die erste Phase zwei bis drei Jahre *coursework* angesetzt. Für Ph.D.-Kandidaten, die ihr Promotionsstudium mit einem Bachelor's statt mit einem Master's beginnen, kann sich diese Phase um etwa ein bis zwei Jahre verlängern. Für die Niederschrift der Dissertation werden in der Regel weitere drei Jahre veranschlagt. Doch gerade hier gibt es große individuelle Unterschiede: Die *dissertation*-Phase und damit die Zeit, die zum Verfassen der Qualifikationsschrift gebraucht wird, dehnt sich nicht selten auf vier oder fünf Jahre aus.

Der **Übergang vom *pre-dissertation status* zum *dissertation status*** ist markiert durch die sogenannten ***prelims*** (*preliminary exams*): Die Ph.D.-Kandidaten werden in verschiedenen Prüfungen nach dem in der Kursphase erworbenen Wissen (oft schon im Hinblick auf die geplante Dissertation) gefragt. Zusätzlich ist in dieser Zeit ein ausführliches Exposé des Dissertationsvorhabens anzufertigen. Das Exposé wird begutachtet und der Kandidat wird daraufhin entweder als *dissertator* zugelassen oder muss seinen Entwurf nochmals überarbeiten.

Dem deutschen Promotionssystem entspricht damit auf amerikanischer Seite tatsächlich nur der ***dissertation status*** – mit den typischen Stationen der Wahl eines Dissertationsthemas und dem Verfassen von Exposés, deren Annahme oder Zurückweisung sowie der sich über mehrere Jahre erstreckenden Forschungs- und Schreibphase. Abgeschlossen wird die *dissertation*-Phase mit dem Einreichen der Dissertation und ihrer Verteidigung (*defense*) vor einem Gutachtergremium von etwa fünf Professoren (ein oder zwei Mitglieder der Kommission müssen üblicherweise ›extern‹ sein, d.h. nicht zu dem Doktorandenprogramm gehören). Der Abschluss der amerikanischen Promotion gleicht damit mehr der deutschen *disputatio* als dem Rigorosum: Allein die Arbeit wird verteidigt; Fachwissen wird nicht mehr abgefragt, was auch nachvollziehbar ist, weil dies ja schon bei den *prelims* erledigt wurde.

Fast alle amerikanischen Dissertationen werden an eine zentrale Institution (›ProQuest‹, vormals ›UMI Dissertation Publishing‹) geschickt, wo sie **digitalisiert und archiviert** werden. ProQuest/UMI ist außerdem für die ProQuest Dissertations and Theses Database verantwortlich, eine Datenbank, in welcher man kurze (max. 350 Wörter) Abstracts von 95 bis 98 Prozent der in den USA angenommenen Dissertationen findet. Eine gedruckte Version davon, die *Dissertation Abstracts International*, wird monatlich veröffentlicht. Neben den beiden auf US-amerikanische Dissertationen beschränkten Bänden für die Geistes- und Gesellschaftswissenschaften (DAI Section A) bzw. Natur- und Ingenieurswissenschaften (DAI Section B) erscheint vierteljährlich auch eine Ausgabe von DAI Section C (Worldwide), die internationale Dissertationen aufführt.

Die Dissertation ist in den USA sehr viel mehr eine ›Abschlussarbeit‹ als ein ›fertiges Buch‹. Während Dissertationen in Deutschland nicht selten schon kurz nach der Disputation bzw. dem Rigorosum in leicht überarbeiteter Form publiziert werden, dauert dieser Schritt von dem Dissertations-Manuskript bis zum fertigen

Buch in den USA im Schnitt zwischen fünf und sieben Jahren. Das hat damit zu tun, dass man in den USA zwischen zwei verschiedenen Textsorten unterscheidet: dem im streng akademischen Stil gehaltenen Dissertations-Manuskript (mit umfangreicher Darstellung des Forschungsstands, zahlreichen Fußnoten etc.) einerseits und der für ein breiteres Publikum gedachten, publizierbaren wissenschaftlichen Monografie andererseits. Dabei ist zu bedenken, dass es **in Amerika kein Druckkostenzuschuss-System** gibt und daher auch kein *vanity publishing* (d.h. Veröffentlichungen aus purer Eitelkeit und ohne Rücksicht auf die Leserschaft oder den Buchmarkt) schwer verdaulicher und schlecht editierter Wissenschaftsprosa. Auch wissenschaftliche Bücher müssen sich in den USA verkaufen können und daher ansprechend geschrieben sein. Das Dissertations-Manuskript dient in Amerika daher häufig nur als Ausgangspunkt für das Verfassen einer wissenschaftlichen Monografie. Mit anderen Worten ist, anders als in Deutschland, die Veröffentlichung der Dissertation keine Bedingung dafür, den Doktortitel führen zu dürfen.

Die Finanzierung: Gebühren, Stipendien, Stellen an der Universität

Die Finanzierung erscheint für an deutsche Verhältnisse gewöhnte Studierende wohl als der unsicherste und unübersichtlichste Faktor eines Promotionsstudiums in den USA. Wie auch für jedes andere Studium in Amerika fallen **Gebühren für das Promotionsstudium** an. Diese *tuition rates* können sehr stark variieren, da die Universitäten die Hoheit über ihre eigenen Finanzen haben und Gebühren eigenständig festlegen. Auch der **Status des Doktoranden** wirkt sich auf die Höhe der Studiengebühren aus. Um einige Beispiele zu nennen: *Residents*, d.h. Studierende, die aus Wisconsin kommen, zahlen in Madison im akademischen Jahr 2006/07 für ein Promotionsstudium pro Semester 4.592 Dollar. Für ausländische Studierende hingegen und für jene, die aus den übrigen amerikanischen Bundesstaaten stammen (*nonresidents*), fallen 12.227 Dollar an. Diese Kosten beziehen sich auf die *predissertation*-Phase. Sie verringern sich deutlich in der *dissertation*-Phase, in der der Promotionsstudent die Lehrangebote der Universität ja formal nicht mehr wahrnimmt (zurzeit 1.098 bzw. 1.728 Dollar pro Semester in Madison). Zum Vergleich: In Harvard ist mit etwa 30.000 Dollar *tuition rates* jährlich in den ersten beiden Jahren des Graduiertenstudiums zu rechnen – und zwar für alle Studierenden gleichermaßen, denn die *resident/nonresident*-Unterscheidung gilt nicht für private Universitäten.

Um die Kosten zu verringern, bewerben sich viele Studierende um **Promotionsstipendien** (*fellowships*) oder um die begehrten **Stellen als** *teaching assistant* (Lehrassistent) **oder** *research assistant* (Forschungsassistent). Das Spektrum des amerikanischen Stipendiensystems reicht von privaten Stiftungen über eine ganze Reihe von *university-funded fellowships*, d.h. an den jeweiligen Universitäten selbst angesiedelten Programmen, bis hin zu staatlichen Stipendien. Ziel der meisten Stipendien ist die finanzielle Abdeckung der Studiengebühren; ob darüber hinaus ein Beitrag zu den allgemeinen Lebenshaltungskosten geleistet wird und wie hoch dieser ausfällt, hängt von dem jeweiligen Stipendium ab.

In der *dissertation*-Phase besteht die Möglichkeit, sich für *doctoral research fellowships* zu bewerben, um beispielsweise im Ausland zu forschen. Auch deutschen

Studierenden, die an einer Promotion in den USA interessiert sind, steht das amerikanische Stipendiensystem – zumindest teilweise – offen. Keinen Anspruch haben sie allerdings auf die Unterstützung der amerikanischen Regierung bei der Aufnahme von Studierendenkrediten (*government-subsidized loans*). Bei diesem von zahlreichen amerikanischen Studierenden genutzten System übernimmt die Regierung u. a. Teile der Zinsen, und die Banken verzichten bei der Krediterteilung auf Sicherheiten.

Stellen als ***teaching assistants*** oder ***research assistants*** sind nicht nur eine wichtige Verdienstquelle; sie haben zudem meist den Vorteil, dass für ihre Inhaber die Studiengebühren verringert oder ganz erlassen werden. Amerikanische *TAs* und *RAs* haben mit deutschen wissenschaftlichen Assistenten allerdings weniger gemeinsam als die ähnlich klingende Stellenbezeichnung vermuten lässt. *Teaching assistants* sind zumeist für die Durchführung von Tutorien zuständig; die Möglichkeit zur eigenständigen Lehre ist mit diesen Stellen nicht unbedingt verbunden. *Research assistants* übernehmen oft Formen der wissenschaftlichen Zuarbeit, die in Deutschland bestenfalls denen von wissenschaftlichen Hilfskräften entsprechen. Zudem haben amerikanische *assistants* **weniger institutionalisierte Mitspracherechte** als der deutsche ›Mittelbau‹. Eine mehr oder weniger vollwertige Mitgliedschaft in der *faculty* erhält man in den USA erst nach der Dissertation, als Assistenzprofessor/in (s. u.). Während also im amerikanischen System *nach* der Dissertation, als *assistant professor*, mehr akademische Freiheit und Selbstständigkeit als in Deutschland winken, hat man *vor* Abgabe der Dissertation deutlicher noch als hierzulande den Status eines/einer Studierenden inne.

Was dann? Die wissenschaftliche Karriere nach der Promotion

Anders als in Deutschland, wo Promotionen schon längst auch als Voraussetzung für eine Reihe von außeruniversitären Berufen gelten (Bibliothekare, Archivare, Mediziner, Chemiker in der Industrie etc.), wird die Promotion in den USA – gerade in den Geisteswissenschaften – immer noch in hohem Maße als der **erste Schritt einer wissenschaftlichen Karriere** wahrgenommen: Sie dient der ›wissenschaftlichen Reproduktion‹ (auch wenn am Ende tatsächlich viele Promovierte außerhalb der Universitäten Beschäftigung finden). Genau deshalb ist es außerordentlich wichtig, an renommierten Forschungsuniversitäten zu promovieren. Anders als in Deutschland, wo die Unterschiede zwischen den Orten der Promotion (noch) als nur gering wahrgenommen werden bzw. das Renommee einer Promotion sich eher auf die Wahl des Doktorvaters bzw. der Doktormutter gründet, erhöht der **Abschluss an einer bekannten Universität** in den USA deutlich die **Chancen auf dem wissenschaftlichen Arbeitsmarkt** – und so erklärt sich auch die Konzentration der Promotionstätigkeit auf eine überschaubare Anzahl US-amerikanischer Hochschulen.

Der ›**klassische Weg**‹ **einer wissenschaftlichen Karriere** besteht **in den USA** darin, sich nach der Promotion auf ein *assistant professorship* (Assistenzprofessur) mit *tenure track* zu bewerben, d.h. mit der Möglichkeit, nach ca. sechs Jahren eine Anstellung auf Lebenszeit an der betreffenden Universität zu erhalten. Wenn alles gut geht, erhält man *tenure* und wird damit zum *associate professor* ernannt. Professoren mit internationaler Reputation können schließlich (in der Regel frühestens nach weiteren sechs Jahren) zum *full professor* ernannt werden. Diese **drei Stufen** sind auch hinsichtlich des durchschnittlichen Gehalts auf deutscher Seite in etwa mit wissenschaftlichen Assistenzen, W2-Professuren und W3-Professuren vergleichbar (vgl. Janson/Schomburg/Teichler 2006b, S. 573). In den USA können die Gehälter je nach Fach und Reputation jedoch stärker schwanken als in Deutschland.

Ein für die **Familienplanung** nicht unwichtiger Unterschied zwischen dem deutschen und dem amerikanischen System besteht in der Tatsache, dass man in den USA nach der Promotion die eigene Alma Mater verlassen muss und als Professor/in an eine andere Universität wechselt, an der man dann nicht selten bis zur Pensionierung verbleibt. In Deutschland findet dieser Wechsel jedoch erst nach der Habilitation statt. Das heißt, die Bewerbung auf eine Professur und die damit verbundene notwendige Verlegung des Lebensmittelpunkts in eine andere Stadt steht in den USA etwa mit Anfang dreißig an; in Deutschland hingegen erst mit Ende dreißig.

Gegenüberstellungen wissenschaftlicher Karrieren in Deutschland und den USA kommen nicht selten zu folgendem Ergebnis: In den USA erfolgt nach der Promotion
- ein Wechsel der Universität;
- die Möglichkeit zur selbstständigen Lehre und Forschung;
- keine Habilitation;
- eine relative berufliche Sicherheit.

Demgegenüber stellt sich die Situation für Wissenschaftler/innen in Deutschland nach der Promotion nicht selten wie folgt dar:
- Verbleiben an derselben Universität (und bei demselben Betreuer) zur Habilitation;
- starke Weisungsgebundenheit als wissenschaftliche Mitarbeiter/innen oder Assistenten/Assistentinnen;
- mit der Habilitation Absolvierung einer zweiten großen Prüfung;
- Blick in eine mehr als unsichere berufliche Zukunft.

Dabei ist allerdings zu betonen, dass auch amerikanische *assistant professors* sich keineswegs in vollkommener Sicherheit wägen können oder schalten und walten, ohne irgendwem Rechenschaft ablegen zu müssen. Ihnen steht vielmehr ein aufwändiges *tenure track*-Verfahren bevor und sie sind während ihrer gesamten Dienstzeit in ein **enges Supervisions- und Betreuungssystem** eingebunden, bei dem dienstältere Kollegen in regelmäßigen Abständen den Unterricht und die Publikationstätigkeit der Assistenzprofessoren begutachten.

Spätestens nach sechs Jahren steht für amerikanische Assistenzprofessoren das *tenure*-Verfahren an, ein komplizierter, mehrstufiger Prozess, der mit dem deutschen Habilitationsverfahren durchaus zu vergleichen ist und in einigen Punkten noch darüber hinausgeht. Dabei müssen einschlägige Publikationen vorgelegt werden, es werden externe Gutachten angefordert und die Kollegen am Institut entscheiden aufgrund von ausführlichen Dokumentationen über die Lehr- und Forschungstätigkeit (z.B. auch aufgrund von Evaluationen der Studierenden) sowie über die Beteiligung an der akademischen Selbstverwaltung (*service*), ob *tenure* gewährt werden kann oder nicht. Nach eigener Beobachtung scheint uns der

›Stressfaktor‹ im *tenure-* und im Habilitationsverfahren recht ähnlich zu sein. Wie auch Peter Brass (2005, S. 476 f.) betont, bedeutet *tenure track* eben nicht ›Regelbeförderung‹ oder ›automatische Einstellung nach Probezeit‹. Im Gegenteil, »je ehrgeiziger die Institution, desto größer der Anteil der Kandidaten, welche tenure nicht erhalten. [...] Bei wirklich berühmten Institutionen erhält kaum einer der assistant professors tenure; dort ist die Stellung hauptsächlich ein Sprungbrett für eine bessere Stellung an einer schlechteren Universität«.

So weit der ›klassische Weg‹, für den die USA bekannt sind und der auch als Modell für die deutsche Juniorprofessur gedient hat (die allerdings noch zu selten mit der Option auf *tenure* ausgestattet ist, um wirklich vergleichbar attraktiv zu sein). Aus Geldmangel wird dieses System in den USA jedoch immer weiter unterhöhlt: Assistenzprofessuren werden befristet, als ›multi-year non-tenure-track appointments‹ ausgeschrieben oder reichlich euphemistisch als ›visiting professorships‹ bezeichnet. Postdoktorandenstellen – »eine neue Zwischenphase« (Janson/ Schomburg/Teichler 2006a, S. 64) – stellen für die Universitäten verhältnismäßig kostengünstige Alternativen zu Assistenzprofessuren dar und verschieben das Einstiegsalter in die Professur nach hinten. Die folgende Tabelle stellt abschließend den trotz aller Unterschiede doch erstaunlich ähnlichen **zeitlichen Verlauf wissenschaftlicher Karrieren in Deutschland und den USA** gegenüber:

	Deutschland	USA
Graduierte	ca. 18 % der Altersgruppe (Uni- + FH-Abschlüsse) 28 Jahre	ca. 30 % der Altersgruppe (Bachelor-Abschlüsse) 25 Jahre
Promotionen	ca. 1 % der Graduierten ca. 2 % der Altersgruppe 33 Jahre	ca. 4–5 % der Graduierten ca. 1,5 % der Altersgruppe 33 Jahre
Höhere Qualifikationen/ Positionen	Habilitation ca. 9 % der Doktoranden 40 Jahre	First full-time academic position (weniger als 40 % der Ph.D. werden *assistant professors*) 38 Jahre
Professoren	ca. 8 % der Doktoranden (Uni- + FH-Professoren) ca. 0,2 % der Bevölkerung im Alter von 40–64 Jahren 41 Jahre (Erstberufung)	ca. 20 % der Ph.D. (Full Prof. + Assoc. Prof.) ca. 0,2–0,3 % der Bevölkerung im Alter von 40–64 Jahren 40 Jahre *(tenure full-time)*

(nach: Janson/Schomburg/Teichler 2006b, S. 572)

Zusammenfassend kann festgehalten werden, dass ein Vergleich zwischen dem Promotionswesen in Deutschland und in den USA **zwei Arten von Unterschieden** zutage fördert: Zum einen werden Differenzen sichtbar, die im Zuge der aktuellen Reformen des deutschen Promotionssystems vermutlich zunehmend eingeebnet werden. Hierzu zählen die formalisierten Bewerbungs- und Auswahlverfahren, die strukturierten Promotionsstudiengänge, das System der Assistenz- bzw. Juniorprofessuren mit *tenure track* sowie das Schwinden eines ›Meister-Schüler-Verhältnisses‹ zugunsten einer auf mehrere Schultern verteilten Doktorandenbetreuung.

Zum anderen gibt es Unterschiede, die wissenschaftskulturspezifisch erscheinen und daher wohl auch bestehen bleiben werden. Zu diesem Bereich gehören die extrem starke Differenzierung im Renommee der Graduate Schools, die oft schwindelerregende Höhe der Gebühren für das Promotionsstudium, die den Master's häufig einschließende, ›kurslastige‹ *pre-dissertation* Phase, der Zeitpunkt und die Art der Publikation von Dissertationen, und nicht zuletzt die spezifische Atmosphäre an amerikanischen Universitäten, die freier von Hierarchiedenken sind und an denen ›Wissenschaft‹ und ›Privatleben‹ nicht als sich gegenseitig ausschließende Wirklichkeiten wahrgenommen werden. Strukturen lassen sich eben leichter verändern als Mentalitäten.

Literatur

Berning, Ewald/Falk, Susanne: »Das Promotionswesen im Umbruch«. In: Bayerisches Staatsinstitut für Hochschulforschung und Hochschulplanung (Hg.): *Beiträge zur Hochschulforschung* 27.1 (2005), S. 48–72.
http://www.ihf.bayern.de/dateien/beitraege/Beitr_Hochschulf_1_2005.pdf (29.05.2007)

Borsò, Vittoria: »Internationalisierung als Aufgabe der Universität«. In: Labisch, Alfons (Hg.): *Jahrbuch der Heinrich-Heine-Universität Düsseldorf 2004*. Düsseldorf 2005, S. 33–49. http://www.uni-duesseldorf.de/home/Jahrbuch/2004/PDF/Borso.pdf (25.06.2007)

Brass, Peter: »Ivy League und andere Mißverständnisse. Über den Mythos ›Vorbild USA‹«. In: *Forschung und Lehre* 9 (2005), S. 476–477.

Fellbaum, Christiane: »Klimavergleich Deutschland – USA«. In: Koepernik, Claudia/Moes, Johannes/Tiefel, Sandra (Hgg.): *GEW-Handbuch Promovieren mit Perspektive. Ein Ratgeber von und für DoktorandInnen*. Bielefeld 2006, S. 360–363.

Graf, Friedrich Wilhelm: »Die Illusion vom deutschen Harvard. Ein Plädoyer für mehr Mut zum politischen Konflikt«. In: *Forschung und Lehre* 2 (2004), S. 76–78.

Janson, Kerstin/Schomburg, Harald/Teichler, Ulrich: *Wissenschaftliche Wege zur Professur oder ins Abseits? Strukturinformationen zu Arbeitsmarkt und Beschäftigung an Hochschulen in Deutschland und den USA*. Kassel 2006a.
http://www.gain-network.org/file_depot/0–10000000/10000–20000/16468/folder/44145/INCHER+Studie+zum+wissenschaftlichen+Arbeistmarkt.pdf (25.06.2007)
(Kommentare dazu: http://www.gain-network.org/page/45829/(25.06.2007))

Janson, Kerstin/Schomburg, Harald/Teichler, Ulrich: »Eher eine ›gefühlte Differenz‹. Karriereperspektiven von Wissenschaftlern in Deutschland und den USA«. In: *Forschung und Lehre* 10 (2006b), S. 571–573.

Lenhardt, Gero: *Hochschulen in Deutschland und in den USA. Deutsche Hochschulpolitik in der Isolation*. Wiesbaden 2005.

Mayer, Karl Ulrich: »Yale, Harvard & Co. Mythos oder Modell für Deutschland«. In: *Forschung und Lehre* 10 (2004), S. 538–542.

Astrid Erll und Sara B. Young

II. Von der Promotionsentscheidung zur Finanzierung

1. Warum promovieren?
Kriterien zur Entscheidungsfindung

Die Begriffe ›Promotionsstudium‹ oder ›Promotionsstudiengang‹, die im Zusammenhang der strukturierten Doktorandenausbildung häufig Verwendung finden, sind irreführend: Denn wer eine Promotion in dem Glauben beginnt, dass diese eine bloße Fortsetzung des Studiums sei, der wird schnell feststellen müssen, dass an Promovierende deutlich höhere Anforderungen gestellt werden als an Studierende. Zum einen ist eine Dissertation wissenschaftlich wesentlich anspruchsvoller als z.B. eine Magisterarbeit und erfordert daher diszipliniertes Arbeiten über einen langen Zeitraum hinweg, zum anderen werden die Arbeitsbedingungen oft durch Faktoren wie hohen Leistungsdruck, mangelndes Feedback, Selbstzweifel oder finanzielle Engpässe zusätzlich erschwert. Generell ist es daher für alle potenziellen Promovierenden ratsam, dem Entschluss zur Promotion einen reflektierten **Entscheidungsfindungsprozess** vorangehen zu lassen. Realistische Einschätzungen der persönlichen Lebenssituation, der eigenen Stärken und Schwächen sowie der Motivation zu promovieren bilden dabei zentrale Entscheidungsgrundlagen.

Motivation

Die richtige Motivation ist das A und O für die erfolgreiche Umsetzung eines Dissertationsvorhabens, denn nur sie hilft über unweigerlich eintretende Rückschläge und lange Durststrecken ohne positives Feedback hinweg. Was aber ist eine ›richtige‹ Motivation? Knigge-Illner unterscheidet intrinsische von extrinsischen Beweggründen, wobei für den erfolgreichen Abschluss einer Promotion eine »intrinsische Motivation, das heißt Interesse an der Sache und speziell an dem gewählten Thema« (2002, S. 20) besonders wichtig ist. Extrinsische Motive wie beispielsweise die Aussicht auf bessere Verdienstmöglichkeiten oder soziales Prestige hingegen reichen nur selten als alleiniger Antrieb aus. Als Richtlinie kann demnach gelten: Je größer und je intensiver die intrinsische Motivation, desto höher die Chancen auf eine erfolgreiche Durchführung des Projekts.

Intrinsische Motivationen	Extrinsische Motivationen
■ Besonderes Interesse an einem bestimmten wissenschaftlichen Thema ■ Freude am wissenschaftlichen Arbeiten ■ Faszination für Theorien und Methoden ■ Vorliebe für eigenständiges und selbstbestimmtes Arbeiten	■ Verlängerung des Studentenlebens ■ Zusatzqualifikation/Weiterbildung ■ Voraussetzung für eine wissenschaftliche Laufbahn ■ (Bessere) Qualifizierung für eine Karriere außerhalb der Universität ■ Verbesserung der Verdienstmöglichkeiten/höheres Einstiegsgehalt ■ Soziales Prestige ■ Erwartungshaltung der Familie ■ Intellektuelle Herausforderung/Bestätigung ■ Aufschub des Einstiegs in den Arbeitsalltag ■ Mangel an interessanten Alternativen ■ Umgehung von Arbeitslosigkeit/zeitliche Überbrückung bis zum Berufseinstieg

Einer **Doktorandenbefragung** des Promovierendennetzwerks THESIS zufolge sind in der Praxis vor allem intrinsische Beweggründe für die Entscheidung zur Promotion ausschlaggebend (vgl. duz-SPECIAL 2004): Als die drei wichtigsten Motivationen werden die Lust am wissenschaftlichen Arbeiten (87,1%), das persönliche Interesse an einem bestimmten wissenschaftlichen Thema (85,2%) sowie die Begeisterung für Methoden und Theorien des Faches (71,7%) genannt. Hingegen beginnen nur wenige Doktoranden/Doktorandinnen das Dissertationsvorhaben aus einem schlichten Mangel an interessanten Alternativen (14,1%) oder Alternativen überhaupt (9,7%).

Lebensplanung

Neben der Frage nach der Art und Stärke der eigenen Motivation ist auch die allgemeine Lebensplanung bei der Entscheidung für oder gegen eine Promotion zu berücksichtigen. Angehende Doktoranden/Doktorandinnen sollten sich Klarheit darüber verschaffen, welche Erwartungen sie in beruflicher wie privater Hinsicht an ihr Leben stellen. Etwa drei Viertel aller Doktoranden/Doktorandinnen betrachten die Promotion als Voraussetzung für die von ihnen angestrebte berufliche Tätigkeit (vgl. duz-SPECIAL 2004, S. 13). Im Zuge der eigenen **Karriereplanung** sollte man jedoch klären, welche Vorteile eine Promotion in dem Bereich, in dem man später arbeiten möchte, tatsächlich bringt (zu »Berufsperspektiven für Promovierende« s. Kap. V.1). Denn während eine Promotion zwar für eine wissenschaftliche Laufbahn unabdingbar ist, kann sie außerhalb der Wissenschaft auch **Nachteile** mit sich bringen:
■ höheres Alter bei Berufseinstieg,
■ Überqualifikation,
■ Praxisferne der Qualifikation,
■ hoher Grad an Spezialisierung und
■ Mangel an berufsspezifischem Wissen.

Damit diese Faktoren sich nicht negativ auf die **Berufschancen** auswirken, sollten sich potenzielle Doktoranden/Doktorandinnen, die eine Karriere außerhalb der Wissenschaft ansteuern, rechtzeitig über berufsspezifische Vor- und Nachteile informieren. Die Bildungsforscher Jürgen Enders und Lutz Bornmann (2001) sind im Zuge der sogenannten Kasseler Promoviertenstudie zu dem Ergebnis gelangt, dass eine Promotion keine erkennbaren Nachteile für eine Karriere außerhalb der Universität bringt. Zwar fanden die befragten Germanisten und Sozialwissenschaftler, anders als die Promovierten anderer Fächer, nicht unmittelbar nach Abschluss der Promotion eine Anstellung, im Vergleich zu nicht-promovierten Hochschulabsolventen fiel die Dauer der Arbeitsplatzsuche jedoch deutlich geringer aus.

Bei der Entscheidung über eine mögliche Promotion spielen natürlich nicht nur die beruflichen Perspektiven eine Rolle, sondern auch die **private Lebensplanung**. Denn die Promotion verlängert die ›Ausbildungszeit‹ um mindestens drei Jahre. Während dieser Zeit ist nicht nur das eigene Einkommen vergleichsweise gering, sondern in den meisten Fällen auch die berufliche Zukunft nach der Promotion noch ungewiss. Im Verhältnis zu anderen Akademikern, die unmittelbar im Anschluss an ein Studium eine berufliche Tätigkeit aufgenommen haben, nehmen Promovierende eine finanzielle und berufliche Unsicherheit in Kauf. Diese Unsicherheit fällt in eine Lebensphase, in der in der Regel wichtige private Entscheidungen getroffen werden. An der Schwelle zum dritten Lebensjahrzehnt stellt sich die Frage nach Partnerschaft, Familie und Privatleben neu: Ist man bereit, den Wohnort zu wechseln? Kann man Fernbeziehungen auf Dauer akzeptieren? Möchte man Kinder?

Eine Promotion fordert viel Zeit, die an anderen Stellen – und das heißt meist im privaten Bereich – eingespart werden muss. Eine Promotion verlangt in vielen Fällen zudem ein **hohes Maß an Mobilität**, weil der/die Betreuende an eine andere Universität wechselt, weil man ein Stipendium in einem ortsfernen Graduiertenkolleg mit Präsenzpflicht erhält oder weil für das eigene Forschungsprojekt Konferenzreisen, Archivbesuche oder gar längere Auslandsaufenthalte notwendig sind. Strebt man eine wissenschaftliche Karriere an, ist Mobilität sogar noch weit über die Promotionsphase hinaus erforderlich. Es empfiehlt sich daher, bereits vor Beginn einer Promotion zu klären, ob und wie man diese Faktoren mit der privaten Lebensplanung sowie derjenigen des Partners koordinieren kann.

Erfolgsaussichten des Promotionsvorhabens

Auch wenn sich über den tatsächlichen Promotionsverlauf keine zuverlässigen Voraussagen treffen lassen, kann man doch zwischen Faktoren unterscheiden, die den erfolgreichen Abschluss einer Promotion fördern, und anderen, die ihn tendenziell gefährden. Eine realistische Einschätzung der eigenen Fähigkeiten, Interessen und Lebensumstände kann nicht nur bei der Entscheidung für oder gegen eine Promotion helfen, sondern ist auch ein erster Schritt zur **Problemvermeidung**: Denn nur wenn promotionsgefährdende Faktoren als solche wahrgenommen werden, können auch rechtzeitig Methoden zur Problemlösung entwickelt werden.

Ein erfolgreicher Abschluss der Promotion wird nicht nur bei starker intrinsischer Motivation wahrscheinlicher, sondern kann zudem durch eine ganze Reihe weiterer Faktoren begünstigt werden. Dabei kommen die Fähigkeiten, sozialen Kompetenzen und Charaktereigenschaften der/des Promovierenden, die Einbindung in ein akademisches Umfeld sowie ihre/seine private Situation zum Tragen. **Promotionsfördernde Faktoren** sind neben grundlegenden wissenschaftlichen Fähigkeiten und Kenntnissen, zu denen z.B. der sichere Umgang mit den Methoden des eigenen Fachs gehört (vgl. Koepernik/Moes/Tiefel 2005, S. 56f.), auch ein gutes Projekt- und Zeitmanagement (s. Kap. III.2) sowie Kompetenz im wissenschaftlichen Schreiben (s. Kap. IV.6). Ehrgeiz und Durchhaltevermögen gehören zu den Grundvoraussetzungen, um ein Promotionsprojekt fertigzustellen. Von großem Nutzen ist schließlich ein starkes Selbstbewusstsein, das nicht nur benötigt wird, um mit eventuellen Misserfolgen zu Rande zu kommen, sondern auch, um dem Druck im kompetitiven Wissenschaftsbetrieb standzuhalten.

Die Chancen auf einen erfolgreichen Abschluss der Promotion werden wesentlich durch eine gute Betreuungssituation und die Einbindung in akademische Netzwerke gesteigert. Eine **gute Betreuung** bietet Doktoranden/Doktorandinnen zumindest

- regelmäßiges Feedback,
- fachliche Beratung bei der Abfassung der Dissertation,
- Vermittlung wissenschaftlicher Kompetenzen (bezogen auf Forschung und Lehre) und
- Kontakte zu anderen Wissenschaftlern/-schaftlerinnen und Promovierenden.

Laut der bereits erwähnten THESIS-Befragung werden insgesamt nur 53,6% der Promovierenden hauptsächlich von ihrem offiziellen Doktorvater oder ihrer offiziellen Doktormutter betreut. Da jedoch auch Assistenten/Assistentinnen und andere Promovierende Betreuungsfunktionen übernehmen, gaben dennoch fast zwei Drittel der Doktoranden/Doktorandinnen an, mit der eigenen **Betreuungssituation** insgesamt zufrieden zu sein (vgl. duz-SPECIAL 2004, S. 17–19). Bemängelt wurde vor allem, dass zu selten Zwischenberichte eingefordert würden und Unterstützung sowohl bei Problemen mit der Arbeit als auch beim Aufbau von wissenschaftlichen Kontakten oder bei der Teilnahme an Kongressen im In- und Ausland fehle.

Die Betreuungssituation, der Grad der Einbindung in akademische Netzwerke und die Verankerung an einer Hochschule hängen in vielen Fällen direkt mit der Art der **Finanzierung** des Promotionsprojekts zusammen (zu Finanzierungsmöglichkeiten s. Kap. II.5): Die Tätigkeit an einem Lehrstuhl oder ein Stipendium in einem Graduiertenkolleg führen fast automatisch zu disziplinären oder interdisziplinären Kontakten. Einzelstipendien (z.B. von den Begabtenförderungswerken) hingegen erfordern in stärkerem Maße Eigeninitiative, um eine promotionsfördernde Vernetzung zu erreichen. Am ungünstigsten im Hinblick auf eine akademische Vernetzung ist es, seine Promotion durch eine außeruniversitäre Tätigkeit zu finanzieren. In den Geistes- und Kulturwissenschaften hat jedoch mit etwa 40% der im Fächervergleich größte Anteil der Doktoranden/Doktorandinnen weder eine Stelle an einer Forschungseinrichtung noch ein Stipendium (vgl. Berning/Falk 2006, S. 32).

Der offensichtliche Zusammenhang, der zwischen der Finanzierungsart und der durchschnittlichen **Promotionsdauer** besteht, lässt sich einerseits mit dem unterschiedlichen Grad akademischer Einbindung, andererseits mit der in unterschiedlichem Maße für die Arbeit an der Dissertation zur Verfügung stehenden Zeit erklären. So haben Stipendiaten im Vergleich die meiste Zeit für die Arbeit an der Dissertation, während wissenschaftliche Mitarbeiter an der Universität und Promovierende ohne universitäre Anstellung einen Großteil ihrer Zeit mit dissertationsfernen Tätigkeiten verbringen. Entsprechend sind Stipendiaten/Stipendiatinnen im Durchschnitt deutlich früher promoviert als arbeitende Doktoranden/Doktorandinnen. Hochschulmitarbeiter/innen wiederum sind schneller als externe Doktoranden (vgl. Enders/Bornmann 2001, S. 75).

Ein häufig unterschätzter Faktor für die Erfolgschancen eines Dissertationsprojekts ist die **private Situation**. Private Beziehungen leiden oft sehr unter den Launen Promovierender, dem wachsenden Zeitmangel und der isolierten Beschäftigung mit der Dissertation, die oft Priorität hat (und natürlich auch haben muss). Promotionsfördernd ist es daher, wenn Partner, Familie und Freunde den Doktoranden/die Doktorandin in seinem/ihrem Vorhaben unterstützen und selbst ein gehöriges Maß an Kompromiss- und Opferbereitschaft mitbringen.

Checkliste: Promotionsfördernde und promotionsgefährdende Faktoren

	Promotionsfördernde Faktoren	**Promotionsgefährdende Faktoren**
Dissertations-thema	■ klar umrissene Fragestellung, die konkrete Arbeitsschritte erfordert	■ sehr offenes bzw. zu weit gestecktes Thema
Motivation	■ intrinsische Beweggründe	■ nur extrinsische Beweggründe
Persönliche Eigenschaften	■ wissenschaftliche Kompetenz ■ Spaß am wissenschaftlichen Arbeiten ■ Kritikfähigkeit, Frustrationstoleranz ■ Belastbarkeit ■ Selbstdisziplin ■ gutes Projekt-/Zeitmanagement ■ Selbstbewusstsein ■ Durchhaltevermögen ■ selbstständige Arbeitsweise ■ Ehrgeiz, Entschiedenheit	■ Einzelkämpfernatur ■ Dünnhäutigkeit ■ mangelnde physische und psychische Fitness ■ schlechtes Zeitmanagement ■ Selbstzweifel, Ängste ■ mangelndes Durchhaltevermögen
Akademisches Umfeld/ Betreuungs-situation	■ verbindliche Betreuungs-strukturen ■ Einbindung der Dissertation in größere Forschungsprojekte ■ Kontakte zu anderen Wissenschaftlern/Wissenschaftlerinnen und Promovierenden ■ Feedback und Orientierungshilfe von Betreuenden oder anderen Promovierenden	■ Differenzen mit dem/der Betreuer/in ■ keine oder schlechte Betreuung ■ fehlende Einbindung in akademische Netzwerke

	Promotionsfördernde Faktoren	Promotionsgefährdende Faktoren
Finanzierung	■ verlässliche Finanzierung ■ Stipendium oder Stelle im akademischen Umfeld	■ finanzielle Unsicherheit ■ Finanzierung durch Arbeitsstelle in einem außerakademischen Bereich
Soziales Umfeld	■ stabile soziale Kontakte ■ Verständnis und Unterstützung von Familie und Freunden	■ soziale Isolation ■ fehlende Unterstützung durch das private Umfeld

Literatur

Berning, Ewald/Falk, Susanne: *Promovieren an den Universitäten in Bayern. Praxis – Modelle – Perspektiven.* München 2006. http://www.ihf.bayern.de/dateien/monographien/Monographie_72.pdf (29.5.2007)

duz-SPECIAL: *Zur Situation Promovierender in Deutschland. Ergebnisse der bundesweiten THESIS-Doktorandenbefragung 2004.* Berlin 2004. http://www.duz.de/docs/downloads/duzspec_promov.pdf (05.06.2007)

Enders, Jürgen/Bornmann, Lutz: *Karriere mit Doktortitel? Ausbildung, Berufsverlauf und Berufserfolg von Promovierten.* Frankfurt a.M./New York, NY 2001.

Enders, Jürgen/Bornmann, Lutz: »Übergangsverläufe und Statuspassagen nach der Promotion«. In: Wingens, Matthias/Sackmann, Reinhold (Hgg.): *Bildung und Beruf. Ausbildung und berufsstruktureller Wandel in der Wissensgesellschaft.* Weinheim/München 2002, S. 159–175.

Franck, Egon: *Die deutsche Promotion als Karrieresprungbrett. Mechanismen der Talentsignalisierung im Ländervergleich.* Stuttgart et al. 2005.

Koepernik, Claudia/Moes, Johannes/Tiefel, Sandra (Hgg.): *GEW-Handbuch Promovieren mit Perspektive. Ein Ratgeber von und für DoktorandInnen.* Bielefeld 2006.

Knigge-Illner, Helga: *Der Weg zum Doktortitel. Strategien für die erfolgreiche Promotion.* Frankfurt a.M./New York, NY 2002.

Dilek Gürsoy und Sandra Heinen

2. Promotionsordnungen: Formale Rahmen- bedingungen der Promotionsphase

Die Promotion wird durch die **Promotionsordnung** des betreuenden Fachbereichs bzw. der Fakultät geregelt. Daher verwundert es nicht, dass es in Deutschland etwa 1.000 verschiedene Promotionsordnungen gibt (vgl. Gunzenhäuser/Haas 2000, S. 36). Abhängig von der Struktur der Hochschule werden die Promotions- ordnungen von den Fakultäten oder Fachbereichen erstellt und auch geändert. Alle Promotionsordnungen beruhen auf den jeweiligen Landeshochschulgesetzen, sind den Verwaltungsverordnungen zugeordnet und nach Paragrafen gegliedert (vgl. Fischer 2006, S. 78). In ihnen sind neben den formellen Rahmenbedingungen der Promotion auch die Kriterien festgelegt, die zur Erlangung des Doktorgrades erfüllt werden müssen. Eine **Promotionsordnung regelt** daher unter anderem

- die Zusammensetzung des Promotionsausschusses;
- welcher Doktorgrad vergeben wird;
- die Bestimmungen zur Zulassung;
- das Anmeldeverfahren;
- mögliche Fächerkombinationen;
- wer als Betreuer/in fungieren kann;
- den Umfang und die Benotung der zu erbringenden Leistungen;
- die Eröffnung des Promotionsverfahrens;
- die Zusammensetzung der Prüfungskommission;
- die Begutachtung und
- die Veröffentlichung der Qualifikationsarbeit.

Auch wenn die genannten formellen Regelbereiche in allen Promotionsordnungen zu finden sind, variieren die Inhalte bzw. Bestimmungen deutlich. Unterschiede gibt es nicht nur zwischen Natur- und Lebenswissenschaften auf der einen und Geistes- und Sozialwissenschaften auf der anderen Seite, sondern auch zwischen den einzelnen Disziplinen, für die jeweils hochschulspezifische Regeln gelten. Das bedeutet, dass die Erlangung eines Doktorgrades z.B. in der Politikwissenschaft an der Universität A mit anderen **Konditionen** verknüpft ist als an der Universität B. Auch wird nicht immer derselbe Doktortitel verliehen – so vergibt Universität A für die Politikwissenschaft den Titel ›Dr. rer. soc.‹ und Universität B den Titel ›Dr. rer. pol.‹. Aufgrund der unterschiedlichen Anforderungen empfiehlt es sich daher, die Promotionsordnungen genau zu prüfen, bevor die Entscheidung für eine Hochschule fällt.

Zudem ist anzumerken, dass ein Titel wie z.B. der ›Dr. rer. pol.‹ innerhalb einer Hochschule nicht zwangsläufig nur von einem Fachbereich bzw. einer Fakultät vergeben wird. Ist dieser Titel auch für andere Fächer gültig (der ›Dr. rer. pol.‹ kann ebenso von Wirtschaftswissenschaftlern/Wirtschaftswissenschaftlerinnen erlangt werden), kann er zudem durch andere Fachbereiche oder Fakultäten und somit durch eine andere Promotionsordnung geregelt werden. Gleichzeitig gilt, dass innerhalb eines Fachbereichs oder einer Fakultät verschiedene Promotionsordnungen bestehen oder Promotionsordnungen fachbereichs- bzw. fakultätsübergreifend angelegt sein können.

Dies kann am **Beispiel** der Universität Gießen verdeutlicht werden: Der Titel ›Dr. phil.‹ kann in den Fachbereichen ›Sprache, Literatur und Kultur‹, ›Geschichts- und Kulturwissenschaften‹, ›Psychologie und Sportwissenschaft‹ sowie ›Sozial- und Kulturwissenschaften‹ erworben werden. Es bestand für diesen Grad fachbereichsübergreifend eine Promotionsordnung. Da in dem Fachbereich ›Sozial- und Kulturwissenschaften‹ neben dem ›Dr. phil.‹ auch der Titel ›Dr. rer. soc.‹ vergeben wird, der in der Vergangenheit wiederum eine eigene Promotionsordnung hatte, waren in diesem Fachbereich zwei verschiedene Promotionsordnungen gültig. Durch Inkrafttreten einer neuen Promotionsordnung wurden nun diese zwei Regelwerke zu einem zusammengefasst, d.h. an dem Fachbereich ›Sozial- und Kulturwissenschaften‹ ist jetzt (Stand: Januar 2007) nur noch eine Promotionsordnung gültig, die jedoch zwei Promotionstitel regelt. Seither wird wiederum die Vergabe des ›Dr. phil.‹ an der Universität Gießen durch zwei verschiedene Promotionsordnungen bestimmt (vgl. die Promotionsordnungen der Fachbereiche Sozial- und Kulturwissenschaften sowie Geschichts- und Kulturwissenschaften der Universität Gießen).

Interessierte können die Promotionsordnungen direkt von den Hochschulen beziehen. Sie werden von den zuständigen Stellen entweder auf Nachfrage ausgegeben oder als Download auf der Homepage zur Verfügung gestellt. Jedoch gilt auch hier: Für die Zuständigkeit der Promotionsbelange gibt es keine Grundregel. Während manche Fakultäten oder Fachbereiche die Promotionsangelegenheiten beim Prüfungsamt oder bei einem vom Fachbereichsrat gewählten Promotionsausschuss angesiedelt haben, fällt sie bei anderen in die Zuständigkeit der Dekanate.

Promotionsausschuss

Der Promotionsausschuss wird innerhalb eines Fachbereichs oder einer Fakultät als Gremium des Fachbereichsrats gebildet. Vorsitzende/r ist der Dekan/die Dekanin oder ein gewähltes Mitglied des Fachbereichsrats aus der Gruppe der Professoren/Professorinnen. Dem Promotionsausschuss gehören weitere Vertreter/innen der Gruppe der Professoren/Professorinnen, der wissenschaftlichen Mitarbeiter/innen und der Studierenden an. Der Promotionsausschuss tagt mehrmals im Semester und entscheidet unter anderem über die Annahme als Doktorand/in und die Eröffnung eines Promotionsverfahrens.

Die verschiedenen Doktortitel

Während im angloamerikanischen Raum der **Doktortitel** als Ph.D. (*Philosophiae Doctor*) oder M.D. (*Medical Doctor*) vergeben und darüber hinaus keine nähere Zuteilung zum Fachgebiet getroffen wird, ist in Deutschland die Liste der verschiedenen Promotionstitel lang (vgl. Stock et al. 2006, S. 5). Nachfolgend wird exemplarisch eine Reihe häufig vergebener Titel aufgeführt; eine vollständige Liste kann beispielsweise auf der Internetseite der Hochschulrektorenkonferenz (HRK) (vgl. HRK o.J.) eingesehen werden.

Im geistes- und sozialwissenschaftlichen Bereich sind folgende Titel die Regel:

- Dr. disc. pol. (*disciplinarum politicarum*): Doktor/in der Sozialwissenschaften
- Dr. paed. (*paedagogiae*): Doktor/in der Erziehungswissenschaften
- Dr. phil. (*philosophiae*): Doktor/in der Philosophie (gilt für die alten philosophischen Fakultäten, alle Philologien, aber auch Geschichte, Psychologie, Pädagogik)
- Dr. rer. pol. (*rerum politicarum*): Doktor/in der Politikwissenschaften, oft auch Staats- und Wirtschaftswissenschaften
- Dr. rer. soc. (*rerum sociologiae*): Doktor/in der Sozialwissenschaften
- Dr. theol. (*theologiae*): Doktor/in der Theologie

In den Natur- und Lebenswissenschaften können unter anderem diese Titel erworben werden:

- Dr.-Ing.: Doktor/in-Ingenieur/in
- Dr. med. (*medicinae*): Doktor/in der Medizin
- Dr. med. dent. (*medicinae dentariae*): Doktor/in der Zahnmedizin
- Dr. med. vet. (*medicinae veterinariae*): Doktor/in der Tiermedizin
- Dr. oec. troph. (*oecotrophologiae*): Doktor/in der Ernährungswissenschaften/ Hauswirtschaft
- Dr. rer. nat. (*rerum naturalium*): Doktor/in der Naturwissenschaften, oft auch der Mathematik und Informatik

Die Wirtschafts- und Rechtswissenschaftler/innen können unter anderem diese Titel erlangen:

- Dr. iur. (*iuris*): Doktor/in der Rechtswissenschaften
- Dr. iur. can. (*iuris canonici*): Doktor/in der kanonischen Rechtswissenschaften
- Dr. oec. (*oeconomiae*): Doktor/in der Wirtschafts- und Verwaltungswissenschaften

Neben den bereits genannten können noch folgende besondere Promotionstitel vergeben werden:

- Dr. habil. (*habilitatus*): Doktor/in mit Lehrberechtigung (Habilitation)
- Dr. des. (*designatus*): Promovierte/r ohne offizielle Doktorurkunde, nach Ablegung der mündlichen Prüfung
- Dr. h. c. (*honoris causa*): Ehrendoktortitel, der als Anerkennung und ohne Promotion verliehen wird
- Dr. e. h./Dr. eh. (*ehrenhalber*): Ehrendoktor/in, verwendet bei deutschen Abkürzungen
- Dr. mult. (*multiplex*): Abkürzung für mehrere Doktortitel
- Dr. theol. h. c.: Ehrenwürde der Theologie

Die formalen Voraussetzungen einer Promotion

Die **Voraussetzung** für die Aufnahme einer Promotion ist bei den meisten Hochschulen der **Abschluss eines Studiengangs** mit der Regelstudienzeit von acht Semestern. Dabei muss sich die Promotion inhaltlich an das Studium anschließen, d.h. hat eine Person einen Magisterstudiengang mit der Fächerkombination Germanistik als Hauptfach und Geschichte und Politikwissenschaft als Nebenfach absolviert, kann sie nicht in der Anglistik promovieren. Die jeweilige Promotionsordnung legt genau fest, welche Fächerkombinationen möglich sind und welche Voraussetzungen dafür erfüllt sein müssen.

Allerdings reicht der bloße Abschluss des Studiums nicht allein, um promovieren zu können. Zusätzlich ist als Mindestvoraussetzung häufig ein **Notendurchschnitt** vorgegeben, der im Studienabschlusszeugnis nicht unterschritten werden darf und meist bei der Note ›gut‹ liegt. Für einzelne Fächer sind bestimmte **Fremdsprachenkenntnisse** sowie das Latinum oder das Graecum ebenfalls eine Voraussetzung. Wird diese bei Beginn der Promotion nicht erfüllt, können die fehlenden Kompetenzen nach Rücksprache mit dem Promotionsausschuss auch rückwirkend nachgewiesen werden. Manche Universitäten legen zudem fest, dass die Bewerber/innen in dem Promotionsfach an der Hochschule mindestens zwei Semester eingeschrieben gewesen sein müssen (vgl. die Promotionsordnungen der Fakultät Sprach- und Literaturwissenschaft der TU Dresden sowie der Philosophischen Fakultäten der TU Dresden und der Universität Freiburg).

Absolventen/Absolventinnen von Bachelor- und sechssemestrigen Lehramtsstudiengängen unterliegen gesonderten Regelungen. Ebenso Kandidaten/Kandidatinnen mit Fachhochschulabschluss. Diese Personengruppen müssen häufig ergänzende Studien- bzw. Prüfungsnachweise erbringen oder auch ein qualifizierendes Aufbaustudium ablegen (vgl. Brand 2006, S. 86 ff.). Im Ausland erworbene Abschlüsse werden anerkannt, wenn sie deutschen gleichwertig sind. Über die Anerkennung entscheidet die für Promotionsbelange zuständige Stelle (in der Regel der Promotionsausschuss des Fachbereichs).

Die genannten Regelungen definieren, wer promovieren darf und welche zusätzlichen Leistungen erbracht werden müssen, falls das vorangegangene Studium nicht für eine Promotion qualifiziert. Sind die Voraussetzungen erfüllt, kann ein Kandidat/eine Kandidatin einen förmlichen Antrag auf **Annahme als Doktorand/in** an den Promotionsausschuss richten. Die Promotionsordnung gibt Auskunft, welche Dokumente hierfür zusammengestellt und welche Leistungen erbracht werden müssen. Eine einheitliche Regelung, welche **Schriftstücke** einzureichen sind, besteht nicht. Gefordert werden können z. B.:

- schriftlicher Antrag auf Annahme als Doktorand/in
- Zeugniskopien
- Bereitschaftserklärung eines Professors/einer Professorin zur Betreuung
- Lebenslauf
- Nachweis, dass die Zulassungsvoraussetzungen erfüllt sind
- Nachweise über Fremdsprachenkenntnisse
- Erklärung darüber, dass die Promotionsordnung anerkannt wird
- Erklärung darüber, dass kein Promotionsverfahren an einer anderen Hochschule eingeleitet oder abgebrochen wurde
- Exposé
- Arbeitsplan
- polizeiliches Führungszeugnis

Wird die Antragstellerin/der Antragsteller nach Prüfung der Unterlagen und Zeugnisse als Doktorand/in angenommen, geschieht dies in den meisten Fällen ohne zeitliche Begrenzung. Es gibt jedoch Fachbereiche bzw. Fakultäten, bei denen die Annahme nur befristet ausgesprochen wird: z.B. für zunächst zwei Jahre (vgl. die Promotionsordnungen der Philosophischen Fakultäten der Universität Freiburg und der Universität Heidelberg) oder drei Jahre (vgl. Promotionsordnung der Sozialwissenschaftlichen Fakultät Universität Göttingen).

Ob die Doktoranden/Doktorandinnen nach der Annahme als solche als Promotionsstudierende immatrikuliert sein müssen oder ob dies eine freiwillige Entscheidung ist, wird ebenfalls unterschiedlich gehandhabt. Während an einigen Universitäten die **Immatrikulation** nicht verpflichtend ist, wird an anderen hierfür ein Mindestzeitraum festgelegt, in dem der/die Kanditat/in immatrikuliert gewesen sein muss (meist sind dies zwei Semester). Nur einzelne Promotionsordnungen schreiben derzeit vor, dass ein Doktorand/eine Doktorandin während der gesamten Promotionsphase immatrikuliert sein muss (z.B. Promotionsordnungen der Philosophischen Fakultät Universität Göttingen sowie der Sozialwissenschaftlichen Fakultät Universität Göttingen).

Die formalen Regelungen der Promotionsphase

Die Promotionsordnung legt fest, wer als **Betreuer/in** einer Promotion fungieren darf. Hierzu sind die Professoren/Professorinnen des Fachbereichs bzw. der Fakultät sowie in der Regel Privatdozierende, Honorarprofessoren/Honorarprofessorinnen und emeritierte Professoren/Professorinnen berechtigt. In einzelnen Fällen können promovierte wissenschaftliche Mitarbeiter/innen oder Professoren/Professorinnen einer Fachhochschule oder anderen Universität ergänzend hinzugezogen werden (z.B. Promotionsordnung des Fachbereichs Politikwissenschaft der FU Berlin). Die wenigsten Promotionsordnungen treffen eine Aussage über die Ausgestaltung des Betreuungsverhältnisses oder sehen einen förmlichen **Betreuungsvertrag** zwischen Betreuer/in und Doktorand/in vor. Eine Ausnahme ist die Promotionsordnung der Philosophischen Fakultät der Universität Bonn, in der festgelegt wird, dass am Beginn der Promotion eine Betreuungsvereinbarung zwischen Doktorand/in und Betreuer/in abzuschließen ist.

> **Tipp:**
> Eine Anleitung für die Formulierung einer Betreuungsvereinbarung oder eines Betreuungsvertrages enthält Adamczak 2006.

Eine entsprechende Vereinbarung wurde auch in dem im Rahmen der **Exzellenzinitiative** geförderten Graduate Centre for the Study of Culture (Justus-Liebig-Universität Gießen) eingeführt (s. Kap. II.3).

An vielen Hochschulen ist es möglich, eine **Dissertation ohne Betreuung** abzufassen und zur Begutachtung einzureichen. Die Annahme als Doktorand/in und die Eröffnung des Prüfungsverfahrens erfolgen in diesem Fall in der Regel unter Vorlage der entsprechenden Unterlagen und der fertigen Dissertation in einem Schritt. Die Begutachtung einer unbetreuten Dissertation kann dann abgelehnt werden, wenn sich an dem Fachbereich bzw. der Fakultät kein Professor/keine Professorin findet, der/die in dem Fachgebiet der Dissertation ausgewiesen ist. Auch wenn diese Form der Promotion möglich ist, erscheint sie nicht empfehlenswert, da die Promotionsphase in diesem Fall ohne Anleitung durch einen versierten Professor/eine versierte Professorin erfolgt. Außerdem entfällt die Anbindung an die *scientific community* und den Fachbereich bzw. die Fakultät. Dies ist ein gravierendes Manko, denn gerade der Austausch mit dem Betreuer/der Betreuerin sowie anderen Wissenschaftlern/Wissenschaftlerinnen ist eine wesentliche Voraussetzung für die wissenschaftliche Sozialisation.

Nur wenige Promotionsordnungen enthalten Bestimmungen zu einer **Berichtspflicht** oder einer **zeitlichen Vorgabe** zur Beendigung des Verfahrens. Eine regelmäßige Berichtspflicht über den Fortgang der Dissertation ist beispielsweise in den Sozial- und Kulturwissenschaften an der Universität Gießen vorgesehen. Auch an der Philosophischen Fakultät der Universität Bonn gibt es eine regelmäßige Berichtspflicht gegenüber dem Betreuer/der Betreuerin sowie – nach zwei Jahren – gegenüber dem Promotionsausschuss. In der Promotionsordnung der Philosophischen Fakultät der TU Dresden wird festgehalten, dass die Promovierenden innerhalb von vier Jahren ihre Dissertation abschließen sollen; die Philosophische Fakultät der Universität Bonn setzt für die Qualifikationsphase (d.h. exklusive Prüfungsphase) zwei Jahre an.

In der Promotionsordnung ist auch vermerkt, in welchen Sprachen eine Dissertation verfasst werden darf, und ob die Möglichkeit besteht, eine Qualifikationsarbeit von mehreren Personen im Team erarbeiten zu lassen. Neben dem Deutschen ist die gängigste zugelassene Sprache Englisch. In der Regel muss ein Antrag beim Promotionsausschuss gestellt werden, wenn die **Dissertation in einer Fremdsprache** eingereicht werden soll.

Entsteht die Dissertation als eine **Gemeinschaftsarbeit**, muss der selbstständig ausgearbeitete individualisierte Teil den allgemeinen Ansprüchen genügen und auch als Leistung des Einzelnen gekennzeichnet sein (vgl. die Promotionsordnung der Philosophischen Fakultät Universität Bonn).

Ob und in welchem Umfang erste Ergebnisse **vorab veröffentlicht** werden dürfen, ist ebenfalls in der Promotionsordnung nachzulesen. Eine andere Bedeutung hat die Veröffentlichung während der Promotionsphase, wenn die Dissertation **kumulativ** angefertigt wird, d.h. wenn anstelle einer Monografie Einzelpublikationen (die bei wissenschaftlichen Magazinen veröffentlicht werden) verfasst und zur Begutachtung eingereicht werden. Diese Möglichkeit gibt es nicht an jeder Hochschule und auch nicht an jedem Fachbereich bzw. in jeder Fakultät – falls sie in der Promotionsordnung als Option angeboten wird, steht es den Promovierenden jedoch frei, ob sie sich für oder gegen eine kumulative Dissertation entscheiden (z.B. Promotionsordnungen der Wirtschafts- und Verhaltenswissenschaftlichen Fakultät Universität Freiburg und des Fachbereichs Sozial- und Kulturwissenschaften Universität Gießen).

Die Eröffnung des Prüfungsverfahrens und die Begutachtung der Dissertation

Ist die Dissertation fertiggestellt, muss das **Prüfungsverfahren** offiziell eingeleitet werden. Da der Promotionsausschuss, bei dem auch die Eröffnung des Verfahrens beantragt wird, nicht häufig tagt, ist es empfehlenswert, sich rechtzeitig beim zuständigen Dekanat über die Termine zu informieren und die Promotionsordnung auf einzuhaltende Fristen und Regelungen zu überprüfen. Dort ist zudem verankert, welche Unterlagen und Nachweise neben einer bestimmten Anzahl an **Kopien der Dissertation** abzugeben sind.

In der Promotionsordnung finden sich des Weiteren Vorgaben zur Gestaltung des Titelblattes und häufig die Vorlage für eine Erklärung, dass die Dissertation eigenständig verfasst wurde. Diese Erklärung muss entweder auf einer gesonderten Seite in der gedruckten Dissertation oder als separates Dokument eingereicht werden. Mit der Dissertaion werden weitere **Unterlagen** abgegeben, wie z. B. ein polizeiliches Führungszeugnis, Belegexemplare von Veröffentlichungen, der Lebenslauf und die Kurzfassung der Dissertation.

An manchen Fachbereichen bzw. Fakultäten wird eine einmalige **Promotionsgebühr** erhoben (z. B. Geisteswissenschaften Universität Gießen); diese liegt bei etwa 100 €. Es gibt zudem Bundesländer (wie z. B. Rheinland-Pfalz), die durch eine Landesverordnung eine allgemeingültige Promotionsgebühr in ähnlicher Höhe vorschreiben. Fällt eine solche Gebühr an, ist der Nachweis über die erfolgte Zahlung ebenfalls einzureichen.

Wird die Eröffnung des Prüfungsverfahrens beantragt, werden dabei in der Regel von dem/der Promovierenden Angaben über die **Zusammensetzung der Prüfungskommission** getroffen (d. h. meist hat der/die Promovierende ein Vorschlagsrecht, welchem entsprochen wird, wenn die Regeln für die Besetzung eingehalten werden). Besteht eine Wahlmöglichkeit für die Form der mündlichen Prüfung, muss zu diesem Zeitpunkt ebenfalls bekundet werden, für welche sich der Doktorand/die Doktorandin entschieden hat.

Die einzelnen Promotionsordnungen geben vor, wie viele Personen in der Prüfungskommission vertreten sein müssen, ob die Prüfer/innen aus dem eigenen Fachbereich/der eigenen Fakultät stammen müssen, und unter welchen Bedingungen Prüfer/innen anderer Fächer oder anderer Hochschulen einbezogen werden können. Die Kommission setzt sich meist aus **dem Erstgutachter/der Erstgutachterin**, **dem Zweitgutachter/der Zweitgutachterin** sowie **weiteren Professoren/Professorinnen** zusammen; es gibt jedoch auch die Möglichkeit, dass promovierte Vertreter/innen des Mittelbaus einbezogen werden (z. B. Promotionsordnungen der Philosophischen Fakultät und des Fachbereichs Politikwissenschaft der FU Berlin).

Die Zusammensetzung der Prüfer/innen sollte im Interesse des/der Promovierenden in Absprache mit dem Betreuer/der Betreuerin erfolgen. Oft gibt es in den Fachbereichen/Fakultäten eingespielte und bewährte Konstellationen für Prüfungen oder der/die Betreuer/in empfiehlt aufgrund des Themas bestimmte Kollegen/Kolleginnen. Sind **Konflikte** zwischen Professoren/Professorinnen bekannt, sollten diese Personen nicht in das Verfahren einbezogen werden, da dann die Gefahr besteht, dass diese Spannungen in der Prüfungssituation erneut auftreten und der Doktorand/die Doktorandin als Unbeteiligte/r involviert wird. Zudem empfiehlt es sich, so früh wie möglich (und ebenfalls nach Absprache mit dem/der Betreuer/in der Arbeit) geeignete Professoren/Professorinnen für die Rolle des Zweitgutachters/der Zweitgutachterin und der weiteren Prüfer/innen zu suchen. Dies hat den Vorteil, dass diese bereits zu einem früheren Zeitpunkt über die Inhalte und den Fortgang der Dissertation informiert und ggf. um ihre Meinung gebeten werden können. Auch ist es von Vorteil, wenn sich Doktorand/in und Prüfer/in in der abschließenden Prüfung nicht zum ersten Mal gegenüberstehen.

Wird das Prüfungsverfahren eröffnet, werden die Exemplare zur **Begutachtung** an zwei Professoren/Professorinnen (Erst- und Zweitgutachter/in) weitergeleitet. In einigen, vor allem neueren Promotionsordnungen sind für die Phase der Begutachtung **zeitliche Vorgaben** festgelegt, was den Promovierenden die Planung der Abschlussphase und die zügige Beendigung des Verfahrens erleichtert. Allerdings wird nur selten eine Aussage darüber getroffen, welche Konsequenzen eine Nichteinhaltung der Frist nach sich zieht. Eine Ausnahme stellt die klare Regelung in der Promotionsordnung der Philosophischen Fakultät der FU Berlin dar. Demnach kann nach einmonatiger Überschreitung der Frist auf Antrag des Doktoranden/der Doktorandin ein/e neue/r (auch externe/r) Gutachter/in hinzugezogen werden.

Die beiden unabhängig voneinander erstellten Gutachten sind eine **schriftliche Bewertung der Leistung**. Sie empfehlen die Annahme oder Ablehnung der Dissertationsschrift und unterbreiten einen **Notenvorschlag**.

Notenskala

summa cum laude	– ausgezeichnet
magna cum laude	– sehr gut
cum laude	– gut
rite	– genügend
non rite/non sufficit	– nicht genügend

Liegen die Gutachten vor, wird die Dissertation (in der Regel mit den Gutachten) im Fachbereich/in der Fakultät zur **Einsicht** ausgelegt. Meist erstreckt sich die Auslagefrist in der vorlesungsfreien Zeit über einen längeren Zeitraum als in der Vorlesungszeit.

Die mündliche Prüfung

Neben der Abgabe der Dissertation setzt der erfolgreiche Abschluss des Promotionsverfahrens auch das Bestehen einer **mündlichen Prüfung** voraus, an der alle Mitglieder der Prüfungskommission teilnehmen. Die mündliche Prüfung muss **innerhalb einer bestimmten Frist nach Begutachtung und Auslage** der Dissertation durchgeführt werden. Der Wissenschaftsrat fordert von den Fachbereichen bzw. Fakultäten eine zügige Durchführung des Promotionsverfahrens: »Sie müssen sicherstellen, dass der Zeitraum zwischen Abgabe der Arbeit und Disputation vier Monate nicht überschreitet. Auf viertel- oder sogar halbjährliche Abgabetermine sollte verzichtet werden, da dies in ungünstigen Fällen zu großen Verzögerungen führen kann« (Wissenschaftsrat 2002, S. 59).

Es gibt verschiedene Arten der mündlichen Prüfung: **Rigorosum**, **Disputation**, **Fachprüfung** und **Kolloquium**. Die **Disputation** (lat. *disputatio*: Streitgespräch) ist die (öffentliche) **Verteidigung der Dissertation** (vgl. Petri 2006, S. 296). Sie umfasst einen Vortrag des Doktoranden/der Doktorandin, in dem die Hauptthesen der Dissertation vorgestellt werden, und eine sich daran anschließende Diskussion. Diese ist nicht auf den Gegenstandsbereich der Dissertation beschränkt, sondern bezieht in der Regel auch weitere Aspekte des Faches mit ein. Ist die Qualifikationsarbeit nicht Gegenstand des Vortrages (in einigen Promotionsordnungen, wie

z. B. der des Fachbereichs Politikwissenschaft der FU Berlin, wird dies explizit ausgeschlossen), muss ein anderes Thema aus der Fachwissenschaft gewählt werden. Die Disputation dauert insgesamt zwischen 60 und 120 Minuten, wobei der Vortrag meist einen Zeitraum von 15 bis 30 Minuten einnimmt. Auch wenn die Disputation hochschulöffentlich stattfindet, haben häufig ausschließlich die Mitglieder der Prüfungskommission das Fragerecht.

Das **Rigorosum** konzentriert sich – anders als die Disputation – nicht auf den Gegenstandsbereich der Dissertation, sondern **prüft** je nach Promotionsordnung die **Inhalte der Haupt- und/oder Nebenfächer**. Dabei gilt es, das im Studium und während der Promotionsphase erworbene Fachwissen qualifiziert zu belegen. Die Dauer der mündlichen Prüfung variiert, umfasst in der Regel aber zwischen 60 und 120 Minuten. Meist findet das Rigorosum unter Ausschluss der Öffentlichkeit statt, in manchen Fällen sind Mitglieder des Fachbereichs/der Fakultät zugelassen. Inwiefern die Prüfungsthemen vorab mit der Kommission abgestimmt werden können, sollte mit dem Betreuer/der Betreuerin geklärt werden, da nicht alle Prüfungsordnungen eine Aussage darüber treffen (die Ordnung der Philosophischen Fakultät der TU Dresden weist explizit darauf hin, dass Themenabsprachen möglich sind).

Die **Fachprüfung**, die etwa an den Philosophischen Fakultäten oder den Wirtschafts- und Verhaltenswissenschaftlichen Fachbereichen der Universität Freiburg zu absolvieren ist, ist mit Studienprüfungen zu vergleichen (vgl. Stock et al. 2006, S. 157). Erwartet werden hierbei ein **umfassender Überblick des Faches** sowie **spezifische Kenntnisse von Teilgebieten**. Die Fachprüfung kann von nur einem Prüfer/einer Prüferin unter Anwesenheit eines Beisitzers/einer Beisitzerin abgenommen werden. Auch hierbei sollte vorab geklärt werden, inwiefern Themenabsprachen möglich sind.

Das **Kolloquium**, das z. B. an der Geistes- und Sozialwissenschaftlichen Fakultät der Universität Karlsruhe vorgesehen ist, dient dem Nachweis, dass der Doktorand/die Doktorandin in der Lage ist, in seinem/ihrem Promotionsfach ein **wissenschaftliches Gespräch** zu führen. Es umfasst einen Vortrag aus dem Promotionsfach und ein sich anschließendes Kolloquium. Der Prüfling kann – je nach Promotionsordnung – mehrere Themen für den Vortrag vorschlagen. Die Mitglieder der Prüfungskommission treffen die Wahl und teilen diese vorab dem Doktoranden/der Doktorandin mit.

Die am häufigsten vorkommenden Formen der mündlichen Prüfung sind das **Rigorosum** und die **Disputation**. In manchen Promotionsordnungen ist nur eine Prüfungsart zulässig (z. B. in denen der Geistes-, Sozial- und Kulturwissenschaftlichen Fachbereiche der Universität Gießen), andere sehen vor, dass sowohl Rigorosum als auch Disputation abzulegen sind (z. B. Fakultät Sprach- und Literaturwissenschaft TU Dresden, Philosophische Fakultät TU Dresden). Etliche Ordnungen überlassen den Doktoranden/Doktorandinnen die Wahl (so z. B. die der Philosophischen Fakultäten der Universitäten Aachen, Bonn und Göttingen). Ob Rigorosum, Disputation, Kolloquium oder Fachprüfung – all diesen mündlichen Prüfungen ist gemein, dass von der Kommission Noten gemäß der bereits genannten Notenskala (von summa cum laude bis non rite/non sufficit) vergeben werden. Die **Sprache** der mündlichen Prüfung ist in der Regel Deutsch; die meisten Promotionsordnungen sehen jedoch vor, dass auf Antrag auch eine andere Sprache gewählt werden kann.

Das **Ergebnis der mündlichen Prüfung** wird mit der Note der Dissertation verrechnet, wobei die Gewichtung der beiden Teile je nach Promotionsordnung sehr unterschiedlich ausfallen kann. Häufig werden die Dissertationsnote und das Ergebnis der Disputation bzw. des Rigorosums im Verhältnis 2:1 gewichtet, in manchen Promotionsordnungen werden jedoch auch beide Teile gleich gewertet. In jedem Fall empfiehlt sich eine umfassende und gründliche **Vorbereitung auf die mündliche Prüfung** (s. dazu ausführlich Kap. IV.9). Bei der Disputation sollte abgeklärt werden – wenn diese Möglichkeit nicht explizit in der Promotionsordnung verankert ist –, inwiefern die Gutachten vorab eingesehen werden können. Dadurch kann sich der Doktorand/die Doktorandin mit den Kritikpunkten der Gutachter/innen auseinandersetzen und diese bereits entweder im Vortrag oder aber in der sich anschließenden Diskussion aufgreifen. Auch sollte man sich mit den wissenschaftlichen Schwerpunkten der Prüfer/innen befassen, denn es liegt nahe, dass die Prüfer/innen Fragen stellen, die sich aus der Perspektive ihrer Fachkompetenz ergeben. Besonders empfehlenswert ist ein Probelauf der Disputation – so sollte der Vortrag bereits vor einem (Fach-)Publikum gehalten und zur Diskussion gestellt werden. Hierzu eignen sich Oberseminare, Doktorandenkolloquien oder selbst organisierte Arbeitsgruppen. Das Gleiche gilt für die Prüfungsform des Kolloquiums.

Rigorosum und Fachprüfungen ähneln den Abschlussprüfungen des Studiums. Diese können neben der Wiederholung der Studieninhalte bzw. von Themenfeldern insofern vorbereitet werden, dass auch hier die wissenschaftlichen Schwerpunkte der Prüfer/innen einbezogen werden sollten. Wie bei der Disputation ist zu vermuten, dass die Prüfenden Fragen aus ihrem Fachgebiet stellen.

Veröffentlichung, Druckkostenzuschüsse und Vergabe des Doktortitels

Wird eine Dissertation nicht kumulativ, sondern als Monografie angefertigt, folgt nach der mündlichen Prüfung noch die **Veröffentlichung der Qualifikationsschrift**, denn alle Promotionsordnungen schreiben vor, dass die Ergebnisse der Öffentlichkeit zugänglich gemacht werden müssen. Das bedeutet, dass der Doktortitel erst dann geführt werden darf, wenn diese letzte Hürde genommen ist. Manche Hochschulen gestatten den Promovierenden, nach der mündlichen Prüfung und vor der Veröffentlichung der Dissertation den Titel ›Dr. des.‹ zu verwenden (z. B. die Philosophische Fakultät der Universität Bonn). Damit wird angezeigt, dass der/die Kandidat/in die Dissertation abgeschlossen und die mündliche Prüfung abgelegt hat. Es gibt keine einheitliche Regelung, ab wann die Veröffentlichungspflicht als erfüllt gilt – manche Fachbereiche/Fakultäten akzeptieren bereits die Vorlage eines Verlagsvertrages (z. B. die Geisteswissenschaftlichen Fachbereiche der Universität Gießen, die Fakultät Sprach- und Literaturwissenschaft der TU Dresden, die Philosophische Fakultät der TU Dresden), während andere die Promotionsurkunde erst nach Einreichen der Belegexemplare ausstellen. Für die Veröffentlichung wird meist ein **Zeitraum von ein oder zwei Jahren** gewährt. Ist die Publikation bis dahin nicht erfolgt, können die bisher erbrachten Leistungen nicht anerkannt werden.

Bevor die Dissertation in einer der genannten Formen veröffentlicht werden kann, muss eine **Freigabe** erfolgen. Die Promotionsordnung trifft eine Aussage darüber, wer diese vornehmen darf – diese kann beispielsweise durch die Prüfungskommission, den Vorsitzenden/die Vorsitzende des Promotionsausschusses oder den Promotionsausschuss selbst erteilt werden. Bei der Freigabe wird festgehalten, ob vor der Veröffentlichung noch einzelne Teile der Dissertation überarbeitet und erneut vorgelegt werden müssen. Die Promotionsordnungen regeln auch, welche **Formen der Publikation** gewählt werden dürfen. Am gängigsten sind:

- Verlagsveröffentlichung
- Selbstdruck
- Mikrofiche
- elektronische Veröffentlichung

Die **Verlagsveröffentlichung** ist eine teure und zeitintensive Form, sie wird aber vor allem in den Geistes- und Sozialwissenschaften als die renommierteste Möglichkeit der Publikation eingestuft. Dass für die Publikation in einem Verlag eine nicht unbeträchtliche Summe gezahlt werden muss, stellt vor allem für Doktoranden/Doktorandinnen ein Problem dar, deren Stelle oder Stipendium ausgelaufen ist, und die daher die Abschlussphase der Promotion durch Arbeitslosengeld, Aufbrauchen von Rücklagen oder Aufnehmen eines Darlehens bestreiten müssen.

Da die Verlage jeweils eigene Profile haben und unterschiedliche Konditionen bieten, sollte genau überlegt und geprüft werden, welcher Verlag in Frage kommt. Die großen Fachverlage, die in den einzelnen Disziplinen führend sind, verlegen auch Dissertationen; bei ihnen machen diese jedoch nur einen geringen Teil am Gesamtprogramm aus (vgl. Stock et al. 2006, S. 165). Daneben gibt es so genannte Dissertationsverlage, die sich auf Dissertationen und Tagungsbände spezialisiert haben, sowie kleinere lokale Verlage, die in Fachkreisen unbekannt, dafür häufig aber deutlich günstiger und bei der Drucklegung wesentlich schneller sind als die großen Verlagshäuser. Auf den Internetseiten der einzelnen Verlage findet sich eine Auflistung der Angaben, die benötigt werden, um über eine Aufnahme zu entscheiden. Bei der **Wahl des geeigneten Verlages** ist eine Reihe von Faktoren von Bedeutung, wie z.B.:

- **Wissenschaftliches Profil** des Verlages: Auf welche Fächer und Fachgebiete ist der Verlag spezialisiert? Gibt es eine Reihe, in welche die Dissertation aufgenommen werden könnte? Welches Renommee genießt der Verlag innerhalb der eigenen Disziplin?
- **Höhe der Druckkosten**
- **Druckvorlage:** Muss diese in Eigenregie erstellt werden? Wenn ja, inwiefern kann Hilfestellung seitens des Verlages gewährt werden?
- **Zeitlicher Rahmen:** Wie lange dauert es, bis eine Entscheidung für die Aufnahme gefällt ist? Wie lange dauert die Drucklegung?
- **Leistungen des Verlages:** Wie umfangreich ist die redaktionelle Betreuung? Wie ist die Qualität von Druck und Papier? Welche Möglichkeiten der Titelbildgestaltung gibt es? Welche Marketingmaßnahmen werden getroffen?

In vielen Fällen ist der/die Betreuer/in der Arbeit auch bei der Suche nach dem geeigneten Verlag sowie der Herstellung von Kontakten zu den Herausgebern/

Herausgeberinnen einschlägiger Reihen behilflich. Das Erscheinen der Dissertation bei einem renommierten Fachverlag oder in einer viel beachteten Reihe ist ein Gütesiegel, das vor allem für diejenigen Nachwuchswissenschaftler/innen von Bedeutung ist, die eine wissenschaftliche Karriere anstreben.

Nachdem die Rahmenbedingungen geprüft und geeignete Verlage ausgesucht worden sind (es empfiehlt sich, bei mehreren Verlagen Angebote einzuholen), werden dort die Manuskripte zusammen mit den Bewerbungsunterlagen eingereicht. Erklärt sich ein Verlag bereit, die Dissertation zu verlegen, wird zunächst ein **Vertrag** abgeschlossen, der die Rechte und Pflichten beider Parteien regelt. Dabei ist darauf zu achten, dass die in der Promotionsordnung festgehaltene **Mindestzahl** an Exemplaren gedruckt wird (häufig 150 Stück). Viele Promotionsordnungen weisen zudem darauf hin, dass im Impressum erscheinen muss, dass die Monografie als Dissertation eingereicht wurde. Ist die Dissertation gedruckt, wird eine bestimmte Anzahl an **Belegexemplaren** beim Dekanat oder dem Prüfungsamt vorgelegt (die Anzahl variiert, meist liegt sie zwischen 3 und 10 Exemplaren). Bei dieser Form der Veröffentlichung wird die Publikation mit einer ISBN-Nummer (*International Standard Book Number*) versehen und im Verzeichnis Lieferbarer Bücher (VLB) aufgelistet. Dadurch ist die Dissertation im Buchhandel erhältlich.

Eine preisgünstigere Variante sind *books on demand*. Verschiedene Verlage bieten diese Form der Veröffentlichung an, bei der das Buch erst dann gedruckt wird, wenn ein Interessent/eine Interessentin es erwerben möchte. Die Kosten sind günstiger, da keine unverkäufliche Restauflage übrig bleibt und dem Verlag keine Lagerkosten entstehen. Auch bei diesem Verfahren erhält die Dissertation eine ISBN-Nummer und einen Eintrag in das VLB. Die Druckvorlage und das Buchcover müssen von den Autoren/Autorinnen oftmals selbst erstellt werden (vgl. ebd., S. 167; Fabel-Lamla 2006a, S. 388), wobei anzumerken ist, dass ohnehin die meisten Verlage eine Druckvorlage verlangen – auch wenn der Verlag selber druckt. Zu beachten ist, dass bei dieser Variante nicht automatisch die vorgeschriebene Mindestanzahl an Exemplaren gedruckt wird; es sollte daher mit dem Promotionsausschuss geklärt werden, ob man auf diese Weise der Pflicht zur Veröffentlichung vorschriftsgemäß nachgekommen ist.

Fällt die Entscheidung für den **Selbstdruck**, muss eine bestimmte, in der Promotionsordnung festgelegte Anzahl an Pflichtexemplaren der Hochschule bzw. der Universitätsbibliothek zur Verfügung gestellt werden. Diese liegt häufig bei 60 oder 80 Exemplaren. Die Vervielfältigung kann ein Copyshop übernehmen. Formale oder ästhetische Vorgaben gibt es nicht, der Aufwand für die Anfertigung einer Druckvorlage entsprechend dem *style sheet* eines Verlags entfällt also. Dieses Verfahren spart zwar Zeit, aber finanziell ist der Selbstdruck – je nach vorgeschriebener Anzahl an Pflichtexemplaren – meist keine kostengünstige Alternative. Zudem erhalten selbstgedruckte Dissertationen keine ISBN-Nummer und keinen VLB-Eintrag und sind somit nicht über den Buchhandel zu beziehen. Diese Variante der Erfüllung der Publikationspflicht ist daher als eine **Notlösung** zu betrachten und – besonders für Nachwuchswissenschaftler/innen, die eine Hochschulkarriere anstreben – keine empfehlenswerte Option.

Eine weitere Möglichkeit ist die Veröffentlichung auf **Mikrofiche**, bei der zusätzlich eine bestimmte Anzahl an kopierfähigen bzw. gedruckten Exemplaren der Dissertation angefertigt wird. Ein Mikrofiche ist eine verkleinerte Negativverfilmung der Dissertationsschrift und wurde in der Vergangenheit hauptsächlich in den Naturwissenschaften und der Medizin eingesetzt. Übernimmt die Erstellung des Mikrofiches ein Verlag, wird zusätzlich eine ISBN-Nummer vergeben und erfolgt der Eintrag in den VLB. Von Vorteil ist bei der Mikrofiche-Veröffentlichung, dass die Kosten geringer sind als beim Buchdruck und dass die Herstellung weniger Zeit in Anspruch nimmt. Nachteilig ist bei diesem Verfahren, dass die Dissertation nicht leicht zugänglich ist, denn für das Lesen ist ein spezielles Gerät erforderlich, das fast ausschließlich in Bibliotheken zu finden ist (vgl. Stock et al. 2006, S. 169; Fabel-Lamla 2006a, S. 389).

Sofern die Promotionsordnung dies zulässt, kann der Veröffentlichungspflicht auch durch eine **elektronische Publikation** nachgekommen werden. Diese Form der Veröffentlichung hat den Mikrofiche und den Selbstdruck weitestgehend abgelöst und gewinnt zunehmend an Bedeutung. Viele Universitätsbibliotheken bieten die Möglichkeit der elektronischen Publikation an. Um diesen Service nutzen zu können, wird ein **Vertrag zwischen Autor/in und Universitätsbibliothek** geschlossen, welcher der betreffenden Bibliothek und der Deutschen Bibliothek das Recht überträgt, die Qualifikationsarbeit in elektronischer Form in Datennetzen zu veröffentlichen. Hinweise zu den Modalitäten des Verfahrens, Dateiformaten und Formatvorlagen finden sich auf den Webseiten der Universitätsbibliotheken. Sind alle Formalien geklärt, wird die Dissertation ins Internet gestellt – dabei sorgt die Universitätsbibliothek für eine **dauerhafte Zugriffsfähigkeit** (vgl. Fabel-Lamla 2006a, S. 390). Eine Reihe von Universitätsbibliotheken bietet eine Langzeit-Archivierung über einen Zeitraum von 20 bis 50 Jahren an. Hierbei werden die Daten in *Standard Generalized Markup Language* (SGML) gespeichert und können gegen ein Entgelt heruntergeladen werden (vgl. Stock et al. 2006, S. 168).

> **Tipp:**
>
> Weiterführende Informationen zum Thema Onlinepublikation und *Open Access* finden sich bei DissOnline (o. J.), duz 2006 und Moes 2006. Unter www.dissonline.de ist zudem eine Aufstellung aller Universitätsbibliotheken und Institutionen zu finden, die elektronische Publikationsmöglichkeiten anbieten.

Das Verfahren der elektronischen Publikation hat deutliche **Vorteile**: Es ist preisgünstig (in der Regel fallen nur Kosten an, wenn Promotionsordnungen zusätzlich die Erstellung einer bestimmten Anzahl an gebundenen Belegexemplaren fordern) und schnell, denn die Bearbeitung und das Einstellen ins Internet nehmen deutlich weniger Zeit in Anspruch als beispielsweise die Veröffentlichung in einem Verlag oder auf Mikrofiche. Folglich können die Promotionsurkunde rasch ausgehändigt und der Doktortitel bereits kurz nach dem Abschluss des Promotionsverfahrens offiziell geführt werden, was gerade für Promovierte von Interesse ist, die eine Karriere außerhalb der Wissenschaft anstreben. Ein weiterer Vorteil ist die gute Zugänglichkeit der Publikation, denn Interessierte können den Volltext jederzeit online einsehen. Zudem werden wissenschaftliche Erkenntnisse zügig der *scientific community* präsentiert und können so schneller rezipiert werden. Darüber hinaus erlaubt die Onlineveröffentlichung multimediale Darstellungsformen: Neben Texten und Grafiken können auch Ton- und Videoaufnahmen etc. integriert werden. Eine vorangegangene elektronische Veröffentlichung schließt die spätere Publikation der Dissertation in einem Verlag nicht unbedingt aus – es gibt Verlage, die die Möglichkeit einräumen, eine vorab im Internet erschienene Qualifikationsschrift als Buch herauszugeben (vgl. Koepernick 2006, S. 402). Da dies aber nicht die Regel ist, sollten frühzeitig entsprechende Absprachen getroffen werden.

Wer sich für die teurere Variante der Verlagsveröffentlichung entscheidet, hat einen Anspruch auf die **Beteiligung an der jährlichen Ausschüttung von Gewinnen** der Verwertungsgesellschaft Wort (VG Wort), kann sich um einen Druckkostenzuschuss bemühen und zudem die Kosten von der Steuer absetzen.

Verwertungsgesellschaft Wort

Die **VG Wort** ist ein Zusammenschluss von Autoren/Autorinnen und Verlagen zur Wahrnehmung (Verwertung) von Urheberrechten gegenüber Dritten. Sie erhebt u. a. von Hardware-Herstellern (Computer, Drucker, Kopierer) Gebühren dafür, dass Publikationen in Bibliotheken verliehen, kopiert und weitergegeben werden. Diese Einnahmen werden treuhänderisch für die Autoren/Autorinnen und Verlage verwaltet und nach einem Verteilungsschlüssel einmal jährlich abgerechnet. Einen Anspruch können diejenigen geltend machen, die einen entsprechenden Wahrnehmungsvertrag mit der VG Wort geschlossen und ihre Publikationen bis zu einem Stichtag (jeweils der 31. Januar eines Jahres) gemeldet haben. Die Ausschüttung der Tantiemen – für Dissertationen ca. 300 bis 400 € – erfolgt im Sommer. Nähere Informationen zum Meldeverfahren und dem Verteilungsschlüssel sind auf der Homepage der VG Wort (www.vgwort.de) nachzulesen. Über diese Webseite können auch der Wahrnehmungsvertrag geschlossen und die Publikationen angegeben werden.

Dadurch werden allerdings die tatsächlich entstehenden Kosten nicht abgedeckt. Diese können – je nach Verlag und Umfang des Bandes – mehrere Tausend Euro betragen. **Druckkostenzuschüsse** gewährt – neben der Ausschüttung der Tantiemen – die VG Wort bei Dissertationen dann, »wenn sie in sämtlichen Einzelgutachten mit dem Prädikat ›summa cum laude‹ oder mit der entsprechenden Höchstnote ausgezeichnet wurden und einen wesentlichen Beitrag für die Wissenschaft leisten« (Verwertungsgesellschaft Wort o. J.). Darüber hinaus gibt es Dissertationspreise, die von den einzelnen Hochschulen vergeben werden und die meist mit einem Preisgeld verbunden sind

---

Tipp:

Welche Stiftungen herausragende Dissertationen fördern, kann im Stiftungsindex (www.stiftungsindex.de) des Bundesverbandes Deutscher Stiftungen recherchiert werden. Auch gibt es Nachschlagewerke, in denen die Preise aufgelistet sind; hier sind vor allem Herrmann/Spath/Lippert 2006 und Herrmann/Spath 2005 zu nennen (vgl. Stock et al. 2006, S. 173).

Die Kosten einer Promotion können, wenn diese aus beruflichen Gründen erfolgt, grundsätzlich von der **Steuer** als Werbungskosten abgesetzt werden. Unter diese Ausgaben fallen auch jene, die für den Druck der Dissertation entstanden sind (vgl. Fabel-Lamla 2006b, S. 393). Auch wenn Steuerersparnis, Druckkostenzuschüsse und Tantiemen nicht immer die vollen Kosten abdecken, kann auf diese Weise doch die finanzielle Belastung durch die Veröffentlichung der Dissertation reduziert werden.

Liste der verwendeten Promotionsordnungen

Für das vorliegende Kapitel wurden exemplarisch folgende 17 Promotionsordnungen aus dem Bereich Geistes- und Sozialwissenschaften ausgewertet:

RWTH Aachen:

Promotionsordnung der Philosophischen Fakultät der Rheinisch-Westfälischen Hochschule Aachen vom 16.03.2001

FU Berlin:

Gemeinsame Promotionsordnung zum Dr. phil. der Freien Universität Berlin vom 21.10.1985 in der Fassung vom 08.07.1998

Promotionsordnung zum Dr. rer. pol. in Politikwissenschaft der Freien Universität Berlin vom 02.07.1993

Universität Bonn:

Promotionsordnung der Philosophischen Fakultät der Rheinischen Friedrich-Wilhelms-Universität Bonn vom 09.08.2004

TU Dresden:

Promotionsordnung der Philosophischen Fakultät der Technischen Universität Dresden vom 24.09.2003

Promotionsordnung der Fakultät Sprach- und Literaturwissenschaften der Technischen Universität Dresden vom 30.05.2001

Universität Freiburg:

Promotionsordnung der Universität Freiburg für die Philosophischen Fakultäten vom 20.01.1999, zuletzt geändert am 29.07.2005

Promotionsordnung der Universität Freiburg für die Wirtschafts- und Verhaltenswissenschaftliche Fakultät vom 13.10.2004

Universität Gießen:

Promotionsordnung der geisteswissenschaftlichen Fachbereiche der Justus-Liebig-Universität Gießen vom 22.06.1983 in der Neufassung vom 01.07.1998, in der Fassung des 4. Änderungsbeschlusses vom 14.06.2000

Promotionsordnung des Fachbereichs Sozial- und Kulturwissenschaften der Justus-Liebig-Universität Gießen vom 22.12.2004

Universität Göttingen:

Promotionsordnung der Sozialwissenschaftlichen Fakultät der Georg-August-Universität Göttingen; veröffentlicht in den Amtlichen Mitteilungen der Georg-August-Universität Göttingen vom 17.10.2005

Promotionsordnung der Philosophischen Fakultät der Georg-August-Universität Göttingen; veröffentlicht in den Amtlichen Mitteilungen der Georg-August-Universität Göttingen vom 07.08.2002

Universität Heidelberg:

Promotionsordnung der Universität Heidelberg für die Philosophisch-historische Fakultät, die Fakultät für Orientalistik und Altertumswissenschaften und die Neuphilologische Fakultät vom 28.08.1989, letzte Änderung am 30.05.2005

Promotionsordnung der Universität Heidelberg für die Fakultät Wirtschafts- und Sozialwissenschaften vom 26.05.2006

Promotionsordnung der Universität Heidelberg für die Fakultät für Verhaltens- und Empirische Kulturwissenschaften vom 30.07.1985, letzte Änderung am 26.05.2006

TH Karlsruhe:
Promotionsordnung der Universität Karlsruhe für die Fakultät für Geistes- und Sozialwissenschaften vom 29.01.1996

Universität München:
Promotionsordnung der Ludwig-Maximilians-Universität München für die Grade des Dr. phil. und Dr. rer. pol. vom 01.03.2005

Literatur

Adamczak, Wolfgang: *Leitfaden für Betreuungen von Promotionen an der Universität Kassel.* 3. Aufl. Kassel 2006 [2005].
http://www.uni-kassel.de/wiss_tr/Nachwuchs/LeitfadenBetreuung.pdf (31.05.2007)

Brand, Heike: »Promovieren mit Fachhochschulabschluss«. In: Koepernik, Claudia/Moes, Johannes/Tiefel, Sandra (Hgg.): *GEW-Handbuch Promovieren mit Perspektive. Ein Ratgeber von und für DoktorandInnen.* Bielefeld 2006, S. 85–90.

Bundesverband Deutscher Stiftungen: »Der Suchdienst – Die Recherche nach Stipendien im WWW«. In: http://www.stiftungsindex.de (20.01.2007)

DissOnline: »Digitale Dissertationen im Internet«. In: http://www.dissonline.de/index.htm (22.01.2007)

duz – Deutsche Universitätszeitung: »Open Access. Wie Sie Ihre Artikel online publizieren«. In: *duz Werkstatt. Eine Beilage des duz Magazins* (25.08.2006), S. 1–12.

Fabel-Lamla, Melanie: »Publizieren – Publikation während der Promotionsphase und Veröffentlichung der Dissertation«. In: Koepernik, Claudia/Moes, Johannes/Tiefel, Sandra (Hgg.): *GEW-Handbuch Promovieren mit Perspektive. Ein Ratgeber von und für DoktorandInnen.* Bielefeld 2006a, S. 379–392.

Fabel-Lamla, Melanie: »Druckkostenzuschüsse zur Publikation und Dissertation«. In: Koepernik, Claudia/Moes, Johannes/Tiefel, Sandra (Hgg.): *GEW-Handbuch Promovieren mit Perspektive. Ein Ratgeber von und für DoktorandInnen.* Bielefeld 2006b, S. 393.

Fischer, Peter: »Promotionsordnungen«. In: Koepernik, Claudia/Moes, Johannes/Tiefel, Sandra (Hgg.): *GEW-Handbuch Promovieren mit Perspektive. Ein Ratgeber von und für DoktorandInnen.* Bielefeld 2006, S. 77–84.

Gunzenhäuser, Randi/Haas, Erika: *Promovieren mit Plan. Ihr individueller Weg von der Themensuche zum Doktortitel.* Frankfurt a.M./Wien 2000.

Herrmann, Dieter/Spath, Christian: *Forschungshandbuch. Förderprogramme und Förderinstitutionen für Wissenschaft und Forschung.* 9., akt. u. erw. Neuausg. Lampertheim 2005.

Herrmann, Dieter/Spath, Christian/Lippert, Bernhard: *Handbuch der Wissenschaftspreise und Forschungsstipendien einschließlich Innovations- und Erfinderpreise.* 4., überarb. u. erw. Aufl. Lampertheim 2006.

HRK – Hochschulrektorenkonferenz: »Promotionsabschlüsse«.
In: http://www.hochschulkompass.de/kompass/xml/index_prom.htm (20.01.2007)

Koepernik, Claudia: »Die digitale Dissertation«. In: Koepernik, Claudia/Moes, Johannes/Tiefel, Sandra (Hgg.): *GEW-Handbuch Promovieren mit Perspektive. Ein Ratgeber von und für DoktorandInnen.* Bielefeld 2006, S. 402–403.

Moes, Johannes: »Open Access: Offener Zugang und geistiges Eigentum der Promotion«. In: Koepernik, Claudia/Moes, Johannes/Tiefel, Sandra (Hgg.): *GEW-Handbuch Promovieren mit Perspektive. Ein Ratgeber von und für DoktorandInnen.* Bielefeld 2006, S. 404–413.

Petri, Stefan: »Disputation oder Rigorosum? Abschluss der Promotion«. In: Koepernik, Claudia/Moes, Johannes/Tiefel, Sandra (Hgg.): *GEW-Handbuch Promovieren mit Perspektive. Ein Ratgeber von und für DoktorandInnen.* Bielefeld 2006, S. 294–300.

Stock, Steffen et al. (Hgg.): *Erfolgreich promovieren. Ein Ratgeber von Promovierten für Promovierende.* Mit 33 Tabellen. Berlin et al. 2006.

Verwertungsgesellschaft Wort: »Merkblatt zu den ›Richtlinien‹ des Bewilligungsausschusses«. In: http://www.vgwort.de/files/fofo_merkblatt.pdf (24.01.2007)

Wissenschaftsrat: *Empfehlungen zur Doktorandenausbildung.* Saarbrücken 2002. http://www.wissenschaftsrat.de/texte/5459–02.pdf (20.12.2006)

Kathrin Ruhl

3. Doktorandenbetreuung: Betreuungsmodelle und Qualitätskriterien

Konkurrierende Modelle der Doktorandenbetreuung – Betreuungsstrukturen an deutschen Hochschulen im Umbruch?

Im Rahmen der aktuellen Bemühungen zahlreicher deutscher Hochschulen und Institutionen wie der Deutschen Forschungsgemeinschaft (DFG) und des Deutschen Akademischen Austauschdienstes (DAAD) um eine grundlegende, zukunftsweisende Reform der Doktorandenausbildung spielt die **Neuregelung der Betreuung der Promovierenden** ohne Zweifel eine Schlüsselrolle. Um das »in der deutschen Universitätstradition lange Zeit übliche bilaterale ›Meister-Schüler-Verhältnis‹ zwischen einem einzelnen Professor und seinen Doktoranden« (Berning/Falk 2006, S. 686) kreiste schließlich immer wieder die in den letzten Jahren zunehmend lauter gewordene Kritik an den bisherigen Strukturen der Doktorandenausbildung (bzw. dem weitgehenden Fehlen solcher Strukturen) in Deutschland. Inzwischen scheint in der Diskussion über die erforderlichen Änderungen in der Doktorandenausbildung ein weitgehender Konsens darüber zu bestehen, dass erstens eine **Reform des bilateralen Betreuungsverhältnisses** erforderlich ist (z. B. durch das Abschließen von Betreuungsverträgen) und zweitens die **Einführung kollegialer und multilateraler Betreuungsstrukturen** zu den Eckpfeilern einer innovativen Doktorandenbetreuung zählt. Noch ungeklärt ist die Frage, ob die Promotionsphase als Teil der Ausbildung gelten soll oder als erste Phase des Berufs als Wissenschaftler/in (vgl. Kupfer/Moes 2004).

Alternativen zum traditionellen bilateralen Betreuungsverhältnis sind mancherorts durchaus schon entwickelt und erprobt worden. In den Graduiertenkollegs der DFG, den vom DAAD geförderten Internationalen Promotionsprogrammen (IPP) und anderen **strukturierten Promotionsprogrammen** sind beispielsweise mit regelmäßig stattfindenden Doktorandenkolloquien wichtige Schritte in Richtung einer Reform der traditionellen Betreuungsstrukturen unternommen worden. Auch von den im Kontext der Exzellenzinitiative des Bundes und der Länder eingerichteten Graduiertenschulen wird die Entwicklung von Alternativen zu den herkömmlichen Betreuungsstrukturen eingefordert und vorangetrieben. Neben der **Einrichtung von fachgebundenen und interdisziplinären Doktorandenkolloquien** gilt es sicherlich, an deutschen Hochschulen auch Formen der innerdisziplinären und interdisziplinären Mehrfachbetreuung sowie **Mentorierungsstrukturen** (einschließlich der Möglichkeit eines *peer group mentoring* von Promovierenden für Promovierende) zu entwickeln und institutionell zu verankern.

Bislang sind solche Alternativen zur traditionellen bilateralen Betreuung lediglich einem Bruchteil der Promovierenden in Deutschland zugänglich. Eine *flächen-*

deckende Reform des bilateralen Betreuungsverhältnisses und eine Institutionalisierung multilateraler Betreuungsstrukturen stellen folglich nach wie vor Desiderate
der Doktorandenausbildung an deutschen Hochschulen dar. Insbesondere durch
Graduiertenzentren auf Fachbereichs- oder Fakultätsebene, wie sie derzeit von
immer mehr Hochschulen eingerichtet werden, kann der für eine flächendeckende
Reform der Doktorandenbetreuung notwendige institutionelle Rahmen geschaffen
werden. In der deutschen Hochschullandschaft existieren in den Geistes- und Kulturwissenschaften derzeit also sehr stark divergierende, mehr oder weniger gut
institutionell eingebundene Formen der Doktorandenbetreuung nebeneinander.
Wie im Folgenden erläutert werden soll, haben diese Betreuungsmodelle jeweils
unterschiedliche Vor- und Nachteile, derer man sich bewusst sein sollte, wenn
man eine Optimierung der Doktorandenbetreuung anstrebt.

Die **klassische Individualpromotion**, bei der sich das Betreuungsverhältnis auf
die Beziehung zwischen den Promovierenden und einer einzigen Betreuungsperson aus dem Kreis der Hochschullehrer, dem Doktorvater bzw. der Doktormutter
also, beschränkt, scheint in manchen Bestrebungen um eine Reform der Doktorandenausbildung zum Auslaufmodell erklärt zu werden, das es unter allen Umständen durch multilaterale Betreuungsstrukturen zu ersetzen gilt. Vor allem die
Abhängigkeit der Promovierenden von der Betreuungsperson wird immer wieder
als Argument gegen die traditionelle Individualpromotion ins Feld geführt. Die oft
eher geringe Vernetzung von Promovierenden untereinander sowie mit anderen
Wissenschaftlern und Wissenschaftlerinnen an der Hochschule, an der die Promotion erfolgt, ist ein weiteres Problem, das aus der Individualpromotion resultieren
kann. Trotz der unbestreitbaren Nachteile des Modells der Individualpromotion
sollten in der derzeit zu beobachtenden Entwicklung »in Richtung institutionell
getragener und curricular organisierter Promotionsstudien« (Berning/Falk 2006,
S. 686) jedoch auch die **Vorteile bilateraler Betreuungsverhältnisse** nicht in Vergessenheit geraten. Die kontinuierliche, über den ganzen Zeitraum der Promotion
gewährleistete **individuelle Betreuung durch einen Experten bzw. eine Expertin**
in dem Gebiet, aus dem das Thema der Dissertation stammt, kann nicht ohne Weiteres vollständig durch ein Doktorandenkolloquium oder andere multilaterale
Betreuungsstrukturen ersetzt werden. Diese Form der Betreuung sollte daher weiterhin als **Kernkomponente** jeder Doktorandenbetreuung betrachtet und entsprechend institutionell verankert bleiben, wobei es wünschenswert wäre, wenn seitens der Betreuenden ein professionelleres Verständnis ihrer Rolle bzw. des
Kommunikationsprozesses mit dem Doktoranden/der Doktorandin entwickelt
würde.

Als **Alternative zur Individualpromotion** – und als Maßnahme gegen die
Nachteile des traditionellen bilateralen Betreuungsverhältnisses – werden unterschiedliche Formen der **Kollektivbetreuung** propagiert und an manchen Universitäten auch bereits erprobt. Regelmäßig stattfindende **Doktorandenkolloquien**, wie
sie vielfach im Rahmen von strukturierten Promotionsprogrammen und Graduiertenschulen eingerichtet worden sind, stellen eine Form der Kollektivbetreuung dar,
die sich verhältnismäßig leicht institutionalisieren lässt. Das primäre Ziel von Kolloquien als Instrument der strukturierten Doktorandenausbildung besteht darin,
den Promovierenden die Gelegenheit zu bieten, ihr Projekt sowohl mit anderen
Doktoranden und Doktorandinnen (aus dem eigenen Fach sowie ggf. benachbarten Fächern) als auch mit einem oder mehreren Hochschullehrern zu diskutieren,

wodurch das eigene Vorhaben klarer abgesteckt und aufkommende Probleme gelöst werden können. Vor allem interdisziplinär ausgerichtete Kolloquien erlauben es den Promovierenden zudem, schon frühzeitig über den ›Tellerrand‹ des eigenen Projektes hinauszuschauen und andere methodische und theoretische Zugänge kennenzulernen. Schließlich bietet das Doktorandenkolloquium den Promovierenden auch eine hervorragende Gelegenheit, erste Erfahrungen mit der **Präsentation und Diskussion des eigenen Projekts** zu sammeln, die eine wertvolle Vorbereitung auf die Teilnahme an Konferenzen darstellen.

Neben der Betreuung im Rahmen eines Doktorandenkolloquiums sind weitere Formen der multilateralen Betreuung denkbar und zum Teil auch bereits erprobt worden. So wurden etwa durch das **Gießener Graduiertenzentrum Kulturwissenschaften (GGK)** seit dessen Gründung im Jahr 2001 sowie durch das im Rahmen der Exzellenzinitiative geförderte **International Graduate Centre for the Study of Culture (GCSC)** seit 2006 in Ergänzung zu dem herkömmlichen bilateralen Betreuungsverhältnis zusätzliche Betreuungsstrukturen institutionalisiert, die den Promovierenden Mentoren und Mentorinnen auf unterschiedlichen Hierarchieebenen vermitteln. Allen Promovierenden wird erstens neben dem Doktorvater oder der Doktormutter ein weiterer Hochschullehrer oder eine Hochschullehrerin als Mentor bzw. Mentorin vermittelt.

Gerade bei interdisziplinär ausgerichteten Dissertationsvorhaben, aber keineswegs nur bei diesen, erweist sich diese Erweiterung des Betreuungsverhältnisses als äußerst produktiv. Zwar ist es angesichts der sonstigen Arbeitsbelastung der meisten Hochschullehrer sicherlich unrealistisch, mit einer **zweiten Betreuungsperson** in ähnlicher Häufigkeit wie mit dem Doktorvater/der Doktormutter Beratungsgespräche zu vereinbaren. Es ist jedoch sinnvoll, auch für Gespräche mit der zweiten Betreuungsperson einen regelmäßigen Rhythmus zu etablieren, damit in dieser Betreuungsrelation ebenfalls ein kontinuierlicher Austausch erfolgen kann.

Zweitens fungieren auch **Postdoktoranden und Postdoktorandinnen als Mentoren und Mentorinnen**. Ein wichtiger Vorteil einer solchen Mentorierung besteht darin, dass zwischen den beteiligten Personen keine dem klassischen Betreuungsverhältnis entsprechende Abhängigkeit besteht. Abgerundet werden die von GGK und GCSC institutionalisierten Betreuungsstrukturen durch ein *peer group mentoring*, d.h. eine Betreuung der Doktoranden und Doktorandinnen untereinander, die durch die Einbindung der Promovierenden in Sektionen und Arbeitsgruppen speziell für den wissenschaftlichen Nachwuchs angeregt wird.

Letztendlich scheint es also angesichts der Vor- und Nachteile der verschiedenen Modelle nicht sinnvoll, das traditionelle bilaterale Betreuungsverhältnis einfach abzuschaffen, bietet doch die Betreuung durch einen Doktorvater oder eine Doktormutter ungeachtet aller wohl bekannten und viel diskutierten Probleme auch Möglichkeiten der Individualförderung, die sich nicht ohne Weiteres durch andere Formen der Betreuung ersetzen lassen. Vielmehr erscheint es angeraten, auch an der klassischen bilateralen Betreuungsrelation festzuhalten, diese jedoch grundlegend zu reformieren und sie zudem systematisch durch andere, multilaterale und kollegiale Formen der Doktorandenbetreuung zu ergänzen.

Standards für eine gute Doktorandenbetreuung

Die Gestaltung des Betreuungsverhältnisses stellt einen entscheidenden Faktor im Hinblick auf die Erfolgsaussichten jedes Promotionsvorhabens dar. Auch wenn die Betreuungspersonen den Promovierenden sicherlich nicht die Verantwortung für die eigene Arbeit abnehmen können (oder sollen!), so steigert doch eine **Einbindung** der Doktoranden und Doktorandinnen in Strukturen, die eine kontinuierliche, verlässliche, effiziente und motivierende Betreuung während der gesamten Promotionsphase sicherstellen, die Erfolgschancen des Promotionsvorhabens ganz erheblich. Im Idealfall können die Promovierenden von der Entscheidung für die Promotion bis zur beruflichen Orientierung **Beratungs- und Betreuungsangebote** in Anspruch nehmen.

Im Folgenden werden zunächst die grundlegenden **Standards für eine gute Betreuung**, die sich einerseits aus den Bedürfnissen der Promovierenden und andererseits aus den Erfordernissen des (akademischen und außerakademischen) Arbeitsmarktes ableiten, kurz skizziert:

1. Eine gute Betreuung kann durch **kontinuierlichen fachlichen Austausch**, durch inhaltlich-thematische Anregungen sowie durch methodische Hinweise maßgeblich zur Qualitätssteigerung der Dissertation beitragen.
2. Eine optimale Betreuung fördert – insbesondere durch Unterstützung beim klaren Zuschnitt des Dissertationsprojekts und durch Beratung beim Zeitmanagement (s. Kap. III.2) – den **zügigen Fortgang und Abschluss** des Promotionsvorhabens.
3. Eine gute Betreuung bietet **Hilfestellung beim Erwerb von Zusatzqualifikationen**, die für die spätere berufliche Karriere (innerhalb und außerhalb des Hochschulbetriebs) unerlässlich sind (s. Kap. III.1 und V.1).
4. Schließlich legt eine gute Betreuung den Grundstein für eine **disziplinäre und interdisziplinäre Vernetzung** der Promovierenden und leistet auch auf diese Weise einen entscheidenden Beitrag zu beruflichem Erfolg, auch über den Abschluss der Promotion hinaus.

Eine umfassende Betreuung, die diesen Standards gerecht zu werden vermag, kann freilich nicht von nur einer einzigen Betreuungsperson geleistet werden. Vielmehr bedarf es für eine umfassende, karriereorientierte Betreuung im skizzierten Sinne in der Regel einer **Verflechtung bilateraler und multilateraler Betreuungsstrukturen**, bei denen die Aufgaben im Bereich der Doktorandenbetreuung auf mehrere Schultern verteilt werden.

Die wohl wichtigste generelle Prämisse für eine gute Doktorandenbetreuung besteht in dem Ziel, eine ausgewogene Balance zwischen verlässlichen, professionell gestalteten Betreuungsmaßnahmen und dem Bereitstellen von Freiräumen für selbstständiges wissenschaftliches Arbeiten anzustreben. Eine solche Balance ist zwingend erforderlich, will man eine von allen Beteiligten als befriedigend empfundene Betreuungssituation herstellen. Entsprechend dem Grundsatz ›So viel Betreuung wie nötig, so viel Freiraum wie möglich‹ sollte Promovierenden die Gelegenheit gegeben werden, sich zu eigenverantwortlich arbeitenden Nachwuchswissenschaftlern zu entwickeln, aber zugleich sollte auch ein ausreichendes Maß an Mentorierung gewährleistet sein.

Bei der Frage nach der erforderlichen **Betreuungsintensität** ist zu berücksichtigen, dass Promovierende individuell sehr unterschiedliche Arbeitsstile und Betreuungsbedürfnisse haben können. Manche Doktoranden und Doktorandinnen schätzen es, relativ unabhängig zu arbeiten, denn, wie Randi Gunzenhäuser und Erika Haas (2000, S. 33) betonen, hat »[d]ie Laisser-faire-Betreuung [...] den Vorteil, daß sie gute Bedingungen für ein selbstverantwortliches und selbstorganisiertes Arbeiten« schafft. Andere Promovierende wünschen sich hingegen eine intensivere Betreuung. Unabhängig von den Wünschen der Doktoranden und Doktorandinnen sollte aber in jedem Fall ein regelmäßiger Austausch garantiert sein, und im Vorfeld sollte eindeutig geklärt werden, wie das Betreuungsverhältnis gestaltet werden soll. Wie häufig die Beratungsgespräche im Einzelfall stattfinden, sollte zwischen den Betreuungspersonen und Promovierenden individuell abgesprochen und im Idealfall in einem Betreuungsvertrag festgehalten werden.

Maßnahmen zur Regelung und Institutionalisierung des Betreuungsverhältnisses

Die verlässliche Regelung und institutionelle Verankerung des Betreuungsverhältnisses zwischen den Promovierenden und ihren Betreuungspersonen stellt einen wichtigen Schritt in der Reform des Promotionsstudiums dar. **Betreuungsverträge**, die von den Promovierenden und der Betreuungsperson zu unterzeichnen sind, bilden ein besonders **wirkungsvolles Instrument** zur Regelung des Betreuungsverhältnisses. Der Betreuungsvertrag etabliert einen transparenten und verbindlichen Rahmen für das Betreuungsverhältnis, indem er Rechte und Pflichten von Betreuungspersonen und Promovierenden eindeutig festlegt. Damit ein Betreuungsvertrag das erforderliche Gewicht besitzt, ist es notwendig, ihn institutionell einzubinden und rechtlich abzusichern. Insbesondere Graduiertenschulen und Graduiertenzentren bieten einen idealen institutionellen Rahmen für die Einführung von Betreuungsverträgen. Um die Bedeutung des Betreuungsvertrags zu betonen, erweist es sich zudem als hilfreich, wenn das Unterzeichnen eines Betreuungsvertrages eine Voraussetzung für die Annahme von Promovierenden seitens des Fachbereichs oder der Fakultät darstellt (s. Anhang: »Der Betreuungsvertrag des GCSC«).

Welche Punkte ein Betreuungsvertrag im Einzelnen umfasst, kann natürlich recht stark variieren. Einige Aspekte sollten jedoch auf jeden Fall abgedeckt werden. Einen Eckpfeiler eines Betreuungsvertrags macht sicherlich die **Regelung von Häufigkeit und Verlauf der Betreuungsgespräche** aus. Bisher sind die Termine für Betreuungsgespräche aufgrund des Fehlens institutioneller Vorgaben oft allein der Initiative der Promovierenden oder der Betreuungsperson überlassen, was zu extremen Diskrepanzen bei der Häufigkeit der Betreuungsgespräche führt, wie Preißner und Engel (2001, S. 106) betonen: »Nicht selten findet eine inhaltliche Abstimmung [...] nur einmal jährlich statt, einige Professoren fragen aber auch wöchentlich nach dem Stand der Untersuchungen.« Zwar sollte der Betreuungsvertrag flexibel genug sein, um individuellen Unterschieden hinsichtlich der Betreuungsbedürfnisse auf Seiten der Promovierenden Rechnung zu tragen; eine Mindesthäufigkeit der Betreuungsgespräche, in der Regel einmal pro Semester, sollte jedoch spezifiziert werden. Auch für den Verlauf der Betreuungsgespräche sollten im Betreuungsvertrag Regelungen enthalten sein. So sollte festgelegt werden, in welchem Umfang und Zeitrahmen die Betreuungsperson Textteile liest und wann diese einzureichen sind. Zwar existieren Betreuungsverträge auch an einigen anderen deutschen und ausländischen Hochschulen, aber zumeist bleibt die Festlegung der Rechte und Pflichten von Betreuungsperson und Promovierenden recht vage.

Das Spektrum der Betreuungsaufgaben

Im Idealfall erstreckt sich das Betreuungsverhältnis über den gesamten Prozess der Promotion – von der Entscheidung für eine Promotion bis zur Beratung für die weitere berufliche Laufbahn. Das Spektrum der Betreuungsaufgaben kann neben fachlicher Beratung auch **organisatorische und psychologische Aspekte** umfassen (z. B. Anregungen zum Zeitmanagement und Hilfestellung bei Schreibblockaden). Im Einzelnen umfasst die Doktorandenbetreuung die folgenden Aufgaben, von denen viele sicherlich durch den Erstbetreuer/die Erstbetreuerin geleistet werden müssen, die aber zum Teil auch durch andere Mentoren und Mentorinnen erfüllt werden können. Die folgende Beschreibung der einzelnen Betreuungsaufgaben versteht sich als Leitfaden für eine effiziente und kontinuierliche Promotionsbetreuung mit sieben Schwerpunkten:

- Promotionsentscheidung
- Finanzierung
- Themenfindung
- Exposé
- Regelmäßige Besprechungen
- Begleitung des Schreibprozesses
- Unterstützung bei Vorträgen und Publikationen

Die Entscheidung für (oder gegen) die Promotion: Die Betreuung beginnt bei der Beratung von Promotionsinteressierten hinsichtlich der grundsätzlichen Entscheidung für oder gegen eine Promotion. Neben den Abschlussnoten sind auch weitere fachliche und persönliche Voraussetzungen bei dieser wichtigen Entscheidung zu berücksichtigen (vgl. Adamczak 2006, S. 5) und in einem Beratungsgespräch zu diskutieren (s. Kap. II.1).

Die Finanzierung der Promotion: Parallel zur Themenfindung oder unmittelbar danach sollte auch die zentrale Frage der Finanzierung der Promotion geklärt werden (zur Finanzierung s. Kap. II.5). Wenn keine Mitarbeiterstelle für den Doktoranden oder die Doktorandin zur Verfügung steht, dann sollte die Betreuungsperson Unterstützung bei der Bewerbung um ein Stipendium bieten.

Themenfindung und Eingrenzung des Themas: Ist die grundsätzliche Entscheidung für eine Promotion gefallen und die Finanzierung gesichert, so besteht der nächste wichtige Schritt darin, ein geeignetes Thema zu finden und dieses durch einen Arbeitstitel zu definieren (s. Kap. IV.1). Für diesen Schritt können mehrere Gespräche erforderlich sein. Wie viele Gespräche nötig sind und wie groß der Anteil von Betreuungsperson und Doktorand/in am Prozess der Themenfindung ist, kann in jedem Einzelfall sehr unterschiedlich ausfallen. Die Eingrenzung des Themas ist für den Erfolg und zügigen Abschluss der Promotion von entscheidender Bedeutung. In vielen Fällen – insbesondere bei geistes- und kulturwissenschaftlichen Promotionsvorhaben – wird angesichts der potenziell unendlich großen Zahl möglicher Themen und methodischer Zugänge in dieser Phase die Erfahrung und Hilfestellung der Betreuungsperson besonders wichtig sein.

Erstellen von Exposé und Arbeitsplan: Der nächste Schritt im Promotionsprozess besteht für die Promovierenden darin, durch das Erarbeiten eines aussagekräftigen Exposés und eines Arbeitsplans die weitere Arbeit an der Dissertation möglichst klar vorzustrukturieren (s. Kap. IV.4). Das **Exposé**, welches eine »Feinstrukturierung des Themas in ausgearbeiteter, schriftlicher Form« (Gunzenhäuser/ Haas 2000, S. 71) liefert, ist nicht nur ein unerlässlicher Bestandteil jeder Bewerbung um ein Stipendium, sondern dient den Promovierenden auch dazu, sich einen klaren Überblick über das eigene Promotionsvorhaben und ggf. die bisherigen Vorarbeiten zu verschaffen. Insbesondere zwingt die Textsorte des Exposés die Promovierenden, die Fragestellung, Methodik und Zielsetzung der Dissertation klar zu definieren und zu formulieren. Aufgrund seines kaum zu überschätzenden Nutzens für die weitere Gestaltung der Promotionsphase ist Promovierenden auch dann dringend zum Verfassen eines Exposés zu raten, wenn dies nicht ohnehin durch einen äußeren Anlass – z. B. durch eine Stipendienbewerbung – erforderlich gemacht wird. Das Exposé, so Gunzenhäuser/Haas (ebd.), »zwingt zur klaren Eingrenzung des Problems und kann eine enorme Dynamik in Bezug auf die Strukturierung des noch zu erarbeitenden Materials und die ersten Kapitel der Dissertation entwickeln.« **Die folgenden Elemente sollte ein Exposé enthalten** (vgl. Kruse 1994, S. 137–138):

- Stand der Forschung
- Problem
- Erkenntnisinteresse
- Fragestellung
- eigene theoretische Position
- Zielsetzung
- methodisches Vorgehen
- eigene Vorarbeiten
- Quellen- und Materiallage bzw. Umfang der Material- und Literaturrecherche
- vorläufige Analyse- und Auswertungsgesichtspunkte
- vorläufige Gliederung
- Arbeits-/Zeitplan

Bei der Diskussion des **Arbeitsplans** muss im Interesse einer realistischen Einschätzung die **individuelle Lebenssituation** und die **Finanzierung der Promovierenden** berücksichtigt werden, variiert doch die Zeit, die für die Arbeit an der Dissertation zur Verfügung steht, ganz erheblich in Abhängigkeit davon, ob sich die Promovierenden durch ein Stipendium, eine Stelle am Lehrstuhl oder eine Stelle außerhalb der Universität finanzieren. Bei Promovierenden mit Kindern ist zudem die Zeit zu berücksichtigen, die für die Kinderbetreuung erforderlich ist. Bei ausländischen Promovierenden ist weiterhin zu bedenken, dass sie sich u. U. erst in deutsche wissenschaftliche Standards einarbeiten müssen, mögliche Sprachbarrieren zu überwinden sind bzw. besondere Lebensumstände die Promotion verlängern oder komplizierter machen können. Um Frustrationen zu vermeiden, ist Promovierenden dringend anzuraten, von vornherein einen Arbeitsplan zu erstellen, der tatsächlich umgesetzt werden kann und der nicht von gänzlich unrealistischen

Vorannahmen ausgeht. Gerade am Beginn der Promotionsphase tendieren Promovierende dazu, zu überschätzen, was sie in einer bestimmten Zeitspanne schaffen können. Mit ihrer größeren Erfahrung kann die Betreuungsperson die Erwartungen der Promovierenden auf den Boden der Tatsachen zurückholen. Eine realistische Einschätzung der Zeit, die für die Promotion benötigt wird, sieht auch zeitliche Puffer vor, treten doch in nahezu jedem Promotionsstudium früher oder später Verzögerungen oder auch Krisen auf, die sich im Vorfeld nicht exakt abschätzen lassen (zu Krisen im Promotionsprozess s. Kap. IV.8). Plant man von vornherein zeitliche Puffer ein, dann lassen sich Frustrationen aufgrund von Verzögerungen reduzieren. Außerdem ist es wichtig, klare Einschnitte und Meilensteine in der Arbeit an dem Dissertationsprojekt zu definieren (zum Projekt- und Zeitmanagement s. Kap. III.2). Auch der Zeit- und Arbeitsplan bedarf daher, genau wie die Arbeitsgliederung, fortwährender Überarbeitung und Anpassung.

Weitere Eingrenzung und Fokussierung des Themas: Nach der Phase der ersten Themenfindung ist in der Regel eine weitere Eingrenzung und Fokussierung des Themas, des Untersuchungsgegenstands und der Zielsetzung erforderlich. Dieser Prozess wird die Arbeit an der Dissertation längere Zeit begleiten und sollte in regelmäßigem Austausch zwischen Betreuungspersonen und Promovierenden evaluiert werden. Die Erfahrung zeigt, dass Promovierende oftmals überhöhte Ansprüche an sich und ihre Dissertation stellen und deshalb nur schwer davon zu überzeugen sind, ihr Thema so einzugrenzen, dass es sich innerhalb von etwa drei Jahren bewältigen lässt (zu wissenschaftlichen Anforderungen und eigenen Ansprüchen s. Kap. IV.3).

Regelmäßige Besprechung von Fortschritten und Problemen: Durch regelmäßige Besprechungstermine wird gewährleistet, dass Promovierende zeitnah Unterstützung bei etwaigen Problemen, ganz gleich welcher Art, erhalten. Betreuerinnen und Betreuer sollten mit den gängigen Promotionskrisen vertraut sein und Strategien der Bewältigung mit ihren Promovierenden entwickeln (vgl. Fiedler/Hebecker 2006 und Stedman 2007).

Frühzeitige Ermutigung zum Verfassen von Textbausteinen: Das tatsächliche Schreiben der Dissertation wird gerade in den geistes- und kulturwissenschaftlichen Fächern mit ihren oft eher langen Doktorarbeiten für viele Promovierende zum Kernproblem der Promotionsphase (zur Textproduktion s. Kap IV.6). Um Schreibproblemen vorzubeugen, sollte man die Promovierenden frühzeitig zum Schreiben erster Textbausteine ermutigen, so dass sich Schreibblockaden gar nicht erst aufbauen, geschweige denn verfestigen können. Bereits bei der Besprechung des Arbeitsplans sollte deshalb auch festgelegt werden, dass früh mit dem eigentlichen Schreiben der Dissertation begonnen wird. Treten dennoch Schreibprobleme auf, sollten Betreuerinnen und Betreuer nicht zögern, ihren Promovierenden auch Einblick in die eigene Schreib- und Arbeitspraxis zu gewähren bzw. auf entsprechende Beratungsliteratur zurückzugreifen und die Promovierenden dazu anhalten, die darin enthaltenen Schreibübungen auch durchzuführen (z. B. Kruse 2004.).

Unterstützung bei Publikationen und Vorträgen: Die Betreuungstätigkeit erschöpft sich nicht in der unmittelbaren Unterstützung der Arbeit an der Dissertation. Wollen Promovierende eine wissenschaftliche Karriere einschlagen, so ist es für sie unerlässlich, bereits in der Promotionsphase zusätzliche Publikations- und Vortragserfahrung zu sammeln (s. Kap. III.3). Aber auch für eine außeruniversitäre Karriere ist es von großer Bedeutung, durch Publikationen und Vorträge die eigenen Qualifikationen unter Beweis zu stellen. Zumeist sind Promovierende sich der Bedeutung von Publikationen und Vorträgen bewusst und gerne bereit, sich zum Schreiben wissenschaftlicher Artikel und zu Vorträgen ermutigen zu lassen. Um den Sprung ins kalte Wasser zu erleichtern, sollten Promovierende schrittweise an die Publikations- und Vortragstätigkeit herangeführt werden. Zunächst sollten Doktoranden und Doktorandinnen zur Publikation wissenschaftlicher Rezensionen ermuntert werden (s. Kap. III.4). In einem weiteren Schritt sollten sich die Promovierenden dann an wissenschaftliche Artikel heranwagen.

Die **Betreuungspersonen** können in diesem Prozess in mehrfacher Hinsicht eine **zentrale Rolle** spielen: Erstens sollten sie die Promovierenden auch hier bei Themenfindung und Eingrenzung des Themas unterstützen. Ein zentrales Ziel sollte dabei sein, den zeitlichen Aufwand für die Publikation zu begrenzen. Daher erweist es sich vielfach als sinnvoll, das Thema des Aufsatzes relativ nahe am Gegenstand der Dissertation anzusiedeln. Freilich ist insofern Vorsicht geboten, als eine Vorabveröffentlichung von (längeren) Teilen der Dissertation von vielen Promotionsordnungen untersagt wird. Auch für die spätere Laufbahn ist eine gewisse Breite der Publikationen hilfreich.

Zweitens sollten die Betreuungspersonen die ersten **Veröffentlichungen** der Promovierenden im Idealfall **redigieren und kommentieren**. Gerade beim Verfassen des ersten wissenschaftlichen Beitrags benötigen Promovierende u. U. eine für die Betreuungspersonen zeitlich recht aufwendige Unterstützung beim Überarbeiten des Artikels. Es ist durchaus nicht ungewöhnlich, dass mehr als ein Überarbeitungsdurchgang notwendig ist, damit der Beitrag den Ansprüchen an gute wissenschaftliche Artikel gerecht wird. Auch wenn der Zeitaufwand mitunter nicht unerheblich ist, so zahlt sich doch die Unterstützung in jedem Fall aus: Durch die Arbeit an wissenschaftlichen Artikeln im Dialog mit den Betreuungspersonen erhalten die Promovierenden die Gelegenheit, die eigenen Schreibkompetenzen zu verbessern, und dies wird sich letztlich auch positiv auf die Qualität der Dissertation auswirken.

Wenngleich eine Publikations- und Vortragstätigkeit in der Promotionsphase wichtig und für die Promovierenden attraktiv ist, birgt sie natürlich die Gefahr in sich, von der Arbeit an der Dissertation abzulenken und dadurch die Promotionsphase zu verlängern. Um diesem Risiko zu begegnen, ist es wichtig, in den regelmäßigen Betreuungsgesprächen den erforderlichen zeitlichen Aufwand für und den Nutzen von Publikationen und Vorträgen realistisch gegeneinander abzuwägen. Die Unterstützung durch Betreuungspersonen, die die Beiträge der Promovierenden redigieren und kommentieren, kann selbstverständlich durch Kurse zum wissenschaftlichen Schreiben, wie sie insbesondere im Rahmen von strukturierten Promotionsprogrammen oft angeboten werden, in sinnvoller Weise ergänzt werden.

Regelungen für Probleme mit der Betreuungsperson

Selbst wenn das Betreuungsverhältnis durch einen Vertrag geregelt ist, ist dies natürlich keineswegs eine Garantie dafür, dass es nicht zu Problemen zwischen der Betreuungsperson und den Promovierenden kommt. Im Extremfall können die Probleme sogar derart gravierend sein, dass eine Fortführung des Betreuungsverhältnisses nicht sinnvoll erscheint. Für solche schwerwiegenden Problemfälle ist es ausgesprochen hilfreich, wenn den Promovierenden seitens einer Graduierten-schule, eines Graduiertenzentrums oder auch seitens des Fachbereichs eine **neutrale Stelle als Ansprechpartner** zur Verfügung gestellt wird. Diese Stelle hat die Aufgabe, zwischen Betreuungspersonen und Promovierenden zu vermitteln oder, sollte ein Wechsel der Betreuungsperson sich als unvermeidlich erweisen, auch bei der Suche nach einer neuen Betreuungsperson Hilfestellung zu leisten. Probleme können jedoch im Vorfeld besser vermieden werden, wenn sich Betreuerinnen und Betreuer über ihre Rolle als Betreuer/in, Mentor/in, aber eben auch, wie im deut-schen System noch üblich, Prüfer/in bewusst sind und den Kommunikationspro-zess mit ihren Doktorandinnen und Doktoranden in Anlehnung an Mitarbeiterge-spräche und Personalführung gestalten und steuern. Im Idealfall wären Supervisi-ons-Strukturen wünschenswert, die sicherstellen, dass eine Promotion wie ein Projekt ›gemanagt‹ und entsprechend nach Qualitätsstandards durchgeführt würde. Dafür sind natürlich ein Umdenken und eine Professionalisierung v.a. sei-tens der Betreuungspersonen notwendig (dies ist derzeit ein Desiderat und (noch) keine Praxis; beispielsweise ist in Nordamerika die Promotion bekanntlich sehr viel stärker verschult als in Deutschland und eher mit einer Master- bzw. Diplom-arbeit zu vergleichen; s. Kap. I.5).

Tipp:

Anregungen zum Projektmanagement finden sich in Echterhoff/Neumann (2006).

Die Betreuung internationaler Promovierender

In den letzten Jahren bemühen sich deutsche Universitäten zunehmend, auch Pro-movierende aus dem Ausland nach Deutschland zu holen. Das von der DFG und dem DAAD finanzierte Programm »Promovieren an Hochschulen in Deutschland« etwa hat Mittel zum Erreichen dieses Ziels zur Verfügung gestellt. Die Betreuung internationaler Doktoranden und Doktorandinnen stellt jedoch **besondere Anfor-derungen an die Betreuungssituation**, die über mögliche sprachliche Probleme weit hinausgehen. Promovierende, die ihr Studium im Ausland absolviert haben, sind mit Wissenschaftstraditionen vertraut, die von denen in Deutschland sehr stark abweichen können. Auch die Erwartungen, die an das Betreuungsverhältnis gestellt werden, können bei internationalen Promovierenden anders aussehen als bei deutschen Doktoranden und Doktorandinnen. Gerade bezüglich der Balance zwischen intensiver Betreuung und dem Freiraum zu eigenständigem Arbeiten können sich die Bedürfnisse und Erwartungen internationaler Promovierender sehr stark von denen der Absolventen einer deutschen Hochschule unterscheiden.

Während es an deutschen Universitäten für Promovierende beispielsweise durchaus üblich ist, sich selbst ein Thema zu suchen, können Doktoranden und Doktorandinnen, die an ein stärker verschultes Hochschulstudium gewöhnt sind, u.U. von dem geforderten Maß an Eigenständigkeit überfordert sein, weil sie innerhalb eines stärker hierarchisch geprägten Wissenschaftssystems sozialisiert wurden. Auch der regelmäßige Austausch mit Professorinnen und Professoren ist für Promovierende aus manchen Ländern unüblich und bedarf der Übung, ebenso das Entwickeln einer eigenen Forschungsposition, die sich von den ›Autoritäten‹ abgrenzt, statt sie nur zu imitieren. Im Umgang mit internationalen Promovierenden bedarf es daher auf Seiten der Betreuungspersonen besonderen Fingerspitzengefühls und **interkultureller Kompetenz.** Zudem ist es bei der Betreuung internationaler Promovierender von besonderer Bedeutung, von Beginn des Betreuungsverhältnisses an Klarheit über die Strukturierung der Betreuung und die Erwartungen der beteiligten Personen zu erzielen.

Tipp:

Anregungen zur Gestaltung interkultureller Lehr- und Kommunikationsprozesse finden sich im *Neuen Handbuch Hochschullehre* (Berendt et al. 2006), das auch eine »Checkliste zur interkulturellen Kompetenz für Lehrende« bereitstellt (vgl. Handout G 5.1–1).

Beispiel für einen Betreuungsvertrag: International Graduate Centre for the Study of Culture (Justus-Liebig-Universität Gießen)

Abkommen über eine Promotionsbetreuung im Rahmen des GCSC

Allgemeine Richtlinien

§ 1

Das folgende Abkommen stellt eine vertragliche Vereinbarung dar, in der im Rahmen der Promotionsbetreuung des International Graduate Centre for the Study of Culture (GCSC) der Justus-Liebig-Universität Gießen die Richtlinien zur Betreuung eines Promotionsvorhabens zwischen Doktorand/in und Betreuer/in festgelegt sind. Die Vereinbarung regelt in gegenseitigem Einvernehmen Rechte und Pflichten beider Parteien.

§ 2

Das Abkommen ist zu unterzeichnen, sobald eine detaillierte Projektbeschreibung und ein konkreter Arbeits- und Zeitplan, die mit dem/der Betreuer/in abgestimmt sind, vorliegen. Die in der Anlage beigefügte Projektbeschreibung sowie der in der Regel auf drei Jahre angelegte Arbeits- und Zeitplan bilden die Grundlage des Abkommens. Abweichungen von der vorgesehenen Regelzeit können durch die persönliche Situation des/r Promovenden/in bedingt sein.

§ 3

Ziel der Vereinbarung ist eine kontinuierliche, verlässliche und effiziente Betreuung des Promotionsvorhabens und dessen erfolgreiche Umsetzung in dem vorgesehenen Zeitraum. Dabei verpflichten sich beide Parteien zu einer Zusammenarbeit, die einen Mittelweg zwischen rigider Einteilung in einzelne Arbeitsschritte und deren strikter Überwachung auf der einen und der für kulturwissenschaftliche Forschung notwendigen Freiheit und Flexibilität auf der anderen Seite anstrebt.

§ 4

Die Betreuung erfolgt nach den Notwendigkeiten des Projektverlaufs und des Arbeitsfortschritts. In einer ersten Phase sind der Entwurf der beiliegenden Projektbeschreibung sowie die methodische Grundlegung der Arbeit in regelmäßigen Abständen zu besprechen, wobei dem/r Betreuer/in mindestens 10 Tage vorher der jeweils überarbeitete Entwurf zuzuschicken ist. In einer zweiten Phase, die spätestens am Ende des ersten Jahres beginnen soll, werden regelmäßig schriftlich formulierte Teilergebnisse und einzelne Kapitel der Arbeit besprochen, die dem/r Betreuer/in mindestens 14 Tage vor der Besprechung zuzusenden sind. Die Termine werden nach Bedarf festgelegt, wobei der beiliegende Arbeits- und Zeitplan zugrunde zu legen ist. Sollten einzelne Arbeitsschritte in der vorgesehenen Zeit nicht abgeschlossen sein, sind unfertige Teilergebnisse abzuliefern. In der Regel werden mindestens zwei Besprechungstermine pro Semester vereinbart.

§ 5

Die einzelnen Maßnahmen der Betreuung, Korrekturen sowie sich im Laufe der Arbeit ergebende Probleme, Verzögerungen und Veränderungen sind zeitnah und in schriftlicher Form in kurzen Besprechungsprotokollen zu fixieren und von beiden Parteien abzuzeichnen.

§ 6

Bei ernsten Schwierigkeiten zwischen Betreuer/in und Doktorand/in sind beide Parteien gehalten, sich mit der Bitte um Vermittlung an den »Graduate Studies Executive« des GCSC zu wenden.

§ 7

Die persönliche Betreuung des Projekts durch einen/e qualifizierten/e Forscher/in wird durch Präsentationen des Forschungsvorhabens sowohl in Doktorandenkolloquien des GCSC und des zuständigen Promotionsfaches als auch durch Diskussionen in themenbezogenen Arbeitsgruppen der Promovenden/ Promovendinnen ergänzt. Der/die Doktorand/in verpflichtet sich zur Teilnahme an fachspezifischen Lehrveranstaltungen, Workshops, Master Classes, Spring und Summer Schools u.Ä., die im Programm des GCSC vorgesehen sind.

§ 8

Der/die Betreuer/in verpflichtet sich, dem/der Promovenden/in über die Betreuung des Dissertationsvorhabens hinaus jede mögliche Unterstützung zukommen zu lassen, die für das Promotionsvorhaben oder die künftige berufliche Karriere des/der Kandidaten/in nützlich ist. Zu dieser Unterstützung gehören bspw. die Unterstützung bei der Suche nach weiterer fachlicher Betreuung, das Verfassen von Gutachten für die Beantragung von Stipendien, die Hilfestellung bei der Veröffentlichung von wissenschaftlichen Aufsätzen und Rezensionen, die Herstellung von Kontakten mit einschlägigen Institutionen und Forschern/Forscherinnen im In- und Ausland, etc.

§ 9

Betreuer/in und Kandidat/in sind verpflichtet, sich an die Regeln guter Forschungspraxis und an die moralischen Richtlinien der Deutschen Forschungsgemeinschaft zu halten.

Abkommen

§ 10

Zwischen dem/der Betreuer/in XXX

und dem/der Doktorand/in XXX

vom Fachbereich XXX

der Justus-Liebig-Universität Gießen wird im Rahmen des Graduiertenstudiums am GCSC ein Betreuungsabkommen zu folgendem Dissertationsvorhaben abgeschlossen:

XXX

§ 11

Die offizielle Betreuung nach den in der Präambel festgelegten allgemeinen Richtlinien beginnt mit dem Datum der Vertragsunterzeichnung. Der/die Promovend/in erklärt sich bereit, alles zu unternehmen, um das Dissertationsvorhaben in der verabredeten Zeit entsprechend dem beiliegenden Arbeits- und Zeitplan erfolgreich abzuschließen. Der/die Betreuer/in erklärt sich bereit, den/die Promovenden/in in dieser Zeit optimal zu beraten und zu unterstützen und alles zu unternehmen, damit das Dissertationsvorhaben in der vorgesehenen Zeit erfolgreich beendet werden kann.

§ 12

Der/die Promovend/in verpflichtet sich, über die vier jährlichen Termine hinaus unverzüglich um einen Besprechungstermin nachzusuchen, falls sich Probleme oder inhaltliche bzw. zeitliche Veränderungen des Arbeitsplans ergeben sollten. Der/die Betreuer/in verpflichtet sich, den zusätzlichen Terminwünschen des/der Promovenden/in schnellstmöglich zu entsprechen.

§ 13

Der/die Promovend/in hat jederzeit das Recht, den/die Betreuer/in um zusätzliche Besprechungstermine zu bitten. Der/die Betreuer/in hat jederzeit das Recht, Einblick in Stand und Fortgang der Arbeit zu erhalten.

§ 14

Der/die Promovend/in verpflichtet sich, dem »Graduate Studies Executive« des GCSC – in der Regel einmal pro Jahr – über den Stand und Fortgang der Arbeit einen kurzen schriftlichen Bericht (max. fünf Seiten) vorzulegen.

Gießen, den

Betreuer/in   Promovend/in

Literatur

Adamczak, Wolfgang: *Leitfaden für Betreuungen von Promotionen an der Universität Kassel.* 3. Aufl. Kassel 2006 [2005].
  http://www.uni-kassel.de/wiss_tr/Nachwuchs/LeitfadenBetreuung.pdf (31.05.2007)
Berendt, Brigitte et al. (Hgg.): *Neues Handbuch Hochschullehre.* 2. Aufl. Berlin 2006 [2002].
Berning, Ewald/Falk, Susanne: »Abschied vom ›Meister-Schüler-Verhältnis‹?« In: *Forschung & Lehre* 12 (2006), S. 686–687.
Echterhoff, Gerald/Neumann, Birgit: *Projekt- und Zeitmanagement. Strategien für ein erfolgreiches Studium.* Stuttgart 2006.
Fiedler, Werner/Hebecker, Eike: »Promotionskrisen und ihre Bewältigung. Empfehlungen zur zielführenden Planung und ergebnisorientierten Gestaltung des Promotionsablaufs«. In: Berendt, Brigitte et al. (Hgg.): *Neues Handbuch Hochschullehre.* 2. Aufl. Berlin 2006 [2002], S. 1–16.
Gunzenhäuser, Randi/Haas, Erika: *Promovieren mit Plan. Ihr individueller Weg von der Themensuche zum Doktortitel.* Frankfurt a.M./Wien 2000.
Kruse, Otto: *Keine Angst vor dem leeren Blatt – ohne Schreibblockaden durchs Studium.* Frankfurt a.M. 2004.
Kupfer, Antonia/Moes, Johannes (Hgg.): *Promovieren in Europa. Ein internationaler Vergleich von Promotionsbedingungen.* 2., erw. Aufl. Frankfurt a.M. 2004 [2003].
Preißner, Andreas/Engel, Stefan (Hgg.): *Promotionsratgeber.* 4. Aufl. München et al. 2001 [1994].
Stedman, Gesa: »Kommunikation und Begleitung: professionelle Doktorand(inn)enbetreuung«. In: http://www.britcult.de/Promotionsbetreuung.pdf (25.06.2007)

Marion Gymnich und Gesa Stedman

4. Externe Beratungsangebote für Promovierende: Forschungssupervision und Promotions- coaching

Die im Rahmen der Promotion als Qualifizierungsarbeit zu leistende wissenschaft-liche Recherche, Reflexion und schriftliche wie mündliche Präsentation unterliegt gegenwärtig einem Rationalisierungsprozess, der etwa in der Forderung erkennbar wird, die Promotion in drei bis vier Jahren abzuschließen. Zugleich sehen sich Pro-movierende nicht zuletzt durch die Aufwertung der Promotion im Zuge der Ein-führung der Juniorprofessur mit steigenden Kompetenzanforderungen konfron-tiert. Der komplexe **Lern- und Professionalisierungsprozess** des Promovierens erfordert deshalb mehr denn je einen eigenverantwortlichen und effizienten Umgang mit den eigenen arbeitsorganisatorischen Ressourcen und verlangt ein zunehmendes Maß an Selbstdarstellung und -behauptung. Promovierende müssen heute zusätzliche Kompetenzen ausbilden, um später auf dem universitären Arbeitsmarkt erfolgreich zu sein (s. Kap. III.1). So gehören zu den Anforderungen, die an Promovierende gestellt werden, neben einer langfristigen Zielorientierung etwa ein ausgeprägtes Durchhaltevermögen sowie die Fähigkeit zur Konzentration und zur Gestaltung eines förderlichen sozialen Umfelds.

Eine Promotion stellt jedoch auch unabhängig von den gegenwärtigen Entwick-lungen bereits ein komplexes Unterfangen dar: Im Promotionsprozess steht ein **hoher intellektueller Anspruch** einem beträchtlichen **Ergebnisrisiko** gegenüber. Auch kennzeichnet die Situation von Promovierenden ein Spannungsverhältnis zwischen einem hohen Maß an Eigenverantwortung und individueller Leistungs-zuschreibung einerseits und einer gewissen Abhängigkeit von Doktorvater oder -mutter andererseits. Sozialisationstheoretisch befinden sich Promovierende in einer Art Statuspassage: Im Übergang vom Status der/des Studierenden zum Sta-tus des Wissenschaftlers/der Wissenschaftlerin müssen sie sich bestimmte Kompe-tenzen aneignen. Die Konsultation eines außenstehenden Dritten kann daher oft hilfreich sein, um das Geflecht kognitiver, emotionaler und sozialer Faktoren im Veränderungsprozess der Promotion analytisch zu entwirren.

Die **Zunahme externer Beratungsangebote** kann auf die soeben umrissenen, vielfältigen Anforderungen an das Selbstmanagement, die Sozialkompetenz oder die Gestaltung der Berufsrolle von (Nachwuchs-)Wissenschaftlern/Wissenschaftle-rinnen zurückgeführt werden: Die derzeitigen Bemühungen um eine Reformie-rung der Doktorandenausbildung schlagen sich also nicht allein in der in Kapitel II.3 skizzierten multilateralen und kollegialen Erweiterung und Professionalisie-rung universitäts*interner* Betreuungsverhältnisse nieder, sondern auch in der Zunahme *externer* Beratungsangebote für Promovierende. Birgit Szczyrba (2006, S. 282) sieht dies als Bestätigung dafür, dass eine Betreuung im Rahmen traditio-neller Beziehungsmuster, wie sie sich in der Formulierung ›Doktorvater/-mutter‹

kristallisieren, nicht mehr ausreicht und dass daher neben die traditionellen Rollen »spezialisierte Beratungsrollen« (ebd.) treten. Zugleich zeigt, Szczyrba zufolge, »die Nachfrage von Promovierenden nach einer Unterscheidung von Angeboten in Trainings, Beratung, Begleitung und Fachkonsultation den Bedarf an professioneller Beratung in differenzierten und reflektierten Rollenmustern in der Betreuung von Doktoranden/Doktorandinnen« (ebd.).

Im Zuge der **Ausdifferenzierung** externer Beratungsangebote wird neben dem vornehmlich in der Wirtschaft etablierten Consulting im wissenschaftlichen Bereich zwischen den Formaten **Coaching und Supervision** unterschieden (vgl. Klinkhammer 2004, S. 37–55; sowie die Definitionen beider Formate auf der Homepage der Deutschen Gesellschaft für Supervision (DGSv) unter http:// www.dgsv.de). Eine Abgrenzung der Formate ist jedoch nicht immer eindeutig, da es sich bei beiden Bezeichnungen nicht um geschützte Begriffe handelt. Beide Formate der Beziehungsarbeit im Rahmen von Lern- und Entscheidungsprozessen werden nachfolgend ausschließlich in ihren promotionsbegleitenden bzw. -beratenden Ausprägungen »Promotionscoaching« und »Forschungssupervision« sowie in ihren verschiedenen Entstehungskontexten und Ausrichtungen vorgestellt.

Neben externen Beratungsangeboten, die sich direkt an Promovierende richten, entstehen gegenwärtig außerdem hochschulspezifisch ausgerichtete Qualifizierungsinitiativen, die sich an Beratende an Hochschulen richten und diesen eine Weiterbildung im Bereich Supervision und Coaching ermöglichen. In diesem Artikel wird das am Hochschuldidaktischen Zentrum (HDZ) der Universität Dortmund entwickelte und von der Hans-Böckler-Stiftung geförderte **Weiterbildungsprogramm zum »Promotionscoach«** näher beleuchtet, da es für Promovierende nicht nur während des Promotionsprozesses von Nutzen sein kann, sondern für hochschuldidaktisch Interessierte zugleich eine interessante Weiterbildungsmöglichkeit nach Abschluss der Promotion darstellt.

Forschungssupervision als Reflexion der eigenen Rolle

Forschungssupervision ist als »eine an Berufsrollen orientierte Reflexion der Person, der sie umgebenden Gruppe und der Institution« definiert (Szczyrba 2006, S. 285) und akzentuiert den beratenden Aspekt in der professionellen Beziehungsarbeit unter Berücksichtigung biografischer Erfahrungen. Im Mittelpunkt der Beratung stehen die Person bzw. ihre berufliche Rolle, ihre Aufgaben und Arbeitsbeziehungen. Neben diesen personenabhängigen Prozessen wird aber auch versucht, deren organisationsabhängigen Kontext zu verstehen. Die vorrangig beratende Ausrichtung ist dem sozialwissenschaftlich-psychologischen Entstehungskontext dieses Formats geschuldet: Zwischen fachlicher Aufsicht und Persönlichkeitsentwicklung angesiedelt, entstand Supervision als Beratungsangebot für Berufsanfänger und freiwillige Helfer im Bereich der sozialen Arbeit bzw. als Form der fachlichen Aufsicht und Kontrolle psychotherapeutischer Arbeit in Zeiten, »in denen der Wohlfahrtsstaat und der damit expandierende Formenkreis der Beziehungsarbeit die Ideen von Gemeinwohl, Uneigennützigkeit und Klientelbezogenheit generieren« (ebd., S. 283).

Diese zumeist von Vorgesetzen angebotene Art der Supervision, die später auf die Sektoren Justiz, Bildung und Gesundheit ausgedehnt wurde, erfolgt auf Grundlage der Praxis- und Feldkompetenz der Beratenden und gleicht damit der im Rahmen einer Promotion von Doktorvater oder Doktormutter ausgefüllten Funktion. Die auf Feldkompetenz basierende Ausrichtung auf Aufsicht und Anleitung innerhalb der eigenen Disziplin bzw. des eigenen Diskurses folgt einer **Professionslogik**: Supervision ist in diesem Sinne ein Instrument der Selbstvergewisserung und Reflexion, das die Selbst- und Qualitätskontrolle einer Disziplin institutionalisiert.

Die zunächst überwiegend sozialwissenschaftliche Sicht auf Lebenslage, Milieu und Geschlechterrolle im Rahmen der Supervision wandelt sich in den 1970/80er Jahren durch ein verstärkt therapeutisches Verständnis der Beziehungsarbeit. In dem Maße, in dem sich dabei die Aufmerksamkeit auf das Individuum und seine inneren Ressourcen bzw. die Schnittstelle zwischen Forschung und Leben richtet, treten vermehrt Psychotherapeuten als Anbieter von (Forschungs-)Supervision auf. Auch bei dieser verstärkt auf Selbsterfahrung bezogenen, psychotherapeutischen Orientierung der Supervision bleibt die **Grenze zur Therapie** jedoch stets dadurch gewahrt, dass es in der Supervision nicht um Fragen ge- oder misslingender Lebenspraxis im Sinne von seelischer und/oder psychosomatischer Gesundheit und Krankheit geht. (Forschungs-)Supervision richtet sich vielmehr »an psychisch durchschnittliche Fachleute, die im Rahmen ihres Professionalisierungsprozesses die Qualität ihres Handelns im institutionellen und kollegialen Kontext sichern wollen« (Szczyrba 2006, S. 285).

Im Hinblick auf die für Promovierende (aber auch für Forscher/innen anderer Hierarchieebenen und Professionalisierungsphasen) relevante Ausprägung der Forschungssupervision sind vor allem die praxisorientierten Publikationen von Anita Barkhausen interessant (vgl. Blastik 2000; Barkhausen 2001, 2002, 2003, 2006). Barkhausen (2006, S. 290) definiert **Forschungssupervision** als die an Rollen orientierte inhaltliche, methodische und persönliche Reflexion eines Forschungsgegenstands und -prozesses. Divergente Deutungen, denen zufolge Hierarchie und Abhängigkeit (vgl. Kupfer/Moes 2003, S. 8) bzw. das Gefälle zwischen Expertise und Unmündigkeit (vgl. Hein/Hovestadt/Wildt 1998, S. 8) das Verhältnis zwischen Doktorand/in und Betreuer/in bestimmen, geben einen ersten Hinweis darauf, dass die Ausgestaltung der wissenschaftlichen Betreuung durch Doktorvater/-mutter im Promotionsprozess individuell verschieden ist und dass der Promotionsprozess insgesamt von diffusen Rollenvorstellungen geprägt ist, in denen sich Beratungs-, Bewertungs- und Weisungsaspekte vermischen.

In der Supervision wird **Wissenschaft als ein Prozess beruflichen Handelns** betrachtet, der wie alle anderen professionellen Tätigkeiten selbstreflexiv überprüft und gesteuert werden kann (vgl. Szczyrba 2006, S. 285). Zudem liegt Supervisionen die Prämisse zugrunde, dass das Verhältnis von Forscher und Gegenstand nicht dem traditionellen Wissenschaftsideal eines objektiven, d.h. emotionslosen und distanzierten Verhältnisses entspricht. Vielmehr erfolgen zwischen Forscher und Gegenstand ebenso wie zwischen Doktorand/in und Betreuer/in bzw. zwischen Forscher und Umfeld ›**Gegenübertragungen**‹, deren Analyse mit Unterstützung eines Therapeuten/einer Therapeutin zur Optimierung des individuellen Arbeitsverhaltens beitragen und Blockaden lösen kann (vgl. Barkhausen 2001).

Aus psychotherapeutischer Sicht provoziert insbesondere das im deutschen Hochschulsystem stark ausgeprägte Abhängigkeitsverhältnis zwischen Promovend/in und wissenschaftlichem Betreuer/wissenschaftlicher Betreuerin alte **Mutter- und Vaterübertragungen**, wie bereits die Funktionsbezeichnungen ›Doktorva-

ter‹ und ›Doktormutter‹ anzeigen (zur impliziten Eltern-Kind-Dynamik in der
Beziehung zwischen Doktorand/in und Betreuer/in siehe auch Knigge-Illner 2002,
S. 46. Die Beziehung und Beziehungsklärung zwischen Betreuer/in und Promo-
vend/in untersucht Klinkhammer (2004, S. 459–462) im Rahmen einer Transakti-
onsanalyse). Die Verbindung dieses Abhängigkeitsverhältnisses mit der Forderung
nach Eigenständigkeit und Originalität der Dissertation als wissenschaftlicher
Qualifikationsarbeit sorgt Barkhausen (2001, S. 143) zufolge dafür, dass die psycho-
soziale Situation von Promovierenden in der Supervision mit »einer anhaltenden
Pubertät« vergleichbar wird. Aber nicht nur zwischen Promovend/in und
Betreuer/in lassen sich aus psychotherapeutischer Sicht Übertragungsphänomene
feststellen, sondern auch zwischen Forscher und Gegenstand. Barkhausen (2002,
S. 129 f.) geht daher sogar davon aus, dass eine gestalttherapeutische Betrachtung
der Gegenübertragungen und ›Figurbildungen‹ im Forschungsprozess zu neuen
Erkenntnissen über den Gegenstand führen kann.

In einigen Punkten überschneidet sich Forschungssupervision auch mit dem in
Kapitel III.2 vorgestellten Projektmanagement-Ansatz: So besteht eine wichtige
Aufgabe der Forschungssupervision in der Unterstützung der individuellen Fähig-
keiten zur raumzeitlichen Selbststrukturierung des Forschungsalltags. Dabei ist im
Rahmen einer Promotion vor allem das Partialisieren zentral, d. h. die Zerlegung
einer als unüberschaubar groß empfundenen Aufgabe in überschaubare kleine
Teilaufgaben (vgl. Barkhausen 2003, S. 138 f.).

Vor allem liegt der Nutzen einer Supervision für Promovierende aber darin,
dass sie Doktoranden/Doktorandinnen – ausgehend von der sozialisationstheore-
tischen Statuspassage Promovierender im Verlauf des Promotionsprozesses – bei
der an Rollen orientierten Reflexion dieses Prozesses sowie der Zeit danach helfen
und dadurch die **Qualität des eigenen Handelns in der** *scientific community* steigern und sichern kann. Als beratendes Format liegt der Fokus der Supervision
demnach auf den Interaktionen zwischen Individuum und Forschungsgegenstand
bzw. Individuum und *scientific community*. Für das Beratungsformat des Coaching,
das im Folgenden genauer umrissen wird, sind dagegen vor allem individuelle
Parameter wie Leistungsperformanz und Selbstdarstellungserfolg zentral.

Individuelle Leistungsprüfung und -optimierung durch Coaching

Im Gegensatz zur Supervision dient das als Trainings- und Beratungsform dem
Sport entstammende und zunächst als Einzelberatung für Manager/innen etablierte Coaching der zielgerichteten Verbesserung beruflichen Handelns »fernab
von etwaigen Selbsterfahrungsanteilen« (Szczyrba 2006, S. 285). Aufgrund der ökonomischen Systemlogik, die dem Beratungsformat des Coaching aufgrund seines
Entstehungskontexts zugrunde liegt, verwundert es nicht, dass gegenwärtig im
Bereich der Wissenschaft (so wie im Übrigen Non-Profit-Bereich auch) verstärkt
Dienstleistungen nachgefragt werden, die ihren Kunden/Kundinnen Steuerungs-
oder Anpassungsinstrumente zur **individuellen Leistungserfassung und Karriereplanung** an die Hand geben. Wenn Universitäten Zielgruppen definieren, Lehre
als Dienstleistung anbieten oder leistungsgebundene Mittel für Forschung und
Lehre zuweisen, erweist sich die Wissenschaft als Markt, an dessen Erfordernisse
sich (Nachwuchs-)Wissenschaftler/innen anpassen müssen. Zugleich müssen sie

sich gegen die Konkurrenz anderer (Nachwuchs-)Wissenschaftler/innen auf diesem Markt erfolgreich behaupten und/oder durchsetzen. Auch Promovierende befinden sich in einer Situation der Konkurrenz, da von ihnen erwartet wird, dass sie in ihrer Arbeit neue, innovative Erkenntnisse generieren.

Als **prozessorientiertes Beratungsverfahren**, das die individuellen Ressourcen berücksichtigt, ermöglicht Coaching eine externe Steuerung, Begleitung, Kontrolle und/oder Optimierung des Promotionsprozesses. Im Spannungsfeld von Berufsrolle, Person und Institution ansetzend, bietet Coaching Raum zur Klärung von die individuelle, berufliche Identität betreffenden Fragen. Dabei kommt die **Unternehmenslogik** des Coaching dem in der Wissenschaft herrschenden Konkurrenzdruck und Originalitätszwang entgegen. Der grundsätzlich ökonomischen Ausrichtung des Coaching entspricht auch, dass Coachees als Kunden wahrgenommen werden, während in der therapeutisch orientierten Supervision Klienten/Klientinnen eher Schutzbefohlene sind.

Da es sich beim Coaching um eine »spezielle Weiterentwicklung der Leistungssupervision« (Buer 1999, S. 186) handelt, können Promovierende insbesondere bei der Ausbildung der zunehmend von ihnen erwarteten (Selbst-)Managementqualitäten unterstützt werden. Es lassen sich folgende **Einflussfaktoren auf den Promotionsprozess** unterscheiden, die zugleich **Ansatzpunkte für ein erfolgreiches Coaching** bieten:

- **arbeitsorganisatorische Bedingungen:** Optimierung durch z. B. Projektmanagement, Zeitmanagement, Selbstmanagement, Erfolgskontrolle;
- **professionelles Beziehungsmanagement** z. B. im wissenschaftlichen Betreuungsverhältnis, in der Zusammenarbeit am Arbeitsplatz, im Team oder im Projekt (Kommunikationstraining, Führungskompetenz, Teamentwicklung);
- **Motivationsklärung und -training im Schreibprozess** (Bearbeitung bzw. Überwindung von Hemmnissen und Blockaden);
- **Work-Life-Balance** (Erhalt der Arbeitsfähigkeit und Gesundheit);
- **Karriereplanung** innerhalb oder außerhalb der Hochschule, z. B. in Qualifizierungsphasen oder beim Wechsel des wissenschaftlichen Arbeitsumfeldes (Entwicklung einer Zielorientierung).

Das Beratungsformat des Coaching bezieht demnach Aspekte ein, die in der Betreuung Promovierender durch Doktorvater oder -mutter bzw. durch wissenschaftliche Mentoren/Mentorinnen zumeist keine oder lediglich eine untergeordnete Rolle spielen.

Seiner im Vergleich zur Supervision stärker begleitenden als beratenden Ausrichtung entsprechend besteht das Ziel des Coaching in der **Entwicklung und Erhöhung der individuellen Leistungsfähigkeit** bzw. des Leistungserfolgs durch die Behebung von Störungen, die Einübung von Abläufen und die Entwicklung geeigneter Strategien zur Bewältigung der komplexen Konkurrenzsituation, in der sich Promovierende befinden. Da der Coach in der Regel in der Vergangenheit gleichfalls einen Promotionsprozess durchlaufen hat – wenngleich nicht zwingend im eigenen Fach –, besteht zwischen Coach und Coachee tendenziell eine größere biografische Nähe als zwischen Psychotherapeut/in und Klient/in in der Supervision. Wie die Supervision ermöglicht das Coaching eine Bearbeitung fachlicher, personaler und sozialer Aspekte jenseits der Abhängigkeit von der Person des Doktorvaters/der Doktormutter. Die Außenperspektive des Coachs und sein neutraler Status werden durch die Wahl des Ortes unterstrichen: Promotionscoaching finden in der Regel an einem neutralen Ort statt, an dem Coachees das individuell auf sie abgestimmte Management seines/ihres komplexen Promotionsprojektes trainieren.

Ähnlich der Forschungssupervision grenzt sich auch die Beratungspraxis des Promotionscoaching scharf von der Therapie ab: Promotionscoachings stellen nicht die Wiederherstellung einer gelingenden Lebenspraxis oder die eigene Lebensgeschichte ins Zentrum, sondern fokussieren die Lehr-, Lern- und Arbeitsprozesse an Universitäten. Probleme auf individueller, interaktioneller oder organisationeller Ebene, die sich aus den universitären Rollenbeziehungen, Funktionen und Prozessen für Doktoranden/Doktorandinnen ergeben, werden im Rahmen des Promotionscoaching bearbeitet. **Zu den Leistungen des Promotionscoaching gehören:**

- Selbstreflexion der Berufsrolle ›(Nachwuchs-)Wissenschaftler/in‹,
- Erarbeitung kognitiver Problemlösungen,
- Klärung der eigenen Motivation und Motivationstraining,
- Unterstützung des Durchhaltevermögens, des Selbstbewusstseins und der Selbstbehauptung,
- Identifizierung eingeschliffener Routinen und Unterstützung bei Änderungen des Arbeitsverhaltens durch Ziel-, Prioritäten- und Grenzsetzungen persönlicher wie thematischer Art,
- Reflexion von eigenen und fremden Erwartungshaltungen sowie Abschied von illusionären Vorstellungen,
- Bündelung individueller Energien und Ressourcen,
- Regulation von (ambivalenten) Arbeitsbeziehungen,
- Unterstützung bei Veränderungen der Vereinbarungen mit dem sozialen Umfeld in Familie und Freundeskreis,
- Hilfe bei der Umdefinition oder auch Auflösung bestehender Betreuungsverhältnisse sowie
- Orientierung im Hinblick auf den Erwerb beruflicher Zusatzqualifikationen.

Im Gegensatz zur Fachberatung spielen Forschungsinhalte und Methode des Dissertationsvorhabens im Rahmen eines Promotionscoaching somit eine untergeordnete Rolle. Dem Beratungsformat des Coaching liegt vielmehr ein Verständnis der Promotion als einem kognitiven und emotionalen Prozess wissenschaftlicher Sozialisation zugrunde, »an dessen Ende ein wissenschaftlicher Erkenntnisertrag steht, der einen Wissenszuwachs darstellt und zugleich einen Lernprozess abschließt« (Wildt 2006, S. 117). Promotionscoaching unterstützt Doktoranden/Doktorandinnen bei der Erbringung der im Rahmen der Promotion geforderten Leistungen sowie im Hinblick auf ihre mit der Promotion verknüpften beruflichen Aspirationen (innerhalb oder außerhalb des Wissenschaftssystems). Der Fokus liegt demnach auf der individuell möglichen und sozialverträglichen Nutzung von Ressourcen und der Aufhebung oder Balancierung von sozialen und individuellen Konflikten, die einer angestrebten Leistung entgegenstehen.

In der Betrachtung der Promotion als sozialer Prozess aus Sicht des/der Promovierenden geht Promotionscoaching über die Frage nach dem institutionellen Status von Doktoranden/Doktorandinnen (Promotion als dritte Phase des Studiums oder erste Phase wissenschaftlichen Arbeitens?) und damit verbundene Finanzierungsfragen hinaus. Auch die Diskussion infrastruktureller Organisationsformen und curricularer Begleitprogramme bei der Suche nach ›optimalen Promotionsbedingungen‹ ist für das Promotionscoaching von geringer Relevanz, da es beim Individuum und seiner Sozialisierung im Wissenschaftsbetrieb ansetzt. Die **Erarbeitung kognitiver Problemlösungen** im Rahmen eines Coaching kann daher auch als interaktionelle Verstehensleistung beschrieben werden, bei der ein bestimmtes, hochschuldidaktisches Methodenrepertoire zur Gestaltung von Lern- und Beratungsprozessen zur Anwendung kommt.

Als **Fazit** dieser Darstellung externer Beratungsformate lässt sich Folgendes festhalten: Forschungssupervision und Coaching können die fachliche Betreuung durch den Doktorvater bzw. die Doktormutter oder weitere Hochschullehrer/-innen und Postdoktoranden/Postdoktorandinnen als Mentoren/Mentorinnen nicht ersetzen, wohl aber unterstützen. Trotz ihrer verschiedenen Ausrichtungen ist beiden Beratungsformaten gemeinsam, dass sie Hilfestellung bieten »bei Aspekten des Selbstmanagements, der Motivationsklärung, bei Zukunftsängsten, Prüfungsstress, Rollenkonflikten in der Betreuungsbeziehung, der Balance von Berufs- und Privatleben, der Karriereplanung, der Koordination von dienstlichen Aufgaben und Forschungsvorhaben, der Vorbereitung auf zukünftige Tätigkeiten an der Hochschule, das Arbeiten und Forschen in der Organisation Hochschule« (Szczyrba 2006, S. 287). Beide Formate eignen sich daher für die Begleitung des Promotionsprozesses.

Eine Institutionalisierung externer Beratungsangebote, z.B. durch deren Integration in das Angebotsportfolio von Universitäten, die Promovierenden auf dem freien Markt der Angebote eine erste Orientierung bieten könnte, fehlt jedoch bislang. Zudem werden Netzwerkbildung, Weiterbildung für Coaches und Supervisoren sowie Qualitätssicherung der Beratungsangebote durch institutionelle Anbindung, wissenschaftliche Begleitung und/oder interne Evaluation nicht durch einen Dachverband vorgeschrieben, sondern erfolgen bislang allein auf Grundlage der Selbstverpflichtung von Anbietern. Einrichtungen wie die Arbeitsgemeinschaft für Hochschuldidaktik e.V. (AHD) (www.ahd-hochschuldidaktik.de), der Deutsche Bundesverband Coaching e.V. (DBVC) (www.dbvc.de) und das Hochschuldidaktische Zentrum Dortmund (HDZ) (www.hdz.uni-dortmund.de) streben allerdings eine **Professionalisierung der Beratung** durch die Etablierung transparenter Standards an.

Was kostet und wer finanziert externe Beratung?

Als externe Dienstleistungsleistungen sind Coaching und Supervision selbstverständlich **kostenpflichtige Beratungsangebote**. Die Kosten für eine Sitzung mit einer Länge von 45 bis 60 Minuten liegen zwischen 50 und 75 € – der genaue Preis ist häufig in Abhängigkeit vom Einkommen und von der sozialen Situation des/der Promovierenden verhandelbar. Da in der Regel mehrere Sitzungen, oft über einen längeren Zeitraum verteilt, erforderlich werden, sollten Promovierende, die ein externes Beratungsangebot in Anspruch nehmen möchten, mit Kosten von bis zu 500 € rechnen. Hinzu kommen häufig Fahrtkosten, da die Beratungen nicht an der Heimatuniversität oder am Heimatort, sondern in einer neutralen Umgebung stattfinden, die eine Anreise des Coachees nötig macht.

Supervisionen werden häufig als Blockseminar am Wochenende angeboten kosten um die 450 € plus Fahrtkosten. Promovierende in strukturierten Promotionsprogrammen wie Graduiertenkollegs, Graduate Schools oder Graduiertenzentren profitieren häufig davon, dass an ihrer Institution Coachings oder Supervisionen kostenfrei angeboten bzw. die Kursgebühren von der Institution getragen werden.

Wann besteht Anlass zu Coaching und/oder Supervision in der Promotionsphase?

Während wissenschaftliche Betreuer/innen als Experten/Expertinnen bei der Themenfindung und -eingrenzung, kurz: dem ›Was‹, Doktoranden/Doktorandinnen beratend zur Seite stehen, verfügen sie selten über spezielle hochschuldidaktische Kenntnisse oder eine professionelle Schulung als Coach oder Supervisor/in. Natürlich können aber auch Doktormutter oder -vater als Coach oder Supervisor/-in fungieren bzw. sich dahingehend weiterbilden und den Fokus ihrer Betreuung auf das ›Wie‹ der Promotion richten, d. h. auf die je individuellen Bewältigungsstrategien von Promovierenden in diesem Prozess. Dennoch gilt generell die Faustregel, dass Promovierende mit wissenschaftlichen Fragen und Problemen bei ihren Betreuern/Betreuerinnen und/oder Mentoren/Mentorinnen an der richtigen Adresse sind, während bei arbeitsorganisatorischen Fragen und Problemen, bei Krisen im Forschungsprozess der Promotion, bei Rollenkonflikten im wissenschaftlichen Umfeld sowie bei persönlichen Entwicklungen, die möglicherweise Krisen im sozialen Umfeld nach sich ziehen, Coaching respektive Supervision hilfreich sein können.

Die Erfahrung von Referenten/Referentinnen verschiedener Begabtenförderungswerke zeigt, dass häufig arbeitsorganisatorische Defizite oder Rollenkonflikte einen erfolgreichen Abschluss der Dissertation verhindern. So konstatieren Werner Fiedler und Eike Hebecker (2006, 242 f.) von der Hans-Böckler-Stiftung beispielsweise: »Dissertationen scheitern im Regelfall nicht an kognitiven oder intellektuellen Defiziten, sondern meist an mangelnder Selbststeuerung bzw. Selbstmanagement und/oder an überzogenen Ansprüchen und/oder an kommunikativen Störungen der Beziehungsdimension zum/r wissenschaftlichen BetreuerIn.« Auch Johannes Wildt, Leiter des Hochschuldidaktischen Zentrums an der Universität Dortmund, visualisiert die relevanten Ebenen für den Promotionserfolg in einer Pyramide, die anzeigt, dass die Fachinhalte (1) im Promotionsprozess lediglich die Spitze des Promotionserfolgs bilden (s. Abb. 1). Die Fachinhalte sind als Spitze der Pyramide zwar exponiert. Das Bild der Pyramide verdeutlicht aber, dass der Promotionserfolg ohne die Basis einer gelingenden Lebenspraxis (4), einer klaren

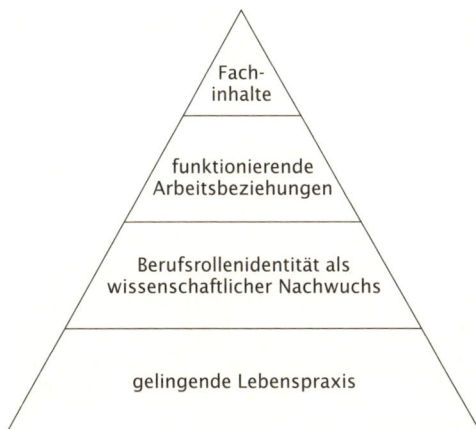

Abb. 1: Relevante Ebenen für den Promotionserfolg (nach Wildt 2006, S. 119)

Berufsrollenidentität als Nachwuchswissenschaftler/in (3) sowie funktionierende Arbeitsbedingungen (2) ›einsturzgefährdet‹ ist (vgl. Wildt 2006, S. 119).

Anlässe für Coaching und Supervision sind daher vielfältig und umfassen etwa Entscheidungsprobleme bei Methodenwahl und Forschungsdesign, Schreibblockaden, Zeit- und Arbeitsorganisation, Materialkrisen oder Rollenkonflikte. Als **Risikofaktoren des Promotionsprozesses**, die zu einer nicht ergebnisorientierten Arbeitsweise führen können, die ihrerseits einen Beratungsbedarf anzeigt, identifizieren Fiedler und Hebecker die wissenschaftliche und soziale Isolation von Promovierenden, eine überspezialisierte Themenstellung, eine wenig konzentrationsförderliche Arbeitssituation sowie die unzulängliche Beratung und Steuerung durch die wissenschaftlichen Betreuer/innen. Sollten sich diese Risikofaktoren zu Krisen oder sogar (Schreib-)Blockaden entwickeln, ermöglichen Coaching und Supervision eine externe Krisenintervention.

Beide Beratungsformate sind kostenpflichtige Dienstleistungen und damit ergebnisorientiert – ob sich das eher beratende Format Supervision oder das eher begleitende Coaching eignet, hängt von individuellen Faktoren ab. Während Supervision die Fähigkeit zur Selbstreflexion erhöht und nicht nur projektbezogen Hilfestellung geben kann, kommt das Beratungsformat des Coaching in zeitlich begrenzten Lern- und Professionalisierungsprozessen, d. h. eher projektgebunden, zum Einsatz. Eine Unterstützung durch Coaching oder Supervision kann in sämtlichen Phasen des Promotionsprozesses hilfreich sein. Wer sie in Anspruch nimmt, entscheidet zunächst, ob eine externe Intervention eher krisenpräventiv, z. B. vorbereitend zur Motivationsklärung oder begleitend während des gesamten Promotionsprozesses, oder als Krisenmanagement in bestimmten (krisenanfälligen) Phasen des Promotionsprozesses bzw. beim Auftreten von Störungen oder Blockaden erforderlich ist. Fiedler und Hebecker (2006, S. 238–242) identifizieren insgesamt drei **Krisen**, die **im Verlauf des Promotionsprozesses** typischerweise auftreten:

- die Materialkrise, die die Notwendigkeit der Abgrenzung und Konkretisierung des eigenen Arbeitsvorhabens vor Augen führt und im Zuge ihrer Bewältigung den Grundstein für ein ergebnisorientiertes Arbeiten legt;
- die Relevanzkrise, in der eigene und fremde Anspruchshaltungen ausgehandelt werden und in der Doktoranden/Doktorandinnen daher verstärkt auf öffentliches Feedback angewiesen sind (als Sinnkrise weist sie zudem biografische Tiefe auf); sowie
- die Abschlusskrise, die sich vermeiden lässt, wenn Berufsperspektiven bereits im Promotionsprozess geklärt werden und so Zukunftsängste vermindern helfen.

Da sich jede der drei Krisen potenziell zu einer **Blockade** ausweiten kann, sind Doktoranden/Doktorandinnen innerhalb dieser Phasen des Promotionsprozesses krisenanfälliger. Zugleich weisen Fiedler und Hebecker aber darauf hin, dass es sich bei den genannten Krisen um für den Fortschritt des Promotionsprozesses notwendige und in diesem Sinne ›natürliche‹ ›Tiefen‹ handelt, die nicht per se ›**supervisionsbedürftig**‹ sind. Barkhausen (2006, S. 239) zufolge ist eine Blockade vielmehr erst dann supervisionsbedürftig, »[w]enn sie über einen Monat anhält und die eigenen Problemlösungsstrategien nicht geholfen haben«. Dass Promovierende Blockaden zeitnah erkennen und Lösungswege suchen, z. B. durch die Inanspruchnahme eines externen Beratungsangebots, ist deshalb besonders wichtig, da im Promotionsprozess noch mehr als in vorangehenden und nachfolgenden Phasen der wissenschaftlichen Qualifizierung **Zeit als karriererelevanter Faktor** eine entscheidende Rolle spielt (vgl. Klinkhammer 2004, S. 132 f.).

Wie verläuft das Promotionscoaching?

Am Beispiel des von der Hans-Böckler-Stiftung geförderten Coaching-Netzwerks (www.wissenschaftscoaching.de) wird nachfolgend der **Verlauf** eines Promotionscoaching vorgestellt. Da Promotionscoaching Promovierende bei Entscheidungen und Schwierigkeiten in allen Phasen des Promotionsprozesses unterstützt, kann man jederzeit per E-Mail oder telefonisch zum Coaching-Netzwerk Kontakt aufnehmen. Danach folgt das Promotionscoaching dem üblichen Phasenschema von Beratungsformaten aus Kontakt und Kontrakt, Durchführung, Überprüfung und Abschluss/Auswertung.

Beim Promotionscoaching dient ein erstes Telefonat mit der Zentrale des Coaching-Netzwerks der Klärung von Fragen und Anliegen. Auf dieser Grundlage erfolgt die Vermittlung eines geeigneten Coaches. **Auswahlkriterien** sind dabei disziplinäre und räumliche Nähe, Geschlecht und das Fehlen persönlicher Kontakte des Coachs zum Umfeld des Coachee. In einer ersten (und preislich vergünstigten, 45-minütigen) Sitzung legen Coach und Coachee Themen, Beratungsanliegen und Zeitraum des Coaching verbindlich in einem Kontrakt fest. Im Verlauf von weiteren drei bis maximal sechs Doppelsitzungen à 90 Minuten arbeiten Coach und Coachee je nach Problem und Lösungsweg mit so verschiedenen interaktiven und kreativen Methoden wie Gesprächsführung, Psychodrama, Visualisierungen, Symbolarbeit, Moderations- oder Entspannungstechniken. Jede Sitzung wird **streng vertraulich** behandelt. Dabei fungiert der Coach als eine Art Trainer und unterstützt den Coachee bei der Identifizierung und Analyse von Problemen, bei der Suche nach individuellen Lösungswegen sowie bei der Erkenntnis oder Setzung persönlicher Ziele. In diesem Sinne stellt das Promotionscoaching ein Gegenmodell zu einem nach Maßgabe der Unternehmenslogik allein als Anpassungsinstrument fungierenden Coaching dar.

»Promotionscoaching« als Weiterbildungsprogramm

Das von der Hans-Böckler-Stiftung in der Anlaufphase finanziell unterstützte Coaching-Netzwerk bietet nicht nur Einzelberatungen für Doktoranden/Doktorandinnen an, sondern offeriert seine **Dienstleistungen** zudem im Rahmen von Werkverträgen strukturierten Promotionsprogrammen wie **Graduiertenkollegs, Graduate Schools oder Graduiertenzentren**. Auch Hochschulen, Fachbereiche oder Institute, die Promovierenden kein strukturiertes Programm anbieten, können paketweise Beratungsveranstaltungen zu verschiedenen Aspekten (z.B. Zeitmanagement, Schreibprozess oder Rollenkonflikte) buchen. Ein drittes Angebot des Netzwerks richtet sich direkt an Hochschulangehörige, die im Rahmen ihrer Tätigkeit häufig Beratungssituationen managen, z.B. in der Studien-, Prüfungs-, Promotions- oder Forschungsberatung, die erkennen, dass reine Lehr- oder Organisationskompetenz dafür nicht ausreicht, und die daher eine Weiterbildung im Bereich

»Beratung« anstreben. Für sie bietet das Coaching-Netzwerk den Erwerb einer Basisqualifizierung zu Phasen, Wirkweisen und zentralen Beratungsmethoden an. An diese Basisqualifizierung schließt eine Vertiefungsqualifizierung an, bei der in zwei zweitägigen Workshops die eigene Beratungspraxis weiterentwickelt wird. Nach erfolgreichem Abschluss beider Weiterbildungssequenzen erhalten Teilnehmer/innen ein Zertifikat, das ihre Beratungskompetenz bescheinigt.

Bei der Ausbildung zum Promotionscoach handelt es sich um ein von der Hans-Böckler-Stiftung gefördertes, vom Hochschuldidaktischen Zentrum (HDZ) der Universität Dortmund konzipiertes und durchgeführtes **Weiterbildungsprogramm**, das von 2002 an in zwei Jahrgängen acht Wissenschaftler/innen unterschiedlicher Disziplinen erfolgreich abgeschlossen haben (siehe das Team unter www.wissenschaftscoaching.de). Dabei waren Erfahrungen in der Promotionsberatung (Consulting), Weiterbildungen z. B. in Gesprächsführung oder eine berufliche Tätigkeit im Bereich Weiterbildung/Beratung sowie hochschuldidaktische Erfahrungen für die Teilnehmer/innen von Vorteil.

Die **Weiterbildung zum Promotionscoach** erfolgt innerhalb eines Jahres in einer meist interdisziplinär zusammengesetzten Gruppe von maximal 15 Teilnehmern/Teilnehmerinnen und verknüpft Praxissimulation und reale Coaching-Praxis, Anleitung und Beratung, Selbst-Lernphasen und Feedback. Die Weiterbildung verpflichtet zur Teilnahme an insgesamt fünf zwei- bis dreitägigen Workshops in Abständen von sechs bis acht Wochen, in denen die Teilnehmer/innen zunächst in die theoretischen und methodisch-praktischen Grundlagen des Coaching eingeführt werden. Darüber hinaus treffen sich die Teilnehmer/innen regelmäßig in Kleingruppen aus drei bis fünf Personen, in denen sie die Workshopinhalte vertiefen. In die Weiterbildung ist auch ein Praxisteil von vier bis fünf Sitzungen integriert, in denen die Teilnehmenden eigenverantwortlich die in den Kleingruppen theoretisch erprobten Verfahren und Methoden im Coaching mit einem freiwilligen Coachee anwenden können. Sie werden dabei durch ihre Lerngruppe und den Workshopleiter sowie die übrigen Teilnehmer/innen beratend unterstützt. Regelmäßige Protokolle, Feedbackbögen und Lernberichte dienen der Selbstreflexion, Lernkontrolle und Ergebnissicherung. Diese Texte fließen ebenso wie die Darstellung des hochschuldidaktischen Methodeninventars für die Praxis der Beratung in das am Ende der Weiterbildung von den Teilnehmenden zu erstellende Portfolio ein, das außerdem den theoretischen Input der Workshopleitung sowie die Ausarbeitung eines eigenen Theoriebeitrags zum Themenfeld des Promotionscoaching enthält. Die Weiterbildung ist dann erfolgreich abgeschlossen, wenn der/die Teilnehmer/in nach einer zweimonatigen Bearbeitungszeit sowohl das Portfolio als auch einen Abschlussbericht über den eigenen Coaching-Fall einreicht.

Im Rahmen der Weiterbildung setzen sich die angehenden Promotionscoaches intensiv mit den eigenen Promotionserfahrungen und dem Promovieren als Prozess auseinander und lernen neben dem Coaching weitere Beratungsformate wie Consulting und Supervision sowie Verfahren der Beziehungsarbeit (z. B. Psychodrama) kennen. Zentral für den Kompetenzaufbau sind **Verfahren der Inszenierung** und ihre methodische Verwendung in Workshops, Kleingruppenarbeit, Expertenberatung, Intervision, Fall-Beratung sowie der Praxisteil. **Ziel der Weiterbildung** ist die Unterstützung, Schulung und Intensivierung der selbstreflexiven Wahrnehmung der Teilnehmer/innen durch regelmäßige Feedbacks in der Gruppe, durch die Leitungsperson sowie zum Portfolio, denn diese gewährleistet eine erfolgreiche Perspektivenkoordination, durch die ein Coach lernt, zwischen eigenen und fremden Anteilen im Lern- und Interaktionsprozess zu unterscheiden und das eigene Handeln als Rollenhandeln wahrzunehmen.

Ein ›Plus‹ der am Hochschuldidaktischen Zentrum entwickelten Weiterbildung zum Promotionscoach besteht darin, dass dieses Programm durch die enge Kooperation mit der Hans-Böckler-Stiftung einen starken Bezug zur **Praxis der Promotionsberatung** aufweist und dass durch die institutionelle Anbindung an das HDZ zugleich die Einbeziehung aktueller Ergebnisse aus der hochschuldidaktischen Forschung gewährleistet ist. Garantiert diese Kombination aus Praxisbezug und wissenschaftlicher Begleitung bereits die Qualitätssicherung der Beratung in der Promotionsphase, so hat sich diese zusätzlich durch die Gründung des Coaching-Netzwerks erhöht, das die professionelle Selbstentwicklung der Coaches gewährleisten und unterstützen soll. Mit dem gleichen Ziel haben sich 2005 auch freiberuflich tätige Coaches mit einer Spezialisierung im Wissenschaftsbereich in Düsseldorf zu einem Netzwerk zusammengeschlossen: dem Coachingnetz-Wissenschaft (www.coachingnetz-wissenschaft.de).

Im Coaching und noch mehr in der rollenorientierten Supervision spielen **kontextuelle Faktoren** eine zentrale Rolle. Da im akademischen Kontext, wie neuere Statistiken einmal mehr belegen (vgl. z. B. Leffers 2000), Männer in höheren Hierarchieebenen im Vergleich zu Frauen stark dominieren, wurde eine Vielzahl von Beratungsangeboten entwickelt, die sich speziell an (Nachwuchs-)Forscherinnen richten und den besonderen universitären Gegebenheiten für Wissenschaftlerinnen Rechnung tragen. Diese werden im Kapitel II.6 zur Frauenförderung im Wissenschaftsbereich genauer vorgestellt. Abschließend kann konstatiert werden, dass Nachwuchswissenschaftler/innen mit ihrer Nachfrage nach Coaching und Supervision im wissenschaftlichen Bereich einen Wandel des wissenschaftlichen Selbstverständnisses indizieren, durch den sich wissenschaftliche Arbeits- und Kooperationsformen verändern und nicht zuletzt verbessernd auf die Promotionsbedingungen zurückwirken können.

Beratungsadressen im Internet:

Da es sich bei den Beratungsangeboten Coaching und Supervision im Wissenschaftsbereich um einen erst Ende der 1990er Jahre erschlossenen und derzeit noch expandierenden Markt handelt, bieten die nachfolgend angeführten und kommentierten Internetadressen eine erste Orientierungshilfe für Interessierte und Beratungssuchende:

- www.wissenschaftscoaching.de – Promotions- und Examenscoaching mit Förderung und Unterstützung durch die Hans-Böckler-Stiftung und das Hochschuldidaktische Zentrum (HDZ) der Universität Dortmund; Workshop- und Weiterbildungsangebote für strukturierte Promotionsprogramme und Institute sowie an der Hochschule tätige Einzelpersonen
- www.hdz.uni-dortmund.de – wissenschaftliche Begleitung von Weiterbildungsangeboten, eigene Beratungsangebote sowie vielfältige, zertifizierte Weiterbildungsangebote für Studierende, Promovierende und Lehrende im gesamten Bereich der Hochschuldidaktik
- www.coachingnetz-wissenschaft.de – der 2005 gegründete Zusammenschluss von speziell für den Wissenschaftsbereich qualifizierter Coaches versammelt auf seiner Homepage die Kontaktadressen der über das gesamte Bundesgebiet verteilten Mitglieder des Netzwerks

- www.academic-consult.de – vielfältige Beratungsangebote für alle, die eine wissenschaftliche Karriere anstreben; zudem finden sich auf der Homepage der in Frankfurt a.M. angesiedelten Beratungsagentur nützliche Informationen und Entscheidungshilfen

Literatur

Bauer, Annemarie: »›Lieber mit den Wölfen heulen als mit den Schafen blöken?‹ Anmerkungen zur Kontroverse Supervision und Coaching«. In: Buer, Ferdinand/Siller, Gertrud (Hgg.): *Die flexible Supervision. Herausforderungen – Konzepte – Perspektiven*. Wiesbaden 2004, S. 121–141.

Barkhausen, Anita: »Promovieren zwischen Aufbruch und Abhängigkeit. Theoretische Reflexionen zur Forschungssupervision von Nachwuchswissenschaftlerinnen«. In: Mohr, Dunja M. (Hg.): *Lost in Space. Die eigene wissenschaftliche Verortung in und außerhalb von Institutionen. Dokumentation der siebten Wissenschaftlerinnen-Werkstatt der Promovendinnen der Hans-Böckler-Stiftung vom 2. bis 5. November 2000*. Düsseldorf 2001, S. 143–152.

Barkhausen, Anita: »Forschung zwischen Elfenbeinturm und Kontakt. Assoziationen einer Forschungssupervisorin«. In: *Gestalttherapie. Forum für Gestaltperspektiven* 16.1 (2002), S. 125–133.

Barkhausen, Anita: »Das große Werk und die kleinen Schritte. Forschungssupervision für den Alltag wissenschaftlichen Arbeitens«. In: Ostermann, Ingrid (Hg.): *Perspektive: GLOBAL! Internationale Wissenschaftlerinnenkooperationen und Forschung. Dokumentation der achten Wissenschaftlerinnen-Werkstatt der Promovendinnen der Hans-Böcker-Stiftung vom 9. bis 12. September 2001*. Düsseldorf 2003, S. 135–142.

Barkhausen, Anita: »Forschungssupervision. Ein Fallbeispiel«. In: Koepernik, Claudia/Moes, Johannes/Tiefel, Sandra (Hgg.): *GEW-Handbuch Promovieren mit Perspektive. Ein Ratgeber von und für DoktorandInnen*. Bielefeld 2006, S. 290–293.

Blastik, Anita: »›Das Puzzle von Forschung und Leben zusammensetzen.‹ Supervisionsworkshop zu den Mühen und Hindernissen bei der Erstellung wissenschaftlicher Qualifikationsarbeiten«. In: Herzog, Margarethe (Hg.): *Im Netz der Wissenschaft? Frauen und Macht im Wissenschaftsbetrieb*. Düsseldorf 2000, S. 31–36.

Buer, Ferdinand: *Lehrbuch der Supervision. Der pragmatisch-psychodramatische Weg zur Qualitätsverbesserung professionellen Handelns*. Münster 1999.

Fiedler, Werner/Hebecker, Eike: »Promotionskrisen und ihre Bewältigung«. In: Koepernik, Claudia/Moes, Johannes/Tiefel, Sandra (Hgg.): *GEW-Handbuch Promovieren mit Perspektive. Ein Ratgeber von und für DoktorandInnen*. Bielefeld 2006, S. 236–251.

Hein, Mathias/Hovestadt, Gertrud/Wildt, Johannes: *Forschen Lernen. Eine explorative Feldstudie zu Qualifizierungsprozessen von Doktorandinnen und Doktoranden in Graduiertenkollegs*. Düsseldorf 1998.

Klinkhammer, Monika: *Supervision und Coaching für Wissenschaftlerinnen. Theoretische, empirische und handlungsspezifische Aspekte*. Wiesbaden 2004.

Kruse, Elke: »Moderation – Schreibberatung – Coaching. Ein Qualifizierungsprogramm für die hochschuldidaktische Moderation«. In: *Journal Hochschuldidaktik* 14.2 (2003), S. 19–21.

Kupfer, Antonia/Moes, Johannes (Hgg.): *Promovieren in Europa. Ein internationaler Vergleich von Promotionsbedingungen*. 2. Aufl. Frankfurt a.M. 2004 [2003].

Leffers, Jochen: »Langsam, aber gewaltig. In den professoralen Sphären wird die Luft für Frauen dünn – dennoch haben einige Durchstarterinnen den Sprung geschafft«. In: *Süddeutsche Zeitung* 95 (25.04.2000), S. V2/14.

Szczyrba, Birgit: »Promotionscoaching und Forschungssupervision. Beratungsangebote für die Promotionsphase, ihre Aufgabengebiete und Zielsetzungen«. In: Koepernik, Claudia/Moes, Johannes/Tiefel, Sandra (Hgg.): *GEW-Handbuch Promovieren mit Perspektive. Ein Ratgeber von und für DoktorandInnen*. Bielefeld 2006, S. 281–289.

Wildt, Johannes/Szczyrba, Birgit/Wildt, Beatrix: »Promotionscoaching – Eine hochschuldidaktische Weiterbildung in einem neuen Beratungsformat«. In: Diess. (Hgg.): *Consulting – Coaching – Supervision. Eine Einführung in Formate und Verfahren hochschuldidaktischer Beratung.* Bielefeld 2006, S. 117–129.

Janine Hauthal

5. Finanzierung der Promotionsphase: Vor- und Nachteile verschiedener Finanzierungsmöglichkeiten

Es gibt vielfältige Möglichkeiten, die Promotionsphase zu finanzieren: von einer Beschäftigung innerhalb der Universität oder im außeruniversitären Bereich, über ein Stipendium bis hin zur Unterstützung durch Eltern oder Partner/in. Offizielle Statistiken, wie viele Promotionen über eine forschungsferne bzw. externe Anstellung, Unterstützung durch Familie oder auch die Aufnahme eines Kredites finanziert werden, existieren bislang nicht. Eine 2004 durchgeführte Befragung des Promovierendennetzwerkes THESIS hat jedoch ergeben, dass 17,9 % der Doktoranden und Doktorandinnen ihre Promotion durch die Unterstützung von Angehörigen und 15,5 % durch eine Tätigkeit außerhalb der Wissenschaft bestreiten (vgl. THESIS 2004, S. 14). Es kann zudem festgestellt werden, dass ein Großteil der Promovierenden als wissenschaftliche Mitarbeiter/innen tätig ist und eine kleinere Gruppe durch ein Stipendium gefördert wird (vgl. ebd.). Es ist davon auszugehen, dass die meisten der über 50.000 wissenschaftlichen und künstlerischen Mitarbeiter/innen (ohne den Bereich Medizin), die im Jahr 2003 an deutschen Hochschulen tätig waren, ebenfalls zur Gruppe der Promovierenden gehören. Knapp die Hälfte dieser Stellen sind ganze Stellen. Etwa 7.000 Promovierende wurden durch Stipendien gefördert (vgl. Moes/Tiefel 2006, S. 37).

Nur selten wird die Promotion durch eine einzelne Finanzierungsform realisiert; viele Doktoranden und Doktorandinnen müssen in dieser Phase sowohl parallel als auch nacheinander **verschiedene Möglichkeiten** nutzen. Aufgrund der Befristung von Beschäftigungsverhältnissen sowie der Übergangszeit vor oder auch nach einem Stipendium sind viele Promovierende auf Unterstützung durch die Familie bzw. Partner/in, auf Aufnahme eines Kredits oder finanzielle Rücklagen angewiesen. In diesem Kapitel kann daher nicht auf alle Konstellationen eingegangen werden. Der Fokus wird hier auf die ›typischen‹ Finanzierungsmöglichkeiten gelegt: auf den Arbeitgeber Universität, verschiedene Stipendien sowie auf Mitarbeiterstellen an Forschungseinrichtungen. Neben der Darstellung der Rahmenbedingungen dieser Finanzierungsformen werden zudem die Vor- und Nachteile derselben beleuchtet. Auch wird ein Blick auf die soziale Absicherung der Promotionsphase geworfen.

Arbeitgeber Hochschule

Die meisten Promovierenden sind als **wissenschaftliche Mitarbeiter/innen** an einer Universität tätig; jedoch ist die Anzahl der Stellen, auf denen Promovierende an den Hochschulen an ihren Dissertationen arbeiten können, »in den meisten

Fächern geringer als der Bedarf« (Würmann 2006a, S. 125). Zudem ist die Verteilung zwischen den Disziplinen sehr unterschiedlich – in den Ingenieurwissenschaften, in der Informatik und teilweise auch in den Naturwissenschaften können
mehr Doktoranden und Doktorandinnen mit einer Stelle finanziell abgesichert
werden. In den Geistes- und Sozialwissenschaften, die traditionell geringere ökonomische Ressourcen zur Verfügung haben, sind weniger Promovierende als wissenschaftliche Mitarbeiter/innen beschäftigt. Auch ist es in diesen Fächern die
Regel, in der Promotionsphase nur auf einer halben Stelle zu arbeiten.

Die Unterschiede zwischen den Fächern haben Auswirkungen auf die
Geschlechterverteilung – da der Frauenanteil in finanziell besser gestellten, technischen bzw. naturwissenschaftlichen Fächern geringer ist und Frauen häufiger in
den Fächern promovieren, in denen weniger Mitarbeiterstellen zu vergeben sind,
wirkt sich dies negativ auf deren Einkommensdurchschnitt bei der Finanzierung
aus (vgl. ebd., S. 127). Dieser Aspekt wird in der THESIS-Umfrage bestätigt:
»Frauen sichern sich ihren Lebensunterhalt während der Promotionsphase seltener
über Mitarbeiter- und Drittmittelstellen. Sie finanzieren sich deutlich häufiger über
Stipendien und häufiger durch die Unterstützung von Angehörigen« (THESIS
2004, S. 14–15).

Die Mitarbeiterstellen an Hochschulen untergliedern sich in Planstellen, die an
einer Professur angesiedelt sind und von der Hochschule bezahlt werden, und
Projektstellen, die durch Drittmittel eingeworben wurden. Sowohl **Planstellen** als
auch **Drittmittelstellen** werden mit TV-L 13 bzw. BAT IIa eingruppiert.

Vergütung nach Tarifvertrag

Zum 1. November 2006 trat der neue Tarifvertrag der Länder in Kraft – war bisher bundesweit die Vergütung der im öffentlichen Dienst beschäftigten Mitarbeiter/innen durch
den Bundesangestelltentarif (BAT) geregelt, wurde dies durch den Tarifvertrag für den
öffentlichen Dienst der Länder (TV-L) neu geordnet. Da Berlin und Hessen aus der Tarif-
gemeinschaft deutscher Länder (TdL) ausgetreten sind, gelten in diesen Bundesländern
die Bestimmungen nach dem BAT weiter. Das bedeutet, dass sowohl die Wochenarbeitszeit als auch die Höhe der Vergütung je nach Bundesland differieren.

Die Mitarbeiterstellen sind in der Regel **zeitlich befristet**. Obwohl es nach dem
Hochschulrahmengesetz (HRG) möglich wäre, die Stellen für sechs Jahre auszu-
schreiben, umfassen sie meist einen kürzeren Zeitraum. **Planstellen** beinhalten im
Tätigkeitsprofil:

- Lehrverpflichtungen von bis zu vier Semesterwochenstunden
- das Korrigieren von Klausuren und Seminararbeiten
- den Beisitz bei Prüfungen
- die Unterstützung von Forschung und Lehre des/der vorgesetzten Professors/
  Professorin
- andere, an der Professur anfallende Tätigkeiten
- häufig auch die Mitarbeit in der akademischen Selbstverwaltung

In vielen Fällen ist ferner die eigene **wissenschaftliche Qualifikation** Bestandteil
der Stellenbeschreibung, d.h. hier kann in der Regel ein Drittel der Arbeitszeit auf
das Verfassen der Dissertation verwendet werden. In der Praxis wird die Gewährung dieses Qualifikationsanteils unterschiedlich gehandhabt; auch variiert der

Umfang von forschungsfernen Tätigkeiten deutlich. Das bedeutet, dass Promovierende nicht selten verstärkt für administrative Aufgaben eingesetzt werden und ihnen dadurch Zeit für die wissenschaftliche Arbeit verloren geht (vgl. Würmann 2006a, S. 130–131).

Stellen im Rahmen von **Drittmitteln** werden durch eingeworbene Gelder finanziert (vor allem die Deutsche Forschungsgemeinschaft (DFG), aber auch die VolkswagenStiftung sowie andere staatliche und private Einrichtungen sind im Bereich der Forschungsförderung tätig) und haben ganz unterschiedliche Laufzeiten. Diese können bei wenigen Monaten, aber auch mehreren Jahren liegen. Die Stelleninhaber/-innen sind nicht dem Geldgeber zugeordnet, sondern der jeweiligen Universität, welche die Mittel akquiriert hat. Sie bilden daher zusammen mit den Mitarbeitern und Mitarbeiterinnen der Planstellen den **akademischen Mittelbau** und übernehmen in der Regel ebenfalls Aufgaben im Bereich der akademischen Selbstverwaltung, den Beisitz bei Prüfungen oder die Aufsicht von Klausuren. Meist ist mit diesen Stellen jedoch keine Lehrtätigkeit verbunden. Der Großteil der Dienstaufgaben umfasst die Arbeit in dem beantragten Projekt – und die eigene Dissertation ist in diesen Fällen überwiegend inhaltlich an das Forschungsprojekt angebunden. Zudem können auch Drittmittelstellen einen Qualifikationsanteil haben (vgl. ebd., S. 134–135).

Neben den genannten Stellen gibt es Beschäftigungsmöglichkeiten als **wissenschaftliche Hilfskraft** (in manchen Bundesländern werden sie auch als geprüfte Hilfskraft oder Hilfskraft mit Abschluss bezeichnet). Wissenschaftliche Hilfskräfte müssen ihr Studium abgeschlossen haben und arbeiten in der Regel etwas weniger als die Hälfte der wöchentlichen Arbeitszeit, d.h. es gibt keine ganzen Hilfskraftstellen. Die Vergütung ist deutlich geringer als bei einer Mitarbeiterstelle; es gibt keinen Tarifvertrag für wissenschaftliche Hilfskräfte, jedoch gelten die Richtlinien der TdL. Wissenschaftliche Hilfskräfte sind meist unterstützend für Forschung und Lehre des/der ihnen vorgesetzten Professors/Professorin tätig; eigene Lehrveranstaltungen gehören nicht zum Stellenprofil, können aber durch zusätzliche Lehraufträge durchgeführt werden. Die wissenschaftlichen Hilfskräfte sind **nicht Teil des Mittelbaus** und nicht in die akademische Selbstverwaltung eingebunden.

Die **Beschäftigung an der Hochschule** (sowohl auf einer Plan- als auch auf einer Drittmittelstelle) hat viele Vorteile: Der/die Promovierende ist dadurch in die *scientific community* eingebunden und kann sich in Netzwerke einbringen, die sowohl für die Möglichkeit von Publikationen und Vorträgen als auch für die weitere Berufsplanung von Bedeutung sind. Zudem lernt er/sie die ›Spielregeln der Wissenschaft‹ und die Aufgaben, die mit einer Hochschulkarriere verbunden sind, kennen. Wissenschaftliche Mitarbeiter/innen sammeln Erfahrungen in Forschung und Lehre, in der akademischnen Selbstverwaltung und in der Administration. Diese Einbindung kann sich jedoch auch nachteilig auswirken – überwiegt nämlich der Anteil, der für die forschungsfernen Tätigkeiten aufgebracht werden muss, oder überschreitet die tatsächliche Arbeitszeit die tarifliche Wochenarbeitszeit deutlich (was gerade bei halben Stellen keine Seltenheit ist), bleibt verhältnismäßig wenig Zeit für das eigene Promotionsprojekt. Nicht selten führt dies zu Unterbrechungen der Dissertation (vgl. Bornmann/Enders 2002, S. 69).

Durch die Fähigkeit, Beruf, Promotion, Publikations- und Vortragstätigkeiten miteinander zu verbinden, kann der/die Promovierende **arbeitsmarktrelevante Kompetenzen** im Bereich Projektmanagement dokumentieren und seine/ihre **Belastbarkeit** unter Beweis stellen. Diese Qualifikation ist auch oder vor allem für diejenigen von Bedeutung, die nach Abschluss der Promotion keine wissenschaftliche Karriere anstreben und in anderen Berufszweigen Fuß fassen möchten. Aber auch hier gilt: Sind zu viele und zu umfangreiche Aufgaben zu bewältigen, kann sich dies negativ auf die Zeit auswirken, die zum Promovieren zur Verfügung steht, und infolge dessen die Promotionsdauer verlängern.

Da Vorgesetzte/r und Betreuer/in der Dissertation an der Hochschule oft identisch sind, können daraus für die Promovierenden sowohl Vor- als auch Nachteile resultieren. Entwickelt sich ein gutes und produktives Verhältnis, kann der Doktorand/die Doktorandin von der Nähe zum Professor/zur Professorin profitieren und von diesem/dieser gefördert werden. Entstehen jedoch Konflikte oder kommt es zu Differenzen im Arbeitsbereich, kann dies negative Auswirkungen auf die weitere Betreuung und die Benotung der Arbeit haben. Da die Hochschulen hierarchisch gegliedert sind und selbst in den einzelnen Professuren – je nach Größe derselben – komplexe Strukturen und verschiedene Hierarchieebenen (Professor/-in, Habilitand/in(nen), Doktorand/in(nen), studentische Hilfskräfte, Sekretariat) vorliegen, gibt es ein hohes Potenzial für Konflikte und Machtkämpfe. Problematisch ist zudem die Vergabe der Stellen – obwohl in vielen Instituten eine Kommission zur Auswahl der Bewerber/innen eingesetzt wird,

> ist keinesfalls überall sichergestellt, dass Mitarbeiterstellen durch ein transparentes, sich ausschließlich nach Kriterien wissenschaftlicher Exzellenz richtendes wettbewerbliches Verfahren mit öffentlicher Ausschreibung vergeben werden. So liegt an manchen Universitäten die Entscheidung über die Besetzung einer Stelle uneingeschränkt in der Hand des jeweiligen Lehrstuhlinhabers. (Wissenschaftsrat 2002, S. 15)

Wesentliche Unterschiede zwischen Plan- und Drittmittelstellen gibt es nicht nur hinsichtlich der Dauer der Befristung, sondern vor allem auch im **Tätigkeitsprofil**. Wie zuvor erwähnt, werden beide Personengruppen meist in die Selbstverwaltung und in die allgemeinen Lehrstuhltätigkeiten eingebunden. Während Mitarbeiter/innen der Planstellen **Erfahrungen bei der Lehre sammeln**, die für die weitere wissenschaftliche Karriere wichtig sind, ist diese Aufgabe bei Drittmittelstellen in der Regel ausgeklammert. Prinzipiell besteht jedoch für diese Mitarbeiter/innen die Möglichkeit, jene Kompetenzen durch zusätzliche Lehraufträge zu erwerben. Hierbei ist jedoch oftmals nicht gewährleistet, dass diese Lehraufträge vergütet werden. Hinzu kommt ein hoher Zeitaufwand, um die Lehre vor- und nachzubereiten sowie die Studierenden zu betreuen. Der Vorteil von Drittmittelstellen besteht hingegen darin, dass die Dissertation meist ein Teilergebnis im Rahmen des Forschungsprojekts ist, d.h., dass die Forschungsarbeit, die im Rahmen des Drittmittelprojekts erbracht wird, auch in die Dissertation einfließen kann.

Beschäftigung außerhalb der Universität

Die Beschäftigung außerhalb der Universität lässt sich in zwei Bereiche untergliedern:

- **außeruniversitäre Forschungseinrichtungen**
- **forschungsferne Tätigkeiten** in der Wirtschaft, in Verbänden, Stiftungen, im öffentlichen Dienst etc.

Die Konditionen der Stellen auf dem **Arbeitsmarkt** sind sowohl bezüglich der Arbeitszeit als auch der Höhe der Vergütung äußerst disparat, so dass keine Überblicksdarstellung gegeben werden kann. Diese Beschäftigungsmöglichkeiten sind im Normalfall nicht auf eine Promotion ausgelegt, d.h. hier wird die Promotion zusätzlich und neben der regulären Arbeitszeit betrieben. Nicht selten wird jedoch die berufliche Erfahrung bzw. das berufliche Umfeld für die Promotion insofern genutzt, als diese Tätigkeit Ideen und Hintergrundwissen für das Thema der Dissertation liefert. Manche großen Unternehmen verfügen über eigene Forschungsabteilungen oder gar Promotionsprogramme und bieten so die Möglichkeit, innerhalb des Betriebs an einer Dissertation zu arbeiten (vgl. Würmann 2006a, S. 138). Für die Geistes- und Kulturwissenschaften sind solche idealen Verbindungen von Erwerbstätigkeit und Forschung allerdings leider seltene Ausnahmen.

Streben Doktoranden und Doktorandinnen **keine wissenschaftliche Karriere** an, ist es in Hinblick auf die Berufserfahrung und die eigene Verortung in dem favorisierten Berufsfeld von Vorteil, wenn der/die Doktorand/in bereits während der Promotion in dem jeweiligen Bereich tätig ist. Dass sich dadurch die Distanz zu Betreuer/in und *scientific community* erhöht, lässt sich kaum vermeiden. Hier ist die Neustrukturierung der Doktorandenausbildung (s. die Einleitung) von Vorteil, welche die Gründung von **Promotionszentren** an den einzelnen Hochschulen fördert. Durch die Schaffung dieser Zentren haben gerade externe Promovierende die Möglichkeit, sich mit anderen Nachwuchswissenschaftlern und Nachwuchswissenschaftlerinnen zu vernetzen und sich weiterzubilden, d.h. die Distanz zur *scientific community* zu verringern.

Von Vorteil ist bei einer externen Anstellung, dass die Vergütung ggf. über dem Einkommen der Stipendiaten/Stipendiatinnen und wissenschaftlichen Mitarbeiter/innen liegt. Inwiefern der/die Arbeitgeber/in Interesse an der wissenschaftlichen Weiterqualifizierung der Beschäftigten hat und auf die Promotion Rücksicht nimmt, muss individuell geklärt werden. Fraglich ist auch, wie viel Zeit den externen Doktoranden und Doktorandinnen neben einer vollen oder halben Stelle für ihr Dissertationsprojekt zur Verfügung bleibt – eine volle Stelle plus Doktorarbeit bringt eine enorme Belastung und hohe Anforderungen an das Zeitmanagement mit sich. Extern Promovierende müssen daher mit einer längeren Bearbeitungsdauer ihrer Qualifikationsarbeit rechnen (vgl. Bornmann/Enders 2002, S. 69).

Promovierende, die an einer **außeruniversitären Forschungseinrichtung** beschäftigt sind, werden in der Regel in Anlehnung an BAT/TV-L vergütet, haben auf maximal drei Jahre befristete Stellen und arbeiten forschungsorientiert (vgl. Wissenschaftsrat 2002, S. 30). Die Forschungseinrichtungen haben kein Promotionsrecht (dieses liegt einzig bei den Universitäten), dennoch fördern außeruniversitäre Forschungseinrichtungen Doktoranden und Doktorandinnen. Viele dieser Einrichtungen sind zudem an einem Austausch mit den Universitäten interessiert und haben mit diesen Kooperationsabkommen geschlossen. Die **Zusammenarbeit zwischen außer- und inneruniversitären Forschungseinrichtungen** hat sich in den letzten Jahren durch die Formulierung von Desideraten bezüglich der Umstrukturierung des deutschen Wissenschaftssystems zur Steigerung der internationalen Wettbewerbsfähigkeit und vor allem durch die vom Bund und den Ländern gestartete ›Exzellenzinitiative‹ verstärkt (vgl. Wissenschaftsrat 2006). DFG und Wissenschaftsrat, die mit der Vergabe der Mittel betraut sind, haben für alle drei Förderlinien die Empfehlung ausgesprochen, dass die Hochschulen bei der

Antragstellung außeruniversitäre Forschungseinrichtungen einbeziehen. Durch das Entwickeln gemeinsamer Konzepte sollen Synergieeffekte erzielt und die wissenschaftliche Forschung gestärkt werden (vgl. DFG/WR 2005, S. 2).

Kooperation zwischen Universitäten und außeruniversitären Forschungseinrichtungen

Belege für die **engere Kooperation** zwischen Universitäten und außeruniversitären Forschungseinrichtungen sind zum einen die von der Max-Planck-Gesellschaft (MPG) und der Hochschulrektorenkonferenz (HRK) gestartete Initiative zur Förderung des wissenschaftlichen Nachwuchses. Durch diese wurden gemeinsam mit einzelnen Universitäten *International Max Planck Research Schools* eingeführt. Die *Research Schools* bieten Promovierenden ein interdisziplinäres Ausbildungsangebot und einen engen qualifizierten Austausch (vgl. MPG o. J.; Berning/Falk 2005, S. 13–14). Auch die Fraunhofer-Gesellschaft und die Helmholtz-Gemeinschaft unterhalten enge Kontakte zu Hochschulen und haben vereinzelt mit diesen eine Graduate School eingerichtet bzw. im Rahmen der Exzellenzinitiative Graduiertenschulen beantragt.

Neben den außeruniversitären Forschungsgesellschaften fördern auch zahlreiche **Bundeseinrichtungen** bzw. **Einrichtungen von Ländern und Kommunen** die Qualifikation von Nachwuchswissenschaftlern und Nachwuchswissenschaftlerinnen (vgl. Wissenschaftsrat 2002, S. 31). Auch sie sind an der Zusammenarbeit mit den Hochschulen interessiert, unterhalten Kooperationsabkommen mit Universitäten oder haben vereinzelt gemeinsam mit diesen im Rahmen der Exzellenzinitiative Anträge zur Einrichtung von Graduiertenschulen gestellt.

Der Hauptvorteil einer Beschäftigung in außeruniversitären Forschungseinrichtungen ist aus Sicht der Promovierenden die Möglichkeit der Konzentration auf Forschungstätigkeiten und die Einbindung in Forschungsteams. Jedoch gehören auch hier (in mehr oder minder großem Umfang) forschungsferne Tätigkeiten zum Stellenprofil, denn die Doktoranden und Doktorandinnen sind – wie alle anderen Mitarbeiter/innen auch – in die Abläufe der Forschungs- bzw. behördlichen Einrichtungen integriert. Die Konzentration auf die Forschung hat zudem zur Folge, dass keine Lehrerfahrung gesammelt werden kann. Wer an einer außeruniversitären Forschungsinstitution beschäftigt ist und dort promoviert, sollte die Kontakte zu einer nahe gelegenen Hochschule nutzen und sich um die Möglichkeit eines (ggf. unbezahlten) Lehrauftrages bemühen.

Finanzierung durch Stipendien

Die Vergabe von Promotionsstipendien erfolgt maßgeblich über die DFG und durch eine Reihe von Stiftungen. Die DFG finanziert den Großteil der Stipendien; sie vergibt diese jedoch nicht direkt an die Nachwuchswissenschaftler/innen, sondern fördert seit 1990 die Einrichtung von **Graduiertenkollegs**. Durch die Schaffung eines strukturierten Rahmens für die Promotion reagierte die DFG auf die Empfehlungen des Wissenschaftsrates, der sich 1986 und 1988 für die Einrichtung von Kollegs aussprach (vgl. Wissenschaftsrat 2002, S. 18). Graduiertenkollegs sind auf höchstens neun Jahre befristete Einrichtungen an Hochschulen zur Förderung des wissenschaftlichen Nachwuchses, dem es ermöglicht werden soll, unter hervorragenden Bedingungen zügig zu promovieren. Graduiertenkollegs werden von einer Gruppe von Hochschullehrern und Hochschullehrerinnen beantragt und sind disziplinär oder auch interdisziplinär angelegt (vgl. DFG o.J.a). Erfolgreich bewerben können sich hierfür nur die Doktoranden und Doktorandinnen, deren Projekte einen inhaltlichen Bezug zu den thematischen Schwerpunkten des Kollegs aufweisen.

DFG-Förderung

Im Oktober 2004 förderte die DFG 270 Graduiertenkollegs; davon 27,8 % im Bereich Geistes- und Sozialwissenschaften, 31,1 % im Bereich Biologie und Medizin, 31,1 % im Bereich Naturwissenschaften und Mathematik sowie 10,0 % im Bereich Ingenieurwissenschaften und Informatik. Im Zeitraum von April 2003 bis März 2004 wurden mehr als 840 Dissertationen in Graduiertenkollegs abgeschlossen: Dies entspricht knapp 7 % aller abgeschlossenen Promotionen (ohne Medizin) in Deutschland (vgl. DFG 2004, S. 4–6). Eine Liste der seit 2001 geförderten Graduiertenkollegs im Bereich der Geistes-, Kultur- und Sozialwissenschaften mit weiteren Informationen findet sich im Anhang dieses Handbuchs (s. Kap. VII.2).

Die Stipendiaten und Stipendiatinnen werden für 24 Monate mit der Option auf eine einjährige Verlängerung unterstützt. Neben der finanziellen wird auch eine **inhaltliche Förderung** angestrebt; so werden in den Graduiertenkollegs Studienprogramme, Forschungskolloquien und spezifische Weiterbildungsangebote organisiert. Auch wird ein Schwerpunkt auf die Internationalisierung der Ausbildung gelegt; durch internationale Kooperationen sollen sowohl die Mobilität der deutschen Promovierenden als auch die Attraktivität des Kollegs für ausländische Nachwuchswissenschaftler/innen gesteigert werden. Einen deutlichen Fokus auf den Bereich Internationalisierung legen die **Internationalen Graduiertenkollegs** der DFG, welche die Möglichkeit einer gemeinsamen Doktorandenausbildung zwischen einer Gruppe an einer deutschen Hochschule und einer Partnergruppe im Ausland bieten. Bestandteil des Programms sind ein sechs- bis zwölfmonatiger Auslandsaufenthalt und eine binationale Betreuung (vgl. DFG o.J.b).

Neben der DFG sind die **Begabtenförderungswerke von elf Stiftungen** große Stipendiengeber. Da der Bund selbst keine Stipendien direkt auszahlt, hat er die dem demokratischen Gemeinwesen verpflichteten gesellschaftlichen Kräfte mit dieser Aufgabe betraut. Die dafür notwendigen Mittel werden vom Bundesministerium für Bildung und Forschung (BMBF) an die Begabtenförderungswerke dieser elf Stiftungen ausgeschüttet (s. Kap. II.6), die mit einer Ausnahme Parteien, Kirchen und Verbänden nahe stehen. Die Begabtenförderungswerke sind daher bei der Vergabe der Fördermittel an bestimmte Richtlinien gebunden, so dass die an die Stipendiaten/Stipendiatinnen ausgezahlten Sätze identisch sind. Ein **Internetportal des BMBF** bietet unter www.stipendiumplus.de eine detaillierte Übersicht über die Programme, ihre Modalitäten und Bedingungen. Für die Förderung ausländischer, in Deutschland promovierender Nachwuchswissenschaftler/innen erhalten die Stiftungen Mittel vom Auswärtigen Amt. Ausländische Promovierende können sich zudem beim Deutschen Akademischen Austauschdienst (DAAD) um eine Promotionsförderung bewerben.

Stiftungen

Konfessionell und politisch ungebunden ist die Studienstiftung des Deutschen Volkes. Die Friedrich-Ebert-Stiftung, die Konrad-Adenauer-Stiftung, die Hanns-Seidel-Stiftung, die

Heinrich-Böll-Stiftung, die Friedrich-Naumann-Stiftung und die Rosa-Luxemburg-Stiftung stehen einer Partei nahe. Das Cusanuswerk und das Evangelische Studienwerk e.V. Villigst sind mit den christlichen Kirchen verbunden. Die Hans-Böckler-Stiftung ist gewerkschaftsnah, und die Stiftung der Deutschen Wirtschaft wird von Unternehmen getragen.

Für die Förderprogramme der elf Stiftungen gilt verbindlich das **Prinzip der Individualförderung**. »Projekthafte Förderung widerspräche dem zugrunde liegenden Individualitätskonzept« (BMBF 2003, S. 9). **Auswahlkriterien** sind:

- die hohe fachliche Qualifikation, die durch Zeugnisse, Gutachten von Professoren und Professorinnen und ein Exposé zum geplanten Vorhaben nachgewiesen werden muss;
- das gesellschaftliche Engagement der Bewerber/innen, das aus dem Lebenslauf deutlich hervorgehen sollte.

Förderungsvoraussetzungen

Grundsätzlich können alle Personen gefördert werden, die an einer staatlichen/staatlich anerkannten deutschen Hochschule als Promovierende oder zu einem forschungsorientierten Studium zugelassen sind (vgl. BMBF 2007, S. 6). Dies schließt ausländische Doktoranden und Doktorandinnen mit ein. Antragsberechtigt sind Promovierende aller Fachrichtungen, wobei häufig die Medizin nicht berücksichtigt wird.

Um von einer parteinahen Stiftung gefördert zu werden, ist die entsprechende Parteimitgliedschaft zwar kein Muss – aber die Profile der Bewerber/innen sollten zum **Profil der Stiftung** passen. Beim Cusanuswerk, der Stiftung der katholischen Kirche, ist die Zugehörigkeit zur katholischen Konfession hingegen unabdingbar. Aber auch das Cusanuswerk legt – wie alle Stiftungen – Wert auf Persönlichkeit und gesellschaftliches Engagement. Die **Förderdauer** liegt im Ermessensspielraum der Begabtenförderungswerke; sie beträgt jedoch in der Regel zwei Jahre und kann um ein Jahr (bzw. zweimal ein halbes Jahr) verlängert werden.

Tipp

Die **Bewerbungsmodalitäten** und **Fristen zur Einreichung** der Anträge können den Homepages der Begabtenförderungswerke der zuvor genannten Stiftungen entnommen werden (s. auch Kap. VII.3). Dort stehen auch entsprechende Informationsblätter sowie Antragsdokumente als Download zur Verfügung.

Den Stipendienprogrammen liegt ein ganzheitliches Konzept zugrunde, das **finanzielle und ideelle Förderung** verbindet:

> Neben der finanziellen Erleichterung, die ein Stipendium bringt, liegt die besondere Bedeutung der Arbeit der Begabtenförderungswerke in der ideellen und persönlichen Förderung der Stipendiatinnen und Stipendiaten. Die Begabtenförderungswerke haben sich in einer gemeinsamen Erklärung für eine ›umfassende Individualförderung‹ entschieden. (BMBF 2005, S. 130)

Wie die Begabtenförderungswerke die ideelle Förderung gestalten, liegt in ihrem Ermessen. Alle Stiftungen bieten ihren Stipendiaten und Stipendiatinnen **individuelle Beratung** durch Vertrauensdozenten/Vertrauensdozentinnen an den einzelnen Hochschulen oder/und durch Referenten/Referentinnen der Begabtenförderungswerke sowie ein breites **Kursangebot**, dessen genaue Ausgestaltung variiert. Es kann z. B. Summer Schools und Akademien, Kolloquien, Workshops im Bereich Schlüsselkompetenzen oder Sprachkurse enthalten. Die Stiftungen sind zudem bemüht, die Alumni in ihr Netzwerk einzubinden, damit diese den Stipendiaten und Stipendiatinnen als Ansprechpartner/innen zur Verfügung stehen.

Eine Reihe von Stiftungen, vor allem die Stiftung der Deutschen Wirtschaft, bieten **Kontakte zu Unternehmen** und spezielle **Kurse zur Vorbereitung auf das Berufsleben**. Über Mailinglisten oder über ein Mitgliedermagazin (z. B. Friedrich-Ebert-Stiftung und Hans-Böckler-Stiftung) werden die Stipendiaten und Stipendiatinnen über aktuelle Ausschreibungen informiert. Auch haben die meisten Begabtenförderungswerke eine Internetplattform oder ein Intranet eingerichtet, in dem sich die Stipendiaten und Stipendiatinnen austauschen können. Bei fast allen Stiftungen besteht zudem die Möglichkeit, sich in Arbeitsgruppen selbst zu organisieren. Als einzige Stiftung bietet das Cusanuswerk neben dem wissenschaftlichen auch ein geistliches Programm (Exerzitien, Besinnungstage). Die meisten Stiftungen (außer z. B. Studienstiftung des Deutschen Volkes) haben eine **obligatorische Teilnahme für einige der Veranstaltungen** festgelegt, und bei allen besteht eine **Berichtspflicht** über den Fortschritt der Arbeit.

Vier Stiftungen (Hans-Böckler-Stiftung, Heinrich-Böll-Stiftung, Evangelisches Studienwerk e.V. Villigst, Konrad-Adenauer-Stiftung) bieten neben den regulären Stipendien auch eine themenspezifische Förderung im Rahmen von Promotionskollegs, welche die Stiftungen zusammen mit Universitäten eingerichtet haben, um den wissenschaftlichen Nachwuchs gezielt zu unterstützen.

Die Länder sind ebenfalls im Bereich der Begabtenförderung tätig; die Stipendien werden im Rahmen der **Landesgraduiertenförderung** vergeben. Wie auch der Bund zahlen sie die Stipendien nicht an die Doktoranden und Doktorandinnen direkt – in diesem Fall werden die Gelder an die Universitäten transferiert, welche die Auswahl der Geförderten übernehmen. Für diese Stipendien können keine allgemeingültigen Aussagen bezüglich des Vergabemodus und der Höhe der Stipendienraten getroffen werden, da diese von Bundesland zu Bundesland und von Hochschule zu Hochschule variieren. Während die Landesgraduiertenförderung meist in Form von Individualförderung angelegt ist, sind einzelne Bundesländer dazu übergegangen, Einrichtungen einzuführen, die an den DFG-Graduiertenkollegs orientiert sind. Beispielsweise gibt es in Niedersachsen seit dem Wintersemester 2000/01 und in Nordrhein-Westfalen seit dem Wintersemester 2001/02 Graduate Schools, in denen die Promovierenden durch eine Kombination aus Stipendium und festem Lehr- und Forschungsplan gezielt gefördert werden. Ein Großteil der Stipendien wird an Doktoranden und Doktorandinnen aus dem Ausland vergeben (vgl. Berning/Falk 2005, S. 15; Würmann 2006a, S. 148–149; MIWFT o. J.; MWK o. J.).

Neben den genannten Förderwerken sind auch **kleinere Stiftungen**, die von Privatpersonen, Einrichtungen oder Firmen initiiert wurden, im Bereich der Nachwuchsförderung tätig. Diese finanzieren z. B. bestimmte Themenschwerpunkte sowie fach- oder auch personenspezifische Projekte. Da diese nicht den Richtlinien des BMBF unterliegen, variieren die Stipendienraten. Darüber hinaus gibt es Stipendien, die sich dezidiert der Förderung von Frauen widmen.

Tipp

Einen guten Überblick über die Vielzahl der Stipendien bieten der **Stiftungsindex** (www.stiftungsindex.de) des Bundesverbands Deutscher Stiftungen sowie die **Stipendiendatenbank ELFI** (s. Kap. II.6).

Zusammenfassend lassen sich für Stipendien die folgenden **Vor- und Nachteile** festhalten, welche bei der Frage, ob ein Stipendium in Betracht gezogen werden sollte, abzuwägen sind:

- **Stipendien sind ein Qualitätsmerkmal** – ist es einem Doktoranden/einer Doktorandin gelungen, von einer Stiftung oder in ein Kolleg aufgenommen zu werden, spricht das für seine/ihre hohe wissenschaftliche Qualifikation.
- Stipendien geben den Promovierenden einen großen **Freiraum,** um sich auf das Dissertationsprojekt zu konzentrieren und dieses zügig zu beenden. Der zeitliche Freiraum oder auch die fehlende Struktur der Arbeitszeit an der Promotion ist jedoch auch für einige eine Belastung. Die Begabtenförderungswerke und die Graduiertenkollegs bieten den Stipendiaten und Stipendiatinnen ein gutes Netzwerk und Weiterqualifizierungsmöglichkeiten; sie kompensieren dadurch, dass die Promovierenden nicht in dem Maße wie die wissenschaftlichen Mitarbeiter/innen in den universitären Alltag integriert sind.
- Die **Teilnahme an einem Graduiertenkolleg** bedeutet eine stärkere **strukturelle Integration,** denn damit sind häufig verpflichtende Präsenzzeiten und regelmäßige Veranstaltungen verbunden, während sich die Angebote der Stiftungen auf einzelne Workshops und Kurse verteilen.
- Die Stipendiaten und Stipendiatinnen sammeln in der Förderphase **keine Berufserfahrungen.** Dies kann jedoch teilweise dadurch kompensiert werden, dass sowohl die DFG als auch die Stiftungen die Möglichkeit einer Nebentätigkeit einräumen, die dann jedoch auf das spätere Berufsziel abgestimmt sein sollte.

Ein **ökonomisches Problem** stellt die Phase vor der Bewilligung eines Stipendiums dar – denn auch diese muss finanziert werden, da es keine Stipendien zur Beantragung von Stipendien gibt. Um mit der Bewerbung Erfolg zu haben, muss der Antrag in sich stimmig und von hoher Qualität sein; daher bedarf er einer gewissen Vorlaufzeit. Die Auswahlverfahren der Stiftungen sind zudem mehrstufig und meist an Fristen gebunden (im Gegensatz dazu finden die Ausschreibungen für Kollegs zu unbestimmten Zeiten statt). Diese Vorlaufphase kann bzw. muss über Jobben, Darlehen oder Unterstützung durch die Familie überbrückt werden.

Abschlussfinanzierung

Tritt der Fall ein, dass eine befristete Beschäftigung oder ein Stipendium ausläuft, bevor die Dissertation fertig gestellt werden konnte, stellt sich die Frage der Abschlussfinanzierung. Es gibt zwar so genannte Abschlussstipendien, allerdings steht für diesen Zweck nur eine begrenzte Zahl zur Verfügung. Die genannten Begabtenförderungswerke finanzieren diese Phase meist nicht; hierfür sind kleinere Stiftungen und spezielle Förderprogramme für Frauen zu nennen, die gezielt die Abschlussphase der Promotion unterstützen (vgl. Koepernik 2006, S. 165). Inwiefern sich das Arbeitslosengeld als eine Form der Abschlussfinanzierung eignet, wird in dem nachfolgenden Abschnitt dargelegt. Das Aufbrauchen von Erspartem, das Ausüben von Minijobs oder die Unterstützung durch Familie oder Partner/in ist ebenfalls als eine Möglichkeit zu nennen. Auch können Darlehen aufgenommen werden, um diese Phase zu überbrücken. Diese Finanzierungsformen stellen sicherlich keine optimale Lösung dar und können den Leistungsdruck auf die Promovierenden zusätzlich erhöhen sowie zu Selbstzweifeln führen.

Steuern und soziale Absicherung

Die Stellen des akademischen Mittelbaus sowie alle anderen Beschäftigungen, bei denen mehr als 400 € im Monat verdient werden, sind **steuerpflichtig**; es gelten die regulären Steuersätze und Grundfreibeträge. Steuervergünstigungen, wie Kinderfreibeträge, und die Option, die Promotion als Werbungskosten abzusetzen, können Doktoranden und Doktorandinnen daher nutzen.

Tipp

Eine detaillierte Auseinandersetzung mit Steuerfragen während der Promotion bieten Stock et al. (2006, S. 66–70).

Im Gegensatz dazu sind die **Stipendien**, die aus öffentlichen Mitteln finanziert und durch die DFG oder die Begabtenförderungswerke der Stiftungen ausgeschüttet werden, **steuerfrei** (vgl. Würmann 2006b, S. 172–174). Es entsteht dadurch der Eindruck, dass die Stipendienrate monatlich komplett und ohne Abzüge zur Verfügung steht. Da Stipendiaten und Stipendiatinnen, wie nachfolgend dargelegt wird, nur begrenzt in das gesetzliche Sozialversicherungssystem integriert sind, müssen sie sich jedoch selbst versichern. Die Stipendienrate schmälert sich dadurch um die Leistungen, die an die einzelnen Versicherungen abgeführt werden müssen.

Unterschiede bestehen demnach abhängig von der Finanzierungsart der Promotionsphase auch in Bezug auf die **soziale Absicherung**, die durch das Sozialgesetzbuch (SGB) geregelt wird. Das gesetzliche Sozialversicherungssystem ist in fünf Bereiche untergliedert:

- Krankenversicherung
- Arbeitslosenversicherung
- Pflegeversicherung
- Rentenversicherung
- Gesetzliche Unfallversicherung

Tipp

Ausführliche Informationen zu allen genannten Bereichen der Sozialversicherung sind in Würmann (2006c) zu finden.

Arbeitnehmer/innen sind in der **gesetzlichen Krankenversicherung** grundsätzlich **versicherungspflichtig**, solange ihr Bruttoeinkommen einen bestimmten

Betrag nicht überschreitet. Die Versicherten können selbst bestimmen, bei welcher Krankenkasse sie einen Vertrag abschließen möchten. Dabei können sie zwischen Allgemeinen Ortskrankenkassen, Ersatz- sowie Betriebs- und Innungskrankenkassen wählen. Die **Beiträge der Krankenversicherung** setzen sich aus einem Arbeitgeber- und einem Arbeitnehmeranteil zusammen, wobei diese prozentual zum jeweiligen Bruttoeinkommen (jedoch nur bis zur Beitragsbemessungsgrenze, die 2007 bei 42.750 € jährlich und monatlich 3.562,50 € liegt) erhoben werden. Die Höhe dieser prozentualen Beiträge ist nicht bei allen Versicherungsträgern gleich; daher lohnt sich ein Überprüfen der verschiedenen Konditionen. Überschreitet das Bruttoeinkommen eine bestimmte Höhe (welche 2007 für das Jahr 47.700 € bzw. monatlich 3.975 € beträgt), haben Arbeitnehmer/innen die Möglichkeit, sich privat zu versichern. Im Gegensatz zur gesetzlichen Krankenversicherung wird die Höhe der Versicherungsbeiträge bei privaten Anbietern einkommensunabhängig festgelegt und richtet sich nach Geschlecht, Vorerkrankung, Einstiegsalter und tariflichen Leistungen. Da die Einkommen der meisten Promovierenden unterhalb der genannten Bemessungsgrenzen liegen, sind die wenigsten privat versichert.

Im Gegensatz zu den Promovierenden, die in einem Angestelltenverhältnis stehen, sind Stipendiaten/Stipendiatinnen und selbstständig tätige Doktoranden/Doktorandinnen **versicherungsfrei**. Dies gilt auch dann, wenn sie im Rahmen des Promotionsstudiums immatrikuliert sind, da sie nicht unter die studentische Versicherungspflicht fallen. Sie können daher wählen, ob sie sich freiwillig gesetzlich oder privat versichern. Bei diesen Personengruppen entfällt der Arbeitgeberanteil, d.h. die Betreffenden tragen die Kosten für die Krankenversicherung selbst (vgl. Würmann 2006c, S. 181 ff.; Deutsche Sozialversicherung o.J.).

Die **Arbeitslosenversicherung** ist ebenfalls eine **Pflichtversicherung** und schließt alle Angestellten ein, deren Einkommen die geringfügige Beschäftigungsgrenze von 400 € überschreitet. Auch diese Versicherung wird zu gleichen Anteilen von Arbeitgeber/in und Arbeitnehmer/in getragen; die Leistungen werden durch die Bundesagentur für Arbeit geregelt und regional durch die Agenturen für Arbeit an die Bezugsberechtigten weitergegeben.

Seit dem 1. Januar 2006 besteht für Selbstständige sowie Personen, die Angehörige pflegen oder eine Beschäftigung außerhalb der Europäischen Union bzw. deren assoziierten Staaten ausüben, die Möglichkeit, sich **freiwillig weiterzuversichern**, wenn sie die Voraussetzungen der Vorversicherungszeit erfüllen (vgl. Deutsche Sozialversicherung o.J.). Das bedeutet, dass insgesamt 12 Monate Vorversicherungszeit innerhalb der letzten 24 Monate nachgewiesen werden müssen. Diese wird durch Beitragszahlungen bei abhängiger Beschäftigung oder durch das Arbeitslosengeld I abgedeckt, wobei die damit verbundene Versicherungspflicht bzw. der Leistungsbezug der Aufnahme der selbstständigen Tätigkeit unmittelbar vorausgegangen sein muss. Stipendiaten und Stipendiatinnen sind von dieser Regelung ausgeschlossen und haben keine Möglichkeit, in die Arbeitslosenversicherung einzuzahlen und daraus wiederum einen Anspruch geltend zu machen.

Die **Leistungen der Arbeitslosenversicherung** umfassen Maßnahmen, welche die Integration von arbeitslosen Menschen in Arbeits- und Ausbildungsverhältnisse unterstützen und deren Lebensunterhalt sichern. Promovierende, deren Beschäftigungsverhältnis ausgelaufen ist, haben Anspruch auf **Arbeitslosengeld I**, wenn sie vor der Antragstellung zwei Jahre lang in einem Beschäftigungsverhältnis standen. Zur Finanzierung der Anfangsphase können (nur) diejenigen Doktoranden und Doktorandinnen diese Gelder (bis eine Stelle gefunden oder ein Stipendium bewilligt wird) beantragen, die vorab berufstätig waren. Schließt sich die Promotion direkt an das Studium an, steht diese Möglichkeit nicht zur Verfügung. Promovierende, die ein Stipendium erhalten haben, sind dadurch nicht berechtigt, Arbeitslosengeld I zu empfangen. Dieser Anspruch kann nur geltend gemacht werden, wenn sich die betreffende Person arbeitsuchend meldet und somit für ein als zumutbar definiertes Arbeitsverhältnis zur Verfügung steht (vgl. BMAS o.J.). Das bedeutet, dass in dieser Phase nachzuweisen ist, dass sich der/die Empfänger/in um Arbeit bemüht; auch ist damit zu rechnen, dass ein ›zumutbares‹ Arbeitsverhältnis oder eine Weiterbildungsmaßnahme angenommen werden muss. Ob angesichts dieser Bedingungen das Arbeitslosengeld I für die Überbrückung der Abschlussphase der Dissertation in Frage kommt, muss jede/r für sich entscheiden.

Arbeitslose, bei denen die Bezugsdauer des Arbeitslosengeldes I endet, aber auch Promovierende, deren Stipendium ausgelaufen ist, haben Anspruch auf das **Arbeitslosengeld II**. Dies ist eine Grundsicherung für Arbeitssuchende, die erwerbsfähig, aber hilfebedürftig sind. Bevor das Arbeitslosengeld II bezogen werden kann, wird das eigene Vermögen sowie das der Personen, mit denen der/die Antragsteller/in in einer Bedarfsgemeinschaft lebt, berücksichtigt.

> **Arbeitslosengeld**
>
> Die Höhe des Arbeitslosengeldes (ALG) I beträgt 60% bei Personen ohne und 67% bei Personen mit Kind(ern). Die Bezugsdauer beträgt bei Arbeitnehmern und Arbeitnehmerinnen unter 55 Jahren 12 Monate.
> Zu den Leistungen des ALG II gehören ein monatlicher Regelsatz in Höhe von 345 €, Zahlungen für Miete, Heizung, gesetzliche Kranken- und Rentenversicherung sowie gegebenenfalls die Gewährung von Mehrbedarfen (beispielsweise bei Alleinerziehenden).

Die **Pflegeversicherung** bietet eine Absicherung gegen die finanziellen Folgen der Pflegebedürftigkeit, wobei gesetzlich definiert ist, wer als pflegebedürftig gilt. Die Pflegeversicherung ist keine Vollversicherung, sondern eine **soziale Grundsicherung** in Form von unterstützenden Hilfeleistungen. Träger der Pflegeversicherung sind die Pflegekassen, die bei den Krankenkassen angesiedelt sind. In welchem Umfang Leistungen gewährt werden, entscheidet der Grad der Hilfebedürftigkeit, der sich in drei Stufen untergliedert. Die Finanzierung der Pflegeversicherung entspricht der Organisation der Krankenversicherung, d.h. Arbeitgeber/in und Arbeitnehmer/in zahlen zu gleichen Anteilen die Beiträge ein (d.h. nur Promovierende in einem Beschäftigungsverhältnis, nicht aber Stipendiaten und Stipendiatinnen, sind in das System der Pflegeversicherung eingebunden). Anders als bei der Krankenversicherung besteht für die Pflegeversicherung jedoch ein **fester Beitragssatz**; dieser gilt auch für die privat Krankenversicherten (vgl. Deutsche Sozialversicherung o.J.).

Die **Rentenversicherung** dient der **Altersvorsorge der abhängig Beschäftigten** und wird in Trägerschaft der Deutschen Rentenversicherung, in der sich im Oktober 2005 die Bundesversicherungsanstalt für Angestellte und mehr als 20 weitere Versicherungsanstalten zusammengeschlossen haben, organisiert. Für Beschäftigte und eine bestimmte Gruppe Selbstständiger besteht eine gesetzliche Versicherungspflicht. Beamte und geringfügig Beschäftigte sind versicherungsfrei. Im Rentensystem gilt der sogenannte **Generationenvertrag,** d.h. die aktuellen Beitragseinnahmen werden für die Auszahlung der laufenden Renten verwendet. Die Leistungen untergliedern sich in zwei Bereiche: Zum einen gehören dazu die Zahlung von Altersrenten und die Absicherung von Folgen verminderter Erwerbsfähigkeit sowie des Todes des Ehepartners/der Ehepartnerin. Zum anderen beinhaltet die Rentenversicherung die Aufgabe der Rehabilitation, d.h. die positive Beeinflussung der Erwerbsarbeit kranker und behinderter Menschen. Vor dem Hintergrund der demografischen Entwicklung und der Neuregelungen des Renteneintrittsalters kann **keine verlässliche Prognose** darüber gegeben werden, in welcher Höhe künftig mit Ansprüchen zu rechnen ist (vgl. Deutsche Sozialversicherung o.J.).

Festzuhalten bleibt, dass angestellte Doktoranden und Doktorandinnen auf Mitarbeiterstellen während der Promotionsphase in die Rentenversicherung einzahlen, während **Stipendiaten und Stipendiatinnen aus diesem System ausgeklammert** sind. Es besteht für diese jedoch die Möglichkeit, auf freiwilliger Basis der Rentenversicherung beizutreten. Dadurch können bereits geleistete Beiträge vor dem Verfall bewahrt und eine Mindestbeitragszeit erreicht werden (vgl. Würmann 2006c, S. 192). Diese freiwillige Versicherung lohnt sich aber nicht in jedem Fall und sollte individuell geprüft werden.

Zu den Aufgaben der **gesetzlichen Unfallversicherung** gehören die Prävention von Arbeitsunfällen und Berufskrankheiten, die Wiederherstellung der Gesundheit und Leistungsfähigkeit der Versicherten sowie die finanzielle Entschädigung der Betroffenen oder ihrer Hinterbliebenen. Die gesetzliche Unfallversicherung wird durch die gewerblichen und landwirtschaftlichen Berufsgenossenschaften sowie die Unfallversicherungsträger der öffentlichen Hand geregelt. Im Gegensatz zu den anderen vier Säulen des Sozialversicherungssystems ist die **Unfallversicherung für die Arbeitnehmer/innen** kostenfrei, da es sich hierbei um eine Pflichtversicherung für die Arbeitgeber/innen handelt. Zu den Versicherten gehören neben Beschäftigten, freiwillig versicherten Unternehmer/innen, Arbeitslosen und Sozialhilfeempfänger/innen bei Erfüllung ihrer Meldepflicht auch Studierende. Somit zählen Doktoranden und Doktorandinnen, die im Rahmen der Promotion immatrikuliert, aber nicht an einer Hochschule beschäftigt sind, ebenfalls zu dem Kreis der Unfallversicherten. Der Versicherungsschutz umfasst Tätigkeiten, die in räumlichem oder zeitlichem Zusammenhang mit der Hochschule stehen, wie z.B. Besuch von Veranstaltungen, der Bibliothek etc. (vgl. Deutsche Sozialversicherung o.J.; ebd., S. 193ff.).

Fazit: Welches ist eine geeignete Finanzierungsform?

Stelle oder Stipendium? Auch wenn sich diese Frage nach der Abwägung der genannten Vor- und Nachteile nur individuell beantworten lässt (und die meisten Promotionsinteressierten ohnehin nicht in den Genuss einer Wahl kommen), wurden für dieses Kapitel vier Professoren/Professorinnen aus unterschiedlichen Fachgebieten, ein Forschungsreferent einer Hochschule sowie zwei Referenten/Referentinnen von zwei Begabtenförderungswerken nach ihrer Meinung gefragt. Zudem wurden vier Stipendiaten/Stipendiatinnen um ihre Einschätzung gebeten.

(Die Befragung erhebt keinen Anspruch auf Repräsentativität. Die Professoren/ Professorinnen, der Forschungsreferent und die Stipendiaten/Stipendiatinnen wurden mittels Fragebogen um ihre Meinung gebeten, mit den Referenten/Referentinnen der Stiftungen wurden Telefoninterviews geführt.) Die folgende Bewertung beruht auf diesen Stellungnahmen.

Streben Promovierende eine **Karriere außerhalb der Wissenschaft** an, empfiehlt es sich, die Dissertationsphase bereits für das Sammeln von Berufserfahrungen und die Integration in Netzwerke zu nutzen. Wird die zeitliche und psychische Belastung, Beruf und Promotion zu verbinden, als zu groß empfunden, stellt die Finanzierung durch Stipendien eine gute Alternative dar. Dadurch besteht die Möglichkeit, die Promotion zügig abzuschließen, Kontakte zu anderen und ehemaligen Stipendiaten/Stipendiatinnen zu knüpfen und durch eine Nebentätigkeit – nach Möglichkeit im angestrebten Tätigkeitsfeld – berufliche Erfahrungen zu sammeln.

Ist das berufliche Ziel die **wissenschaftliche Karriere**, stellt sich ebenfalls die Frage, ob Stipendium oder Stelle (an der Hochschule) zu bevorzugen ist. Dies ist jedoch nicht pauschal, sondern nur individuell und unter Berücksichtigung der persönlichen Situation sowie der zeitlichen und finanziellen Ressourcen zu beantworten. Aus diesem Grund kommen die befragten Professoren/Professorinnen zu unterschiedlichen Einschätzungen und sprechen keine einhellige Empfehlung aus. Nicht die Finanzierungsform, sondern die **Einbindung in den wissenschaftlichen Kontext** sei bedeutend, denn aus diesem können (für die wissenschaftliche Karriere wichtige) Publikationen entstehen, und es kann die Aufnahme in akademische Netzwerke erfolgen – dies sei sowohl mit Stelle als auch mit Stipendium möglich. Zwei Befragte sehen hingegen aufgrund der besseren finanziellen Absicherung und der wissenschaftlichen Einbindung eine Mitarbeiterstelle als geeigneter für die Promotionsphase an. In einer dritten Perspektive wird aufgrund der zeitlichen Flexibilität für Stipendien plädiert. Möchte ein Doktorand/eine Doktorandin eine wissenschaftliche Karriere verfolgen, kann er/sie in der Postdoc-Phase die erforderlichen Erfahrungen in der akademischen Selbstverwaltung und der Lehre erwerben, die im Rahmen eines Promotionsstipendiums nicht vorgesehen sind.

Auch bezüglich der Frage, ob es eine Rolle spielt, von welcher Stiftung ein/e Doktorand/in gefördert wird, kommen die Befragten zu unterschiedlichen Urteilen. Während einige der Professoren/Professorinnen und Referenten/Referentinnen der Meinung sind, dass es unbedeutend ist, von welcher Stiftung das Stipendium bezogen wird, gehen andere davon aus, dass durchaus Unterschiede bestehen. Diese haben ihrer Ansicht nach etwas mit dem **Renommee der Stiftungen** zu tun. Die Befragten merken zudem an, dass die Förderung durch eine parteinahe Stiftung sich (unter Umständen negativ) auf die spätere berufliche Laufbahn auswirken kann, da sie auf die **politische Orientierung** der (ehemaligen) Stipendiaten/Stipendiatinnen verweist. Beispielsweise wird angeführt, dass beim Berufsziel Journalismus auf die Förderung durch eine parteinahe Stiftung verzichtet werden sollte. Die Wahl des Stipendiengebers sollte aus diesem Grund mit Bedacht und aus Überzeugung getroffen werden.

Dies bestätigen auch die befragten Stipendiaten/Stipendiatinnen. Von diesen wird angemerkt, dass es zur Belastung werden kann, wenn sich ein Stipendiat/ eine Stipendiatin nicht mit dem **ideellen Profil der Stiftung** identifiziert. Es drängt sich hierbei die Frage auf, warum sich ein potenzieller Stipendiat/eine potenzielle

Stipendiatin bei einer Einrichtung bewirbt, wenn die eigenen Vorstellungen von Politik oder Religion nicht mit denen der Stiftung übereinstimmen. Es ist zu vermuten, dass aufgrund zu weniger Stellen an Hochschulen, der persönlichen Situation der Promovierenden und des Drucks, den Lebensunterhalt zu sichern, die Wahl der Stiftungen nicht mit Bedacht oder auch aus Mangel an Alternativen getroffen wird – und dass dabei schnell das Profil der fördernden Einrichtung in den Hintergrund rückt.

Die Finanzierung der Promotion wirft häufig Probleme auf – weil entweder keine passende Stelle zur Verfügung steht, Beruf und Dissertationsprojekt nur schwierig zu vereinbaren sind oder es nicht gelingt, ein Stipendium zu erhalten. Für viele Doktoranden und Doktorandinnen stellt sich gar nicht erst die Frage, ob Stelle oder Stipendium anzustreben ist, d.h. die Beantwortung der Frage ›Stelle oder Stipendium?‹ ist häufig nicht mit einer eigenen Entscheidung verbunden, sondern wird durch Sachzwänge vorgegeben.

Literatur

Berning, Ewald/Falk, Susanne: *Promovieren an den Universitäten in Bayern. Praxis – Modelle – Perspektiven.* München 2006. http://www.ihf.bayern.de/dateien/monographien/ Monographie_72.pdf (29.5.2007)

BMAS – Bundesministerium für Arbeit und Soziales: »Arbeitslosengeld«. In: http:// www.bmas.bund.de/BMAS/Navigation/Arbeitsmarkt/arbeitslosengeld.html (8.1.2007)

BMBF – Bundesministerium für Bildung und Forschung: *Die Begabtenförderungswerke in der Bundesrepublik Deutschland. Arbeit und Ziele.* Bonn 2003.

BMBF – Bundesministerium für Bildung und Forschung: *Ausbildungsförderung – BaföG, Bildungskredit, Stipendien. Regelungen und Beispiele.* Bonn/Berlin 2005.

BMBF – Bundesministerium für Bildung und Forschung: »Stipendium Plus Begabtenförderung im Hochschulbereich«. In: http://www.stipendiumplus.de/index.php (21.06.2007)

BMBF – Bundesministerium für Bildung und Forschung: »Zusätzliche Nebenbestimmungen zur Förderung begabter Studentinnen und Studenten sowie begabter Nachwuchswissenschaftlerinnen und –wissenschaftler«. In: http://www.stipendiumplus.de/_media/ richtlinie_begabtenfoerderung.pdf (21.06.2007)

Bornmann, Lutz/Enders, Jürgen: »Was lange währt, wird endlich gut: Promotionsdauer an bundesdeutschen Universitäten«. In: Bayerisches Staatsinstitut für Hochschulforschung und Hochschulplanung (Hg.): *Beiträge zur Hochschulforschung* 24.1 (2002), S. 52–73. http:// userpage.fu-berlin.de/~jmoes/pide/Material/bornmann-enders-promotionsdauer- beitr_hochschulf_1_2002_s52.pdf (29.5.2007)

Bundesverband Deutscher Stiftungen: »Der Suchdienst – Die Recherche nach Stipendien im WWW«. In: http://www.stiftungsindex.de (20.01.2007)

DFG – Deutsche Forschungsgemeinschaft: »Ziele und Profil«. In: http://www.dfg.de/ forschungsfoerderung/koordinierte_programme/graduiertenkollegs/programm_info/ ziele_profil.html (10.1.2007)

DFG – Deutsche Forschungsgemeinschaft (o.J.b): »Internationale Graduiertenkollegs«. In: http://www.dfg.de/forschungsfoerderung/koordinierte_programme/ graduiertenkollegs/int_gk/index.html (10.1.2007)

DFG – Deutsche Forschungsgemeinschaft: »Entwicklung und Stand des Programms ›Graduiertenkollegs‹«. Erhebung 2004. In: http://www.dfg.de/forschungsfoerderung/ koordinierte_programme/graduiertenkollegs/download/erhebung2004.pdf (8.1.2007)

DFG/WR – Deutsche Forschungsgemeinschaft/Wissenschaftsrat: »Exzellenzinitiative des Bundes und der Länder zur Förderung von Wissenschaft und Forschung an deutschen

Hochschulen. Merkblatt Graduiertenschulen«. In: http://www.dfg.de/forschungsfoerderung/formulare/download/exin3.pdf (20.1.2007)

Deutsche Sozialversicherung: »Soziale Sicherheit in Deutschland«. In: http://www.deutsche-sozialversicherung.de/index.html (8.1.2007)

Koepernik, Claudia: »Abschlussfinanzierung«. In: Koepernik, Claudia/Moes, Johannes/Tiefel, Sandra (Hgg.): *GEW-Handbuch Promovieren mit Perspektive. Ein Ratgeber von und für DoktorandInnen.* Bielefeld 2006, S. 164–166.

MIWFT – Ministerium für Innovation, Wissenschaft, Forschung und Technologie des Landes Nordrhein-Westfalen: »Graduate Schools«. In: http://www.innovation.nrw.de/studiereninnrw/graduate_deutsch/index.html (8.1.2007)

Moes, Johannes/Tiefel, Sandra: »Promovieren mit Perspektive. Ein Handbuch von DoktorandInnen für DoktorandInnen – zum Anliegen des Handbuches«. In: Koepernik, Claudia/Moes, Johannes/Tiefel, Sandra (Hgg.): *GEW-Handbuch Promovieren mit Perspektive. Ein Ratgeber von und für DoktorandInnen.* Bielefeld 2006, S. 12–47.

MPG – Max Planck Gesellschaft: »Über die International Max Planck Research Schools«. In: http://www.mpg.de/instituteProjekteEinrichtungen/schoolauswahl/researchSchools/index.html (6.1.2007)

MWK – Niedersächsisches Ministerium für Wissenschaft und Kultur (o.J.): »Graduate Schools«. In: http://www.mwk.niedersachsen.de/master/C360851_N360253_L20_D0_I731.html (21.1.2007)

Stock, Steffen et al. (Hgg.): *Erfolgreich promovieren. Ein Ratgeber von Promovierten für Promovierende. Mit 33 Tabellen.* Berlin et al. 2006.

duz-SPECIAL: *Zur Situation Promovierender in Deutschland. Ergebnisse der bundesweiten THESIS-Doktorandenbefragung 2004.* Berlin 2004. http://www.duz.de/docs/downloads/duz-spec_promov.pdf (20.1.2007)

Wissenschaftsrat: *Empfehlungen zur Doktorandenausbildung.* Saarbrücken 2002. http://www.wissenschaftsrat.de/texte/5459–02.pdf (20.12.2006)

Wissenschaftsrat: *Empfehlung zur Doktorandenausbildung.* Saarbrücken 2002. http://www.wissenschaftsrat.de/texte/5459–02.pdf (29.5.2007)

Wissenschaftsrat: *Empfehlungen zur künftigen Rolle der Universitäten im Wissenschaftssystem.* Berlin 2006. http://www.wissenschaftsrat.de/texte/7067–06.pdf (20.1.2007)

Würmann, Carsten: »Finanzierung der Promotion«. In: Koepernik, Claudia/Moes, Johannes/Tiefel, Sandra (Hgg.): *GEW-Handbuch Promovieren mit Perspektive. Ein Ratgeber von und für DoktorandInnen.* Bielefeld 2006a, S. 125–155.

Würmann, Carsten: »Arbeitsrechtlicher Rahmen und Steuerrecht«. In: Koepernik, Claudia/Moes, Johannes/Tiefel, Sandra (Hgg.): *GEW-Handbuch Promovieren mit Perspektive. Ein Ratgeber von und für DoktorandInnen.* Bielefeld 2006b, S. 167–179.

Würmann, Carsten: »Promovieren und soziale Absicherung«. In: Koepernik, Claudia/Moes, Johannes/Tiefel, Sandra (Hgg.): *GEW-Handbuch Promovieren mit Perspektive. Ein Ratgeber von und für DoktorandInnen.* Bielefeld 2006c, S. 180–199.

Kathrin Ruhl

6. Institutionen und Programme im Bereich der Graduiertenförderung

Im Anschluss an die Übersicht über die unterschiedlichen Möglichkeiten zur Finanzierung einer Promotion (s. Kap. II.5) sollen im Folgenden die einzelnen Institutionen, die im Bereich der Forschungs- und Nachwuchsförderung tätig sind, sowie weitere Formen der Nachwuchsförderung vorgestellt werden. Im Mittelpunkt steht zunächst die **Deutsche Forschungsgemeinschaft** (DFG) als größter Drittmittelgeber für die Hochschulen, bevor im Anschluss auf die elf **Begabtenförderungswerke**, das Angebot des **Deutschen Akademischen Austauschdienstes** (DAAD) sowie die **Graduiertenförderung** der Bundesländer und Hochschulen eingegangen wird. Am Ende des Kapitels steht ein Überblick über spezielle Fördermaßnahmen des Bundes und der Länder für den weiblichen wissenschaftlichen Nachwuchs.

Deutsche Forschungsgemeinschaft (DFG)

Die durch Bund und Länder finanzierte Deutsche Forschungsgemeinschaft (DFG) ist die zentrale Förderorganisation für die Forschung an Hochschulen sowie den durch öffentliche Gelder getragenen Forschungsinstitutionen in Deutschland. Zu den zentralen Zielen der DFG gehört es, Nachwuchswissenschaftler/innen durch unterstützende Programme für die Qualifizierungsphase zu fördern und exzellente Nachwuchswissenschaftler/innen aus dem In- und Ausland für den Wissenschaftsstandort Deutschland zu gewinnen.

Um Doktorandinnen und Doktoranden in strukturierte Promotionsprogramme einzubinden und zugleich den interdisziplinären Austausch sowie die Vernetzung der Promovierenden und Hochschullehrer zu erhöhen, hat die DFG seit 1990 **Graduiertenkollegs** eingerichtet. Graduiertenkollegs sind befristete Forschungseinrichtungen der Hochschule (max. 9 Jahre Förderungslaufzeit), in deren Rahmen eine in der Regel interdisziplinär zusammengesetzte Gruppe von Wissenschaftlern und Wissenschaftlerinnen ein Forschungsfeld bearbeitet. Beteiligt sind 5 bis 10 sehr gut ausgewiesene und kooperierende Hochschullehrer/innen und 15 bis 20 Doktorandinnen und Doktoranden. Die Zusammenarbeit der (Nachwuchs-)Wissenschaftler/innen in den Graduiertenkollegs wird durch ein auf das Forschungsfeld bezogenes Studienprogramm strukturiert, das zugleich den intensiven Austausch der Mitglieder fördert. Die Graduiertenkollegs ermöglichen es den Doktorandinnen und Doktoranden, ihre Promotion in einem forschungsintensiven und von interdisziplinärem Austausch geprägten Umfeld zu absolvieren.

Die Aufnahme in ein Graduiertenkolleg ist meist verbunden mit einem **Stipendium** (in Ausnahmefällen auch einer Stelle), dessen monatliche Höhe 1000 € plus 103 € Sachkostenzuschuss beträgt. (In bestimmten Fällen sind höhere Stipendien möglich, und für verheiratete und/oder erziehende Stipendiatinnen und Stipendiaten werden zusätzlich Mittel zur Verfügung gestellt.) Die Zuverdienstgrenze liegt bei 3000 € pro Jahr. Die Regellaufzeit für Stipendien ist zwei Jahre, mit Option auf Verlängerung um ein weiteres Jahr. Sollte nach Annahme des Stipendiums ein Kind geboren werden, so kann ein Antrag auf eine Stipendiumsverlängerung um bis zu drei Monate gestellt werden. Die Stipendien werden von den jeweiligen Graduiertenkollegs vergeben, d.h. Bewerbungen um Stipendien sind direkt beim Kolleg einzureichen. **Voraussetzungen** für ein Doktorandenstipendium sind ein sehr gutes Examen sowie die Kompatibilität des Promotionsthemas mit dem Forschungsgebiet des Kollegs. Weitere Informationen zum jeweiligen Bewerbungsverfahren können beim Sprecher des Graduiertenkollegs erfragt werden. Eine Liste mit laufenden DFG-Graduiertenkollegs findet sich im Anhang (s. Kap. VII.2).

Von den Stipendiaten und Stipendiatinnen eines Graduiertenkollegs wird die **regelmäßige und aktive Teilnahme am Studienprogramm** sowie ein **zügiges Verfassen der Dissertation** auf exzellentem Niveau erwartet. Häufig besteht auch **Residenzpflicht**. Ein Umzug an den Forschungsstandort wird also – anders als bei Stipendien der Begabtenförderungswerke – erwartet. Herzstück des Studienprogramms sind die regelmäßig stattfindenden Doktorandenkolloquien, in denen die Stipendiatinnen und Stipendiaten den Stand der Arbeit am Dissertationsprojekt vorstellen und von den am Graduiertenkolleg beteiligten Promovierenden und Hochschullehrerinnen und Hochschullehrern Anregungen und Feedback zum Projekt erhalten. Die Zahl der Semesterwochenstunden des Studienprogramms variiert zwischen zwei und sechs. Um die Integration der Stipendiatinnen und Stipendiaten in die *scientific community* voranzutreiben und einen frühzeitigen Erwerb von beruflichen Qualifikationen insbesondere für eine universitäre Laufbahn zu unterstützen, fördern die Graduiertenkollegs **Vortrags- und Publikationstätigkeiten** der Doktorandinnen und Doktoranden sowie **Auslandsaufenthalte**. Während die Auslandsaufenthalte in nationalen Graduiertenkollegs optional sind, bilden Forschungsphasen im Ausland bei internationalen Kollegs einen festen Programmbestandteil für die Stipendiatinnen und Stipendiaten. Neben dem Studienprogramm und weiterer Qualifikationstätigkeiten bringen sich die Stipendiatinnen und Stipendiaten bei den organisatorischen und administrativen Aufgaben ein, die im Rahmen der Kollegs anfallen.

In jüngster Zeit ist mit der **Exzellenzinitiative** des Bundes und der Länder insbesondere durch die »Förderlinie Graduiertenschulen« ein neues Instrument für die Schaffung hervorragender Promotionsbedingungen für exzellente Doktorandinnen und Doktoranden hinzugekommen, das die internationale Wettbewerbsfähigkeit deutscher Universitäten stärken soll. Die Förderlaufzeit der bewilligten Anträge im Rahmen der Exzellenzinitiative beträgt zunächst fünf Jahre. Die Frage der Verstetigung der Exzellenzzentren ist zum jetzigen Zeitpunkt noch nicht geklärt, so dass noch nicht abzusehen ist, ob diese Art von Förderung zu einem festen Bestandteil der deutschen Hochschullandschaft wird (s. die Einleitung).

Begabtenförderungswerke

Zur pluralen Bildungs- und Wissenschaftsförderung in Deutschland tragen auch die elf Begabtenförderungswerke bei, die im öffentlichen Auftrag besonders befähigte Studierende und Promovierende materiell und ideell fördern. Diese Begabtenförderungswerke sind in einer Arbeitsgemeinschaft organisiert und erhalten Mittel vom Bundesministerium für Bildung und Forschung (BMBF). Zu den elf Begabtenförderungswerken zählen

- die **Studienstiftung des Deutschen Volkes**,
- zwei **konfessionelle Stiftungen** (das Cusanuswerk und das Evangelische Studienwerk Villigst),
- das arbeitgebernahe **Studienförderwerk Klaus Murrmann** der Stiftung der Deutschen Wirtschaft,
- die gewerkschaftsnahe **Hans-Böckler-Stiftung** sowie
- **Konrad-Adenauer-Stiftung** (CDU),
- **Heinrich-Böll-Stiftung** (Grüne/Bündnis 90),
- **Friedrich-Ebert-Stiftung** (SPD),
- **Rosa-Luxemburg-Stiftung** (Die Linkspartei/PDS),
- **Friedrich-Naumann-Stiftung** (FDP) und
- **Hanns-Seidel-Stiftung** (CSU).

Wie diese Aufzählung zeigt, repräsentieren die elf Begabtenförderungswerke ein breites politisches und weltanschauliches Spektrum.

Gemäß dem gemeinsamen Ziel, motivierte, wissenschaftlich sich qualifizierende und verantwortungsbereite junge Menschen zu fördern (vgl. BMBF 2003, S. 9), werden bei den Auswahlverfahren der Stiftungen für umfassende Individualförderung sowohl die fachliche Eignung als auch das gesellschaftliche Engagement der Bewerber/innen berücksichtigt. Mit Ausnahme der Studienstiftung des Deutschen Volkes ist bei allen Begabtenförderungswerken eine Selbstbewerbung möglich. Fachlich werden ein zügig absolviertes Studium sowie eine sehr gute (z.T. bis gute) **Abschlussnote** bei den Bewerbern und Bewerberinnen vorausgesetzt (Ausnahme: bei Juristen »vollbefriedigend«). Nach Auskunft der Hans-Böckler-Stiftung, Friedrich-Ebert-Stiftung, Konrad-Adenauer-Stiftung, Friedrich-Naumann-Stiftung und des Cusanuswerks führt eine Studienabschlussnote »befriedigend« zwar nicht automatisch zur Ablehnung, allerdings seien die Erfolgschancen der Bewerbung eher gering. Bewerber/innen mit einer im Vergleich zu anderen deutlich schlechteren Studienabschlussnote müssten diese nicht nur durch außergewöhnliches gesellschaftliches Engagement ausgleichen, sondern die Aussicht, dass die Promotion mit einem überdurchschnittlichen Abschluss absolviert wird, müsse gerade im Falle von schlechteren Abschlussnoten um so überzeugender dargelegt werden. Insgesamt ist letztlich der Gesamteindruck des Bewerbers/der Bewerberin entscheidend.

Während bei der Studienstiftung des Deutschen Volkes wirtschaftliche, soziale, weltanschauliche, politische und konfessionelle Aspekte bei der Auswahl und Förderung keine Rolle spielen, werden bei den politisch und konfessionell ausgerichteten Stiftungen die **politische Einstellung bzw. Religionszugehörigkeit** der Bewerber berücksichtigt. Eine entsprechende Parteizugehörigkeit des Bewerbers/der Bewerberin wird von den politischen Stiftungen zwar nicht erwartet, jedoch sollte aus der Bewerbung hervorgehen, dass man der politischen Ausrichtung der Stiftung nahe steht. Bei der wirtschaftsnahen Stiftung ist zudem unternehmerisches Engagement von Vorteil. Die gewerkschaftsnahe Hans-Böckler-Stiftung fördert bevorzugt Studierende mit Berufserfahrung und Absolventinnen und Absolventen von Einrichtungen des zweiten Bildungsweges. Die Bewerbung bei den Begabtenförderungswerken ist in der Regel nur in der **Anfangsphase** der Promotion möglich – eine reine Abschlussförderung der Promotion ist unüblich (zur Abschlussfinanzierung der Promotion s. Kap. II.5 sowie Koepernik 2006).

Da die Begabtenförderungswerke keinem **Fächerschlüssel** folgen, d.h. keine Quoten für einzelne Fächer bei der Vergabe von Stipendien anlegen, ist meist eine große Bandbreite von Fächern und Studienorten innerhalb des Fördersegments vertreten. **Parallelbewerbungen** bei verschiedenen Begabtenförderungswerken müssen von den Bewerbern angegeben werden. Parallelbewerbungen gereichen den Bewerberinnen und Bewerbern beim Begabtenförderungswerk nicht zum Nachteil, sofern die andere Stiftung, bei der man sich bewirbt, ein kompatibles Profil aufweist (z.B. eine ähnliche politische Ausrichtung). Die Begabtenförderungswerke behalten sich zumeist vor, mit anderen Stiftungen im Rahmen des Datenschutzes einen Datenabgleich der bei ihnen eingehenden Bewerbungen vorzunehmen und gegebenenfalls in Absprache mit anderen Stiftungen Parallelbewerbungen zu akzeptieren oder auch abzulehnen.

Der deutliche Anstieg (Verdopplung, z.T. Tendenz hin zur Verdreifachung) der **Bewerberzahlen** bei den Begabtenförderungswerken in den letzten Jahren resultiert daraus, dass inzwischen drei Parallelbewerbungen von Promovierenden eher die Regel als die Ausnahme bilden (z.B. gleichzeitige Bewerbung bei der Hans-Böckler-Stiftung, bei der Friedrich-Ebert-Stiftung und einer konfessionellen Stiftung). Ein wesentlicher Grund für diesen rapiden Anstieg von Parallelbewerbungen liegt in der fortschreitenden **Neuausrichtung der Landesgraduiertenförderung**: Da die Individualförderung im Bereich der Landesgraduiertenförderung zunehmend zugunsten der Förderung von Promotionen im Rahmen strukturierter Programme (z.B. Promotionskollegs) abgebaut wird, und diese Programme wiederum i.d.R. mit fachlich-thematischen Vorgaben für das Dissertationsthema verbunden sind, steigt die Attraktivität der Begabtenförderungswerke weiter an. Angesichts der starken Zunahme an Bewerbungen haben einige Begabtenförderungswerke bereits ihre Auswahlverfahren modifiziert. So finden beim Cusanuswerk 2007 erstmals zwei Bewerbungsrunden in der Promotionsförderung statt: Beim ersten Auswahlverfahren (April 2007) sind nur Bewerber/innen zugelassen, die bereits in der Grundförderung des Cusanuswerks waren; das zweite Auswahlverfahren (Oktober 2007) steht auch externen Bewerberinnen und Bewerbern offen.

Stipendien: Höhe der finanziellen Zuwendung

Die durch Vorgaben des BMBF geregelte materielle Grundförderung aller Stiftungen für Graduierte beträgt monatlich maximal 920 € (Stand: April 2007). Hinzu kommt bei den meisten Stiftungen eine monatliche Forschungskostenpauschale von 100 € sowie unter bestimmten Bedingungen ein Familienzuschlag von 155 € monatlich und Kinderbetreuungszuschlag (meist nach Anzahl der Kinder gestaffelt: 155 € bei einem Kind, 205 € bei zwei Kinder, 255 € bei drei oder mehr Kindern).
Bei allen elf Begabtenförderungswerken gilt, dass die Stipendiatinnen und Stipendiaten nicht mehr als 20 Stunden monatlich einer Nebenerwerbstätigkeit nachgehen dürfen. Bei einer Anstellung in Forschung und Lehre beträgt die zulässige Höchstarbeitsdauer für Stipendiatinnen und Stipendiaten 40 Stunden im Monat.

Die Förderdauer beträgt i.d.R. zwei Jahre, allerdings kann beim Begabtenförderungswerk eine Verlängerung um zweimal sechs Monate beantragt werden. Manche Stiftungen gewähren auch eine Verlängerung der **Förderzeit** über drei Jahre hinaus, wenn entsprechende Fortschritte an der Dissertation nachgewiesen werden und die längere Promotionszeit überzeugend begründet werden kann. Zudem kann im Falle von Nachwuchs bis zu ein Jahr Elternzeit beantragt werden. Des Weiteren fördern die Stiftungen auch Forschungsaufenthalte ihrer Stipendiatinnen und Stipendiaten im Ausland. Die maximale Förderdauer für **Auslandsaufenthalte** variiert bei den Begabtenförderungswerken (zumeist zwischen 6 und 12 Monaten). Bei den meisten Stiftungen können sich auch **ausländische Graduierte** um Förderung bewerben, wenn sie an einer staatlichen oder staatlich anerkannten Hochschule in Deutschland promovieren.

Die **ideelle Förderung** durch die Begabtenförderungswerke umfasst ein promotionsbegleitendes Weiterbildungsprogramm in Form von Seminaren, Workshops, Ferienakademien oder Arbeitsgruppen. Die **Inhalte des Weiterbildungsprogramms** werden meist von den Stipendiaten aktiv mitgestaltet und orientieren sich an der Ausrichtung der jeweiligen Stiftung. So zielt etwa die ideelle Förderung der Friedrich-Ebert-Stiftung (Seminarprogramm »Gesellschaftspolitische Kompetenz«) darauf ab, politisches und gesellschaftliches Engagement anzuregen und zu verstärken, gesellschaftspolitische Kenntnisse zu vertiefen und eine Brücke von der Wissenschaft zur Praxis zu schlagen. Die Strukturen sollen insbesondere zu einer Vernetzung der Stipendiatinnen und Stipendiaten untereinander beitragen. Von den Stipendiatinnen und Stipendiaten wird eine aktive Teilnahme an der ideellen Förderung der Stiftung erwartet.

Vertrauensdozenten

Als Ansprechpartner für potenzielle Bewerber/innen um ein Stipendium fungieren an den Hochschulen Professoren, die der jeweiligen Stiftung nahe stehen. Diese so genannten Vertrauensdozenten erstellen im Auftrag der Stiftungen auch Gutachten über Bewerbungen und sind daher mit den Anforderungen und Abläufen bestens vertraut. In den Vorlesungsverzeichnissen der Universitäten ist vermerkt, wer für welche Stiftung als Vertrauensdozent/in tätig ist.

In ihrem Bemühen, begabte und gesellschaftlich engagierte Promovierende zu fördern, arbeiten die Begabtenförderungswerke eng mit einem Netzwerk von Institutionen zusammen (vgl. BMBF 2003, S. 10). Dieses **Netzwerk**, in das die Arbeitsgemeinschaft der Begabtenförderungswerke eingebunden ist, umfasst neben Universitäten und Fachhochschulen auch das Deutsche Studentenwerk, die DFG, den Deutschen Akademischen Austauschdienst (DAAD), die Erasmus-Partnerschaften, die Fulbright Kommission sowie weitere Träger vielfältiger Auslandsprogramme. Enge Kontakte bestehen zudem zu Graduiertenschulen und -zentren, Max-Planck-Instituten, Graduiertenkollegs und DFG-Sonderforschungsbereichen. Ebenso berücksichtigt werden die Überlegungen des Wissenschaftsrats und der Hochschulrektorenkonferenz zur Qualität und Reform von Studien- und Promotionswegen sowie Stellungnahmen der Wirtschaft und des Stifterverbandes für die Deutsche Wissenschaft über die Berufsqualifikationen von Akademikern. So ist die Arbeit der Begabtenförderungswerke nicht isoliert zu betrachten, sondern im Kontext vielfältiger inter-institutioneller Diskussions- und Abstimmungsprozesse.

Die nachfolgende tabellarische Übersicht (Stand: April 2007) bietet weitere Informationen zu den einzelnen Stiftungen und deren jeweiligen Bewerbungsvoraussetzungen für Promovierende in den Geistes-, Sozial- und Kulturwissenschaften (Kontaktdaten sowie Webadressen finden sich im Adressteil des Anhangs, s. Kap. VII.3):

Studienstiftung des Deutschen Volkes

Die Studienstiftung, die 1925 als erstes der Begabtenförderungswerke gegründet wurde, unterstützt rund 7000 Studierende und Promovierende und ist damit das größte Begabtenförderungswerk in Deutschland. Jährlich werden ungefähr 2000 Stipendiatinnen und Stipendiaten neu in die Förderung aufgenommen. Etwa 15% davon sind Doktorandinnen und Doktoranden – die Aufnahmequote liegt bei etwa einem Drittel.

Bewerbungsvoraussetzungen:
- Wirtschaftliche, soziale, weltanschauliche, politische und konfessionelle Aspekte spielen keine Rolle.
- Selbstbewerbung ist für ein Promotionsstipendium nicht möglich; man muss vorgeschlagen werden. Das Recht zum Vorschlag haben die wissenschaftlichen Betreuer/innen von Doktorarbeiten.
- Zulassung zur Promotion an einer staatlichen oder staatlich anerkannten Hochschule in Deutschland
- Bewerbungen von ausländischen Graduierten sind möglich.
- Bewerber/innen sollten nicht älter als 30 Jahre alt sein; ein Vorschlag ist nur bis zu einem Jahr nach dem Studienabschluss möglich. In Ausnahmefällen (z. B. bei Kindererziehung) sind 35 Jahre zulässig.

Das Cusanuswerk – Bischöfliche Studienförderung

Das 1956 gegründete Cusanuswerk ist das Begabtenförderungswerk der katholischen Kirche. Zurzeit werden jährlich ca. 800 Stipendiatinnen und Stipendiaten gefördert, darunter etwa 200 Promovierende. Die Aufnahmequote variiert – angestrebt ist eine Quote von 30%.

Bewerbungsvoraussetzungen:
- katholische Konfession
- Immatrikulation an einer deutschen, staatlich anerkannten Hochschule sowie formelle Zulassung zur Promotion
- Staatsangehörigkeit eines Mitgliedslandes der EU oder »Bildungsinländer« (vgl. BAföG § 8); Bewerbungen von ausländischen Graduierten im Einzelfall ggf. mit Abstimmung des Katholischen Akademischen Ausländerdienstes (KAAD), der bestimmte Sonderprogramme bietet
- jünger als 30 Jahre im Jahr der Bewerbung

Das Evangelische Studienwerk e.V. Villigst

Das 1948 gegründete Evangelische Studienwerk ist das Begabtenförderungswerk der Evangelischen Kirche in Deutschland. Es werden jährlich ca. 800 Stipendiatinnen und Stipendiaten gefördert, darunter 200 Promovierende. Die Aufnahmequote liegt bei etwa 10%.

Bewerbungsvoraussetzungen:

- Zugehörigkeit zu einer evangelischen Kirche (in begründeten Fällen Ausnahmen)
- Für deutsche Bewerber/innen reicht es aus, die Voraussetzungen für eine Promotion zu erfüllen. Ausländische Bewerber/innen müssen an einer deutschen Hochschule zur Promotion zugelassen sein.
- keine Altersbegrenzung

Studienförderwerk Klaus Murrmann der Stiftung der Deutschen Wirtschaft

Die Stiftung der Deutschen Wirtschaft wurde 1994 gegründet und ist, wie der Name bereits impliziert, ein durch die Wirtschaft geprägtes Begabtenförderwerk. 2006 wurden 1040 Stipendiatinnen und Stipendiaten gefördert, davon 162 Promovierende. Abhängig von den zur Verfügung stehenden Mitteln variiert die Aufnahmequote sehr stark.

Bewerbungsvoraussetzungen:

- Zulassung zur Promotion an einer staatlichen oder staatlich anerkannten Hochschule in Deutschland
- Bewerbungen von ausländischen Graduierten sind möglich.
- Bewerber/innen müssen zum Zeitpunkt der Bewerbung unter 30 Jahre alt sein; diese Altersgrenze erhöht sich jedoch um Zeiträume, in denen freiwillige ökologische oder soziale Jahre, Wehr- oder Ersatzdienst, anerkannte Elternzeiten oder eine Lehre bzw. Ausbildung geleistet wurden.

Hans-Böckler-Stiftung

Die 1977 gegründete Hans-Böckler-Stiftung ist das Begabtenförderungswerk des Deutschen Gewerkschaftsbundes. Die Stiftung fördert 1600 Stipendiatinnen und Stipendiaten, darunter im Jahr 2004/05 27,2% Promovierende.

Bewerbungsvoraussetzungen:

- Zulassung zur Promotion an einer staatlichen oder staatlich anerkannten Hochschule in Deutschland
- Bewerbungen von ausländischen Graduierten sind möglich.
- Bewerber/innen müssen zum Zeitpunkt der Bewerbung unter 40 Jahre alt sein, nur in besonderen Einzelfällen sind Ausnahmen möglich.

Konrad-Adenauer-Stiftung

Die CDU-nahe Stiftung, die aus der 1955 gegründeten »Gesellschaft für christlich-demokratische Bildungsarbeit« hervorging und seit 1964 den Namen Konrad-Adenauer-Stiftung trägt, förderte im Jahr 2006 1890 Stipendiatinnen und Stipendiaten, darunter 297 Promovierende. Die Aufnahmequote variiert zwischen 10 % und 25 %.

Bewerbungsvoraussetzungen:
- Deutsche Staatsangehörigkeit oder »Bildungsinländer« (vgl. BAföG § 8); Nicht-EU-Ausländer/innen können in einem gesonderten Förderprogramm promovieren.
- Für die Bewerbung reicht es aus, die Voraussetzungen für die Promotion zu erfüllen. Die Bewerber/innen müssen nicht als Doktorand/in an der Universität eingeschrieben sein, jedoch wird vorausgesetzt, dass die Bewerber/innen bereits einen Betreuer/eine Betreuerin für ihre Promotion gefunden haben.
- Bewerber/innen müssen zum Zeitpunkt der Bewerbung unter 32 Jahre alt sein. Ausnahmen werden nur in explizit begründeten Einzelfällen gemacht.

Heinrich-Böll-Stiftung

Das 1997 aus dem Stiftungsverband Regenbogen hervorgegangene Begabtenförderungswerk steht der Partei Bündnis 90/Die Grünen nahe. Die Stiftung fördert jährlich etwa 80 bis 100 Stipendiatinnen und Stipendiaten; momentan unterstützt die Stiftung etwa 130 Promovierende (Stand: April 2007). Jährlich gehen etwa 300 Promotionsbewerbungen ein.

Bewerbungsvoraussetzungen:
- Bewerber/innen müssen an einer staatlichen oder staatlich anerkannten Hochschule in Deutschland die Voraussetzungen für die Zulassung zur Promotion erworben haben bzw. als Inhaber/innen eines ausländischen Hochschulabschlusses von einer Hochschule in Deutschland zur Promotion zugelassen worden sein.
- Bewerbungen von ausländischen Graduierten sind möglich (diese müssen u. a. einen Deutschkurs vorweisen).
- keine Altersbeschränkung
- Die Stiftung legt besonderen Wert darauf, v. a. sozial und gesellschaftlich Benachteiligte wie Alleinerziehende, Behinderte etc. zu unterstützen.

Friedrich-Ebert-Stiftung

Die SPD-nahe Friedrich-Ebert-Stiftung (FES) wurde 1925 als politisches Vermächtnis des ersten demokratisch gewählten deutschen Reichspräsidenten, Friedrich Ebert, gegründet. Zurzeit werden 1385 Stipendiatinnen und Stipendiaten gefördert, davon 355 Promovierende (Stand: April 2007). Jährlich werden etwa 400 bis 450 Stipendiatinnen und Stipendiaten neu in die Förderung aufgenommen.

Friedrich-Ebert-Stiftung (Forts.)

Bewerbungsvoraussetzungen:
- Zulassung zur Promotion an einer staatlichen oder staatlich anerkannten Hochschule in Deutschland
- Bewerbungen von ausländischen Graduierten sind möglich. Bevorzugt behandelt werden Bewerbungen aus den Ländern Afrikas, Asiens, Lateinamerikas und aus Osteuropa.
- Bewerber/innen aus einkommensschwachen Schichten werden in besonderem Maße berücksichtigt.

Rosa-Luxemburg-Stiftung

Die Rosa-Luxemburg-Stiftung ist 1990 hervorgegangen aus dem in Berlin gegründeten Verein »Gesellschaftsanalyse und politische Bildung e.V.«. Sie wurde 1992 von der Partei des Demokratischen Sozialismus (PDS) – heute Die Linkspartei.PDS – als parteinahe, bundesweit tätige Stiftung anerkannt. Sie fördert knapp 400 Stipendiatinnen und Stipendiaten, etwa 120 werden jährlich neu aufgenommen, darunter etwa 25 Doktoranden und Doktorandinnen. Ein besonderes Augenmerk wird auf Frauenförderung gelegt.

Bewerbungsvoraussetzungen:
- Zulassung zur Promotion an einer staatlichen oder staatlich anerkannten Hochschule in Deutschland
- Bewerbungen von ausländischen Graduierten sind möglich.
- Bewerber/innen sollten nicht älter als 30 Jahre sein. In sehr wenigen Ausnahmefällen kann von der Altersgrenze abgesehen werden.
- Sozial und finanziell besonders Bedürftige werden bevorzugt gefördert.

Friedrich-Naumann-Stiftung

Die FDP-nahe Friedrich-Naumann-Stiftung wurde 1958 gegründet. Sie fördert derzeit in der Studienförderung 446 Studierende und 178 Doktorandinnen und Doktoranden in der Graduiertenförderung (Stand: 2. April 2007). Die Aufnahmequote hängt individuell von den bewilligten Mitteln ab und variiert von Jahr zu Jahr.

Bewerbungsvoraussetzungen:
- Zulassung zur Promotion an einer staatlichen oder staatlich anerkannten Hochschule in Deutschland
- Bewerbungen von ausländischen Graduierten sind möglich.
- keine Altersbeschränkung (allerdings werden in der Praxis eher Jüngere angenommen)

> **Hanns-Seidel-Stiftung**
>
> Die CSU-nahe Hanns-Seidel-Stiftung wurde 1967 gegründet. Sie fördert etwa 500 Stipendiatinnen und Stipendiaten im In- und Ausland. 2006 wurden 375 Studierende und 175 Promovierende gefördert. Die Anzahl der jährlichen Bewerbungen liegt bei ca. 400 bis 450. Die Aufnahmequote variiert von Jahr zu Jahr.
>
> **Bewerbungsvoraussetzung:**
> - Deutsche Staatsangehörigkeit oder »Bildungsinländer« (vgl. BAföG § 8)
> - Zulassung zur Promotion an einer staatlichen oder staatlich anerkannten Hochschule in Deutschland (die Stiftung erwartet, dass ihre Bewerber/innen beim Zeitpunkt ihrer Bewerbung bereits mindestens 6 Monate an ihrer Promotion gearbeitet haben).
> - Die Bewerber/innen sollten nicht älter als 32 Jahre alt sein. Wehr- oder Ersatzdienst, Kinderbetreuung etc. werden angerechnet.

Deutscher Akademischer Austauschdienst

Neben den Begabtenförderungswerken ist auch der Deutsche Akademische Austauschdienst (DAAD) im Bereich der Graduiertenförderung engagiert. Der DAAD bietet **Stipendien** sowohl für **deutsche Promovierende**, die ins Ausland wollen, als auch für **ausländische Doktorandinnen und Doktoranden**, die an einer deutschen Hochschule promovieren. Die Förderungslaufzeit für deutsche Promovierende variiert von einigen Wochen (Kurzstipendien: max. sechs Monate) bis zu einem Jahr (Jahresstipendien). In begründeten Ausnahmefällen sind auch längere Förderungszeiten für Deutsche im Ausland möglich. Bei der Stipendiumshöhe sind Lebenshaltungs-, Reise- und Versicherungskosten sowie gegebenenfalls Studiengebühren mit einbezogen.

> **DAAD-Auslandsförderung:**
> **Bewerbungsvoraussetzungen für deutsche Promovierende**
>
> - formelle Annahme als Doktorand/in und Zusage des die Dissertation betreuenden Hochschullehrers/der betreuenden Hochschullehrerin
> - Zum Zeitpunkt der Bewerbung darf die Aufnahme des Promotionsstudiums i.d.R. nicht länger als drei Jahre zurückliegen und die Antragsteller sollten i.d.R. nicht älter als 28 Jahre sein (Wehrpflicht, Zivildienst, Berufsausbildung und -tätigkeit vor Studienbeginn sowie Kindererziehung werden angerechnet).
> - Promotionsstipendiatinnen und -stipendiaten der Begabtenförderungswerke sind nicht bewerbungsberechtigt, da die Begabtenförderungswerke Auslandsaufenthalte ihrer Stipendiatinnen und Stipendiaten in einer vergleichbaren Höhe zum DAAD-Stipendium fördern können.
> - Stipendiatinnen und Stipendiaten der DFG-Graduiertenkollegs können sich nur um Kurzstipendien bewerben (sie erhalten ein DAAD-Aufstockungsstipendium in Höhe des Auslandszuschlags der DAAD-Graduiertenrate); eine DAAD-Förderung von Auslandsaufenthalten von mehr als sechs Monaten ist nur möglich, wenn das DFG-Stipendium während dieser Zeit ruht.

Ausführliche Informationen zu den Graduiertenstipendien des DAAD (inklusive Höhe der länderspezifischen Stipendienraten, Bewerbungsfristen und -verfahren) bieten die jährlich herausgegebene DAAD-Informationsbroschüre »Studium, Forschung, Lehre im Ausland: Förderungsmöglichkeiten für Deutsche« sowie die DAAD-Stipendiendatenbank:
http://www.daad.de/ausland/foerderungsmoeglichkeiten/
stipendiendatenbank/00658.de.html (für Deutsche);
http://www.daad.de/deutschland/foerderung/stipendiendatenbank/
00462.de.html (für Ausländer/innen).

Um die Internationalisierung der Graduiertenausbildung in Deutschland voranzutreiben und die Attraktivität Deutschlands als Wissenschaftsstandort zu erhöhen, stellt das BMBF seit 2001 Gelder für das **Förderprogramm »Promotion an Hochschulen in Deutschland«** (PHD) bereit. Die Verantwortung für das PHD-Förderprogramm, das dem Aufbau von Internationalen Promotionsprogrammen (IPP) dient, tragen die DFG und der DAAD gemeinsam, allerdings ist der DAAD für die Administration des Programms zuständig. Der Start der jüngsten Projekte bzw. der vierten IPP-Kohorte war im Jahr 2004; gefördert werden diese Vorhaben noch bis längstens Ende 2007. Weitere Ausschreibungen werden nicht erfolgen, da das PHD-Programm von Anfang an auf die Verankerung der Reformen an den Hochschulen abzielte und die Bundesförderung lediglich als Anschub zur Verstetigung der IPPs an den Hochschulen konzipiert war. So haben sich die Hochschulen bereits bei Antragstellung verpflichtet, ein positiv evaluiertes Promotionsprogramm für mindestens 5 weitere Jahre nach Auslaufen der Bundesmittel weiterzuführen.

Die im Zuge des PHD-Förderprogramms etablierten internationalen Promotionsprogramme bieten hochqualifizierten Promovierenden aus dem In- und Ausland ein klar strukturiertes **Studienprogramm**, das eine Qualitätssteigerung der Dissertation bei gleichzeitiger Reduktion der Promotionsdauer auf drei Jahre anstrebt. Die Internationalisierung des Graduiertenstudiums erfolgt durch die gezielte Förderung von Programmteilnehmern/Programmteilnehmerinnen durch **Forschungsaufenthalte und Vortragstätigkeit im Ausland** sowie durch die Anwerbung von besonders qualifizierten Promovierenden aus dem Ausland. In der Regel ist ungefähr die Hälfte der Programmteilnehmer/innen ausländischer Herkunft (vgl. Bode 2006, S. 1). Um die Integration der ausländischen Programmteilnehmer sowie die interne Vernetzung der Doktoranden untereinander zu fördern, umfasst das Veranstaltungsangebot der IPPs zudem ein soziales und kulturelles Rahmenprogramm (z. B. Exkursionen, Semesterabschlussfahrten, Theater- und Konzertbesuche). Im Gegensatz zu anderen Formen strukturierter Graduiertenausbildung, wie etwa Graduiertenkollegs, bieten die IPPs keine Stipendien zur Deckung der Lebenshaltungskosten (weitere Informationen sowie eine Liste bestehender IPPs unter www.daad.de/deutschland/forschung/promotion/04673.de.html).

Beispiel: IPP »Literatur- und Kulturwissenschaft« (Justus-Liebig-Universität Gießen)

Der 2002 etablierte Promotionsstudiengang »Literatur- und Kulturwissenschaft« nimmt **jährlich ca. 15 bis 18 Promovierende** neu auf (jeweils zum Wintersemester). Um den Teilnehmerinnen und Teilnehmern eine systematische Erweiterung und Vertiefung ihres literatur- und kulturwissenschaftlichen Wissens zu ermöglichen, werden Master Classes und Workshops angeboten. Die Veranstaltungen, die von renommierten Expertinnen und Experten unterrichtet werden, sind nicht auf Spezialthemen einzelner Disziplinen fokussiert, sondern auf konzeptionell-methodische Aspekte und Ansätze, die für alle beteiligten Fachrichtungen gleichermaßen relevant sind und auf diese Weise dem interdisziplinären Zuschnitt des jeweiligen Jahrgangs gerecht werden. Durch die aktive Teilnahme am **Studienprogramm** erweitern die IPP-Teilnehmer/innen ihr fachliches Wissen und können wichtige Anregungen für ihre eigene Forschung gewinnen.

Im Rahmen des IPP erhalten die Promovierenden **finanzielle Unterstützung** für Forschungsaufenthalte, Vortragstätigkeiten und Konferenzteilnahmen im Ausland. Ein wesentliches Instrument zur Internationalisierung des Graduiertenstudiums im Rahmen des IPP bildet das weltweite **Kooperationsnetzwerk** des IPP mit renommierten internationalen Forschungseinrichtungen. Im Rahmen dieser multilateralen und bilateralen Kooperationen organisiert das IPP internationale Summer Schools, Konferenzen und Master Classes; zudem haben ein Großteil der internationalen Kooperationspartner des IPP ihr Veranstaltungsprogramm für Doktorandinnen und Doktoranden des IPP geöffnet, um den Doktorandenaustausch zu fördern. Zu den langfristigen Zielen des IPP »Literatur- und Kulturwissenschaft« an der JLU gehört die institutionelle **Verankerung und Etablierung binationaler Promotionsverfahren** als Kernbestandteil der Internationalisierung des Graduiertenstudiums.

Angesichts des großen Erfolges des PHD-Förderprogramms (vgl. Bode 2006) ist ein **Nachfolgeprogramm** in veränderter Form in Planung, über dessen konkrete Gestaltung innerhalb der Bund-Länder-Kommission für Bildungsplanung und Forschungsförderung (BLK) zurzeit Gespräche geführt werden (Stand: April 2007). Neue Ausschreibungen im Rahmen eines solchen Nachfolgeprogramms sind für 2008 bis 2010 geplant.

Weichenstellung: Gemeinsame Wissenschaftskonferenz

Die Föderalismusreform vom 1.9.2006 hat eine Veränderung des Tätigkeitsfeldes der BLK zur Folge: Die vormalige Gemeinschaftsaufgabe Bildungsplanung entfällt mit der Gesetzesänderung, und die bisherige Gemeinschaftsaufgabe Forschungsförderung wurde durch die Neuformulierung des § 91 b Abs. 1 GG ergänzt und präzisiert. Als Nachfolge der bisherigen BLK ist die Errichtung einer gemeinsamen Wissenschaftskonferenz geplant. Für ausführliche Informationen zur BLK und der Frage der Nachfolgeregelung siehe: http://www.blk-info.de/index.php?id=38.

Graduiertenförderung der Bundesländer und Hochschulen

Auch die Bundesländer stellen den Universitäten Finanzmittel zur Förderung von Promovierenden zur Verfügung. Die Ausschreibung solcher Stipendien der **Landesgraduiertenförderung** erfolgt hochschulöffentlich, und meist entscheidet ein universitätsinternes Gremium über die Aufnahme von Bewerbern/Bewerberinnen. Bewerbungsvoraussetzungen sind der Abschluss des Hochschulstudiums mit überdurchschnittlichen Leistungen sowie die deutsche Staatsbürgerschaft (ausländische Staatsbürger/innen sind nur unter bestimmten Voraussetzungen antragsberechtigt). Die Förderungslaufzeit beträgt i.d.R. zwei bis maximal drei Jahre. Die Stipendiumssätze liegen mit gegenwärtig zumeist ca. 700 € bis 900 € unter denjenigen der DFG oder der Begabtenförderungswerke (Stand: April 2007; vgl. auch Würmann 2006, S. 148 f.).

Seit den 1990er Jahren wird die herkömmliche Individualförderung im Bereich der Landesgraduiertenförderung zunehmend abgelöst durch die Förderung von Promotionen im Rahmen strukturierter Promotionsprogramme wie **Promotions-kollegs** und **Graduiertenschulen** (vgl. Würman 2006, S. 149). So werden beispielsweise in Bayern Promovierende nunmehr ausschließlich im Rahmen von Exzellenzprogrammen (z.B. Landesgraduiertenkollegs) mit Promotionsstipendien gefördert. Kritisch anzumerken bei dieser Entwicklungstendenz ist, dass die häufig erfolgende »Fokussierung auf bestimmte, als zukunfträchtig angesehene Fächer [...] dabei auf Kosten anderer Disziplinen [geht], deren Absolventen/Absolventinnen es ohnehin schwerer haben, ihre Promotionen zu finanzieren« (ebd.). Eine Folge dieser Umbrüche im Bereich der Landesgraduiertenförderung ist ein stärkerer Bewerberandrang bei den Begabtenförderungswerken. Da die spezifische Regelung der Landesgraduiertenförderung je nach Bundesland variiert, sollten weitere Informationen bei den Stipendien-Referaten der Universitäten eingeholt werden.

Frauenförderung des Bundes und der Länder im Bereich der Graduiertenausbildung

Seit Beginn der 1980er Jahre ist dem Frauenanteil auf den verschiedenen Stufen des Wissenschaftssystems in der Hochschulpolitik besondere Aufmerksamkeit zuteil geworden (vgl. HRK 2006, 10 f.). Im Mittelpunkt der Gender-Debatte stand der sogenannte **Glasdeckeneffekt** (›glass-ceiling‹), wonach der Anteil an Frauen bei ansteigenden Qualifikationsstufen deutlich abnimmt. Den Glasdeckeneffekt veranschaulichen aktuelle Statistiken (vgl. HRK 2006, S. 11): Im Jahr 2004 war der Anteil von Frauen 47,7% bei Studierenden, 39% bei Promotionen, 22,7% bei Habilitationen und 13,6% bei Professuren (9,2% bei C4-Professuren).

Zwar handelt es sich beim Glasdeckeneffekt um ein internationales Phänomen, doch liegt **Deutschland** mit seinem Frauenanteil in Führungspositionen der Wissenschaft im europäischen Vergleich deutlich unter dem Durchschnitt (vgl. HRK 2006, S. 12; Löther 2003b, S. 7). Während etwa im Jahr 2000 in Finnland oder Portugal Frauen 18 bzw. 19% der ›full professors‹ stellten, lag der Frauenanteil bei den C4-Professuren in Deutschland bei 7,1% (vgl. ebd.). Um dem Glasdeckeneffekt entgegenzuwirken, wurden seit dem Ende der 1980er Jahre gesetzliche **Gleichstellungsmaßnahmen** für Hochschulen auf Bundes- und Länderebene ergriffen sowie Maßnahmen zur Frauenförderung in der Wissenschaft finanziell unterstützt (vgl. Löther 2003b, S. 7). Die nachfolgende Kurzdarstellung grundlegender Entwicklungslinien und **Maßnahmen zur Frauenförderung** seitens des Bundes und der Länder gibt einen kurzen Überblick über Rahmenbedingungen, Strukturen und Programme zur Frauenförderung in der deutschen Wissenschaft, speziell im Bereich der Graduiertenausbildung.

Wichtige **Etappen der gesetzlichen Gleichstellungsmaßnahmen** in den 1980er Jahren waren im Jahr 1985 die Aufnahme der Forderung nach dem Abbau der Benachteiligung von Frauen in das Hochschulrahmengesetz (HRG) sowie Ende der 1980er Jahre die Verfügung durch die einzelnen Landeshochschulgesetzgebungen, dass Frauen- und Gleichstellungsbeauftragte an den Universitäten etabliert

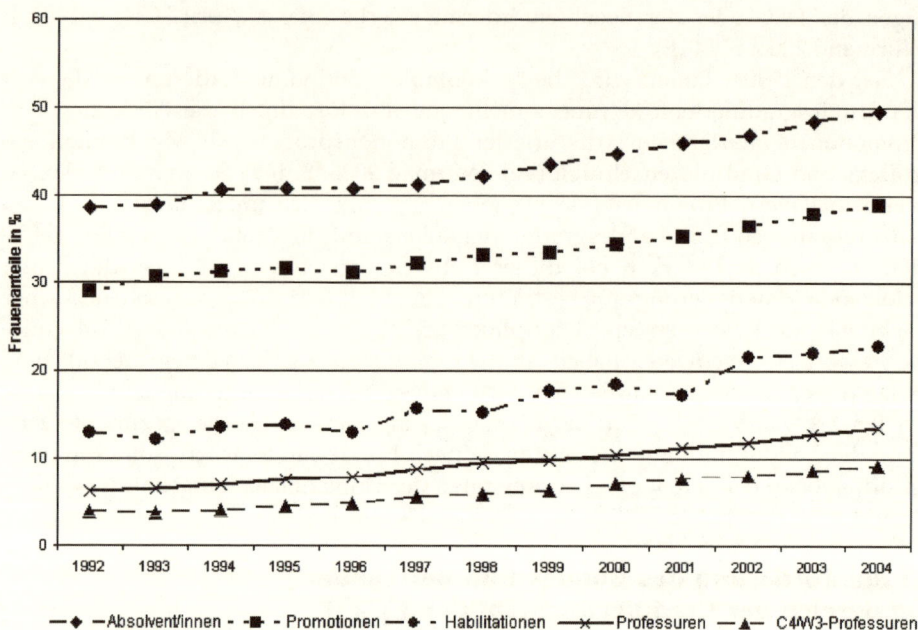

(Frauenanteile nach Hierarchieebenen; Quelle: Bund-Länder-Kommission 2006, S. 2)

werden müssen (vgl. HRK 2006, S. 11). Ergänzt wurden diese Schritte u. a. durch die Implementierung von Hochschul- und Landesgleichstellungsgesetzen sowie von hochschulinternen Frauenförderrichtlinien (vgl. ebd.). Um zu gewährleisten, dass Frauen in besonderem Maße von den Hochschulsonderprogrammen (HSP) profitieren, umfassten die HSP in den 1990er Jahren (HSP II; HSP III) größere Förderprogramme für Frauen.

Mit dem **Hochschul- und Wissenschaftsprogramm (HWP)**, das vom 1.1.2001 bis 31.12.2006 lief, schlossen der Bund und die Länder an das Hochschulsonderprogramm an und bauten auf den bisherigen Fördermaßnahmen für Frauen an den Hochschulen auf bzw. erweiterten diese (vgl. Löther 2003b, S. 9). Als eines von insgesamt sechs Fachprogrammen des HWP wurde das Programm »Chancengleichheit für Frauen in Forschung und Lehre« durchgeführt, mit dem Ziel, strukturelle Hindernisse abzubauen und Chancengleichheit zu realisieren. Das Programm umfasste **drei Bereiche:**

- Qualifizierung für eine Professur an Universitäten/Fachhochschulen (darunter fiel auch die Promotion als wissenschaftliche Qualifikationsstufe),
- Frauen- und Geschlechterforschung sowie
- die Steigerung des Frauenanteils in naturwissenschaftlichen Fächern.

Mit einem Etat von rund 30,7 Millionen € machte das frauenfördernde Fachprogramm des HWP jährlich 18,5% des Gesamtvolumens aus (vgl. ebd., S. 8). Die Mittel wurden jeweils zur Hälfte von Bund und Ländern beigesteuert. Der Bereich der **qualifizierungsbezogenen Maßnahmen** (inkl. Promotionsförderung) bildete mit 75% der Mittel den größten Anteil des Programms »Chancengleichheit«. Zur

Umsetzung des HWP-Fachprogramms »Chancengleichheit für Frauen in Forschung und Lehre« wurden in vielen Bundesländern Promotionsstipendien für Frauen eingerichtet (z.B. in Thüringen, Berlin, Hessen, Bayern, im Saarland und in Mecklenburg-Vorpommern). Darüber hinaus haben die einzelnen Bundesländer jeweils einige unterschiedliche Maßnahmen finanziert, wie die Beispiele von Sachsen-Anhalt und Baden-Württemberg zeigen. Einen guten Überblick über das Spektrum der aus HWP-Mitteln finanzierten Projekte bietet http://www.cews.org/hwp/sowie CEWS.PUBLIK.NO 6.

Beispiele

Sachsen-Anhalt hat aus Mitteln des HWP-Fachprogramms »Chancengleichheit« Programme, die bereits im Rahmen des HSP III erfolgreich gefördert wurden, fortgesetzt, u.a. ein Stipendien- (Fachhochschulen) und Forschungsstipendienprogramm (Universitäten) sowie eine Gastprofessur an der Otto-von-Guerike-Universität Magdeburg.

In **Baden-Württemberg** wurden zur Erhöhung des Frauenanteils bei den wissenschaftlichen Qualifikationsstufen folgende Programme über das HWP eingerichtet: das Irene Rosenberg-Promotionsprogramm für Ingenieurinnen, das Margarete von Wrangell-Habilitationsprogramm, Wiedereinstiegs- und Kontaktstipendien, die Mathilde Planck-Programme, das Assistentinnenprogramm an Kunst- und Musikhochschulen und das Projekt Mentoring und Training »MuT«. Diese Maßnahmen werden z.T. nach Ablauf der HWP-Förderung als Landesprogramm fortgesetzt, wie beispielsweise **das Programm MuT**, das von der Landeskonferenz der Gleichstellungsbeauftragten an den wissenschaftlichen Hochschulen in Baden-Württemberg getragen wird (finanziert durch das Ministerium für Wissenschaft, Forschung und Kunst). Zielgruppen des Programms sind Doktorandinnen, Postdoktorandinnen, Habilitandinnen, Juniorprofessorinnen und Privatdozentinnen. Das MuT-Programm konzentriert sich darauf, hoch qualifizierten Nachwuchswissenschaftlerinnen organisatorische und verwaltungstechnische Kenntnisse und Erfahrungen zu vermitteln und sie auf Führungsaufgaben vorzubereiten. Im Rahmen des Programms bekommen Nachwuchswissenschaftlerinnen einen etablierten Professor oder eine etablierte Professorin als Mentor/in vermittelt, nehmen am Veranstaltungsprogramm teil und erhalten Coaching sowie eingehende Beratung, nicht zuletzt in Bezug auf den Aufbau eines Qualifikationsprofils und beruflicher Orientierung (weitere Informationen: www.mwk.baden-wuerttemberg.de/deutsch/themen/hochschulen/foerderung-von-wissenschaftlern/frauenfoerderung/).

Das **Center of Excellence Women and Science (CEWS)**, das eine Abteilung des Informationszentrums Sozialwissenschaften in der Gesellschaft sozialwissenschaftlicher Infrastruktureinrichtungen (GESIS) ist und vom BMBF gefördert wird, übernahm das Monitoring des Fachprogramms »Chancengleichheit«. Um die im Rahmen des Programms realisierten Projekte sichtbar zu machen, hat das CEWS das **Webportal »Chancengleichheit für Frauen in Forschung und Lehre«** aufgebaut, das über eine Datenbank Informationen zu den Maßnahmen und Projekten der einzelnen Bundesländer leicht zugänglich macht. Ergänzt wird das Webportal durch Veröffentlichungen des CEWS, sowohl durch eine Zusammenstellung von Best-Practice-Beispielen (www.cews.org/cews/files/63/de/cews-publik6.pdf) als auch durch einen Tagungsband zu dem im November 2003 vom CEWS durchgeführten Kongress, auf dem die bisherigen Maßnahmen bilanziert und Empfehlungen für die Zukunft ausgearbeitet wurden. Zudem hat das CEWS regelmäßig in seinem Newsletter von den Aktivitäten im Rahmen des Fachprogramms berichtet.

Das Hochschul- und Wissenschaftsprogramm ist am 31.12.2006 trotz eindringlicher Appelle von Vertreterinnen der Gleichstellungspolitik an Hochschulen ausgelaufen (CEWS-Newsletter Nr. 50). Die Entscheidung gegen eine Fortsetzung dieses Bundesprogramms muss im Zusammenhang mit der **Föderalismusreform** vom 1.9.2006 gesehen werden, die u. a. die Zuständigkeiten von Bund und Ländern im Bildungs- und Hochschulbereich änderte, so dass Frauenförderung im Bereich der Hochschule nunmehr primär Ländersache ist. Nach dem Auslaufen des HWP sind einerseits aufgrund des Fehlens finanzieller Ressourcen seitens der Bundesländer eine ganze Reihe von Frauenförderprogrammen eingestellt worden, allerdings finden sich auch vielfach Beispiele für eine Fortsetzung von Frauenförderprogrammen aus Landesmitteln (z. B. in Hamburg, Baden-Württemberg, Berlin und Niedersachsen).

Eine wichtige Rolle bei der zukünftigen Realisierung von Chancengleichheit für Frauen in Forschung und Lehre wird sicherlich der Hochschulpakt 2020 spielen. Von verschiedenen Seiten (u.a. von Abgeordneten politischer Parteien wie SPD oder Die Linke, von Gleichstellungsbeauftragten und von der CEWS) ist gefordert worden, dass die Bundesmittel für den Hochschulpakt vor allem an gleichstellungsrelevante Indikatoren und Maßnahmen geknüpft werden (etwa die Fortsetzung der HWP-Frauenförderprogramme). Es bleibt abzuwarten, ob diese Forderungen in der endgültigen Fassung des Hochschulpakts, die im Sommer 2007 fertig gestellt werden soll, umgesetzt werden.

Weitere Informationen

Die Homepage des CEWS bietet ausführliche Informationen zur Frauenförderung im Bereich von Wissenschaft und Lehre (www.cews.org/cews/index.php). Einschlägig für diesen Bereich ist zudem die seit 2003 vom CEWS herausgegebene Schriftenreihe »CEWS Beiträge Frauen in Wissenschaft und Forschung«, deren Schwerpunkt auf Evaluationsstudien zu Gleichstellungsmaßnahmen an deutschen Hochschulen und Forschungsübersichten zu aktuellen wissenschaftspolitischen Themen aus der Gender-Perspektive liegt (http://www.kleine-verlag.de/).

Stipendien auf einen Blick: Die Datenbank ELFI

Da die Graduiertenförderung in Deutschland sich nicht zuletzt aufgrund der Exzellenzinitiative im Umbruch befindet und auch das Stipendienangebot variiert, ist es derzeit wichtiger denn je, sich regelmäßig über **neue Angebote** zu informieren. Die Suche nach relevanten Informationen wird durch die **Servicestelle für Elektronische ForschungsförderInformationen im deutschsprachigen Raum (ELFI)** erheblich erleichtert. ELFI ist eine Onlinedatenbank, die umfassende und aktuelle Informationen zur Forschungsförderung – angefangen von Förderprogrammen und Stipendienausschreibungen über Sach- und Reisekostenfinanzierung bis hin zu ausgelobten Preisen – rasch zugänglich macht (siehe: www.elfi.info).

Die Entstehung von ELFI geht auf eine Initiative zahlreicher deutscher Forschungsreferentinnen und -referenten im Jahr 1995 zurück, die bestrebt waren, ihre bislang sehr zeitaufwendigen Recherchen nach neuen oder veränderten Fördermöglichkeiten effizienter zu gestalten. Hierzu sollte eine Internet-Datenbank geschaffen werden, die Informationen zur Forschungsförderung zentral bündelt und bundesweit zugänglich macht (vgl. DFN-Mitteilungen 67, S. 12). Die **Gründung der Servicestelle** erfolgte als gemeinsames Projekt der Ruhr-Universität Bochum und der Gesellschaft für Mathematik und Datenverarbeitung (GMD). Nach zweijähriger Entwicklungs- und Erprobungsarbeit wurde ELFI 1998 im Internet freigeschaltet und stand allen Interessentinnen und Interessenten zunächst kostenlos zur Verfügung. Die finanzielle Förderung des Projekts bestritten zeitweise die Ruhr-Universität, das damalige NRW-Wissenschaftsministerium (MSWWF), der Verein zur Förderung eines Deutschen Forschungsnetzes (DFN-Verein) und der Stifterverband. Von Mitte 2001 bis Ende 2003 erfolgte die (regressive) Finanzierung von ELFI ausschließlich über das Programm »Offensive zukunftsorientierte Spitzenforschung« des nordrhein-westfälischen Ministeriums für Innovation, Wissenschaft, Forschung und Technologie (MIWFT). Um eine langfristige Finanzierung der Servicestelle zu gewährleisten, müssen Institutionen seit dem 1. Januar 2002 **Lizenzgebühren** für die Recherche in ELFI bezahlen. (Die Universitätsbibliotheken geben Auskunft darüber, ob die jeweilige Universität über ein ELFI-Abonnement verfügt.) Studierende können kostenfrei in ELFI zu einzelnen Förderern sowie Förderprogrammen und -preisen recherchieren (http://www.elfi.info/studservicefrset.html), allerdings handelt es sich bei dieser kostenfreien Nutzung nur um eine Angebotsauswahl aus der umfangreichen Datenbank.

Die ELFI-Datenbank enthält zurzeit **Informationen über 4300 Programme** und über rund **1800 nationale und internationale Förderer**. Ausschreibungstexte sowie dazu gehörende Merkblätter und Formulare können direkt heruntergeladen werden. Es werden detaillierte Angaben zu den aktuell ausgeschriebenen Stipendien gegeben und die Adressen, Ansprechpartner und Abgabetermine benannt. Da für die Recherche ein Suchprofil angelegt werden kann, liefert die Datenbank schnell und effizient die gesuchten Informationen.

Die nachfolgenden Screenshots von ELFI zeigen die Vielzahl der Angebote und die Struktur der Datenbank. Der erste Screenshot (Abb. 1) liefert einen Einblick in die **Suchkriterien**, die bei ELFI eingegeben und miteinander kombiniert werden können. Im Menü »Ansicht« können das **Forschungsgebiet** (z.B. Geistes- und Gesellschaftswissenschaften bzw. Einschränkung auf bestimmte Fächer; vgl. Abb. 2)

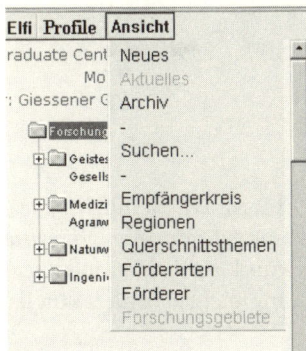

Abb. 1 (links):
Suchkriterien (ELFI)

Abb. 2 (rechts):
Fächerübersicht (ELFI)

ausgewählt werden. Dieses Kriterium kann mit weiteren aus dem Menü »Ansicht«
verknüpft werden, z. B. Förderarten (wie Stipendien oder Preise). Es ist ebenfalls
möglich, eine Volltextrecherche in den Dokumenten der Datenbank durchzuführen.
Durch das Anklicken der Auswahlergebnisse können **detaillierte Informationen**
zum jeweiligen Ergebnis eingesehen werden (vgl. Abb. 3). Eine hilfreiche Anleitung
zur Recherche in ELFI findet man unter: http://www.elfi.info/wsarbeiten_mit_
elfi.pdf.

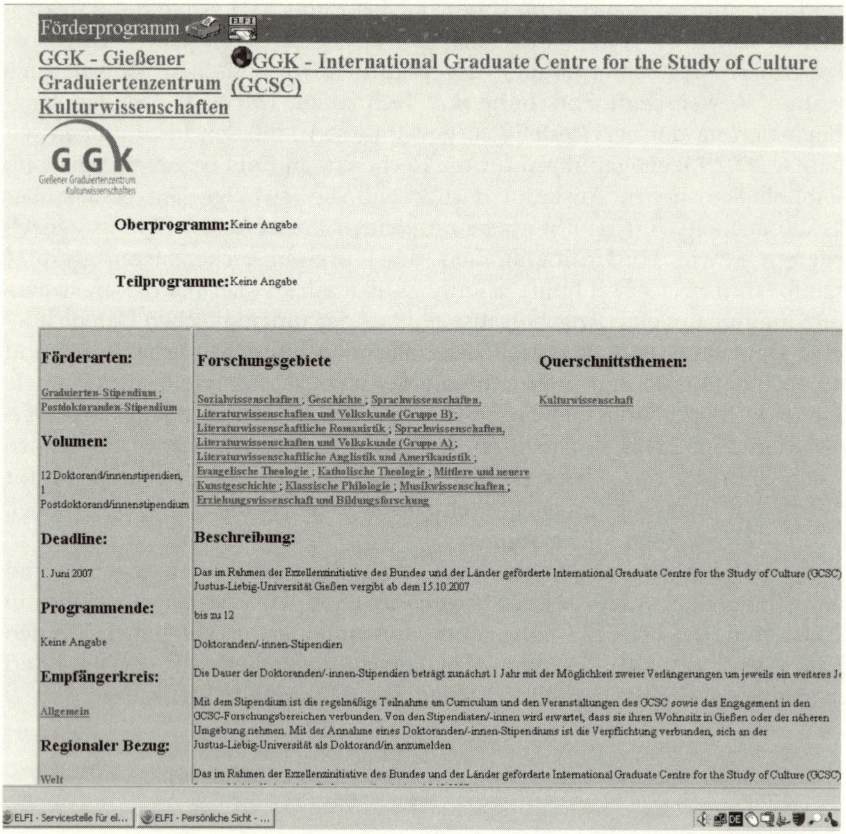

Abb. 3: Suchergebnis (ELFI)

Die regelmäßige Aktualisierung der ELFI-Datenbank (meist wöchentlich) garantiert, dass stets die neuesten Informationen zur Forschungsförderung abgerufen
werden können. Mit seiner Fülle an Primär- und Sekundärinformationen stellt
ELFI bis heute im deutschsprachigen Raum die umfangreichste und aktuellste
Informationsquelle zur Forschungsförderung dar.

Literatur

Bode, Christoph: »5 Jahre PHD-Programm. Zahlen und Fakten einer Erfolgsgeschichte«. In: http://www.daad.de/imperia/md/content/magazin/2006_05_phd.pdf (5.6.2007)

BMBF – Bundesministerium für Bildung und Forschung: *Die Begabtenförderungswerke in der Bundesrepublik Deutschland. Arbeit und Ziele.* Bonn 2003.

CEWS – Center of Excellence Women and Science: »CEWS-Newsletter« 50 (15.02.2007). In: http://www.cews.org/cews/files/393/de/CEWS-Newsletter_Nr._50.pdf (29.6.2007)

CEWS – Center of Excellence Women and Science: *CEWS.publik.no 6: HWP-Fachprogramm Chancengleichheit für Frauen in Forschung und Lehre – Bilanz und Aussichten: Best-Practice-Beispiele.* Bonn 2003. http://www.cews.org/cews/files/63/de/cews-publik6.pdf (01.07.2007)

Borchers, Susanne/Esch, Andreas: »Der lange Weg zum Erfolg: ELFI als gelungenes Beispiel für nachhaltige Buttom-Up-Förderung [sic!]«. In: Verein zur Förderung eines Deutschen Forschungsnetzes e.V. (Hg.): *DNF Mitteilungen* 67 (2005), S. 12–15. http://www.elfi.info/DFN-Mitteilungen-67_12–15.pdf (29.6.2007)

Hochschulrektorenkonferenz: »Empfehlungen des 209. Plenums der HRK vom 14.11.2006. Frauen fördern: Empfehlungen zur Verwirklichung von Chancengleichheit im Hochschulbereich«. In: http://www.hrk.de/de/download/dateien/Empfehlung_Frauen.pdf (29.6.2007)

Koepernik, Claudia: »Abschlussfinanzierung«. In: Koepernik, Claudia/Moes, Johannes/Tiefel, Sandra (Hgg.): *GEW-Handbuch Promovieren mit Perspektive. Ein Ratgeber von und für DoktorandInnen.* Bielefeld 2006, S. 164–166.

Löther, Andrea (Hg.): *Mentoring-Programme für Frauen in der Wissenschaft.* Bielefeld 2003a.

Löther, Andrea: »Einleitung«. In: *CEWS.publik.no 6: HWP-Fachprogramm Chancengleichheit für Frauen in Forschung und Lehre – Bilanz und Aussichten: Best-Practice-Beispiele.* Bonn 2003b, S. 7–9. http://www.cews.org/cews/files/63/de/cews-publik6.pdf (01.07.2007)

Löther, Andrea (Hg.): *Erfolg und Wirksamkeit von Gleichstellungsmaßnahmen an Hochschulen.* Bielefeld 2004.

Preißner, Andreas/Engel, Stefan (Hgg.): *Promotionsratgeber.* 4. Aufl. München et al. 2001 [1994].

Tiefel, Sandra: »Promovieren in Kollegs und Zentren: Entwicklung, Zielsetzung und Angebote verschiedener Modelle strukturierter Promotion in Deutschland«. In: Koepernik, Claudia/Moes, Johannes/Tiefel, Sandra (Hgg.): *GEW-Handbuch Promovieren mit Perspektive. Ein Ratgeber von und für DoktorandInnen.* Bielefeld 2006, S. 252–264.

o.A.: »Politische Entwicklungen im Themenfeld ›Frauen in Wissenschaft und Forschung‹ in den Jahren 2001–2006«. In: www.cews.org/informationpool/files/1247/de/Politische_Entwicklungen_im_Themenfeld.pdf (29.6.2007)

Würmann, Carsten: »Finanzierung der Promotion«. In: Koepernik, Claudia/Moes, Johannes/Tiefel, Sandra (Hgg.): *GEW-Handbuch Promovieren mit Perspektive. Ein Ratgeber von und für DoktorandInnen.* Bielefeld 2006, S. 125–155.

Dorothee Birke und Stella Butter

7. Erfolgreich bewerben: Anforderungen an Bewerbungen auf Stipendien und Stellen

Prolog: Mangel an Ratgeberliteratur

Für die meisten Absolventen/Absolventinnen, die nach dem Abschluss ihres Studiums mit einer Promotion liebäugeln, hängt die Entscheidung für oder gegen eine Promotion nicht zuletzt davon ab, ob es ihnen gelingt, eine Möglichkeit der Finanzierung zu finden. Eine fundierte Kenntnis der in den beiden vorausgegangenen Kapiteln dargestellten Finanzierungsmöglichkeiten und Institutionen der Wissenschafts- und Nachwuchsförderung (s. Kap. II.5 und II.6) ist zwar eine notwendige, aber noch keine hinreichende Voraussetzung, um die Finanzierung zu sichern. Mindestens ebenso wichtig ist eine Kenntnis der Anforderungen, Kriterien und Standards, die bei Bewerbungen für Stipendien und Stellen zugrundegelegt werden. Wer nach Literatur sucht, in der man eventuell nachsehen könnte, was dabei besonders zu beachten ist, wird das Nachsehen haben: Er oder sie wird erstaunt feststellen müssen, dass es weder Bücher oder Ratgeber zu dem Thema noch andere zuverlässige Quellen gibt, anhand derer man sich gezielt und zuverlässig darüber informieren könnte, was bei Bewerbungen auf Promotionsstipendien und Doktorandenstellen besonders zu beachten ist und anhand welcher Kriterien über die Vergabe von Stellen und Stipendien entschieden wird:

> Wer sich für die Bewerbung auf eine wissenschaftliche Stelle vorbereiten möchte, sucht hierzu vergeblich nach Literatur. Was für die freie Wirtschaft üblich ist und einen umsatzträchtigen Markt darstellt, gibt es für Nachwuchswissenschaftler nicht: Ratgeberliteratur. Es gibt kein Buch, in dem Tipps und Tricks für Bewerbungen auf Doktorandenstellen zu finden sind, keine Musterbewerbungen, die an den eigenen Lebenslauf angepasst werden könnten. (Reinders 2007, S. 348)

Im Hinblick auf Stipendien sieht die Lage nicht anders aus: Wer sich für ein Promotionsstipendium bewerben und sich darüber informieren möchte, was bei einer Bewerbung und bei einem Auswahlverfahren zu beachten ist und vor allem anhand welcher Kriterien über die Vergabe von Stipendien entschieden wird, ist ebenfalls weitgehend auf sich allein gestellt. Obgleich die Begabtenförderungswerke natürlich bereitwillig Auskunft darüber erteilen, welche Bewerbungsunterlagen eingereicht werden müssen und wie das Auswahlverfahren abläuft, ist es für angehende Promovierende doch ziemlich schwer, zuverlässige Hintergrundinformationen zu bekommen. Kontakte und Gespräche mit jenen, die mit einer Stipendienbewerbung Erfolg hatten, sind fast die einzige Quelle, um Informationen über die Anforderungen und Kriterien bei Auswahlverfahren zu erhalten. Entsprechend groß ist das Informationsbedürfnis bei allen, die sich auf eine ausgeschriebene Doktorandenstelle oder auf Promotionsstipendien bewerben möchten.

Aus diesem Mangel ergibt sich die Zielsetzung dieses Kapitels: Es möchte angehenden Doktoranden/Doktorandinnen einen einführenden Überblick über die Anforderungen an Bewerbungen in der Wissenschaft geben sowie die Kriterien und Standards darlegen, die bei der Auswahl von Stipendiaten/Stipendiatinnen und der Vergabe von Stellen und Stipendien zugrunde gelegt werden. Obgleich es von Institution zu Institution, von Universität zu Universität und von Fach zu Fach sicherlich einige Unterschiede geben mag, existieren nicht nur eine Reihe von Standards, denen Bewerbungen in der Wissenschaft genügen müssen, sondern auch ein Kanon von Kriterien, anhand derer üblicherweise über die Vergabe von Promotionsstipendien entschieden wird. Auf der Grundlage von langjähriger Erfahrung in der strukturierten Doktorandenausbildung und ca. zehnjähriger Mitarbeit in Auswahlgremien zur Vergabe von Promotionsstipendien und Stellen möchten wir daher etwas mehr Transparenz in die Auswahl- und Stellenbesetzungsverfahren sowie in die dabei verwendeten Kriterien bringen.

Von der Stellenanzeige bzw. Stipendienausschreibung zur Bewerbung: Was gehört in die Bewerbungsunterlagen?

Zunächst stellt sich für angehende Doktoranden/Doktorandinnen die Frage, wie sie überhaupt an Informationen über offene Stellen bzw. ausgeschriebene Stipendien kommen bzw. wo **Stellenausschreibungen** normalerweise veröffentlicht werden. Freie Stellen für Doktoranden/Doktorandinnen werden keineswegs immer in großen überregionalen Zeitungen ausgeschrieben, sondern oftmals nur auf den Homepages der jeweiligen Universitäten. Eine Onlinebefragung unter Universitätsangehörigen zeigt, welche Distributionswege für Ausschreibungen besonders häufig genutzt werden und was die wichtigsten Informationsquellen für Stellensuchende sind:

> Die freien Stellen werden besonders häufig auf der Homepage der eigenen Hochschule (77,2 Prozent) veröffentlicht bzw. über einen Email-Verteiler (54,4 Prozent) verschickt. Erst an vierter Stelle folgen nach Internet-Jobbörsen (54,2 Prozent) Anzeigen in Zeitungen (40,7 Prozent). Unter den Internet-Portalen dominiert deutlich academics.de mit 34,1 Prozent der Stellen, die dort veröffentlicht werden. Bei den Zeitungen liegt »Die Zeit« deutlich vorn, aber auch Fachzeitschriften der eigenen Disziplin stellen ein wichtiges Forum für Ausschreibungen dar (31,6 Prozent). (Reinders 2007, S. 348)

Für **Stipendienausschreibungen** sieht es im Prinzip ähnlich aus, obgleich die Mehrzahl der Stipendien, die im Rahmen von Graduiertenkollegs, Graduate Schools und Graduiertenzentren vergeben werden, öffentlich – zumeist in der Wochenzeitung »Die Zeit« – ausgeschrieben wird. Allein schon deshalb lohnt sich für Doktoranden/Doktorandinnen, die auf der Suche nach Finanzierungsmöglichkeiten sind, die regelmäßige Lektüre dieser Zeitung. Anders verhält es sich bei Promotionsstipendien der Landesgraduiertenförderungen, die vielfach nur universitätsintern ausgeschrieben und von Kommissionen an der jeweiligen Universität an die Bestqualifizierten vergeben werden. Bei den Begabtenförderungswerken gibt es in der Regel keine gesonderten Ausschreibungen (s. Kap. II.6). Vielmehr können sich angehende Promovierende – zum Teil (z. B. bei der Studienstiftung des Deutschen Volkes) nur auf Vorschlag eines Hochschullehrers – ganzjährig um ein Stipendium bewerben. Detaillierte Informationen zu den Bewerbungsmodalitäten und Auswahlverfahren finden sich auf den Homepages der elf Begabtenförderungswerke (s. Kap. VII.3).

Ein weiteres interessantes Ergebnis der genannten Onlinebefragung unter Universitätsangehörigen ist die Tatsache, dass **Initiativbewerbungen** in der Wissenschaft – im Gegensatz etwa zu den Medien und der Wirtschaft – ziemlich verpönt sind: »Einig sind sich alle Befragten darin, dass Initiativbewerbungen mit 3,5 Prozent nicht gern und Bewerbungen auf ausgeschriebene Stellen mit einer Zustimmung von 70,1 Prozent sehr gern gesehen werden« (Reinders 2007, S. 348). Wer sich und anderen unnötige Mehrarbeit ersparen möchte, sollte daher besser von Initiativbewerbungen absehen, denn wenn es keine Ausschreibungen gibt, heißt das in der Regel auch, dass keine freien Stellen oder Stipendien vorhanden sind.

Bei ausgeschriebenen Stellen und Stipendien wird meist in der Stellenanzeige bzw. der Stipendienausschreibung genau aufgeführt, welche Unterlagen einer Bewerbung beizufügen sind. Obgleich es auch hier natürlich Unterschiede gibt, sollten **Bewerbungsunterlagen** für Doktorandenstellen oder Promotionsstipendien in der Regel – d. h. sofern in der Ausschreibung nicht andere genannt sind – folgende Dokumente enthalten:

- ein ausführliches Anschreiben
- einen (meist tabellarischen) Lebenslauf
- beglaubigte Kopien aller Zeugnisse (vom Abiturzeugnis bis. zum Abschlusszeugnis)
- ein Exemplar der Abschlussarbeit
- eine Projektskizze bzw. ein Exposé des Dissertationsvorhabens
- einen Zeitplan zum Dissertationsprojekt
- Gutachten bzw. Empfehlungsschreiben (mindestens) eines Hochschullehrers

Ebenso wie in der Wirtschaft wird auch in der Wissenschaft großer Wert auf die **Vollständigkeit der Bewerbungsunterlagen** gelegt. Fehlt ein in der Ausschreibung genanntes Dokument, muss das zwar noch nicht zwangsläufig zum Ausschluss vom weiteren Bewerbungsverfahren führen. Dennoch hat der- oder diejenige damit insofern bereits indirekt und unbeabsichtigt einen Mangel an bestimmten Schlüsselqualifikationen demonstriert, als er/sie gezeigt hat, dass er/sie es mit genauer Textlektüre (in diesem Fall Lektüre der Ausschreibung) sowie mit Gründlichkeit, Sorgfalt und Zuverlässigkeit nicht so genau zu nehmen scheint – was die Chancen auf die Stelle oder das Stipendium nicht erhöhen dürfte. Das mag sich von selbst verstehen, aber die Zahl der Bewerbungen, bei denen die Bewerbungsunterlagen *nicht* vollständig sind, ist trotzdem bemerkenswert hoch.

Wer glaubhaft und überzeugend ein großes Interesse und eine hohe Motivation unter Beweis stellen möchte, ist daher zum einen gut beraten sicherzustellen, dass die Bewerbungsunterlagen vollständig sind. Zum anderen sollten aus den eingereichten Unterlagen auch zweifelsfrei die fachliche Qualifikation für die jeweilige Stelle oder das Stipendium sowie die eigene Motivation deutlich hervorgehen. Patentrezepte, wie das zu bewerkstelligen ist, gibt es zwar nicht, aber einige Punkte sollte man bei Bewerbungen auf Stellen und Stipendien in jedem Fall berücksichtigen. Vor allem ist es wichtig, sich Klarheit über die Anforderungen an

Bewerbungen in der Wissenschaft und über die Kriterien zu verschaffen, nach denen Stellen und Stipendien vergeben werden (vgl. dazu die nächsten beiden Abschnitte). Daraus leitet sich nämlich eine Reihe von Anhaltspunkten ab, die Bewerber/innen bei ihren Bewerbungen berücksichtigen sollten.

Besondere Aufmerksamkeit und Sorgfalt sollten sie der **Gestaltung des Bewerbungsanschreibens** widmen, denn dieses gibt denjenigen, die über die Vergabe von Stellen und Stipendien zu entscheiden haben, vielfältige Anhaltspunkte über die jeweiligen Bewerber/innen, ihre Qualifikationen, Persönlichkeit und Motivation. In der Praxis reicht das Spektrum von nichtssagenden Ein- oder Zweizeilern (»Hiermit möchte ich mich auf die ausgeschriebene Stelle/das Stipendium bewerben. Mit freundlichen Grüßen…« – ergänzt um »Anlagen« und eine Aufzählung der beigefügten Dokumente) über prägnante, auf die Ausschreibung detailliert bezugnehmende Anschreiben, die obendrein ein relativ klares Bild von dem jeweiligen Individuum und dessen Motivation vermitteln (können und sollten), bis zu hypertrophen, seitenlangen Briefen, in denen der- oder diejenige (oft zu) ausführlich die eigenen Erfahrungen schildert und die eigenen Qualitäten anpreist.

Wer sich – aus welchen Gründen auch immer (Zeitdruck, Unsicherheit in Bezug auf die Konventionen oder schlichte Faulheit), mit einem ein- oder zweizeiligen Schreiben begnügt, hat insofern mindestens eine große Chance verpasst, als er oder sie es damit versäumt hat, den Adressaten/Adressatinnen ein Bild von der eigenen Persönlichkeit und der Motivation, sich auf die entsprechende Stelle oder das Promotionsstipendium zu bewerben, zu vermitteln. Solche Anschreiben können aber auch – gerade im unmittelbaren Vergleich mit sehr aussagekräftigen Begleitschreiben – als Desinteresse oder als Anzeichen dafür, dass der- oder diejenige sich auf ein Dutzend Stellen oder Stipendien gleichzeitig beworben hat und keine Zeit oder Lust hatte, individuelle Anschreiben aufzusetzen, gewertet werden. Wie auch immer eine Kommission im Einzelfall reagieren mag – positive Rückschlüsse auf die Bewerberin oder den Bewerber lassen solche formlosen Zweizeiler jedenfalls nicht zu. Wer ins andere Extrem verfällt und ein mehrere Seiten langes Begleitschreiben beifügt, tut des Guten zuviel und sich in der Regel ebenfalls keinen Gefallen. Eigenlob ›stinkt‹ bekanntlich nicht nur, sondern macht Kommissionsmitglieder in der Regel auch skeptisch, und zu lange Anschreiben stellen nicht nur Verstöße gegen die Konventionen der Ökonomie dar, sondern lassen auch Zweifel aufkommen, ob der Verfasser einen hinreichenden Sinn für Relevanz und Prioritäten hat.

Obgleich es schon deshalb keine Muster- oder Modellanschreiben gibt, weil die Profile von Stellen und Stipendien sowie die Fachkulturen zu unterschiedlich sind, sollte ein ansprechendes und **überzeugendes Bewerbungsanschreiben** doch eine **Reihe von Merkmalen** aufweisen. Dazu zählt neben formaler und orthografischer Korrektheit zum einen der Versuch, sich im Anschreiben ganz klar auf das Profil der jeweiligen Stelle bzw. die in der Anzeige genannten Anforderungen an Stipendiaten/Stipendiatinnen zu beziehen und darzulegen, inwiefern man durch den bisherigen Werdegang dem Profil entspricht und die Anforderungen erfüllt. Zum anderen sollte ein Anschreiben den Adressaten eine erste – und möglichst klare und positive – Vorstellung von der Person und Persönlichkeit des Verfassers, von dessen intellektueller Biografie sowie von dessen Motivation, sich auf die jeweilige Stelle bzw. das Stipendium zu bewerben, vermitteln.

Das Bewerbungsanschreiben ist quasi der erste ›persönliche‹ Kontakt zwischen Bewerber/in und dem potenziellen Arbeit- bzw. Stipendiengeber, und es entscheidet maßgeblich mit darüber, mit wie viel Aufmerksamkeit und Interesse die weiteren Bewerbungsunterlagen durchgesehen werden. Das Anschreiben dient nicht nur der Information, sondern es erfüllt auch insofern weitere kommunikative Funktionen, als es ein Mittel der impliziten Selbstcharakterisierung des Bewerbers ist; zudem dient es der Herstellung einer Beziehung zwischen Bewerber/in und den Adressaten/Adressatinnen. Nicht zuletzt deshalb lohnt es sich, ein möglichst aussagekräftiges, prägnantes und individuelles Anschreiben zu verfassen, das möglichst genau auf den jeweiligen Adressaten, den Kontext und die Institution (z. B. das Graduiertenkolleg oder die Graduate School und ihr Forschungs-, Studien- und Ausbildungsprogramm) zugeschnitten sein sollte. Wie eine Umfrage ergeben hat, sollte ein solches Bewerbungsanschreiben allerdings maximal zwei Seiten lang sein (vgl. Reinders 2007, S. 349).

Nicht minder wichtig ist natürlich der **Lebenslauf**, in dem das, was für die jeweilige Stelle bzw. das Stipendium besonders relevant ist und das im Anschreiben nur stichwortartig hervorgehoben werden kann, im Einzelnen dokumentiert und in den Kontext des bisherigen Werdegangs der Bewerber gestellt wird. Meist werden prägnante, stichwortartige Lebensläufe verlangt; wenn ein ausführlicherer Text erwartet wird, so sollte dargestellt werden, inwiefern die eigenen Interessen, Neigungen und Vorarbeiten die Kandidatin besonders für die Stelle oder das Stipendium qualifizieren. Bei Bewerbungen in der Wissenschaft sollten natürlich neben der schulischen Ausbildung vor allem das Studium und die Abschlussprüfung selbst, Auslandsaufenthalte sowie – falls vorhanden – berufliche Erfahrungen an oder außerhalb der Universität im Vordergrund stehen. Beglaubigte Kopien aller Zeugnisse – vom Abiturzeugnis bis zum Abschlusszeugnis – dokumentieren die wichtigsten Etappen der intellektuellen Biografie. Sofern dies in der Ausschreibung ausdrücklich genannt ist, sollte auch ein Exemplar der Abschlussarbeit beigefügt werden, das für die Beurteilung der wissenschaftlichen Qualifikationen von Bewerbern/Bewerberinnen eine wichtige Rolle spielt.

Bei Bewerbungen um Promotionsstipendien wird zumeist obligatorisch außerdem eine **Projektskizze** bzw. ein **Exposé des Dissertationsvorhabens** sowie ein **Zeitplan** verlangt. Für die Vergabe von Stipendien ist neben der bisherigen wissenschaftlichen Qualifikation der Bewerber/innen die Qualität des Promotionsprojekts entscheidend. Die Grundlage für die Beurteilung der Qualität bilden das eingereichte Exposé und der Zeitplan, wobei letzterer auch wichtige Anhaltspunkte über die Durchführbarkeit bzw. ›Machbarkeit‹ eines Vorhabens gibt. Da es sich bei einem Exposé um eine eigene und für angehende Doktoranden/Doktorandinnen besonders wichtige Textsorte handelt, ist diesem Thema ein eigenes Kapitel (s. Kap. IV.4) gewidmet, das detaillierte Hinweise für die Anfertigung von Exposés bzw. Projektskizzen gibt. Aus dem Zeitplan sollten nicht nur die wichtigsten Arbeitsschritte hervorgehen, sondern er sollte auch deutlich machen, dass der- oder diejenige eine realistische Vorstellung von den dafür jeweils zu veranschlagenden Zeiträumen hat und über ein gutes Projekt- und Zeitmanagement verfügt (s. Kap. III.2 sowie Echterhoff/Neumann 2006). Nur wenn der Zeitplan und das Exposé eines Promotionsvorhabens eng aufeinander abgestimmt sind, wirkt ein Projekt kohärent und überzeugend.

Sofern laut Ausschreibung einer Bewerbung ein oder zwei **Gutachten** bzw. **Empfehlungsschreiben** von Hochschullehrern/Hochschullehrerinnen beigefügt werden müssen, sollten Bewerber/innen darauf achten, dass sie die jeweiligen Professoren/Professorinnen bzw. Dozenten/Dozentinnen möglichst frühzeitig um eine solche Referenz bitten und ihnen zugleich den jeweiligen Kontext genau erläutern. Wenn ein Gutachten offensichtlich an einen anderen Adressaten (z.B. Begabtenförderungswerk X statt Graduiertenkolleg Y) gerichtet ist oder aber schon längere Zeit zurückdatiert, so erhöhen sich die Chancen, die jeweilige Stelle oder das Stipendium tatsächlich zu bekommen, nicht gerade. Zudem sollten sich Bewerber/innen bei der Frage, wen sie um ein Gutachten bitten, bewusst machen, dass der/die Gutachter/in ihre wissenschaftlichen Qualifikationen und persönlichen Qualitäten möglichst gut kennen und zudem selbst über einschlägige fachliche Qualifikationen und eine entsprechende Reputation im Fach verfügen sollte.

»Worauf kommt es an?« bzw. Was wird verlangt? – Anforderungen bzw. wissenschaftliche (Mindest-)Standards

In einem kurzen Pionieraufsatz mit dem prägnanten Titel »Worauf kommt es an?« hat Heinz Reinders (2007) erstmals klar und deutlich dargelegt, nach welchen Kriterien in der Wissenschaft Bewerbungsunterlagen beurteilt werden und wie fachliche Kompetenz, Noten und Vorstellungsgespräch in der Regel gewichtet werden. Sein lesenswerter Aufsatz beruht auf einer Onlinebefragung von unipark.de und *Forschung und Lehre*, der Zeitschrift des Deutschen Hochschulverbandes. Die Ergebnisse unterstreichen nochmals, wie wichtig es ist, durch das Anschreiben, den Lebenslauf und die weiteren Bewerbungsunterlagen die eigenen Qualifikationen, Kompetenzen und die Motivation überzeugend darzulegen:

> Die auf ausgeschriebene Stellen eingegangenen Bewerbungen werden dann im Wesentlichen hinsichtlich der Motivation der Bewerber und Form und Inhalt des Lebenslaufs beurteilt. Als Top-Kriterium nennen 27 Prozent, inwieweit es Bewerbern gelingt, ihre Motivation für die jeweilige Stelle darstellen zu können. Knapp 20 Prozent achten in erster Linie auf den Lebenslauf und etwas über 19 Prozent legen vor allem Wert auf vollständige Bewerbungsunterlagen. (Reinders 2007, S. 348)

Wer sich mit realistischer Aussicht auf Erfolg auf Promotionsstipendien, eine Doktorandenstelle oder eine andere Stelle in der Wissenschaft bewerben möchte, ist daher gut beraten, wenn er oder sie nicht bloß die Noten oder Zeugnisse für sich sprechen lässt, sondern die eigene Motivation, die fachlichen Kompetenzen und die erworbenen Schlüsselqualifikationen und Kompetenzen (s. Kap. III.1) im Anschreiben und Lebenslauf prägnant und überzeugend darstellt. Falls bei Auswahlverfahren Vorstellungsgespräche vorgesehen sind, was oft, aber nicht immer der Fall ist, kommt es ebenfalls nicht allein auf fachliche Kompetenz an, die gleichsam die Mindestvoraussetzung ist, ohne die niemand eingeladen wird, sondern mindestens ebenso sehr auf die Motivation und auf Eigenschaften wie Begeisterungsfähigkeit, Kommunikationsstärke, wissenschaftliche Kreativität, Teamfähigkeit und Zielorientierung.

Darüber hinaus sollten sich Doktoranden/Doktorandinnen frühzeitig Klarheit darüber verschaffen, was für den wissenschaftlichen Erwerb von Wissen kennzeichnend ist. Damit ist das Thema der Standards angesprochen, das zwar seit einiger Zeit kontrovers diskutiert wird, zu dem es aber ebenfalls noch keine zuverlässige Literatur gibt. Standards variieren häufig nicht nur von Universität zu Universität und von Fach zu Fach, sondern oft können sich selbst innerhalb eines Faches Kollegen/Kolleginnen nicht recht auf Standards einigen. Dies gilt insbesondere für die Geistes- und Kulturwissenschaften, während es etwa in den Natur- und Ingenieurwissenschaften einen weitreichenden Konsens über Standards gibt. Dementsprechend schwierig und auch riskant ist es, zu diesem Thema zuverlässige Aussagen zu machen. Dennoch soll im Folgenden genau dies versucht werden, weil es für junge Wissenschaftler/innen ganz einfach wichtig ist, eine Vorstellung von den Anforderungen zu haben, nach denen ihre Bewerbungen beurteilt werden.

Die Frage nach den Standards betrifft vor allem das eingereichte Exposé für das Dissertationsprojekt, das als ein wissenschaftliches Forschungsprojekt den Konventionen des wissenschaftlichen Handelns entsprechen muss. Obgleich es bislang »keine konsensfähige Bestimmung des Wissenschaftsbegriffs« (Schmidt 2000, S. 34) gibt, kann man die Spezifik wissenschaftlichen Handelns doch auf eine scheinbar einfache Formel bringen: »explizites Problemlösen durch methodisch geregelte Verfahren« (ebd.). Daraus leiten sich nicht nur einige Voraussetzungen ab, die wissenschaftliche Arbeiten erfüllen sollten, sondern auch Anhaltspunkte für die Gestaltung von Exposés für Dissertationsprojekte. Wenn diese den Nachweis erbringen sollen, dass eine Bewerbung der Spezifik und den Standards wissenschaftlichen Arbeitens genügt, dann sollten sie sich nach Möglichkeit durch folgende Merkmale auszeichnen:

- »ein systematisch geordneter konzeptioneller Rahmen für die Konstitution von Phänomenen und Problemen, kurz: eine explizite Theorie als konzeptionelle Problemlösungsstrategie« (ebd., S. 341)
- Definition der zentralen Konzepte der Theorie oder exemplarische Einführung der Schlüsselbegriffe (Fachsprachenpostulat) sowie Beherrschung der Wissenschaftssprache
- innovative Fragestellung
- Operationalisierung der Fragestellung und Darlegung der Methoden und Untersuchungs- bzw. Problemlösungsschritte (Methodenpostulat)
- Relevanz des Themas und der Fragestellung innerhalb der jeweiligen Disziplin
- Verwendung relevanter und plausibler Argumentations- und Begriffsmuster (vgl. ebd., S. 349)
- Auswahl einer ausreichenden Zahl von relevanten und repräsentativen Quellen bzw. Daten
- Kenntnis der einschlägigen Quellen und der Forschungsliteratur sowie deren Dokumentation in einer Auswahlbibliografie
- intersubjektive Nachvollziehbarkeit und Plausibilität der Fragestellung, der Theorie und der Methoden.

Neben der Klarheit der Sprache und Begriffsverwendung sollte sich ein wissenschaftlicher Antrag bzw. eine Bewerbung auf ein Stipendium oder eine Stelle somit zum einen durch Deutlichkeit, Plausibilität, Transparenz und intersubjektive Nachvollziehbarkeit der Fragestellung und Argumentation auszeichnen. Zum anderen müssen Bewerbungen und Exposés insofern an die bisherige Forschung in einem

Fach anschlussfähig sein, als sie den Konventionen und Diskursen einer Disziplin entsprechen: »Wer erfolgreich (also anschlußfähig) im Rahmen einer Disziplin kommunizieren will, muß akzeptable Beiträge zu Themen im Rahmen des/eines disziplinspezifischen Diskurses anbieten« (ebd., S. 334).

Wonach wird entschieden? – Kriterien bei der Vergabe von Stipendien und Stellen

Über den Erfolg oder Misserfolg von Bewerbungen auf Stellen und Stipendien entscheiden freilich nicht allein die im vorigen Abschnitt erläuterten allgemeinen wissenschaftlichen Standards. Mindestens ebenso wichtig ist es, die Kriterien zu kennen, nach denen Bewerbungen konkret beurteilt werden und die ausschlaggebend sind bei der Vergabe von Stipendien und Stellen. Da es auch in diesem Bereich erhebliche Unterschiede zwischen verschiedenen Institutionen geben kann, ist es wichtig, sich möglichst gut über die jeweiligen Stipendiengeber zu informieren.

Im Falle der elf Begabtenförderungswerke spielen neben den oben erörterten Aspekten noch weitere Gesichtspunkte bei der Stipendienvergabe eine Rolle. Da die vorausgegangenen Kapitel bereits einen Überblick über die elf Begabtenförderungswerke und die jeweiligen Bewerbungsvoraussetzungen gegeben haben (s. Kap. II.5 und II.6), mögen an dieser Stelle einige zusätzliche Hinweise zu den Kriterien genügen. Wichtig ist den meisten Werken neben den fachlichen Qualifikationen vor allem die persönliche und intellektuelle Biografie der Bewerber/innen. Je nachdem, ob es sich um politische oder konfessionelle Stiftungen (das Cusanuswerk und das Evangelische Studienwerk Villigst) handelt, spielen das gesellschafts- oder parteipolitische sowie soziale bzw. religiöse Engagement der Kandidaten/Kandidatinnen eine besondere Rolle bei der Auswahl der Stipendiaten/Stipendiatinnen. Daher stellen die Begabtenförderungswerke die Frage, inwieweit die Kandidaten/Kandidatinnen bereits vorher etwa soziales Engagement gezeigt haben und inwieweit sie den Grundsätzen der Stiftung zustimmen können. Dabei ist jedoch keinesfalls bloßes Nachplappern von parteipolitischen oder religiösen Prinzipien gefragt – es kommt vielmehr darauf an, überzeugend ein (im Einzelfall durchaus mit Kritik einhergehendes) Interesse an den Zielen und Grundsätzen der Stiftungen zu zeigen. Darüber hinaus geht es gerade in Stiftungen, die Weiterbildungsangebote oder Sommerakademien bereit stellen, auch um die Frage, inwieweit der Kandidat/die Kandidatin den Kreis der Stipendiaten/Stipendiatinnen bereichern kann, welche Erfahrungen, Interessen und Kenntnisse er oder sie fruchtbar einzubringen vermag. Bei Bewerbungsgesprächen sollte man sich daher nicht verhalten wie die Maus vor der Schlange und nur im Telegrammstil auf die gestellten Fragen antworten; es kommt vielmehr darauf an, Engagement sowie Begeisterungsfähigkeit an den Tag zu legen und sich als eine interessante Persönlichkeit zu präsentieren.

Wiederum etwas anders sieht es aus, wenn man sich auf Promotionsstipendien bewirbt, die im Rahmen von Graduiertenkollegs, Graduate Schools oder Graduiertenzentren vergeben werden. Dabei kommt es vor allem darauf an, sich möglichst detailliert über das Forschungs- und Studienprogramm sowie die Fragestellungen des jeweiligen Graduiertenkollegs bzw. über das akademische Forschungsprofil (*academic profile*) einer Graduate School oder eines Graduiertenzentrums zu informieren. Eine solche Kenntnis ist allein schon deshalb eine notwendige Voraussetzung für eine erfolgreiche Bewerbung, weil das bei der Bewerbung einzureichende Dissertationsprojekt nicht nur an seiner wissenschaftlichen Qualität, sondern auch an seiner so genannten ›Einschlägigkeit‹, d.h. an seiner Relevanz für das Forschungsprogramm bzw. das akademische Profil der jeweiligen Institution, gemessen wird. Da die meisten Institutionen über eigene Homepages und eine gute oder sogar sehr gute Internetpräsenz verfügen, ist es relativ leicht, sich die notwendigen Informationen zu beschaffen.

Ungeachtet möglicher Unterschiede in der Auswahl und Gewichtung der Kriterien gibt es auch bei Graduiertenkollegs, Graduate Schools und Graduiertenzentren eine Liste von Kriterien, die bei der Beurteilung von Bewerbungen und der Vergabe von Stipendien ausschlaggebend sind. Die wichtigsten Kriterien sind in der folgenden Liste genannt, wobei die stichwortartigen Erläuterungen verdeutlichen sollten, worauf dabei jeweils besonders geachtet wird; die allgemeinen, nicht auf die wissenschaftliche Thematik des jeweiligen Graduiertenkollegs ausgerichteten Kriterien (wie etwa die wissenschaftliche Qualifikation oder die Exzellenz bzw. Innovativität des Projekts) gelten dabei genau so für die Vergabe von Stipendien bei Begabtenförderungswerken:

- wissenschaftliche Qualifikation des Bewerbers/der Bewerberin: Noten, bislang erbrachte Leistungen in Relation zum Alter, Mobilität und Auslandserfahrungen
- wissenschaftliche Exzellenz des Dissertationsprojekts: Qualität des Exposés
- Innovativität (in Bezug auf Gegenstand und Methode) sowie Relevanz des Themas innerhalb des Fachs
- Einschlägigkeit des Themas/Dissertationsprojekts: Relevanz des vorgeschlagenen Projekts für das Forschungsprogramm bzw. akademische Profil der jeweiligen Institution
- interdisziplinäre Anschlussfähigkeit: Relevanz des Dissertationsprojekts für andere Disziplinen/Fächer sowie für andere Forschungsprojekte, die im Rahmen der jeweiligen Institution durchgeführt werden
- Zeitplan und Erfolgsprognose

Die **wissenschaftliche Qualifikation des Bewerbers/der Bewerberin** wird vor allem beurteilt anhand der Noten im Studium und bei der Abschlussprüfung sowie auf der Grundlage der bislang erbrachten Leistungen in Relation zum Alter, denn Leistung ist bekanntlich definiert als ›Arbeit geteilt durch Zeit‹. Natürlich sind nicht Noten allein ausschlaggebend, sondern auch die Qualität und Reputation der Universitäten bzw. Institute, an denen sie erworben wurden, sowie die Abschlussarbeit, die bei vielen Auswahlverfahren ebenfalls den Bewerbungsunterlagen beizufügen ist und die von Kommissionen vielfach auch gelesen wird. Oft wird bei der Beurteilung der wissenschaftlichen Qualifikation der Bewerber/innen auch die Frage gestellt, inwiefern ein/e Bewerber/in durch die bisher erbrachten Leistungen in besonderer Weise zur Bearbeitung des jeweiligen Themas geeignet und qualifiziert ist. Durch ein prägnantes Anschreiben und einen übersichtlich gestalteten Lebenslauf können Bewerber/innen es einer Auswahlkommission erleichtern, die eigenen wissenschaftlichen Qualifikationen zu erkennen. Universitätswechsel, Mobilität, Erfahrungen im Ausland sowie berufliche Tätigkeiten an einer Universität (studentische/r Mitarbeiter/in, vulgo: ›Hilfskraft‹) oder Praktika runden ein sehr gutes Qualifikationsprofil ab. Gleichwohl ist eine sehr gute oder sogar ausgezeichnete Qualifikation eine zwar notwendige, aber noch keine hinreichende Voraussetzung, um bei einem Auswahlverfahren erfolgreich zu sein. Erst wenn die weiteren in der Liste genannten Kriterien ebenfalls erfüllt werden, kommen Bewerber/innen in der Regel in die engere Wahl und werden zu einem Vorstellungsgespräch eingeladen.

Von entscheidender Bedeutung ist vor allem die **wissenschaftliche Qualität bzw. Exzellenz des Dissertationsprojekts**, für das eine Finanzierung beantragt wird. Grundlage für dessen Beurteilung bildet zunächst einmal das eingereichte Exposé, das in der Regel von einem fachnahen und einem fachfremden bzw. fachfernen Dozenten begutachtet wird. Nur wenn mindestens einer das Projekt als ausgezeichnet (›A‹) beurteilt und das zweite Gutachten nicht schlechter als ›sehr gut‹ (›B‹) ausfällt, wird ein/e Kandidat/in in die engere Wahl gezogen und eventuell (je nach Bewerberlage) zu einem Vorstellungsgespräch eingeladen. Ein wichtiges Kriterium für die Beurteilung der Qualität des Dissertationsprojekts ist vor allem auch dessen **Innovativität** (in Bezug auf Gegenstand und Methode) sowie die **Relevanz des Themas innerhalb des Fachs**.

Wenn es sich um **Promotionsstipendien** handelt, die **im Rahmen eines Graduierten- oder Promotionskollegs, einer Graduate School** oder **eines Graduiertenzentrums** vergeben werden, spielen neben der wissenschaftlichen Qualität eines Promotionsprojekts auch die sogenannte ›**Einschlägigkeit**‹ **des Themas** bzw. Dissertationsprojekts für das jeweilige Forschungsprogramm sowie die **interdisziplinäre Anschlussfähigkeit** eines Projekts eine wichtige Rolle bei der Auswahl der Stipendiaten/Stipendiatinnen. Damit wird der Tatsache Rechnung getragen, dass Dissertationen, die in Graduierten- bzw. Promotionskollegs und in Graduate Schools entstehen, nicht allein individuelle Forschungsvorhaben sind, sondern im Kontext eines größeren Forschungsverbundes entstehen und sich nach Möglichkeit gegenseitig befruchten sollen. Aus diesem Grunde spielt die Frage nach der Relevanz eines Dissertationsprojekts für andere Disziplinen/Fächer sowie für andere Forschungsprojekte, die im Rahmen der jeweiligen Institution durchgeführt werden, bei der Vergabe von Stipendien eine wichtige Rolle.

Für Bewerber/innen folgt daraus, dass sie im Anschreiben auf das wissenschaftliche Profil bzw. das Forschungsprogramm der jeweiligen Institution eingehen und sowohl im Anschreiben als auch ausführlich im Exposé darlegen, inwiefern das eigene Projekt einen Beitrag zur Weiterentwicklung des Forschungsprofils leisten könnte. Dabei reicht es nicht, lediglich darauf hinzuweisen, dass das eigene Projekt in das jeweilige Forschungsprogramm ›passe‹ oder dort ›angedockt‹ werden könne. Entscheidend ist vielmehr, zum einen das Anregungspotenzial des Forschungsprogramms für das eigene Vorhaben plausibel zu begründen und zum anderen zu skizzieren, inwiefern das eigene Projekt einen Beitrag zur Weiterentwicklung des *academic profile* einer Graduate School oder eines Graduiertenzentrums leisten könnte.

Bei der abschließenden Beurteilung von Bewerbungen auf Promotionsstipendien spielen außerdem der **Zeitplan** und die **Erfolgsprognose** eine entscheidende Rolle. Da alle Stipendiengeber, seien es nun Begabtenförderungswerke, Graduierten- bzw. Promotionskollegs oder Graduate Schools, daran interessiert sind, dass durch deren institutionelle Förderung und Finanzierung qualitativ hochwertige wissenschaftliche Arbeiten in überschaubarer Zeit (lies: in maximal drei Jahren) entstehen, werden Arbeits- und Zeitpläne kritisch darauf hin geprüft, wie durchdacht, realistisch und machbar sie sind. Darüber hinaus wird auf der Grundlage sämtlicher Kriterien versucht, eine realistische Erfolgsprognose abzugeben. Entscheidend ist dabei, wie plausibel es Bewerbern/Bewerberinnen gelingt darzulegen, dass sie ihre Promotion aller Voraussicht nach innerhalb des vorgegebenen Zeitrahmens und mit einem weit überdurchschnittlichen Ergebnis zu einem erfolgreichen Abschluss bringen werden.

Epilog: Vorstellungsgespräch und Gewichtung der Kriterien

Natürlich gibt es kein einfaches Patentrezept für eine erfolgreiche Bewerbung auf ein Stipendium oder eine Doktorandenstelle. Eine Kenntnis der Anforderungen und Kriterien, die bei der Vergabe von Stellen und Stipendien zugrunde gelegt werden, eine Vertrautheit mit den Standards und Textsorten, die zu einer Bewerbung gehören (vor allem Anschreiben, Lebenslauf und Exposé), sowie eine dementsprechend gestaltete Bewerbung können jedoch letztlich den Ausschlag dafür geben, ob Bewerber/innen zu einem Vorstellungsgespräch eingeladen werden.

Wer eine Einladung zu einem **Bewerbungs- bzw. Vorstellungsgespräch** erhält, sollte sich darauf ebenso gründlich vorbereiten wie auf eine wichtige Prüfung, nicht zuletzt weil ein dreijähriges Promotionsstipendium bzw. eine Doktorandenstelle als wissenschaftliche Mitarbeit nicht nur sehr erfreulich ist, sondern in der Höhe auch einem 5-stelligen Lottogewinn entspricht. Allerdings sind Bewerbungsbzw. Vorstellungsgespräche nicht zu verwechseln mit Prüfungen, denn es geht dabei weniger darum, wissenschaftliches Fachwissen oder Methodenkenntnisse zu überprüfen, sondern darum, die Bewerber/innen und ihre Projekte näher kennenzulernen und sich eine genauere Vorstellung von deren Stärken und Kompetenzen zu verschaffen. Eine sorgfältige Vorbereitung auf Vorstellungsgespräche beinhaltet daher nicht nur, sich nochmals intensiv und selbstreflexiv mit dem eigenen Forschungsprojekt auseinanderzusetzen, sondern sich auch ebenso intensiv über die jeweilige Universität, das Graduierten- bzw. Promotionskolleg, dessen Mitglieder sowie dessen Forschungs- und Studienprogramm zu informieren.

In einem Vorstellungsgespräch für die Vergabe von Stipendien im Rahmen von Graduiertenkollegs, Promotionsprogrammen, Graduate Schools und Graduiertenzentren haben die Bewerber/innen in der Regel zunächst Gelegenheit, ihr Projekt nochmals in knapper Form (d.h. in 5 bis maximal 10 Minuten) zu präsentieren. Anschließend stellen die Mitglieder der Auswahlkommission den Kandidaten/Kandidatinnen Fragen und diskutieren das vorgestellte Projekt mit ihnen. Da zumindest einige, aber oft nicht alle Mitglieder der Auswahlkommission die Bewerbungsunterlagen und das Exposé gelesen haben, kommt es bei der Kurzpräsentation des Dissertationsprojekts zum einen darauf an, möglichst frei zu sprechen und die wichtigsten Punkte – eventuell mit Hilfe eines Handouts – nochmals pointiert hervorzuheben. Zum anderen sollten Bewerber/innen auf diese Weise neben ihren wissenschaftlichen und fachlichen Fähigkeiten auch ihre didaktischen Kompetenzen (vgl. Hallet 2006 sowie Kap. III.5), ihre Präsentationskompetenzen (vgl. Blod 2007) und ihre kommunikativen und rhetorischen Fähigkeiten unter Beweis stellen. Ebenso wie in der Wirtschaft werden auch in der Wissenschaft zunehmend nicht nur exzellente fachliche Experten gesucht, sondern auch Menschen, die erfolgreich mit anderen im Team arbeiten und Projekte gemeinsam entwickeln, planen und durchführen können. Daher sind neben wissenschaftlicher Exzellenz auch jene Schlüsselqualifikationen und Kernkompetenzen von großer Bedeutung, die im folgenden Kapitel dargestellt werden (s. Kap. III.1; vgl. auch Honolka 2003; Händel/Kresimon/Schneider 2007).

Letztlich entscheidet nicht ein einziger Faktor, sondern der Gesamteindruck darüber, ob Bewerber/innen bei der Vergabe von Stipendien und Stellen erfolgreich sind oder nicht. Welcher der oben genannten Faktoren dabei zu guter Letzt den Ausschlag gibt, lässt sich nicht generell sagen. Zum einen variiert die Gewichtung der Gründe, die bei der abschließenden Entscheidung über die Bewerber/-innen zugrunde gelegt werden, nicht nur von Universität zu Universität und Institution zu Institution, sondern auch von Kollegin zu Kollege. Zum anderen gibt es in dieser Hinsicht deutliche Unterschiede zwischen verschiedenen Disziplinen und ihren jeweiligen Wissenschaftskulturen, wie eine empirische Untersuchung zur Vergabe von Stellen in der Wissenschaft gezeigt hat:

> Die [...] Naturwissenschaftler entscheiden sich primär aufgrund der Qualität des Vorstellungsgesprächs (29,4 Prozent). An zweiter Stelle unter den wichtigsten Kriterien folgt bei dieser Gruppe die fachliche Kompetenz. Bei den Sozialwissenschaftlern [...] verhält es sich umgekehrt. Hier wird primär aufgrund der fachlichen Kompetenzen entschieden (25,4 Prozent) und nachfolgend die Qualität des Bewerbungsgesprächs zum Kriterium für die Einstellung gemacht. Noch deutlicher fällt das Votum zugunsten der fachlichen Kompetenz als wichtigstes Entscheidungskriterium bei den Mathematikern und Ingenieuren aus. Hier wird mit 45 Prozent klar auf das fachliche Know-how von Aspiranten geachtet. Bei den [...] Sprach-, Kultur- und Geisteswissenschaftlern rangieren die Einschätzung des Bewerbungsgesprächs und die fachliche Kompetenz mit je einem Drittel Zustimmung gleichermaßen an erster Stelle. (Reinders 2007, S. 348 f.)

Für Bewerber/innen, die sich auf eines der begehrten Stipendien oder eine der nicht minder begehrten, aber sehr raren Doktorandenstellen bewerben, folgt aus alledem zum einen die Einsicht, dass fachliche Kompetenz allein nicht genügt, sondern dass die Präsentation der eigenen Motivation und der erworbenen Schlüsselkompetenzen in der schriftlichen Bewerbung und im Bewerbungs- bzw. Vorstellungsgespräch sowie eine überzeugende Präsentation des eigenen Promotionsprojekts mindestens ebenso wichtig sind. Zum anderen ist es von kaum zu überschätzender Bedeutung, sich nicht allein mit dem eigenen Projekt zu beschäftigen, sondern auch mit der jeweiligen Institution, bei der man sich um ein Stipendium oder eine Stelle bewirbt. Gerade weil dies in der Wirtschaft eine Binsenweisheit ist, überrascht es immer wieder, wie wenig bei Bewerbungen in der Wissenschaft oft auf diese Punkte geachtet wird. Das Gleiche gilt für den Stellenwert von Schlüsselkompetenzen, denen bei Bewerbungen in der Wirtschaft schon länger eine große Bedeutung zukommt, während ihre Wichtigkeit für ein erfolgreiches Studium und eine erfolgreiche Promotion erst allmählich ins Blickfeld rücken. Welche Schlüsselqualifikationen für eine Promotion besonders wichtig sind und wie man sich durch die Promotion weitere Kompetenzen aneignen kann, verdeutlicht das folgende Kapitel.

Literatur

Bandura, Albert: *Self-Efficacy. The Exercise of Control*. London 1997.

Blod, Gabriele: *Präsentationskompetenzen. Überzeugend präsentieren in Studium und Beruf*. Stuttgart 2007.

Echterhoff, Gerald/Neumann, Birgit: *Projekt- und Zeitmanagement. Strategien für ein erfolgreiches Studium*. Stuttgart 2006.

Händel, Daniel/Kresimon, Andrea/Schneider, Jost: *Schlüsselkompetenzen. Reden – Argumentieren – Überzeugen*. Stuttgart 2007.

Hallet, Wolfgang: *Didaktische Kompetenzen. Lehr- und Lernprozesse erfolgreich gestalten*. Stuttgart 2006.

Honolka, Harro (Hg.): *Schlüsselqualifikationen – Das Plus eines universitären Studiums. Informationen für Studierende, Lehrende und Arbeitgeber*. München 2003.

Reinders, Heinz: »Worauf kommt es an? Anforderungen an Bewerbungen in der Wissenschaft«. In: *Forschung und Lehre* 6 (2007), S. 348–349.

Schmidt, Siegfried J.: *Kalte Faszination. Medien, Kultur, Wissenschaft in der Mediengesellschaft*. Weilerswist 2000.

Vera Nünning und Ansgar Nünning

III. Die Promotion als Qualifizierungsphase

1. Kompetent promovieren: Schlüsselkompetenzen für Promotion und Karriere aneignen, trainieren und anwenden

Zur Bedeutung von Schlüsselkompetenzen

Schon seit geraumer Zeit spielen die Begriffe ›Schlüsselqualifikationen‹, ›Schlüsselkompetenzen‹ und ›*soft skills*‹ in Stellenanzeigen – im Übrigen nicht nur für Akademiker/innen – und bei Bewerbungen eine zentrale Rolle. Der **hohe Stellenwert von Schlüsselkompetenzen** lässt sich auch an den bundesweit eingeführten neuen Studiengängen ablesen. Im Zuge des **Bologna-Prozesses** werden die Diplom-, Magister- und Staatsexamensstudiengänge an den deutschen Universitäten bekanntlich flächendeckend umgestellt auf die neuen, am anglo-amerikanischen Vorbild orientierten B. A.- und M. A.-Studiengänge. Diese Umstellung geht einher mit einer radikalen Neuorientierung, die zwar (theoretisch) weithin bekannt ist (bzw. sein müsste), deren weit reichende Konsequenzen aber von vielen Beteiligten noch kaum erkannt worden sind: Während die bisherigen Studiengänge weitgehend an einem Kanon von Inhalten, Fachwissen, Themen und Lehrstoffen ausgerichtet sind bzw. waren, orientiert sich die Konzeption (und die Akkreditierung!) der neuen Studiengänge konsequent an den so genannten *learning outcomes*, d.h. an der Frage, welche Kompetenzen und Schlüsselqualifikationen die Studierenden durch das Studium erwerben. Forciert wird diese Entwicklung durch die allseits erhobenen Forderungen nach einer stärkeren **Praxis- und Berufsfeldorientierung**.

Diese Entwicklung geht schon jetzt an einigen Universitäten (z.B. Freiburg, Heidelberg, LMU München, Potsdam, Tübingen – viele andere werden sicherlich bald nachziehen) einher mit der Einrichtung von »**Zentren für Schlüsselqualifikationen**« sowie von **Career Services**, die sich schwerpunktmäßig mit der Vermittlung von Schlüsselkompetenzen befassen. Schlüsselqualifikationen befähigen Studierende dazu, im Studium und im Laufe ihres Arbeitslebens immer wieder flexibel auf unterschiedliche Anforderungen zu reagieren, eigenständig Probleme zu lösen und adäquat mit sachlichen Herausforderungen und Kollegen/Kolleginnen umzugehen.

Spätestens seitdem diese ›Schlüssel‹-Begriffe im Zuge des so genannten Bologna-Prozesses in aller Munde sind und bei der Akkreditierung von Studiengängen darauf geachtet wird, welche Kompetenzen Studierende jeweils erwerben, dürfte den meisten bekannt sein, dass sowohl für den Berufseinstieg als auch für den erfolgreichen Abschluss einer Promotion ein breites Spektrum von Kompetenzen erforderlich ist. Weniger bekannt ist hingegen, welche Kompetenzen dies im Einzelnen sind, wie man sie systematisch ausbilden kann und wie die erworbenen Qualifikationen und Kompetenzen bei Bewerbungen angemessen präsentiert werden können.

Dieses Kapitel verfolgt deshalb ein **doppeltes Ziel**: Zum einen möchte es einen **Überblick** geben über die **wichtigsten Schlüsselkompetenzen**, die für eine erfolgreiche Promotion notwendig sind und die sich Doktoranden/Doktorandinnen umgekehrt während ihrer bzw. durch ihre Promotion aneignen können. Zum anderen möchte es Promovierenden ein stärker ausgeprägtes **Bewusstsein für ihre eigenen Qualifikationen und Kompetenzen** vermitteln. Eine Kenntnis und realistische Einschätzung der eigenen Schlüsselkompetenzen ist nämlich nicht nur eine wichtige Voraussetzung für eine erfolgreiche Promotion. Ein Bewusstsein der eigenen Kompetenzen und die Fähigkeit, diese in Prüfungs- und Bewerbungssituationen überzeugend darstellen zu können, bildet auch die Grundlage für erfolgreiche Bewerbungen, einen gelungenen Berufseinstieg und die weitere berufliche Karriere. Darüber hinaus kann der Glaube an die eigenen Kompetenzen nicht nur während der Promotion Berge versetzen, sondern auch im späteren Berufsleben – und zwar sowohl im Hochschulsystem als auch bei Tätigkeiten außerhalb der Universität. Deshalb ist es nicht nur wichtig, über ein breites Spektrum von Schlüsselqualifikationen zu verfügen, sondern Promovierende sollten auch ihr eigenes **Kompetenzprofil** kennen und ein entsprechendes **Kompetenzbewusstsein** haben.

Literatur zum Erwerb von Schlüsselkompetenzen

Inzwischen tragen die ersten **neuen Buchreihen** – z.B. die im Klett-Verlag erscheinende Reihe »Uni Wissen Kernkompetenzen« sowie die bei Metzler erscheinenden Bände »Schlüsselkompetenzen« – dieser veränderten Situation Rechnung. Diese Reihen setzen sich zum Ziel, die wichtigsten Schlüsselkompetenzen in anschaulicher und übersichtlicher Form darzustellen, systematisch, verständlich und wissenschaftlich zuverlässig das jeweils relevante Überblickswissen zum Erwerb der jeweiligen Kernkompetenzen zu vermitteln sowie praxisorientierte Hinweise und Übungen zur selbstständigen Entwicklung von Schlüsselqualifikationen zu geben. Auf diese Weise ermöglichen sie Studierenden nicht nur eine zielgerichtete Vorbereitung auf Prüfungen und auf den Einstieg in das Berufsleben, sondern sie vermitteln zugleich auch professionelles Wissen im Hinblick auf Arbeitstechniken und Kompetenzen, die aus modernen Firmen und Organisationen nicht mehr wegzudenken und im Studium, Beruf und Privatleben gleichermaßen unverzichtbar sind. Obgleich sich diese Bände in erster Linie an Studierende der neuen B.A.-/ M.A.-Studiengänge richten, sind sie auch für angehende Promovenden/Promovendinnen von Interesse, denn sie sind nicht nur für Studierende im Grundstudium und in der Examensphase relevant, sondern auch an der Schwelle zum Berufseintritt sowie zum Beginn der Promotion.

Wer nach **Literatur zu bestimmten Schlüsselqualifikationen** bzw. Kernkompetenzen sucht, die für ein erfolgreiches Studium und eine Promotion von besonderer Bedeutung sind, wird feststellen, dass es zu einigen eine zum Teil kaum überschaubare Vielzahl an Publikationen und Ratgebern gibt. Dazu zählen etwa die Themen ›wissenschaftliches Schreiben‹ und ›Techniken des wissenschaftlichen Arbeitens‹ (s. Kapitel IV.3–7). Andere Schlüsselkompetenzen, die für das Studium, die Promotion und den Berufseinstieg nicht minder wichtig sind, werden hingegen sehr viel seltener behandelt. Beispiele dafür wären etwa didaktische Kompetenzen, die nicht nur in Lehrberufen, sondern in der modernen Wissensgesellschaft in fast allen Bereichen von zentraler Bedeutung sind (vgl. Hallet 2006, s. Kap III.5), sowie Projekt- und Zeitmanagement (vgl. Echterhoff/Neumann 2006; s. Kap III.2), das allein schon angesichts der viel zu langen Promotionszeiten (s. Kap. I.1) gerade für erfolgreiche Promotionen unverzichtbar ist.

Auch **allgemeine Bücher zum Thema ›Schlüsselqualifikationen‹** gibt es inzwischen in recht großer Zahl. Diese sind vielfach als Ratgeber, Trainingsprogramm oder didaktischer Leitfaden angelegt und setzen sich zum Ziel, Lesern/Leserinnen Anleitungen und Übungen zum systematischen Erwerb von Schlüsselkompetenzen zu geben. Stellvertretend für einige andere seien etwa das *Kursbuch Schlüsselqualifikationen. Ein Trainingsprogramm* (Belz/Siegrist 1997/2000), das *Trainingsprogramm Schlüsselqualifikationen* (Müller 2003) sowie der Band *Schlüsselqualifikationen vermitteln. Ein hochschuldidaktischer Leitfaden* (Franck 2000) genannt, der sich vor allem auf die Vermittlung der Fähigkeiten des Lesens, Schreibens und Redens konzentriert. Daneben gibt es aber auch etliche Veröffentlichungen, die das Konzept der Schlüsselqualifikationen vor allem aus berufspädagogischer Sicht kritisch unter die Lupe nehmen (vgl. Graichen 2002) und der Frage nachgehen, ob es sich dabei um eine bloße Leerformel oder ein innovatives Integrationskonzept handelt (vgl. Beck 2004). So interessant und nützlich die zum Teil aus Karriere-Seminaren stammenden Trainingsprogramme und Leitfäden für Bewerbungen und den Berufseinstieg im Einzelfall auch sein mögen, Studierende und vor allem Promovierende werden vergeblich darin Antworten auf die Fragen suchen, welche Schlüsselkompetenzen sie eigentlich durch ihre Promotion und Tätigkeiten an der Universität erwerben und wie sie diese schon während ihres Studiums und ihrer Promotion systematisch trainieren und überzeugend darstellen können. Gleichwohl unterstreichen die Veröffentlichungen zum Thema ›Schlüsselqualifikationen‹, dass dieses Thema gleichsam die Schnittstelle ist, an der sich die Interessen von Universität und Arbeitsmarkt, Bildungsdebatten und Berufspädagogik, Absolventen/Absolventinnen bzw. Promovierenden und prospektiven Arbeitgebern treffen bzw. überschneiden.

Begriffsklärung: Was sind ›Schlüsselkompetenzen‹?

Obgleich der Begriff der Schlüsselkompetenzen und die meist synonym verwendeten Begriffe ›Schlüsselqualifikationen‹, ›Kernkompetenzen‹ und Soft Skills sowohl in Stellenanzeigen und Veröffentlichungen zur Personalauswahl als auch in den Debatten um Bildung, Ausbildung und Berufspädagogik inzwischen geradezu inflationär gebraucht werden, mangelt es an klaren Definitionen dieser Begriffe, die vielfach als bloße Schlagworte verwendet werden. Unter den genannten Begriffen wird oft eine Vielzahl und Vielfalt unterschiedlicher kognitiver Fähigkeiten, praktischer Fertigkeiten, Einstellungen und Kenntnisse subsumiert. Zu Recht ist daher kritisiert worden, dass der Begriff »eine **Tendenz zur Ausuferung**« (Honolka 2003, S. 7) besitze.

Überblickt man die vorliegenden Begriffsbestimmungen, so wird deutlich, dass sich Schlüsselkompetenzen bzw. Schlüsselqualifikationen vor allem durch **drei Merkmale** auszeichnen: Erstens unterscheiden sie sich von fachlichen Fähigkeiten und Kenntnissen dadurch, dass sie sich nicht auf eine bestimmte Disziplin oder einen beruflichen Sektor beziehen, sondern dass es sich um **disziplinen- und**

berufsübergreifende Kompetenzen handelt. Zweitens versteht man unter diesen Begriffen solche Fähigkeiten und Einstellungen, die **transferierbar bzw. übertragbar** sind. Drittens zeichnen sich Schlüsselkompetenzen dadurch aus, dass sie Individuen daher für eine Vielzahl unterschiedlicher Anforderungen, Berufe, Funktionen und Positionen qualifizieren. Die folgende Definition fasst einige der wichtigsten Merkmale prägnant zusammen:

> Schlüsselqualifikationen sind relativ lange verwertbare Kenntnisse, Fähigkeiten, Fertigkeiten, Einstellungen und Werthaltungen zum Lösen gesellschaftlicher Probleme. Als Berufsqualifikationen sind es funktions- und berufsübergreifende Qualifikationen zur Bewältigung beruflicher Anforderungssituationen. Diese Fähigkeiten, Einstellungen und Haltungen reichen über die fachlichen Fähigkeiten und Kenntnisse hinaus und überdauern sie. Qualifikationsziel ist die berufliche Flexibilität und Mobilität. (Beck 1993, S. 17 f.)

Diese Definition verdeutlicht, dass die anschauliche ›Schlüssel‹-Metapher den Kern der gemeinten Kompetenzen erfasst. Zum einen sind Schlüsselkompetenzen gleichsam der **Schlüssel zum Erfolg** im Studium, in der Promotion und im Beruf. Zum anderen handelt es sich bei Schlüsselqualifikationen insofern um eine Form von **Meta-Kompetenzen**, als sie Menschen die kognitiven, kommunikativen und sozialen Werkzeuge an die Hand geben, um sich selbstständig weitere neue Bereiche, Fähigkeiten und Qualifikationen zu erarbeiten bzw. zu ›**erschließen**‹: »Schlüsselqualifikationen, so die Zielvorstellung, sollten es dem Individuum ermöglichen, sich immer wieder neue **Qualifikationen** – und damit lebenslang **Handlungsfähigkeit** in möglichst vielen Bereichen – zu erschließen, daher die ›Schlüssel‹-Metapher« (Honolka 2003, S. 5).

Gerade in der modernen Medien- und **Wissensgesellschaft**, in der **lebenslanges Lernen** sowie **Flexibilität** und **Mobilität** in nahezu allen Berufs- und Lebensbereichen eine zentrale Rolle spielen, kommt der Aneignung bzw. Ausbildung von Schlüsselqualifikationen daher eine enorm gestiegene Bedeutung zu. Während fachliche und wissenschaftliche Kenntnisse nicht zuletzt durch den rasanten technischen Fortschritt sowie die Dynamik der Wissensproduktion immer schneller veraltern und entwertet werden, steigt die Bedeutung von Qualifikationen und Kompetenzen, die Menschen für ein breites Spektrum von Situationen und Tätigkeiten in unterschiedlichen Berufsfeldern qualifizieren. Dazu zählen etwa die Fähigkeit zum selbstständigen und lebenslangen Lernen, Kreativität, Problemlösungskompetenzen, kommunikative Kompetenzen, Flexibilität, Mobilität und Teamfähigkeit.

Die **Notwendigkeit zum Erwerb von Schlüsselkompetenzen** wird noch forciert durch die **Internationalisierung und Globalisierung**, die die Wirtschaft und Wissenschaft gleichermaßen betrifft. Dementsprechend hoch ist der Bedarf an Absolventen/Absolventinnen, die nicht nur über sehr gute Fremdsprachenkenntnisse, sondern auch über **interkulturelle Kompetenzen** (vgl. Erll/Gymnich 2007) und die Fähigkeit zu **interkultureller Kommunikation** (vgl. Lüsebrink 2005) verfügen. Auf dem von Globalisierung geprägten europäischen Arbeitsmarkt sind nicht nur sehr gute Kompetenzen in mehreren Fremdsprachen erforderlich, sondern auch Fähigkeiten im Umgang mit interkulturellen, national geprägten Unterschieden in den Unternehmens- und Wissenschaftskulturen. Neben dem bloßen Wissen um andere Länder, Kulturen, Sitten und intellektuelle Stile, das seit jeher ein wichtiger Bestandteil der fremdsprachlichen Weiterbildung und des sprach-, literatur- und kulturwissenschaftlichen Studiums ist, zielt die Vermittlung von interkultureller Kompetenz darauf ab, auch die erforderliche Sensibilität und Offenheit für Menschen aus anderen Kulturen bei privaten, beruflichen und wissenschaftlichen Kontakten zu entwickeln.

Auf dem Weg zu einem Kanon von Schlüsselkompetenzen

Obgleich es bislang noch keinen Kanon von Schlüsselkompetenzen gibt, bieten die Anträge und Studienordnungen der neuen B. A.-/M. A.-Studiengänge, die Angebote der »Zentren für Schlüsselkompetenzen« und der Career Services sowie einige Überblicksveröffentlichungen zu dem Thema durchaus Anhaltspunkte dafür, welchen Kompetenzen sowohl im Studium als auch bei der Personalauswahl bei Stellenausschreibungen für Akademiker/innen besondere Bedeutung beigemessen wird. Zu den besonders **wichtigen Schlüsselkompetenzen** gehören vor allem Kommunikationskompetenzen, die Fähigkeit zum selbstständigen Problemlösen, Transferfähigkeit, Projekt- und Zeitmanagement sowie interkulturelle Kompetenzen. Auch Informations- und Wissensmanagement, Argumentation, Rhetorik, Gesprächs- und Verhandlungsführung sowie Medien-, Präsentations- und Visualisierungskompetenzen zählen zu jenen Schlüsselkompetenzen, die oft in Stellenanzeigen auftauchen und den Berufseinstieg erleichtern.

Häufig wird in Stellenausschreibungen darüber hinaus eine Reihe von **Persönlichkeitsmerkmalen** genannt, über welche der oder die gesuchte Stelleninhaber/in ebenfalls verfügen sollte. Das Spektrum reicht von Ausdauer, Begeisterungsfähigkeit und Eigeninitiative über Kreativität, Leistungsbereitschaft und Stressresistenz bis zu Teamorientierung, Verantwortungsbereitschaft und Zuverlässigkeit.

Gerade weil die Liste der Schlüsselqualifikationen kaum überschaubar und potenziell unendlich ist, erscheint es nützlich, die unterschiedlichen Kompetenzen in Gruppen zu ordnen. Obgleich es bislang keine allgemein anerkannten **Kategorisierungen von Schlüsselkompetenzen** gibt und Schlüsselqualifikationen zudem nicht immer klar voneinander trennbar sind (vgl. Honolka 2003, S. 7), erscheint der folgende Katalog, aus der äußerst lesens- und empfehlenswerten Broschüre *Schlüsselqualifikationen – Das Plus eines universitären Studiums. Informationen für Studierende, Lehrende und Arbeitgeber* des Instituts Student und Arbeitsmarkt der Ludwig-Maximilians-Universität München (Honolka 2003), zur besseren Orientierung sehr hilfreich. Anstatt einfach aus einer langen Liste disparater Fähigkeiten und Qualifikationen zu bestehen, beruht dieser Katalog auf der sinnvollen **Unterscheidung von kognitiven, kommunikativen und sozialen Kompetenzen**, die wiederum von **Persönlichkeitsmerkmalen** und **allgemeinem Basiswissen** abgegrenzt werden:

- **Kognitive Kompetenzen**: Denken in Zusammenhängen, logisches und abstraktes Denken, konzeptuelles Denken, quantifizierendes Denken, Transferfähigkeit, Problemlösungsfähigkeit, Theorie-Praxis-Vermittlung
- **Kommunikative Kompetenzen**: Schriftliche und mündliche Ausdrucksfähigkeit, Präsentationstechniken, Diskussionsfähigkeit, zielgruppenspezifische Kommunikation
- **Soziale Kompetenzen**: Konflikt- und Kritikfähigkeit, Teamfähigkeit, Einfühlungsvermögen, Durchsetzungsvermögen, Führungsqualitäten, Kundenorientierung

- **Persönlichkeitsmerkmale**: Selbstständigkeit, Kreativität, Initiative, geistige Offenheit und Mobilität, Verantwortungsbereitschaft, Leistungsbereitschaft, Ausdauer, Zuverlässigkeit, Umgehen mit Unwägbarkeiten, demokratische Grundhaltung, ethisches Urteilsvermögen
- **Allgemeines Basiswissen**: Allgemeinbildung, EDV-Kenntnisse, Fremdsprachen, interkulturelles Wissen, wirtschaftliches und juristisches Grundwissen, Arbeitswelterfahrungen, Lern- und Arbeitstechniken
  (Honolka 2003, S. 7)

Natürlich erhebt auch diese Kategorisierung keinen Anspruch auf Vollständigkeit. Vielmehr ließen sich unschwer weitere Schlüsselkompetenzen nennen, die sich einer oder mehrerer dieser Kategorien zuordnen ließen. Dazu zählen etwa Medienkompetenzen, interkulturelle Kompetenzen sowie die unter Begriffen wie Event-, Projekt- und Zeitmanagement zusammengefassten Fähigkeiten. Dennoch ist ein solcher nach Kategorien geordneter Katalog von Schlüsselqualifikationen nicht nur nützlich als erste Information über in der beruflichen Praxis besonders gefragte Schlüsselkompetenzen, sondern er kann auch als eine Art von Checkliste dienen bei dem Versuch, die eigenen Stärken und Schwächen realistisch einzuschätzen. Eine solche **Stärken-Schwächen-Analyse** bildet wiederum eine notwendige Voraussetzung dafür, um persönliche Defizite festzustellen und sich gezielt darum zu bemühen, diese durch die Entwicklung der entsprechenden Qualifikationen zu beheben.

Viele der in dem Katalog aufgeführten **Schlüsselkompetenzen** sind natürlich auch **für eine erfolgreiche Promotion** von großer Bedeutung. Das heißt nicht, dass angehende Doktoranden/Doktorandinnen bereits über sämtliche dieser Fähigkeiten verfügen können müssten. Vielmehr bietet die Promotion vielfältige Gelegenheiten, um sich ein breites Spektrum von Kompetenzen und Qualifikationen anzueignen. Welche Schlüsselkompetenzen durch eine Promotion vor allem ausgebildet und trainiert werden können, wird im nächsten Abschnitt gezeigt.

Schlüsselkompetenzen durch die Promotion ausbilden und trainieren

Die Promotion ist nicht nur eine Phase intensiver wissenschaftlicher Forschung, sondern auch eine entscheidende Qualifizierungsphase, die vielfältige Möglichkeiten bietet, sich die oben genannten Schlüsselkompetenzen anzueignen und sie weiterzuentwickeln. Da die wichtigsten Kompetenzen, die für eine erfolgreiche Promotion und die weitere berufliche Laufbahn gleichermaßen von Bedeutung sind, in den nachfolgenden Kapiteln detailliert vorgestellt werden (s. Kap. III.2–5), genügt an dieser Stelle ein einführender Überblick. Dieser soll vor allem das Bewusstsein dafür schärfen, dass Doktoranden/Doktorandinnen durch ihre Promotion nicht nur eine für eine wissenschaftliche Karriere notwendige fachliche Qualifikation erwerben, sondern darüber hinaus vielfältige Gelegenheiten haben, eine Vielzahl an Schlüsselqualifikationen und Kernkompetenzen auszubilden und zu trainieren. Wichtig ist es dabei, ein Bewusstsein der erworbenen Kenntnisse und Fähigkeiten zu haben und sich auch den Zusammenhang zwischen bestimmten Arbeitsschritten eines Promotionsvorhabens und den dadurch – sei es unbewusst, sei es bewusst – entwickelten Schlüsselkompetenzen klar zu machen.

Das beginnt bereits mit der Einsicht, dass eine **Promotion** ein **großes Projekt** ist. Dessen erfolgreiche Durchführung erfordert zum einen ein hohes Maß jener **Persönlichkeitsmerkmale**, die oben genannt wurden: an erster Stelle Eigeninitiative und Selbstständigkeit, die beide schon bei der Entwicklung der Fragestellung und der Suche nach geeigneten Betreuern/Betreuerinnen der Dissertation gefragt sind, sodann ein hohes Maß an Kreativität und geistige Offenheit, im weiteren Verlauf dann Ausdauer, Leistungsbereitschaft, Verantwortungsbereitschaft sowie Zuverlässigkeit und schließlich die Bereitschaft und Fähigkeit, mit Unwägbarkeiten, Frustrationen und Stresssituationen umgehen zu können. Durch eine Promotion eignet man sich in der Regel auch ein relativ hohes Maß an **Flexibilität**, **Stressresistenz** sowie **Frustrations- und Kontingenztoleranz** an: Da fast jede/r die Erfahrung machen wird, dass auch die besten Arbeits- und Zeitpläne nicht immer eingehalten werden können, dass es bei einem komplexen und langwierigen Projekt wie einer Promotion auch schwierige Phasen und Krisen zu meistern gilt (s. Kap. IV.8) und dass die Phase kurz vor dem Abschluss oft von Stress und Zeitdruck geprägt ist, eignen sich Promovierende wichtige Fähigkeiten an, um mit Stresssituationen, Frustrationen und unvorhersehbaren Problemen umzugehen. Solche Erfahrungen und Persönlichkeitsmerkmale sind nicht nur für eine wissenschaftliche Karriere nützlich, sondern auch für Tätigkeiten im Management. Zum anderen gibt ein Promotionsvorhaben Doktoranden/Doktorandinnen, die ihre Promotion von Beginn an als ein Projekt begreifen, reichhaltig Gelegenheit, Erfahrungen im Projekt- und Zeitmanagement zu erwerben (s. Kap. III.2). So wird ein Zeitplan, aus dem die geplanten Arbeitsschritte hervorgehen, in der Regel schon bei der Bewerbung um ein Stipendium (s. Kap. II.7) vorausgesetzt. Selbst wenn viele die Erfahrung machen, die eigenen Zeitpläne hier und da nicht einhalten zu können, werden sie auch feststellen, dass ein nicht (ganz) eingehaltener Zeitplan sehr viel besser ist, als keinen zu haben.

Die eigenständige **Entwicklung einer wissenschaftlichen Fragestellung**, die Formulierung von Hypothesen und die **Ausarbeitung eines geeigneten Theorie- und Methodendesigns** setzen nicht nur die oben genannten **kognitiven Kompetenzen** voraus, sondern diese notwendigen Arbeitsschritte jedes Promotionsvorhabens geben auch reichhaltig Gelegenheit, diese kognitiven Fähigkeiten regelmäßig zu üben und weiterzuentwickeln. Die Planung und Durchführung eines Promotionsvorhabens setzt logisches, abstraktes und konzeptuelles Denken, Entscheidungsfreude, Problemlösungsfähigkeit sowie Zielstrebigkeit voraus. Außerdem erfordert sie die Fähigkeit in Zusammenhängen zu denken und zwischen Theorie und Praxis bzw. Anwendung vermitteln zu können, und setzt zudem eine gewisse Risikobereitschaft voraus. Hohe **Eigenmotivation**, **Entscheidungsfreudigkeit**, **vernetztes und visionäres Denken**, **Organisationsfähigkeit**, **Risikobereitschaft** und **Zielorientierung** sind also nicht nur in der Wirtschaft gefragte **Soft Skills**, sondern auch ein **integraler Bestandteil einer Promotion**.

Auch durch die notwendigen **bibliografischen und wissenschaftlichen Recherchen** sowie durch Archivaufenthalte erzielen Promovierende nicht nur Fortschritte bei ihrem jeweiligen Promotionsvorhaben, sondern sie eignen sich dabei zugleich auch weitere Schlüsselkompetenzen an. Dazu zählt vor allem die Fähigkeit, schnell und zuverlässig Forschungsliteratur zu einem Thema recherchieren und die wichtigsten Informationen zusammentragen zu können. Nicht minder wichtig sind angesichts der Fülle an bibliografischen und sachlichen Informationen die als ›**Wissens- und Informationsmanagement**‹ bezeichneten Fähigkeiten zur systematischen Archivierung, Ordnung und Auswertung der ermittelten Informationen und des erarbeiteten Wissens. Dabei können natürlich auch die Möglichkeiten der softwaregestützten Literaturverwaltung (s. Kap. IV.7) genutzt werden.

Darüber hinaus geben **Forschungskolloquien**, **Oberseminare** und weitere für Doktoranden/Doktorandinnen an Graduiertenkollegs und Graduiertenzentren angebotene **Lehrveranstaltungen** wie Workshops und Master Classes vielfältige Gelegenheiten, durch die Vorstellung des eigenen Projekts und die Diskussion mit anderen Doktoranden/Doktorandinnen wichtige berufsrelevante Schlüsselqualifikationen zu erwerben und zu trainieren. Dazu zählen zum einen die oben als ›**kommunikative Kompetenzen**‹ bezeichneten Fähigkeiten im schriftlichen und mündlichen Ausdruck, Diskussionskompetenzen sowie die Fähigkeit zu zielgruppenspezifischer Kommunikation. Zum anderen können Projektvorstellungen und Vorträge auf Workshops und Tagungen genutzt werden, um die eigenen **Medien- und Präsentationstechniken** (vgl. Blod 2007) sowie **didaktischen Kompetenzen** (s. Kap. III.5 sowie Hallet 2006) zu verbessern und regelmäßig zu trainieren. Auch die **Disputation** (s. Kap. IV.9) bildet nicht nur den Abschluss der Promotion, sondern bietet eine weitere Gelegenheit, die erworbenen Präsentationstechniken, didaktischen Kompetenzen, Diskussionsfähigkeiten und sicheres Auftreten unter Beweis zu stellen. Sofern an der jeweiligen Universität ein Vorbereitungskurs für die Disputation angeboten wird, haben Promovierende die Chance, diese Kompetenzen vorher zu üben.

Das Kernstück jedes Promotionsvorhabens – das **Schreiben der Dissertation** – sowie die allen offen stehende Möglichkeit, schon während der Promotion erste **Publikationserfahrungen** (s. Kap. III.3 und III.4) zu sammeln, eröffnen weitere Gelegenheiten, um einschlägige Schlüsselqualifikationen zu erwerben und zu trainieren. Durch das Schreiben einer wissenschaftlichen Arbeit eignet man sich eine Vielzahl von **Strategien professioneller Textproduktion** an (s. Kap. IV.6), die für spätere Tätigkeiten innerhalb wie außerhalb der Universität von großer Bedeutung sind. Das gleiche gilt für das Schreiben anderer Texte wie Exposés für Bewerbungen (s. Kap. II.7, IV.4), Zusammenfassungen bzw. Abstracts des eigenen Projekts, Rezensionen (s. Kap. III.4) sowie Artikel für wissenschaftliche Zeitschriften oder Zeitungen (s. Kap. III.3). Je mehr Erfahrungen Doktoranden/Doktorandinnen mit unterschiedlichen Textsorten und Publikationsorganen gesammelt haben, desto größer wird ihre **Textsortenkompetenz** und ihre **Fähigkeit zur zielgruppengerichteten und mediengerechten Kommunikation**.

Sofern es für Doktoranden/Doktorandinnen an der jeweiligen Universität etwa im Rahmen von Graduiertenkollegs, Graduiertenzentren und Graduate Schools Möglichkeiten gibt, selbstständig **wissenschaftliche Veranstaltungen** wie Tagungen oder Konferenzen zu **organisieren**, so bieten sich damit weitere Möglichkeiten, sich zusätzliche Schlüsselkompetenzen anzueignen (s. Kap. III.3). Durch die Planung und Organisation solcher Veranstaltungen können Doktoranden/Doktorandinnen etwa Erfahrungen im **Event-, Projekt- und Zeitmanagement** erwerben, die bei späteren Bewerbungen eventuell einmal genau so wichtig (oder gar wichtiger) werden können als die Dissertation und der Abschluss der Promotion selbst.

Gerade Doktoranden/Doktorandinnen, die nicht alleine auf sich gestellt sind, sondern die im Rahmen von Graduierten- bzw. Promotionskollegs, Graduiertenzentren oder Graduate Schools promovieren, haben außerdem vielfältige Möglichkeiten, während ihrer Promotion neben kognitiven und kommunikativen Kompetenzen auch die nicht minder wichtigen **sozialen Kompetenzen** bzw. **Soft Skills** auszubilden. Durch den dauernden Austausch und Dialog mit anderen Promovierenden sowie die Organisation gemeinsamer Veranstaltungen trainieren sie nicht nur ihre **Teamfähigkeit**, ihr **Einfühlungsvermögen, ihre emotionale Intelligenz** und ihre **Dialog- und Diskussionsfähigkeiten**, sondern auch ihre **Konflikt- und Kritikfähigkeit**, ihr **Durchsetzungsvermögen** und je nach ihrer Rolle auch ihre **Führungsqualitäten**. Zudem bieten kollegiale Promotionsstrukturen und Forschungsplattformen für Promovierende vielfältige Möglichkeiten, um auch auf lokaler, nationaler und eventuell sogar internationaler Ebene Netzwerke zu bilden. Dieses **Networking** ist gerade für Nachwuchswissenschaftler/innen von kaum zu überschätzender Bedeutung, weil es nicht nur den eigenen wissenschaftlichen Horizont erweitert und Anregungen für gemeinsame Projekte gibt, sondern auch für die weitere Karriere wichtig sein kann (s. Kap. V.1–2).

Kurzum: **Kompetent promovieren** heißt somit nicht bloß eine wissenschaftliche Fragestellung zu bearbeiten und eine Dissertation zu schreiben, sondern auch sich ein breites **Spektrum von Schlüsselkompetenzen anzueignen**. Nicht minder wichtig ist es, ein Bewusstsein der eigenen Kompetenzen auszubilden. Mit dem Begriff ›**Kompetenzbewusstsein**‹ ist keineswegs Selbstüberschätzung oder gar arrogante Überheblichkeit gemeint, sondern eine realistische, weil wohl begründete und fundierte Einschätzung der eigenen Stärken und Schwächen. Nur wer weiß, was er oder sie kann, wird anderen die eigenen Fähigkeiten überzeugend vermitteln können.

Könnensbewusstsein und Kompetenzprofile: Schlüsselkompetenzen für den Berufseinstieg und die Karriere überzeugend präsentieren

Insgesamt ist allein schon die erfolgreiche Durchführung eines Promotionsvorhabens somit ein Ausdruck von großer Leistungsfähigkeit und sollte jedem Individuum jenes Kompetenz- bzw. **Könnensbewusstsein** vermitteln, das man als *self-efficacy* (zu deutsch ›Selbstwirksamkeit‹) bezeichnet. Dieser Begriff bezeichnet in der Psychologie den Glauben an die Fähigkeit, aufgrund eigener Kompetenzen erfolgreich Handlungen ausführen und selbst gesetzte Ziele erreichen zu können. Wie Albert Bandura in seinem Buch *Self-Efficacy. The Exercise of Control* (1997) gezeigt hat, sind Menschen mit einem hohen Maß an *self-efficacy* in der Regel effektiver und erfolgreicher als solche, die an ihren Fähigkeiten zweifeln. Dass der Glaube an die eigenen Kompetenzen Berge versetzen kann und dass Erfolg in der Regel im Kopf beginnt, haben nicht zuletzt Jürgen Klinsmann und der erfolgreiche Sportpsychologe Hans-Dieter Hermann bei der WM 2006 bzw. dem ›Sommermärchen‹ der deutschen Fußballnationalmannschaft überzeugend unter Beweis gestellt. Auch wenn das Schreiben einer Dissertation und der erfolgreiche Abschluss einer Promotion nicht unbedingt die Fortsetzung des Fußballs mit anderen Mitteln sein mag, gibt es doch genug Parallelen, die die Bedeutung eines solchen Könnensbewusstsein bzw. des Glaubens an die eigenen Fähigkeiten in beiden Bereichen ebenso wie beim späteren Berufseinstieg nach der Promotion unterstreichen.

Dass Schlüsselqualifikationen bzw. Schlüsselkompetenzen inzwischen neben der Erfüllung stellenspezifischer fachlicher Anforderungen und praxisorientierten Erfahrungen als notwendige Voraussetzung bzw. Schlüssel für den erfolgreichen Berufseinstieg gelten, ist zwar weithin bekannt, aber welche Konsequenzen dies etwa für Promovierende konkret hat, ist noch kaum erörtert worden. Allerdings dürfte das Bewusstsein dafür gewachsen sein, dass der Hinweis auf die ›spezifische geisteswissenschaftliche Kompetenz‹, über die Geistes- und Kulturwissenschaftler vermeintlich verfügen, wohl nur die wenigsten Personalchefs überzeugen dürfte.

Gerade für Geistes-, Kultur- und Sozialwissenschafter ergibt sich aus der nach wie vor schwierigen Lage auf dem Arbeitsmarkt heute mehr denn je die Aufgabe, nicht nur ihre spezifischen disziplinären Kompetenzen, sondern vor allem auch die erworbenen Schlüsselqualifikationen, Kernkompetenzen und Soft Skills stärker zu profilieren, überzeugend darzustellen, in unterschiedlichen Situationen anzuwenden und im Sinne eines Selbst-Marketing erfolgreich zu verkaufen. Die Vielzahl und große Bandbreite der Qualifikationen und Kompetenzen, die man sich während eines Hochschulstudiums und einer Promotion aneignen kann, können sich manchmal auch als Nachteil erweisen: Gerade weil Ausbildungsprofile in der Hochschule bislang nur sehr selten explizit formuliert oder exakt definiert werden und weil die Themen von Dissertation oft relativ spezialisiert erscheinen, sind Promovierende oft um eine Antwort verlegen, wenn sie von Personalchefs mit der Frage konfrontiert werden, was sie als Geistes-, Kultur- oder Sozialwissenschaftler/innen eigentlich ›können‹.

Dabei können sie eine ganze Menge, wie die folgende Übersicht über einige der zentralen Schlüsselqualifikationen und Kernkompetenzen nochmals zusammenhängend verdeutlichen mag. Die unterschiedlichen disziplinären Fachkompetenzen werden dabei bewusst nicht berücksichtigt, da Wissenschaftler/innen diese natürlich selbst am besten kennen und außerdem viele Absolventen im Beruf völlig andere Tätigkeiten ausüben als während des Studiums und der Promotion. Nicht zuletzt deshalb sind gerade die oben dargestellten Schlüsselqualifikationen und Kompetenzen, die während einer Promotion gleichsam en passant erworben werden, von besonderer Bedeutung.

An erster Stelle sind einige grundlegende geistes- und kulturwissenschaftliche Kompetenzen zu nennen, deren Bedeutung angesichts der allseits geforderten Fähigkeit und Bereitschaft zur lebenslangen Fortbildung kaum überschätzt werden kann. Dazu zählen vor allem

- **Problemlösungskompetenzen**: Kenntnisse und Beherrschung von Strategien, um Fragen fundiert zu beantworten, Projekte eigenverantwortlich durchzuführen und Probleme eigenständig, strategisch und methodisch fundiert zu lösen;
- **analytische Kompetenzen**: die Fähigkeiten, in Netzwerken zu denken und komplexe Zusammenhänge zu verstehen, zu gliedern und darzustellen;
- **Recherche- und Informationskompetenzen**: die Beherrschung von Techniken, um zu einem Thema gezielt, schnell und systematisch relevante Literatur bzw. Informationen zu ermitteln und zu beschaffen;

- **interdisziplinäre Kompetenzen**: die Fähigkeiten, nach pragmatischen Gesichtspunkten unterschiedliche Theorien, Modelle und Methoden aus verschiedenen Bereichen oder Disziplinen zur Lösung von Problemen zu verbinden.

Nicht minder wichtig für den Berufseinstieg ist neben diesen allgemeinen wissenschaftlichen Kompetenzen eine Reihe von Kommunikations-, Präsentations- und Vermittlungskompetenzen, die während einer Promotion erworben, systematisch trainiert und angewendet werden können. Besonders zu nennen wären vor allem

- **kommunikative Kompetenzen**: die Bereitschaft, auf andere Menschen zuzugehen, und die Fähigkeit, in unterschiedlichen Kontexten und Situationen adressaten- und situationsgerecht sprachlich handeln zu können (vgl. Schulz von Thun 1981, 1989, 1998);
- **metakommunikative Kompetenzen**: die Fähigkeit, Kommunikationsabläufe zu analysieren, Probleme und Störungen menschlicher Kommunikation zu erkennen und zu lösen und erfolgreich *über* Kommunikation kommunizieren zu können (vgl. Watzlawick/Beavin/Jackson 1969; Schulz von Thun 1981);
- **didaktische Kompetenzen**: fundierte Kenntnisse und Beherrschung aktueller Lehr-/Lernformen, diagnostische Fähigkeiten sowie methodische Vermittlungsfähigkeiten, die erworbenen Kenntnisse in unterschiedlichen Lehr-/Lernsituationen erfolgreich anzuwenden (vgl. Hallet 2006);
- **sprachliche und rhetorische Kompetenzen**: die Fähigkeit, komplexe Sachverhalte, Prozesse und Zusammenhänge sowie die Ergebnisse eigener Recherchen, Analysen und Forschungen sprachlich adäquat darzustellen und überzeugend zu begründen;
- **Medienkompetenzen**: Kenntnisse und Fähigkeiten im Umgang mit neuen Medien als Forschungswerkzeug, Datenbank für Fachinformation und Präsentationsmedium, sowie Fähigkeiten in der Analyse der medienspezifischen Verfahren der Wirklichkeitsdarstellung und Wirklichkeitskonstruktion in der heutigen Medienkultur;
- **Präsentationskompetenzen**: die Fähigkeit, Ergebnisse eigener Recherchen, Analysen und Forschungen mit Hilfe von Medien und Präsentationsprogrammen wie PowerPoint überzeugend darstellen, strukturieren, vermitteln und visualisieren zu können (vgl. Blod 2007).

Hinzu kommen bei zahlreichen Promovierenden interkulturelle Kommunikationskompetenzen, die angesichts fortschreitender Internationalisierung und Globalisierung neue Berufschancen und Berufsfelder eröffnen. Interkulturelle Kommunikationskompetenzen können sowohl durch Auslandsaufenthalte als auch durch Promotionen in Internationalen Promotionsprogrammen und Graduiertenkollegs wesentlich verbessert werden. Zum Bereich der interkulturellen Kompetenzen zählen

- **fremdsprachliche Kompetenzen**: die möglichst gute Beherrschung des gesprochenen und geschriebenen Englisch, Französisch, Spanisch oder Russisch, um nur einige Beispiele zu nennen;
- **fremdsprachliche Text-/Textsortenkompetenz**: die Fähigkeit, ein breites Spektrum fremdsprachiger Texte zu verstehen und selbst Texte in verschiedenen Textsorten verfassen zu können;
- **fremdkulturelle Kenntnisse**: das Know-how über andere Kulturen und Kulturräume;

- **interkulturelle Kommunikationskompetenzen:** Kenntnisse über Fremdwahrnehmungsprozesse (Stereotypenbildung, Vorurteilsstrukturen etc; vgl. Lüsebrink 2005) sowie die Fähigkeit, mit Angehörigen anderer Kulturkreise adäquat zu kommunizieren, sich in fremden Kulturen zurechtzufinden und erfolgreich tätig zu sein.

Nicht zu vergessen sind schließlich einige Fähigkeiten, die gern als ›**allgemeine Schlüsselqualifikationen**‹, ›**Persönlichkeitsmerkmale**‹ oder ›**Soft Skills**‹ bezeichnet werden und die – schenkt man der einschlägigen Ratgeberliteratur Glauben – oftmals entscheidend sind für die Karriere. Wie oben exemplarisch gezeigt wurde, können sich Doktoranden/Doktorandinnen durch eine Promotion eine Reihe wichtiger Schlüsselqualifikationen aneignen. Stellvertretend für einige andere seien nochmals folgende genannt:

- **Organisatorische Kompetenzen/Projektmanagement:** die Fähigkeit, komplexe Projekte zu planen, in Teilschritte zu strukturieren und erfolgreich durchzuführen;
- **Zeitmanagement:** die Fähigkeit, ökonomisch mit der eigenen Zeit umzugehen, realistische Zeitpläne für die Durchführung von Projekten zu entwickeln und diese einzuhalten;
- **Zielorientierung:** die Fähigkeit, auf ein entfernt liegendes Ziel hinzuarbeiten, den eigenen Fortschritt regelmäßig zu überprüfen und das Ziel in der geplanten Zeit zu erreichen.

Obgleich entsprechende Aufzählungen von Soft Skills nicht nur Legion, sondern auch mit einer gewissen Skepsis zu genießen sind, sei hier stellvertretend für eine Reihe ähnlicher Listen zumindest eine exemplarisch genannt. In ihrem Buch mit dem neudeutschen Titel *Karriere-Tools für High-Potentials* haben Christine Demmer und Brigitte Thurn die Sprache der Stellenausschreibungen unter die Lupe genommen, wobei der Untertitel – *Die Wahrheit über die Schlüsselqualifikationen für den Aufstieg* – Augenzwinkern und einen gehörigen Schuss Ironie signalisiert. Am Schluss nennen die beiden Autorinnen 27 Eigenschaften, die den so genannten ›*High-Potential*‹ und seine beeindruckende Persönlichkeit auszeichnen und die für eine erfolgreiche Karriere angeblich ausschlaggebend seien:

- Analytisches Denkvermögen
- Begeisterungsfähigkeit
- Charisma
- Durchsetzungsstärke
- Eigenmotivation
- Emotionale Intelligenz
- Entscheidungsfreude
- Flexibilität
- Führungskompetenz
- Hierarchiefreies Denken
- Interkulturelle Kompetenz
- Kommunikationsstärke
- Kontaktstärke
- Kreativität
- Marketingorientierung
- Organisationsfähigkeit
- Mobilitätsbereitschaft
- Organisationsfähigkeit
- Persönlichkeit
- Positives Denken
- Risikobereitschaft
- Sicheres Auftreten
- Stressresistenz
- Teamorientierung
- Unternehmerisches Denken
- Verantwortungsbereitschaft
- Vernetztes Denken

Obgleich man vor so viel geballter Schlüsselkompetenz zunächst in Ehrfurcht erstarren mag, sollte es für Promovierende und Promovierte eigentlich beruhigend sein, dass sie durch die Arbeit an ihrer Dissertation vielfältige Gelegenheit haben, neben ihren wissenschaftlichen Qualifikationen auch diese Soft Skills auszuprägen und zu trainieren. Auch ist es nicht unwichtig, möglichst früh eine klare Vorstellung davon zu entwickeln, worauf es nicht nur bei einer Promotion, sondern auch im Leben danach ankommt.

Für Promovierende und Promovierte ist es vor allem wichtig, sich klar zu machen, dass sie Schlüsselqualifikationen und Kernkompetenzen keineswegs zusätzlich – etwa in Zentren für Schlüsselqualifikationen – erwerben müssen, sondern dass der erfolgreiche Abschluss einer Promotion in drei Jahren selbst der beste Beweis für viele der hoch gehandelten Schlüsselkompetenzen ist. Wer ein Promotionsvorhaben in drei Jahren mit einem sehr guten Ergebnis abschließt, hat überzeugend demonstriert, dass sie oder er nicht nur ein/e gute/r und viel versprechende/r Nachwuchswissenschaftler/in ist, sondern auch über eine hohe **Eigenmotivation, Entscheidungsfreudigkeit, Kreativität, vernetztes und visionäres Denken, Organisationsfähigkeit, Risikobereitschaft, selbstständiges und eigenverantwortliches Arbeiten, Stressresistenz** und **Zielorientierung** verfügt. Wer darüber hinaus im Vorstellungsgespräch sein Gegenüber davon überzeugt, dass sie oder er auch noch über Begeisterungsfähigkeit, Charisma, Kommunikationsstärke und positives Denken verfügt, dürfte auch in Zukunft gute Chancen auf eine adäquate Stelle haben.

In **Bewerbungssituationen** kommt es darüber hinaus vor allem darauf an, sich Schlüsselkompetenzen nicht etwa selbst in Bewerbungsanschreiben oder Vorstellungsgesprächen zu attestieren (»Außerdem verfüge ich über Flexibilität, Kommunikationsstärke und Teamfähigkeit.«), sondern sie vielmehr durch das, was man bislang getan und erreicht hat, zu belegen und sie in Bewerbungsgesprächen selbst unter Beweis zu stellen. Über Kontakt- und Kommunikationsstärke und Kontaktfreudigkeit verfügen nicht die, die dies einfach behaupten, sondern die, die dies durch ihr persönliches Auftreten zeigen. Obgleich es auch dafür, wie man Schlüsselkompetenzen bei Bewerbungen möglichst gekonnt präsentiert, kein Patentrezept gibt, finden sich in der bereits empfohlenen Broschüre *Schlüsselqualifikationen – Das Plus eines universitären Studiums* einige nützliche Empfehlungen:

> Arbeitgeber entnehmen der Art und Weise, wie Sie auf eine Stellenausschreibung antworten, aus dem beigefügten Lebenslauf und den Zeugnissen, vor allem aber Ihrem persönlichen Auftreten, ob Sie tatsächlich kommunikativ, flexibel, teamorientiert sind. Aussagekräftig ist auch, was zusätzlich zum Bewerbungsschreiben unternommen wird, etwa in Form von Telefonaten, Mails usw. Das **gesamte Bewerbungsverfahren wird als eine Art Bewerbungs- und Persönlichkeitsprobe gewertet,** es ist gewissermaßen Ihre Visitenkarte! (Honolka 2003, S. 12)

In der gleichen Broschüre findet sich auch ein Hinweis, wie Schlüsselqualifikationen in der schriftlichen Bewerbung besonders effektiv und überzeugend dargestellt werden können: »Eine häufiger werdende Form der Präsentation von Schlüsselqualifikationen sind **persönliche Kompetenzblätter.** In ihnen stellen Bewerber ihre Schlüsselqualifikationen zusammen und geben an, wie und wo sie diese erworben haben« (ebd.). Hervorgehoben (z.B. durch Fettdruck oder als Zwischenüberschriften) sind in solchen Kompetenzblättern die jeweiligen Schlüsselkompetenzen, die darunter jeweils durch die entsprechenden Stationen aus dem Lebenslauf, besuchte Kurse, Praktika, Auslandsaufenthalte etc. belegt werden.

Wer darüber hinaus über ein realistisches **Kompetenz-** und **Könnensbewusstsein** (s.o.: *self-efficacy*) verfügt, dürfte auch in der Lage sein, Personalchefs überzeugend darlegen zu können, wie er oder sie sich die in der Wirtschaft gefragten **Soft Skills** durch die Phasen der **Promotion** konkret angeeignet hat. Das oben skizzierte kulturwissenschaftliche **Qualifikations- und Kompetenzprofil von Promovierten** wird abgerundet durch die beruflich bedingte Trias Kreativität, Neugier und Wissensdrang, Bereitschaft zur Flexibilität und Mobilität, Risikobereitschaft, Erfahrung in Teamarbeit, die auch in den Geistes- und Sozialwissenschaften immer mehr an Bedeutung gewinnt, sowie fundierte Einblicke in das Projekt- und Zeitmanagement: Selbst wer noch nie professionell mit MS Project gearbeitet hat, weiß durch die Arbeit am eigenen Forschungs- und Dissertationsprojekt, was sog. *milestones, timelines* und Deadlines sind. Das betriebswirtschaftliche Fachvokabular lässt sich im Zweifelfall schneller nachholen als die durch die Promotion nachgewiesene Fähigkeit zum zielorientierten wissenschaftlichen Arbeiten, das ein hohes Maß an Belastbarkeit und Stressfähigkeit voraussetzt.

Es versteht sich von selbst, dass man all diese Schlüsselqualifikationen durch Studium und Promotion nicht einfach und vor allem nicht automatisch erlangt. Vielmehr müssen sich Studierende und Promovierende solche Kompetenzen aktiv aneignen und hart erarbeiten. Dafür, wie das geschieht, gibt es zwar kein Patentrezept; aber die Seminare und Veranstaltungen, die etwa im Rahmen von Graduiertenkollegs, Graduiertenzentren und Graduate Schools sowie von Career Services und Zentren für Schlüsselqualifikationen angeboten werden, können wesentlich dazu beitragen, dass in Zukunft möglichst viele Absolventen über ein so vielfältiges und attraktives Spektrum von Schlüsselkompetenzen verfügen, dass sie sich auf dem Arbeitsmarkt erfolgreich durchsetzen können. Sollte die (kühne?) Prognose von Hubert Markl, bis 2002 Präsident der Max-Planck-Gesellschaft, zutreffen, dass der Arbeitsmarkt künftig 20 Prozent Naturwissenschaftler und 80 Prozent Kulturwissenschaftler benötigen wird, dann muss Doktoranden/Doktorandinnen zwar um ihre Zukunft nicht bange sein; aber das sollte kein Grund sein, sich entspannt und völlig sorglos zurückzulehnen.

Da es gerade für promovierende und promovierte Geistes-, Kultur- und Sozialwissenschaftler/innen besonders darauf ankommt, ihre Schlüsselqualifikationen und **Kompetenzprofile** bei Bewerbungen angemessen und überzeugend darstellen zu können, ist ein **Kompetenz- und Könnensbewusstsein** (*self-efficacy*), d.h. eine möglichst genaue Kenntnis und realistische Einschätzung der durch die Promotion erworbenen Schlüsselqualifikationen und Kompetenzen, eine wichtige Voraussetzung für einen erfolgreichen Berufseinstieg. Kompetent promovieren heißt deshalb auch, sich ein breites Kompetenzprofil anzueignen, ein realistisches Kompetenzbewusstsein ausgebildet zu haben und in der Lage zu sein, die eigenen Kompetenzen anzuwenden und überzeugend präsentieren zu können.

Literatur

Bandura, Albert: *Self-Efficacy. The Exercise of Control*. London 1997.

Beck, Herbert: *Schlüsselqualifikationen. Bildung im Wandel*. Darmstadt 1993.

Beck, Simon: *Schlüsselqualifikationen im Spannungsfeld von Bildung und Qualifikation. Leerformel oder Intergrationskonzept. Analyse einer berufspädagogischen Debatte*. Stuttgart 2004.

Belz, Horst/Siegrist, Marco: *Kursbuch Schlüsselqualifikationen. Ein Trainingsprogramm*. 2., erw. Aufl. Freiburg 2000 [1997].

Blod, Gabriele: *Präsentationskompetenzen. Überzeugend präsentieren in Studium und Beruf*. Stuttgart 2007.

Demmer, Christine/Thurn, Brigitte: *Karriere-Tools für High-Potentials. Die Wahrheit über die Schlüsselqualifikationen für den Aufstieg*. Frankfurt a. M. 2001.

Echterhoff, Gerald/Neumann, Birgit: *Projekt- und Zeitmanagement. Strategien für ein erfolgreiches Studium*. Stuttgart 2006.

Erll, Astrid/Gymnich, Marion: *Interkulturelle Kompetenzen. Erfolgreich kommunizieren zwischen den Kulturen*. Stuttgart 2007.

Franck, Norbert: *Schlüsselqualifikationen vermitteln. Ein hochschuldidaktischer Leitfaden*. Marburg 2000.

Frank, Andrea/Haacke, Stefanie/Lahn, Swantje: *Schlüsselkompetenzen. Schreiben in Studium und Beruf*. Stuttgart 2007.

Graichen, Olaf: *Schlüsselqualifikationen. Eine kritische Beurteilung eines aktuellen Konzepts aus berufspädagogischer Sicht*. Marburg 2002.

Händel, Daniel/Kresimon, Andrea/Schneider, Jost: *Schlüsselkompetenzen. Reden – Argumentieren – Überzeugen*. Stuttgart 2007.

Hallet, Wolfgang: *Didaktische Kompetenzen. Lehr- und Lernprozesse erfolgreich gestalten*. Stuttgart 2006.

Honolka, Harro (Hg.): *Schlüsselqualifikationen – Das Plus eines universitären Studiums. Informationen für Studierende, Lehrende und Arbeitgeber*. München 2003.

Lüsebrink, Hans-Jürgen: *Interkulturelle Kommunikation. Interaktion, Fremdwahrnehmung, Kulturtransfer*. Stuttgart 2005.

Müller, Meike: *Trainingsprogramm Schlüsselqualifikationen. Die besten Übungen aus Karriere-Seminaren*. Frankfurt a. M. 2003.

Nünning, Ansgar: *Kommunikationskompetenzen. Kommunikation verstehen – erfolgreich kommunizieren im Studium, Ausland und Beruf*. Stuttgart 2008.

Schulz von Thun, Friedemann: *Miteinander Reden 1: Störungen und Klärungen. Allgemeine Psychologie der Kommunikation*. Reinbek 1981.

Schulz von Thun, Friedemann: *Miteinander Reden 2: Stile, Werte und Persönlichkeitsentwicklung. Differentielle Psychologie der Kommunikation*. Reinbek 1989.

Schulz von Thun, Friedemann: *Miteinander Reden 3: Das innere Team und Situationsgerechte Kommunikation. Kommunikation, Person, Situation*. Reinbek 1998.

Sommer, Roy: *Schreibkompetenzen. Erfolgreich wissenschaftlich schreiben*. Stuttgart 2006.

Watzlawick, Paul/Beavin, Janet H./Jackson, Don D.: *Menschliche Kommunikation. Formen, Störungen, Paradoxien*. Bern/Stuttgart/Wien 1969.

Ansgar Nünning

2. Projekt- und Zeitmanagement in der Promotionsphase

Die Konzeption und erfolgreiche Durchführung eines Promotionsprojekts verlangt einen erheblich größeren Grad an **Selbstständigkeit** beim wissenschaftlichen Arbeiten als das grundständige Studium. Während letzteres auf den Erwerb von Fachwissen, eine erste Orientierung in einer akademischen Disziplin und die Übung von grundlegenden Methoden ausgerichtet ist, müssen Promovierende ein größeres wissenschaftliches Vorhaben über einen Zeitraum von mehreren Jahren bewältigen, das sie Schritt für Schritt unter teilweise unübersichtlichen und sich oft verändernden Bedingungen realisieren. Das Vorgehen ist in einem deutlich geringeren Ausmaß als im Studium vorgegeben; die Leistung einer erfolgreichen Promotion besteht ja genau darin, sich in einen selbst gewählten Themenbereich eigenständig einzuarbeiten und dabei innovative Einsichten zu gewinnen.

Doch während der Promotion sind nicht nur die fachliche Expertise und die Beherrschung der zur Beantwortung der Forschungsfragen notwendigen Methoden gefordert. Da für die Realisierung eines Promotionsvorhabens andere Personen (z. B. die Promotionsbetreuerin, an ähnlichen Themen arbeitende andere Promovierende einer Arbeitsgruppe oder unterstützend tätige studentische Hilfskräfte) oft eine wichtige Rolle spielen, sind auch **soziale Prozesse** zu berücksichtigen, wie etwa bei der Koordination von Teamarbeit oder der Delegation von Aufgaben. Stärker als bei Arbeiten im Studium hängt der Erfolg von Promotionsvorhaben nicht zuletzt von einer **effektiven Kommunikation** und der **Organisation** gemeinschaftlicher Arbeitsschritte ab. Zudem steigt gegenüber der Phase des Studiums die Bedeutung des Managements ökonomischer Rahmenbedingungen. Noch vor Beginn, aber auch während einer Promotion stellt sich die Frage der **Finanzierung**; viele Promotionsinteressierte müssen sich mit der Einwerbung von Stipendien oder der Bewerbung um geeignete Promotionsstellen beschäftigen (s. Kap. II.5). Eine Finanzierung ist in vielen Fällen zunächst nur für einen Zeitraum von zwei Jahren gesichert, so dass Promovierende die Möglichkeiten einer Verlängerung während der Promotion im Blick behalten und rechtzeitig planen müssen. Auch sind Promovierende bisweilen an der **Verwaltung von Sachmitteln** für die Durchführung der Forschungsarbeiten beteiligt und müssen sich um eine effiziente Verwendung von verfügbaren Fördergeldern im Rahmen ihrer eigenen Arbeiten kümmern, etwa bei der Entscheidung für anzuschaffende Literatur, den Erwerb von benötigten technischen Hilfsmitteln und Geräten oder der Vergütung von Versuchspersonen bei empirischen Arbeiten.

Promovierende sind also auf verschiedenen Ebenen mit der Durchführung von mehr oder weniger umfangreichen Projekten konfrontiert. **Projekte** stellen zeitlich begrenzte, neuartige und zielorientierte Vorhaben dar, deren Bewältigung eine umsichtige Organisation, Planung und Steuerung erfordert. Das Anforderungsprofil an Promovierende entspricht also in vielerlei Hinsicht dem einer Projektmanagerin. Damit stellt die Promotionsphase einen realistischen Einstieg in die heutige Welt vieler Wissenschaftlerinnen und Forscher dar, die weniger als in früheren Zeiten auf bereits vorliegende, stabile Strukturen und eine sichere Finanzierung bauen können, sondern in zunehmendem Maße die Bedingungen und Schritte einer erfolgreichen Arbeit selbst **organisieren** und **managen** müssen. Vor diesem Hintergrund erscheint es geboten, die Promotion und die Vorhaben während der Promotion dezidiert als Projekte zu begreifen und aus dieser Perspektive Konzepte für eine erfolgreiche Realisierung zu formulieren.

Projekte gibt es seit Menschen damit begonnen haben, größere, neuartige und einmalige Vorhaben gemeinsam durchzuführen. Die Errichtung von Bauwerken wie von Pyramiden oder Tempeln, die Einführung und Durchsetzung von Rechtsprechung oder die Überquerung von Meeren wären ohne eine vorausschauende Planung und Koordination nicht möglich gewesen. Wenn Menschen solche Ziele aktiv verfolgen, haben sie es mit Projekten zu tun; in der Arbeitswelt, in der Politik und den Medien, in Kunst und Kultur ebenso wie in Ausbildung, Lehre und Forschung. Oft werden diese Projekte durchgeführt, ohne dass die Beteiligten sich explizit formulierter Prinzipien oder Regeln bedienen. In der Tat sind erst im Verlauf des 20. Jahrhunderts **Strategien des Projektmanagements** formuliert, gesammelt und systematisiert worden, und dies vor allem in Bereichen, in denen der Umgang mit komplexen, neuartigen, zeitlich begrenzten, einmaligen und zielgesteuerten Vorhaben zur alltäglichen Praxis gehört, also etwa in der Ingenieurwissenschaft, Informationstechnologie (IT) und Wirtschaftswissenschaft. In diesen Feldern stellt Projektmanagement längst einen eigenständigen und viel beachteten Ansatz dar, für den seit geraumer Zeit allgemeingültige Standards und Empfehlungen (z.B. das Project Management Body of Knowledge [PMBOK] oder das V-Modell [ein Modell der deutschen Verwaltung]), eine verbindliche Terminologie und auch spezialisierte Software entwickelt werden.

Die gerade skizzierten Entwicklungen nehmen wir zum Anlass, um im vorliegenden Kapitel ein Konzept für ein erfolgreiches **Projektmanagement während der Promotionsphase** zu formulieren (für eine Anwendung auf das Studium vgl. Echterhoff/Neumann 2006). Wir benennen Prinzipien, die dazu dienen, Projekte, so auch die Promotion, erfolgreich zu realisieren und damit selbst gesetzten Zielen näher zu kommen. Projekte zu planen bedeutet auch, sie in und mit der Zeit zu planen. Auch akademische Leistungen, darunter die Promotion, müssen verstärkt zeitliche Vorgaben einhalten. Folgerichtig erscheint es uns daher, Strategien zur erfolgreichen Realisierung der Promotion im Hinblick auf das *Projekt-* und *Zeit*management zu formulieren.

In einem ersten Schritt führen wir zentrale **Begriffe und Konzepte** ein: Was ist der Nutzen der Projektperspektive für die Planung und Durchführung der Promotion? Welche persönlichen Voraussetzungen sind zu Beginn dieses Projekts zu beachten? Was ist überhaupt ein Projekt und durch welche charakteristischen Merkmale lassen sich Projekte definieren und etwa von anderen Arten von Vorhaben (z.B. Aufgaben) abgrenzen? Inwiefern lässt sich die Promotion als Projekt begreifen, und welche weiteren Projekte sind während der Promotion typischerweise zu bewältigen? In einem zweiten Schritt stellen wir dann die **Prinzipien des Projekt- und Zeitmanagements** in der Promotionsphase vor. Dabei werden fünf Aspekte unterschieden:

- die Festlegung geeigneter **Ziele und Etappen**,
- die Festlegung des **Zeitrahmens**,
- die Projektplanung, darunter v.a. die Festlegung von **Maßnahmen** (Schritten) zur Zielerreichung sowie die Schätzung des Aufwands für die Durchführung der Maßnahmen,
- die Zeitplanung durch Zuweisung geeigneter **Zeitfenster** für die Maßnahmen und
- die **Kontrolle** des Erfolgs bei der Realisierung der Maßnahmen.

Die Projektperspektive und ihr Nutzen

Die Projektperspektive soll dazu anregen, selbstständig Ziele zu setzen, entsprechend zu handeln und im Handlungsvollzug wertvolle, auch praktisch relevante Erfahrungen zu sammeln und theoretische Erkenntnisse zu gewinnen (vgl. Preis 1998). Projekte bieten den Rahmen, in dem man **eigene, aktiv und bewusst formulierte Ziele** verfolgen und erreichen kann. Die Einnahme der Projektperspektive wirkt damit dem Gefühl entgegen, dass ein Vorhaben bloß darin besteht, Erwartungen anderer zu erfüllen und bestehende Hürden überwinden zu müssen.

Ein wichtiger Aspekt des Projekt- und Zeitmanagements ist die Zerlegung des Wegs zum Ziel in einzelne, **realisierbare Etappen**. Ein großes Vorhaben wie die Anfertigung einer Dissertation erscheint zunächst unüberschaubar und überwältigend. Wie lässt sich der unübersichtlich erscheinende Berg an Anforderungen bewältigen? An Projekte mit den Strategien des Projekt- und Zeitmanagements heranzugehen, lässt begehbare Wege und deren Verbindungen erkennen, die schließlich die Gesamtroute bis zum Gipfel bzw. Zielpunkt ergeben. Der Nutzen der Projektperspektive besteht darin, unter vielen möglichen Zielen geeignete, lohnende Ziele zu erkennen und diese auf effiziente Weise (d.h. mit kalkulierbarem Aufwand) und mit genügend positiver Motivation zu erreichen. Es lohnt sich aus mehreren Gründen, auch die mehrjährige Promotionsphase selbst als eine Abfolge eigener, aktiv gestalteter und unterschiedlich dimensionierter Projekte aufzufassen:

Erstens dient die explizite Anwendung von Strategien des Projekt- und Zeitmanagements in der Promotionsphase der **Vorbereitung auf eine weitere Tätigkeit in der Wissenschaft bzw. im Wissenschaftsmanagement** (z.B. als Koordinatorin von größeren Forschergruppen, Graduiertenzentren oder Sonderforschungsbereichen). Viele Nachwuchswissenschaftler oder Postdocs sehen sich im Anschluss an die Promotion unversehens mit solchen neuartigen, selbstverantwortlich durchzuführenden Aufgaben konfrontiert. Vorbereitende praktische Erfahrungen mit Methoden des Projekt- und Zeitmanagements erleichtern es, an solchen Punkten den Überblick zu bewahren und die anstehenden Vorhaben auf den unterschiedlichen relevanten Ebenen (fachlich, kommunikativ, organisatorisch, ökonomisch etc.) zielorientiert und systematisch anzugehen.

Zweitens können Promovierende durch die Anwendung von Prinzipien des Projekt- und Zeitmanagements breit anwendbare, **transferierbare Schlüsselkompetenzen** erwerben und weiterentwickeln (s. Kap. III.1). Hierzu zählen Kompetenzen und Techniken des Planens und Problemlösens, der Wissensaneignung, des Schreibens, der professionellen Kommunikation, der Personalbeurteilung, des Controlling sowie der Selbst- und Fremdmotivation. Diese Schlüsselkompetenzen sind auch außerhalb der Bereiche Wissenschaft und Forschung hilfreich oder gar notwendig, um anspruchsvolle Tätigkeiten ausführen zu können. Dabei spielen solche Kompetenzen und Qualifikationen nicht nur in Bereichen eine Rolle, in denen traditionell von »Projekten« die Rede ist, also etwa in der Betriebswirtschaft, in Technologiebranchen, der IT oder Organisationsberatung. Vielmehr sind solche Kompetenzen zunehmend auch in klassisch geistes- und kulturwissenschaftlichen Berufsfeldern, also etwa in Kultur, Medien, Journalismus oder Aus- und Weiterbildung, gefragt.

Drittens trägt die Berücksichtigung von expliziten Strategien des Projekt- und Zeitmanagements dazu bei, dass die Promotion selbst und insbesondere die Dissertation erfolgreich und mit dem richtig dosierten Aufwand realisiert werden können. Indem die Projektperspektive die Wege zum Ziel offen legt, unterstützt sie auch die **Erfolgsmotivation** bzw. die Einnahme eines ›promotion focus‹. Selbst schwierigen und unübersichtlichen Herausforderungen kann man mit einer Erfolgsmotivation gegenübertreten, wenn man sich sicher sein kann, über die geeigneten Mittel und Techniken zu verfügen, um die Herausforderungen meistern zu können. Motivationspsychologisch gesprochen erhöht die Kenntnis von Projekt- und Zeitmanagement somit das Gefühl der Kontrolle bzw. der Selbstwirksamkeit.

> **›Promotion focus‹ vs. ›prevention focus‹**
>
> Der Theorie des einflussreichen Psychologen Tory Higgins (1997) zufolge befinden sich Menschen beim Verfolgen positiver Ziele im sogenannten *promotion focus*, beim Verfolgen negativer Ziele hingegen im *prevention focus*. Folgt man positiven Zielen, so strebt man einen erwünschten Zustand an, z.B. eine gute Note in einer Prüfung oder die Erweiterung der eigenen Kompetenzen. Folgt man hingegen negativen Zielen, will man einen unerwünschten Zustand vermeiden oder verhindern, z.B. das Nichtbestehen einer Prüfung oder Arbeitslosigkeit. Während bei dominantem Promotionsfokus Ideale, Hoffnungen und Wünsche im Vordergrund stehen, geht es bei dominantem Präventionsfokus eher um Sicherheitsbedürfnisse, die Erfüllung von Erwartungen und das Einhalten von Geboten.

Promotion als Projekt

Gemäß DIN 69901 ist ein Projekt definiert als »ein Vorhaben, das im wesentlichen durch die Einmaligkeit der Bedingungen (Zielvorgabe, zeitliche, finanzielle oder personelle Bedingungen, Abgrenzung von anderen Vorhaben, spezifische Organisation) gekennzeichnet ist«. **Im Einzelnen lassen sich Projekte durch folgende Merkmale charakterisieren** (vgl. Gätjens-Reuter 2003; Litke 1995; Echterhoff/Neumann 2006):

- **Neuartigkeit der Bedingungen und Schritte zur Zielerreichung:** Die Mittel zur Zielerreichung sind nicht bekannt, können also nicht einfach aus dem vorliegenden Erfahrungsschatz abgerufen werden.
- **Unsicherheit über die Mittel zur Zielerreichung:** Es besteht Unsicherheit über die genauen (materiellen, psychischen, sozialen) Ressourcen oder Mittel zur Zielerreichung.
- **Komplexität der Faktoren der Zielerreichung:** Projekte sind durch ein Mindestmaß an subjektiv erlebter Komplexität charakterisiert. Menschen empfinden

ein Problem subjektiv als komplex, wenn für sie die Anzahl, Vernetztheit und Eigendynamik von Faktoren, die auf die Zielerreichung einwirken, unüberschaubar ist.

- **Relativ hoher Aufwand der Umsetzung:** Die erfolgreiche Umsetzung von Projekten erfordert einen relativ höheren Aufwand als viele andere Tätigkeiten (z.B. die Lösung bekannter Aufgaben wie die Ausleihe von Büchern aus der Bibliothek).
- **Zeitliche Begrenztheit:** Projekte weisen einen benennbaren Anfangs- und Endpunkt auf. Aufgrund der zeitlichen Umgrenztheit ist eine Planung des zeitlichen Ablaufs, also ein Zeitmanagement, notwendig.
- **Vergleichsweise hohe Bedeutsamkeit von Erfolg oder Misserfolg:** Projekte sind für die Beteiligten in der Regel überdurchschnittlich relevant, da die Erreichung oder Nichterreichung der Ziele wichtige (positive oder negative) Folgen hat.

Hat man einmal Erfahrungen mit einem bestimmten Projekt gesammelt, ist der Weg zur Erreichung ähnlicher Ziele nicht mehr neuartig. So kann aus dem, was zuvor als Projekt bearbeitet werden musste, eine **Aufgabe** werden. Aufgaben können auf Grundlage bereits erworbenen Wissens (über die Mittel, Maßnahmen und Ressourcen zur Zielerreichung) gelöst werden (vgl. Hussy 1998). Die Lösung von Aufgaben erfordert keine neuen, unbekannten Wege der Zielerreichung und keinen außergewöhnlichen Aufwand, die Zielerreichung erfolgt unter bekannten Bedingungen, es herrscht keine Unsicherheit über die notwendigen Ressourcen, Mittel und Methoden, und aufgrund des größeren Einblicks in diese Faktoren werden Aufgaben auch nicht als übermäßig komplex empfunden.

Ob es sich bei einem Vorhaben um ein Projekt oder eine Aufgabe handelt, hängt von individuellen Kompetenzen und Vorerfahrungen ab: Ausschlaggebend ist die **subjektive Perspektive** der betreffenden Person. Was für die einen ein Projekt darstellt, kann für die anderen eher den Charakter einer Aufgabe besitzen. Ebenso kann ein und dieselbe Person durch den Erwerb neuer Erfahrungen und Kompetenzen ein Vorhaben, das sich ihr zuvor als Projekt dargestellt hat, später als eine bekannte und durch Routine lösbare Aufgabe erleben.

Vermutlich empfinden die meisten Promovierenden ihre **Promotion als ein Projekt** und weniger als eine bloße Aufgabe. Es handelt sich um ein Vorhaben, das im Wesentlichen die gerade genannten Projektmerkmale aufweist: Es ist relativ komplex und bedeutsam, seine Realisierung verlangt einen vergleichsweise hohen Aufwand, es besitzt einen definierbaren End- oder Zielpunkt und erfordert zum Teil den Einsatz von nicht genau bekannten Schritten und Ressourcen. Zudem wirkt eine Vielzahl von zunächst nur schwer durchschaubaren Faktoren und Bedingungen auf den Verlauf der Promotionsphase und den Erfolg der Forschungsarbeit ein. Natürlich ist die Promotion auch auf einen definierten Endpunkt hin ausgerichtet (das Erbringen der schriftlichen und mündlichen Leistungen, den Erwerb des Titels). Zusammenfassend lässt sich also festhalten, dass Projekte sich nicht wie bekannte, gut routinierte Aufgaben bewältigen lassen – sie können jedoch mithilfe von Prinzipien und Strategien des Projekt- und Zeitmanagements viel einfacher und effektiver realisiert werden, als es anfangs den Anschein haben mag.

Prinzipien des Projekt- und Zeitmanagements

Management besteht darin, lohnende Ziele auf effiziente Weise zu realisieren. Effizient heißt, das zur Zielerreichung Erforderliche in einer sinnvollen Reihenfolge und mit möglichst geringem Aufwand (an Arbeit, Energie, Zeit oder anderen Ressourcen) zu tun. Dabei besteht die Leistung des Projektmanagements in der Bestimmung eines gangbaren Wegs zum Zielzustand und dessen Zerlegung in einzelne, gut handhabbare und klar überschaubare **Etappen**. Denn Ziele lassen sich nur dann erreichen, wenn man eine Vorstellung davon hat, welche Schritte einen dem Ziel näher bringen, d.h. welche Zwischenetappen eingelegt werden müssen, in welcher Reihenfolge diese durchlaufen werden und welche Ressourcen (auch Zeit) zur Bewältigung der Etappen nötig sind.

Um Fortschritte der eigenen Arbeit überprüfen zu können, sollte man mit Hilfe von Projektzeitplänen (s.u.) die verfügbare Zeit in möglichst gut überschaubare Segmente einteilen, deren Abschluss durch sog. Meilensteine (›milestones‹) markiert wird. **Meilensteine** beschreiben ein überprüfbares Ergebnis, das mit einem bestimmten Aufwand zu einem bestimmten Zeitpunkt erreicht sein soll (vgl. Gassmann, 2005). Ein Meilenstein stellt eine gute Gelegenheit dar, eine sorgfältige Erfolgskontrolle vorzunehmen, den Fortschritt des Projekts kritisch zu überprüfen und gegebenenfalls Zwischenergebnisse aus verschiedenen Projektteilen zu integrieren. Eine Planung von Meilensteinen soll verhindern, dass – wie nicht selten zu beobachten – ein Großteil der Projektarbeit in einem kleinen verbleibenden Zeitraum am Ende des Projekts erfolgen muss. Die Einführung von Meilensteinen kann zudem auch motivationale Funktionen erfüllen: Sie bieten die Möglichkeit, schon während des Projekts eine positive Zäsur einzuführen und die bisherigen Leistungen zu würdigen, also z.B. den Mitgliedern einer Arbeitsgruppe positives Feedback zu geben. **Wie diese einführenden Bemerkungen zeigen, umfasst Projekt- und Zeitmanagement die folgenden fünf wesentlichen Punkte:**

1. die Definition von und Orientierung an Zielen;
2. die Identifizierung bzw. Festlegung des zeitlichen Rahmens, also der zeitlichen Grenzen des Vorhabens;
3. die Projektplanung, d.h. (3a) die Festlegung von Maßnahmen (Schritten, Etappen, Zwischenzielen oder Meilensteinen) zur Zielerreichung und (3b) die Einschätzung des Aufwands bzw. der erforderlichen Ressourcen für die Durchführung der Maßnahmen;
4. die Zeitplanung durch Zuweisung von Zeitfenstern für die einzelnen Zwischenetappen entsprechend ihrer Bedeutsamkeit sowie durch die Berücksichtigung von Strategien des Zeitmanagements;
5. die Kontrolle des Erfolgs während der Realisierung der einzelnen Maßnahmen zur Zielerreichung.

Über die Punkte (1) bis (4) sollte man sich bei Projekten größtmögliche Klarheit verschaffen, *bevor* man die Arbeit beginnt. Die größte Aufmerksamkeit gebührt natürlich Punkt (3), da gerade bei neuartigen und komplexen Vorhaben, also bei Projekten wie der Promotion, oftmals Unsicherheit vorherrscht über die genauen Schritte zur Zielerreichung, deren Zusammenhang sowie die Mittel und Ressourcen, die zur Zielerreichung notwendig sind.

Generell ist zu berücksichtigen, dass die drei Faktoren Ziel (d.h. qualitatives und/oder quantitatives Ergebnis eines Projekts), Zeit und Aufwand (Ressourceneinsatz) eng miteinander verbunden sind. In der Literatur zum Projektmanagement werden sie oft als drei Seiten eines Dreiecks konzipiert (das sogenannte *Project Management Triangle*), die sich immer verändern, wenn mindestens eine von ihnen sich verändert: So bedeutet ein sehr ambitioniertes Ziel oft erhöhten Aufwand und/oder einen ausgedehnte Zeitrahmen; ein enger Zeitrahmen hingegen kann mit erhöhtem Ressourceneinsatz und/oder einem reduzierten Zielanspruch einhergehen; bei geringen Ressourcen können weder das Ziel noch die Zeitvorgaben zu anspruchsvoll sein.

Interpersonelle Aspekte

Für ein erfolgreiches Projekt- und Zeitmanagement in der Promotionsphase spielen der Austausch, der Umgang und die Kommunikation mit anderen Beteiligten eine integrale Rolle, denn eine Promotion erfolgt natürlich nie in einem sozialen Vakuum. Auch den interpersonellen und kommunikativen Aspekten bei der Realisierung von Promotionsprojekten ist daher Beachtung zu schenken. So ist ein erfolgreiches Projektmanagement in der Promotionsphase eng an eine qualifizierte **Beratung und Betreuung** durch erfahrene Wissenschaftlerinnen gekoppelt. Nicht nur die Ziele einer Promotion sollten mit der Betreuerin der Arbeit besprochen und festgehalten werden; auch der zeitliche Rahmen, die Projekt- und Zeitplanung sowie die regelmäßige Überprüfung des Erfolgs während der Promotion sollten mit der Betreuerin abgestimmt werden. Damit können Promovierende nicht nur von der Expertise und den Erfahrungen eines voll ausgebildeten Wissenschaftlers profitieren. Die Einbindung des Betreuers in den Fortschritt der Promotion kann auch sein *commitment* für den Erfolg des Projekts stützen oder gar steigern. Zu berücksichtigen ist jedoch, dass viele, zumal exzellente Wissenschaftlerinnen einen sehr engen Terminkalender und viele Verpflichtungen haben, so dass Anfragen bei ihnen rechtzeitig geplant und richtig dosiert sein sollten.

Weitere interpersonelle Aspekte beim Projektmanagement der Promotion betreffen den fachlichen Austausch bzw. die **Kooperation** mit Mitgliedern einer Arbeitsgruppe, einer Forschungsinstitution oder eines Graduiertenzentrums, die **Koordination** von Teamarbeit bei der konkreten Forschungsarbeit sowie die Kommunikation mit dem Verwaltungspersonal der Hochschule oder anderer relevanter Organisationen (z.B. Förderinstitutionen und Drittmittelgeber). Gerade wenn Promotionsvorhaben in Arbeits- oder Forschergruppen oder themenbezogene Graduiertenkollegs eingebettet sind, ist eine effektive **Kommunikation**, Kooperation und Koordination mit den anderen Beteiligten essentieller Teil des Projektmanagements.

An prototypischen Projekten außerhalb der Wissenschaft, etwa der Errichtung eines Bauwerks oder der Entwicklung einer neuen kommerziellen Software, sind stets eine Vielzahl von Akteuren und Mitwirkenden beteiligt. Daher besteht eine der klassischen Aufgaben des Projektmanagements auch in der Organisation und Koordination von **Teamarbeit** sowie des Delegierens von Aufgaben. Promovierende sind zwar in der Regel keine eigenständigen Leiter von Forschungsprojekten, jedoch müssen sie oft das Zusammenspiel der Tätigkeiten verschiedener Beteiligter im Blick behalten und bei ihrer eigenen Projektplanung berücksichtigen.

Wenn mehrere Promovierende in einer Arbeitsgruppe oder einem Graduiertenkolleg an einem ähnlichen Thema arbeiten, so ist es etwa wichtig, dass sie untereinander über den Stand ihrer Arbeiten informiert sind und ggf. Arbeitsschritte aufteilen und gemeinschaftlich koordinieren können. Aber auch die **Anleitung und Motivation von Mitarbeitern** kann auf Promovierende zukommen, beispielsweise wenn studentische Hilfskräfte bei der Vorbereitung und Durchführung einer empirischen Studie oder der Literaturrecherche und -beschaffung behilflich sind. Solche unterstützenden Tätigkeiten müssen nicht nur sinnvoll in das übergeordnete Projekt eingebettet werden, indem man sie explizit als Maßnahmen oder Schritte des Projekts identifiziert (Punkt 3a), ihren vermutlichen Aufwand schätzt (Punkt 3b), ihnen ein geeignetes Zeitfenster zuweist (Punkt 4) und den Erfolg ihrer Umsetzung überprüft (Punkt 5).

Bei der professionellen Anleitung und Motivation von Mitarbeitern kommen vielfältige Qualitäten und Aspekte der Personalführung ins Spiel, die wir hier nicht im Einzelnen darstellen können (vgl. hierzu etwa Schuler 2004). Von zentraler Bedeutung sind eine klare **Kommunikation** der delegierten Aufgaben, eine transparenter **Informationsfluss,** die Überzeugung der Mitarbeiter vom Sinn und Zweck ihrer Tätigkeit, also von ihrem individuellen Beitrag zur Erreichung des gemeinsam verfolgten Projektziels, sowie ein zeitnahes, konstruktives **Feedback** möglichst unmittelbar nach Erledigung der Aufgabe. Zudem müssen erfolgreiche Führungspersönlichkeiten auch in der Wissenschaft über **performative Kompetenzen** verfügen. Die Grundlagen hierfür können und sollten bereits während der Promotionsphase gelegt werden (zum »Lehren lernen« s. Kap. III.5).

Globalziel und Zwischenziele

Die zentrale Herausforderung, die am Anfang des Projektmanagements der Promotion steht, ist die Definition von Zielen. Dies erscheint vielleicht zunächst trivial; doch liegt die eigentliche Herausforderung auch hier im Detail. Welche Ziele sind überhaupt geeignete Ziele und wie sollten Ziele definiert sein? **Ziele, Wünsche und Absichten**, die sich mit der Promotion verbinden, sind anfangs oft implizit und nicht klar artikulierbar. Doch man sollte nicht darauf verzichten, sich die Ziele explizit und transparent zu machen. Klar formulierte Ziele fördern die Motivation zur erfolgreichen Umsetzung und schaffen eine gute Basis für die Planung der einzelnen Schritte, die zur Zielerreichung eingelegt werden müssen. Geeignete Ziele entsprechen den eigenen Wünschen, sie sind weder zu spezifisch noch zu allgemein, sie sind realistisch, verständlich und widerspruchsfrei formuliert, geben noch keinen konkreten Lösungsweg vor und sind motivierend (vgl. Gassmann 2005).

Die Motivation einzelne, für die Zielerreichung erforderliche Maßnahmen durchzuführen, entsteht aus dem **Charakter der Ziele**: Sie sind attraktiv, d.h. sie erfüllen als wichtig empfundene Bedürfnisse und haben potenziell weitere positive Konsequenzen. Man sollte daher – entsprechend der Projektperspektive – bei der Formulierung geeigneter Ziele versuchen, über das Standardziel der erfolgreichen Promotion hinauszugehen, und mit dem Projekt Promotion die Erreichung persönlich relevanter Ziele verbinden. Solche weiteren Zielvorstellungen, die über das allgemeine Standardziel hinausgehen, können je nach individuellen Voraussetzungen stark variieren. Als Beispiele lassen sich nennen: Vorbereitung auf eine leitende Tätigkeit in einem bestimmten Berufsfeld wie etwa Kultur- oder Wissenschaftsmanagement, Organisationsberatung oder Coaching; oder – noch spezifischer – die Qualifikation zur Arbeit als Fachreferent in der Forschungsförderung.

Globalziele wie die Abgabe einer hervorragenden Dissertation sind deshalb nicht ausreichend, weil sie zu wenige Anhaltspunkte für die Maßnahmen zur Zielerreichung geben. Komplexe Herausforderungen wie das Projekt Promotion werden erst dann plan- und handhabbar, wenn die einzelnen Schritte zu seiner Erreichung klar benennbar sind, wenn realistisch und kurzfristig erreichbare Zwischenziele formuliert werden. Diese sollen den **Weg zum ›Globalziel Promotion‹** mit überschaubarem Aufwand gangbar machen und in regelmäßigen Abständen eine positive Zäsur innerhalb des Projekts einführen. Solche **Zwischenziele** können etwa sein:

- Vertiefung von benötigtem Fachwissen und methodischen Kompetenzen
- Ausbau von Strategien und Fertigkeiten der Wissensaneignung
- Ausbau von speziellen Fähigkeiten der Wissenspräsentation oder
- Erweiterung der Schlüsselkompetenz Schreiben
- Entwurf einer tragfähigen Arbeitsgliederung
- Präsentation der Arbeit in einem Doktorandenkolloquium
- Verfassen des ersten Kapitels oder
- Erstellung eines Rohentwurfs.

Durch die Formulierung spezifischer Zwischenziele bewahrt man die notwendige **Kontrolle über den Arbeitsprozess**, kann Erfolge bilanzieren und auch mögliche Fehlentwicklungen frühzeitig erkennen. Prinzipiell sollte man Ziele daher möglichst spezifisch formulieren. Bei einer erfolgreichen Zieldefinition sind jedoch zwei wesentliche Aspekte zu beachten, nämlich zum einen die **Flexibilität**, und zum anderen die richtige **Gewichtung** der Ziele: Ein zu starrer Projektplan erlaubt es nur schwer, auf neue Entwicklungen oder eigendynamische Veränderungen der Situation zu reagieren. Ziele sind dann flexibel definiert, wenn die Kriterien zur Zielerreichung auch bei neuartigen Entwicklungen weiterhin gültig bleiben und durch neue, ursprünglich nicht eingeplante Schritte erreicht werden können. Bei der Gewichtung der Teilziele ist darauf zu achten, ob und wie sie miteinander zusammenhängen bzw. voneinander abhängen. **Hier lassen sich zwei Möglichkeiten unterscheiden:**

1. Wenn das eine Ziel erreicht wird, ist auch das Erreichen eines anderen Ziels wahrscheinlicher. Dies trifft z. B. auf die beiden Ziele »Erweitung der Schlüsselkompetenz Schreiben« und »Verfassen eines wissenschaftlichen Artikels« zu; in diesem Fall liegt eine positive Abhängigkeit zwischen den Zielen vor.
2. Wenn das eine Ziel erreicht wird, ist das Erreichen eines anderen Ziels unwahrscheinlicher. Dies kann z. B. auf die beiden Ziele »Erwerb von Kompetenzen in außeruniversitären Berufsfeldern« und »institutionelle Anbindung an die Universität« zutreffen. In diesem Fall liegt eine negative Abhängigkeit zwischen den Zielen vor.

Der Erfolg von Projekten ist gefährdet, wenn die Realisierung des einen Teilziels die Realisierung eines anderen Teilziels erschwert oder sogar unmöglich macht. In einem solchen Fall sollten einander zuwiderlaufende Teilziele nach ihrer Wichtigkeit unterschieden und wichtigeren Zielen Priorität eingeräumt werden. Sind weniger wichtige Teilziele zur Erreichung des Globalziels wirklich nötig? In jedem Fall sollte die weitere Projektplanung auf die Erreichung der Ziele mit höherer Priorität ausgerichtet sein.

Festlegung des Zeitrahmens

Ganz gleich, ob es sich um das Gesamtprojekt Promotion oder um Projekte während der Promotion handelt: Man sollte Projekte nicht angehen, ohne sich vorher ein **zeitliches Limit** (Gesamtdauer) bzw. eine **realistische Deadline** (Abgabetermin) gesetzt zu haben. Eine klare zeitliche Begrenzung hilft, die zur Verfügung stehenden Energien tatsächlich auf das Projektziel hin auszurichten und sich auf die wesentlichen, d.h. zielführenden Aktivitäten zu konzentrieren. Oftmals ist es überhaupt erst die Verpflichtung auf ein zeitliches Limit, die einen dazu anhält das Projekt zu planen, sich mit der Frage auseinanderzusetzen, welche Schritte zur Zielerreichung erforderlich sind und wie man diese Schritte innerhalb der festgelegten Frist koordinieren kann.

Hinzu kommt, dass die Festlegung eines Zeitrahmens vor unnötigem und oftmals quälendem Perfektionismus schützt, da die Anstrengungen an einem vorab definierten Zielpunkt ihr Ende finden. Den geplanten Abschluss der Promotion sollte man sich ruhig notieren und als **Vertrag mit sich selbst** ansehen. Es mag Überwindung kosten sich ein solches konkretes Zeitlimit zu setzen, aber letztlich erspart man sich damit lästige Unentschlossenheit und immer während Aufschubtaktiken. Promoviert man an einer im Rahmen der Exzellenzinitiative geförderten Graduate School oder einer anderen Institution, die den Abschluss eines Betreuungsvertrags vorsieht (s. Kap. II.3), werden die Abgabetermine verbindlich vereinbart – ein klarer Indikator für professionelles Zeitmanagement.

Zeitmanagement heißt nicht, in immer kürzerer Zeit immer mehr zu arbeiten und sich unrealistischen Ziel- und Zeitvorgaben zu verpflichten, sondern die verfügbare Zeit so zu nutzen, dass sich selbst komplexe Projekte durch die Bestimmung geeigneter Maßnahmen in einem zeitlich begrenzten Rahmen verwirklichen lassen. Bei der Festlegung eines zeitlichen Gesamtrahmens für die Durchführung von Projekten sollte man sicherstellen, dass dieser in einem realistischen Bezug zu den Projektzielen sowie zu den eigenen Arbeitsbedingungen steht. **Zeitrahmen, Arbeitsbedingungen und Ziele** müssen bei einem Großprojekt wie der Promotion richtig aufeinander abgestimmt sein. Die Dauer des Projekts bietet zum einen zahlreiche Möglichkeiten zur vertiefenden Qualifikation und Profilbildung; zum anderen verzögert sich durch die Promotion aber auch der Berufseinstieg. Es ist ratsam, in einer ruhigen Minute die erhofften Vorteile und Ziele gegeneinander abzuwägen – gerade dann, wenn das Projekt Promotion keine notwendige Bedingung für die Erreichung weiterer Ziele ist.

Projektplanung

Die Planung eines Projekts ist neben der Festlegung des Globalziels und seiner Unterteilung in Zwischenetappen sowie der Bestimmung des Zeitrahmens der dritte zentrale Aspekt des Projektmanagements. Er umfasst die Festlegung von **Maßnahmen** zur Zielerreichung und ihrer sinnvollen **Abfolge** sowie die **Einschätzung des Aufwands** für die Durchführung der Maßnahmen.

> *Maximizing* und *satisficing*
>
> In der kognitiven Psychologie bezeichnet *maximizing* eine Strategie, die durch vollständige Ausschöpfung und Berücksichtigung aller relevanten Informationen optimale Entscheidungen anstrebt, während *satisficing* darin besteht, auf Grundlage ausgewählter, also auch unvollständiger Informationen zu hinreichend angemessenen Entscheidungen zu gelangen (vgl. Schwartz et al. 2002).

Ebenso wie die Formulierung zu spezifischer Ziele kann auch eine zu detaillierte Planung hinderlich sein. Projektplanung bedeutet *nicht*, sich von Anfang an auf kleinste Schritte festzulegen: Eine erfolgreiche Projektplanung verliert sich weder im *maximizing*, noch belässt sie es beim bloßen *satisficing*. Sie erfolgt auf einem geeigneten **Spezifitätsniveau** und behält das große Ganze im Blick. **Folgende Schritte fallen während der Planungsphase an:**

1. Informationssammlung und -integration;
2. Bestimmung der Bedingungen zur Zielerreichung (zielbezogene Bedingungsanalyse);
3. Herleitung der Maßnahmen zur Zielerreichung aus den analysierten Bedingungen.

Diese drei Bereiche bauen aufeinander auf. Ob die Planung den Realitäten gerecht wird, zeigt die Erfolgskontrolle, die wir als fünften und letzten Aspekt des Projekt- und Zeitmanagements behandeln (s. u.).

1. Informationssammlung und -integration: Um bei einem neuartigen Vorhaben einen Weg zum Ziel ermitteln zu können, muss man sich zunächst einen Überblick über die Faktoren verschaffen, die auf die Zielerreichung einwirken, und zwar entweder auf positive Weise, indem sie das Erreichen des Ziels ermöglichen oder erleichtern, oder auf negative Weise, indem sie das Erreichen des Ziels verhindern oder erschweren. Da die potenziell wirksamen Faktoren und deren mögliche Interaktionen bei neuartigen Vorhaben wie dem Promotionsprojekt nicht oder nicht ausreichend bekannt sind, ist eine Informationssammlung und -integration notwendig. Zu beachten ist, dass diese Schritte sich nicht zu einem eigenen Projekt im Projekt verselbstständigen dürfen. Zwei Arten von **Informationsquellen** lassen sich unterscheiden: das eigene Vorwissen (selbst generierte Informationen) oder geeignete externe Quellen (fremdbasierte Informationen). Das Abrufen relevanter Informationen aus dem eigenen Gedächtnis kann man durch die Anwendung von Assoziationstechniken (z.B. Techniken der Visualisierung wie etwa Mind Maps oder *clustering*; vgl. Echterhoff/Neumann 2006, S. 29 ff., 46 f., 105 f.) unterstützen.

2. Zielbezogene Bedingungsanalyse: Um die einzelnen Etappen auf dem Weg zum Ziel identifizieren zu können, sind ausgehend von den zuvor gesammelten und integrierten Informationen die relevanten Bedingungen der Zielerreichung zu analysieren. Welche Faktoren wirken auf die Zielerreichung ein, unter welchen Bedingungen kann ein Ziel erreicht werden? Zu unterscheiden sind dabei notwendige, hinreichende, erleichternde oder erschwerende Bedingungen. Eine Bedingung ist notwendig, wenn das Ziel ohne ihr Zutreffen nicht erreicht werden kann; sie ist hinreichend, wenn bei ihrem Zutreffen das Ziel auf jeden Fall erreicht wird; sie ist erleichternd, wenn sie zum Erreichen des Ziels beiträgt; und sie ist erschwerend, wenn sie das Erreichen des Ziels behindert (oder sogar unmöglich macht). Eine Bedingungsanalyse zeigt auch, welche Bedingungen wichtiger sind als andere; so haben notwendige Bedingungen natürlich eine größere Bedeutung als erleichternde. Aufbauend auf einer zielbezogenen Bedingungsanalyse können auch die Maßnahmen eines Projekts gewichtet und Prioritäten gesetzt werden. Bei Promotionsprojekten spielen die folgenden Bedingungen in der Regel eine zentrale Rolle:

- **institutionelle Bedingungen** (institutionelle Anbindung, Betreuungsverhältnis, Promotionsordnung),
- **ökonomische Rahmenbedingungen** (Lebensunterhalt während Promotion; Finanzierung von notwendigen Arbeitsmitteln wie Büchern oder von empirischen Untersuchungen) sowie natürlich
- **inhaltlich-fachliche Bedingungen** (das Thema und Konzept der Forschungsarbeit, die inhaltliche und methodische Qualität der Dissertation).

Diese drei Bereiche greifen wir bei Vorschlägen für die prototypische Planung eines Promotionsprojekts auf. Auch die generellen persönlichen Voraussetzungen wie geeignete zugrunde liegende Motivation und Fähigkeiten, die bereits zu Anfang dieses Kapitels skizziert wurden, gehören hierzu. Zu berücksichtigen sind auch mögliche Zusammenhänge und Wechselwirkungen zwischen den Faktoren. So können beispielsweise eine Anbindung an ein produktives institutionelles Umfeld und eine gesicherte Finanzierung auch die Motivation zur Arbeit am Promotionsvorhaben fördern.

3. Herleitung der Maßnahmen zur Zielerreichung aus den Bedingungen: Aus den analysierten Bedingungen der Zielerreichung ergeben sich die Schritte und Etappen zum Ziel sowie deren Abfolge. Beispielsweise sind sowohl eine geeignete institutionelle Anbindung als auch das Vorliegen eines fachlich hinreichend anspruchsvollen Themas Bedingungen für das Erreichen des Ziels »erfolgreicher Abschluss einer Promotion«. Das Thema bzw. die Beurteilung von Themen als mehr oder weniger geeignet hängt bei strukturierten Promotionsprogrammen natürlich vom institutionellen Umfeld ab (thematische und methodische Schwerpunkte des Graduiertenkollegs, Promotionskollegs oder der Graduate School, bei dem/der man sich bewerben will) ab (zur Themenfindung s. Kap. IV.1).

Im Fall einer Individualpromotion am Lehrstuhl wird die Themenwahl durch die Forschungsschwerpunkte des Doktorvaters eingeschränkt. Institutionelle Anbindung und Themenfindung sind also nicht nur notwendige Bedingungen für die Erreichung des Globalziels Promotion, sondern hängen auch eng miteinander zusammen. Hat man die Bedingungen der Zielerreichung definiert, lassen sich geeignete Maßnahmen bestimmen, in unserem Beispiel etwa Kontaktaufnahme mit den Koordinationsstellen von Promotionsprogrammen, Graduiertenkollegs oder Graduate Schools (s. Kap. VII.1), Erfragen von Bewerbungsfristen und -modalitäten, Terminvereinbarungen, Zusammenstellung von Bewerbungsunterlagen, Internetrecherchen, Korrespondenz mit möglichen Betreuern, Beratungsgespräche und Vorbereitung auf Auswahlverfahren.

Art der Schritte oder Maßnahmen

Haben die Schritte eher den Charakter von Aufgaben oder eher von eigenen (Teil-)Projekten? Wenn man es mit einem eher aufgabenartigen Schritt zu tun hat (z.B. Literaturrecherche, Treffen mit der Betreuerin, Korrekturlesen), dann kann dieser ohne zusätzliche Planung, also »routiniert« realisiert werden. Wenn eine Etappe jedoch eher den Charakter eines Teilprojekts aufweist (wie für viele Promovierende etwa die erste eigene wissenschaftliche Publikation oder ein Auslandsaufenthalt), dann empfiehlt es sich, diesen ebenfalls mit den Strategien des Projektmanagements anzugehen.

Projektplanung beinhaltet neben der Festlegung der Schritte zum Ziel auch die Einschätzung des Aufwands, der mit der Realisierung einzelner Schritte des Projekts verbunden ist. Erstens darf der **Aufwand** zur Realisierung aller Schritte (Gesamtaufwand) die insgesamt verfügbaren Ressourcen (Zeit, Arbeit, Energie) nicht überschreiten. Zweitens sollte auch der Aufwand zur Realisierung eines einzelnen Schritts (Teilaufwand) nicht die spezifischen Ressourcen übersteigen, die zum jeweiligen Zeitpunkt im Projekt verfügbar sind. So kann ein Projekt allein daran scheitern, dass die Kompetenzen zur Realisierung eines einzigen Schritts nicht vorhanden sind. Effizient ist das Projektmanagement zudem dann, wenn unter mehreren möglichen Wegen oder Etappen diejenigen bevorzugt werden, die mit vergleichsweise wenig Aufwand und Ressourcen realisiert werden können.

ABC-Analyse

Die ABC-Analyse ist ein relativ simples heuristisches Hilfsmittel, um Etappen oder Maßnahmen zielbezogen zu gewichten und den zu ihrer Realisierung angemessenen Aufwand festzulegen. Die Etappen werden mit absteigender Wichtigkeit für die Zielerreichung mit den Buchstaben A, B und C bezeichnet (vgl. Seiwert 1993, S. 133):
- A-Maßnahmen sind für die Zielerreichung notwendig und daher von höchster Priorität (»Muss«-Aufgaben). Diese Maßnahmen müssen also unbedingt erfüllt werden, sonst kann das Gesamtprojekt nicht erfolgreich zum Abschluss gebracht werden.
- B-Maßnahmen sind zur Zielerreichung nicht unbedingt notwendig, aber sie erleichtern die Zielerreichung beträchtlich (»Soll-Aufgaben«).
- C-Maßnahmen erleichtern zwar auch die Zielerreichung, sind aber vergleichsweise am wenigsten wichtig. Es handelt sich dabei häufig um Routineaufgaben, die zur Vor- oder Nachbereitung von A-Maßnahmen nötig sind.

Die zehn prototypische Etappen eines Promotionsprojekts

Prototypische Etappen: Übersicht

1. Prüfung der persönlichen Voraussetzungen
2. Orientierung und Entwicklung einer ersten Vorstellung von einem geeigneten Thema
3. Klärung der institutionellen Anbindung und Rahmenbedingungen
4. Klärung der finanziellen Rahmenbedingungen
5. Klärung der formalen Rahmenbedingungen

6. Präzisierung des Themas und Formulierung der Fragestellung(en)
7. Auswertung von weiterer Forschungsliteratur und Primärmaterial
8. Anfertigung der schriftlichen Promotionsleistung (Dissertation)
9. Vorbereitung und Ablegen der mündlichen Promotionsleistung
10. Verlagssuche, Erstellung der Druckvorlage und Publikation der Dissertation

1. Prüfung der persönlichen Voraussetzungen: Hochschulabsolventinnen, die eine Promotion anstreben, sollten eine geeignete Motivation und hinreichende Fähigkeiten (kognitive bzw. intellektuelle Schlüsselkompetenzen) für den Beginn und die Durchführung eines Promotionsprojekts aufweisen. Hierbei handelt es sich um zentrale personenseitige Voraussetzungen.

2. Orientierung und Entwicklung einer ersten Vorstellung von einem geeigneten Thema: Ganz am Anfang steht die Frage nach dem Gegenstandsbereich: Promotionsinteressierte sollten eine Vorstellung davon haben, mit welchem Themenfeld sie sich über einige Jahre beschäftigen möchten. Es ist von Vorteil, wenn sie bereits Vorkenntnisse zu dem Thema erworben haben und seinen wissenschaftlichen Wert einschätzen können. Dies trifft z. B. für Themen zu, denen bereits die vorangegangene Qualifikationsarbeit (Diplom-, Master-, Staats- oder Magisterarbeit) gewidmet war. Bei der Tätigkeit als wissenschaftliche Mitarbeiterin auf einer Promotionsstelle wird der mögliche Themenbereich oft, implizit oder explizit, durch die Schwerpunkte der an der Institution laufenden Forschungsprojekte vorgegeben oder zumindest stark eingeschränkt. Es hängt von der Kompetenz der verantwortlichen Forscher oder Professorinnen ab, welche Freiheit bei der Themenwahl besteht. Natürlich steht es aber den Promovierenden frei, mögliche Betreuer an anderen Universitäten mit anderen Schwerpunkten zu kontaktieren, um das eigene Wunschthema bearbeiten zu können (s. u.). Zudem ermöglicht die an einigen Hochschulen in bestimmten Fächern eingeführte Option einer kumulativen Dissertation (schriftliche Promotionsleistung durch mehrere, zur Publikation angenommene und eingereichte Fachartikel) eine relativ flexiblere Wahl des Themenfelds.

3. Klärung der institutionellen Anbindung und Rahmenbedingungen: Vor Beginn der fachlich-inhaltlichen Arbeit an der Promotion müssen Promovierende einen institutionellen Rahmen finden, in dem sie das Promotionsvorhaben durchführen können. Im Minimalfall bedeutet dies, eine enagierte und ausgewiesene Wissenschaftlerin in dem entsprechenden Fachgebiet zu finden, die bereit ist, die Dissertation zu betreuen. Als Betreuer kommen in erster Linie Hochschulprofessoren in Frage, aber auch leitende Wissenschaftlerinnen an größeren Forschungseinrichtungen. Ein Promotionsvorhaben kann auch davon profitieren, dass neben dem Hauptbetreuer weitere fachliche Ansprechpartner zur Planung und Diskussion der Arbeit verfügbar sind, z. B. qualifizierte Mitarbeiterinnen des Hauptbetreuers, die mit dem Thema vertraut sind. Neben der traditionellen Einzelbetreuung nimmt auch in der deutschen Hochschullandschaft mittlerweile, wie international üblich, die Bedeutung von Promotionsstudiengängen in Graduiertenkollegs oder in Gradiertenschulen (Graduate Schools) zu. Dort können ausgewählte Promovierende nicht nur ihre eigenen Forschungsthemen bearbeiten, sondern auch von weiterführenden Angeboten (z. B. gemeinsamen Dissertationskolloquien, Lehrveranstaltungen, Workshops, Auslandskontakten) profitieren (s. Kap. I.1 »Optimale Promotionsbedingungen«). Einen Überblick über solche Einrichtungen an deutschen Hochschulen finden Sie im Anhang dieses Bandes (s. Kap. VII.1).

4. Klärung der finanziellen Rahmenbedingungen: Als nächstes sind die Möglichkeiten zur Finanzierung des Promotionsprojekts zu klären. Zu finanzieren ist an erster Stelle der eigene Lebensunterhalt während der Promotion. Dazu kommt z. T. auch die Frage, wie Arbeitsmittel (z. B. Bücher oder Geräte) oder, bei empirischen Arbeiten, Sachmittel finanziert werden können. Im Wesentlichen bieten sich drei Möglichkeiten der Finanzierung an: eine Anstellung als wissenschaftlicher Mitarbeiter oder Angestellte an einer Hochschule oder in Drittmittelprojekten, Promotionsstipendien oder die Eigenfinanzierung (zur Finanzierung s. Kap. II.5; zu institutioneller Wissenschafts- und Nachwuchsförderung s. Kap. II.6).

5. Klärung der formalen Rahmenbedingungen: Noch vor Beginn der eigentlichen inhaltlichen Arbeit sollte auch Klarheit über relevante formale Rahmenbedingungen erzielt werden. Die formalen Rahmenbedingungen sind zum einen der jeweiligen Promotionsordnung zu entnehmen (s. Kap. II.2), zum anderen in Absprache mit der Betreuerin zu klären. Hierzu gehören die Art und der Umfang der schriftlichen Promotionsleistung (Dissertation) sowie einer zumeist erforderlichen mündlichen Promotionsleistung (Disputation, Rigorosum oder dergleichen; s. Kap. IV.9), der zeitliche Rahmen zur Anfertigung der Dissertation und Absprachen mit der Betreuerin über die wichtigsten Schritte auf dem Weg zur Promotion (z. B. Abgabe von Exposés oder Zwischenberichten). Bei Promotionsprojekten, die auf empirischer Forschung basieren, stellt sich häufig auch die Frage nach der Anzahl und dem Aufwand der einzelnen Untersuchungen oder Experimente.

6. Präzisierung des Themas und Formulierung der Fragestellung(en): Die eigenständige Bestimmung eines geeigneten Promotionsthemas ist ein wesentlicher Teil des Projekts. Drei Aspekte sind hierbei zu berücksichtigen:

■ **Wissenschaftliche Interessen:** Die Fragestellung sollte dazu geeignet sein, die eigene wissenschaftliche Neugier zu wecken. Wenn die Arbeit von Interesse und Neugier getragen wird, hat man später weniger mit motivationalen Schwierigkeiten zu kämpfen (vgl. Esselborn-Krumbiegel 2004, S. 37).

■ **Vorkenntnisse:** Erste Kenntnisse in einem Forschungsbereich tragen zur besseren Orientierung bei. Man kann die Reichweite des Themas klarer überblicken, Wichtiges von Unwichtigem leichter unterscheiden und damit die Anforderungen der Themenstellung besser einschätzen. Daher ist es oft ratsam, die Doktorarbeit aus dem Thema der Abschlussarbeit zu entwickeln.

■ **Realisierbarkeit:** Promovierende tendieren häufig dazu ein Thema zu wählen, das viel zu breit angelegt ist, die zu Verfügung stehenden (zeitlichen und kognitiven) Ressourcen übersteigt und daher kaum realisierbar ist. Die Realisierbarkeit und das Anspruchsniveau sollten mit dem Betreuer und anderen, mit dem Thema vertrauten Wissenschaftlerinnen besprochen werden.

Insbesondere bei empirischen Arbeiten sollte bereits frühzeitig auch die Methodologie explizit geklärt werden, auf der die Dissertationsforschung basiert (z. B. Labor- oder Feldforschung). Um den Themenbereich inhaltlich weiter zu präzisieren, sind gründliche Recherchen und die Beschaffung und Verwaltung relevanter Literatur erforderlich (zu Literaturdatenbanken s. Kap. IV.7). Im Hinblick auf den wissenschaftlichen Beitrag der Dissertation sollten umgrenzte, spezifische Themen durch gezielte Lektüre vertieft werden.

Strategien zur Entwicklung innovativer Forschungsfragen:

- eigenständige Erweiterung von Konzepten,
- Entwicklung von Analogien zu bestehenden Theorien,
- Einschränkung bestehender Theorien,
- Kritik bestehender Ansätze, Befunde oder Methoden.

Die möglichen Fragestellungen sind schriftlich festzuhalten. Nach Rücksprache mit der Betreuerin und ggf. anderen Wissenschaftlern können dann die endgültigen Fragestellung(en) sowie die Thesen (vermutete Antworten auf die Fragen) festgelegt werden. An diesem Punkt empfiehlt sich die **Erstellung eines Exposés**, in dem der Themenbereich skizziert und die Fragestellung aus dem theoretischen Hintergrund hergeleitet und plausibel motiviert wird (s. Kap. IV.4). Das Exposé dient als Grundlage für die strukturelle Weiterentwicklung und Planung der Dissertation sowie für weitere Besprechungen und Diskussionen mit relevanten Ansprechpartnern (v. a. dem Betreuer).

   7. **Auswertung von weiterer Forschungsliteratur und Primärmaterial:** Nachdem Thema und Fragestellung der Arbeit präzisiert sind, werden die zentralen Thesen anhand von ausgewähltem Primärmaterial (Primärtexten, historischen Quellen oder empirischen Daten) überprüft. Diese Etappe umfasst zwei zentrale Herausforderungen: Zum einen muss das Primärmaterial mit Blick auf die Fragestellung aufbereitet und analysiert werden. Zum anderen ist über den vorherigen Schritt hinausgehende, spezielle Forschungsliteratur (Sekundärmaterial) zu sichten und auszuwerten. Das gezielte Exzerpieren in dieser Phase erleichtert den Überblick und die weitere Arbeit (vgl. Echterhoff/Neumann 2006, S. 110). Die Auswertung des Primär- und die des Sekundärmaterials sollte stets wechselseitig zueinander in Bezug gesetzt werden: Primärtexte, Quellen und empirische Daten müssen vor dem Hintergrund der bestehenden Forschung ausgewertet werden. Umgekehrt muss die bisherige Forschung stets auf der Grundlage der Analyse des Primärmaterials diskutiert werden. Relevant wird die Forschungsliteratur nur, wenn sie das Primärmaterial weiter erhellt. Bei empirischen Arbeiten, wie sie in sozial- und naturwissenschaftlichen Fächern üblich sind, erfolgt in dieser Phase die Erhebung, Aufbereitung, Auswertung und Interpretation von Daten. Diese Arbeiten erfordern den Einsatz fachspezifischer Methoden (z. B. des Experiments), die in der entsprechenden Fachliteratur dargestellt sind.

   8. **Anfertigung der schriftlichen Promotionsleistung (Dissertation):** Wenn die Auswertung des Primärmaterials und der speziellen Forschungsliteratur abgeschlossen ist, steht die Anfertigung der Dissertationsschrift an. Die Anfertigung der schriftlichen Arbeit besteht wiederum aus eigenständigen, aufeinander folgenden Teilschritten (vgl. Sommer 2006). Auch hier gilt wie für das übergeordnete Projekt Promotion: Die Zerlegung in einzelne Schritte und Etappen macht das Vorhaben subjektiv handhabbar und verhindert, dass man sich von dem Berg der Herausforderungen einschüchtern lässt. Projektmanagement besteht ja gerade darin, einen erfolgreichen, effizienten und motivierten Arbeitsprozess zu ermöglichen (zur Textproduktion s. Kap. IV.6).

   9. **Vorbereitung und Ablegen der mündlichen Promotionsleistung:** Je nach Promotionsordnung ist eine bestimmte Art der mündlichen Promotionsleistung erforderlich, um den akademischen Doktortitel zu erlangen. Verbreitet ist die Dis-

putation, in der die Kandidatin zentrale Thesen der Dissertation im Gespräch (der »disputatio«) mit den Mitgliedern der Prüfungskommission diskutiert und verteidigt (im englischsprachigen Raum spricht man daher auch oft von der »dissertation defense«). Weniger üblich, aber immer noch anzutreffen ist mittlerweile das Rigorosum als Format der mündlichen Promotionsleistung (zu Promotionsordnungen s. Kap. II.2). In jedem Fall lohnt es sich, sich rechtzeitig mit Strategien und Techniken zur Vorbereitung von mündlichen Prüfungsleistungen zu beschäftigen bzw. das Wissen hierzu aufzufrischen (vgl. Echterhoff/Neumann 2006, Kap. 4; s. Kap. IV.8).

10. Verlagssuche, Erstellung der Druckvorlage und Publikation der Dissertation: Zwischen dem erfolgreichen Abschluss der Disputation und der Publikation der Dissertation vergehen oft mehrere Monate, manchmal sogar Jahre: Man muss die Arbeit nach den Vorgaben der Gutachter überarbeiten, einen Verlag finden, in dessen Programm die eigene Arbeit passt, eine Druckvorlage erstellen und schließlich auf den Erscheinungstermin warten, bevor man offiziell berechtigt ist, den Doktortitel zu führen. Eine frühzeitige Kontaktaufnahme mit Verlagen, evtl. vermittelt durch die Betreuungsperson, kann helfen, diesen Zeitraum zu verkürzen. Auch kann man sich schon bei der Formatierung der eingereichten Fassung an den Formatvorlagen des Verlags orientieren, so dass nicht allzu viel Zeit für Formatierungsarbeiten eingeplant werden muss.

Zeitplanung

Die zentrale Herausforderung des Projektmanagements ist es, alle für die Zielerreichung erforderlichen Maßnahmen und die begleitenden Projekte während der Promotion innerhalb der angestrebten Frist von drei bzw. vier Jahren zu realisieren. Projektmanagement ist daher immer auch **Zeitmanagement**, das sämtlichen zu erledigenden Etappen und geplanten Projekten eine realistische Bearbeitungszeit zuweist. Dabei müssen manche Etappen sequentiell aufeinander folgen (um z.B. die Forschungsliteratur gezielt auswerten zu können, muss man bereits eine erste Vorstellung von dem Thema der Dissertationsarbeit entwickelt haben); andere hingegen können vollständig oder teilweise parallel erfolgen (häufig ist es etwa sinnvoll oder zumindest möglich, dass die Auswertung relevanter Sekundärliteratur und die Niederschrift der Arbeit Hand in Hand gehen). Um die verfügbare Zeit effektiv nutzen zu können oder die Gesamtbearbeitungszeit zu verringern, sollte man prüfen, welche Schritte parallel durchgeführt werden können. Idealerweise entstehen durch eine Parallelbearbeitung sogar wichtige **Synergie- und Interaktionseffekte**, die der konzeptuellen Weiterentwicklung des Dissertationsvorhabens dienen.

Erfolgreiches Zeitmanagement erfordert die **Zuweisung von Zeitfenstern** für Maßnahmen entsprechend ihrer Bedeutsamkeit für die Zielerreichung sowie die Erstellung von Projektzeitplänen auf unterschiedlichen zeitlichen Ebenen (d.h. von dem Projektzeitplan über den Wochen- hin zum Tagesplan). Drei Aspekte sind bei der Zuweisung von Zeitfenstern zu beachten:

- Die **relative Bedeutung der einzelnen Etappen** für das Erreichen des Gesamtziels sollte gründlich abgewogen werden. Etappen, die maßgeblich zur erfolgreichen Realisierung der Promotion beitragen und denen insofern eine hohe Bedeutung zukommt, sollte man dementsprechend mehr Zeit einräumen.

- Bei der Zuweisung von Zeitfenstern sollte man auch individuelles Vorwissen, eigene Stärken und Schwächen berücksichtigen und sich dementsprechend fragen, ob eine Maßnahme eher **Aufgaben- oder Projektcharakter** hat. Ist eine Etappe relativ komplex und herrscht Unsicherheit über die notwendigen Arbeitsschritte, Methoden und Ressourcen vor, dann muss deren Bearbeitung logischerweise relativ mehr Zeit eingeräumt werden.

- Bei der Zuweisung von Zeitfenstern ist **Pufferzeit** für unvorhergesehene Ereignisse einzuplanen. Die Bearbeitungszeit darf nie so knapp veranschlagt werden, dass der Zeitplan nur mit Mühe realisierbar ist. Verplant man zu viel der verfügbaren Zeit, dann entsteht schnell der Eindruck der Überforderung und Frustration. Dagegen hilft eine realistische Zeitplanung, die einem das Gefühl von Machbarkeit vermittelt und dazu beiträgt, motiviert an das komplexe und längerfristige Projekt Promotion heranzutreten. Um eine stressfreie Bewältigung der einzelnen Etappen zu gewährleisten, sollte man eine Pufferzeit von ca. 20 Prozent der ursprünglich veranschlagten Zeit einkalkulieren. Dies gilt insbesondere dann, wenn man während der Promotion noch weitere Projekte, wie das Verfassen von Artikeln oder die Durchführung eines Workshops, in Angriff nehmen möchte.

Beim Projekt- und Zeitmanagement gilt das **Prinzip der Schriftlichkeit**: Schriftlich festgehaltene Zeitpläne sind verbindlicher als die, die man nur im Kopf hat, sie befördern die zielorientierte Herangehensweise und wirken motivationssteigernd, da man eigene Erfolge besser bilanzieren und Fortschritte der Arbeit schnell erkennen kann. Gerade bei einem langfristigen Projekt wie der Promotion sollte man daher frühzeitig einen **Projektzeitplan** entwerfen, der festlegt, welche Maßnahmen bzw. Etappen in welchem Zeitraum durchgeführt werden sollen. In diesen Projektzeitplan sollte man auch Pufferzeiten für unvorhergesehene Komplikationen, aber auch für die Realisierung weiterer Projekte einplanen.

Projektzeitpläne stellen eine der wichtigsten Stufen der Zeitplanung dar, da sie eine Grundlage bieten, um **Übergänge** von einer Etappe zur nächsten rechtzeitig zu vollziehen und mögliche **Fehlentwicklungen frühzeitig erkennen** zu können. Ein realistischer, auf drei Jahre angelegter Projekt- und Zeitplan für die Anfertigung einer Dissertation ist natürlich auf persönliche Voraussetzungen und Zielsetzungen sowie auf die Besonderheiten der jeweiligen wissenschaftlichen Disziplin abzustimmen; der folgende Entwurf stellt daher lediglich eine Orientierungshilfe dar.

Tätigkeit	Dauer
Erste Literaturbeschaffung und Auswertung der Literatur (sowohl Primärmaterial als auch Sekundärliteratur)	3 Monate
Bestimmung des zu analysierenden Primärmaterials	1 Monat
Strukturierung des Themas	1 Monat
Eingrenzung des Themas: Entwicklung einer konkreten Fragestellung und Formulierung konkreter Zielsetzungen	2 Wochen

Tätigkeit	Dauer
Erste Arbeitsgliederung	2 Wochen
Besprechung der Arbeitsgliederung mit dem Betreuer; Umsetzung von Feedback, Pufferzeit	2 Wochen
Verfassen der ersten Kapitel, Präsentation (z.B. in einem Doktorandenkolloquium) und Umsetzung von Feedback	4 Monate
Erneute, gezielte Literatursuche und -auswertung	1 Monat
Pufferzeit bzw. Spielraum für unvorhergesehene Komplikationen	1 Monat
Präsentation zentraler Thesen auf einer Doktorandenkonferenz (Vor- und Nachbereitung)	1 Monat
Verfassen weiterer Kapitel	4 Monate
Präsentation der Kapitel in einem Doktorandenkolloquium, Besprechung mit Betreuer, eventuell Erweiterung oder Eingrenzung des Themas	2 Monate
Eventuell Auslandsaufenthalt sowie dessen Vor- und Nachbereitung	2 Monate
Pufferzeit, Spielraum für weitere Projekte, z.B. Verfassen eines wissenschaftlichen Artikels	6 Wochen
Weitere schriftliche Ausarbeitung	4 Monate
Präsentation der Kapitel in einem Doktorandenkolloquium, Besprechung mit Betreuerin, eventuell weitere Fokussierung des Themas	1 Monat
Erste Fassung der Gesamtarbeit	4 Monate
Besprechung und Überarbeitung der Erstfassung	2 Monate
Redaktion und Korrektur	1 Monat
Vorbereitung auf Disputation	2 Monat
Endfassung, Formatierung, Druck, Abgabe	1 Monate

Die **Zeiteinheiten** sollten nicht zu groß gewählt werden, da der Arbeitseinsatz und die Bearbeitungsdauer sonst beliebig werden. Zwar ist es bei einem langfristigen, auf mehrere Jahre angelegten Projekt, wie der Promotion, sinnvoll, dem Projekt- und Zeitplan zunächst ›Monate‹ als Zeiteinheit zugrunde zulegen. Um die zur Verfügung stehende Zeit allerdings effektiv zu nutzen und die Arbeitsschritte handhabbar zu machen, ist es ratsam, für die Bearbeitung der einzelnen Etappen Wochen- und Tagespläne zu erstellen, die die erforderlichen Maßnahmen ebenso wie die zur Verfügung stehende Zeit weiter spezifizieren. Je spezifischer die Zeiteinteilung ist und je konkreter die anstehenden Aufgaben und Ziele definiert werden, desto kontrollierbarer werden Projekte.

Bei der **Wochenplanung** geht es in erster Linie darum, die verfügbare Zeit so einzuteilen, dass alle Verpflichtungen (Kolloquien, Arbeitszeit, etc.) sowie persönlichen Bedürfnisse (Stichwort ›Lebensqualität‹) Berücksichtigung finden. Auf dieser Basis können die Zeiten, die tatsächlich für die Arbeit an der Dissertation zur Verfügung stehen, festgelegt und ihnen die anstehenden Aufgaben, also die Zielvorgaben, zugeordnet werden. Am effektivsten erreicht man Ziele, indem man kontinuierlich und regelmäßig arbeitet. Intensive, ununterbrochene Arbeit an einem Projekt ist zumeist weniger zielführend als verteilte, durch Pausen und Erholungsphasen unterbrochene Arbeit. Das Arbeitspensum sollte daher gleichmäßig auf alle Wochentage verteilt werden.

Wenn man bei der Bearbeitung der einzelnen Etappen angekommen ist, empfiehlt es sich, den Wochenplan in konkrete **Tagespläne** umzusetzen. Zeitpläne erleichtern die systematische Umsetzung von Zielen vor allem dann, wenn Ziel- und Zeitvorgaben spezifisch formuliert sind. Dies ist am besten auf der Basis von Tagesplänen erreichbar. Der Tagsplan legt fest, welche Aufgaben innerhalb eines bestimmten Zeitfensters an einem Tag durchgeführt werden sollen. Um die Zeit eines Arbeitstags optimal zu nutzen, sind vor allem drei Prinzipien zu berücksichtigen:

1. Bei der Tagesplanung müssen **klare Prioritäten** bezüglich der Bedeutsamkeit von Maßnahmen gesetzt werden. Vor Beginn der Arbeit sollte man sich daher Klarheit darüber verschaffen, welche Tätigkeiten A-Maßnahmen, welche hingegen B- oder gar C-Maßnahmen sind und diesen eine entsprechend längere oder kürzere Bearbeitungszeit einräumen.

2. Ziele lassen sich leichter und effizienter realisieren, wenn man bei der Tagesplanung den eigenen **Biorhythmus** berücksichtigt. Die persönliche Leistungskurve lässt sich schnell ermitteln, indem man über eine Woche beobachtet, wann die Konzentration und Arbeitsfähigkeit am höchsten sind und zu welchen Zeiten man hingegen mit der Konzentration hadert. Aufgaben lassen sich schneller erledigen, wenn man leistungsaktive Zeiten konsequent für die Erledigung von A-Maßnahmen, weniger leistungsstarke Phasen für die Erledigung von B- und C-Maßnahmen nutzt, die ja oftmals Routineaufgaben sind und die Ressourcen dementsprechend weniger in Anspruch nehmen.

3. Bei der Tagesplanung sind **Pufferzeiten** einzuplanen, die eine Realisierung der Ziele auch bei nicht vorhersehbaren Komplikationen ermöglichen.

4. **Pausen** sind wichtiger Bestandteil der geistigen Arbeit und müssen unbedingt in die Tagesplanung einbezogen werden. Einer der häufigsten Fehler bei der Durchführung universitärer Projekte ist die zu lange und dabei oftmals unkonzentrierte Arbeit. Zu lange Arbeitszeiten sind zumeist auf Fehleinschätzungen des eigenen Durchhaltevermögens zurückzuführen. Effektives Zeitmanagement bedeutet aber auch, eigene Grenzen richtig einzuschätzen und zu respektieren. Lange Arbeitszeiten mag man für einige Tage (in der Endphase eines Projekts) durchhalten, aber spätestens nach einigen Wochen wird man zumeist ziemlich überarbeitet und obendrein frustriert sein. Legt man hingegen regelmäßige Pausen ein, dann ist es auch leichter, konzentriert und motiviert bei der Sache zu bleiben.

Tipps für die Tagesplanung

- Um zielorientiert mit der eigenen Zeit und Energie umzugehen, sollte man – bevor man sich an die Arbeit macht – festlegen, wie lang man arbeiten will und klare Tagesziele formulieren.
- Pausen sollten genauso konsequent geplant werden, wie die Arbeitszeit. Es geht darum, eine ausgewogene Balance zwischen Arbeits- und Entspannungsphasen herzustellen.
- Bestimmen Sie Ihre persönliche Leistungskurve und erledigen Sie die Aufgaben, die die höchste Konzentration erfordern zu Zeiten Ihres persönlichen Leistungshochs.

- Sorgen Sie bei der Tagesplanung für eine hinreichende Abwechslung der Aktivitäten. Teilen Sie jede Arbeitsphase in überschaubare und nicht zu anstrengende Teilphasen ein, z. B. in Sitzungen von zwei Stunden. Die thematische Streubreite sollte aber nicht so groß sein, dass sie zur Zerstreuung oder Fragmentierung der Arbeit führt.
- Versuchen Sie störende und unproduktive Arbeitsunterbrechungen auszuschließen.
- Nehmen Sie sich zwischen den Arbeitsphasen Zeit, um Ihre Ideen und Gedanken weiter zu verarbeiten und zu ordnen. Das trägt auch dazu bei, dass Sie Ihre Argumente überzeugender und klarer vermitteln können.
- Gehen Sie bei allen Planungsschritten hinreichend spezifisch vor, d. h. planen Sie nicht zu allgemein. Dies gilt z. B. für das tägliche Arbeitspensum, die Länge jeder Arbeitsphase bzw. Teilphase, die Gesamtzeit für eine Aufgabe, die Erholungsphasen und natürlich auch das inhaltliche Thema Ihrer Arbeit.
- Versuchen Sie bereits am Abend, mit Abschluss der Arbeit, den nächsten Tag vorzuplanen. Man erleichtert sich den Einstieg in das tägliche Schreiben indem man sich notiert, an welchem Punkt die Arbeit niedergelegt wurde.

Realisierung und Erfolgskontrolle

Projektmanagement reicht über die Phasen der Zielsetzung und Planung hinaus. Das Projekt wäre ja keines, wenn es nicht schließlich initiiert und realisiert würde. Bei der Realisierung ist natürlich auf den Plan und die geplanten Schritte zurückzugreifen, die entsprechend ihrer Bedeutsamkeit, dem geschätzten Aufwand und den Zeitfenstern vorgesehen sind. Bei der Realisierung der Schritte sollte regelmäßig, d. h. möglichst nach jedem größeren Schritt, eine Erfolgskontrolle erfolgen. Die **Realisierung** eines Projekts lässt sich demnach in drei Hauptphasen unterteilen (vgl. das Feedbackmodell zur Handlungssteuerung von Miller/Galanter/Pribram 1956):

- Rückgriff auf den Plan zur Zielerreichung und die geplanten Maßnahmen;
- Realisieren einer Maßnahme zur Zielerreichung;
- Kontrolle des Erfolgs der Maßnahmen: (a) Prüfung, ob die Maßnahmen wie vorgesehen realisiert wurden; (b) Prüfung, ob eine Annäherung an das Ziel erfolgt ist; (c) Prüfung, ob der tatsächliche Aufwand für eine Maßnahme dem erwarteten Aufwand entspricht.

Falls die **Evaluationen** unter (a) und (b) positiv ausfallen, kann die nächste Maßnahme initiiert werden. Das Ergebnis aus (c) ist für den weiteren Projektverlauf zu berücksichtigen. Bei der Realisierung der einzelnen Schritte und Maßnahmen sollte stets der Rückbezug zum übergeordneten Ziel im Blick behalten werden. Ein wichtiger Beitrag hierzu ist die Phase (b) der Erfolgskontrolle, die verhindern soll, dass der Hauptzweck des Projekts (d. h. zumeist der erfolgreiche Abschluss der Promotion) bei aller Mühe mit der konkreten Umsetzung von Maßnahmen vergessen wird.

Es ist damit zu rechnen, dass an der einen oder anderen Stelle Abweichungen vom Projektplan, Misserfolge bei der Realisierung von Maßnahmen oder andere Fehler auftreten. Fehler sind die Regel, nicht die Ausnahme. Die gute Nachricht ist: Aus Projekten lernt man mehr, wenn man Fehler feststellt und deren Ursachen analysiert, als wenn man sie nach Plan abwickelt. **Scheitern** liefert ausgezeichnetes

Material zur Erfahrungsbildung, zum Lernen und Umdenken. Nach einem ersten Schrecken sollte man sich eine kurze Auszeit oder Ruhepause gönnen und überlegen, an welchen Punkten und aufgrund welcher Faktoren das Projekt vermutlich gescheitert ist. Da man selbst in das Projekt verwickelt ist und die Faktoren nicht unvoreingenommen überblicken kann, sollte man auch den Rat anderer Personen heranziehen, die das Projekt oder ähnliche Projekte kennen und/oder Erfahrungen mit dem Projektmanagement besitzen (Betreuer des Dissertationsprojekts, andere Promovierende, Promotionsberatung eines Graduiertenzentrums, erfahrene Postdocs, Freunde und Bekannte, die die Promotion bereits erfolgreich abgeschlossen haben).

Die **Fehleranalyse** soll zunächst zeigen, welche Art von Fehler aufgetreten ist: Hat man es nicht geschafft, eine Maßnahme (z.B. Austausch über eine knifflige Frage mit einer Expertin oder die Anwendung einer komplizierten computergestützten Analyse) zu realisieren? Dann ist etwa zu überlegen, ob man in Zukunft eine ähnliche Maßnahme realisieren muss, ob die nicht realisierte Maßnahme zur Zielerreichung hinreichend wichtig ist oder ob es vielleicht alternative, leichter realisierbare und ebenso zielführende Maßnahmen gibt. Oder hat man zwar Maßnahmen wie geplant realisiert (z.B. Austausch mit einer bekannten Expertin), ist aber damit dem Ziel gar nicht oder zu wenig näher gekommen? In diesem Fall ist die Projektplanung zu überdenken, ggf. muss nachgebessert werden. Oder wurde der Aufwand für die Realisierung von Maßnahmen unterschätzt, z.B. für die Recherche und Beschaffung von speziellem Quellenmaterial oder die Durchführung einer anspruchsvollen empirischen Studie? In diesem Fall gibt es keinen Anlass, den Weg zum Ziel in Frage zu stellen – jedoch ist zu überlegen, ob auch bei zukünftigen Etappen ein größerer Aufwand als geplant zu erwarten ist. Möglicherweise hat man zu viel Zeit mit der Bewältigung von C-Maßnahmen verbracht und dabei die wichtigen, zielführenden A-Maßnahmen aus dem Blick verloren. Oder man muss feststellen, dass man zu viel von sich verlangt, in zu kurzer Zeit und unter zu ungünstigen Bedingungen. In diesem Fall sollte man den Zeitplan anpassen oder die geplanten Maßnahmen durch weniger aufwendige ersetzen.

Misserfolge und Fehler haben natürlich auch eine eigene **emotionale Dimension**: Sie können Ärger und Wut, aber auch Sorgen, Verunsicherung, Ängste und das Gefühl der Hilflosigkeit, ja auch Scham und Schuld auslösen. Welche Emotionen auftreten und mit welcher Intensität, hängt von verschiedenen Faktoren ab, z.B. vom wahrgenommenen Ausmaß und der Schwere der Folgen des Misserfolgs und vor allem der Ursachenattribution. Menschen können die Fehler auf sich selbst (intern) oder äußere Faktoren wie andere Personen oder die Schwierigkeit eines Problems (extern) bzw. auf stabile, überdauernde oder flexible, leicht veränderliche Faktoren zurückführen. Werden Misserfolge beispielsweise auf interne und zugleich stabile Faktoren zurückgeführt, so sind Scham oder Ängstlichkeit vergleichsweise wahrscheinlich; macht man für Misserfolge externe oder veränderliche Faktoren verantwortlich, führt dies wahrscheinlich zu Ärger oder Wut. In solchen Situationen kann es hilfreich sein, sich mit Vertrauenspersonen über die Ursachen auszutauschen und damit die eigenen Emotionen zu reflektieren bzw. ihrer Genese und sogar ihrem Nutzen nachzuspüren. Bei der Analyse von Fehlern und Abweichungen vom Plan im Rahmen von Promotionsprojekten kann auch Promotionscoaching durch hierzu ausgebildete Expertinnen eine gute Unterstützung bieten (s. Kap. II.4).

Ob Fehler gewinnbringend und produktiv genutzt werden können, hängt stark vom Umgang mit ihnen ab. Zu vermeiden sind Ad-hoc-Handlungen oder **Reparaturverhalten** (Reaktionen auf aktuell auffällige Probleme unter Vernachlässigung der übergeordneten Ziele wie z. B. die Fokussierung auf einen noch fehlenden, schwer zu beschaffenden Fachartikel), die Einkapselung in die Lösung weniger wichtiger Probleme oder **Aktionismus** (Handeln um des Handelns willen). Trotz des Misserfolgserlebnisses sollte man versuchen, einen Schritt zurückzutreten und sich das übergeordnete Projektziel zu vergegenwärtigen, also global und nicht nur lokal zu denken.

Oft hilft ein **mentaler Sprung zurück zum Anfang der Projektplanung** dabei, wieder den Überblick über das große Ganze zu gewinnen. Nur wenn sich herausstellt, dass die geplanten, durchgeführten und erfolgreich abgeschlossenen Maßnahmen nicht zum angestrebten Ziel führen, besteht Anlass, die gesamte Projektplanung zu hinterfragen. Die Fehler anderer Art sind hingegen zunächst kein Grund zu solch tief greifenden Zweifeln, sondern sollten eher dazu anregen, eine **Optimierung des bestehenden Plans** zu erwägen.

Literatur

Adamczak, Wolfgang et al.: *Ich will promovieren. Anregungen.* 8. Aufl. Kassel 2006 [1998]. http://www.uni-kassel.de/wiss_tr/Nachwuchs/promotio.pdf (31.05.2007)

Bem, Daryl J.: »Writing the empirical journal article«. In: Darley, John M./Zanna, Mark P./Roediger, Henry L. (Hgg.): *The Complete Academic. A Practical Guide for the Beginning Social Scientist.* 2. Aufl. Washington, DC 2004 [1997], S. 185–219.

Dörner, Dietrich: *Die Logik des Mißlingens. Strategisches Denken in komplexen Situationen.* Reinbek 1989.

duz-SPECIAL: *Karrierewege in Wissenschaft und Forschung. Konferenz, 4. und 5. Oktober 2006.* Berlin 2006. http://www.duz.de/docs/downloads/duzspec-dfg.pdf (05.06.2007)

Echterhoff, Gerald/Neumann, Birgit: *Projekt- und Zeitmanagement. Strategien für ein erfolgreiches Studium.* Stuttgart 2006.

Esselborn-Krumbiegel, Helga: *Von der Idee zum Text. Eine Anleitung zum wissenschaftlichen Schreiben.* 2., durchg. Aufl. Paderborn et al. 2004 [2002].

Franck, Nobert: *Rhetorik für Wissenschaftler. Selbstbewusst auftreten, selbstsicher reden.* München 2001.

Gätjens-Reuter, Margit: *Praxishandbuch Projektmanagement.* Wiesbaden 2003.

Higgins, E. Tory: »Beyond Pleasure and Pain«. In: *American Psychologist* 52 (1997), S. 1280–1300.

Hofmann, Eberhard/Löhle, Monika: *Erfolgreich lernen. Effiziente Lern- und Arbeitsstrategien für Schule, Studium und Beruf.* Göttingen 2004.

Hussy, Walter: *Denken und Problemlösen.* 2., überarb. u. erw. Aufl. Stuttgart 1998 [1993].

Litke, Hans-Dieter: *Projektmanagement. Methoden, Techniken, Verhaltensweisen.* 3. Aufl. Wien 1995.

Miller, George A./Galanter, Eugene/Pribram, Karl H.: *Plans and the Structure of Behavior.* New York, NY 1956.

Murray, Rowena: *Writing for Academic Journals.* Berkshire 2005.

Preis, Wolfgang: *Vom Projektstudium zum Projektmanagement. Ein Werkzeugkasten für Theorie und Praxis.* Freiburg i. Br. 1998.

Schmalt, Heinz-Dieter/Sokolowski, Kurt: »Motivation«. In: Spada, Hans (Hg.): *Lehrbuch Allgemeine Psychologie.* 3. Aufl. Bern 2006 [1990], S. 501–551.

Schwartz, Barry et al.: »Maximizing versus Satisficing: Happiness is a Matter of Choice«. In: *Journal of Personality & Social Psychology* 83 (2002), S. 1178–1197.

Schuler, Heinz (Hg.): *Lehrbuch Organisationspsychologie*. 3., überarb. Aufl. Bern 2004 [1993].

Seiwert, Lothar J.: *Mehr Zeit für das Wesentliche. Besseres Zeitmanagement mit der SEIWERT-Methode*. 15. Aufl. Regensburg 1993.

Sommer, Roy: *Schreibkompetenzen. Erfolgreich wissenschaftlich schreiben*. Stuttgart 2006.

Stickel-Wolf, Christine/Wolf, Joachim: *Wissenschaftliches Arbeiten und Lerntechniken. Erfolgreich studieren – gewusst wie!* 3., überarb. Aufl. Wiesbaden 2005 [2001].

Wissenschaftsrat: *Empfehlungen zur Doktorandenausbildung*. Saarbrücken 2002. http://www.wissenschaftsrat.de/texte/5459–02.pdf (05.06.2007)

Zimmerman, Barry. J./Bonner, Sebastian/Kovach, Robert: *Developing Self-Regulated Learners. Beyond Achievement to Self-Efficacy*. Washington, DC 1996.

Gerald Echterhoff und Birgit Neumann

3. Wissenschaftliche ›Zusatzqualifikationen‹: Aufsatzpublikation, Vortrag, Tagungsorganisation

Der im vorangegangenen Kapitel vorgestellte Projektmanagement-Ansatz hilft nicht nur bei der Bewältigung des Großprojekts Promotion, sondern kann auch die Umsetzung kleinerer Projekte erleichtern, wie etwa das Halten eines Vortrags, die Publikation eines Aufsatzes oder die Organisation einer eigenen Tagung. Es ist sinnvoll, sich durch solche Projekte schon während der Promotionszeit ein **eigenständiges Profil** zu verschaffen, das nach der Promotion das berufliche Weiterkommen innerhalb sowie außerhalb des Wissenschaftsbetriebs erleichtert und die Aussichten auf eine Stelle oder ein Stipendium deutlich erhöht. Vorträge, Aufsätze und Tagungsorganisationen haben zudem ein hohes Motivationspotenzial: Im Gegensatz zur langwierigen Arbeit an der Dissertation verschaffen sie **kurzfristige Erfolgserlebnisse**, die über mögliche Durststrecken hinweg helfen. Man bekommt zudem unmittelbar Feedback, das bei der Arbeit an der Dissertation oftmals lange auf sich warten lässt.

Vorträge auf Konferenzen

Die eigenen Forschungsergebnisse vorzustellen und zu diskutieren, ist ein wichtiger Bestandteil professioneller wissenschaftlicher Arbeit. Die erste Möglichkeit dazu ergibt sich meist im Rahmen der **Doktorandenkolloquien** der betreuenden Hochschullehrer oder sonstiger Treffen mit anderen Promovierenden, wie sie z. B. an Graduiertenzentren oder in DFG-Graduiertenkollegs üblich sind. Darüber hinaus bietet der Besuch einer Fachtagung die Möglichkeit, ein Netzwerk von Ansprechpartnern aufzubauen, mit denen man gemeinsam die jeweiligen Herausforderungen der Dissertation diskutieren und sich über Erfahrungen im Wissenschaftsbetrieb austauschen kann. Für ›Einsteiger‹ sind **Graduiertenkonferenzen** empfehlenswert, die sich speziell an Doktoranden und Doktorandinnen richten. Wer es sich noch nicht zutraut, einen eigenen Vortrag zu halten, kann auch einige Konferenzen als Zuhörer besuchen, um den Ablauf wissenschaftlicher Tagungen und die akademischen Gepflogenheiten (Vorstellungsrunden, Vortragsstruktur, Diskussionsverlauf etc.) kennenzulernen.

Wenn man in ein Promotionsnetzwerk eingebunden ist, so wird man meist automatisch über anstehende Tagungen informiert und zur Tagungsteilnahme aufgefordert. Ist dies nicht der Fall – oder befindet sich unter den angebotenen Tagungen keine zum eigenen Thema – kann man selbstständig in Fachzeitschriften oder im Internet nach interessanten und relevanten Tagungsankündigungen und

Calls for Papers (Aufforderungen zur Einsendung von Vorschlägen für Vorträge) suchen.

Call for Papers

Ein Call for Papers (CfP) ist die verbreitetste Methode, Wissenschaftlerinnen und Wissenschaftler zur Teilnahme an einer Tagung oder Publikation zu gewinnen. In einem Call for Papers wird die wissenschaftliche Fragestellung der Tagung bzw. der Publikation umrissen und in der Regel zur Einsendung von Abstracts, d.h. Kurzbeschreibungen des eigenen geplanten Beitrags, aufgerufen. Gelegentlich sind bereits fertige Vorträge gewünscht. Calls for Papers findet man über:

- Fachzeitschriften
- entsprechende nationale oder internationale Mailinglisten, die man abonnieren kann. Die wichtigste deutschsprachige Mailingliste für Sozial- und Kulturhistoriker ist H-Soz-u-Kult (http://hsozkult.geschichte.hu-berlin.de); für anglistische und amerikanistische Literaturwissenschaftler und Literaturwissenschaftlerinnen ist die internationale Mailingliste der Universität Pennsylvania einschlägig (http://cfp.english.upenn.edu); Germanisten dürften bei H-Germanistik (http://www.h-germanistik.de) fündig werden. Es gibt für die meisten Forschungs- und Fachgebiete vergleichbare einschlägige Foren, die über aktuelle Veranstaltungen informieren (z.B. für Psycholog/inn/en die Mailingliste der Deutschen Gesellschaft für Psychologie, vgl. http://www.dgps.de).
- fachübergreifende Seiten wie http://www.papersinvited.com oder http://www.h-net.org
- Aushänge am Schwarzen Brett des eigenen Instituts
- Internetrecherche: Da viele Calls for Papers kleinerer Konferenzen nicht auf zentralen Seiten veröffentlicht werden, kann man über Google regelmäßig nach dem eigenen Themenbereich suchen (indem man »Call for Papers« und z.B. »Spracherwerb« eingibt).

In der Regel sind Konferenzthemen so breit angelegt, dass man relativ leicht eine Veranstaltung findet, deren Fragestellung **Überschneidungen** oder Berührungspunkte **mit den eigenen Forschungsinteressen** aufweist. Je näher man mit einem eigenen Vortrag am Thema der Dissertation bleibt, desto leichter ist er zu schreiben und desto größer ist der unmittelbare Nutzen für das Promotionsprojekt. Bereits vor Beginn der Arbeit am Vortrag sollte man sich überlegen, wie viel Zeit man für ihn aufbringen will. Das Zeitfenster, das man der Fertigstellung des Vortrags einräumt, sollte dem erhofften Gewinn und den verfügbaren Ressourcen entsprechen.

Für die ersten Konferenzauftritte sind weitgehend ausformulierte Manuskripte zu empfehlen, um nicht Gefahr zu laufen, den Faden zu verlieren. Später kann man – je nach Typ – auch mit Stichworten arbeiten oder der Struktur einer vorbereiteten PowerPoint-Präsentation folgen. Das hat zum einen den Vorteil, dass eine natürlichere Intonation entsteht. Zum anderen werden durch visuelle Elemente die Aufnahmefähigkeit und Aufmerksamkeit der Zuschauer und Zuschauerinnen gesteigert.

Ein Vortrag ist in hohem Maße durch seine **Adressatenorientierung** bestimmt und daher mitnichten nur »lautgemachte Schrift« (Franck 2001, S. 22): Da Schriftsprache anderen Konventionen folgt als gesprochene Sprache, ist ein gelungener Aufsatz oder das beste Kapitel einer Dissertation ohne grundlegende Veränderungen nie ein guter Vortrag. Denn beim Zuhören kann man, anders als beim Lesen, nicht zurückblättern oder den Text ein zweites Mal rezipieren, sondern ist darauf angewiesen, die wichtigsten Punkte schnell zu erkennen und zu verstehen. Damit

Zuhörer mündlichen Ausführungen leicht folgen können und ihre Aufmerksamkeit erhalten bleibt, müssen daher schon beim Verfassen des Vortrags verschiedene **Regeln** beachtet werden:

- einfache Syntax (keine verschachtelten Sätze),
- Vermeidung exotischer Fremdwörter,
- Erläuterung verwendeter Fachbegriffe,
- transparente Strukturierung und Erläuterung der Gliederung des Vortrags,
- präzise Formulierung und explizite Nennung der Fragestellung(en) und These(n) des Vortrags,
- deutliche Kennzeichnung jedes neuen Schrittes in der Argumentation im Verlauf des Vortrags (z.B. durch kurze Zusammenfassung des gerade abgeschlossenen Aspekts und explizite Überleitung zum neuen Punkt),
- Wiederholungen zentraler Punkte in anderen Worten, evtl. auch in zugespitzter Form,
- Verzicht auf weiterführende Informationen (Belege, Exkurse etc.), die bei geschriebenen Texten in Fußnoten vermittelt werden,
- deutliche Markierungen von Zitaten durch kurze Nennung der Quelle und »Mitsprechen« der Anführungszeichen (z.B. »Ich zitiere…«/«quote…« bzw. »Zitat Ende«/«end of quote«),
- Beschränkung auf unbedingt notwendige Zitate, um nicht von der eigentlichen Argumentation abzulenken.

Um sich im mündlichen Vortrag zu üben, zum eigenen **Präsentationsstil** zu finden und möglichst selbstbewusst an Vorträge heranzugehen, ist es empfehlenswert, den Vortrag vor dem Ernstfall einige Male zu proben. Anregend und ansprechend wird jeder mündliche Vortrag durch:

- langsames und deutliches Sprechen,
- Blickkontakt,
- gelegentliches freies Sprechen,
- emphatische Gesten, die den Ausführungen Nachdruck verleihen,
- die richtige Betonung und das Einlegen von Pausen.

Idealerweise trägt man den Vortrag Freunden vor und lässt sich – ehrliches – Feedback geben. Bei einem Probevortrag (ggf. auch ohne Publikum) kann man auch die tatsächliche Dauer des eigenen Vortrags überprüfen. Die Länge eines Vortrags sollte genau den Vorgaben der Veranstaltungsorganisatoren entsprechen. Eventuelle Unterbrechungen z.B. durch das Auflegen von Folien oder die Vorführung von Filmmaterial müssen natürlich bei der Zeitplanung berücksichtigt werden.

Checkliste Vortrag

- Die Zeichenzahl eines ausformulierten Vortragstexts kann als Richtlinie für die **Vortragsdauer** herangezogen werden: Trägt man langsam und betont vor, braucht man für einen Text mit 14000 Zeichen etwa 15 Minuten.
- Die Schriftgröße des Vortragstexts sollte beim **Ausdruck** größer als gewöhnlich sein, weil man dann das Papier weiter vom Gesicht entfernen und leichter ins Publikum blicken kann, ohne die Orientierung im Text zu verlieren. Es empfiehlt sich, z.B. bei Times New Roman mindestens 14pt und einen zweizeiligen Zeilenabstand zu verwenden.

- Wenn man **Betonungen** im Manuskript z. B. durch Unterstreichungen oder Fettdruck hervorhebt, ergibt sich eine korrekte (und effektvolle) Intonation fast automatisch.
- **Folien** (ausgedruckt oder heute zumeist in PowerPoint) erleichtern die Rezeption, wenn sie klar und übersichtlich sind, nicht zu viele Informationen enthalten und groß genug gedruckt sind (Schrift mindestens in 18pt). Man sollte auf Folien nur dann Volltext wiedergeben, wenn er wörtlich auch im Vortrag vorkommt (z. B. Zitate), weil die Zuhörer sonst abgelenkt werden.
- Die Nachvollziehbarkeit eines Vortrags wird durch ein **Handout** gesteigert, das neben dem Namen des Vortragenden und dem Thema auch eine Gliederung des Vortrags und die zentralen Thesen enthält. Darüber hinaus kann man hier auch Zitate, Quellennachweise und bibliografische Angaben aufführen und so die Kennzeichnung von zitierten Stellen im Vortrag erleichtern und verkürzen. Aber man sollte darauf achten, die Zuhörerschaft durch ein Handout nicht vom Vortrag selbst oder den präsentierten Folien abzulenken.

Aufsatzpublikationen

Für den ersten wissenschaftlichen Artikel sollte man ein relativ großzügiges Zeitfenster vorsehen. Wie viel Zeit das Projekt tatsächlich beansprucht, hängt natürlich von individuellen Kompetenzen sowie von der thematischen Nähe des Artikels zum Promotionsvorhaben ab. Ebenso wie bei Vorträgen ist es auch bei den ersten Artikeln ratsam, sich auf ein Thema zu konzentrieren, das in einem relativ engen **Zusammenhang zur Dissertation** steht. Dies spart nicht nur Zeit, sondern verleiht auch eine gewisse Souveränität und Sicherheit. Die Orientierung an Themen der Dissertation bedeutet natürlich nicht, dass man die Dissertation in Form eines Artikels *en miniature* duplizieren oder einfach ein bestimmtes Kapitel als Artikel ausgeben sollte. Zumindest letzteres wäre nicht mit den Anforderungen der Textsorte ›wissenschaftlicher Artikel‹ kompatibel, der eine fokussierte und in sich geschlossene Argumentation darstellt. Hinzu kommt, dass an manchen Universitäten die Promotionsordnung Vorabveröffentlichungen aus der Dissertation verbietet (danach sollte man sich unbedingt erkundigen).

Idealerweise sollte man beim Verfassen eines Artikels versuchen, eine Balance zwischen schon Bekanntem und neuen Facetten zu erreichen. In jeder Dissertation gibt es zahlreiche Ansätze und Ideen, die man gewinnbringend zu einem Artikel ausarbeiten kann: Die Produktivität des eigenen theoretischen Ansatzes kann z. B. durch die Analyse von Material aufgezeigt werden, das in der Dissertation nicht berücksichtigt wird; das, was bislang nur synchron untersucht wurde, kann vielleicht aus diachroner Perspektive in den Blick genommen werden; theoretische Ideen, die in der Dissertation nur rudimentär und mit Blick auf den Analysegegenstand dargelegt wurden, lassen sich gegebenenfalls in einem programmatischen Theoriebeitrag weiterentwickeln.

Möglichkeiten, wissenschaftliche Artikel zu veröffentlichen, gibt es im Wissenschaftsbetrieb schon während der Promotion viele. Oftmals sind Tagungen so konzipiert, dass sie mit der Veröffentlichung eines **Konferenzbandes** verbunden sind, in den einzelne oder alle Beiträge der Tagung eingehen. Das hat den Vorteil, dass man beim Verfassen des Artikels nicht bei Null anfangen muss, sondern auf dem eigenen Konferenzbeitrag aufbauen kann. Wenn man bereits auf der Tagung Rückmeldungen dazu bekommen hat, welche Aspekte für die weitere Ausarbeitung des Beitrags zu berücksichtigen sind, dürfte der Schritt vom Vortrag zum Artikel nicht mehr allzu schwer fallen.

Die Arbeit an den ersten Veröffentlichungen sollte man dazu nutzen, sich über die Kriterien zur **Wahl des Publikationsorgans** zu informieren, etwa bei der/dem Betreuer/in der Promotion oder anderen erfahrenen Wissenschaftler/innen. Es ist zwar wünschenswert, dass der Beitrag schnell veröffentlicht wird, was für Tagungsbände oder weniger renommierte Zeitschriften spricht. Jedoch kann es sich lohnen, längere Überarbeitungsphasen in Kauf zu nehmen, wenn man Publikationen in sehr angesehenen und daher viel zitierten Organen unterbringen möchte. In den Geistes- und Kulturwissenschaften gibt es – anders als in den Naturwissenschaften (dort haben u. a. die Zeitschriften *Nature* und *Science* international einen exzellenten Ruf) – noch kein allgemein akzeptiertes Ranking von Publikationsorganen. Tendenziell gelten Zeitschriftenpublikationen als prestige-trächtiger als Beiträge in Sammelbänden, weil die Qualitätskriterien oft höher sind (*peer review* wird zunehmend die Regel) und Fachzeitschriften eine ungleich grö-ßere Leserschaft erreichen. Gerade am Anfang wird man aber froh sein, überhaupt eine Gelegenheit zur Publikation zu erhalten.

Qualitätsmerkmale wissenschaftlicher Publikationen:

- institutionalisierte Qualitätskontrolle, z. B. durch das so genannte *peer review*-Verfahren, bei dem eingereichte Artikel von (in der Regel zwei bis maximal vier) anonymen Gutachtern evaluiert werden, die Experten in dem Fachgebiet sind
- internationale Verbreitung (englische Sprache)
- Renommee der Herausgeber
- Renommee des Verlags
- Renommee der anderen Beiträger
- weite Verbreitung/hohe Auflagenzahl

Die **Veröffentlichung in Fachzeitschriften** setzt voraus, dass man mit aktuellen Zielsetzungen und Schwerpunkten des Journals vertraut ist und sich der geplante Artikel hinreichend gut in das Themenprofil einfügt. Wenn ein eingereichter Artikel abgelehnt wird, dann kann dies natürlich an seiner mangelnden wissenschaftlichen Qualität liegen. Es können aber auch andere Gründe, wie eine unpassende Zeitschriftenwahl oder der gleichzeitige Eingang zu vieler guter Artikel in der Redaktion, verantwortlich sein.

Schon um sich viel unnötige Zeit und Energie zu sparen, sollte man, wenn man einen Artikel in einer wissenschaftlichen Fachzeitschrift platzieren möchte, erfahrene Wissenschaftler/innen (z. B. die Dissertationsbetreuerin) um Rat bitten. Viele Hochschullehrer/innen sind selber Mitherausgeber/innen einer wissenschaftlichen Zeitschrift oder Mitglieder des wissenschaftlichen Beirats eines Publikationsorgans und können deshalb nicht nur präzise Auskünfte geben, sondern eventuell auch eine Publikationsmöglichkeit vermitteln. Alternativ kann man ein kurzes Abstract über den geplanten Beitrag verfassen und es mit der Bitte um eine erste Einschät-zung dem/der Herausgeber/in einer Zeitschrift zukommen lassen (vgl. Murray 2005, Bem 2004).

Style sheet

Jede Zeitschrift folgt anderen formalen Gestaltungskonventionen. Wenn man einen Beitrag bei einer Zeitschrift zur Begutachtung einreicht, sollte man ihn bereits so formatieren, wie es im Falle einer Publikation gefordert wird. Auf den Internetseiten fast aller Fachzeitschriften finden sich entsprechende Informationen für Autoren, oft kann man ein *style sheet* mit allen formalen Vorgaben als Datei herunterladen.

Ganz gleich, ob Artikel für Sammelbände oder wissenschaftliche Zeitschriften verfasst werden, sie sollten vor der Einreichung auf jeden Fall kritisch kommentiert werden. Es ist eine gute Idee, schon früh während der Promotionsphase ein Netzwerk mit Gleichgesinnten aufzubauen, mit denen man Geschriebenes austauschen und offen diskutieren kann. Durch die Mitgliedschaft in einem solchen Netzwerk lernt man nicht nur, konstruktiv Kritik zu üben, sondern auch mit den Rückmeldungen anderer produktiv umzugehen. Anmerkungen und Änderungsvorschläge sollte man sorgfältig prüfen und sich überlegen, welche Ratschläge man annimmt und wie man sie am besten umsetzt.

Tagungsorganisation

Hat man erste Erfahrungen mit Konferenzteilnahmen sowie dem relevanten fachlichen Umfeld gesammelt, so bietet sich die Organisation einer wissenschaftlichen Veranstaltung als größeres Projekt an. Gerade weil die Organisation eines Workshops oder einer Tagung vergleichsweise hohe Anforderungen stellt, fördert sie den Erwerb oder Ausbau von Schlüsselqualifikationen. Dazu zählen handlungsbezogene und organisatorische Kompetenzen, die Fähigkeit zur selbstständigen fachlichen Orientierung und Schwerpunktsetzung sowie Kenntnisse professioneller Kommunikation. Zudem lernt man, die Perspektiven und Ziele anderer in die Planung einzubeziehen. Somit verlangen solche Projekte verstärkt die Übernahme von Verantwortung für eine kollektive Zielerreichung. Bei der **Planung eines Workshops** sind vor allem folgende Bedingungen und Schritte zu berücksichtigen (s. auch die Checkliste ›Tagungsorganisation‹ am Ende dieses Kapitels):

- Zunächst sollte das **Ziel der Veranstaltung** präzisiert werden: Sind die Ziele vorrangig fachlicher Art oder stehen vielleicht andere, pragmatische Überlegungen im Vordergrund (wie etwa Aufbau eines Netzwerks von Nachwuchsforschern und Nachwuchsforscherinnen)?
- Im nächsten Schritt muss eine noch hinreichend flexible, aber auch hinreichend präzise Vorstellung vom **Thema der Veranstaltung** entwickelt werden. Dabei sollte man das eigene Forschungs- und Interessenprofil, aber auch den Stand der Forschung sowie aktuelle wissenschaftliche Debatten im Blick behalten.
- Daraufhin sollte man das Feld der möglichen **Teilnehmer** an der Veranstaltung umreißen und möglichst einige konkrete Kandidaten/Kandidatinnen für eine Teilnahme auflisten. Im Fall von Workshops ist der Teilnehmerkreis meist auf die Referenten und Referentinnen beschränkt. Bei der Einladung von Teilnehmern und Teilnehmerinnen ist das Ziel der Veranstaltung im Blick zu behalten. Falls eine Publikation der Beiträge angestrebt wird, kann man darauf achten, dass einige ausgewiesene Experten teilnehmen, die sich bereits im Vorfeld bereit erklären, ihren Beitrag im projektierten Sammelband zu veröffentlichen.

■ Ist man in einen wissenschaftlichen Kontext eingebunden, der die anfallenden Kosten übernimmt, wie zum Beispiel ein DFG-Graduiertenkolleg oder ein Graduiertenzentrum, ist die **Finanzierung der Tagung** einfach zu regeln. Andernfalls sollte man sich rechtzeitig um Zuschüsse bewerben. Normalerweise muss man bei der Antragstellung neben der Begründung des Tagungsvorhabens auch eine Liste der Tagungsteilnehmer/innen, das Tagungsprogramm sowie eine Kostenaufstellung einreichen.

Finanzierung wissenschaftlicher Tagungen

Von Doktoranden durchgeführte Veranstaltungen werden in erster Linie von speziellen Nachwuchsförderungsprogrammen finanziell unterstützt. Mitglieder eines Graduiertenkollegs oder Promotionsprogramms bzw. Stipendiaten der Begabtenförderungswerke sollten sich daher zunächst bei den eigenen Förderstellen nach Finanzierungsmöglichkeiten erkundigen. Daneben kann man Geld aus **universitätseigenen Fördertöpfen** (Rektorat, Frauenförderung) beantragen. Größere Summen werden zwar oft nur Promovierten oder Professoren bewilligt, in Kooperation mit einem Hochschullehrer kann man jedoch finanzielle Unterstützung für die Durchführung einer Tagung auch beantragen bei:
- der **Deutschen Forschungsgemeinschaft** (DFG, http://www.dfg.de), die »Veranstaltungen hoher wissenschaftlicher Qualität mit begrenztem, internationalen Teilnehmerkreis und fest umrissener, begrenzter Thematik von wissenschaftlicher Aktualität, die als Diskussionsveranstaltungen organisiert sein sollen«, fördert,
- **privaten Stiftungen** wie der Fritz Thyssen Stiftung für Wissenschaftsförderung (http://www.fritz-thyssen-stiftung.de) oder der VolkswagenStiftung (www.volkswagen-stiftung.de),
- weiteren **Stiftungen mit spezifischem Förderbereich**. So fördert die Bayerische Amerika-Akademie bspw. Tagungen an bayrischen Hochschulen, die sich mit den USA oder Kanada beschäftigen (http://www.lrz-muenchen.de/~BAA/foerderung/konferenzen.htm). Die Deutsche Stiftung Friedensforschung (DSF, http://www.bundesstiftung-friedensforschung.de) unterstützt Forschungsvorhaben im Bereich der Friedens- und Konfliktforschung.

Bevor man Projekte wie die Konferenzteilnahme, einen wissenschaftlichen Artikel oder gar die Organisation einer Tagung in Angriff nimmt, sollte man sich vergewissern, dass sie nicht mit anderen, **übergeordneten Zielsetzungen** konfligieren und dass man sich nicht so viele Projekte aufbürdet, dass für die Arbeit an der Dissertation keine Zeit mehr bleibt. Daher ist es ratsam, sich zu einem relativ frühen Zeitpunkt der Planung der Promotion darüber Klarheit zu verschaffen, welche weiteren Projekte man angehen möchte, welche Ziele man damit verfolgt, und wie diese zeitlich gut realisiert werden können.

›Zeitlich gut realisieren‹ bedeutet in diesem Fall, dass die Projekte idealerweise in einem Zusammenhang zu der jeweiligen Phase des Dissertationsvorhabens stehen und keine allzu lange Unterbrechung der eigentlichen Arbeit mit sich bringen sollten. Zum Beispiel ist die Phase der Recherche und Lektüre von Forschungsliteratur oftmals ein geeigneter Zeitpunkt, um einen Überblicksartikel (Review) als eigenständige Publikation zu verfassen. Besonders wichtig ist es, nicht allzu starr an linear-sequentiellen Arbeitsabläufen festzuhalten, sondern Strategien zu entwickeln, die eine parallele Vorgehensweise, d.h. ein aufeinander abgestimmtes Management mehrerer – im Idealfall einander wechselseitig befruchtender – Projekte erlauben.

Checkliste Tagungsorganisation

Zunächst sollte man über den Kostenrahmen der Tagung entscheiden, denn von ihm hängen alle weiteren Punkte und insbesondere auch der Zeitplan ab, da Drittmittelanträge frühzeitig (je nach Fördereinrichtung bis zu ein Jahr vor der Veranstaltung) gestellt werden müssen. Nach der Themenfindung sind durchzuführen:

- **Festlegung von Zeitpunkt und Ort** der Tagung.
- **Die Einladung von Experten und Expertinnen** für den Plenarvortrag *(key note speech)*. In der Regel gilt, dass man, wenn man Tagungsgäste persönlich einlädt, für ihre Anreise und Unterkunft aufkommt. Fehlen dazu die Mittel, muss man dies bereits in der Einladung explizit deutlich machen.
- **Anfertigung eines Call for Papers** und Publikation in den üblichen Foren (siehe Kasten Call for Papers). Die Fragestellung sollte klar umrissen und präzise formuliert sein.
- **Auswahl geeigneter Vorträge aus den eingereichten Abstracts:** Falls man aus organisatorischen Gründen nur eine begrenzte Zahl von Vorträgen annehmen kann und im Anschluss an die Tagung die Publikation eines Sammelbandes geplant ist, kann man einzelnen Bewerbern und Bewerberinnen auch anbieten, einen Beitrag für den Sammelband zu schreiben, ohne zuvor einen Vortrag zu halten. Die Unterkunfts- und Übernachtungskosten für Wissenschaftler/innen, die sich auf das Call for Papers gemeldet haben, können übernommen werden, das wird aber nicht erwartet.
- **Zusammenstellung des Programms:** Neben inhaltlichen Aspekten ist zu beachten, dass nicht nur Zeit für die einzelnen Beiträge eingeplant wird (20–30 Minuten pro Vortrag plus 10–15 Minuten Diskussionszeit), sondern auch ausreichend Zeit zur Erholung und zum informellen Austausch zur Verfügung steht. Bei der Festlegung des Tagungsbeginns und -endes sollte man die Reisezeiten der Tagungsteilnehmer/innen im Auge behalten. Idealerweise ist es für alle Teilnehmer/innen möglich, am ersten Tagungstag vor der Tagung anzureisen und am letzten Tagungstag noch nach Hause zu kommen.
- **Organisation von Unterkunftsmöglichkeiten:** Kommt man für die entstehenden Kosten nicht auf, sollte man Vorschläge in verschiedenen Preiskategorien unterbreiten können. Eventuell lassen sich mit Hotels auch Sonderkonditionen aushandeln.
- **Endgültige Klärung der Finanzierung,** gegebenenfalls Stellung eines Antrags auf Förderung. Die für eine Antragstellung notwendige Kostenkalkulation enthält die Raummiete, die Kosten für Anreise- und Unterkunft, eventuell Verpflegungskosten und Honorare sowie Werbungskosten.
- **Einrichtung einer Tagungshomepage,** die über das Programm, Hotels, Anreise, Beiprogramm und die Lage des Tagungsorts informiert. Zudem können hier Abstracts der Vorträge vorab zugänglich gemacht werden.
- **Abklärung der technischen Ausstattung am Tagungsort:** Zur technischen Grundausstattung bei Tagungen gehören heute neben Mikrofon und Tageslichtprojektor auch Laptop und Beamer für PowerPoint-Präsentationen. Man sollte rechtzeitig bei den Vortragenden anfragen, ob sie weitere Geräte (CD-Player, Video) benötigen.
- **Organisation der Verpflegung am Tagungsort** (Getränke, Kekse, evtl. Buffet) und Tischreservierung in einem Restaurant für den Abend.
- **Beschaffung von Namensschildern und Konferenzmappen** (in der Regel eine Faltmappe, die das Tagungsprogramm, einen Block und einen Kugelschreiber enthält) für alle Teilnehmer/innen. Die Presseabteilungen der Hochschulen stellen das Material für Schilder und Mappen meist zum Selbstkostenpreis bereit.
- **Werbung:** Konzeption und Druck von Postern und Faltblättern mit dem Tagungsprogramm.
- **Anfrage von Moderatoren/Moderatorinnen** und weiteren Helfern/Helferinnen.
- Information und **Betreuung der Teilnehmer/innen** während der Vorbereitungsphase und während der Tagung.

• Falls die **Publikation eines Sammelbandes** geplant ist, empfiehlt es sich, die Tagungs-
teilnehmer bereits vor der Tagung davon in Kenntnis zu setzen, schon frühzeitig Kontakt zu einem Verlag aufzunehmen und auf der Tagung die anvisierte Deadline für die
Einreichung der ausgearbeiteten Beiträge bekanntzugeben.

Literatur

Bem, Daryl J.: »Writing the Empirical Journal Article«. In: Darley, John M./Zanna, Mark P./
Roediger, Henry L. (Hgg.): *The Complete Academic. A Practical Guide for the Beginning Social
Scientist.* 2. Aufl. Washington, DC 2004 [1997], S. 185–219.
Franck, Norbert: *Rhetorik für Wissenschaftler. Selbstbewusst auftreten, selbstsicher reden.* München
2001.
Murray, Rowena: *Writing for Academic Journals.* Berkshire 2005.

Gerald Echterhoff, Sandra Heinen und Birgit Neumann

4. Die Rezension als Einstieg ins wissenschaftliche Schreiben und Publizieren

Eine Rezension ist eine an ein Fachpublikum gerichtete Evaluation einer (meist aktuellen) wissenschaftlichen Studie. Die Kürze und Informationsdichte einer solchen wissenschaftlichen Buchbesprechung stellt an Rezensenten/Rezensentinnen hohe Anforderungen im Hinblick auf sprachliche Präzision und Ökonomie und setzt einen genauen Überblick über den Gegenstandsbereich, das Erkenntnisinteresse und die Anlage des jeweiligen Textes voraus. Sowohl auf inhaltlich-thematischer als auch auf struktureller Ebene ergeben sich aber Synergien zwischen der Rezensionstätigkeit und der Arbeit am Dissertationsprojekt, die die **Rezension als ideale Einstiegstextsorte** ausweisen:

- Rezensionen sind mit einer Länge zwischen einer und sieben Seiten je nach Publikationsorgan verhältnismäßig kurz und daher ein überschaubares Projekt, mit dem sich das für die Arbeit an der Dissertation so wichtige Zeit- und Projektmanagement trainieren lässt (s. Kap. III.2).
- Promovierende entwickeln und üben beim Verfassen von Rezensionen wissenschaftliche Schreibkompetenzen, die ihnen bei der Arbeit an der Dissertation – insbesondere am Forschungsbericht (der ja ähnliche Kompetenzen in der Analyse und Synthese von Fachliteratur voraussetzt) – nützlich sind.
- Die Rezensionstätigkeit schärft das Textsortenbewusstsein und hilft dabei, ein intuitives Verständnis für Qualitätskriterien zu entwickeln. Da eine Rezension genau die Aspekte eines Textes erkennt, filtert, beschreibt und bewertet, die auch bei der Strukturierung des Dissertationsprojekts eine maßgebliche Rolle spielen (s. Kap. IV.6), erhöht das Verfassen von Rezensionen das Bewusstsein für die formale Anlage und argumentative Struktur wissenschaftlicher Texte und kommt damit auch der eigenen Arbeit zugute.
- Auch wenn wissenschaftliche Rezensionen in der Regel vom Verlag nicht vergütet werden, erhält man stets ein kostenloses Exemplar des rezensierten Bandes – angesichts der z.T. hohen Preise von Fachliteratur ist also auch der materielle Aspekt nicht zu vernachlässigen.
- Durch das Veröffentlichen von Rezensionen, die in der Regel keinen so langen Begutachtungsprozess durchlaufen wie wissenschaftliche Artikel in Fachzeitschriften mit *peer review*, kann man die eigene Publikationsliste relativ rasch erweitern.
- Rezensionen tragen zur eigenen wissenschaftlichen Positionierung und Profilierung bei und können bei der Aufnahme oder Pflege wissenschaftlicher Kontakte und Netzwerke hilfreich sein.

Im Gegensatz zu Aufsätzen, die je nachdem, wie eingegrenzt die Fragestellung bzw. wie einschlägig der Publikationskontext ist, ihren Adressatenkreis erst finden oder selbst generieren müssen, ist einer Rezension die **Aufmerksamkeit des Ver-**

lags und der Autoren/Autorinnen bzw. Herausgeber/innen sowie einer (je nach Bereich unterschiedlich großen) interessierten Fachöffentlichkeit gewiss. Als Rezensent/in werden Promovierende in der **Fachöffentlichkeit** häufig zum ersten Mal wahrgenommen und steigen mit der Rezension bereits vor der Veröffentlichung ihres ersten großen ›Werkes‹ auf Augenhöhe in den akademischen Diskurs der Disziplin bzw. des jeweiligen Fachgebiets ein. Daraus kann sich ein Kontakt zu einem/r besprochenen Autor/in ergeben oder der Einstieg in eine fachliche Diskussion erfolgen. Erhält der/die Rezensent/in **Sonderdrucke** der Rezension, so kann er/sie damit später bei Bewerbungen Pluspunkte sammeln. Gleiches gilt für Onlinepublikationen, da diese allgemein zugänglich sind und dadurch als eine Art ›**Visitenkarte**‹ im Netz fungieren.

In Einzelfällen kann das Verfassen einer Rezension auch strategisch genutzt werden, etwa wenn es dem Rezensenten/der Rezensentin gelingt, an der besprochenen Publikation **Forschungslücken** aufzuzeigen, die in der eigenen Dissertation aufgearbeitet werden. So kann sich der/die Doktorand/in für den wissenschaftlichen ›Auftritt‹ mit der eigenen Arbeit bereits im Vorfeld ein Forum erarbeiten. Während dies nur dann möglich ist, wenn die rezensierte Publikation in das Forschungsgebiet fällt, in dem sich der/die Rezensent/in durch die Arbeit an der Dissertation bereits gut auskennt, so kann ein weiterer Nutzen des Rezensierens auch darin bestehen, sich auf diesem Wege in ein neues Forschungsgebiet einzuarbeiten und dadurch das eigene wissenschaftlichen Profil zu erweitern.

Ziel einer Rezension ist es, ihren Adressaten ein Buch (oder bei Sammelrezensionen auch mehrere Bücher zu einem Thema) so vorzustellen, dass diese sich ein genaues Bild davon machen und auf dieser Grundlage entscheiden können, ob es sich für sie lohnt, das Buch zu lesen oder gar zu kaufen. Der explizite **Adressatenbezug** im Hinblick auf Inhalt und Stil der Rezension (für welche Zielgruppe eignet sich der besprochene Band, welches Hintergrundwissen kann bei den Lesern/Leserinnen der Rezension vorausgesetzt werden?) ist somit für jede Art von Rezension zentral.

Wissenschaftliche und **nicht-wissenschaftliche Rezensionen** unterscheiden sich allerdings in einem wichtigen Punkt deutlich voneinander: Letztere wollen nicht nur informieren, sondern zugleich auch unterhalten. Aus diesem Grund zeichnen sich die regelmäßig in den Feuilletons der großen Zeitungen oder in Magazinen erscheinenden Besprechungen – z. B. von Romanen, Sach- oder Hörbüchern, Filmen, Theateraufführungen, Computerspielen, CDs oder DVDs – oft durch einen sogenannten ›feuilletonistischen‹ Stil aus, d. h. eine bei Verrissen polemische und generell mit Vergleichen, Metaphern und anderen rhetorischen Figuren ausgeschmückte Sprache. Im Gegensatz dazu charakterisiert wissenschaftliche Rezensionen die eher sachlich begründete Evaluation ihres Gegenstands, die Polemik und Ironie in der Regel vermeidet, und das Bemühen um eine transparente Struktur.

Grundvoraussetzung einer transparenten Struktur ist, dass der/die Rezensent/in die wissenschaftliche **Textsorte des besprochenen Bandes** berücksichtigt. Darüber hinaus muss er/sie in der Lage sein, die Publikation (inter-)disziplinär zu verorten und in einem Forschungsgebiet zu kontextualisieren. Da sich mit jeder wissenschaftlichen Textsorte unterschiedliche Ansprüche und Erwartungen verbinden, kann erst im Anschluss an die Bestimmung der Textsortenzugehörigkeit des rezensierten Bandes eine Wertung erfolgen. So ist ›innere Kohärenz‹ beispielsweise von einer Monografie unbedingt zu erwarten – von einem Sammelband dagegen in

weit geringerem Maße und von einer Festschrift, deren Artikel allein die Bekannt-
schaft der Beiträger/innen mit der zu ehrenden Person eint, in der Regel gar nicht.

An der zu erwartenden inneren Kohärenz der wissenschaftlichen Textsorte
eines Bandes macht sich auch deren **Eignung zur Rezension** fest: Im Allgemeinen
empfiehlt sich das Rezensieren von Dissertationen und anderen Monografien,
während von Festschriften abzuraten ist, da sich in diesen selten ein die Beiträge
verbindender roter Faden findet und der/die Rezensent/in dann lediglich eine
möglichst plausibel begründete Auswahl unter den Beiträgen treffen kann, um
diese einzeln zu besprechen. Auch Lexika sind eine äußerst schwierige wissenschaftliche Textsorte für das Rezensieren, da sich der/die Rezensent/in in der
Regel nur stichprobenartig einen Überblick verschaffen können wird, auf dessen
Grundlage er/sie dann zu einer Bewertung gelangen muss. Bei Sammelbänden ist
im Einzelfall zu entscheiden, ob sie sich zur Rezension eignen. Es lohnt sich daher,
erst einen Blick in den anvisierten Band (vor allem in das Inhaltsverzeichnis und
die Einleitung) zu werfen, bevor man sich zum Schreiben einer Rezension verpflichtet. Gerade für Promovierende, deren Studienzeit nicht zu weit zurück liegt
und die vielleicht schon erste Lehrerfahrungen in Grundseminaren gesammelt
haben, eignen sich Einführungen, Hand- oder Lehrbücher besonders zum Rezensieren, da die Promotionsphase eine gute Balance zwischen Nähe und Distanz zur
Zielgruppe dieser Forschungsliteratur ermöglicht – und damit ideale Voraussetzungen für einen kritischen Blick auf Bücher dieser wissenschaftlichen Textsorten
und deren Zielgruppenadäquatheit bietet.

Während der Aspekt der Zielgruppenadäquatheit oder auch eine gewisse, die
Informationsverarbeitung erleichternde Ausstattung (z.B. durch Layout, Tabellen,
Appendices, Indices oder ein Glossar) für die Bewertung von Einführungen,
Hand- oder Lehrbüchern von hoher Relevanz ist, gehören zu den zentralen
Bewertungskriterien, die wissenschaftliche Rezensionen an Monografien anlegen,
u. a.

- Kenntnis der Materie,
- Grad an Innovation und Originalität der Studie,
- Plausibilität der Thesen und des Theoriedesigns,
- Kohärenz und Schlüssigkeit der Argumentation,
- Methodik,
- Vollständigkeit und Qualität der Materialbasis,
- wissenschaftlicher Stil und Fähigkeit zur Vermittlung der Erkenntnisse sowie
- (inter-)disziplinäre Anschlussfähigkeit.

Auch bei Monografien verbinden sich aber beispielsweise mit einer Pionierstudie
im Vergleich zu einem Forschungslücken schließenden Nachfolgewerk ganz unterschiedliche **Anspruchs- und Erwartungshaltungen**, die eine entsprechend ange-
passte Beurteilung erfordern. Ähnliches gilt für die Evaluation der Materialbasis
einer Studie, bei der zu berücksichtigen ist, ob sie auf die Präsentation einer
gewissen Bandbreite oder einer repräsentativen Auswahl abzielt. Eine Rezension
misst einen Band demnach am (meist in der Einleitung formulierten) eigenen Ziel
bzw. Anspruch.

Nach der Bestimmung der wissenschaftlichen Textsorte, der (inter-)disziplinä-
ren Verortung des besprochenen Bandes sowie dessen Einordnung in ein Forschungsgebiet in der Einleitung besteht der Hauptteil einer Rezension in der aus-

führlichen **Beschreibung** des besprochenen Bandes. Dabei sollte die Beschreibung chronologisch dem Aufbau des Bandes folgen, um es den Adressaten der Rezension zu erleichtern, sich ein Bild von dem Band zu machen. Die Beschreibung identifiziert die **Strukturmerkmale** des Textes, auf denen die spätere positive oder negative Kritik basiert. Wissenschaftliche Texte weisen in der Regel folgende, nach ihrer erwarteten Position im Text sortierte Strukturmerkmale auf:

- Thema,
- Gegenstand(sbereich),
- Frage-/Problemstellung und Zielsetzung,
- Prämisse(n) und These(n),
- Ansatz/Methode(n) und zentrale(s) Konzept(e),
- Aufbau und Durchführung,
- Kriterien der Materialauswahl,
- Analysekategorien,
- Ergebnisse und Schlussfolgerungen.

Diese Strukturmerkmale werden im zu besprechenden Text nicht immer benannt, sondern müssen mitunter bei der Lektüre erst erschlossen werden. Dieses auf die Struktur eines Textes **fokussierte Lesen** ist eine der beim Verfassen von Rezensionen trainierten Kompetenzen, deren Bedeutung für die weitere akademische oder außeruniversitäre Laufbahn nicht zu unterschätzen ist, da sie das schnelle Erfassen von Texten, das strukturierte Herausfiltern und Verarbeiten der wesentlichen Informationen ermöglicht.

   Die an den beschreibenden Hauptteil anschließende Kritik und die abschließende, ggf. mit einer Kaufempfehlung verbundene Bewertung des besprochenen Bandes im **Fazit** der Rezension basieren auf den in der Beschreibung identifizierten Strukturelementen des Bandes. Wie nachfolgend demonstriert, lässt sich zu jedem dieser Elemente eine die logische Struktur des besprochenen Bandes evaluierende Frage formulieren, z. B.:

- Ist die Fragestellung der Studie innovativ?
- Wurden die Prämissen expliziert?
- Hat der/die Autor/in Thesen formuliert und diese im Verlauf der Studie untermauert?
- Ist der Aufbau nachvollziehbar?
- Sind die Analysekategorien dem Gegenstand adäquat und vollständig?
- Zieht der/die Verfasser/in aus den Ergebnissen angemessene Schlüsse?

Mit Blick auf das Lesepublikum bietet sich ein **dramaturgischer Aufbau** der Rezension nach dem Muster ›positive Kritik – negative Kritik – positive Kritik‹ an. Dies ist nicht nur argumentativ elegant und gut nachzuvollziehen, sondern vermeidet auch, dass sich der/die Rezensent/in durch zu hartes ›Austeilen‹ selbst angreifbar macht. Schließlich handelt es sich bei einer Rezension nicht nur um die neutrale Bewertung eines wissenschaftlichen Beitrags und die objektive Information der Fachöffentlichkeit: Die Bewertung eines Bandes schließt immer auch die positive oder negative Beurteilung einer Kollegin oder eines Kollegen, eines Verlags, einer Reihe, eines Lehrstuhls, einer wissenschaftlichen Tradition, Schule oder Denkrichtung mit ein. Es kommt darauf an, die richtige Balance zwischen berechtigter Kritik und Gattungskonventionen (Stil, Kriterien, Wertung) zu finden. Nicht zuletzt aus diesem Grund ist beim Verfassen der ersten Rezensionen das Feedback erfahrener Wissenschaftler/innen von großer Bedeutung – der/die Betreuer/in der Dissertation wird sich sicher gerne bereit erklären, diese Rolle zu übernehmen.

Beispiel 1: Rezensionsmagazin *KULT*_online

Das Rezensionsmagazin des Gießener Graduiertenzentrums Kulturwissenschaften wurde im Wintersemester 2003/04 gegründet und erscheint seitdem mit zwei Ausgaben pro Semester. Bei *KULT*_online rezensieren Promovierende und Postdoktoranden/Postdoktorandinnen des Zentrums Neuerscheinungen aus dem Bereich der kulturwissenschaftlichen Forschung für ein Fachpublikum in deutscher und englischer Sprache. *KULT*_online bietet für Nachwuchswissenschaftler/innen einen einfachen Einstieg in das wissenschaftliche Publizieren, da Rezensionen bereits vorstrukturiert sind: Jede Rezension beginnt mit einem kurzen Abstract der Rezension (ca. 500 Zeichen), der in einer Kurzzusammenfassung die wichtigsten Merkmale des besprochenen Bandes benennt wie Autor, Titel, Textsorte, Thema, Ansatz, die zentrale(n) These(n), die Materialbasis und Methodik sowie die wichtigsten Ergebnisse. Darauf folgt die ausführliche Besprechung des Bandes mit einem Fazit (ca. 3000 Zeichen). Für Rezensionswillige steht eine ständig aktualisierte Bibliografie zur Verfügung, die über die bei deutschen Verlagen veröffentlichten Neuerscheinungen im kulturwissenschaftlichen Bereich informiert und (zukünftigen) Autoren/Autorinnen Rezensionsanregungen gibt. www.uni-giessen.de/graduiertenzentrum/magazin/ausgaben.php

Beispiel 2: Die Rezensionszeitschrift *Artes Liberales*

Unter dem Motto »Dieser Weg wird kein leichter sein« hat eine Gruppe von Doktoranden/Doktorandinnen am Promotionskolleg der Philipps-Universität Marburg im Januar 2007 in Eigeninitiative eine geistes- und sozialwissenschaftliche Rezensionszeitschrift namens *Artes Liberales* gegründet. Die Adresse der von Studierenden und Promovierenden für Promovierende und Studierende eingerichteten Onlinezeitschrift, für die »jede/r Wissenschaftler/in« rezensieren kann, lautet: http://www.artesliberales-online.com.

Beispiel 3: H-Soz-u-Kult

Das 1996 gegründete Informations- und Kommunikationsnetzwerk für Historiker/innen veröffentlicht neben fachrelevanten Artikeln, Calls for Papers und Tagungsankündigungen jährlich ca. 800 Fachrezensionen von neu erschienenen Monografien, CD-ROMs, Quellensammlungen, Ausstellungen oder Onlinepublikationen. Diese sind 20 Themenbereichen zugeordnet und werden von Fachredakteuren und -redakteurinnen redaktionell betreut. Rezensenten und Rezensentinnen können der Redaktion oder den Fachredakteuren/-redakteurinnen ein Werk zur Rezension vorschlagen oder sich selber als Rezensent/-in anbieten. Die Rezensionen werden über den E-Mail-Verteiler von H-Soz-u-Kult verschickt, dessen Verbreitung über die Geschichtswissenschaften hinaus geht, sowie im Internet dauerhaft archiviert und öffentlich zugänglich gemacht.
http://hsozkult.geschichte.hu-berlin.de

Wie bei jeder trainierbaren Fähigkeit hilft auch beim Erlernen des Rezensierens das Schreiben vieler Rezensionen. Ähnlich erfolgversprechend ist es, viele Rezensionen zu lesen. Beides sensibilisiert für die *Top Five* der **vermeidbaren stilistischen Fehler**, die beim Verfassen von Rezensionen am häufigsten auftreten:

- unbeabsichtigte, implizite Kritik,
- unpassender Ton,

- Redundanzen,
- fehlende sprachliche Distanz,
- schiefer oder exzessiver Gebrauch von Metaphern.

Um sicherzustellen, dass der richtige (d.h. meist neutral verhaltene, selten polemische) Ton gefunden und begründete Kritik geübt wurde, sollten Anfänger/innen ihre Rezension vor der Veröffentlichung in jedem Fall einem Kollegen bzw. einer Kollegin, Doktorvater bzw. -mutter oder anderen Betreuern/Betreuerinnen mit der Bitte um **Feedback** zu lesen geben. Erst durch die Einbeziehung anderer Leser/-innen kann der/die Rezensent/in sicher sein, dass die in der Rezension formulierte Kritik beim Adressaten ›richtig ankommt‹. Insgesamt gilt aber unabhängig von der Bewertung des besprochenen Bandes, dass eine Rezension, die ihr Vorgehen und ihre Kriterien in der oben beschriebenen Weise expliziert, der an jede Besprechung gestellte Forderung nach einem transparenten Aufbau und einer ebensolchen Bewertung gerecht wird.

Janine Hauthal

5. Lehren lernen: Didaktische Kompetenzen an der Hochschule

Qualifikation für die akademische Lehre

Didaktische Kompetenzen gehören in Hochschule und Universität immer noch nicht zum Standard akademischer Qualifikation, und deren Nachweis gehört jenseits der in Stellenbeschreibungen allseits erwarteten ›Lehrerfahrungen‹ nicht zu den Grundanforderungen für eine akademische Karriere. Allerdings müssen Postdocs bei ihrer Bewerbung auf wissenschaftliche Stellen im Hochschulbereich häufig feststellen, dass didaktische und methodische Kompetenzen neben einem ausgewiesenen wissenschaftlichen Profil ein willkommenes Plus in der Bewerbungsmappe sind. Spätestens bei einem zum Bewerbungsverfahren gehörenden Proseminar oder einer ähnlichen **Lehrprobe** erfahren sie dann, dass sie im Verlauf ihrer wissenschaftlichen Qualifizierung möglicherweise zwar lehrpraktisches Erfahrungswissen, aber keine systematisch vermittelten didaktischen Qualifikationen erworben haben.

In solchen Erfahrungen mit den Anforderungen in Bewerbungsverfahren und bei Stellenbesetzungen wird eine **verstärkte Aufmerksamkeit für die Lehre** und didaktische Kompetenzen von Wissenschaftlern/Wissenschaftlerinnen sichtbar, die Ausdruck eines gestiegenen Verantwortungsbewusstseins gegenüber den Studierenden und eines verstärkten Interesses an der Effizienz der Lehre ist. Im Hintergrund stehen gewiss auch die zunehmende Bedeutung von Rankings mit Rückmeldungen der Studierenden zur Qualität der Lehre und ganz generell die Entwicklung des Qualitätsgedankens in den Universitäten (vgl. Berendt 2003; Pfäffli 2005, S. 37 ff.; Hölscher/Kreckel 2006). Promovierende tun daher gut daran, sich auf die zunehmende Bedeutung didaktischer Kompetenzen durch eine entsprechende Qualifizierung für die Lehrtätigkeit in wissenschaftlichen Berufen innerhalb und außerhalb der Hochschule einzustellen.

Zwei weitere Gründe sprechen dafür, sich bereits während der Promotion um Möglichkeiten der didaktischen und unterrichtsmethodischen Qualifizierung zu kümmern: Zum einen spielen **wissensvermittelnde und ausbildende Tätigkeiten auch in außeruniversitären Berufen** eine immer größere Rolle: Von promovierten Wissenschaftlern wird heute in beinahe allen Berufen erwartet, dass sie ihr eigenes Wissen adressatenorientiert weitergeben und selbst – oft in verantwortlicher Position – an der Qualifizierung von Mitarbeitern/Mitarbeiterinnen in einem Unternehmen in Ausbildungs- und Weiterbildungsmaßnahmen mitwirken (s. u.). Nicht zuletzt aber hängt von einer fundierten didaktischen Ausbildung ein guter Teil der persönlichen Berufszufriedenheit ab: Ein gelungener universitärer Unterricht und erfolgreiche Wissensvermittlung verhindern, dass die Lehre bloß als lästige Verpflichtung statt als ein mit Genugtuung und Freude verbundenes, spannendes

Tätigkeitsfeld empfunden wird (zur »performativen Dimension« der Wissenschaftsberufe s. u.).

Es gibt also Anlass genug, im Rahmen des Promotionsstudiums und eines Konzeptes der Doktorandenförderung genauer über den Erwerb didaktischer Kompetenzen an Hochschule und Universität nachzudenken. Denn selbst didaktische ›Naturtalente‹ stoßen an ihre Grenzen, wenn sie nicht über ein theoretisches Inventar zur didaktischen Reflexion und ein methodisches Repertoire zur Gestaltung einer spannenden, abwechslungsreichen und gelingenden Lehre verfügen.

Wissensvermittlung und hochschuldidaktische Neukonzeptualisierung

Hinsichtlich der Weitergabe wissenschaftlichen Wissens gilt es zunächst mit einem weit verbreiteten Missverständnis aufzuräumen: Über lange Zeit wurden die Inhalte von Seminaren, Vorlesungen und Kolloquien gewissermaßen als selbstvermittelnd und selbsterklärend betrachtet. Die Wissenschaftlichkeit der vermittelten Inhalte sollte Legitimation und Überzeugungskraft genug besitzen, um sich sozusagen *qua* eigener Autorität an die Studierenden zu kommunizieren. Tatsächlich aber handelt es sich bei einer solchen didaktischen Denkart um eine Fiktion: Selbstverständlich wurden auch an der Universität und in der Hochschule schon immer Inhalte ausgewählt, und natürlich werden Veranstaltungsinhalte immer in einer bestimmten Form und durch bestimmte Methoden vermittelt. Denn auch großartige wissenschaftliche Leistungen müssen, um als solche überhaupt sichtbar zu werden, wirksam aufbereitet und kommuniziert werden. Dies ist allein schon daran erkennbar, dass jede wissenschaftliche Aussage zu ihrer Vermittlung einer klaren Argumentation und damit einer rhetorischen Form bedarf, die auf eine entsprechende Wirkung bei anderen Mitgliedern der *scientific community* zielt.

Es entspricht einer langen **universitären Tradition,** dass dabei die schriftliche Darlegung von Forschungsergebnissen in wissenschaftlichen Publikationen sowie der Vortrag oder die Vorlesung mit der Vermittlung von wissenschaftlichem Wissen gleichgesetzt werden. In Seminaren werden dann, meistens auf dem Weg des Lehrgesprächs, wissenschaftliche Argumentationen in kleinere Schritte ›zerlegt‹, um sie so den Studierenden zugänglich zu machen. Dass es sich aber auch bei diesen Lehrformen um Didaktisierungen handelt, erkennt man bereits daran, dass solche Vermittlungsformen in anderen Kontexten – also z. B. in der Schule in Form eines Lehrer- oder Schülervortrags – lediglich eine kleine Auswahl aus einer Vielzahl anderer didaktisch-methodischer Formen darstellen. Die entscheidende Frage ist also nur, welche Formen aus welchen Gründen mit welchem Grad von Bewusstheit für die Vermittlung wissenschaftlichen Wissens gewählt werden. So verbirgt sich hinter **Vorbehalten gegenüber der ›Didaktisierung‹ der universitären Lehre und der Vermittlung hochschuldidaktischer Kompetenzen** oft nur die (mehr oder weniger unbewusste) Tradierung solcher Lehrformen, mit denen Universitätslehrern/Universitätslehrerinnen selbst sozialisiert wurden: »in the absence of formal teaching qualifications, many university lecturers tend to teach in the didactic way that they were taught« (Philipps 2005, S. 3).

Der wahre Grund für die Favorisierung mehr oder weniger monologischer Formen der Lehre liegt aber noch tiefer, nämlich in einem historisch gewachsenen

Bild von der (unhinterfragbaren) Autorität des wissenschaftlichen Wissens oder des Wissenschaftlers und in einem Bild von wissenschaftlich noch unmündigen Studierenden, denen erst nach einer mehr oder weniger längeren Phase wissenschaftlicher Ausbildung – dem Studium – der selbstständige Zugang zum Wissen möglich ist:

> Lectures and lecturing are consistent with a pre-modern view of controlling knowledge. They are also consistent with a modern view of knowledge, with a tacit adoption of an objectivist epistemology, a focus on transmission of content, and for learners to be passive recipients of knowledge. (ebd., S. 4)

In der engen Verwobenheit von mangelnder didaktischer Durchdringung der universitären Lehre mit historisch gewachsenen universitären Strukturen und Wissenskonzepten deutet sich aber auch an, dass strukturelle Veränderungen in der (postmodernen) Gesellschaft, im Bildungswesen im Allgemeinen und im Hochschulwesen im Besonderen die Dringlichkeit einer Neukonzeptualisierung der Wissensvermittlung als unabweisbar erscheinen lassen. Die wichtigsten Gründe für die **Professionalisierung der Weitergabe wissenschaftlichen Wissens** und für die Notwendigkeit der didaktischen Qualifizierung für die Hochschullehre sollen daher kurz beleuchtet werden.

Ein erster Grund ist sehr allgemeiner Natur und den Hauptmerkmalen des Wissens in Wissensgesellschaften geschuldet (zum Folgenden vgl. Hallet 2006, S. 8 ff.). Dazu gehören insbesondere eine gewaltige Zunahme der verfügbaren Wissensmenge, eine kürzere Verfallszeit des jeweils gültigen (deklarativen) Wissens sowie die besonders den Bereich der Wissenschaften betreffende Auflösung, Erneuerung und Pluralisierung vormals relativ stabiler Wissensordnungen und Kanonisierungen, wie sie sich z. B. im Neuzuschnitt von Disziplinen und Studiengängen darstellt. Die Wissensgesellschaft zeichnet sich aber auch aus durch die **Globalisierung und Internationalisierung** der gesamten Wissenschaftskommunikation sowie durch die Individualisierung und Entinstitutionalisierung des Wissens, die durch die Digitalisierung und die weltweite elektronische Kommunikation befördert werden. Diese **Dynamisierung des Wissens** bringt die Notwendigkeit mit sich, die Weitergabe und Vermittlung von Wissen zum Teil des Wissenskonzeptes selbst zu machen: Dynamisches Wissen ist nur wirksam als vermittelbares, kommunizierbares Wissen. Das Wissen in der Wissensgesellschaft definiert sich also nicht nur über seine Inhalte, sondern auch über seine Vermittlungswege und Zugänge.

Mit der veränderten Qualität des Wissens hängt unmittelbar die Notwendigkeit eines Paradigmenwechsels in den Konzepten vom Lernen und vom Wissenserwerb zusammen: Die Dynamisierung des Wissens verlangt vom Individuum eine ungleich höhere Fähigkeit, sich unabhängig von Institutionen und Autoritäten neues Wissen anzueignen, so dass das Individuum mit seinen Tätigkeiten der aktiven Wissenskonstruktion und seiner Fähigkeit zum beständigen Weiterlernen in den Mittelpunkt aller Bildungskonzepte rückt. Diese Verschiebung des Fokus auf das lernende Individuum korrespondiert mit lern- und kognitionspsychologischen Ansätzen, die alles Lernen an die aktive kognitive Konstruktion von Konzepten und Schemata knüpfen (vgl. ebd., S. 13 ff.).

Auf universitäre Bildungs- und Ausbildungsprozesse übertragen bedeutet dies: Wissen wird nicht durch Belehrung (›Dozieren‹), sondern durch **aktive Prozesse der Wissenskonstruktion** erworben. Dies hat zur Folge, dass die Studierenden mit ihrer aktiven Lerntätigkeit und damit, statt der Lehre, das Lernen selbst in den Mittelpunkt des Wissenserwerbs im Studium rücken (vgl. Barraket 2005, S. 64 ff. und Pfäffli 2005, S. 22 ff.). Lehrinhalte werden somit als Grundlage des individuellen Wissensaufbaus, nicht aber bereits als das Wissen selbst verstanden, »as a means to building knowledge rather than a ›knowledge end‹ in itself« (Barraket 2005, S. 65). So verschiebt sich der Fokus auch in der universitären Lehre von den Lehrenden auf die Lernenden. Es liegt auf der Hand, dass diese Verschiebung mit einer **Neudefinition der Rolle der Lehrenden** einhergeht, »positioning the teacher as facilitiator and contributor, rather than director and source of knowledge« (ebd.; vgl. auch Winteler 2004, S. 19 ff.).

Die im Vorigen beschriebenen Entwicklungen haben ihren Niederschlag auch in der (anhaltenden) Neugestaltung und Reformierung praktisch aller Studiengänge in Deutschland gefunden: Die verstärkte Aufmerksamkeit für die Anforderungen der Wissensgesellschaft hat generell zu einer Orientierung der universitären Ausbildung an den nach Abschluss des Studiums erwartbaren und erforderlichen Kenntnissen und Kompetenzen geführt (vgl. Welbers/Wildt 2003). Diese *outcome*-**Orientierung** verlangt von den Lehrenden eine stärker zielgerichtete Planung, eine effizientere Evaluation des tatsächlichen Wissens- und Kompetenzerwerbs und die Legitimierung der eigenen Lehrinhalte und -formen auf der Grundlage der Zielvorgaben. Anders gesagt: Die Effizienz der Lehr- und Lernprozesse muss sich am tatsächlichen Zuwachs von Wissen und Kompetenzen messen lassen (vgl. Philipps 2005, S. 6 ff.).

Promovierende müssen daher ein Bewusstsein von den Qualifikationen und Anforderungen entwickeln, die im Lichte der genannten Entwicklungen heute mit einer beruflichen Karriere in Wissenschaft und Forschung in aller Regel verbunden sind: Die Neuorientierung auf die an Hochschule und Universität vermittelten Kenntnisse und Kompetenzen sowie auf die tatsächlichen Prozesse des Wissens- und Kompetenzerwerbs in den Lehrveranstaltungen haben die Aufmerksamkeit darauf gelenkt, dass ein Promotionsstudium nicht nur auf die Entwicklung wissenschaftlicher Exzellenz gerichtet sein darf, sondern dass **die Promovierenden als zukünftige Universitätslehrerinnen und -lehrer** auch auf die ebenso exzellente Vermittlung wissenschaftlichen Wissens in Lehrveranstaltungen vorbereitet werden müssen. Dazu aber sind eine systematische Qualifizierung und eine Professionalisierung der hochschuldidaktischen Ausbildung unabdingbar.

Schließlich müssen sowohl die für eine Neukonzeptualisierung des Promotionsstudiums Verantwortlichen als auch die Promovierenden selbst die Tatsache im Auge behalten, dass eine große Zahl von Doktoranden/Doktorandinnen ihre Zukunft weniger in einer wissenschaftlichen Karriere an Hochschule und Universität als vielmehr in außeruniversitären Berufen sieht. Dort gelten promovierte Wissenschaftler/innen zu Recht als hochqualifizierte, akademisch exzellent gebildete Expertinnen und Experten, die in Leitungsfunktionen ihr Wissen und ihre Fähigkeit zu *leadership* innerhalb ihrer Institution und nach außen wirkungsvoll kommunizieren können müssen. Denn zu ihren Aufgaben gehören nicht selten auch und gerade die Qualifizierung anderer Mitarbeiter/innen oder, auf einer höheren Ebene, die Mitverantwortung für die Weiterentwicklung ihres Unternehmens oder ihrer Institution im Sinne einer lernenden Organisation. Von akademisch und wissenschaftlich exzellent qualifizierten Mitarbeitern wird also **auch außerhalb der Universität** erwartet, dass sie **Aufgaben und Prozesse der Wissensvermittlung** professionell und effizient gestalten können.

So komplex das Feld des universitären Lehrens und des Wissens- und Kompetenzerwerbs an Hochschulen sich auch darstellt, so eindeutig ist der Befund, dass zukünftige Generationen von Hochschullehrerinnen und -lehrern und von Wissenschaftlern/Wissenschaftlerinnen innerhalb und außerhalb der Hochschulen systematisch und professionell auf die Lehre und auf die Aus- und Weiterbildung anderer Menschen vorbereitet werden müssen. Mit dem bisher auch in der Doktorandenausbildung praktizierten Modell des erfahrungsbasierten Lernens, das zu einer bloßen Tradierung der am eigenen Leib erfahrenen Lehrmethoden führt, ist das nicht zu leisten. Die Doktoranden/Doktorandinnen wie die sie betreuenden Hochschullehrer/innen und Einrichtungen der Graduiertenförderung müssen sich auf den systematischen Erwerb von didaktischen Kompetenzen im Sinne einer persönlichen und einer institutionellen Zukunftsqualifikation einstellen.

Hochschuldidaktische Prinzipien und Kompetenzen

In einer stetig steigenden Zahl hochschuldidaktischer Publikationen und in den in diesem Kapitel enthaltenen bibliografischen Referenzen deutet sich an, dass die Hochschuldidaktik inzwischen zu einem eigenen Wissenschaftsfeld geworden ist, und zwar eher in den Ingenieur- und Naturwissenschaften, aber auch in den Rechts- und Wirtschaftswissenschaften und bemerkenswerterweise weniger in den Geistes- und Kulturwissenschaften. Hierbei handelt es sich nicht um eine einfache Handlungs- und Ratgeberwissenschaft, die ein paar mehr oder weniger hilfreiche Tipps für die Praxis in Lehrveranstaltungen verteilt (so z.B. Wörner 2006). Vielmehr muss jede Didaktik ihre bildungs- und lerntheoretischen, ihre kognitionspsychologischen ebenso wie ihre politischen und ethischen Annahmen offen legen. Denn ›Partizipation‹ oder ›partnerschaftliche Kommunikation‹ sind komplexe kulturelle Konzepte, die außer auf wissenschaftlichen Erkenntnissen auf zahlreichen Wertvorstellungen, Setzungen und Entscheidungen beruhen.

Wenn daher im Folgenden die **wichtigsten didaktischen Kompetenzfelder** für die Lehre an Hochschule und Universität skizziert werden, so geschieht dies unter Verwendung solcher komplexer Annahmen, ohne dass diese hier im Einzelnen offengelegt und diskutiert werden können. Der Rekurs auf die in den Abschnitten 1 und 2 dargestellten Entwicklungen und Prozesse sollte aber jeweils ersichtlich sein. Anders als in einem komplexen didaktischen Kompetenzmodell (vgl. Hallet 2006, S. 36) ist im Zusammenhang dieses Handbuchs auch eine Beschränkung auf die eigentliche Tätigkeit in Lehrveranstaltungen geboten, wenngleich die Qualität von Lehre und Lernen sich auch an der Hochschule aus einer Vielzahl anderer Faktoren (z.B. aus den Vorgaben der Studienordnungen) und aus den institutionellen Rahmenbedingungen (z.B. Teilnehmerzahlen oder materielle Ausstattung und Ressourcen) ergibt.

Bei der Komplexität des Feldes ist es sinnvoll, für das Lehren und Lernen an Hochschule und Universität eine inhaltliche, eine prozessuale und eine evaluative Dimension zu unterscheiden, die im Folgenden jeweils kurz beschrieben werden sollen. Darüber hinaus soll aber auch auf eine personale Kompetenz eingegangen werden, deren Bedeutung in Lehrberufen kaum unterschätzt werden kann. Sie soll als **performative Kompetenz** bezeichnet werden und jene Dimension des Lehrens erfassen, die sich in *face to face*-Situationen im Interaktions-Dreieck zwischen den zu vermittelnden Inhalten, den jeweiligen Adressaten und der Person des Lehrenden entfaltet und die durchaus mit der Kommunikation von Begeisterung und mit der Begeisterungsfähigkeit für die Forschung und die wissenschaftliche Lehre zu tun hat.

Die **inhaltliche Dimension der Hochschullehre** betrifft alle Entscheidungen darüber, was thematisch, textuell und medial Gegenstand einer Lehrveranstaltung sein soll. Da es sich hierbei grundsätzlich um Auswahlentscheidungen handelt, kann keine Lehrveranstaltung beanspruchen, eine ›Wissenschaft‹, ein Forschungsgebiet oder auch nur eine Teildisziplin vollständig abzubilden; vielmehr werden mit der Auswahl von Themen und Inhalten bereits didaktische Setzungen und Entscheidungen getroffen, die sich außer an den vorliegenden wissenschaftlichen Erkenntnissen und der Forschung z.B. an der zur Verfügung stehenden Zeit, an der Art der Lehrveranstaltung (Vorlesung, Seminar, Kolloquium usw.), an den zur Verfügung stehenden Ressourcen, an curricularen oder persönlichen Einschätzungen der Relevanz oder Irrelevanz von Inhalten und an vielen anderen Kriterien orientieren. Die Vorstellung also, dass in Lehrveranstaltungen ›die‹ Wissenschaft vermittelt wird, ist eine Fiktion, die gemeinhin als Abbilddidaktik bezeichnet wird und die überdeckt, dass jede Lehrveranstaltung auf didaktisierten (oftmals kanonisierten und dadurch ›naturalisierten‹) Inhalten beruht.

Auf welche Weise lässt sich nun die **Auswahl von Lehrinhalten** und damit die Gestaltung der inhaltlichen Dimension didaktisch professionalisieren? Da die Freiheit der Lehre einerseits eine sehr weitgehende Verantwortung der Lehrenden für das Gelehrte impliziert, andererseits aber nicht gleichzusetzen ist mit einer Beliebigkeit der Inhalte, handelt es sich bei der Bestimmung der Inhalte um das vielleicht schwierigste didaktische Feld. Hinzu kommt, dass sich verlässliche, nachprüfbare Aussagen bezüglich der Bestimmung von Themen und der Auswahl von Lehrinhalten natürlich nur fach- und disziplinbezogen treffen lassen. Daher bleiben die meisten hochschuldidaktischen Abhandlungen in dieser Hinsicht auch sehr zurückhaltend bis nichtssagend. Verallgemeinerbar sind dagegen Prinzipien, die für die Auswahl wissenschaftlicher Lehrinhalte gelten sollten. Eines der wichtigsten ist die Legitimation der ausgewählten Inhalte mit der Offenlegung der Kriterien und der Annahmen, die zu der Festlegung bestimmter Inhalte und Themen geführt haben. Darüber hinaus sollten die folgenden **Prinzipien** maßgeblich sein:

- Die **Beachtung der Zielvorgaben** einer oder mehrerer Studienordnungen, denen eine bestimmte Lehrveranstaltung zugeordnet ist und für deren Erfüllung die Themen und Inhalte relevant sein müssen;
- **Aktualität der Forschung und Erkenntnisstand:** die Inhalte sollten den Stand oder aktuelle Entwicklungen von Wissenschaft und Forschung (mit-)repräsentieren oder zugänglich machen;
- **Exemplarizität und Repräsentativität:** Da Lehrveranstaltungen keinesfalls Anspruch auf Vollständigkeit erheben können, sollten die ausgewählten Themen und Inhalte für ein bestimmtes Forschungsgebiet, für eine Teildisziplin oder für bestimmte wissenschaftliche Methoden repräsentativ sein. An den ausgewählten Inhalten oder Gegenständen sollten wichtige wissenschaftliche Erkenntnisse oder methodische Verfahren exemplarisch nachvollzogen werden können;
- **Fachkompetenz und Forschungsinteresse:** Lehrende sollten auf dem Gebiet der von ihnen verantworteten Lehrveranstaltungen Experten sein und das von ihnen vertretene Fachgebiet in seiner Gesamtheit überblicken;

■ **Interessen und Motivation der Studierenden:** Erfolgreicher Wissens- und Kompetenzaufbau ist am ehesten dann gewährleistet und wird am nachhaltigsten motiviert, wenn die Studierenden an den Inhalten ein eigenes (inneres, ›intrinsisches‹) Interesse entwickeln können. Voraussetzung dafür ist, dass sie die Relevanz der Inhalte und Themen für ihre eigene Ausbildung oder für ihren späteren Beruf erkennen oder sogar einen Bezug zu ihren eigenen kulturellen oder wissenschaftlichen Erfahrungen herstellen können.

Die eigentliche didaktische Kunst besteht nun darin, die oben genannten Prinzipien einerseits zu beachten, andererseits aber die Planung einer Lehrveranstaltung so offen zu gestalten, dass die Studierenden die letztgültige Auswahl und Ausgestaltung der Themen und Inhalte mitbestimmen können. Denn **größtmögliche Partizipation** gewährleistet am ehesten anhaltendes Interesse und Motivation. Geeignete Instrumente dazu sind z.B. die halboffene Planung oder die forschungsorientierte Lehrveranstaltung. Bei der **halboffenen Planung** entwirft die Lehrperson zunächst nur einen thematischen Rahmen, innerhalb dessen dann in einer Phase orientierender Beschäftigung der Teilnehmer/innen mit dem Thema die inhaltlichen Details in der intensiven Diskussion zwischen der Lehrkraft und den Studierenden festgelegt werden. Auch ist es in einem solchen Konzept möglich, den Studierenden Optionen oder Wahlmöglichkeiten anzubieten, unter denen sie, unter Offenlegung und Diskussion ihrer eigenen Kriterien für Relevanz oder Interessantheit, eine begründete Auswahl treffen können.

Ein anderer Weg ist anspruchsvoller, aber ein dem wissenschaftlichen Lehren und Studieren angemessenerer: In einem vorgegebenen Rahmen erkunden und erforschen die Studierenden selbst die für ein bestimmtes Fachgebiet oder eine Teildisziplin repräsentativen, aktuellen und relevanten Themen und Fragestellungen. Diese intensive Erforschung eines größeren Fachgebietes ist dann die Grundlage für die partizipative Auswahl der eigentlichen Lehrinhalte. In einem solchen Ansatz wird das Konzept des forschenden Lernens und Studierens bereits auf der Ebene der didaktischen Wahlentscheidungen praktiziert. Bei aller Partizipation verbleibt die Verantwortung für die angebotenen und vermittelten Inhalte selbstverständlich bei der jeweiligen Lehrperson und ihrer wissenschaftlichen Expertise.

Partizipative Planungsformen

Mitbestimmung: Die Lehrperson legt den Studierenden eine Planung für die Lehrveranstaltung vor, bietet aber zugleich Optionen und Wahlmöglichkeiten oder die Möglichkeit einer veränderten Planung aufgrund der Wünsche der Studierenden an.

Halboffene Planung: Die Lehrperson entwirft den thematischen Rahmen und eine Grobstruktur für die Lehrsequenz. Die inhaltliche Füllung im Detail ist das Ergebnis einer Aushandlung zwischen allen Beteiligten auf der Grundlage einer intensiven orientierenden, explorativen Beschäftigung der Studierenden mit dem Thema.

Explorative Planung: Bei dieser projektartigen Form der Themenfindung erforschen die Studierenden selbstständig innerhalb eines vorgegeben Rahmens ein wissenschaftliches Feld, grenzen in Aushandlungsphasen das Thema genauer ein und strukturieren aus ihren Forschungsergebnissen gemeinsam mit der Lehrperson eine thematische Lehr-/Lern-Sequenz.

Die **prozessuale Dimension** der universitären Lehre betrifft alle didaktischen und methodischen Entscheidungen darüber, in welcher Weise die Studierenden in einer Lehrveranstaltung Wissen und Kompetenzen erwerben sollen. Entsprechend dem **konstruktiven Lernbegriff**, demzufolge ›echtes‹ Lernen des aktiven Aufbaus von kognitiven Strukturen bedarf (im Einzelnen vgl. Hallet 2006, S. 16 ff.), bedeutet ›Lehren‹ in einem solchen Konzept die Schaffung von Voraussetzungen, in denen Prozesse für die Entwicklung neuer kognitiver Strukturen, Fähigkeiten und Fertigkeiten besonders effizient angestoßen und ermöglicht werden. Man spricht bei einem solchen **kognitiven Lernbegriff** daher auch von einem prozessorientierten Ansatz: Die im Rahmen von Lehr-/Lernarrangements initiierten Prozesse sollen ihrerseits kognitive Prozesse anregen, die zu einem Zuwachs an Wissen und Können führen. Um dies zu gewährleisten, sollten die folgenden Prinzipien Beachtung finden:

- **Prozessorientierung:** Im Mittelpunkt lernzentrierter Wissens- und Kompetenzvermittlung stehen die Studierenden und ihre Lernaktivitäten; je geringer ihr Anteil an den kognitiven und diskursiven Aktivitäten in einer Lehrveranstaltung ist, desto geringer und weniger nachhaltig ist der substanzielle Wissens- und Könnenszuwachs. Dies stellt nicht den Wert von Vorlesungen oder wissenschaftlichen Vorträgen in Frage, sondern fragt nach einer exakten Bestimmung ihres angemessenen Platzes im universitären Lehr-/Lernkontext. Z. B. ist es ein entscheidender Unterschied, ob ein wissenschaftlicher Vortrag sich an ein mit dieser Diskursart vertrautes Expertenpublikum richtet, das einer längeren, komplexen wissenschaftlichen Argumentation kritisch folgen und sich im Anschluss aktiv mit ihr auseinandersetzen kann, oder ob der Vortrag ein methodisches Prinzip ist, das ein ganzes Semester lang gepflegt wird.
- **Methodischer Wechsel:** Prozessorientiertes Lehren und Lernen zeichnet sich durch methodischen Reichtum und Abwechslung aus. Methodische Wechsel sind alleine schon deshalb geboten, weil bestimmte Methoden nicht für alle Themen und Inhalte gleichermaßen geeignet sind. Z. B. wird man Primärtexte in der Regel mit anderen Verfahren und mit anderen Zielen bearbeiten als wissenschaftliche Sekundärliteratur. Auch kommt der methodische Wechsel der Verschiedenheit und der Individualität der Lern-, Studier- und Arbeitsstile der Teilnehmer/innen einer Lehrveranstaltung entgegen.
- **Problem- und Forschungsorientierung:** Die aktive kognitive Bearbeitung eines Gegenstandes und der Aufbau der damit verbundenen Kenntnisse und Kompetenzen werden am ehesten gefördert, wenn die Lernenden mit einer (für das jeweilige Fachgebiet exemplarischen oder repräsentativen) Problemstellung oder Forschungsfrage konfrontiert werden. Der wissenschaftlichen Wissensvermittlung ist forschendes, problemlösendes Lernen am ehesten adäquat. Dazu gehören in der Regel ein präziser Arbeitsauftrag oder eine komplexe Aufgabenstellung (vgl. ebd., S. 51 ff.), ein reichhaltiges Text-, Material- und Medienarrangement mit den für die Bearbeitung ausgewählten Gegenständen, der Zugang zu Ressourcen für die selbstständige Problembearbeitung und Vorgaben für die Gestaltung oder die Präsentation der Arbeitsergebnisse.
- **Interaktion:** Sowohl im Hinblick auf die Effizienz der Problemlösung als auch mit Blick auf den Erwerb sozialer und kommunikativer Kompetenzen, wie sie in Forschungskontexten, aber auch in Problemlösungshandlungen in den meisten außeruniversitären Berufen erforderlich sind, gehört die Initiierung von

interaktiven Aushandlungsprozessen zwischen den Teilnehmern/Teilnehmerinnen einer Lehrveranstaltung zu den Grunderfordernissen eines lernzentrierten und lernaktiven universitären Unterrichts. Im Grunde bilden interaktive, diskursive, problemlösungsorientierte *settings* in einer Lehrveranstaltung die Merkmale wissenschaftlicher Diskurse am besten ab.

- **Präsentation:** Angesichts der oben bereits erwähnten allgemeinen Anforderungen an die Fähigkeit zur Weitergabe von Wissen in der Wissensgesellschaft gehört zu jeder Lehrveranstaltung auch die Ausbildung der Fähigkeiten, die für eine kompetente Kommunikation und Präsentation von Einsichten, Erkenntnissen und Ergebnissen erforderlich sind. Jeder problemlösungsorientierte Arbeitsauftrag sollte daher auch eine Vorgabe für die Art des zu erstellenden Produkts oder der Präsentation (Thesenpapier, mündlicher Kurzvortrag, Posterpräsentation, Lehr-/Lerngespräch usw.) enthalten.

Auch hinsichtlich der prozessualen Dimension von Lehrveranstaltungen gilt: Die Angemessenheit von Methoden misst sich letztlich am Lernerfolg und an den erzielten Ergebnissen. Dies gilt vom Lehrvortrag bis hin zum kleinen Forschungsprojekt. Aber weder die methodische Routine noch das gewagte Lehr-/Lernexperiment können sich der Legitimation gegenüber den Studierenden und der Institution Universität entziehen.

Sowohl der Beitrag der ausgewählten Inhalte und Themen zum Wissens- und Könnenserwerb als auch die Wirksamkeit der jeweils gewählten Methoden lassen sich letztlich nur durch **evaluative Maßnahmen** erfassen. In einem kompetenz- und *outcome*-orientierten Konzept universitärer Bildung ist diese evaluative Dimension die den meisten Lehrenden am wenigsten vertraute. Denn jede Evaluation der universitären Lehre, die auf dem Weg der Leistungsbeurteilung (*assessment*), des Feedbacks oder systematischer evaluativer Einzelmaßnahmen (Tests, Fragebögen, Lernreflexion der Studierenden in Portfolios usw.) gewonnen wird, soll nicht nur Aufschluss über den Kenntnis- und Kompetenzstand der Studierenden geben, sondern sie gibt zugleich auch Auskunft über die Qualität und die Effizienz einer Lehrveranstaltung (vgl. Winteler 2004, S. 117 ff.; Hallet 2006, S. 159 ff.). Zur Evaluationskompetenz von Lehrenden an der Hochschule gehört demnach eine Reihe von **Fähigkeiten**, die sich grob wie folgt unterscheiden lassen:

- Die Fähigkeit zur Einschätzung und Beurteilung von Leistungen, die auf der Grundlage der Zielsetzungen einer Lehrveranstaltung erhoben werden;
- die Kenntnis verschiedener Formen und Methoden der Leistungserhebung und ihrer Funktionen. Vor allem sind summative Formen der Leistungserhebung, die zur Feststellung des Kompetenz- und Wissenstandes am Ende einer Lehrveranstaltung oder eines Studienabschnitts dienen, zu unterscheiden von formativen Leistungserhebungen, die lehr- und lernbegleitend und diagnostisch Auskunft über den jeweils erreichten Kenntnis- und Könnensstand geben sollen (vgl. Hallet 2006, S. 160 f.). Zu dieser Art Beurteilungs- und Evaluationskompetenz gehört auch die Fähigkeit zur Erstellung und Beurteilung schriftlicher Prüfungsaufgaben, zur Durchführung mündlicher Prüfungen und ggf. auch zur Testkonzeption;
- die Kenntnis verschiedener Evaluationsinstrumente, mit deren Hilfe Studierende ihre Lernfortschritte und ihren Zuerwerb an Wissen und Kompetenzen

selbst einschätzen, beurteilen und reflektieren können (Leitfragen, Fragebögen zur Selbstbeobachtung, Portfolios usw.);

- die Kenntnis verschiedener Instrumente zur Selbstevaluation der Lehre, mit deren Hilfe Lehrende von den Studierenden oder durch Selbstbeobachtung Aufschluss über Qualität und Erfolg der eigenen Lehre erhalten können. Zu diesen Instrumenten zählen Feedbackgespräche mit den Studierenden ebenso wie die Evaluation der Lehrveranstaltung durch studentische Kleingruppen (vgl. Winteler 2004, S. 117 f.), Evaluationsfragebögen für die Studierenden (vgl. Hallet 2006, S. 169 ff.) oder das Lehrportfolio zur Selbstreflexion (vgl. Winteler 2004, S. 118 ff.).

Es ist keine Frage, dass die Entwicklung einer Evaluations- und Feedbackkultur an deutschen Hochschulen erst am Anfang steht. Gerade deshalb aber ist es wichtig, dass sich Promovierende von Beginn ihrer Laufbahn an systematisch auf die Anforderungen an die zukünftigen Generationen universitärer Lehrkräfte vorbereiten.

Die **performative Dimension** schließlich betrifft einen Kompetenzbereich, der bisher in der Qualifikation junger Wissenschaftler/innen so gut wie keine Rolle gespielt hat:

> Unsere Studierenden, unsere DoktorandInnen und HabilitandInnen erhalten in aller Regel weder mit Blick auf eine mündliche noch auf eine schriftliche Präsentation ihrer wissenschaftlichen Ergebnisse eine Ausbildung, ja oft nicht einmal ein Bewußtsein dafür, wie wichtig vom Sinnlichen nicht abgetrennte Formen des Schreibens und Vortragens sind. (Ette 2004, S. 52)

Die Ursache dafür erblickt Ette zu Recht in einer Entsinnlichung des gesamten Wissenschaftsbetriebs:

> Wir sprechen über Rezeptionsästhetik und kümmern uns weder um Rezeption noch um Ästhetik, wir stellen Überlegungen zur Körpersprache an, ohne unsere Körper sprechen zu lassen: Wir entziehen unseren Diskursen die sinnliche Grundlage und vergessen leicht, dass wir für unser Publikum Verantwortung tragen. (ebd., S. 51)

Gerade Promovierende, die sich im Verlauf ihres Studiums selbst für die Forschung und die Wissenschaft haben begeistern lassen, wissen, wie wichtig die personale Strahlkraft ihrer eigenen wissenschaftlichen Lehrer/innen für die Wirksamkeit der Lehre sein kann (vgl. das Beispiel Alexander von Humboldts und die persönlichen Erfahrungen bei Ette 2004, S. 42 ff. und S. 51 ff.). Selbst für die Etablierung oder die Implementierung wissenschaftlicher Konzepte oder gar einer ›Schule‹ können überzeugende performative Fähigkeiten einer wissenschaftlichen Persönlichkeit ausschlaggebend sein. Da also der »schriftlichen wie der mündlichen Form und Per*form*anz der Wissen(schaft)svermittlung keine marginale, sondern eine herausragende Bedeutung« (ebd., S. 52) zukommt, muss der Ausbildung der performativen Kompetenz junger Wissenschaftler/innen erhöhte Aufmerksamkeit geschenkt werden (vgl. auch ebd., S. 93 f.). Sie kann aber keinesfalls durch einfache Instruktion, sondern nur durch **Erfahrungslernen** und durch ein begleitendes Coaching entwickelt werden, handelt es sich doch im Wesentlichen um jene Dimension der Lehre und der Wissenschaftskommunikation, die von personalen

Wirkungen und der Etablierung interpersonaler Bindungen im Kontext der akademischen Lehre bestimmt ist.

Gerade für junge Wissenschaftler/innen, die in Bewerbungs- oder Berufungsverfahren erfolgreich für ihre wissenschaftlichen Konzepte oder Forschungen werben müssen, ist die Einsicht in den **Inszenierungscharakter akademischer Situationen und Diskurse** und die damit verbundenen, jeweils spezifischen Formen von *performance* von zentraler Bedeutung. Bestandteile der dazu erforderlichen performativen Kompetenz (zum Konzept vgl. umfassend Hallet 2007) sind nicht nur die Orientierung der Vermittlungsinhalte an den jeweiligen Adressaten, die Beherrschung der jeweils geforderten Genres (Vortrag, Statement, Impulsreferat, Respondierung usw.) und die Wahl angemessener Sprachregister und Rhetoriken, sondern auch alle Fragen der situativen Inszenierung, der aktiven Entwicklung der jeweiligen Diskurssituation und ein professionelles Repertoire situationsadäquater äußerer Erscheinungsformen, Auftrittsstile und körpersprachlicher Kommunikation.

Freilich lässt sich **performative Kompetenz** wegen der direkten Kopplung an Persönlichkeitsmerkmale kaum durch einfache Belehrung oder Theorielernen entwickeln, sondern sie bedarf der systematischen Entwicklung durch mannigfaltige persönliche Erfahrung und Reflexion sowie durch Feedback und Coaching sowohl durch *peers* als auch durch Postdoktoranden/Postdoktorandinnen oder durch erfahrene Hochschullehrer/innen. Zum festen Bestandteil der Graduiertenförderung und zum systematischen Aufbau eines Erfahrungswissens der Promovierenden sollten daher möglichst vielfältige ›Auftrittsmöglichkeiten‹ gehören, in denen junge Wissenschaftler/innen die Wirkung ihrer Worte und ihrer Persönlichkeit bei der Vermittlung ihrer Wissenschaft immer aufs Neue erproben und reflektieren können (s. u.).

Wenngleich in diesem begrenzten Rahmen die für die Gestaltung der Lehr-/Lernprozesse an Hochschule und Universität erforderten Kompetenzen und Prinzipien nur grob skizziert werden konnten, so zeichnet sich doch in Umrissen ab, welche Elemente in eine systematische hochschuldidaktischen Qualifizierung der Promovierenden und in ein entsprechendes Kerncurriculum für die Doktorandenausbildung Eingang finden könnten und sollten. Sie sollen im folgenden Abschnitt kurz erläutert werden.

Curriculare Elemente einer hochschuldidaktischen Doktorandenausbildung

Angesichts der Tatsache, dass im Mittelpunkt der strukturierten Doktorandenförderung der zielgerichtete Fortschritt des Dissertationsprojekts in einem angestrebten Zeitraum von ca. drei Jahren steht, sind der Verankerung curricularer Elemente im Promotionsstudium enge Grenzen gesetzt. Dennoch sollten die oben entwickelten drei Dimensionen sich auch in einem curricularen hochschuldidaktischen Programm im Rahmen des Promotionsstudiums wiederfinden. Ein erster curricular verankerter Kurs sollte daher in die inhaltlich-thematische Konzeption und die sequenzielle Planung einer Lehrveranstaltung einführen.

Konzeption und sequenzielle Planung einer Lehrveranstaltung

- Wahl und Eingrenzung eines Veranstaltungsthemas
- Auswahl der möglichen Gegenstände, der Primär- und Sekundärtexte sowie der Materialien und Medien
- Bestimmung der mit der Bearbeitung in der Lehrveranstaltung verbundenen und zu vermittelnden Theorien, übergreifenden Konzepte und Forschungsmethoden
- Definition der in der Lehrveranstaltung zu vermittelnden Wissens-, Könnens- und Kompetenzziele (Studienordnungen, Modulbeschreibungen usw.)
- Strukturierung und Gliederung des Themas und der ausgewählten Inhalte in Teilthemen, Schwerpunktsetzungen
- Festsetzung von Sequenzphasen (z. B. Einführungs-, Projekt- oder Präsentationsphasen)
- Zeitliche Planung und Sequenzierung der Teilthemen in einem Semesterplan (*syllabus*)

Inhalt eines solchen Kurses oder nötigenfalls auch individuell zu erwerbender didaktischer Kompetenzen sind demnach die **Bestimmung und Eingrenzung eines Veranstaltungsthemas** und eine damit korrespondierende Auswahl der Gegenstände, der Texte, Materialien und Medien sowie der mit ihnen verbundenen Theorien und Forschungsmethoden. Sodann müssen die mit der Erarbeitung der Themen und Inhalte verbundenen Wissens- und Kompetenzziele definiert werden. Ein didaktischer Einführungskurs muss auch die Fähigkeit vermitteln, ein Globalthema wirksam in Teilthemen aufzugliedern und in dem zur Verfügung stehenden Zeitrahmen inhaltliche Schwerpunkte zu bilden. Schließlich müssen Schwerpunkte und Teilthemen in eine sinnvolle Sequenz von Lehrveranstaltungen und verbindlichen Inhalten (*syllabus*) übersetzt werden (vgl. Mürmann/Schulte 2003; Wild et al. 2003, S. 131 ff.; Winteler 2004, S. 28 ff.; Pfäffli 2005, S. 126 ff.; Hallet 2006, S. 110 ff.).

Zu einer kompetenten Veranstaltungsplanung gehört aber auch ein Konzept dafür, auf welche Weise und an welchen Punkten der Lehrveranstaltung die Studierenden in deren Planung und Konzeptionierung aktiv eingebunden werden können (vgl. oben Kasten: Partizipative Planungsformen). Und nicht zuletzt müssen auch Zeitplanung und -management (vgl. Echterhoff/Neumann 2006, S. 21 ff., und Kap. III.2) sowie die Rhythmisierung bestimmter Sequenzphasen (z. B. Einführungs-, Projekt- oder Präsentationsphasen) erlernt und erprobt werden.

Ein zweiter curricularer Baustein der hochschuldidaktischen Doktorandenförderung ist sinnvollerweise einer **Grundlegung methodischer Formen** gewidmet. In einem solchen didaktischen Kurs sollten sowohl die wichtigsten Gestaltungsmerkmale universitärer methodischer Großformen wie Vorlesung, Seminar, Workshop oder Projekt (vgl. ebd., S. 56 ff.) als auch eine möglichst große Bandbreite ›kleiner‹ methodischer Formen erlernt werden, die innerhalb dieser Großformen zur Anwendung kommen können (vgl. Hallet 2006, S. 68 ff.). Gerade methodische Variabilität und Vielfalt gehören nicht zu dem in der universitären Sozialisation erworbenen Erfahrungswissen. Der Herstellung anregender Lernarrangements, der Verwendung lernaktivierender Methoden (vgl. Pfäffli 2005, S. 90 ff.) und den verschiedenen Sozialformen wie Partner- oder Kleingruppenarbeit gebührt in einem solchen Methoden-Kurs besondere Aufmerksamkeit (vgl. Wildt et al. 2003, S. 204 ff.; Schumacher 2003; Mürmann/Schulte 2003; Winteler 2004, S. 81 ff.; Pfäffli 2005, S. 148 ff.; Hallet 2006, S. 68 ff.).

Wenig erprobt, aber an Hochschule und Universität umso wertvoller sind auch forschungsorientierte Formen des Projektlernens, in denen Forschung und Studium auf anregende, motivierende Weise verknüpft und im günstigen Fall mit einer Internet- oder sogar mit einer Druckpublikation abgeschlossen werden (vgl. z. B. Barraket 2005; Barth 2006). Bestandteil eines Methoden-Kurses ist auch die Einführung in die effiziente, inhalts- und situationsgerechte Arbeit mit Medien aller Art, von der in ihrem Anspruch häufig unterschätzten Entwicklung von Tafelanschrieben und -bildern über visuelle Impulse bis hin zu Präsentationssoftware und elektronischen Plattformen für die universitäre Lehre (zu Letzterem vgl. Albrecht 2003; Wildt et al. 2003, S. 140 ff.; Winteler 2004, S. 70 ff.; Pfäffli 2005, S. 266 ff.; Hallet 2006, S. 64 ff.).

Formen und Funktionen von Leistungsbeurteilungen

Man unterscheidet grundsätzlich zwei verschiedene Formen der Leistungsbeurteilung (*assessment*):

Formative Leistungsbeurteilungen begleiten den Gang einer Ausbildung, sollen also z. B. den Wissens- und Könnenszuwachs im Verlauf einer Lehrveranstaltung ohne negative Konsequenzen für die Studierenden erfassen. Sie sollen den Studierenden und den Lehrenden gleichermaßen Auskunft über den Wissens- und Könnensstand zu einem bestimmten Zeitpunkt geben. Formative Beurteilungen können z. B. auf der Grundlage schriftlicher Hausaufgaben, kleinerer mündlicher Prüfungen oder kleiner informeller Probetests vorgenommen werden.

Summative Leistungsbeurteilungen stehen am Ende eines bestimmten Ausbildungsabschnittes (also z. B. auch einer Lehrveranstaltung) und treffen eine abschließende Feststellung über die erworbenen Kenntnisse und Kompetenzen. Sie sind in der Regel mit einer Zertifizierung oder einer Qualifikationsvergabe verbunden. Typische Formen sind Abschlussarbeiten oder Abschlussklausuren.

(vgl. Hallet 2006, S. 159 ff.)

Ein drittes curriculares Element sollte in die Evaluation von Lernleistungen und in die Formen und Funktionen von Leistungsbeurteilungen an der Hochschule einführen.

Da in den neuen modularisierten Bachelor- und Masterstudiengängen mit Leistungs- oder Kreditpunktesystemen gearbeitet wird, werden praktisch am Ende jeder Lehrveranstaltung studienabschlussrelevante Leistungsnachweise verlangt und beurteilt. Diese Abschlussrelevanz impliziert, dass bereits mit der Zertifizierung lehrveranstaltungsbezogener Leistungen berufsbezogene und lebensweltrelevante Chancen verteilt oder – im negativsten Fall – versagt werden. Daher tragen auch junge Lehrende an der Hochschule eine hohe Verantwortung für die zuverlässige Beurteilung von Leistungen. Auch diese muss, z. B. durch die Erstellung von Kriterienkatalogen, Feedbackbögen und Punktebewertungssystemen oder durch die Erprobung und das Training von Globalbeurteilungen im Vergleich mit anderen Beurteilern, systematisch und gründlich trainiert werden (vgl. Pfäffli 2005, S. 240 ff.; Hallet 2006, S. 159 ff.).

Transparente Leistungsbeurteilung

Studierende haben ein Anrecht auf transparente Leistungsbeurteilung. Diese kann man z. B. dadurch herstellen, dass ihnen vor der Erbringung eines Leistungsnachweises die Gütekriterien für einen erfolgreichen Nachweis erläutert werden.

In einem **Kriterienkatalog** werden ihnen die inhaltlichen und formalen Kriterien, die ein guter Leistungsnachweis erfüllen muss, in schriftlicher Form ausgehändigt oder (z. B. auf einer Webseite) zugänglich gemacht und erläutert (*style sheet*). Bei der Anfertigung oder Erbringung des Leistungsnachweises können sie sich an diesem Katalog orientieren.

Nach Erbringung des Leistungsnachweises erhalten die Studierenden in einem **Feedbackbogen** eine differenzierte Rückmeldung zur Art und Qualität der Erfüllung der ihnen bekannten Kriterien in ihrem Leistungsnachweis.

Darüber hinaus müssen in einem solchen Kurs auch der Entwurf von Prüfungsaufgaben sowie die Gesprächsführung in mündlichen Prüfungen eingeübt werden (vgl. Winteler 2004, S. 110 ff.; Pfäffli 2005, S. 255 ff.). Schließlich gehört zur evaluativen Kompetenz auch noch die Fähigkeit zur Konzeptionierung, Beurteilung und Nutzung von Portfolios sowie zur Selbstevaluation und -reflexion der eigenen Lehre (vgl. Winteler 2004, S. 117 ff.; Hallet 2006, S. 167 ff.).

Schließlich und nicht zuletzt muss es in einem curricularen Qualifikationsprogramm für die akademische Lehre auch Raum für die stetige Einübung in Formen der Inszenierung wissenschaftlichen Wissens in verschiedenen Kontexten von der Lehr-/Lernveranstaltung über das Symposium und die Disputation bis hin zur Vorlesung geben. Wo den Promovierenden zur Einübung in diese performative Seite der Hochschullehre keine Angebote gemacht werden, sollten sie unbedingt selbst nach **Auftritts-, Inszenierungs- und Einübungsmöglichkeiten** suchen. Ernstfall-Situationen wie die Teilnahme an Symposien, ein wissenschaftlicher Vortrag vor einem Auditorium mit ausgewiesenen Experten und erfahrenen Wissenschaftlern oder die Exponierung auf einem in diesem Sinne zusammengesetzten Podium sind Inszenierungssituationen, die auch in der Qualifikationsphase systematisch geschaffen oder gesucht und wahrgenommen werden müssen. Denn nur so können Promovierende **die interpersonalen Wirkungen und Effekte der eigenen ›Auftritte‹ erproben** und die persönlichkeitsbildende Wirkung jener Echtsituationen an sich selbst erfahren, in denen angemessene Sprachregister, adäquate Kommunikationsweisen und persönliche Präsentationsstile gefordert sind. Nur in solchen Realsituationen können Promovierende das individuelle Gefühl dafür entwickeln, dass und auf welche Weise sich die Wissenschaft, soll sie kommuniziert und vermittelt werden, von ihren Repräsentanten/Repräsentantinnen inszeniert werden muss.

Umso wichtiger ist es, dass für solche Echtsituationen **Coaching-, Feedback- und Reflexionsverfahren** entwickelt werden, aufgrund derer die jungen Wissenschaftler/innen eine adäquate Vorbereitung und Rückmeldungen über alle Aspekte eines gelungenen oder auch eines problematischen ›Auftritts‹ erhalten. Für das Coaching haben sich vor allem Tandems mit Postdoktoranden/Postdoktorandinnen bewährt, die bereits über eine gewisse Erfahrung verfügen, die andererseits aber die besonderen psychischen und kommunikativen Anforderungen von *performance*-Situationen vielleicht besser nachvollziehen können als etablierte Akademiker/innen. Neben dem ohnehin häufig erfolgenden informellen Feedback durch *peers* sollten möglichst auch Routinen für die Nachbereitung entwickelt werden, in denen junge Wissenschaftler/innen ihre Präsentationssituationen gemeinsam mit erfahreneren wissenschaftlichen Akteuren evaluieren. Curricular lassen sich sinnvollerweise nur instruierende Einführungen in das ›Auftreten‹ vor Publikum oder Simulationen zur Einübung in das Ritual der Disputation (Probe-Disputation) in einem Promotionsverfahren oder vergleichbare didaktische Konzepte verankern.

Wie man sieht, ist mit diesen Elementen eines hochschuldidaktischen Kerncurriculums bereits ein erheblicher Lehr- und Lernaufwand verbunden, der aber, soll die professionelle Qualifizierung der Doktoranden für die Hochschullehre das Ziel sein, unabdingbar ist. Darüber hinaus sollten Promovierende aber die Möglichkeit haben, in optionalen hochschuldidaktischen Veranstaltungen und Workshops ihre Lehrqualifikationen zu erweitern und zu vertiefen. Dazu gehören insbesondere eher **fachgebundene didaktische Veranstaltungen,** die z.B. in die fachspezifischen Methoden und Verfahren literatur- oder sozialwissenschaftlicher Seminararbeit einführen oder die eine intensive Instruktion in den Umgang mit bestimmten Medien wie z.B. elektronischen Plattformen anbieten.

Portfolios

Portfolios dienen dem Nachweis von Können und Kompetenzen der Studierenden durch die Dokumentation von Arbeiten und Produkten als Ergebnis von Studienleistungen. Sofern Portfolios Grundlage der Leistungsbeurteilung in Lehrveranstaltungen sind, müssen allein schon aus Gründen der Vergleichbarkeit die Inhalte und die Gütekriterien vorher erläutert werden (vgl. Kasten: Transparente Leistungsbeurteilung). Man unterscheidet grundsätzlich vier Typen von Portfolios:
- das **Portfolio bester Arbeiten**, das die Kompetenzen von Studierenden in Form ausgewählter Arbeiten repräsentiert;
- das **Dokumentationsportfolio**, in dem die Studierenden zur Darstellung ihrer Fähigkeiten ihnen wichtig erscheinende Dokumente, Zertifikate usw. sammeln;
- das **Bewertungsportfolio**, das Dokumente von Fremdbeurteilungen (Zeugnisse etc.) enthält;
- das **Prozessportfolio**, das einen Arbeitsprozess, ein Projekt oder einen ganzen Ausbildungsgang dokumentiert.

Didaktische Kompetenzen von Promovierenden können in **Lehrportfolios** dokumentiert werden. Darin werden alle Nachweise über erbrachte **Lehrleistungen, Zeugnisse** und **Zertifikate** von hochschuldidaktischen Aus- und Fortbildungsmaßnahmen, evtl. auch **Evaluationen von Lehrleistungen** durch die Hochschule gesammelt, um in Bewerbungsverfahren die eigenen didaktischen Kompetenzen wirkungsvoll und anschaulich nachweisen zu können (vgl. Hallet 2006, S. 166f.).

Neben veranstaltungsgebundenen Qualifizierungsformen sind eine Menge andere, nicht weniger wirksame begleitende didaktische Qualifizierungsmaßnahmen denkbar. Dazu gehören vor allem die probeweise Durchführung einzelner Lehrveranstaltungen unter Anleitung einer erfahrenen Lehrperson oder das Coaching und die Supervision einer semesterlangen Lehrveranstaltung durch erfahrene Hochschullehrer/innen, aber auch durch jüngere *peers* (*peer coaching*). Im Hinblick auf die spätere wissenschaftlich-akademische Karriere, aber auch für berufliche Tätigkeiten außerhalb der Hochschule ist als permanente begleitende Maßnahme die **Anlage eines summativen Lehrportfolios oder -dossiers** ratsam, in dem alle didaktischen Qualifikations- und Weiterbildungsmaßnahmen sowie die bereits erworbenen Lehrerfahrungen dokumentiert und zertifiziert sind. Denn in naher Zukunft wird die didaktische Qualifikation für die akademische Laufbahn an Hochschule und Universität, aber auch für außeruniversitäre akademische Berufe nicht nur ein willkommenes Plus, sondern ein Standard-Qualifikationsmerkmal sein.

Literatur

Albrecht, Rainer: »Internetgestützte Lehre – Herauforderung für die Hochschuldidaktische Weiterbildung«. In: Welbers, Ulrich (Hg.): *Hochschuldidaktische Aus- und Weiterbildung. Grundlagen – Handlungsformen – Kooperationen.* Bielefeld 2003, S. 245–261.

Barraket, Jo: »Teaching Research Method Using a Student-Centred Approach? Critical Reflections on Practice«. In: *The Journal of University Teaching and Learning Practice* 2.2 (2005), S. 64–74. http://jutlp.uow.edu.au/2005_v02-i02/Barraket004.html (08.03.2007)

Barth, Robert: »Projektziel: Geschichtsbuch«. In: Pfäffli, Brigitta K./Herren, Dominique A. (Hgg.): *Praxisbezogen lehren an Hochschulen. Beispiele und Anregungen.* Bern et al. 2005, S. 93–102.

Berendt, Brigitte: »Hochschuldidaktische Weiterbildung als Bestandteil von Qualitätssicherung und -entwicklung. Unterstützung durch die Akkreditierung hochschuldidaktischer Weiterbildungsveranstaltungen«. In: Welbers, Ulrich (Hg.): *Hochschuldidaktische Aus- und Weiterbildung. Grundlagen – Handlungsformen – Kooperationen.* Bielefeld 2003, S. 105–116.

Echterhoff, Gerald/Neumann, Birgit: *Projekt- und Zeitmanagement. Strategien für ein erfolgreiches Studium.* Stuttgart 2006.

Ette, Ottmar: *ÜberLebenswissen. Die Aufgabe der Philologie.* Berlin 2004.

Hallet, Wolfgang: *Didaktische Kompetenzen. Lehr- und Lernprozesse erfolgreich gestalten.* Stuttgart 2006.

Hallet, Wolfgang: »Staging Lives. Die Entwicklung performativer Kompetenz im Englischunterricht«. In: Ahrens, Rüdiger/Eisenmann, Maria/Merkl, Matthias (Hgg.): *Moderne Dramendidaktik für den Englischunterricht.* Heidelberg 2007 [im Druck].

Hölscher, Michael/Kreckel, Reinhard: »Zur Rolle der Hochschuldidaktik im Zuge der aktuellen Hochschulreformen«. In: *Zeitschrift für Hochschulreform* 1.1 (2006), S. 1–19. http://www.zfhe.de (23.03.2007)

Mürmann, Martin/Schulte Dagmar: »Lehrveranstaltungen lerngerecht planen«. In: Welbers, Ulrich (Hg.): *Hochschuldidaktische Aus- und Weiterbildung. Grundlagen – Handlungsformen – Kooperationen.* Bielefeld 2003, S. 133–149.

Pfäffli, Brigitta K.: *Lehren an Hochschulen. Eine Hochschuldidaktik für den Aufbau von Wissen und Kompetenzen.* Bern et al. 2005.

Phillips, Rob: »Challenging the Primacy of Lectures. The Dissonance Between Theory and Practice in University Teaching«. In: *The Journal of University Teaching and Learning Practice* 2.1 (2005), S. 1–12. http://jutlp.uow.edu.au/2005_v02_i01/phillips003.html (08.03.2007)

Schumacher, Eva-Maria: »Der Lehrende als Coach. Schlüsselqualifikationen für eine neue Lernkultur«. In: Welbers, Ulrich (Hg.): *Hochschuldidaktische Aus- und Weiterbildung. Grundlagen – Handlungsformen – Kooperationen.* Bielefeld 2003, S. 221–227.

Webler, Wolff-Dietrich: »Lehrkompetenz – über eine komplexe Kombination aus Wissen, Ethik, Handlungsfähigkeit und Praxisentwicklung«. In: Welbers, Ulrich (Hg.): *Hochschuldidaktische Aus- und Weiterbildung. Grundlagen – Handlungsformen – Kooperationen.* Bielefeld 2003, S. 53–82.

Welbers, Ulrich (Hg): *Hochschuldidaktische Aus- und Weiterbildung. Grundlagen – Handlungsformen – Kooperationen.* Bielefeld 2003.

Welbers, Ulrich/Wildt, Johannes: »Lehren und Lernen in gestuften Studiengängen. Zur Konzeption einer hochschuldidaktischen Fortbildung für die Studienreform mit Bachelor und Master«. In: Welbers, Ulrich (Hg.): *Hochschuldidaktische Aus- und Weiterbildung. Grundlagen – Handlungsformen – Kooperationen.* Bielefeld 2003, S. 151–167.

Wildt, Johannes/Encke, Birgit/Blümcke, Karen: *Professionalisierung der Hochschuldidaktik. Ein Beitrag zur Personalentwicklung an Hochschulen.* Bielefeld 2003.

Winteler, Adi: *Professionell lehren und lernen. Ein Praxisbuch.* Darmstadt 2004.

Wörner, Alexander: *Lehren an der Hochschule. Eine praxisbezogene Anleitung.* Wiesbaden 2006.

Wolfgang Hallet

IV. Dissertation und mündliche Prüfung

1. Die Themenfindung als Einstieg in den Promotionsprozess: Selektionskriterien, Voraussetzungen, Orientierungen

Es gibt unterschiedliche Wege und Möglichkeiten, ein Thema für ein Dissertationsprojekt zu finden: Man kann ein Thema aus **persönlichem Interesse** wählen, die eigene Abschlussarbeit oder eine andere Studienarbeit in Absprache mit dem/der Betreuer/in zum Ausgangspunkt einer vertiefenden Studie machen, oder sich bei der Suche nach einem neuen Thema bzw. bei der Entwicklung einer eigenständigen Fragestellung an den Themen und Forschungsprogrammen wissenschaftlicher Einrichtungen wie Graduiertenkollegs, Graduate Schools bzw. Graduiertenzentren, Sonderforschungsbereichen oder Internationalen Promotionsprogrammen orientieren (s. Kap. IV.2). Dabei geht das Interesse für einen bestimmten Gegenstandsbereich oft der Entscheidung zu promovieren nicht nur voraus, sondern bildet auch die entscheidende Motivation.

Unabhängig davon, woher der entscheidende Impuls zur Themenbildung kommt: In jedem Fall ist es wichtig, ein gutes, für eine wissenschaftliche Bearbeitung geeignetes Thema zu finden. Was aber ist ein ›gutes‹ Thema? Folgende Kriterien können dabei helfen, das wissenschaftliche Potenzial eines Themas einzuschätzen:

- **Überschaubare Forschungssituation:** Themen, zu denen bereits eine Fülle an Forschungsliteratur existiert, eignen sich nur bedingt für Dissertationen, da die Entwicklung einer innovativen Fragestellung in einem ›überforschten‹ Gebiet oftmals Schwierigkeiten bereitet. Zudem dürfte ein umfassender Überblick über den aktuellen Stand der Forschung, der im Rahmen einer Dissertation erwartet wird, kaum zu bewerkstelligen sein. Anstelle von z.B. kanonischen Werken der Weltliteratur wie Goethes *Faust* oder Shakespeares *Hamlet* eignen sich daher ›neue‹, d.h. wissenschaftlich bislang nicht erschlossene Gegenstandsbereiche in besonderem Maße für Dissertationen – etwa relativ aktuelle Werke und Phänomene oder Gegenstandsbereiche, die abseits des Fachkanons liegen oder in Vergessenheit geraten sind.
- **Präziser Problembereich:** Themen mit einem präzisen Problembereich lassen sich leicht fokussieren. Dadurch reduziert sich die Gefahr, der Arbeit eine zu weite Fragestellung zugrunde zu legen, deren notwendige Eingrenzung sich verlängernd auf den Promotionsprozesses auswirken kann.
- **Innovatives Potenzial:** Von einer Dissertation als einem eigenständigen Forschungsbeitrag wird erwartet, dass sie den Mitgliedern der *scientific community* Neues präsentiert. Da Forschung jedoch immer im Anschluss an den aktuellen wissenschaftlichen Diskurs erfolgt, können natürlich nur einzelne Aspekte (z.B. Materialbasis, interdisziplinäre Problemstellung, Kombination der Theorienanleihen im Forschungsdesign) einer Dissertation innovativ sein, während in wei-

ten Teilen auf die Vorarbeiten anderer Wissenschaftler/innen zurückgegriffen wird. Zur eigenen Orientierung und um potenzielle Betreuer/innen oder Stipendiengeber von der Qualität des Projekts zu überzeugen, sollte man den innovativen Aspekt des eigenen Ansatzes im Exposé (s. Kap. IV.4) klar konturieren.

- **Aktualität:** Ein gutes Dissertationsthema setzt sich mit aktuellen Forschungsfragen auseinander. Für angehende Promovierende ist es jedoch nicht immer einfach zu entscheiden, welches Thema aktuell ist. Stößt man beispielsweise auf eine Reihe von kürzlich erschienenen Büchern zu einem bestimmten Themenbereich, heißt dies nicht zwangsläufig, dass dieser immer noch Aktualität besitzt. Denn aufgrund der meist sehr langwierigen Publikationsprozesse kommt es zu Phasenverschiebungen zwischen Forschungstätigkeit einerseits und Veröffentlichung und Rezeption andererseits. Eine Häufung von Publikationen zu einem Thema bedeutet zunächst nur, dass das betreffende Thema einige Jahre zuvor – als die Autorinnen und Autoren sich für die Bearbeitung entschieden haben – als aktuell angesehen wurde.
- **Längerfristige Relevanz des Themas:** Eine Dissertation geht mit einer starken fachlichen Spezialisierung einher. Als Promovierende/r positioniert man sich innerhalb eines bestimmten Forschungsgebietes, als dessen Experte/Expertin man spätestens mit Abschluss der Promotion gilt und das einen daher, zumindest solange man in der Wissenschaft bleibt, weiter begleiten wird. Man sollte also ein Thema aussuchen, das man einerseits auch Jahre nach Abschluss der Promotion auf Konferenzen oder in Publikationen vorzustellen bereit ist und das andererseits – soweit man dies vorhersagen kann – in der Fachdiskussion noch längere Zeit von Interesse sein wird.
- **Orientierung am Stellenmarkt:** Auch wenn eine Dissertation aus oben beschriebenen Gründen eine Spezialisierung erforderlich macht, muss man im Auge behalten, dass Stellenausschreibungen zur Besetzung von Professuren gewöhnlich fachliche Breite fordern. Strebt man eine Karriere in der Wissenschaft an, sollte man bei der Wahl des Dissertationsthemas daher darauf achten, keine allzu exotischen Themen zu bearbeiten, denn nur wenige große Institute können es sich leisten, Experten/Expertinnen für Randbereiche des Fachs zu berufen.

Zur Orientierung bei der Themensuche ist es hilfreich, **bereits publizierte Dissertationen** gezielt daraufhin zu überprüfen, wie und mit welcher Begründung die Themenstellung jeweils ausgewählt und eingegrenzt wurde. Dazu reicht es meist aus, die Titelformulierung, das Inhaltsverzeichnis sowie die Einleitung (und eventuell das Schlusskapitel) gründlich zu lesen. So kann man z.B. Aufschluss darüber gewinnen, welche historischen Zeiträume innerhalb einer Dissertation sinnvoll abzudecken sind oder wie viele Quellen üblicherweise herangezogen werden. Doktorväter/-mütter können hier natürlich recht unterschiedliche Vorstellungen haben, die dann in den von ihnen betreuten Dissertationen berücksichtigt werden müssen. Daher empfiehlt es sich, falls man schon eine/n Betreuer/in gefunden hat, sich über die Themen der von ihr/ihm betreuten Dissertationen zu informieren.

Vorraussetzung für einen erfolgreichen **Abschluss der Phase der Themenfindung** ist, dass man mit dem ins Auge gefassten Gegenstandsbereich, den wichtigsten Methoden, Theorien und Ansätzen des eigenen Fachs sowie der Forschungssituation zum anvisierten Thema vertraut ist. Die dafür erforderliche gründliche Einarbeitung in einen Gegenstandsbereich und eine Methodik nimmt in den Geistes- und Sozialwissenschaften durchschnittlich anderthalb Jahre in Anspruch. Falls man die Themenstellung der Dissertation aus einer Abschlussarbeit entwickelt, ist man daher gegenüber denjenigen klar im Vorteil, die in ihrer Dissertation ein für sie neues Thema aufgreifen, da sich durch die Verkürzung der Themenfindungsphase die Gesamtdauer der Promotion deutlich reduzieren lässt.

Bei der Beantwortung der Frage, ob eine entwickelte Fragestellung ein gutes Dissertationsthema ist, hilft neben Fach- und Sachkenntnissen vor allem eines: Erfahrung. Da angehende Promovierende damit (zumindest im Hinblick auf Dissertationsthemen) nicht aufwarten können, sollten sie unbedingt das **Gespräch mit etablierten Fachvertretern und Fachvertreterinnen** suchen und die Eignung ihres Themas mit ihnen diskutieren. Die oben aufgeführten Kriterien können als Orientierung für solche Gespräche dienen. Hochschullehrer/innen haben neben ihrer eigenen fachlichen Spezialisierung meist auch einen guten Überblick über die Situation des Fachs im Allgemeinen, über aktuell diskutierte oder anstehende Forschungsfragen sowie die Personalpolitik innerhalb ihrer Disziplin.

Dass die Themenfindung ein Prozess ist, zeigt sich nicht zuletzt auch daran, dass die erste Formulierung eines Themas nicht endgültig ist, sondern vielmehr als **Arbeitstitel** fungiert, der im Verlauf des Promotionsprozesses (mehrfach) modifiziert werden kann. Während der Arbeit mit dem Material und den theoretischen Ansätzen wird sich die Fragestellung unweigerlich verändern. Vielleicht gibt ein Untersuchungsgegenstand bei genauer Betrachtung doch nicht so viel her, wie anfangs gedacht – oder man stößt auf einen Forschungsbeitrag, der das, was man eigentlich beschreiben wollte, ganz oder in Teilen schon in vergleichbarer Form darstellt. Umgekehrt können sich eingesehene Quellen aber auch als so ergiebig erweisen, dass es sinnvoll wird, andere Quellen entgegen der ursprünglichen Planung nicht mehr zu berücksichtigen. Falls Modifikationen des Themas notwendig werden, ist dies noch lange kein Zeichen für eine schlechte Konzeption des Dissertationsprojekts, sondern in den meisten Fällen für den Fortschritt der Arbeit.

Dass es während der Arbeit an der Dissertation zu Spezifizierungen und Akzentverschiebungen in der Fragestellung kommt, bedeutet nicht, dass man zu Beginn des Promotionsprozesses auf eine **genaue Festlegung der Fragestellung** verzichten sollte. Im Gegenteil: Eine Konkretisierung des Themas ist eine notwendige Voraussetzung, um gezielt vorgehen zu können. Die Revisionen eines konkreten Themas kosten immer noch deutlich weniger Zeit als ein unfokussiertes ›Herumlesen‹ in einem weiten und unpräzisen Themenbereich.

Janine Hauthal und Sandra Heinen

2. Synergieeffekte nutzen: Promovieren im Rahmen von Forschungsprogrammen

Die Themenfindung

Am Anfang eines jeden Promotionsvorhabens steht die **Suche nach einem geeigneten Thema**. Oft erwächst es aus einem besondern Interesse für einen Gegenstand oder ein Phänomen, dem man im Verlauf seines Studiums begegnet ist und mit dem man sich, z.B. im Rahmen einer Abschlussarbeit, bereits eingehender beschäftigt hat, sodass man auch mit dem Stand der Forschung, den dort aktuell diskutierten Fragen sowie bewährten Forschungsmethoden einigermaßen vertraut ist. Eine solche, mehr oder weniger enge persönliche Beziehung zum Thema ist sicherlich Voraussetzung für eine Promotion, denn Interesse und Motivation zur wissenschaftlichen Bearbeitung eines Themas müssen über mehrere Jahre hinweg tragen und sollten nicht einer aktuellen Laune entspringen.

Die Faszination, die etwa von einem Drama wie Shakespeares *Hamlet* ausgehen kann, muss auch dann erhalten bleiben, wenn man das Stück in all seinen Einzelheiten kennt und analysiert hat. Die ersten wichtigen **Konkretisierungsschritte** bei der Themenfindung bestehen daher in einer möglichst genauen Eingrenzung des Forschungsgegenstandes, also z.B. der genauen Identifizierung der Phänomene oder der Auswahl einer bestimmten Menge von Texten (Bildern, medialen Repräsentationen usw.), die Gegenstand einer eingehenden Untersuchung sein sollen. Allerdings genügt es in der Regel nicht, den zahlreichen bereits vorliegenden literaturwissenschaftlichen Analysen, z.B. zum genannten Drama Shakespeares, eine weitere, um ein bisher vielleicht übersehenes Detail angereicherte Deutung hinzuzufügen.

Vielmehr ist entscheidend, aus einer neuen Perspektive weiter reichende wissenschaftliche Erkenntnisse zu gewinnen, die paradigmatischen Charakter haben und die sich auf andere Werke Shakespeares, auf die Gattung oder auf andere Phänomene der Epoche übertragen lassen. Daher müssen vor allem **eigenständige Fragestellungen** entwickelt werden, die eine solche **Transferierbarkeit der Erkenntnisse** ermöglichen. Und schließlich müssen methodologische Fragen und theoretische Rahmungen geklärt werden, die eine aussagekräftige Erforschung des gewählten Gegenstandes erlauben. Besonders die Entwicklung eigenständiger Fragestellungen und Theoriekonzeptionen stellen oft so hohe Hürden dar, dass in Deutschland allein für die Themenfindung im Durchschnitt 18 Monate vergehen, wertvolle Promotionszeit also, die sicherlich auf produktivere Weise genutzt werden könnte.

An dieser Stelle setzen aktuelle Bestrebungen zur **Reform des Promotionsstudiums** an. Denn wenn, wie der Wissenschaftsrat fordert, Promovierende den Grundstock für ein eigenes wissenschaftliches Profil legen und »einen bedeutenden Beitrag zum wissenschaftlichen Erkenntnisfortschritt« (Empfehlungen zur Doktorandenausbildung, 2002) leisten sollen, dann ist dafür ein wissenschaftliches Umfeld günstig, in das das eigene Promotionsvorhaben eingebettet ist und in dem der eigenständige Beitrag zur **Entwicklung eines Forschungsfeldes** sichtbar wird.

Mit der Etablierung von Graduiertenkollegs (GK), Graduate Schools bzw. Graduiertenzentren und Internationalen Promotionsprogrammen (IPP), aber auch von Sonderforschungsbereichen (SFB) haben die Deutsche Forschungsgemeinschaft (DFG) und der Deutsche Akademische Austauschdienst (DAAD) **institutionelle Rahmenbedingungen** und Strukturen geschaffen, die die Realisierung dieser Zielsetzungen begünstigen sollen. Was es für das eigene Dissertationsvorhaben, insbesondere für die Wahl des Themas und den eigenen Beitrag zu einem Forschungsfeld, bedeutet, im Rahmen einer solchen Institution zu promovieren, soll im Folgenden erläutert werden.

Strukturierte Forschungs- und Nachwuchsförderung

Graduiertenkollegs, Sonderforschungsbereiche, Graduate Schools und Internationale Promotionsprogramme sind – mit unterschiedlicher Schwerpunktsetzung – Instrumente für die Förderung exzellenter wissenschaftlicher Forschung sowie des wissenschaftlichen Nachwuchses. Bei aller Unterschiedlichkeit ist ihnen gemeinsam, dass sie ihre Forschungsaktivitäten auf ein relativ begrenztes, klar definiertes, zumeist **interdisziplinär anschlussfähiges Thema** ausrichten, das im Austausch zwischen ihren Mitgliedern bearbeitet wird. GKs, SFBs und Graduate Schools liegt ein auf mehrere Jahre angelegtes Forschungsprogramm zugrunde, das wissenschaftliche Fragestellungen ebenso wie Zielsetzungen definiert.

Handelt es sich um geistes-, kultur- und sozialwissenschaftliche Zentren, dann kreist das Forschungsprogramm zumeist um übergreifende, aber zugleich in den Einzeldisziplinen verankerte oder entwickelte Konzepte, die die **Kooperation zwischen verschiedenen Disziplinen** zum einen voraussetzen, zum anderen aber auch befördern sollen. Beispiele für solche interdisziplinären Konzepte sind etwa »Erinnerungskulturen«, »Institutionalität« oder »Performativität«. Wenn also, um beim oben gewählten Beispiel zu bleiben, Shakespeares *Hamlet* Gegenstand der Promotion sein soll, so müssten im Rahmen solcher Forschungsprogramme z. B. Erkenntnisse über das Theater der Shakespeare-Zeit als Institution, über Formen und Funktionen der Erinnerung in *Hamlet* oder über Theatralität und Performativität als eine selbstreflexive Dimension des Shakespeareschen Dramas gewonnen werden.

Ziel der unter einem solchen konzeptuellen Dach arbeitenden Einrichtungen ist es, den selbst gewählten Forschungsschwerpunkt systematisch und in Kooperation zwischen den beteiligten Hochschullehrern und Doktoranden zu bearbeiten. Als spezialisierte Forschungscluster bzw. ausgewiesene Exzellenzzentren sollen die genannten Einrichtungen vor allem dazu beitragen, bestimmte innovative und anschlussfähige **Forschungsschwerpunkte** zu definieren und zu entwickeln, sie also gleichsam auf die wissenschaftliche Landkarte zu setzen und ihre Sichtbarkeit auf nationaler ebenso wie internationaler Ebene zu erhöhen: Sie dienen der Schwerpunktbildung, der Vernetzung von Experten und der Herausbildung international wettbewerbsfähiger Wissenschaftsstandorte.

Jenseits dieser Gemeinsamkeiten besteht zwischen diesen Einrichtungen eine Reihe von Unterschieden, die hier nur kurz benannt werden sollen. Die klassischen, von der DFG geförderten Promotionsprogramme sind die **Graduiertenkollegs**; es handelt sich hierbei um das derzeit größte Doktorandenförderprogramm in Deutschland. GKs sind durch einen Zusammenschluss von Hochschullehrerinnen und -lehrern getragene Einrichtungen mit dem Ziel der gemeinsamen, koordinierten Ausbildung und Betreuung von Doktorandinnen und Doktoranden. Sie sind thematisch auf ein begrenztes Forschungsfeld ausgerichtet, das in einem Forschungsprogramm entwickelt und ausformuliert wird. »Didaktik des Fremdverstehens«, »Transkulturalität« oder »Politische Ikonographie« sind einige typische Beispiele für die Forschungsschwerpunkte von GKs.

Ebenso wie die GKs sind auch die vom DAAD getragenen **Internationalen Promotionsprogramme** (IPP) sowie die im Rahmen der Exzellenzinitiative des Bundes und der Länder geschaffenen **Graduate Schools** in erster Linie auf die Ausbildung und Förderung eines exzellenten wissenschaftlichen Nachwuchses ausgerichtet. Ihre Forschungsprogramme sind zumeist weniger eng konzipiert, d.h. sie beschränken sich nicht auf die Untersuchung eines Themas oder die wissenschaftliche Bearbeitung eines einzigen übergreifenden Konzeptes. Vielmehr zeichnen sie sich durch ein wissenschaftliches Profil in Form übergeordneter Fragestellungen, Schlüsselkonzepte und methodischer Leitbilder aus.

Geisteswissenschaftliche **Sonderforschungsbereiche** schließlich widmen sich ähnlich wie die GKs einem klar umgrenzten Forschungsschwerpunkt, der allerdings dezidiert interdisziplinär ausgerichtet ist. Zwar spielt die Doktorandenausbildung und die wissenschaftliche Nachwuchsförderung in Sonderforschungsbereichen eine Rolle, sie steht aber nicht im Vordergrund. Sonderforschungsbereiche verstehen sich weniger als Instrument zur Förderung des wissenschaftlichen Nachwuchses als vielmehr als Förderinstrument von **exzellenter Forschung**. Ihnen geht es um die systematische Bearbeitung eines wissenschaftlich innovativen und anspruchsvollen Forschungsvorhabens. Im Idealfall gehen in einem SFB allerdings durch eine enge Kooperation zwischen den beteiligten Hochschullehrern und den Doktoranden an einem großen gemeinsamen wissenschaftlichen Projekt die Forschungsförderung und die Förderung des wissenschaftlichen Nachwuchses Hand in Hand.

Promovieren in institutionalisierten Förderprogrammen: Thematische Schwerpunktbildung

Promotionen, die im Rahmen der genannten Einrichtungen angesiedelt sind, leisten einen maßgeblichen Beitrag zur Erforschung und konzeptuellen Weiterentwicklung entsprechender Themenschwerpunkte oder wissenschaftlicher Profile. Dies setzt voraus, dass sich die Promotionen thematisch und/oder methodisch an dem Forschungsprogramm der entsprechenden Einrichtung orientieren. So ist die Erarbeitung eines ›einschlägigen‹ Dissertationsvorhabens, das den im Forschungsprogramm formulierten wissenschaftlichen Zielsetzungen entspricht und damit zur konzeptuellen Weiterentwicklung des Themenschwerpunkts beitragen kann, Voraussetzung für die Aufnahme in ein Graduiertenkolleg, eine Graduate

School oder ein Internationales Promotionsprogramm sowie für die Mitarbeit in einem Sonderforschungsbereich.

Die Schaffung institutioneller Rahmenbedingungen für Promotionen geht von der Annahme aus, dass sich die Einbettung in aktive Forschungskontexte im Vergleich zur herkömmlichen Einzelpromotion aus verschiedenen Gründen förderlich auf ein Promotionsvorhaben auswirkt (vgl. Kap. I.1). Jede Promotion – auch die in isolierter Einzelarbeit entstehende – muss ihr Thema in einem bestimmten Forschungsfeld entwickeln. Eine solche wissenschaftliche Einbettung ist in einem institutionalisierten Netzwerk mit anderen Forscherinnen und Forschern natürlich sehr viel besser und produktiver zu leisten.

Die daraus resultierenden **Synergien** lassen sich mit einem dialogischen Prinzip erklären: Einerseits wird das eigene Vorhaben im Austausch mit anderen Forschungen auf dem gleichen oder einem verwandten Feld entwickelt und bezieht aus diesem Dialog Anregung und Bereicherung; andererseits entwickelt das eigene Promotionsvorhaben durch eine solche Partizipation das entsprechende wissenschaftliche Bezugsfeld aktiv mit und verleiht ihm Impulse, im günstigsten Fall sogar neue Konzepte oder Paradigmen; es leistet damit einen maßgeblichen Beitrag zur Erforschung und konzeptuellen Weiterentwicklung entsprechender Themenschwerpunkte oder wissenschaftlicher Profile. Am Beispiel des *Hamlet*-Dramas und eines Forschungsprogramms ›Performativität‹ könnte dies etwa bedeuten, dass ›Theatralität‹ und ›Performativität‹ nicht nur als Thema bzw. Motiv innerhalb dieses Dramas analysiert werden, sondern zur Grundlage allgemeiner kulturgeschichtlicher Untersuchungen zum Inszenierungscharakter von Wirklichkeit, von politischer Macht und religiöser Autorität im Elisabethanischen Zeitalter werden (vgl. z.B. Gorfain 1986 oder Berensmeyer 2007). Umgekehrt könnte eine solche literatur- und kulturwissenschaftliche Analyse des Shakespeare-Dramas das Forschungsprogramm ›Performativität‹ um eine diachrone Perspektive (›Performativität‹ im Übergang zur Moderne) und um literarisch-ästhetische Dimensionen (das Shakespearesche Theater als Wirklichkeitsmodell) bereichern. Es geht also um wechselseitige Synergien, deren Ziel es ist, eine Balance zwischen einer innovativen, klar fokussierten eigenen Fragestellung und einem institutionalisierten Forschungsschwerpunkt herzustellen.

Eine solche Orientierung an institutionalisierten Forschungsschwerpunkten für Nachwuchswissenschaftler/innen hat mehrere **positive Effekte**. Der offensichtlichste Vorteil liegt darin, dass in diesen Forschungseinrichtungen ein institutionalisiertes Promotionsprogramm geboten wird, das auf die Bedürfnisse und Anforderungen von Dissertationsvorhaben ausgerichtet ist: Ein eigens entwickeltes Curriculum, Kolloquien, in dem das eigene Promotionsvorhaben im Kontext anderer verwandter oder interdisziplinär anschließbarer Promotionsprojekte zur Diskussion gestellt wird, die Vernetzung mit der eigenen Peergroup, Doktorandenkonferenzen und Veröffentlichungsmöglichkeiten sind nur einige der Vorteile, die das Promovieren in diesen Einrichtungen mit sich bringt. Die Rückmeldungen von Doktoranden und Doktorandinnen, die in solchen Kontexten arbeiten, sind regelmäßig positiv. Sie betonen vor allem den Anregungsreichtum und den konzeptuellen Gewinn, der das ständige Feedback für die Weiterentwicklung des eigenen Dissertationsvorhabens bedeutet.

Mindestens ebenso wichtig wie die gezielte Unterstützung des eigenen Promotionsvorhabens ist die Möglichkeit, die eigene Dissertation in ein übergreifendes

Forschungsprogramm einzubinden. Internationale Promotionsprogramme und Graduiertenkollegs, mehr noch aber Sonderforschungsbereiche und Graduate Schools sind ausgewiesene, international führende Exzellenzzentren. Ihre Forschungsprogramme gelten in der Regel auf nationaler wie auf internationaler Ebene als ›hervorragend‹, ›originell‹ und ›innovativ‹. Die thematische Anbindung des eigenen Dissertationsvorhabens an institutionalisierte Forschungsschwerpunkte sichert durch die Schwerpunktsetzung deren **Sichtbarkeit** innerhalb eines oftmals unübersichtlichen und heterogenen Forschungsdschungels. Zudem gewährleistet die Einbindung in der Regel eine gute Balance zwischen der Anbindung an bewährte wissenschaftliche Konzepte und Grundlagen einerseits und der Notwendigkeit der Weiterentwicklung und der Innovation andererseits. Denn auch wenn das thematische Spektrum einer Dissertation durch die Forschungsschwerpunkte der Institution vorgegeben ist, so besteht erfahrungsgemäß ein nicht zu unterschätzender Spielraum bei der konzeptuellen Schwerpunktsetzung und bei der methodischen Ausgestaltung eines Dissertationsthemas.

Die Anschlussfähigkeit des eigenen Dissertationsthemas an übergeordnete Forschungskontexte wird in Sonderforschungsbereichen, Graduate Schools, Internationalen Promotionsprogrammen und Graduiertenkollegs in der Regel durch deren **interdisziplinäre Ausrichtung** begünstigt. Den meisten Forschungs- und/ oder Förderungszentren liegt ein interdisziplinäres Konzept zugrunde, das zu seiner Bearbeitung Interaktionen und Dialoge zwischen den Disziplinen voraussetzt. Bei der Erforschung des Konzepts der »Erinnerungskulturen« am gleichnamigen Giessener Sonderforschungsbereich etwa gehen Literatur-, Geschichts- und Kunstwissenschaft, Soziologie und Politologie produktive Verbindungen ein: Während etwa die Geschichtswissenschaft Erinnerungskulturen vor allem in ihrer diachronen Ausprägung untersucht, lenkt die Literaturwissenschaft das Augenmerk auf die mediale Verfasstheit von Erinnerungen und zeigt, welchen Beitrag fiktionale Werke zur Konstruktion und Tradierung von Erinnerungen leisten können. Dieser interdisziplinäre Dialog hat ein selbstreflexives Potenzial, denn er schärft das Bewusstsein für die disziplinenspezifischen Bedeutungen eines Konzepts sowie für die disziplinären Möglichkeiten, also Methoden seiner Erforschung.

Die Forschung in Graduate Schools, Sonderforschungsbereichen oder Graduiertenkollegs beschränkt sich daher nicht auf interdisziplinäre Dialoge, sondern speist die Ergebnisse dieser Debatte im Idealfall in die disziplinären Kontexte zurück und macht sie somit für die disziplinenspezifische Weiterbearbeitung und methodische Operationalisierbarkeit verfügbar. Gerade dieser **produktive Dialog** zwischen Interdisziplinarität und Disziplinarität, d.h. zwischen wissenschaftlich anschlussfähigen Konzepten einerseits und disziplinär fundierten Methoden und Kernkompetenzen andererseits, ist – unter heutigen Bedingungen einer zunehmend ausdifferenzierten Wissenschaftslandschaft – ein wesentliches Qualitätsmerkmal wissenschaftlichen Arbeitens. Nicht zuletzt ermöglicht der Dialog eine stetige **Weiterentwicklung disziplinenspezifischer Wissensinhalte** und trägt damit maßgeblich zur Innovativität von Forschungsthemen auch innerhalb der Disziplinen bei.

Mit der Aufnahme in eine Institution der strukturierten Forschungs- und Graduiertenförderung begibt man sich zugleich in ein **Netzwerk** von ausgewiesenen Experten und Expertinnen, die über einen breiten **Überblick** und ein schnelles, zielsicheres **Orientierungsvermögen** in der Wissenslandschaft ihres Fachs verfügen. Da jede einzelne Expertin natürlich aus spezifischen, auch disziplinären Perspektiven urteilt, ist es hilfreich, wenn es Promovierenden durch institutionelle Strukturen ermöglicht wird, Kontakt mit verschiedenen hochrangigen Forschern und Forscherinnen aufzubauen. Die Unterschiedlichkeit der disziplinenspezifischen Ansätze und interdisziplinären Kooperationen, mit denen man konfrontiert wird, bildet nicht nur in einem verkleinerten Format die hochgradig ausdifferenzierte und heterogene Realität der Forschungslandschaft ab; sie ermöglicht es auch, das eigene Dissertationsthema im Hinblick auf die Balance zwischen Sicherheit und Innovation sowie zwischen Disziplinarität und Interdisziplinarität zu optimieren und es in der breiteren Forschungsszene umsichtig zu verorten.

Darüber hinaus kann der Austausch mit Wissenschaftlern in einem institutionalisierten Rahmen Promovierenden dabei helfen, **Kontakte** mit der breiteren Peergroup und der für das eigene Vorhaben relevanten wissenschaftlichen *scientific community* herzustellen, zu festigen und gewinnbringend für die Erhöhung der Sichtbarkeit der eigenen Arbeit zu nutzen. Wenn eine Vielzahl von Experten an einem Ort ansprechbar ist, dann lässt sich auf relativ einfachem, informellem Weg eine Verbindung zu Kollegen herstellen, die man vielleicht zu einem Workshop, einem Gastvortrag oder einem Symposium einladen kann. Im Idealfall können Promovierende also durch die gemeinsame Arbeit am Thema und dessen Platzierung in der nationalen und internationalen Wissenschaftsszene die Basis dafür schaffen, in der Folgezeit selbst zum Experten oder zur Expertin zu avancieren. Denn die Arbeit in institutionalisierten Forschungskontexten erlaubt die frühe Entwicklung eines Selbstverständnisses und einer eigenen **Identität** als selbstständige/r Forscher/in.

Literatur

Berensmeyer, Ingo: *Shakespeare. Hamlet.* Stuttgart 2007.
Wissenschaftsrat: *Empfehlungen zur Doktorandenausbildung*, 2002.
Gorfain, Phyllis: »Play and the Problem of Knowing in *Hamlet.* An Excursion into Interpretive Anthropology.« In: Turner, Victor/Bruner, Edward M. (Hgg.): T*he Anthropology of Experience.* Urbana, Chicago 1986, S. 207–238.

Wolfgang Hallet und Birgit Neumann

3. Wissenschaftliche Anforderungen und eigene Ansprüche: Was Dissertationen leisten sollen

Die erste Frage, die man vor Beginn der Arbeit an einem Text, in diesem Fall der Dissertation, stellen und beantworten sollte, ist die nach den Anforderungen: Was sind die charakteristischen Merkmale der Textsorte, wer ist die Zielgruppe und welches Qualitätsniveau wird erwartet? Diese Fragen lassen sich in zwei Schritten beantworten, an denen sich auch die Struktur dieses Kapitels orientiert: Um sich ein realistisches Bild von den zu erbringenden Leistungen zu machen (die Voraussetzung für erfolgreiches Projektmanagement in der Promotionsphase), sind die Bewertungskriterien zu klären, also **institutionelle und wissenschaftliche Anforderungen**, die sich im Wesentlichen aus der Promotionsordnung, den Konventionen des wissenschaftlichen Diskurses sowie den spezifischeren Ansprüchen der Betreuer/innen ergeben. Darüber hinaus muss aber auch die **eigene Erwartungshaltung** überprüft werden: Wie definiert man selbst seine neue Rolle als Forscher/-in? Welche persönliche Bedeutung hat die Doktorarbeit für das Selbstbild, die Karriere- und die Lebensplanung? Wie verhalten sich die selbst gesteckten Ziele und Erwartungen zu den äußeren Ansprüchen an die Dissertation?

Studienabschlussarbeit und Dissertation: zwei Welten

Will man den konzeptionellen Aufwand und die Schreibleistung realistisch einschätzen, den Promovierende beim Abfassen der Doktorarbeit erbringen müssen, sollte man sich das Missverhältnis zwischen erwarteter Seitenzahl und typischer Schreibdauer vor Augen halten. Der Umfang einer typischen Dissertationsschrift liegt bei etwa **200 bis 300 Druckseiten**, also beim Vierfachen einer typischen Studienabschlussarbeit (Magister- oder Staatsarbeit bzw. M.A.-These). Von den ersten Überlegungen bis zur Abgabe der fertigen Dissertation vergehen jedoch in der Regel mindestens vier Jahre (die Höchstlaufzeit von Stipendien beträgt drei Jahre, aber diese beginnen mit der Aufnahme in die Förderung, also am Ende der Themenfindungsphase, nicht mit dem Anfang des Arbeitsprozesses). Obwohl man eigentlich annehmen könnte, dass mit zunehmender Übung das Schreiben leichter fällt, man also für eine umfangreiche Arbeit im Verhältnis weniger Zeit veranschlagen muss als für vier kürzere, ist das Gegenteil der Fall: Die Dissertation ist im Verhältnis deutlich zeitaufwendiger als Haus- und Abschlussarbeiten.

Dies liegt zum Teil an den zusätzlichen Aufgaben Promovierender, die sich ja während der Promotionsphase nicht ausschließlich auf die Forschungsarbeit und die Anfertigung der Dissertation konzentrieren können: Wer die **Promotionsphase als Qualifizierungsphase** nutzen will, wird z.B. an Lehrveranstaltungen und

Workshops teilnehmen, Konferenzen besuchen, erste Arbeiten publizieren und sich auf den Berufseinstieg vorbereiten. Allerdings vermögen diese zusätzlichen Aufgaben und Ziele für sich genommen den benötigten Zeitaufwand nicht zu erklären, da man ja auch in der Phase des Studienabschlusses zahlreiche Dinge parallel bewerkstelligen musste: Absprache von Prüfungsthemen, Vorbereitung auf das schriftliche und mündliche Examen sowie ggf. Bewerbungen und Erwerbstätigkeit zur Finanzierung des Studiums. Wer bereits im Studium Schwierigkeiten mit **Multitasking und Termindruck** hatte, sollte sich spätestens zu Beginn der Promotionsphase intensiv um ein effektiveres Zeit- und Projektmanagement bemühen.

Die größten Schwierigkeiten bereiten erfahrungsgemäß die neuen und daher noch unvertrauten **Bewertungskriterien**. In ihren Abschlussarbeiten sollen Studierende nachweisen, dass sie die Prinzipien und Techniken des wissenschaftlichen Arbeitens und Schreibens beherrschen und im verfügbaren Zeitrahmen eigenständig das gewählte Thema bearbeiten können. Im Gegensatz dazu wird von einer Doktorarbeit erwartet, dass sie in einem Teilbereich des Faches einen originellen und innovativen Beitrag zur Forschung leistet. Die Dissertation ist Ergebnis und Dokumentation wissenschaftlicher Arbeit, eines Prozesses, der umfangreiche Recherchen, die intensive Auseinandersetzung mit dem aktuellen Kenntnisstand, die Durchführung von Pilotstudien oder die Analyse und Interpretation von Texten voraussetzt. Es genügt nicht mehr, eigenständig und den wissenschaftlichen Regeln entsprechend ein Thema zu bearbeiten.

Der Hauptunterschied zwischen Studienabschlussarbeiten und Dissertationen liegt somit im **Grad der Professionalisierung**: Erstere dienen dem Nachweis im Studium erworbener Kompetenzen, letztere sind die wissenschaftliche Visitenkarte des Autors/der Autorin, der/die methodisch gewonnene Erkenntnisse der *scientific community* mitteilt und eigene Thesen zur Diskussion stellt.

Studentische Arbeiten	Dissertationen
sollen nachweisen, dass Techniken des wissenschaftlichen Arbeitens beherrscht werden (Recherche, Literaturbeschaffung und -auswertung, Argumentation etc.)	leisten einen eigenständigen Beitrag zur Forschung
müssen nicht innovativ sein	Originalität und Innovationsgehalt sind maßgebliche Bewertungskriterien
erheben keinen Anspruch auf Vollständigkeit	sollen einen möglichst vollständigen Überblick über den aktuellen Stand der Forschung zum Thema geben
haben einen begrenzten Umfang (selbst für Abschlussarbeiten sind 100 Seiten die Obergrenze)	ein Umfang von 200–300 Seiten ist die Regel
sind nicht zur Veröffentlichung bestimmt	müssen publiziert werden

Wie die Tabelle zeigt, weichen die Anforderungen an Studienarbeiten auf der einen und an eine Dissertation auf der anderen Seite in wesentlichen Punkten voneinander ab. Hinzu kommt, dass zumindest in den ersten beiden Jahren des Forschungsprozesses **der äußere Druck vergleichsweise gering** ist. Zwar gibt es Promotionsstudiengänge und auch Graduiertenkollegs, die eine regelmäßige Kontrolle des Fortschritts durch Berichtskolloquien, Betreuungsvereinbarungen und ähnliche Maßnahmen vorsehen. Solche engmaschigen Betreuungsnetze sind aber zum einen derzeit noch die Ausnahme, zumal sich auch unter den Doktorvätern und -müttern die neue Promotionskultur und Betreuungsstruktur erst noch durchsetzen muss. Und selbst in den DFG-Graduiertenkollegs ist es nicht selbstverständlich, dass die mit Stipendien geförderten Promovierenden die Promotion innerhalb von drei Jahren abschließen. In jedem Fall sind die **Zeitfenster größer als im Studium**: Wenn einmal im Semester eine Projektvorstellung ansteht, bleiben immer noch größere Spielräume als während der stark strukturierten Abschlussphase eines M.A.-Studiengangs. Der geringe Druck von außen muss durch intrinsische Motivation und ein rigides Projekt- und Zeitmanagement kompensiert werden, wenn das Projekt trotz der unvermeidlichen Durchhänger und Schreibhemmungen innerhalb der vorgesehenen Promotionsdauer erfolgreich zum Abschluss gebracht werden soll.

Institutionelle und wissenschaftliche Anforderungen an Doktorarbeiten

Da der Rückgriff auf Schreiberfahrungen aus dem Studium aufgrund der geänderten Rahmenbedingungen und Bewertungskriterien nicht sehr hilfreich ist, sollte man sich bereits zu Beginn der Arbeit, also während der Themenfindung (s. Kap. IV.1), mit den aktuellen **Standards in der Forschung** auseinandersetzen. Es ist jedoch gar nicht so einfach, konkrete Anhaltspunkte darüber zu finden, wie die Standards konkret aussehen. Die **Promotionsordnungen** geben meist nur sehr spärlich Auskunft darüber, wie eine Dissertation auszusehen hat. Sie beschränken sich in der Regel auf die Festlegung der zulässigen Sprache(n) und knappe Formulierungen wie »Die Dissertation muss einen selbständig erarbeiteten und angemessen formulierten Beitrag des Promovenden darstellen« (Promotionsordnung im Fachbereich Gesellschaftswissenschaften an der Bergischen Universität Wuppertal). In der derzeit noch gültigen Promotionsordnung der Universität Heidelberg für die historisch-philosophische Fakultät fehlt eine solche Definition, während die Promotionsordnung des Fachbereichs »Sozial- und Kulturwissenschaften« an der Justus-Liebig-Universität Gießen eine vergleichsweise ausführliche Beschreibung der Ziele enthält. **Die Dissertation muss demnach**
- einen Fortschritt der wissenschaftlichen Erkenntnis aufgrund selbstständiger Forschung erbringen,
- den methodischen Grundsätzen des Fachs gerecht werden,
- eine den wissenschaftlichen Arbeitsprinzipien entsprechende Dokumentation über das ausgewertete Material und die herangezogene Fachliteratur enthalten, und
- ihren Gegenstand vollständig, klar und formal einwandfrei nach den Regeln und Anforderungen der Sprache, in der sie abgefasst ist, darstellen.

Natürlich gibt es divergierende Auffassungen darüber, was als Fortschritt zu werten ist, wie selbstständig eine Promotionsleistung erbracht werden muss (der Grad an Unterstützung und Anteilnahme schwankt von Betreuer/in zu Betreuer/in), welche Gegenstandsbereiche interessant sind, welche Methoden aussichtsreich erscheinen oder welches Forschungsdesign der Problemstellung angemessen ist. Dennoch besteht sicherlich prinzipiell Einigkeit darüber, dass die oben zitierten Merkmale zentrale Qualitätskriterien darstellen und so oder in ähnlicher Form als Bewertungsmaßstab zur Beurteilung von Dissertationen herangezogen werden können. Das zentrale Kriterium, das Wertungen wie »angemessen« zugrunde liegt, lautet **Wissenschaftlichkeit**. Wissenschaftlichkeit wird in der Regel mit den Begriffen Transparenz und intersubjektive Nachvollziehbarkeit umschrieben. Zudem sind Dissertationsprojekte, wie die universitäre Forschung insgesamt, den Grundsätzen guter wissenschaftlicher Praxis verpflichtet.

Empfehlungen zur Sicherung guter wissenschaftlicher Praxis

In ihren Empfehlungen aus dem Jahr 1998 schlägt die DFG u.a. vor, dass wissenschaftliche Arbeit bestimmten Regeln folgen sollte, die nach Bedarf für die einzelnen Disziplinen spezifiziert werden können, zum Beispiel
* lege artis (»nach den Regeln der Kunst«) zu arbeiten,
* Resultate zu dokumentieren,
* alle Ergebnisse konsequent selbst anzuzweifeln, und
* strikte Ehrlichkeit im Hinblick auf die Beiträge von Partnern, Konkurrenten und Vorgängern zu wahren (Empfehlung 1).

Diese Regeln sollten, so die Empfehlungen weiter, auch in der akademische Lehre und in der Ausbildung des wissenschaftlichen Nachwuchses berücksichtigt werden, denn »[d]em wissenschaftlichen Nachwuchs kann nur durch eine als Vorbild geeignete wissenschaftliche Arbeitsweise der erfahrenen Wissenschaftlerinnen und Wissenschaftler und durch Gelegenheit zur Diskussion der Regeln guter wissenschaftlicher Praxis einschließlich ihrer (im weiten Sinne) ethischen Aspekte ein starkes Fundament für die Wahrnehmung der eigenen Verantwortung vermittelt werden«. Des Weiteren wird ein Bekenntnis zur Qualität gefordert: »Hochschulen und Forschungseinrichtungen sollen bei Prüfungen, bei der Verleihung akademischer Grade, Einstellungen und Berufungen **Originalität und Qualität** stets Vorrang vor Quantität zumessen« (Empfehlung 6). Die vollständigen Empfehlungen können über einen Link auf der Startseite der DFG (www.dfg.de) eingesehen werden.

Neben allgemein gültigen Prinzipien wissenschaftlicher Forschung und den in der Promotionsordnung festgelegten Bestimmungen werden die Anforderungen an eine Dissertation von der *scientific community* bestimmt, die durch die Erst- und Zweitgutachter/innen sowie, bei der Verteidigung der Arbeit im Rahmen der Disputation, die Mitglieder der Prüfungskommission repräsentiert wird. Gerade forschungsorientierte Professorinnen und Professoren, die die Betreuung von Dissertationen übernehmen, haben eigene Forschungsschwerpunkte sowie methodische und theoretische Präferenzen, an denen sich Promovierende zunächst orientieren können. Auf jeden Fall ist es sinnvoll, sich die bereits publizierten Doktorarbeiten anzusehen, die von dem/der eigenen Doktorvater/Doktormutter betreut wurden. Da diese ja den Evaluations- und Publikationsprozess, mit dem die eigene Promotionsphase später auch abgeschlossen werden muss, erfolgreich durchlaufen haben, geben sie Auskunft über das erwartete fachliche Niveau sowie den angemessenen Umfang und geben ein Beispiel für ein gelungenes Forschungsdesign.

Zusammenfassend lässt sich festhalten, dass eine Doktorarbeit einen erheblichen konzeptionellen Aufwand erfordert, der deutlich über das hinausgeht, was im Studium (einschließlich der Abschlussarbeit) verlangt wurde. Die **Bewertungs-**

kriterien für die Qualität einer Dissertation sind die im jeweiligen Fach gültigen wissenschaftlichen Standards. Darunter fallen

- die Reflexion der erkenntnis- und wissenschaftstheoretischen Grundlagen sowie der Prämissen der Studie,
- die Eingrenzung und Festlegung des Gegenstandsbereichs,
- die Entwicklung einer Problemstellung sowie konkreter Zielsetzungen und Leitfragen,
- das Theoriedesign, also die Auswahl, Kombination und ggf. Modifizierung der benötigten Theorien, Modelle und Konzepte,
- die Auswahl von Methoden zur Bearbeitung der Problemstellung, z.B. zur Datenerhebung und -auswertung sowie zur Materialanalyse, sowie
- die Erstellung der Materialbasis oder die Erhebung der Daten.

Während der Arbeit am Forschungsdesign einer Dissertation sind also eine Reihe grundlegender epistemologischer, methodologischer und pragmatischer Entscheidungen zu treffen, die im folgenden Teilkapitel diskutiert werden (zum Forschungsdesign s. Kap. IV.5).

Wie viel pragmatisches Denken darf/muss sein?

Die höchsten Anforderungen an die projektierte Dissertation stellen aber in der Regel die Promovierenden selbst: **Perfektionismus** ist ein weit verbreitetes Problem und eine der Hauptursachen für das Scheitern von Zeitplänen. Dagegen hilft nur eine gesunde Portion **Pragmatismus**. Eine pragmatische Herangehensweise an das Projekt Promotion, die den Faktor Zeit von vornherein berücksichtigt, steht nicht etwa im Widerspruch zu dem Enthusiasmus, dem Forschungsdrang und der Freude an gründlichem, langfristigem Arbeiten, die erfolgreiche Promovierende auf jeden Fall mitbringen sollten. Die zuverlässige Einschätzung der eigenen Leistungsfähigkeit, das Einhalten von Abgabeterminen und eine Dimensionierung des Forschungsvorhabens, die dem zur Verfügung stehenden Zeitrahmen angemessen ist, sind vielmehr Indikatoren für professionelles Arbeiten. Alle Bestrebungen zur Reform der Doktorandenausbildung sehen für Stipendiatinnen und Stipendiaten eine Beschränkung der Promotionsphase auf drei Jahre (für Promovierende mit Stelle an Lehrstühlen auf vier Jahre) vor. Werden diese Vorgaben nicht erfüllt, muss die Dissertation u.U. ohne Finanzierung zu Ende gebracht werden.

In den Geisteswissenschaften bedeutet die zeitliche Vorgabe, dass Wälzer mit mehreren hundert Seiten nicht erstrebenswert sind. Vielmehr dürften Durchschnittswerte von 200 bis 300 Seiten realistisch sein. Bei der Konzeption sollten gerade ambitionierte Promovierende bedenken, dass in der Regel von **Habilitationsschriften** erwartet wird, dass sie von **Anspruch** und **Umfang** her über Dissertationen hinausgehen – wer beim ersten Buch zu viel vorlegt (und deshalb vielleicht länger braucht als vorgesehen) wird sich schwer tun, diesen selbst gesetzten Standard noch einmal zu übertreffen. Grundsätzlich sollte man sich immer vor Augen halten, dass die Dissertation ja nicht unbedingt das letzte Buch sein muss, das man schreiben wird: Nach dem Abschluss der Doktorarbeit kann man mit neuem Elan das nächste Vorhaben in Angriff nehmen. Wer dennoch Schwierigkeiten hat, seinen Perfektionismus in Schach zu halten, kann sich im Übrigen immer

noch damit trösten, dass man das Manuskript mit den Auflagen der Prüfungskommission zur **Überarbeitung** zurückerhält, um es in Absprache mit dem/der
Betreuer/in für die Veröffentlichung zu redigieren – mit dem Einreichen der Dissertationsschrift gibt man sein Werk noch nicht endgültig aus der Hand.

Roy Sommer

4. Das Exposé: Projektskizze, Arbeits- und Zeitplan

Die Phase der Themenfindung wird mit dem Verfassen eines Exposés abgeschlossen, das in groben Zügen die **Problemstellung** und das **Forschungsdesign** der Dissertation umreißt und einen **Arbeits- und Zeitplan** für das Projekt enthält. Da angehende Promovierende in der Regel zum ersten Mal mit der Textsorte Exposé konfrontiert sind, herrscht oft Unsicherheit bezüglich der Erwartungshaltung:

- Wie konkret muss das Forschungsprojekt beschrieben werden?
- Wie kann man überhaupt schon präzise Angaben zu einem Projekt machen, das man ja noch nicht durchgeführt hat?
- Wie detailliert sollen Arbeits- und Zeitplan sein?
- Wie ausführlich und umfangreich muss der Text sein, welche Informationen soll er enthalten, in welcher Reihenfolge werden sie dargestellt?
- Welcher Stil ist angebracht, und wie sollte man mit offenen Fragen und Wissenslücken umgehen?

Wie in Kapitel II.7 bereits hervorgehoben wurde, zählen Exposés zu den besonders wichtigen Bestandteilen einer Bewerbung und spielen bei der Entscheidung über die Vergabe von Promotionsstipendien eine ausschlaggebende Rolle. Da die Qualität eines Exposés eine fundierte **Einschätzung der Erfolgsaussichten** eines Promotionsprojekts ermöglicht, ist es wichtig, sich mit den oben angeführten Fragen eingehend auseinanderzusetzen. Ein gutes Exposé erhöht jedoch nicht allein die Chancen auf eine **Finanzierung** der Promotion durch eine Stelle oder ein Stipendium (s. Kap. II.5), sondern entscheidet u.U. auch über die **Annahme zur Promotion** durch den Doktorvater/die Doktormutter. Exposés können also sehr unterschiedliche **Funktionen** erfüllen:

- **Gewinnung von Klarheit über den Gegenstand und die Zielsetzung** der eigenen Forschungsarbeit und Absicherung der eigenen Entscheidung zur Promotion (das Exposé konkretisiert diffuse Vorstellungen und erleichtert die Beantwortung der zentralen Frage, ob man sich genau diesem Forschungsprojekt jahrelang intensiv widmen will; s. Kap. II.1),
- **Wissenschaftliche ›Visitenkarte‹** zur Kontaktierung von Experten in dem betreffenden Gebiet mit dem Ziel, diese zu einer Betreuungszusage oder anderweitigen Unterstützung für das Projekt zu bewegen (z.B. Verfassen von Gutachten, Referenzen, Vermittlung von Kontakten zu Archiven, außeruniversitären Forschungseinrichtungen, ausländischen Universitäten),
- **Schaffung einer Arbeitsgrundlage** für die Zusammenarbeit mit dem/der Betreuer/in der Arbeit (Definition der Etappen und Meilensteine als Ausgangspunkt für das Projektmanagement und die Vereinbarung von Terminen für die Abgabe von Teilkapiteln sowie für Feedback durch die Betreuungspersonen),

- **Definition der Zielsetzung** für den Abschluss eines Betreuungsvertrags (s. Kap. II.3), und/oder
- **Beantragung eines Stipendiums** (s. Kap. II.6) bei einem Begabtenförderungswerk (s. Anhang VII.3), einem Graduiertenkolleg (s. Anhang VII.2) oder einer Graduate School (s. Anhang VII.1) (Exposé sowie Arbeits- und Zeitplan zählen in allen Fällen zu den bei der Antragstellung einzureichenden Unterlagen).

Das Exposé dient zudem als ›Kontrollinstrument‹ zur Feststellung der wissenschaftlichen Relevanz und der Durchführbarkeit des Forschungsprojekts. Denn bereits während der Arbeit am Exposé oder spätestens bei seiner Begutachtung durch den/die Betreuer/in lassen sich zentrale Schwachstellen des Dissertationsvorhabens erkennen: Das Thema wurde bereits bearbeitet oder ist zu breit gesteckt, die gewählte Methode eignet sich nicht für das projektierte Vorhaben oder lässt keine Ergebnisse erwarten, die über den aktuellen Forschungsstand hinausgehen. In solchen Fällen muss die Konzeption gründlich überarbeitet oder sogar eine neue Fragestellung bzw. ein anderer methodischer Zugang gewählt und in einem neuen Exposé dargelegt werden.

Die Projektskizze

Ein Exposé soll das projektierte Forschungsvorhaben knapp, aber präzise umreißen. Es definiert die zur Durchführung des Forschungsvorhabens notwendigen Schritte mitsamt dem jeweils vorgesehenen Zeitrahmen. Zur Orientierung verweisen Promotionsberatungen und Promotionsratgeber häufig auf die von der DFG zusammengestellten Richtlinien für Anträge auf Gewährung einer sog. Sachbeihilfe (vgl. z. B. Alemann 2006, S. 66), die auf den Internetseiten der DFG als pdf-Dokument mit dem Titel »Merkblatt für Anträge auf Sachbeihilfen mit Leitfaden für die Antragstellung« zum Download bereitstehen. Auch wenn Promovierende bei der DFG nicht antragsberechtigt sind, ist eine Orientierung an diesem **Muster** sinnvoll, da es de facto den Standard für Projektbeschreibungen in der drittmittelfinanzierten Forschung darstellt. Allerdings ist – je nach dem Adressaten des Exposés – zu beachten, dass manche Stipendiengeber eigene Vorgaben machen, die von dem Aufbau der DFG-Exposés abweichen (s. Infokasten).

> **DFG-Richtlinien**
>
> Für die Beantragung von Sachbeihilfen zur Finanzierung unterschiedlicher Forschungsvorhaben (vollständige Unterlagen unter der Rubrik »Normalverfahren«, www.dfg.de) sieht die DFG folgende Rubriken vor:
> - Stand der Forschung
> - eigene Vorarbeiten
> - Ziele und Arbeitsprogramm

Neben der Struktur zählen auch **Sprache und Stil** zu den konventionalisierten Eigenschaften der Textsorte Exposé. Anders als die fertige Dissertation, in der individuelle stilistische Präferenzen durchaus ihren Platz und ihre Berechtigung haben, ist ein Exposé eine weitgehend standardisierte Textsorte, die vor der

Durchführung eines Forschungsvorhabens eine fundierte Einschätzung der wissenschaftlichen Bedeutung und der Realisierbarkeit des Projekts erlauben soll. Das Exposé reduziert also einerseits die Gefahr des Scheiterns und soll andererseits die Vergleichbarkeit unterschiedlicher Projekte gewährleisten (dies ist besonders dann von Bedeutung, wenn mehrere Projekte miteinander um eine Förderung, etwa durch ein Stipendium eines Graduiertenkollegs, konkurrieren). Aus diesen Funktionen ergeben sich die sprachlichen und stilistischen Anforderungen an die Textsorte:

- sachliche und konkrete Sprache,
- Verwendung von Fachtermini, wo erforderlich (aber keine unnötigen Fremdwörter),
- klarer Satzbau,
- Vermeidung von Generalisierungen und Floskeln sowie
- weitgehender Verzicht auf ›Meta‹-Kommentare zum Aufbau und zur Argumentation; stattdessen transparente Struktur, die sich selbst erklärt.

Inhaltlich sollte darauf geachtet werden, komplexe Sachverhalte so darzustellen, dass sie für Experten leicht **verständlich** und **nachvollziehbar** sind: »Complicated matters are best communicated when they are the objects of simple, well-edited prose« (Locke et al. 1987, S. 19). Sprachliche Souveränität signalisiert immer auch fachliche Kompetenz. Inhaltlich ist darauf zu achten, dass die Grundzüge und Prinzipien des angestrebten Forschungs- und Theoriedesigns deutlich werden (s. Kap. IV.5). Dies erreicht man u. a. durch

- die präzise Benennung und Erläuterung der Ziele,
- kurze Definitionen zentraler Begriffe,
- die übersichtliche Strukturierung des Forschungsberichts (Konzentration auf zentrale Positionen, für die exemplarisch Standardwerke genannt werden) sowie
- eine klare Markierung der eigenen Prämissen, Hypothesen und Leitfragen.

Wichtig ist, wie Locke et al. (1987, vgl. S. 30) betonen, dass man der Versuchung widersteht, sein gesamtes, bis zu diesem Zeitpunkt erworbenes Wissen in das Exposé einfließen zu lassen. Andernfalls würde man nur zeigen, dass man nicht in der Lage ist, Informationen zu filtern und den Anforderungen der Textsorte entsprechend aufzubereiten. Die Fähigkeit zur **Beschränkung** auf das Wesentliche hingegen unterstreicht die Eignung des Verfassers/der Verfasserin zu effizientem wissenschaftlichen Arbeiten.

Tipp: Vorlage besorgen

Es fällt immer leichter, sich einer neuen Textsorte anzunähern, wenn man sich an einer Vorlage orientieren kann. Möglicherweise verfügt der/die Betreuer/in der Arbeit über Exposés bereits abgeschlossener Arbeiten oder auch laufender Promotionsprojekte, die er/sie (mit Einwilligung der Verfasser/innen) weitergeben kann. Natürlich kann man auch selber Promovierende, die bereits im zweiten oder dritten Jahr sind und im günstigsten Fall erfolgreich waren und ein Stipendium erhalten haben, bitten, einen Blick auf ihre Exposés werfen zu dürfen.

Kurzzusammenfassung (Abstract)

Auch wenn man das Exposé sehr sorgfältig und mit großem persönlichen Einsatz erarbeitet hat: Es ist nicht auszuschließen, dass der/die ein/e oder andere viel beschäftige Adressat/in nicht den gesamten Text gründlich lesen kann. Häufig empfiehlt es sich daher, dem Exposé eine Zusammenfassung voranzustellen, um das Interesse des Adressaten oder der Adressatin zu wecken. In der **Kurzzusammenfassung**, auch Abstract genannt, sollten Promovierende eine fachliche Einordnung ihres Dissertationsprojekts vornehmen und kurz und prägnant die Fragestellung, zentrale Konzepte bzw. Methoden und wesentliche Ziele umreißen. Wenn man sich für eine Kurzzusammenfassung (Abstract) entscheidet, sollte man versuchen, diese unter allen Umständen zum besten Teil des Exposés zu machen.

Ein solches Abstract kann später immer wieder nützlich sein – sei es als beständig zu aktualisierende Projektskizze auf der eigenen Homepage oder für Kurzvorstellungen im Rahmen von Konferenzen und Tagungen. Wird die Dissertation in einer Fremdsprache verfasst, erfordert dies in der Regel, dass der Arbeit ein Abstract in deutscher oder englischer Sprache vorangestellt wird. Orientieren kann man sich dabei beispielsweise am Vorbild der »**Dissertation Abstracts Online**« – einer Datenbank, die ein umfangreiches Verzeichnis bibliografischer Angaben und Autorenabstracts weltweit veröffentlichter Dissertationen und ausgewählter *Master's Theses* mit angloamerikanischem Schwerpunkt enthält. Die Nutzung der Datenbank ist kosten- und registrierungspflichtig; die meisten deutschen Universitätsbibliotheken verfügen aber über einen digitalen Zugang. Dass die in Businessplänen übliche Textsorte und Serviceleistung »Abstract« sich in Wissenschaft und Forschung mehr und mehr durchsetzt, ist nicht zuletzt daran erkennbar, dass Anträge der Deutschen Forschungsgemeinschaft zunehmend die Voranstellung einer Kurzzusammenfassung (in gleicher oder anderer Sprache) vorschreiben.

Der Arbeits- und Zeitplan

Hat man ein fachlich interessantes und vorbildlich strukturiertes Exposé erarbeitet, fehlt noch der **Arbeits- und Zeitplan**. Man sollte gerade bei der Bewerbung um Stipendien nie vergessen, dass bei der externen Bewertung des Dissertationsvorhabens nicht allein fachliche Kriterien wie Interessantheit, Relevanz oder Stringenz ausschlaggebend sind (s. Kap. II.7). Ebenso wichtig ist die Frage der Durchführbarkeit: Ist es realistisch, dass das im Exposé skizzierte Forschungsprojekt innerhalb von drei Jahren erfolgreich abgeschlossen werden kann? Da die Arbeit der Begabtenförderungswerke, Graduiertenkollegs und Graduate Schools regelmäßig evaluiert und ihr Erfolg nicht zuletzt daran gemessen wird, ob es den Geförderten gelungen ist, rechtzeitig die Promotionen zu Ende zu bringen, achten die Auswahlkommissionen auch verstärkt auf die Dimensionierung des Projekts. Die Grundstruktur von Arbeits- und Zeitplänen orientiert sich in der Regel an den drei **Hauptphasen eines Dissertationsvorhabens**:

- **Strukturierung und Gliederung:** Vor dem Beginn der eigentlichen Schreibarbeit an der Dissertation muss die Grobstruktur des Textes festgelegt werden. Diesem Zweck dient die Arbeitsgliederung, die den einzelnen Elementen der Dissertation (z. B. Forschungsbericht, Hypothese(n) bzw. Fragestellung(en),

Datenerhebung und -analyse, Diskussion der Ergebnisse) Kapitel und Unterkapitel zuweist. Die Argumentationsstruktur einer wissenschaftlichen Arbeit lässt
sich durch das Bild einer Sanduhr veranschaulichen (vgl. Bem 2004): Man geht
von einer breiten Hypothese aus, verengt dann den Fokus auf die Erörterung
von konkreten Textbeispielen oder Daten, bindet die Belege in einem nächsten
Schritt an die zugrunde gelegte Fragestellung zurück und kehrt damit wieder
auf die breite Ausgangsbasis zurück. Da sich beim Schreiben neue Schwerpunkte und damit neue Unterkapitel herausbilden oder Änderungen in der
Reihenfolge der Kapitel ergeben können, muss die Arbeitsgliederung regelmäßig überarbeitet bzw. aktualisiert werden.

- **Produktion einer Rohfassung der Textteile:** Mit der Erstellung einer Projektskizze und des Arbeits- und Zeitplans sowie der diesem zugrunde liegenden
  Arbeitsgliederung ist die Phase der Konzeption abgeschlossen – die Schreibphase kann beginnen. Wie bei allen kreativen Akten ist es auch während des
  Schreibens hinderlich, sich zu intensiv mit der Frage nach »richtig« oder
  »falsch« zu beschäftigen. Grundsätzlich gilt, dass es beim Schreiben nicht *eine*
  richtige oder falsche Lösung gibt, sondern stets mehrere Darstellungs- und For-
  mulierungsmöglichkeiten. Die ersten Textversionen dienen vor allem dazu, die
  gesammelten Ideen und Textbausteine in Anlehnung an die Arbeitsgliederung
  zu einem kohärenten Ganzen zusammenzufügen und die Tragfähigkeit der
  Argumentation zu überprüfen. Stilfragen sind dabei zunächst zweitrangig,
  denn in der Überarbeitungsphase bleibt noch genug Zeit, Formulierungen zu
  überdenken und zu verbessern.
- **Überarbeitung und Endredaktion:** Ist die Arbeit an der Rohfassung beendet,
  folgt ein häufig unterschätzter Schritt, der viel Zeit in Anspruch nehmen kann:
  das Überarbeiten, Optimieren und Redigieren. Bei einem längeren und
  anspruchsvollen Text wie der Dissertation sind mehrere Überarbeitungsdurch-
  gänge ratsam. Zunächst steht die inhaltliche Überarbeitung an, bei der die
  Kohärenz der Argumentation geprüft wird, dann die sprachliche Überarbeitung
  und zuletzt die Korrektur der Formalia. Auf jeder einzelnen dieser drei Untere-
  tappen sollte Rückmeldung von kritischen Leserinnen und Lesern eingeholt
  werden. Denn oft ist man, gerade nach einer langen, intensiven Beschäftigung
  mit dem eigenen Text, blind für alternative Lesarten, inhaltliche Inkohärenzen
  oder sprachliche Fehler.

Diese drei Phasen der Strukturierung und Gliederung, Erstellung der Rohfassung
und Überarbeitung und Endredaktion stellen **idealtypische Abschnitte** dar, die
bei der Grobstruktur des Zeitplans zugrunde gelegt werden können. In der Praxis
sind diese Schritte jedoch weder klar voneinander zu trennen, noch folgen sie
chronologisch aufeinander. Ein guter Arbeits- und Zeitplan sollte zeigen, dass man
sich darüber im Klaren ist, indem er

- die drei Phasen in weitere Zwischenschritte unterteilt,
- die zentralen Schritte mehrfach aufführt, wie es in der Praxis dem Arbeitsprozess entspricht (z.B. erste und ergänzende Literatursuche und -auswertung),
  und
- Zeitfenster für das Überarbeiten von Textteilen sowie Pufferzeiten für unvorhergesehene Schwierigkeiten einplant.

Dabei kann es weder darum gehen, den Verlauf des Forschungsprozesses exakt zu antizipieren, denn dieser ist im Detail nicht vorhersehbar, noch darum, genaue Angaben zur Dauer jedes einzelnen Arbeitsschritts zu machen. Das Ziel ist es vielmehr, Kompetenzen im wissenschaftlichen Projektmanagement zu signalisieren, die sich neben den oben angeführten Kriterien (Unterteilung der Hauptphasen, mehrfaches Einplanen wesentlicher Schritte und Zeitfenster für Kommentare, Korrekturen und Engpässe) vor allem an zwei Aspekten ablesen lassen: an der Kenntnis und richtigen Verwendung der wissenschaftstheoretischen **Terminologie** (wie im folgenden Kapitel dargelegt) und an der Nennung der für das Projekt wichtigen **Etappen und Meilensteine** (s. Kap. III.2). Anders als bei der persönlichen Zeitplanung, die sich auf Wochen und sogar Tage beziehen kann, genügen für das Exposé in der Regel die **Semester** als zeitlicher Rahmen. Man kann auch Zeitfenster definieren, die einen oder mehrere **Monate** umfassen, noch präzisere Angaben sind jedoch in diesem Stadium nicht sinnvoll.

Verbindlichkeit

In den USA werden Exposés, die sog. *research proposals*, meist von einer Kommission der Graduate School, an der die Promotion durchgeführt werden soll, begutachtet. Im Fall einer positiven Evaluierung dient das Exposé als Grundlage für den Abschluss von Betreuungsvereinbarungen und Stipendienverträgen. Aus diesem Grund haben *proposals* einen hohen Grad an Verbindlichkeit: Die Machbarkeit wird durch das Einverständnis der Gutachter bestätigt, so dass im Fall einer fachlich kompetenten und sorgfältigen Umsetzung des Forschungsplans einer Annahme der Dissertation nichts im Wege steht. Dies gilt insbesondere für quantitative empirische Studien, in denen die Datenerhebung erst nach Fertigstellung und Annahme des Exposés beginnen sollte (vgl. Locke et al. 1987, S. 17). Nachträgliche Änderungen größerer Art bedürfen der Zustimmung aller am Promotionsverfahren Beteiligten. Ähnlich wird dies mittlerweile auch an vielen deutschen Universitäten gehandhabt: Einige der im Rahmen der Exzellenzinitiative geförderten Graduate Schools schließen mit ihren Promovierenden bereits Betreuungsvereinbarungen ab. Da solche Vereinbarungen auch schon seit einiger Zeit von Doktorandenvertretungen gefordert werden, wird sich diese Praxis mittelfristig vermutlich flächendeckend durchsetzen.

Generelle Probleme: Die Doppelfunktion von Exposés und der Erkenntnisprozess in den Geistes- und Kulturwissenschaften

Exposés sind nicht nur **Kontrollinstrumente** (s. o.), sondern haben daneben auch eine **Marketingfunktion**: Man macht sich als Forscher/in und das eigene Projekt für mögliche Geldgeber und Förderer interessant. Um das angestrebte Ziel, etwa ein Stipendium, zu erreichen, suggeriert man, dass man mehr weiß, als tatsächlich der Fall ist. In der Exposéphase ist nicht zu erwarten, dass die angehenden Promovierenden alle im Forschungsbericht erwähnten Titel bereits gründlich gelesen, sich mit den erkenntnistheoretischen Prämissen ihrer Forschung eingehend auseinandergesetzt oder eigene Erfahrung in der Anwendung der gewählten Methoden haben. Dennoch erweckt ein gut geschriebenes Exposé genau diesen Eindruck. Es umreißt in groben Zügen das Forschungsdesign der Arbeit und versucht dabei in der Regel,

- die eigene Fragestellung als äußerst innovativ darzustellen,
- methodische und theoretische Wissenslücken zu verbergen,
- Aspekte, die den Erfolg des Projekts gefährden (z.B. eine ungesicherte Materialgrundlage oder Mangel an Erfahrung in der Datengewinnung und -auswertung), systematisch auszublenden.

Während ein Exposé auf diese Weise die Attraktivität des projektierten Forschungsvorhabens steigern und die Aussichten auf Bewilligung einer Finanzierung verbessern kann, hat es zugleich eine Reihe nicht beabsichtigter zusätzlicher **Konsequenzen**, die im schlimmsten Fall das Erreichen des Ziels gefährden können. Werden nämlich Probleme ausgeblendet, trägt dies dazu bei,
- den/die Betreuer/in in Sicherheit zu wiegen (falsche Einschätzung des tatsächlichen Wissenstands des/der Promovierenden),
- die eigene Hemmschwelle für die Offenbarung von Wissenslücken zu erhöhen, und dadurch
- den offensiven und effizienten Umgang mit eigenen Defiziten durch ein gezieltes, fachkundig angeleitetes Selbststudium zu erschweren.

Die Diskrepanz zwischen tatsächlichem und suggeriertem Wissensstand und Kompetenzprofil wirkt sich auch auf den Arbeitsplan aus, in dem u.U. **wesentliche Schritte fehlen**, wie etwa die intensive Auseinandersetzung mit wissenschaftstheoretischen Ansätzen oder fachlichen Grundlagen, die umfangreiche und zeitintensive Lektüre erfordern. Das Resultat ist Unzufriedenheit, da selbst bei großem Einsatz die selbst gesteckten Ziele nicht rechtzeitig erreicht werden. Im ungünstigsten Fall kann das Projekt nicht innerhalb der vorgesehenen Zeit abgeschlossen werden. Die Tatsache, dass selbst unter Stipendiaten der DFG-Graduiertenkollegs ein Einhalten der Dreijahresfrist keineswegs immer gegeben ist, obwohl ja bei der Förderungsbewilligung **exzellente Exposés** mit hervorragenden Arbeits- und Zeitplänen vorlagen, zeigt, dass letztere **keine Erfolgsgarantie** geben können.

Um solchen Entwicklungen vorzubeugen, empfiehlt es sich, die Dissertation thematisch an die Abschlussarbeit anzubinden, da hier schon erste fundierte Erfahrungen gesammelt wurden. Zudem könnten die Betreuer die Promovierenden ermutigen, vor dem eigentlichen Exposé, mit dem Stipendien beantragt werden, als Arbeitsgrundlage eine **Problemskizze** vorzulegen. Diese sollte auf offene Fragen hinweisen, fehlende analytische Kompetenzen benennen, Schwachstellen im Forschungsdesign identifizieren, eventuelle Hindernisse antizipieren und kritische Punkte thematisieren. Eine solche Problemskizze hat mehrere Vorteile:
- Sie kann zu einem sehr frühen Zeitpunkt erstellt und kontinuierlich aktualisiert werden und verkürzt daher die Übergangsphase vom Studienabschluss bis zum Exposé.
- Sie stellt eine realistische Arbeitsgrundlage dar und eröffnet für die Betreuungspersonen die Chance, ihre Beratungsfunktion effektiver wahrzunehmen und die tatsächlichen Fortschritte der/des Promovierenden im Auge zu behalten.
- Sie antizipiert und thematisiert Probleme, anstatt sie zu umgehen, und trägt damit zum Erfolg des Dissertationsprojekts bei.

Da ein **Vertrauensverhältnis** zwischen Promovierenden und Betreuungspersonen ein zentraler Erfolgsfaktor ist, müssen angehende Doktorandinnen und Doktoranden nicht fürchten, sich durch das Offenlegen von Wissenslücken in Misskredit zu bringen. Falls eine negative Reaktion zu erwarten ist, sollte man ohnehin eine/n neue/n Betreuer/in suchen. In der Regel wird man jedoch offene Türen einrennen, denn zumindest erfahrene Doktorväter und -mütter wissen, dass Fehlentwicklungen viel leichter zu vermeiden als im Nachhinein zu korrigieren sind.

Neben der Marketingfunktion von Exposés bedingt auch der **Erkenntnisprozess** selbst Abweichungen vom Exposé, insbesondere in der geistes- und kulturwissenschaftlichen Forschung sowie in qualitativen Arbeiten in den Sozialwissenschaften. Erkenntnisgewinn folgt hier hermeneutischen Prinzipien: Die Kenntnis der Teile bedingt im Rahmen des sog. hermeneutischen Zirkels das Verständnis des Ganzen und umgekehrt. Dieser Prozess ist nicht nach einem ›Durchgang‹ zu Ende, sondern erfordert kontinuierliches Feedback zwischen unterschiedlichen Stadien und Elementen des Forschungsprojekts, das zu einem immer besseren Verständnis des Gegenstandes führt. Die Konsequenz ist, dass der Verlauf der Studie – anders als in quantitativen Arbeiten – nicht immer von vornherein festgelegt werden kann oder sogar sollte. In der Auseinandersetzung mit dem Material kann z.B. deutlich werden, dass die Problemstellung einer Korrektur bedarf, dass die Materialbasis erweitert werden muss oder dass sich der ursprünglich geplante Vergleich zu einer Typologie erweitern lässt.

Da solche **Kurskorrekturen** in geistes- und kulturwissenschaftlichen Arbeiten sowie in qualitativen Studien mit explorativem Charakter zum Forschungsprozess gehören, gilt ein Abweichen von der ursprünglichen Projektskizze nicht unbedingt als Indiz für eine unzureichende Planung, denn Exposés dieser Art haben grundsätzlich ›offenen‹ Charakter: »[T]he nature of qualitative research demands an ›open contract‹. Unlike the typical quantitative investigation, the qualitative research worker sometimes must move back and forth between data sources and ongoing data analysis during the period of data collection« (Locke et al. 1987, S. 91). Problematisch wird es allerdings, wenn eventuell nötig gewordene Kurswechsel die Promotionsdauer verlängern. Auch in nicht quantitativen Arbeiten sind daher eine möglichst zuverlässige Eingrenzung des Gegenstandsbereichs und ein tragfähiges Forschungsdesign bereits in der Exposé-Phase anzustreben.

Literatur

Alemann, Ulrich von: »Exposé ›Ja, mach nur einen Plan...‹«. In: Kopernik, Claudia/Moes, Johannes/Tiefel, Sandra (Hgg.): *GEW-Handbuch Promovieren mit Perspektive. Ein Ratgeber von und für DoktorandInnen.* Bielefeld 2006, S. 64–76.

Bem, Daryl J.: »Writing the empirical journal article«. In: Darley, John M./Zanna, Mark P./Roediger, Henry L. (Hgg.): *The Complete Academic. A Practical Guide for the Beginning Social Scientist.* Washington, DC 2004 [1997], S. 185–219.

Locke, Lawrence F./Spirduso, Waneen Wyrick/Silverman, Stephen J.: *Proposals That Work. A Guide for Planning Dissertations and Grant Proposals.* Newbury Park et al. 1987.

Roy Sommer

5. Forschungsdesign: Wie man eine Doktorarbeit konzipiert

Zur Bezeichnung der Konzeption oder Anlage einer wissenschaftlichen Arbeit hat sich in den letzten Jahren auch im Deutschen der Begriff ›Forschungsdesign‹ etabliert. Bestandteile des Forschungsdesigns sind die Problemstellung und Eingrenzung des Gegenstands der Arbeit, die Hypothesenbildung und Formulierung von Leitfragen, der theoretische Rahmen und die Methodenwahl. Wie der Begriff ›**Design**‹ (Entwurf, Plan) schon andeutet, erfolgen die Auswahl, Anordnung und wechselseitige Verknüpfung dieser Elemente nicht zwangsläufig in einer bestimmten Reihenfolge und Form. Sie sind vielmehr das Ergebnis bewusster Entscheidungen, die der Begründung bedürfen und sich aus dem Erkenntnisinteresse, pragmatischen Erfordernissen (z. B. zur Verfügung stehende Zeit, Zugang zu Forschungsliteratur, finanzielle, technische und rechtliche Restriktionen bei der Datenerhebung) und gelegentlich auch darstellungstechnischen bzw. dramaturgischen Erwägungen ergeben. Das Resultat dieser Entscheidungen ist der ›Bauplan‹ der Arbeit, ihre »Untersuchungsanordnung« (Kortmann/Schubert 2006, S. 41), die sich in der Gliederung manifestiert.

Die Definitionen zentraler Begriffe wie ›Theorie‹ oder ›Methode‹ sind Gegenstand der allgemeinen **Wissenschaftstheorie**. Aufgrund fachspezifischer Gegebenheiten und Anforderungen werden aber auch in den Disziplinen wissenschaftstheoretische Überlegungen angestellt, da sich z. B. empirische und hermeneutische Ansätze oder quantitative und qualitative Forschung doch erheblich voneinander unterscheiden. Differenzen gibt es etwa in der Definition des Unterschiedes zwischen Theorie und Methode, hinsichtlich der Bedeutung, die der Theorie gegenüber der Empirie zugemessen wird, in der Frage, wie Hypothesen beschaffen sein müssen, oder bei der Bewertung von Methodenpurismus bzw. -pluralismus und den Standards für methodische Stringenz.

Die folgende Übersicht über **Kernelemente einer wissenschaftlichen Arbeit** orientiert sich im Wesentlichen an neueren Entwicklungen in der Politikwissenschaft, Literaturwissenschaft, Soziologie und Geschichtswissenschaft. In jedem dieser Fächer (sowie in den zahlreichen weiteren Disziplinen, die den Geistes-, Kultur- und Sozialwissenschaften zugerechnet werden) gibt es natürlich konkurrierende Auffassungen, die hier nicht berücksichtigt werden können, und die Debatten sind weitaus differenzierter als eine kurze Überblicksdarstellung es sein kann oder will. Nicht alle im Folgenden diskutierten Aspekte sind zudem für jede Dissertation gleichermaßen relevant – Forschungsdesign ist schließlich immer auch eine Sache des individuellen Stils.

Dennoch kann man gerade von anderen Fächern viel über methodisches Vorgehen und Theoriedesign lernen. Die Grabenkämpfe zwischen Sozial- und Geschichtswissenschaftlern/-wissenschaftlerinnen, die sich in den 1960er Jahren gegenseitig unsystematische Begriffsbildung und Ad-hoc-Generalisierungen bzw.

eine Vernachlässigung der Begriffsgenese vorwarfen, sind längst überwunden (vgl. Beyme 1992, S. 64–68). Stattdessen ist der **Theorie- und Methodentransfer** über Disziplinengrenzen hinweg zur Selbstverständlichkeit geworden. Ein Beispiel ist die Rezeption der Hermeneutik in der amerikanischen Kulturanthropologie (Clifford Geertz), die wiederum die Theoriebildung in der deutschen Geschichts- und Literaturwissenschaft angeregt hat.

Daneben entstehen seit einigen Jahren genuin **interdisziplinäre Ansätze**, die konzeptorientiert sind und ihre Gegenstände multiperspektivisch konstruieren (vgl. Bal 2002). In DFG-Graduiertenkollegs und Graduiertenzentren prägt der interdisziplinäre Dialog mittlerweile den Forschungsalltag. Für Promovierende ergeben sich daraus neue Perspektiven (s. Kapitel IV.2): Wenn der eigene Gegenstand zu den etablierten Bereichen des Faches mit einer langen Forschungstradition zählt, können **Perspektivenwechsel und Denkanstöße** aus anderen Disziplinen oft zu einem eigenständigen Forschungsdesign führen. Dasselbe gilt, wenn man mit der Problemstellung der Dissertation die Grenzen des eigenen Faches überschreitet. Die Voraussetzung für erfolgreiches interdisziplinäres Arbeiten ist die eingehende Auseinandersetzung mit den Grundlagen der eigenen Disziplin und Forschungsarbeit:

- Was ist (m)ein Forschungsgegenstand?
- Welche Problemstellung will ich bearbeiten?
- Was sind meine Hypothesen und/oder Leitfragen?
- Was ist eine Theorie? Auf welche Theorie(n) beziehe ich mich, welche Theorie(n) formuliere ich selbst?
- Was ist eine Methode? Welche Methode(n) verwende ich in meiner eigenen Arbeit?

Forschungsgegenstände: Gegenstands*konstitution* als Gegenstands*konstruktion*

Die Frage nach den Forschungsgegenständen, also nach dem, womit sich Wissenschaften auseinandersetzen, scheint (nur) auf den ersten Blick trivial zu sein, da letztere die Antwort schon im Namen tragen: Politikwissenschaft beschäftigt sich mit Politik, Geschichtswissenschaft mit Geschichte und so weiter. In jedem Fach gibt es jedoch unterschiedliche Auffassungen darüber, was ›Politik‹, ›Literatur‹ oder ›Gesellschaft‹ etc. ist, so dass eine Vielzahl von Ansätzen innerhalb einer Disziplin ihren Gegenstand jeweils unterschiedlich definieren. Der Kommunikationstheoretiker und Medienwissenschaftler S. J. Schmidt formuliert aus systemtheoretischer und konstruktivistischer Sicht zwei Thesen, die die Komplexität von **Gegenstands*konstitution* als Gegenstands*konstruktion*** verdeutlichen:

> 1. Objekte und Ereignisse gibt es nur für Beobachter, die diese via Differenzmanagement im Beobachten und Beschreiben als sinnvolle Entitäten konstruieren. […] 2. Die so konstruierten Objekte und Ereignisse sind daher nicht Gegenstände im klassisch ontologischen Sinne, sondern *Phänomene*, das heißt Beobachterfunktionen beziehungsweise zeitgebundene Resultate empirisch hochkonditionierter sensomotorischer, kognitiver und kommunikativer Prozesse […]. (Schmidt 2000, S. 333, Hervorhebung im Original)

Diese Aussagen verweisen auf mehrere Eigenschaften wissenschaftlicher Diskurse, die das Forschungsdesign und den Stil einer wissenschaftlichen Studie maßgeblich beeinflussen. **Differenzmanagement** dient zum einen der Unterscheidung von Wissenschaft und Nichtwissenschaft (etwa von populärwissenschaftlichen Publikationen oder dem Feuilleton), zum anderen der Abgrenzung von benachbarten Disziplinen, die sich mit ähnlichen Phänomenen auseinandersetzen. Vorraussetzung für eine funktionierende Interdisziplinarität oder »Ko-Disziplinarität« (ebd., S. 337) ist, dass das traditionelle Claim- oder Revierverhalten zugunsten gemeinsamer Problemkonstruktionen und -lösungen aufgegeben wird.

Doch auch innerhalb der Disziplinen selbst gehört die Konstruktion des Gegenstands im Sinne einer Definition der zu untersuchenden Phänomene zur Grundvoraussetzung wissenschaftlichen Arbeitens. Wie oben bereits angedeutet, gibt es in den meisten Fächern konkurrierende Ansichten darüber, was zum **Gegenstandsbereich** zählt bzw. wie Phänomene zu konstruieren sind; so zählt etwa in den Literaturwissenschaften der Literaturbegriff selbst zum Gegenstandsbereich, da auf die Frage »Was ist Literatur?« zahlreiche Antworten denkbar sind, vom normativen Kanon der Hochliteratur bis hin zum programmatisch erweiterten, unterschiedliche Medienerzeugnisse einbeziehenden Literaturbegriff der Cultural Studies. Warum die ›Einheit‹ der Soziologie unmöglich ist, erläutert Reckwitz (2005) und auch die Politikwissenschaft kennt eine Vielzahl von Definitionen ihres Gegenstandsbereichs (s. Kasten).

Was heißt ›Politik‹?

»Der Gegenstand unseres Faches, die Politik, wird sehr unterschiedlich definiert. Aus der Fülle der möglichen Definitionen sollen hier vier Beispiele genannt werden:

1. In einem sehr umfassenden Sinne wird Politik als jegliche Art der Einflussnahme und Gestaltung sowie der Durchsetzung von Forderungen und Zielen, sei es in privaten oder öffentlichen Bereichen, bezeichnet.
2. Im klassischen (aus dem griechischen ›polis‹) abgeleiteten Sinne wird unter Politik die Staatskunst verstanden, also das, was das Öffentliche beziehungsweise was alle Bürger betrifft und verpflichtet. Daraus folgen – etwas weitgehender interpretiert – das Handeln des Staates und das Handeln in staatlichen Angelegenheiten.
3. Politik wird im funktionalen Sinne als aktive Teilnahme an der Gestaltung und Regelung menschlicher Gemeinwesen bezeichnet.
4. Bezogen auf moderne Staatswesen wird Politik als ein aktives Handeln definiert, das a) auf die Beeinflussung staatlicher Macht, b) den Erwerb von Führungspositionen und c) die Ausübung von Regierungsverantwortung gerichtet ist.«

(Frantz/Schubert 2005, S. 7)

Die erste Aufgabe einer Dissertation besteht also darin, ihren eigenen Gegenstand zu konstruieren. Dies bedeutet natürlich keineswegs, dass man dem Forschungsdesign unbedingt einen umfangreichen wissenschafts- oder erkenntnistheoretischen Apparat voranstellen oder sein Anliegen in die systemtheoretische oder konstruktivistische Terminologie ›übersetzen‹ muss. Wie man seinen Gegenstandsbereich erschließt, ist eine Frage der **Darstellung** (s. Kap. IV.6), und ob dies explizit im Text geschehen soll, hängt von den im Fach vorherrschenden **Konventionen**, den **Erwartungen** der Erst- und Zweitgutachter sowie – last not least – den eigenen **Präferenzen** ab. Keine Forschungsarbeit kann jedoch ohne eine präzise

Vorstellung von ihrem Gegenstand auskommen, denn diese ist die Voraussetzung für einen unverzichtbaren Bestandteil des Forschungsdesigns, die Frage- oder Problemstellung.

Frage- oder Problemstellung, Leitfragen und Hypothesen

Wissenschaftliches Arbeiten besteht darin, **Fragen** aufzuwerfen und zu beantworten: »Die Fragestellung ist die Voraussetzung dafür, dass wir überhaupt etwas entdecken. Nur wer fragt, bekommt eine Antwort, und wem keine Fragen einfallen, der wird auch nichts in Erfahrung bringen« (Sellin 2001, S. 81). Die Entwicklung einer tragfähigen Frage- oder Problemstellung zählt zu den schwierigsten Aufgaben im Promotionsprozess: »Kaum […] etwas ist in der heute hoch professionalisierten, vielfach segmentierten und letztlich auch kompliziert zu durchschauenden Wissenschaftslandschaft schwieriger geworden, als die ›richtige(n) Frage(n)‹ zu stellen« (Cornelißen 2000, S. 10). Woran aber erkennt man ›richtige‹ Fragen? Wissenschaftstheoretische und pragmatische Überlegungen greifen hier ineinander. **Die Fragestellung sollte so beschaffen sein, dass**
- Antworten möglich sind,
- sich Hypothesen über die zu erwartenden Ergebnisse aufstellen lassen,
- sich das aufgeworfene Problem mit den zur Verfügung stehenden methodischen Mitteln bearbeiten lässt,
- sie so interessant ist, dass man sich gerne einige Jahre damit beschäftigen möchte,
- die Bearbeitung den zeitlichen und finanziellen Rahmen nicht überschreitet.

Die Funktionen der Frage- und Problemstellung umfassen Punch (1999, S. 38) zufolge **fünf zentrale Bereiche**:
- Sie bestimmt die Zielsetzung des Projekts und trägt zur Kohärenz der Studie bei.
- Sie begrenzt den Gegenstandsbereich der Studie.
- Sie hilft während der Datenanalyse bei der Konzentration auf das Wesentliche.
- Sie fungiert beim Schreiben als roter Faden.
- Sie gibt Aufschluss über die benötigten Daten, also die Materialbasis der Studie.

Diese Aussagen zum Wesen und zur Funktion wissenschaftlicher Problem- oder Fragestellungen helfen bei der Evaluation von Ideen für ein Dissertationsthema. Wenn mehrere Punkte nicht zutreffen oder sich nicht präzise beantworten lassen, liegt der Verdacht nahe, dass die Fragestellung (noch) nicht tragfähig ist und weitere Überlegungen nötig sind. Wie aber kommt man überhaupt zu Ideen für ein Thema, aus denen sich eine Fragestellung entwickeln lässt? Hier gibt es **induktive und deduktive Wege**, die man in der Praxis kombiniert: Das Studium von Forschungsliteratur mit dem Ziel, Forschungslücken zu identifizieren, die Weiterentwicklung eigener Seminararbeiten bzw. der Abschlussarbeit, Gespräche mit den Betreuern oder die Orientierung an thematisch festgelegten Ausschreibungen für Stipendien. Die folgende Tabelle stellt vier gängige **Möglichkeiten der Ideensammlung und Entwicklung von Frage- und Problemstellungen vor:**

Anschlussforschung	In welche Richtung kann ich meine Abschlussarbeit weiterentwickeln oder ausbauen?	Evaluation von Vorarbeiten, Brainstorming, Mind-Mapping
Identifizierung von Forschungslücken	Welche Fragen wurden in der Forschung noch nicht gestellt oder nur unzureichend beantwortet? Welche allgemein akzeptierten Antworten sollten vielleicht angesichts neuerer Erkenntnisse oder Entwicklungen im Fach überprüft und ggf. überdacht werden?	Recherche, Identifizierung einschlägiger Werke im anvisierten Themenfeld, kursorisches Lesen großer Mengen von Forschungsliteratur, Kommunikation mit Betreuer/in und anderen *peers*
Orientierung an Förderprogrammen	In welchen Themenbereichen gibt es DFG-Graduiertenkollegs, Promotionsprogramme an Graduate Schools oder andere Formen strukturierter Promotionsförderung (s. Kap. IV.2)?	Internetrecherche auf den Seiten der DFG und der Graduate Schools (Adressen und Vorinformationen finden sich im Anhang), Datenbanken, insbesondere ELFI (s. Kap. II.6)
Persönliches Interesse	Was möchte ich herausfinden? Was motiviert mich zu wissenschaftlicher Arbeit? Welche Themen sind mir wichtig?	Ggf. Inanspruchnahme von Promotionscoaching (s. Kap. II.4) zur Klärung der Frage, ob das Verhältnis von persönlichem und wissenschaftlichem Interesse ausgewogen ist

Eine weitere Alternative, die **Auftragsforschung**, ist für die meisten geistes- und sozialwissenschaftlichen Fächer nicht relevant, doch gelegentlich werden von großen Unternehmen auch Stipendien z. B. für Historiker ausgeschrieben, die zur Firmengeschichte arbeiten wollen. Solche Angebote findet man in der Datenbank ELFI (s. Kap. II.6). Falls man eine Fragestellung ins Auge fasst, die für ein Unternehmen oder eine Stiftung von besonderem Interesse sein könnte, kann man natürlich auch selbst tätig werden und versuchen, eine Finanzierung zu erhalten. Der letzte Punkt der Tabelle, das persönliche Interesse, spielt häufig bei der Auswahl eines Themas bzw. der Eingrenzung der Frage- oder Problemstellung eine wichtige Rolle. Eine solche Identifikation mit dem Thema ist besonders in erfahrungsnahen Bereichen anzutreffen:

> It is no accident that research on particular groups is likely to be pioneered by people of that group: women have often led the way in the history of women, blacks in the history of blacks, immigrants in the history of immigration. Topics may also be influenced by personal inclination and values. […] These personal experiences and values often provide the motivation to […] choose a particular research question. (King et al. 1994, S. 14 f.)

Grundsätzlich ist es zu begrüßen, wenn ein **persönlicher Bezug zum Thema** existiert, denn dadurch kann sichergestellt werden, dass die Motivation zur zielorientierten Durchführung und zum planmäßigen Abschluss des Forschungsvorhabens auch noch nach mehreren Monaten oder Jahren vorhanden ist. Es ist jedoch zu beachten, dass eine interessante Frage an sich noch keine wissenschaftliche Fragestellung darstellt: Sie sollte Hypothesen über die zu erwartenden Ergebnisse ermöglichen und sich mit Hilfe der zur Verfügung stehenden Methoden sowie innerhalb des finanziellen und zeitlichen Rahmens bearbeiten lassen.

Literaturhinweise

Ausführliche Anmerkungen zur Entwicklung von fachspezifischen Fragestellungen in der Geschichtswissenschaft, der Politikwissenschaft und der Sozialforschung bieten Sellin (2001, S. 69–82), Kortmann/Schubert (2006, S. 38 ff.), Flick (2005, S. 76–85), King et al. (1994, S. 14–19) und Punch (1999, S. 33–45). Unter der Vielzahl der aktuellen Einführungen in die theoretischen Grundlagen und die Methodik der Sozialwissenschaften sind für Promovierende (nicht nur der betreffenden Disziplinen!) der von Sven-Uwe Schmitz und Klaus Schubert herausgegebene Sammelband *Einführung in die Politische Theorie und Methodenlehre* (2006) sowie Michael Häders Band *Empirische Sozialforschung: Eine Einführung* (2006) besonders empfehlenswert.

Hat man schließlich eine tragfähige, interessante und vielversprechende Problem- und Fragestellung entwickelt, ist eine wesentliche Hürde im Forschungsdesign genommen: »Fragestellungen sind so etwas wie die Tür zum untersuchten Forschungsfeld. Von ihrer Formulierung hängt ab, ob die empirischen Vorgehensweisen Antworten produzieren oder nicht. Ebenso hängt davon ab, welche Methoden angemessen sind […]« (Flick 2005, S. 84). Das bedeutet aber nicht, dass die einmal formulierten Fragen unverändert bleiben. In der Regel ist es vielmehr so, dass man im Verlauf der weiteren Arbeit am Forschungsdesign, aber auch bei der Materialanalyse, die Fragestellung weiter verfeinert, präzisiert und neu formuliert.

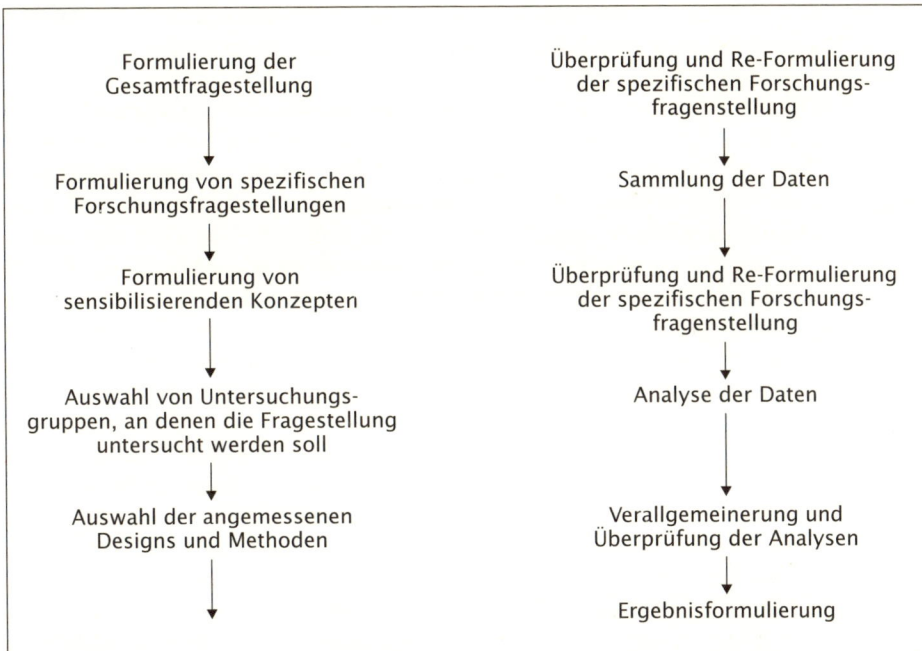

Fragestellungen im Forschungsprozess (Quelle: Flick 2005, S. 78)

Wie die Abbildung zeigt, sind die Spezifizierung, Überprüfung und Re-Formulierung der übergeordneten Problem- bzw. Fragestellung und der daraus abgeleiteten Leitfragen oder Forschungsfragestellungen auch nach der Fertigstellung des Forschungsdesigns ein integraler Bestandteil des Forschungsprozesses. Forschungsfragestellungen oder **Leitfragen** konkretisieren die übergeordnete Fragestellung. Sie sind im Gegensatz zur Frage- oder Problemstellung, die meist der Erläuterung bedarf, in Frageform formuliert und lassen sich im Verlauf der Studie auch beantworten. Beim Schreiben erfüllen sie zudem darstellungstechnische Zwecke: Durch den Rückverweis auf die zu Beginn der Studie skizzierte Problemlage tragen sie dazu bei, Kohärenz zu erzeugen.

Das Theoriedesign

Die Konstruktion eines theoretischen Rahmens für die Dissertation, der von allgemeinen, abstrakt beschreibbaren Zusammenhängen ausgeht und diese in Modellen konkretisiert, aus denen sich wiederum konkrete Aufgabenstellungen und Handlungsanweisungen für die Durchführung der Analysen ableiten lassen, bezeichnet man als **Theoriedesign**. Das Theoriedesign als Teil des gesamten Forschungsdesigns beeinflusst die Auswahl der Methoden, schreibt sie aber nicht zwingend vor, denn Erkenntnisinteresse, Problemstellung und nicht zuletzt persönliche Präferenzen führen dazu, dass in den Geistes-, Kultur- und Sozialwissenschaften in der Regel mehrere Wege beschritten werden können: »[S]elbst wenn zwei Wissenschaftler ihrer Forschung dieselbe theoretische Perspektive zugrundelegen, kann das jeweils individuelle Forschungsvorhaben eine völlig unterschiedliche Methodenwahl verlangen und der Forschungsprozess damit völlig anders verlaufen« (Kortmann/Schubert 2006, S. 34).

Jeder Versuch, typische Kennzeichen des Theoriedesigns in geistes- und sozialwissenschaftlichen Arbeiten zu beschreiben, sieht sich mit der Schwierigkeit konfrontiert, dass die verschiedenen Disziplinen Theorien **unterschiedliche Bedeutung** einräumen. So gilt die Geschichtswissenschaft eher als theoriefern, während in der Politikwissenschaft Theorien eine zentrale Rolle spielen. Eine allgemeine Einführung in die Prinzipien des Theoriedesigns wird zudem dadurch erschwert, dass in den Disziplinen selbst **zahlreiche Definitionen von Theorien** kursieren (s. Kasten) und unterschiedliche Auffassungen zur Abgrenzung von Theorien und Konzepten vertreten werden. In den Literaturwissenschaften etwa verschwimmen häufig die Grenzen zwischen beiden, oder kaum definierbare Sammelbegriffe wie ›Ansätze‹ treten an ihre Stelle (s. u.).

Hinzu kommt, dass sich die Art und Weise des Umgangs mit Theorien sowie der ihnen beigemessene Stellenwert ändern, wie bereits der Titel der Einführung *Die politischen Theorien der Gegenwart* (Beyme 1992) zeigt: Theorien werden entworfen, diskutiert, modifiziert und schließlich irgendwann ausgemustert. Am besten lässt es sich am Beispiel normativ oder ideologisch geprägter Theorien nachvollziehen. Der Marxismus etwa, der in den 1970er Jahren noch einen festen Platz im Spektrum der Theorieangebote zahlreicher Disziplinen hatte, ist mittlerweile nur noch historisch von Interesse, und theoretischer **Eklektizismus** oder methodischer **Pluralismus** sind, wenn die Regeln guter wissenschaftlicher Praxis beachtet werden (z. B. Transparenz und Stringenz), keine Schimpfworte mehr, sondern gängige

Praxis in vielen Fächern, die den Kulturwissenschaften im weitesten Sinne zuge-rechnet werden.

Was ist eine Theorie? Politikwissenschaftliche Definitionen (Auswahl)

»Theorie soll eine generalisierende Proposition genannt werden, die behauptet, daß zwei oder mehr Dinge, Aktivitäten oder Ereignisse unter bestimmten Bedingungen sich mitei-nander verändern. Eine Theorie enthält also drei Elemente: 1) ein System von aufeinander bezogenen Aussagen über einen bestimmten Ausschnitt der politischen Realität; 2) Anga-ben über die Voraussetzungen und Randbedingungen, unter denen diese Aussagen gelten sollen; 3) die Möglichkeit, Hypothesen über künftige Ereignisse und Veränderungen zu bilden.« (Beyme 1992, S. 11)

»Wir folgen der strukturalistischen Theorieauffassung, wonach eine erfahrungswissen-schaftliche Theorie ›eine Zusammenfassung von Modellen, intendierten Systemen, Daten und Approximationsapparat‹ ist (Balzer 1997, S. 58 f.). Mit Modellen sind hier Axiome, Gesetze, Hypothesen, aber auch die Annahmen einer Theorie gemeint. Daten sind Aussa-gen über Beobachtbares, die wiederum von einer Messtheorie abhängig sind. Bei brauch-baren Theorien passen Daten und Gesetze zusammen, und die Bedingungen dafür wer-den in einem eigenen Approximationsapparat festgelegt.« (Pappi 2003, S. 79)

»Erst einmal wollen wir uns hier auf folgende Definition des Begriffes Theorie einigen: ›eine Menge logisch miteinander verbundener widerspruchsfreier Hypothesen bzw. begründeter Annahmen, die eine Reihe unabhängiger Aussagen enthält, aus denen weiter Aussagen […] mit Hilfe von Regeln abgeleitet werden‹ (Schubert/Bandelow 2003, S. 6).« (Kortmann/Schubert 2006, S. 34)

Theorien leisten einen wesentlichen Beitrag zum Forschungsdesign und für die wissenschaftliche Kommunikation. Entsprechend breit ist ihr **Funktionsspektrum**:

- Theorien leisten einen Beitrag zu Transparenz und intersubjektiver Nachvoll-ziehbarkeit der Forschung und damit zur Anschlussfähigkeit einer wissen-schaftlichen Arbeit.
- Die Konstruktion und Präzisierung der Problemstellung einer Arbeit erfolgt stets auf der Grundlage einer Theorie.
- Theorien erfüllen eine Kommunikationsfunktion im wissenschaftlichen Diskurs; sie sind Gegenstand und Anlass des Austauschs zwischen Forschenden.
- Theorien haben eine Ordnungsfunktion; sie dienen der Offenlegung, Definition und Relationierung der Prämissen, Begriffe und Konzepte, die dem For-schungsdesign zugrunde liegen.
- Theorien werden zur Begründung der Vorgehensweise (Methodenwahl etc.) benötigt.
- Theorien erlauben die Formulierung von Hypothesen, die es empirisch zu überprüfen gilt.

Natürlich erfüllt nicht jede Theorie alle der genannten Funktionen, und in einem Forschungsdesign ist man nicht auf die Auswahl einer Theorie beschränkt. Viel-mehr werden in der Praxis häufig einzelne Elemente unterschiedlicher Ansätze kombiniert: »Teile von Theorien und Methoden lassen sich in konkreten Forschun-gen rezipieren, ohne zugleich alle metatheoretischen Implikationen einer Theorie zu übernehmen« (Beyme 1992, S. 7). Eine solche **Verbindung unterschiedlicher Theorieelemente** ist dann gerechtfertigt, wenn sie einerseits zur Bearbeitung der Problemstellung erforderlich ist und andererseits den Prämissen und der Genese der jeweiligen Theorien Rechnung trägt. So lassen sich hermeneutische und konstruktivistische Erkenntnistheorien nur schwer miteinander verbinden, weil sie auf völlig unterschiedlichen Voraussetzungen basieren und auch ganz unterschiedliche Zielsetzungen verfolgen. Eine unreflektierte Verbindung des Konzepts des hermeneutischen Zirkels mit der konstruktivistischen These vom autopoietischen Charakter der Wahrnehmung etwa läuft Gefahr, sich dem Vorwurf des theoretischen Eklektizismus auszusetzen. Dieser trifft dann zu, wenn eine Grundbedingung für die Validität einer wissenschaftlichen Theorie nicht mehr gegeben ist, nämlich ihre Stringenz. Wenn das Forschungsdesign einer Arbeit Theorieanleihen aus unterschiedlichen Bereichen erfordert, sollten also die Voraussetzungen stets explizit gemacht und reflektiert werden.

Theorien lassen sich auch nach dem Kriterium der Reichweite unterscheiden. Unter der Reichweite einer Theorie versteht man ihren Abstraktionsgrad. Als Beispiel für eine **abstrakte Theorie** bietet sich die ursprünglich in der Biologie entwickelte und seit den 1970er Jahren u. a. von dem Soziologen Niklas Luhmann weiterentwickelte Systemtheorie an, die Aussagen zu der Beschaffenheit komplexer Systeme, zu ihrer funktionalen Ausdifferenzierung und ihrer Selbstorganisation und Selbstreferenz ermöglicht. Zudem wird – v. a. in konstruktivistisch geprägten Systemtheorien – die Beobachterproblematik intensiv reflektiert. Aufgrund ihrer sehr allgemeinen Beschaffenheit vermag diese Theorie äußerst unterschiedliche Phänomene zu erfassen, wie ökologische Zusammenhänge, die spezifischen Leistungen des Kunst- und Literatursystems oder die Entwicklung von Gesellschaftssystemen. Trotz der Unterschiede zwischen ihren disziplinären Ausprägungen sorgen die einheitliche Terminologie und die Konzentration auf funktionale Aspekte und Kommunikationsstrukturen dafür, dass Vertreter systemtheoretischer Ansätze miteinander ins Gespräch kommen können. Eine Theorie mit hoher Reichweite eignet sich in besonderem Maße als Grundlage für den interdisziplinären Dialog.

Im Gegensatz dazu sind Theorien mit geringer Reichweite, die Kortmann und Schubert (2006, vgl. S. 35) auch als **Modelle** bezeichnen, disziplinenspezifisch. Während Theorien mit hoher Reichweite sehr grundsätzliche Aussagen ermöglichen, zeichnen sich Modelle durch einen hohen Grad an Konkretheit und damit Anwendbarkeit aus: »Ein Modell ist ein vereinfachtes, von konkreten Details abstrahierendes Abbild eines bestimmten Aspekts der Wirklichkeit« (Pappi 2003, S. 81). Beispiele für Modelle aus dem Bereich der Politikwissenschaft sind Theorien zur Auswirkung bestimmter Wahlkampfmittel (z. B. Plakate) auf das Wahlverhalten (vgl. ebd.). Ein literaturwissenschaftliches Beispiel ist das Kommunikationsmodell narrativer Texte, das die fiktionalen Sprecherinstanzen und Adressaten in literarischen Werken benennt und ihnen ontologisch voneinander getrennte Ebenen (Figurenebene, Ebene des erzählerischen Diskurses) zuweist. Da das Kriterium des Abstraktionsgrades fließende Übergänge ermöglicht, finden sich zwischen den Theorien mit großer Reichweite auf der einen und konkreten Modellen auf der anderen Seite auch Zwischenstufen, die sog. **Theorien mittlerer Reichweite** (vgl. ebd.).

Mit Hilfe von Modellen, die sich auf konkrete Problemstellungen beziehen, lassen sich Hypothesen formulieren. **Hypothesen** sind Aussagen, die eine Behauptung aufstellen, die überprüfbar, kritisierbar und falsifizierbar ist. Sie können entweder aus einer Theorie abgeleitet werden, sich aus der Diskussion der Forschungsliteratur ergeben oder auf Intuition beruhen (hierfür ist allerdings in der

Regel langjährige wissenschaftliche Erfahrung erforderlich). Unabhängig von ihrer Herkunft führen Hypothesen erst dann zu einem Erkenntnisgewinn, wenn sie einer kritischen Überprüfung standhalten: »Brilliant insights can contribute to understanding by yielding interesting new hypotheses, but brilliance is not a method of empirical research. All hypotheses need to be evaluated empirically before they can make a contribution to knowledge« (King et al. 1994, S. 16).

In quantitativen Forschungsdesigns müssen Hypothesen so beschaffen sein, dass man sie eindeutig beweisen oder widerlegen kann: »If the hypothesis is so complex that one portion could be rejected without also rejecting the remainder, it requires rewriting« (Locke et al. 1987, S. 27). Das bedeutet, dass sie eine präzise Annahme über die Beziehungen zwischen zwei oder mehreren Variablen enthalten.

1. **Null-Hypothesen:** Die in quantitativen Studien gebräuchlichste Form; sie postulieren, dass sich eine Variable nicht auf ein Ergebnis auswirkt. In den Sozialwissenschaften werden darüber hinaus eine Reihe weiterer Hypothesen gebraucht, die Häder (2006, vgl. S. 39–50) eingehend erläutert:
2. **Wenn-dann-Hypothesen:** Die Aussagen in Wenn-Dann-Hypothesen dürfen weder tautologisch sein noch Widersprüche enthalten. Die Bedingungen, unter denen sie Gültigkeit beanspruchen, müssen klar definiert sein.
3. **Je-Desto-Hypothesen:** Sie enthalten Sachverhalte bzw. Variablen, »deren Kategorien (mindestens) als Rangfolgen interpretierbar sind, also ein ordentliches Skalenniveau […] aufweisen« (ebd., S. 48).
4. **Individual-, Kollektiv- und Kontexthypothesen:** Diese Unterscheidung richtet sich nach der Art der Variablen. Als Beispiele führt Häder (ebd., vgl. S. 50) die Individualhypothese vom Zusammenhang zwischen der Ausbildungsdauer und der Höhe des Einkommens sowie die Marx'sche Kollektivhypothese an, der zufolge das Sein das Bewusstsein bestimmt. Von Kontexthypothesen spricht man, wenn die abhängige Variable ein Individualmerkmal und die unabhängige Variable ein Kollektivmerkmal ist, wie es etwa bei Hypothesen zum Einfluss der sozialen Struktur auf die Bedingungen individuellen Handels der Fall ist (vgl. ebd.).

Die vier Hypothesentypen unterscheiden sich deutlich hinsichtlich ihrer Überprüfbarkeit: Im Gegensatz zu Null-Hypothesen können Kollektiv- und Kontexthypothesen nicht ohne weiteres mit Hilfe statistischer Verfahren auf der Grundlage des Datenmaterials falsifiziert werden. Wie rigide die **empirische Überprüfung** einer Hypothese ausfallen muss, damit man sie als bestätigt ansehen kann, hängt davon ab, welchen Anspruch man an das Ergebnis stellt. Häder (ebd., S. 56 f.) schlägt eine **hierarchische Differenzierung** vor:

- Eine Vermutung zum Zusammenhang zwischen zwei Phänomenen lässt sich durch die Formulierung einer Hypothese überprüfen: Kann ich beide als Variablen beschreiben und diese in einen eindeutigen Zusammenhang bringen, der den oben aufgeführten Ansprüchen an eine wissenschaftliche Hypothese entspricht, und lässt sich diese neue Hypothese widerspruchsfrei mit dem als gesichert geltenden Wissen vereinbaren?
- Die Hypothese kann durch geeignete Tests überprüft und ggf. modifiziert werden; diese Überprüfung kann sich darauf beschränken, dass man Belege dafür sucht, dass der vermutete Zusammenhang zwischen den Variablen auch tat-

sächlich existiert (hat); in der quantitativen Forschung wird der Versuch der Falsifizierung unternommen; dazu werden Gegenhypothesen mit alternativen Behauptungen aufgestellt.

■ Lassen sich die Gegenhypothesen allesamt widerlegen, kann die Ausgangshypothese als Gesetzmäßigkeit angesehen werden.

Die Funktion, die Hypothesen und ihrer Überprüfung zugewiesen wird, und die Standards für die Überprüfung von Hypothesen sind von Wissenschaftskulturen und disziplinenspezifischen Erkenntnisinteressen abhängig. So sind die Literaturwissenschaften mit Ausnahme weniger Ansätze, wie etwa der strukturalistischen Poetik narrativer Texte, nicht an der Formulierung von **Gesetzmäßigkeiten** interessiert, weil sie in der Regel keine Voraussagen treffen. In den Geisteswissenschaften werden zudem auch Behauptungen als Hypothesen oder Thesen bezeichnet, die sich streng genommen gar nicht beweisen lassen. An die Stelle der Falsifizierung tritt dann die überzeugende **Argumentation**. Zudem wird der Begriff ›Hypothese‹ häufig synonym mit weniger formal definierten Begriffen wie ›Auffassung‹ und ›Deutung‹ gebraucht. Als Bewertungskriterien gelten dann etwa die **Plausibilität** oder auch das Maß an »Einfachheit« (Sellin 2001, S. 79).

Was für die Hypothesen gilt, trifft auch auf die Theoriebegriffe zu: In den Literaturwissenschaften etwa wird dem *Metzler Lexikon Literatur- und Kulturtheorie* (vgl. Nünning 2004) zufolge nicht immer stringent zwischen Theorien und Ansätzen unterschieden: Alle Begriffe bezeichnen demnach »konzeptuelle Voraussetzungen, mit denen ein jeweiliger Forschungsgegenstand abgesteckt und bearbeitet wird« (Barsch 2004, S. 660). Das folgende Modell, das die in diesem Kapitel erläuterten Elemente eines Forschungsdesigns visualisiert, geht eher von einem solchen Theorieverständnis aus, dem zufolge Theorie(n) den Rahmen bilden, der die Gegenstandskonstruktion, Problem- und Fragestellung sowie Formulierung von Leitfragen, Hypothesenbildung und Diskussion der Methode(n) umschließt.

Methoden

Neben der Problemstellung, der Hypothesenbildung und der Formulierung von Leitfragen vor dem Hintergrund theoretischer Annahmen zählt die **Methodenwahl** zu den elementaren Bestandteilen des Forschungsdesigns einer Studie. Der Begriff Methode bezeichnet in der Wissenschaftstheorie das »planvolle Vorgehen zur Erreichung einer Aufgabe im Bereich des Denkens oder Handelns« (Fricke 2007, S. 581). Anders als die Bestimmungen von Theorie, denen ihre disziplinäre Herkunft und erkenntnistheoretische Fundierung meist anzusehen ist, herrscht hinsichtlich der Definition von Methode weitgehend Einigkeit. Die oben angeführte Begriffsexplikation mit den zwei zentralen Aspekten der Planung und Zielorientierung stellt eine Minimaldefinition dar, die sich wie folgt erweitern lässt:

> Um von Methode sprechen zu können, muß die Einbettung in einen systematischen Theoriezusammenhang gesichert, müssen Vorschriften zur Abfolge festgelegter Schritte formulierbar und die Ergebnisse wie die Schritte, die zu ihnen führen, wiederholbar sein. In diesem Sinne kann Methode a) ein im Vorfeld einer Problemlösung gewähltes und bewußt eingesetztes Verfahren oder b) ein unreflektiertes, aber post festum als regelgeleitet beschreibbares Verfahren bezeichnen. (ebd.)

```
┌─────────────────────────────────────────────────────────────────────┐
│                                                                       │
│  ┌ ─ ─ ─ ─ ─ ─ ─ ─ ─ ─ ─ ─ ─ ─ ─ ─ ─ ─ ─ ─ ─ ─ ─ ─ ─ ─ ─ ─ ─ ─ ─┐   │
│  │ T          ┌──────────────────────────────────────┐          │   │
│  │ H          │        Gegenstandskonstruktion        │          │   │
│  │ E          └──────────────────────────────────────┘          │   │
│  │ O                            │                                │   │
│  │ R          ┌──────────────────────────────────────┐          │   │
│  │ I          │       Problem- und Fragestellung      │          │   │
│  │ E          └──────────────────────────────────────┘          │   │
│  │                                                               │   │
│  │ ┌─────────────────┐ ┌───────────┐ ┌───────────┐ ┌───────────┐│   │
│  │ │ Hypothese/Annahme│ │ Leitfrage 1│ │ Leitfrage 2│ │ Leitfrage 3││   │
│  │ └─────────────────┘ └───────────┘ └───────────┘ └───────────┘│   │
│  │          ↑       ┌───┐ ┌──────────────────────────────┐      │   │
│  │                  │ M │ │      Datenerhebung           │      │   │
│  │                  │ E │ │      Datenanalyse            │      │   │
│  │                  │ T │ │ Interpretation der Analyse-  │      │   │
│  │                  │ H │ │      ergebnisse              │      │   │
│  │                  │ O │ │      Evaluation              │      │   │
│  │                  │ D │ │         etc.                 │      │   │
│  │                  │ E │ └──────────────────────────────┘      │   │
│  └ ─ ─ ─ ─ ─ ─ ─ ─ ─└───┘─ ─ ─ ─ ─ ─ ─ ─│─ ─ ─ ─ ─ ─ ─ ─ ─ ─ ─┘   │
│                                 ┌─────────────┐                       │
│                                 │   Ergebnis  │                       │
│                                 └─────────────┘                       │
└─────────────────────────────────────────────────────────────────────┘
```

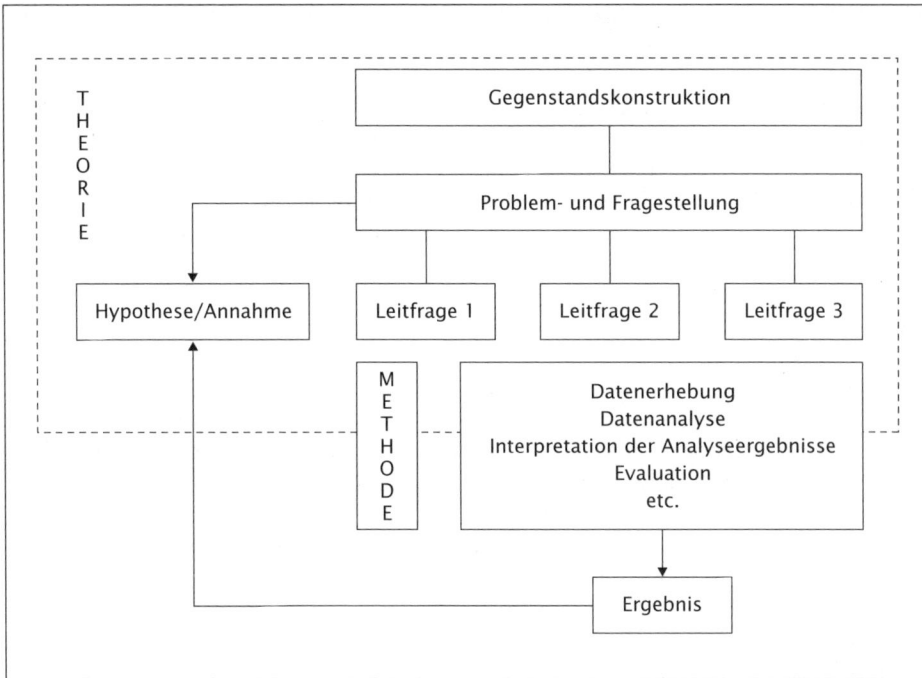

Elemente des Forschungsdesigns und ihre Relationierung

Häufig wird zwischen ›harten‹ und ›weichen‹ Methoden unterschieden, um den Spezifika der Naturwissenschaften auf der einen und den Geistes- und Kulturwissenschaften auf der anderen Seite Rechnung zu tragen. Hinzu kommen die Unterscheidung zwischen qualitativen und quantitativen Methoden, zu der zunehmend als dritte Variante sog. *mixed-method-approaches* hinzutreten, sowie die Methodentriangulierung. Diese Differenzierungen unterstreichen die Beobachtungen hinsichtlich des Stellenwerts von Hypothesen und Theorien: Die Gegenstände und Erkenntnisinteressen der Disziplinen unterscheiden sich so grundlegend voneinander, dass auch der Erkenntnisprozess und die Regeln des Erkenntnisgewinns und der Erkenntnissicherung voneinander abweichen. Aus diesem Grund sollen hier keine Methoden vorgestellt werden – Promovierende auf der Suche nach methodischen Anregungen werden sicher in den zahlreichen fachspezifischen Einführungswerken und Handbüchern fündig.

»Travelling concepts« oder »der vagabundierende Blick«: Neue Denkmodelle in den Geistes- und Kulturwissenschaften

Zum Abschluss dieses Kapitels sollen noch zwei Aspekte angesprochen werden, die sich auf die Erwartungen an zeitgemäßes Forschungsdesign in den Geistes- und Kulturwissenschaften auswirken: die Suche nach dem eigenen theoretischen Standpunkt und die **interdisziplinäre Anschlussfähigkeit** der Dissertation. Da die Geistes- und Kulturwissenschaften häufig auch die Entwicklungen der benachbar-

ten Disziplinen intensiv beobachten und da theoretische und methodische Anlei-
hen in Zeiten der zunehmenden interdisziplinären Vernetzung eher die Regel als
die Ausnahme sind, ist der Informations- und Diskussionsbedarf gerade unter
Promovierenden, die ja noch auf der Suche nach ›ihrer‹ Nische sind, immens.
Natürlich findet kaum jemand die Zeit, die Hauptwerke der interdisziplinären
Klassiker (vielleicht die Franzosen Foucault, Derrida und Bourdieu, aus Deutschland Adorno, Habermas und Luhmann, in den USA Said, Butler und White) eingehend zu studieren – solche intellektuellen Anstrengungen werden in Zeiten der
zunehmend quantitativen Messung von Exzellenz (geringe Promotionsdauer, langes Schriftenverzeichnis, rege Vortragstätigkeit, Auslandserfahrung) nicht mehr
gewürdigt.

Die fortschreitende Professionalisierung der Nachwuchsförderung vor dem
Hintergrund der Expansion der Forschung und des rasanten Anstiegs der Fachpu-
blikationen geht einher mit einer »Pluralisierung der Standpunkte und Deutungen« (Cornelißen 2000, S. 10), die dazu geführt hat, dass es »keinen verbindlichen
Wissensstand« (ebd.) mehr gibt. Stattdessen ist eine **Tendenz zur Fragmentierung
und Spezialisierung** auszumachen. Die Expansion des Wissens ist in den Geistes-
und Kulturwissenschaften besonders spürbar, weil hier, anders als in den Naturwissenschaften, ältere Wissensbestände nicht unbedingt veraltet (im Sinn von
›überholt‹) sein müssen: Immer neue Lektüren von oder mit Hegel, Kant und
Marx und der Trend zur ›Wiederentdeckung‹ lange vernachlässigter Pioniere der
Kulturwissenschaften wie Ernst Cassirer, Aby Warburg oder Maurice Halbwachs
belegen die ungebrochene Attraktivität der Theorien und Entwürfe der genannten
Autoren.

Aus dieser Situation ergeben sich Konsequenzen für den Umgang mit Theorien
und Methoden. Den Überblick über die zentralen Gegenstände des Faches
gewinnt man heute, indem man – geleitet von den eigenen Forschungsinteressen
und den Angeboten des akademischen Umfelds, in dem die Promotion stattfindet
– ›Wissensinseln‹ ausbildet und diese nach und nach miteinander verbindet. Dieser netzwerkartige Wissenserwerb muss Lücken notgedrungen in Kauf nehmen,
führt aber zur Ausbildung von Übersetzungs- bzw. Adaptionskompetenzen
(andere Konzepte müssen an die Erfordernisse der eigenen Disziplin und der eigenen Problemstellung angepasst werden; s. Kap. III.1) und fördert die Synthesenbil-
dung. Diese Form der Theorie- und Methodenkompetenz, die von Cornelißen
(2000, S. 11) als **»vagabundierender Blick«** bezeichnet wird, kann zwar auch eine
integrative Betrachtungsweise anstreben und muss sich nicht mit relativistischer
Wissenschaftskritik begnügen. Im Gegensatz zu älteren Wissenschaftskonzeptio-
nen werden dabei heute jedoch stets selbstreflexiv die ›blinden Flecken‹ der eigenen Konzeption explizit mitthematisiert und problematisiert, ohne dass dadurch
der wissenschaftliche Erkenntnisgewinn geschmälert würde – ganz im Gegenteil.

Eine innovative Konzeption eines interdisziplinären Forschungsansatzes in den
Literatur- und Kulturwissenschaften hat Mieke Bal vorgelegt. In ihrem 2002
erschienenen Werk *Travelling Concepts in the Humanities*, dessen Untertitel (*A Rough
Guide*) bewusst den Eindruck eines alternativen Reiseführers erwecken will (und
dabei an Cornelißens Begriff des Vagabunden erinnert), vertritt sie die kontroverse
These: »[I]nterdisciplinarity in the humanities, necessary, exciting, serious, must
seek its heuristic and methodological basis in concepts rather than methods« (Bal
2002, S. 5). **Konzepte** dienen in Bals Vorschlag dazu, die Diskussion über Inhalte in

Gang zu bringen – »if you use a concept at all, you use it in a particular way so that you can meaningfully disagree on content« (ebd., S. 13). Der Dialog oder **Polylog** über disziplinäre Grenzen hinweg erscheint in diesem Ansatz als das eigentliche Ziel kulturwissenschaftlicher Theoriebildung.

Literatur

Bal, Mieke: *Travelling Concepts in the Humanities. A Rough Guide.* Toronto 2002.

Balzer, Wolfgang: *Die Wissenschaft und ihre Methoden. Grundsätze der Wissenschaftstheorie.* Freiburg i. Br. 1997.

Barsch, Achim: »Theorie, literaturwissenschaftliche«. In: Nünning, Ansgar (Hg.): *Metzler Lexikon Literatur- und Kulturtheorie. Ansätze – Personen – Grundbegriffe.* Stuttgart/Weimar 2004 [1998], S. 660–661.

Beyme, Klaus von: *Die politischen Theorien der Gegenwart. Eine Einführung.* Opladen 1992.

Bonß, Wolfgang/Hartmann, Heinz (Hgg.): *Entzauberte Wissenschaft – Zur Realität und Geltung soziologischer Forschung.* Göttingen 1985.

Cornelißen, Christoph: »Das Studium der Geschichtswissenschaften«. In: Ders. (Hg.): *Geschichtswissenschaften. Eine Einführung.* Frankfurt a. M. 2000, S. 9–25.

Creswell John W.: *Research Design. Qualitative, Quantitative, and Mixed Methods Approaches.* Thousand Oaks/London/New Delhi 2003.

Flick, Uwe: *Qualitative Forschung. Eine Einführung.* Reinbek 2005.

Frantz, Christiane/Schubert, Klaus: *Einführung in die Politikwissenschaft.* Berlin 2005.

Fricke, Harald et. al. (Hgg.): *Reallexikon der deutschen Literaturwissenschaft. Neubearbeitung des Reallexikons der deutschen Literaturgeschichte. Bd. 2: H-O.* Berlin 2007 [2000].

Häder, Michael: *Empirische Sozialforschung. Eine Einführung.* Wiesbaden 2006.

King, Gary; Keohane, Robert O.; Verba, Sidney. *Designing Social Inquiry. Scientific Inference in Qualitative Research.* Princeton 1994.

Kortmann, Matthias/Schubert, Klaus: »Theorien und Methoden im Forschungsprozess«. In: Schmitz, Sven-Uwe/Schubert, Klaus (Hgg.): *Einführung in die Politische Theorie und Methodenlehre.* Opladen 2006, S. 33–49.

Kuhn, Thomas S.: *Die Struktur wissenschaftlicher Revolutionen.* Frankfurt a. M. 1973 [1962].

Locke, Lawrence F./Spirduso, Waneen Wyrick/Silverman, Stephen J.: *Proposals That Work. A Guide for Planning Dissertations and Grant Proposals.* Newbury Park 1987.

Nünning, Ansgar (Hgg.): *Metzler Lexikon Literatur- und Kulturtheorie. Ansätze – Personen – Grundbegriffe.* Stuttgart/Weimar 2004 [1998].

Pappi, Franz Urban: »Theorien, Methoden und Forschungsansätze«. In: Münkler, Herfried (Hg.): *Politikwissenschaft. Ein Grundkurs.* Reinbek 2003, S. 77–100.

Punch, Keith F.: *Introduction to Social Research. Quantitative & Qualitative Approaches.* London et al. 1999.

Reckwitz, Andreas: »Warum die ›Einheit‹ der Soziologie unmöglich ist. Die Dynamik theoretischer Differenzproduktion und die Selbsttransformation der Moderne«. In: Schimank, Uwe/Greshoff, Rainer (Hgg.): *Was erklärt die Soziologie? Methodologien, Modelle, Perspektiven.* Berlin 2005, S. 65–77.

Schimank, Uwe/Greshoff, Rainer (Hgg.): *Was erklärt die Soziologie? Methodologien, Modelle, Perspektiven.* Berlin 2005.

Schmidt, Siegfried J.: *Kalte Faszination. Medien, Kultur, Wissenschaft in der Mediengesellschaft.* Weilerswist 2000.

Schmitz, Sven-Uwe/Schubert, Klaus (Hgg.): *Einführung in die Politische Theorie und Methodenlehre.* Opladen 2006.

Sellin, Volker: *Einführung in die Geschichtswissenschaft.* Göttingen 2001.

Roy Sommer

6. Textproduktion: Gattungskonventionen, Argumentationsstrategien und die Dramaturgie wissenschaftlicher Texte

Das Verfassen von Texten zählt ohne Zweifel zu den wissenschaftlichen Kernkompetenzen: »Wissenschaft ist ohne geschriebene Texte nicht denkbar. Schreiben ist für die Wissenschaft eine konstituierende Handlung, und Hochschulsozialisation ist in großem Maße Schreib- und Sprachsozialisation« (Kruse/Jakobs 2003, S. 20). Dies gilt insbesondere für **Dissertationen in den Geistes-, Kultur- und Sozialwissenschaften**. In den zu diesen Fakultäten gehörenden Disziplinen geht es – anders als in den Natur- und Lebenswissenschaften – nicht darum, als objektive/r Beobachter/in den Forschungsprozess zu initiieren, methodisch gewonnene und wiederholbare Untersuchungsergebnisse vorzulegen und diese in einer ›Niederschrift‹ festzuhalten, die primär dokumentarischen Charakter hat.

Vielmehr stehen in geistes- und kulturwissenschaftlichen Studien sowie in qualitativen sozialwissenschaftlichen Arbeiten **Argumentationen und Interpretationen** im Vordergrund, so dass neben der Forscherpersönlichkeit und -rolle (vgl. Flick 2005, S. 86ff.) **Darstellungsformen und Vertextungsstrategien** eine besondere Rolle spielen (vgl. Sommer 2006). Kaum eine der wissenschaftlichen Leistungen, die qualitativen Studien zugrunde liegen, lässt sich nur auf eine einzige, ›richtige‹ Weise erbringen. In der Regel gibt es alternative Problemkonstellationen und Lösungsansätze, sodass hohe Anforderungen an die Selektionsmechanismen und das Reflexionsvermögen der Promovierenden, aber auch an ihre sprachlichen Kompetenzen gestellt werden: Wenn es nicht gelingt, das, was man sagen will, ›auf den Punkt zu bringen‹, wenn eine Argumentation keinen ›roten Faden‹ aufweist oder der Text die erwartete Kohärenz vermissen lässt, wird die Doktorarbeit die Gutachter nicht voll überzeugen, selbst wenn sie auf soliden theoretischen und methodischen Füßen steht.

Defizite in der Schreibausbildung

Trotz ihrer großen Bedeutung für den fachlichen Erfolg wird die **Kernkompetenz Schreiben** von den Fachwissenschaften nicht als Ausbildungsgegenstand wahrgenommen und folglich meist auch nicht im Rahmen des Curriculums unterrichtet: »Lehrende verstehen die Vermittlung von Schreibfertigkeiten häufig nicht als notwendigen Bestandteil der Lehre, und den Studierenden ist selten bewußt, dass das Verfassen von Texten mit seinen verschiedenen Arbeitsschritten gelernt und geübt werden muß« (Furchner/Ruhmann/Tente 2003, S. 62). Studierende, die sich häufig erst in der Abschlussphase mit ihren Schreibproblemen aktiv auseinandersetzen, suchen daher verstärkt nach Unterstützung, etwa durch das Selbststudium der zahlreichen Schreibratgeber, die Abhilfe versprechen und auch für Promovierende oft noch gute Anregungen bereithalten.

Die Schreibforschung setzt sich seit den 1980er Jahren intensiv mit den Fähigkeiten auseinander, über die man bei der Textproduktion verfügen muss. Darunter fallen kognitive, rhetorische und sprachliche Kompetenzen, die sich unter dem **Oberbegriff Schreibkompetenz** zusammenfassen lassen. Kruse und Jakobs (2003, S. 23 f.) bezeichnen diese drei Dimensionen oder Aspekte des Schreibens allgemein als Wissen, Sprache und Kommunikation und unterteilen Schreibkompetenz in eine Reihe spezifischer Teilkompetenzen:

- **Textsortenkompetenz:** die Kenntnis der spezifischen Regeln unterschiedlicher Textsorten (z. B. Rezension, Exposé, Zeitschriftenartikel, Beitrag zu einem Sammelband, Doktorarbeit);
- **Stilkompetenz:** Vertrautheit mit wissenschaftlichen Terminologien und Ausdrucksweisen;
- **Rhetorische Kompetenz:** Fähigkeit zur überzeugenden Argumentation sowie zu schlüssigen und plausiblen Problemlösungen;
- **Intertextuelle Kompetenz:** der sichere Umgang mit anderen Texten und deren Integration in den eigenen Text (mit Hilfe von Zitaten, Verweisen oder Synopsen);
- **Lese- und Rezeptionskompetenz:** Fähigkeit zu kritischem und analytischem Lesen als Voraussetzung für einen kompetenten Umgang mit Primär- und Sekundärliteratur.

Dieser Aufstellung sollte man noch drei weitere kognitive Kompetenzen hinzufügen, die für professionelles wissenschaftliches Schreiben ebenfalls von zentraler Bedeutung sind. Dabei handelt es sich um folgende Fähigkeiten:

- Fähigkeit zur **Komplexitätsreduktion und Modellbildung:** Wechseln von Abstraktionsebenen, Erkennen von Strukturmerkmalen und Reduzierung komplexer Systeme auf ihre wesentlichen Elemente und deren Relationen;
- Fähigkeit zur **Synthesebildung:** Herstellung von Zusammenhängen, Gewichtung der zusammenzuführenden Textelemente (zentrale Texte, Ergänzungen, Exkurse);
- **dramaturgische Kompetenz:** Vertrautheit mit Prinzipien der rezeptionslenkenden und -erleichternden Textstrukturierung.

Diese Teilkompetenzen sind die Voraussetzung für effiziente wissenschaftliche Textproduktion. Auch wenn sich in den Kapiteln einer Dissertation (Einleitung und Schluss, Forschungsbericht, Methodendiskussion, Theoriedesign, Fallbeispiele etc.) die Schwerpunkte ein wenig verschieben, beruht doch jeder Textteil auf einem Zusammenwirken mehrerer Kompetenzen. Ein Forschungsbericht etwa setzt Textsortenkompetenz (man muss wissen, was von einem Forschungsbericht erwartet wird), Stilkompetenz und Argumentationskompetenz ebenso voraus wie die Fähigkeit zur Synthesebildung. In diesem Kapitel geht es darum, wie sich **Kompetenzbewusstsein** und **Kompetenzreflexion** auf der einen, und pragmatische Aspekte der Textproduktion auf der anderen Seite produktiv verbinden lassen: Wie kommen die genannten Fähigkeiten in wissenschaftlichen Texten zum Ausdruck, bzw. welche Vertextungsstrategien eignen sich zum Nachweis wissenschaftlicher Schreibkompetenz? Der Fokus liegt dabei auf der Beschreibung der Formen und Funktionen typischer Textbausteine, Textmuster oder Textelemente, die fächerübergreifend in wissenschaftlichen Arbeiten Verwendung finden.

Schreiben vs. Textproduktion: Definition

Der Begriff ›Schreiben‹ bezeichnet motorische Aktivitäten – die Produktion von Schriftzeichen – ebenso wie einen kognitiven Prozess mit einer oder mehreren kommunikativen Funktionen. Der Begriff Textproduktion lässt sich mit Jechle (1992, S. 3 f.) als Sammelbezeichnung für den zweiten Aspekt definieren: »Unter dem Begriff Textproduzieren werden hier alle Aktivitäten zusammengefasst, die an der Entstehung eines Textes beteiligt sind, beginnend mit der Wahrnehmung des Schreibanlasses bzw. der Schreibaufgabe bis zur Fertigstellung des endgültigen Produkts. Im Vordergrund stehen hier allerdings die kognitiven Prozesse, die dabei wirksam sind. Die motorischen Aktivitäten bleiben unberücksichtigt.«

Textsortenkompetenz

Texte, die aufgrund gemeinsamer Merkmale bzw. Konventionen eigenständige Gruppen bilden, bezeichnet man in der Literaturwissenschaft traditionell als Gattungen oder ›Genres‹. Aus der Linguistik stammt das weitgehend synonyme, allerdings weniger mit literarischen Texten in Verbindung gebrachte und daher neutralere Konzept der **Textsorte**. Wie der Begriff bereits impliziert, geht es darum, Texte nach bestimmten Kategorien zu ›sortieren‹ oder einzuordnen. Als Kriterien zur systematischen Abgrenzung dienen die externen und internen Funktionen von Texten. Darunter fallen pragmatische Aspekte (der Verwendungszusammenhang bzw. kommunikative Kontext) auf der einen und textinterne Gliederungs- oder Argumentationsstrukturen auf der anderen Seite.

Wie alle Textsorten weisen auch **wissenschaftliche Texte** spezifische Charakteristika auf, die sie von anderen Textsorten unterscheiden. Sie unterliegen Konventionen, die nicht nur die Auswahl der einzelnen Bestandteile, sondern auch ihre Anordnung betreffen: Der Forschungsbericht etwa ist ein Kernelement wissenschaftlicher Texte, und da er durch den Anschluss an die bestehende Forschung sowie die Identifizierung von noch zu bearbeitenden Forschungslücken die notwendige Vorraussetzung für die eigene Argumentation ist, steht er zwangsläufig am Anfang einer wissenschaftlichen Arbeit, nicht an ihrem Ende.

Wissenschaftliche Texte lassen sich nicht nur über die Auswahl und Anordnung ihrer konstitutiven Elemente, sondern auch über ihre Funktionen charakterisieren. Wie bei allen Texten steht zunächst die **kommunikative Funktion** im Vordergrund. Die Adressaten einer Doktorarbeit sind zunächst die Gutachter, die stellvertretend für die *scientific community* ihr Urteil abgeben. Das oberste Ziel der wissenschaftlichen Kommunikation – und damit ein zentrales Kriterium zur Bewertung einer Dissertation – ist die Konstruktion und Weitergabe von Wissen: »Aufgabe eines wissenschaftlichen Textes ist der Transfer von Wissen. Der Autor überführt die Wissensstruktur in seinem Kopf, die man sich als Netzwerk verschiedener Konzepte vorstellen kann, in einen Text« (Esselborn-Krumbiegel 2004, S. 122).

Neben der kommunikativen Funktion (Wissensvermittlung) erfüllen wissenschaftliche Textsorten jedoch noch **weitere textsortenspezifische Funktionen**. So sind Exposés darauf ausgerichtet, Kommissionen für die Vergabe von Stellen oder Stipendien von der besonderen Förderungswürdigkeit des eigenen Projekts zu überzeugen: Sie erfüllen also eine Marketingfunktion. Doktorarbeiten hingegen kommt neben ihrer kommunikativen Funktion, die allen wissenschaftlichen, Erkenntnisse vermittelnden Texten zu Eigen ist, vor allem eine ›Initiierungsfunktion‹ zu: Sie dienen als ›Eintrittskarte‹ in die Welt der professionellen Forschung. Dies gilt nicht nur im übertragenen Sinne, sondern auch ganz praktisch, denn der Doktortitel ist häufig die Voraussetzung für die Mitgliedschaft in Wissenschaftsorganisationen wie den Fachverbänden oder dem Deutschen Hochschulverband.

Garanten für die Effizienz wissenschaftlicher Kommunikation: Definitionen und Beschreibungen

Wissenschaftliche Kommunikation soll gemeinsames Handeln auf effektive Weise ermöglichen. Uneffektiv wären z. B. der Wechsel zwischen unterschiedlichen Bedeutungen von Begriffen, die Verwendung umgangssprachlicher Ausdrücke anstelle eingebürgerter Fachtermini oder eine mangelnde Transparenz der Argumentation, da sie Missverständnisse hervorrufen und eine sachliche Auseinandersetzung erschweren können. Folglich sollte wissenschaftliche Kommunikation ein größtmögliches Maß an begrifflicher **Klarheit** und argumentativer **Präzision** anstreben:

> Wissenschaft als Problemlösungssystem ist vital auf Kommunikation angewiesen, und zwar auf Kommunikation, die kooperatives Handeln erlaubt. Effektives kooperatives Handeln aber setzt – schon aus Gründen der Handlungsökonomie – voraus, daß vermeidbare Kommunikationsprobleme auch tatsächlich vermieden werden. Eine erfolgreiche Strategie der Vermeidung von Kommunikationsproblemen besteht nun erfahrungsgemäß darin, die Verwendung relevanter Begriffe und Argumentationsmuster so zu regeln, daß keine unproduktiven Irritationen der Kommunikation (vom Typ der Dauerfrage ›Was bedeutet X?‹) entstehen. (Schmidt 2000, S. 349)

Nur wenn zweifelsfrei klar ist, was gemeint ist und worauf ein Text hinaus will, kann man sich auf die Diskussion der Inhalte konzentrieren, auf die es ja eigentlich ankommt. Aus diesen Gründen zählen die **Definitionen bzw. Explikationen** zentraler Begriffe und Konzepte zu den Pflichtübungen jeder Dissertation. Eindeutige Definitionen sind Kennzeichen einer wissenschaftlichen Terminologie und damit für den präzisen und klaren Sprachgebrauch, der gute wissenschaftliche Texte auszeichnet. Einen hohen Standard für wissenschaftliche Begriffsexplikationen setzt das von Klaus Weimar gemeinsam mit Georg Braungart, Harald Fricke, Klaus Grubmüller, Jan-Dirk Müller und Friedrich Vollhardt herausgegebene dreibändige *Reallexikon der deutschen Literaturwissenschaft*, das vier Aspekte berücksichtigt:

- Informationen zur **Wortgeschichte** (Ursprünge und Bedeutungswandel des Wortes),
- Informationen zur **Begriffsgeschichte** (konzeptuelle Veränderungen des Begriffs und ggf. begriffliche Alternativen),
- Informationen zur **Sachgeschichte** (Wandel des bezeichneten Gegenstandes) und
- Informationen zur **Forschungsgeschichte**.

Natürlich lassen sich diese Aspekte nicht bei jedem Begriff klar voneinander trennen. Die Unterscheidung der genannten Ebenen trägt jedoch beim Erarbeiten einer Definition zur angestrebten Präzisierung des Sprachgebrauchs bei.

Jede Definition unterbreitet einen **Gebrauchsvorschlag**, also einen Vorschlag zur weiteren Verwendung des Begriffs in spezifischen Kontexten. Um diese Kontexte zu beschreiben, empfiehlt es sich, den definierten Begriff in seinem terminologischen Feld zu situieren, also seine Beziehungen zu verwandten Begriffen zu erläutern und ihn ggf. von umgangssprachlichen bzw. nicht-wissenschaftlichen Verwendungsweisen abzugrenzen. Bei Begriffen wie Kognition oder Identität, die in verschiedenen Disziplinen gebraucht werden, gewinnt die Definition an Klarheit, wenn auf die Gemeinsamkeiten und Unterschiede mit bzw. zwischen den disziplinären Identitäts- bzw. Kognitionsbegriffen explizit eingegangen wird. Prinzipiell gibt es drei Möglichkeiten:

- **Übernahme** eines Begriffs mitsamt der Definition aus einer Quelle. In diesem Fall ist lediglich zu begründen, warum man ggf. konkurrierende Begriffsbestimmungen außer Acht gelassen und genau die vorgeschlagene gewählt hat.
- **Veränderung** der im Fach gebräuchlichen Bedeutung eines existierenden Begriffs. Hier ist zunächst der Nachweis zu erbringen, dass der bestehende Begriff nicht alle relevanten Aspekte der bezeichneten Sache zu benennen vermag. Zudem ist zu begründen, warum nicht einfach ein anderer Begriff eingeführt wird, warum man also an dem Wort festhalten will.
- **Neueinführung** eines Begriffs. Rücken neue Sachverhalte ins Bewusstsein, für die es bislang keine Bezeichnung gab, weil es entweder die Sache selbst nicht gab (z. B. ›Hyperfiction‹) oder durch den neuen Begriff eine Korrektur bestehender Sichtweisen erreicht werden soll (z. B. ›Gender-Mainstreaming‹), muss ein neues Wort gefunden bzw. erfunden werden (Beispiele sind Komposita wie ›Medienkultur‹ oder Neuschöpfungen wie ›Cyberspace‹).

Im Idealfall gelingt es, einen neuen Begriff einzuführen, der dann in der vorgeschlagenen Bedeutung von anderen Wissenschaftlerinnen und Wissenschaftlern übernommen wird, sich also im wissenschaftlichen Diskurs etabliert. Dies muss aber nicht unbedingt sein. Es ist ebenso verdienstvoll, das terminologische Feld zu Beginn der eigenen Untersuchung systematisch zu ordnen.

Hierzu sind **Beschreibungen** erforderlich, die einen großen Teil wissenschaftlicher Texte ausmachen. Sie dienen der sachlich-nüchternen, wertungsfreien Weitergabe von Informationen, stellen unterschiedliche Positionen, Ansätze oder Theorien vor und bilden damit die Grundlage für eine vergleichende Kritik, die Formulierung eines eigenen Ansatzes oder die Diskussion methodischer und theoretischer Grundlagen. An Beschreibungen werden häufig folgende Ansprüche gestellt:

- **Eindeutigkeit und Klarheit** (Beschreibungen sollen widerspruchsfrei und präzise formuliert sein),
- **Sachlichkeit** (Beschreibungen können Wertungen vorbereiten, sollten diese aber noch nicht vorwegnehmen),
- **Vollständigkeit** (alle wesentlichen Aspekte des zu beschreibenden Gegenstands oder Sachverhalts sollten in der Beschreibung zur Sprache kommen),
- **Strukturiertheit** (Beschreibungen sollen komplexe Sachverhalte nicht paraphrasieren, sondern auf das Wesentliche reduzieren; dazu müssen sie sich, z. B. bei

der Wiedergabe einer Argumentation, häufig von der Gedankenführung des Ausgangstextes lösen).

Auch wenn sich Beschreibungen, Kritik und argumentative Auseinandersetzung nicht immer trennscharf voneinander abgrenzen lassen, empfiehlt es sich, analytisch zwischen ihnen zu unterscheiden. Eine solche Unterscheidung trägt wesentlich zur **Präzisierung der Schreibaufgabe** und damit zur **Beschleunigung der Textproduktion** bei: Wenn man weiß, welche Art von Aussage man in einem Absatz treffen möchte, fällt das Schreiben leichter. Zudem wird die Selbstevaluation des Geschriebenen vereinfacht, wenn man über ein möglichst differenziertes System von Bewertungskriterien verfügt.

Typologien, Chronologien und Syntheseleistungen: Der Forschungsbericht

Ein Textteil, der in jeder Dissertation vorhanden sein sollte, ist der **Forschungsbericht**. Dieser ist bereits – natürlich in weitaus geringerem Umfang – Bestandteil des Exposés, das für eine Stipendienbewerbung oder zur Aufnahme in eine Graduiertenschule verlangt wird. Darunter versteht man einen systematischen Überblick über die aktuelle Forschungslage zu einem bestimmten Thema: Welche Positionen werden von wem vertreten, lassen sich bestimmte Gruppierungen oder ›Schulen‹ ausmachen, die eine bestimmte Auffassung repräsentieren, und welche Forschungsbeiträge können für die weitere Entwicklung in dem betreffenden Bereich als richtungweisend gelten? Welche Positionen haben sich also im wissenschaftlichen Diskurs durchsetzen können? Um diese Fragen beantworten zu können, müssen die unterschiedlichen wissenschaftlichen Standpunkte referiert und einander kontrastiv gegenübergestellt werden. Auf dieser Grundlage ist eine **chronologische und/oder typologische Ordnung** der einschlägigen Forschungsliteratur anzustreben, um den Überblick zu erleichtern.

Die zentrale Funktion eines Forschungsberichts besteht darin, **Forschungslücken** zu identifizieren, die die eigene Arbeit legitimieren: Es genügt nicht, dass die gewählte Problemstellung interessant ist; es muss auch nachgewiesen werden, dass sie in der Art und Weise, wie dies in der Dissertation geschehen soll, noch nicht behandelt wurde. Um diesen Anspruch zu erfüllen, könnte man theoretisch alle relevanten Quellen besorgen, auswerten und dann mit Sicherheit feststellen, dass das Kriterium der Neuigkeit erfüllt ist. Das Problem besteht allerdings in der Menge der Forschungsliteratur: Während es in eng umrissenen Randbereichen eines Faches oder in kleinen Fächern vielleicht noch möglich ist, dieses Ideal der Vollständigkeit anzustreben und tatsächlich den Nachweis zu erbringen, dass das eigene Vorhaben so oder ähnlich noch nicht durchgeführt wurde, stößt man bei Themen in Standardbereichen größerer Fächer und insbesondere bei interdisziplinären Fragestellungen unweigerlich an Grenzen: Man kann nicht zur Vorbereitung der eigenen Argumentation die gesamte Sekundärliteratur zu Shakespeare, Goethe oder Kant auswerten, jedenfalls dann nicht, wenn man die Doktorarbeit innerhalb von drei Jahren zu Ende bringen will.

Wenn es aufgrund der Menge verfügbarer Sekundärliteratur nicht möglich ist, alle Quellen im Detail auszuwerten, muss man durch gründliche und umfassende

Literaturrecherchen sicherstellen, dass man zumindest neuere Ansätze systematisch erfasst hat. Hierzu ist es erforderlich, dass unterschiedliche Datenbanken genutzt werden. Da diese fachspezifisch sind, kann an dieser Stelle nur nochmals darauf hingewiesen werden, dass die Fachbetreuer/innen der Seminar- und Universitätsbibliotheken in der Regel sehr gerne bereit sind, Promovierende in die Geheimnisse der professionellen Datenbanknutzung einzuweihen.

Hat man die Phase der Literaturrecherche und -beschaffung (vorläufig) abgeschlossen, kommen **intertextuelle und rhetorische Kompetenzen** ins Spiel, die man – neben Recherchekompetenzen und der Fähigkeit zur systematischen Literaturverwaltung (s. Kap. IV.7) – benötigt, um aus zahlreichen Bücherstapeln und Aktenordnern mit Kopien einen guten Forschungsbericht zu ›destillieren‹: Die Rede ist von der Fähigkeit zur Typenbildung und zur Synthese. Bei beiden Fähigkeiten handelt es sich um zentrale Schreibkompetenzen, denen beim Verfassen wissenschaftlicher Texte generell große Bedeutung zukommt, und dies nicht nur im Forschungsbericht, sondern auch in anderen Teilen der Dissertation, etwa der Methodendiskussion und der Auswertung von Daten. Der Forschungsbericht eignet sich aber aufgrund seiner Vergleichbarkeit in unterschiedlichen Fächern besonders gut, um exemplarisch auf die genannten Kompetenzen einzugehen.

Typologien dienen dazu, ein Feld systematisch zu strukturieren, und zwar nach ›Typen‹ oder modellbildenden Mustern, die sich hinreichend von anderen Mustern unterscheiden lassen. Auf diese Weise lassen sich etwa Forschungsbeiträge bestimmten ›Schulen‹ zuweisen, so dass die Sekundärliteratur geordnet und vorstrukturiert werden kann. Um solche idealtypischen Ausprägungen zu finden, benötigt man Kriterien zu deren Unterscheidung. Solche **Differenzierungskriterien** in einem Forschungsbericht können etwa der methodische Ansatz eines Forschungsbeitrags, sein Erkenntnisinteresse oder sein theoretischer Bezugsrahmen sein. Während für einfache Vergleiche häufig ein Kriterium genügt, erfordern Typologien aufgrund ihres allgemeinen Geltungsanspruchs (im besten Fall lassen sich alle Forschungsbeiträge einem der im Forschungsbericht differenzierten Typen zuweisen) ein Bündel mehrerer Merkmale. Aus diesem Anspruch leiten sich auch die Bewertungsmaßstäbe für die Qualität von Typologien ab: Die Typen müssen durch die Verwendung trennscharfer Kriterien klar voneinander zu unterscheiden sein (es ist jedoch keine Entweder-Oder-Differenzierung erforderlich; es sind durchaus auch Skalierungen denkbar, die fließende Übergänge zwischen den unterschiedlichen Typen ermöglichen).

Ist es gelungen, die Forschungsbeiträge bestimmten Typen zuzuordnen und dadurch eine Grundstruktur in den Forschungsbeitrag zu bringen, beginnt die **Vertextung**. Hier wird man mit einem Problem konfrontiert, das man nicht unterschätzen sollte: Ein referierender Vergleich unterschiedlicher Positionen muss sich von den vorgefundenen Argumentationsstrukturen lösen, um die spezifischen Stärken und Defizite unterschiedlicher Forschungsbeiträge zu identifizieren, zu vergleichen und zu bewerten. Eine Vielzahl fremder Argumentationen muss also in die **eigene Gedankenführung** integriert werden. Dies geschieht durch **selektive Bezugnahme**: Gute Forschungsberichte begnügen sich nicht damit, die fremden Texte nacheinander zu paraphrasieren. Stattdessen weichen sie von der gedanklichen Struktur der besprochenen Sekundärliteratur ab und konzentrieren sich – im Einklang mit den der Typologie zugrunde gelegten Kriterien – auf diejenigen

Aspekte, die in dem neuen Kontext relevant erscheinen (z. B. Erkenntnisinteressen), diskutieren die Methodik und beurteilen die Ergebnisse anderer Texte.

Das Ergebnis ist ein **System intertextueller Referenzen**, das im Idealfall das bearbeitete Feld neu strukturiert und dadurch zwanglos neue Forschungsfragen generiert. In der Regel wird bei der Anordnung der Referenzen chronologisch verfahren, d.h. dass grundlegende, schulbildende Forschungsbeiträge älteren Datums zum Ausgangspunkt genommen werden und neuere Beiträge in ihrem Verhältnis zu den älteren Studien oder ›Prätexten‹ betrachtet werden. Eine solche **Chronologie** ist selbstverständlich eine wissenschaftsgeschichtliche Konstruktion, die auf Interpretationen und individuellen sowie kollektiven Wertzuschreibungen beruht: Kein Text ist ohne Vorläufer, kein Text ohne Kontext, jede Auswahl und Zuordnung bedarf damit prinzipiell einer Begründung (z. B. zeitliche Eingrenzung des Berichtszeitraums, Beschränkung auf Forschungsbeiträge in bestimmten Sprachen, Auswahl der aufgenommenen Beiträge nach ihrer Stellung in *citation indices* etc.).

Je mehr andere Darstellungen in einem Forschungsbericht aufeinander bezogen und in die neue Argumentation integriert werden, desto größer ist die erforderliche **Syntheseleistung**: Es geht darum, die **Kernaussagen** der Texte herauszuarbeiten und einander gegenüberzustellen. Die Aufgabe besteht darin, eine gute **Balance** zwischen der Reduzierung der unterschiedlichen Ansätze auf einige wenige, vergleichbare Aspekte auf der einen, und der Vermeidung allzu verkürzender oder generalisierender Darstellungen auf der anderen Seite zu finden. Eine bewährte Strategie ist die **Orientierung an ›Leittexten‹**: Aus der Vielzahl der vorliegenden Forschungsbeiträge wählt man solche aus, die die typologisch unterschiedenen Denkansätze repräsentieren. Um diese zentralen Texte, die ausführlicher besprochen werden, gruppiert man dann diejenigen, die ähnlich argumentieren; dabei genügen oft kürzere summarische Verweise, weiterführende Fußnoten oder sogar einfach Verweise auf die Bibliografie.

Die Leittexte fungieren zugleich als ›roter Faden‹ des Forschungsberichts. Da es sich dabei in der Regel um Texte handelt, die einem breiteren Adressatenkreis bekannt sind, lösen sie bei den Rezipientinnen und Rezipienten **Wiedererkennungseffekte** aus. Zugleich lässt der Umgang mit diesen Texten auf die Qualität des Forschungsberichts schließen: Entspricht ihre Deutung den üblichen Interpretationen? Wurden die Kernaussagen richtig verstanden? Sind die Texte überhaupt nachvollziehbar ausgewählt? Sind alle relevanten ›Klassiker‹ vertreten? Zu der Textsortenkompetenz, den intertextuellen und rhetorischen Kompetenzen sowie der Syntheseleistung tritt also die Fähigkeit zur **Rezeptionslenkung** hinzu. Obwohl dem Forschungsbericht immer etwas Nüchternes anhaftet, erfordert er demnach das Zusammenwirken einer Vielzahl unterschiedlicher Kompetenzen – gerade in gut recherchierten, komplexen wissenschaftlichen Arbeiten wie Dissertationen es sind, handelt es sich beim Forschungsbericht folglich keineswegs um eine banale Pflichtübung, sondern um eine anspruchsvolle Schreibleistung, an deren Beispiel sich die komplexen Anforderungen an wissenschaftliches Schreiben veranschaulichen lassen.

Kohärenz und Rezeptionslenkung:
Die Absatzstruktur wissenschaftlicher Texte

In Ratgebern zum wissenschaftlichen Schreiben ist häufig von dem sogenannten ›roten Faden‹ oder ›**Ariadne-Faden**‹ die Rede. Dieses Bild geht zurück auf die griechische Mythologie. Minos, König der Insel Kreta, hielt in einem Labyrinth den Minotaurus, ein hybrides Wesen mit dem Kopf und Schwanz eines Stieres und dem Körper eines Mannes, gefangen. Um dieses fürchterliche, Menschen fressende Ungeheuer zu besänftigen, wurden jedes Jahr sieben Jungfrauen und Jünglinge aus Athen als Menschenopfer in das verwinkelte Labyrinth geschickt, aus dem es kein Entrinnen gab. Um diesem Schrecken ein Ende zu bereiten und den Minotaurus zu töten, begab sich Theseus, der Sohn des athenischen Königs Ägeus, freiwillig in das Labyrinth. Ariadne, die Tochter von König Minos, die sich in den jungen Helden verliebt hatte, gab ihm ohne Wissen ihres Vaters ein magisches Schwert und eine Rolle Faden. Mit Hilfe dieser beiden Utensilien gelang es Theseus, den Minotaurus zu töten und das Labyrinth wieder zu verlassen: Er hatte den Faden bei seinem Weg ins Innere abgewickelt und folgte der so gelegten Spur zum Ausgang zurück.

Es ist nicht ganz einfach, dieses Bild vom ›roten Faden‹ auf Texte zu übertragen. Vielleicht meint es diejenigen Textelemente, die es dem/der Leser/in erleichtern, sich in komplexe Gedankengebäude hineinzuversetzen, ohne sich darin zu verlieren: Rezeptionslenkende Elemente weisen den Weg zurück, erleichtern also den Rückbezug auf die Meta-Ebene der Fragestellung und des Erkenntnisinteresses. Da es aber eine ganze Reihe textueller Elemente gibt, die eine solche Wegweiserfunktion erfüllen, und sie zudem ein weitaus größeres Funktionsspektrum aufweisen, wird hier dem Begriff der **Kohärenz** der Vorzug gegeben. Zu den Kohärenz stiftenden Textelementen zählen etwa

- die **numerische Gliederung**: die den Überschriften vorangestellten Zahlen zeigen an, auf welcher Abstraktionsebene ein Kapitel oder Abschnitt anzusiedeln ist;
- das System von **Zitaten und Literaturverweisen**, mit deren Hilfe sich der eigene Text im wissenschaftlichen Diskurs positioniert (etwa im Forschungsbericht, s. o.);
- **Querverweise und Fußnoten**, die explizit Kontextbezüge herstellen;
- **Kurzzusammenfassungen** am Ende eines Teilkapitels;
- **Rückbezüge** auf die eingangs aufgeworfenen Problemkonstellationen und Leitfragen;
- Rückblicke und Vorgriffe, die die Funktion von ›**Regieanweisungen**‹ erfüllen; sowie
- die **Absatzstruktur** von Texten.

Die Bedeutung Kohärenz stiftender Elemente wird deutlich, wenn man sich vor Augen hält, dass die Bewertungskriterien für überzeugende Argumentationen – wie etwa Stimmigkeit, Plausibilität oder Stringenz – nicht rein inhaltlicher Natur sind. Am Beispiel der **Absatzstruktur** soll im Folgenden veranschaulicht werden, wie durch sprachliche Mittel die argumentative Kohärenz unterstützt werden kann. Absätze sind die kleinste Gliederungseinheit eines Textes. Sie bestehen aus mehreren Sätzen, haben ein klar ersichtliches Thema, beginnen mit einem einleitenden Satz (dem sog. *topic sentence*, der das Thema bzw. die Kernaussage(n) des Absatzes ankündigt) und einigen weiteren Sätzen, die das Thema ausführen oder mit Beispielen illustrieren. Ein gut strukturierter Absatz endet z. B. mit einer kurzen Zusammenfassung oder einer Überleitung zum nächsten Absatz. Auf diese Weise entwickelt sich die Argumentation von Absatz zu Absatz, von Unterkapitel zu Unterkapitel, von Kapitel zu Kapitel.

In einem strukturierten wissenschaftlichen Text lassen sich mit Blick auf den Gesamtzusammenhang des zu schreibenden Kapitels jedem Absatz bestimmte Funktionen zuweisen. Absätze dienen zum einen der **Rezeptionslenkung**, denn sie erleichtern das Querlesen sowie das Exzerpieren ungemein. Zum anderen gibt die Frage nach der Funktion eines bestimmten Absatzes auch ein analytisches **Werkzeug für die Textproduktion** und/oder Überarbeitung an die Hand: Wenn man nicht genau bestimmen kann, was ein Absatz zur Argumentation beitragen soll, ist das häufig ein Zeichen für Redundanz oder eine unklare Absatzstruktur. Bei der Lösung des Problems hilft es, sich die unterschiedlichen Arten von Absätzen mit ihren spezifischen Funktionen vor Augen zu führen, die in der folgenden Tabelle dargestellt sind.

	Funktionen	Textposition
›Meta‹-Absatz	Rückbezug auf die übergeordnete Frage-/Problemstellung, selbstreferentiell	Rahmentexte, ›dramaturgische‹ Zwischenresümees (s. u.)
Überblicksabsatz	skizziert die Argumentation des folgenden Abschnitts oder Teilkapitels, strukturiert einen zusammenhängenden Gedankengang, nimmt Ergebnisse vorweg, macht neugierig, vermittelt den Eindruck, dass der Text gut strukturiert ist	meist am Beginn eines Abschnitts oder Teilkapitels
Argumentierender Absatz	Ausführung von Thesen, Auseinandersetzung mit Gegenpositionen	gerahmt von Überblicksabsätzen und zusammenfassenden Absätzen
Beispielsabsatz	illustriert einen Aspekt, der in der Argumentation von Bedeutung ist, kann durch die Wahl der Beispiele (z. B. kanonisch/nicht kanonisch) suggestiv wirken; Präsentation von Details; häufig auch didaktische Funktion	folgt auf argumentierende Absätze
Zusammenfassender Absatz	Zwischenresümee; stellt Beziehung zwischen argumentativen Absätzen und Beispielen her, beendet einen Sinnabschnitt	kann längere Passagen (z. B. mit Beispielen) strukturieren
Überleitungsabsatz	Verbindet zwei Sinnabschnitte (Argumentationsschritte)	am Ende eines Sinnabschnitts

Natürlich handelt es sich bei diesen Absatzarten um Abstraktionen, die in der Praxis nicht nur in ›Reinform‹, sondern häufig auch als **Mischformen** vorkommen. Zudem können Absätze in wissenschaftlichen Texten auch **andere Funktionen** als die genannten erfüllen, etwa die affirmative Wiederholung des bereits Gesagten. Abgesehen davon, ist die Strukturierung und Positionierung von Absätzen immer auch eine Frage des persönlichen Stils – manche nehmen für die Transparenz und Nachvollziehbarkeit ihrer Texte ein Übermaß an Explizität sowie Redundanzen in Kauf, andere riskieren durch eigenwillige Schreibweisen Missverständnisse, wieder andere beschränken sich auf das unbedingt Nötige und vernachlässigen die Rezeptionslenkung mit dem Resultat, dass die Texte als schwer lesbar empfunden werden. Die Regeln der wissenschaftlichen Kommunikation sind hier recht flexibel, denn jede Schreibweise hat ihre Verfechter/innen und findet damit ein gleich gesinntes Publikum.

Die schematische Darstellung der Absatzfunktionen und -positionen kann und will also keineswegs normierend wirken, sondern dazu anregen, die eigenen Präferenzen und Schreibstrategien selbstreflexiv zu evaluieren (und ggf. in einem abgewandelten Schema festzuhalten). Die hierfür aufgewendete Zeit ist in jedem Fall sinnvoll investiert, da man sie in zwei arbeitsintensiven Phasen – bei der Textproduktion selbst und später beim Redigieren – wieder einspart: Schnelles Schreiben unter hohem Zeitdruck fällt leichter, wenn man den Text nach Absätzen vorstrukturiert; kurze Stichworte genügen als **Textgerüst**, dann kann man die Absätze ›auffüllen‹. Ähnliches gilt beim Redigieren: Ein Blick auf die Absatzfunktionen offenbart oft sofort eventuelle Schwachstellen in der Argumentation.

Neben Absatzfunktionen und -positionen lässt sich auch noch ein drittes, quantitatives Kriterium zur Beurteilung der Absatzstruktur angeben: der **Zeilenumfang** eines durchschnittlichen Absatzes. Ein Mittelwert von 9–16 Zeilen kann als Anhaltspunkt dienen; liegt man weit darüber oder darunter, lohnt es sich eventuell nachzuprüfen, ob die Absätze tatsächlich Sinneinheiten darstellen oder ob zu starke gedankliche Brüche und Sprünge (kurze Absätze) bzw. eine Vermischung unterschiedlicher Argumentationsschritte (lange Absätze) vorliegt. In beiden Fällen kann die Lesbarkeit des Textes erheblich beeinträchtig werden.

Tipp

Wenn Sie mit Ihrem Text nicht vorankommen, können Sie ›**Platzhalter**‹ in Ihren Textentwurf einfügen, am besten in spitzen Klammern, so dass Sie die entsprechende Stelle später leichter finden und ergänzen bzw. ersetzen können. Solche Platzhalter können nicht nur inhaltlicher, sondern auch formaler Art sein. So können Sie, wenn Ihnen gerade kein passender Abschluss eines Kapitels einfällt, einfach <Überleitungsabsatz> oder <Zusammenfassender Absatz> einfügen. Später fällt das Ausfüllen dieser Leerstellen erfahrungsgemäß viel leichter, weil Sie bereits wissen, wie die Argumentation fortgeführt wird.

Erkenntnisgewinn, Textstruktur und dramaturgische Kompetenz

Eine grundlegende Schwierigkeit beim Verfassen einer Dissertation besteht in der Notwendigkeit, den komplexen, oft zirkulären oder sprunghaften Erkenntnisprozess in eine starre sprachliche Struktur zu übersetzen. Diese **Struktur** soll sich möglichst auch noch durch Eindeutigkeit, Klarheit und Transparenz auszeichnen, also Kriterien, mit denen sich Gedankengänge eigentlich nicht erfassen lassen, die dem produktiven Denken sogar im Wege stehen. Die Frage nach dem Verhältnis von **Erkenntnisgewinn und Erkenntnisvermittlung** stellt sich immer wieder aufs Neue: In welchem Ausmaß soll die Dissertation den Weg beschreiben, der zurückgelegt werden musste, bis die dargelegten Einsichten oder Ergebnisse gewonnen wurden? Der Normalfall ist, dass die Spuren des Forschungsprozesses aus dem fertigen Text getilgt werden, der Prozess also in eine Struktur nach dem bekannten Muster (Einleitung, Problemstellung, Forschungsbericht, Leitfragen, Methodendiskussion, Fallstudien, Ergebnisse) transformiert wird. Ausnahmen, wie das radikale Bekenntnis des Literatur- und Kulturwissenschaftlers Umberto Eco zur ›Nacherzählung‹ des Forschungsprozesses, bestätigen hier die Regel:

> When I was examined for my graduating thesis on the problem of aesthetics in Thomas Aquinas, I was struck by one of the criticisms of the second examiner (Augusto Guzzo, who, however, later published my thesis as it was): he told me that what I had actually done was to rehearse the various phases of my research as if it were an inquiry, noting the false leads and the hypotheses that I later rejected, whereas the mature scholar digests these experiences and then offers his readers (in the final version) only the conclusions. I recognized that this was true of my thesis, but I did not feel it to be a limitation. On the contrary, it was precisely then that I was convinced that all research must be ›narrated‹ in this way. And I think I have done so in all my subsequent works of nonfiction. (Eco 2004, S. 307)

Die von Eco propagierte, explizit den Erkenntnisprozess ›nacherzählende‹ Form des wissenschaftlichen Schreibens ist sicher eine Ausnahme. Allerdings haben die Arbeiten des Geschichtstheoretikers Hayden White bereits in den 1970er Jahren gezeigt, dass auch wissenschaftliche Texte mit narrativen Verfahren des ›emplotment‹ (zu Deutsch etwa ›Erzählschema‹) arbeiten, und dies nicht nur in der Historiografie. Die **Dramaturgie und Rhetorik** wissenschaftlicher Texte, die Art und Weise, in der sie ihre Thesen und Argumentationen inszenieren, sind integraler Bestandteil des problemlösenden Handelns, das qualitative oder explorative Forschung auszeichnet. Typische Schemata sind

- das Postulat einer **Entwicklung,**
- die Unterscheidung von **Formen und Funktionen** oder
- eine **dialogische Auseinandersetzung** mit unterschiedlichen Positionen.

Solche Schemata, die der gesamten Arbeit oder auch nur bestimmten Kapiteln zugrunde liegen können, bilden das Organisationsprinzip, nach dem das Material strukturiert wird. Diese Strukturierung erfolgt stets retrospektiv, d.h. erst dann, wenn der gesamte Forschungsprozess zum Abschluss gebracht wurde. Das bedeutet, dass Irrwege, die im Nachhinein als nicht produktiv erkannt wurden, im Text nicht beschrieben werden. Auch die Reihenfolge, in der die unterschiedlichen Stadien des Forschungsprozesses durchlaufen wurden, lässt sich aus der fertigen Fassung nicht ablesen. Eine Arbeit dieser Art könnte man – entgegen dem von Eco favorisierten Prinzip des ›Verlaufsprotokolls‹ – als ›**Ergebnisprotokoll**‹ bezeichnen.

Auch wenn man die Spuren des Erkenntnisgewinns aus dem eigenen Text getilgt hat und eher zum retrospektiven Ergebnisprotokoll als zur Prozessbeschreibung tendiert (was generell allen Promovierenden zu empfehlen ist, denn bei sei-

nem ersten wissenschaftlichen Buch sollte man nicht unbedingt gleich mit stilistischen oder rhetorischen Experimenten aufwarten), muss dies also nicht heißen,
dass man ›schlecht geschriebene‹ oder ›langweilige‹ Texte abliefert. Denn während
eine am Modell des Verlaufsprotokolls orientierte Arbeit ein größeres Maß an
›Lebendigkeit‹ verspricht, ermöglicht die **retrospektiv strukturierende Vorgehensweise** den Einsatz dramaturgischer Verfahren zur Leser- und Rezeptionslenkung.
Bevor diese zum Abschluss dieses Abschnitts etwas näher betrachtet werden, ist
en passant anzumerken, dass Eco als ein Autor, der die Kunst und Technik des
Strukturierens von Texten unterschiedlicher Art meisterhaft beherrscht, mit seinem
Plädoyer vielleicht nicht ganz wörtlich zu nehmen ist. Denn natürlich lässt sich
auch der Modus des ›Verlaufsprotokolls‹ retrospektiv adaptieren und mit anderen
Strukturelementen kombinieren.

Natürlich sind weder ›Langeweile‹ noch ›Lebendigkeit‹ Kriterien zur Beurteilung wissenschaftlicher Texte. Dies heißt aber nicht, dass Wissenschaftler/innen
sich über die **Adressatenorientierung** keine Gedanken zu machen brauchen: Wer
will, dass sein/ihr Text gelesen wird, sollte sich auch bemühen, die Aufmerksamkeit des intendierten Publikums zu gewinnen und während der Lektüre aufrecht
zu erhalten. Die dramaturgischen Strategien zur Rezeptionslenkung, die bei der
Textproduktion zum Einsatz kommen, sind weitgehend textsortenspezifisch. So
arbeiten fiktionale Texte häufig mit Empathie, Spannung und dem Spiel mit
Erwartungshaltungen, denn ihr Ziel ist es, ihr Publikum emotional zu fesseln. Wissenschaftliche Texte hingegen wollen ihre Leser/innen auf kognitiver Ebene
ansprechen. Hierzu dienen dramaturgische Verfahren, die zu größerer Kohärenz
und besserer Lesbarkeit beitragen und damit letztlich auch die Qualität der Argumentation steigern. Folgende Bereiche sind aus dramaturgischer Sicht besonders
relevant:

■ **Rahmungen und Paratexte:** Das englische Sprichwort »There is no second
chance to make a good first impression« lässt sich auf Texte übertragen. Ein
unklarer Titel, eine unübersichtliche Gliederung und (unnötige) Überlänge
wecken nur schwer Interesse bei dem/der Leser/in bzw. vermitteln den Eindruck, dass nicht ›zu Ende gedacht‹ bzw. das Manuskript vor der Drucklegung
nicht redaktionell überarbeitet wurde. Auch die rezeptionslenkende Funktion
von Klappentexten und Vorworten (beide werden natürlich erst für die Druckfassung hinzugefügt) sollte nicht außer Acht gelassen werden. Hier kann der
Text in Kürze seine zentralen Ergebnisse präsentieren und sich durch Danksagungen an unterstützende Wissenschaftler/innen und Institutionen (z.B.
Begabtenförderungswerke, Graduiertenzentren, Archive oder Bibliotheken) in
der *scientific community* positionieren.

■ **Metaphorik:** Wissenschaftliche Sprache, so kann man es in vielen Schreibratge-
bern nachlesen, sollte auf bildhafte Sprache verzichten. Dem ist nicht uneingeschränkt zuzustimmen. So können klug gewählte Metaphern auch zum Verständnis komplexer Sachverhalte beitragen und als Erkenntnis leitende Konzepte fungieren.

■ **Vorwegnahmen und Zwischenresümees:** Wenn Leser/innen wissen, worauf
eine Argumentation hinausläuft, fällt es ihnen leichter, die einzelnen Schritte,
u.U. über mehrere Kapitelgrenzen hinweg, nachzuvollziehen. Wie bei der Thea-
terdramaturgie kann es also auch bei wissenschaftlichen Texten nicht schaden,
wenn an geeigneter Stelle, etwa zu Beginn und/oder am Ende eines längeren

Abschnitts, an die übergeordnete Zielsetzung erinnert wird. Dies gilt natürlich auch für Kurzzusammenfassungen, die die Ankündigungen der Einleitung aufgreifen und das dort Versprochene auch explizit einlösen. Viele wissenschaftliche Texte überlassen es (unnötigerweise) den Leserinnen und Lesern, diese wichtigen Verbindungen zwischen übergeordneter Problemstellung, Leitfragen und Problemlösungen herzustellen.

Wer bei der Textproduktion darauf achtet, einige der genannten Verfahren einzusetzen, wird gute Chancen haben, einen ansprechend strukturierten Text zu verfassen, der durch seine dramaturgische Gestaltung die vermittelten Inhalte unterstützt. Wie bei der Absatzstruktur gilt auch hier, dass es keine dramaturgischen ›Regeln‹ im normativen Sinne gibt. Dramaturgie ist eine pragmatische Angelegenheit, die auf Erfahrungswerten beruht, individuelle Präferenzen berücksichtigt und stets ergebnisorientiert ist: Was – im Rahmen der Konventionen der jeweiligen Textsorte – funktioniert, ist richtig.

Tipp: Texte vorstrukturieren

Ein bewährtes Mittel zur effizienten Textproduktion ist das systematische Vorstrukturieren der Argumentation. Das Ziel der folgenden Teilschritte ist die Erstellung eines Lückentextes, der sowohl fachliche Aussagen (in unterschiedlich ausformulierten Stadien) als auch ›Meta‹-Informationen zur Textstruktur enthält:

- mit Hilfe der Arbeitsgliederung die Funktion des zu konzipierenden Textteils im Gesamtzusammenhang der Dissertation bestimmen;
- in Stichworten die zentralen Inhalte des Kapitels, Teilkapitels oder Abschnitts notieren; Argumente pro und contra können in Tabellenform festgehalten werden;
- ›Unique Selling Points‹ (USPs) definieren: Was ist das Interessante/Besondere an dem zu schreibenden Text? In welchen Punkten geht er über die bekannten Positionen in der Sekundärliteratur hinaus?
- in Anlehnung an die USPs die Höhepunkte und damit den dramaturgischen Aufbau festlegen: In welchen Schritten soll die Argumentation entwickelt werden? Welche Argumente/Positionen sollen an welcher Stelle berücksichtigt werden? Wo soll bereits auf kommende Schritte hingewiesen werden, an welchen Stellen (z.B. nach den USPs, um deren besonderen Charakter nochmals hervorzuheben) sind Zwischenresümees sinnvoll?
- Literaturbelege oder ganze Zitate hinzufügen, die jeweils die zentralen Argumente oder Gegenargumente liefern;
- Absatzfunktionen und -folge festlegen (wie viele Absätze welcher Art werden für die einzelnen Schritte voraussichtlich benötigt?);
- entscheiden, ob die vorgesehenen Argumente stichhaltig und ausreichend sind und ob die Argumentation insgesamt trägt;
- abschätzen, ob der für den Abschnitt vorgesehene Umfang erreicht wird.

Einen in dieser Weise vorstrukturierten Text kann man auch mit weniger Aufmerksamkeit (z.B. abends) ausformulieren; da man sich die zeitraubende Suche nach Formulierungen zunächst spart, können schnell Fortschritte erzielt werden, die motivierend wirken. Arbeitet man mit anderen Personen zusammen, eignen sich vorstrukturierte Texte besonders gut, um die anfallende Arbeit aufzuteilen.

Schreibblockaden überwinden

Bei der **Analyse von Schreibblockaden** lässt sich feststellen, dass deren Ursachen fachlich-inhaltlicher, organisatorischer, psychosozialer oder soziostruktureller Natur sein können – da das Schreiben ein wesentlicher Bestandteil des Promotionsprozesses ist, ist es nicht verwunderlich, dass sich die gesamte Bandbreite der in Kapitel IV.8 skizzierten Ursachen für Promotionskrisen in Schreibhemmungen manifestieren kann. Die Schreibforschung ist sich weitgehend einig, dass Schreibhemmungen eher Symptome sind und nicht selbst die Ursache für Probleme darstellen. Schließlich haben Promovierende ihre Studienabschlussarbeiten in der Regel mit sehr gutem Erfolg abgeschlossen, sind also prinzipiell in der Lage, hochwertige Texte zu verfassen.

Da Schreibhemmungen also in der Regel nur der Ausdruck eines Problems sind, ist zunächst gründliche **Ursachenforschung** erforderlich. Dabei sollten Promovierende sich von der Schreibberatung an ihrer Universität – falls eine solche Einrichtung vorhanden ist – unterstützen lassen, denn die Suche nach Ursachen ist – für ungeübte Schreiber/innen – alles andere als einfach: »Was die Diagnostik erschwert, ist die Tatsache, dass Schreibhemmungen weder zeitstabil sind (eine Person kann z. B. zu einem bestimmten Zeitpunkt flüssig schreiben und zu einem anderen Zeitpunkt blockiert sein), noch bereichsübergreifend wirken (eine Person kann in einem Genre flüssig schreiben und in einem anderen gehemmt sein)« (Kruse/Jakobs 2003, S. 26 f.). Zudem gehen Schreibexperten davon aus, dass 60% der Schreibstörungen auf Probleme bei der Konzeptbildung zurückzuführen sind und sich nur 20% durch Schwierigkeiten bei der Formulierung erklären lassen (vgl. Keseling 1997).

Lernen kann man am besten von **Vorbildern**. Allerdings gibt es nur sehr wenige Studien zum Schreibverhalten von Wissenschaftlerinnen und Wissenschaftlern, die einen Einblick in die professionelle Textproduktion ermöglichen. Eine Ausnahme ist eine – allerdings schon länger zurückliegende – Umfrage unter 88 wissenschaftlich tätigen Psychologen, die viel publizieren. Die Ergebnisse stellt Hartley (1997, S. 101) wie folgt dar:

- vor dem Schreiben wird in der Regel ein **Grobplan** erstellt, an den man sich aber nicht unbedingt hält;
- Textabschnitte werden als **Sinneinheiten** komplett fertig gestellt, jedoch nicht unbedingt in der Reihenfolge, in der sie später im Text auftauchen;
- die Befragten ziehen es vor, immer **am selben Ort** bzw. an denselben Orten zu schreiben;
- die Befragten setzen sich **Schreibziele**;
- die Befragten tendieren dazu, **häufig** zu schreiben und jeweils kürzere Textteile zu bearbeiten, als lange Schreibsitzungen zu absolvieren;
- die Befragten tauschen mit Kollegen erste Textfassungen aus, um **Feedback** zu erhalten;
- die Befragten arbeiten meist langfristig mit denselben Kollegen und Bekannten zusammen.

Umfragen dieser Art geben immerhin erste Anhaltspunkte für die Charakterisierung erfolgreicher Schreibprozesse. Vergleichbare Studien zum Schreibverhalten von Promovierenden liegen bislang aber m.W. nicht vor. Aus diesem Grund und aufgrund der Heterogenität der Ursachen für Schreibprobleme sowie angesichts der Tatsache, dass sich pauschale Ratschläge angesichts der höchst unterschiedlichen individuellen Schreibpersönlichkeiten erübrigen, werden im Folgenden keine ›Patentrezepte‹ zur Überwindung von Schreibblockaden empfohlen. Die folgenden Ratschläge sind lediglich als **Hilfestellung** bei der Bestimmung der eigenen Schreibpersönlichkeit gedacht. Es handelt sich dabei um Tipps, die sich in der Beratungspraxis bewährt haben, auch wenn verschiedene Schreibtypen unterschiedliche Wege aus der Krise bevorzugen. Im Idealfall ist also die eine oder andere Anregung hilfreich:

- Versuchen Sie einen **Medienwechsel** vom Schreiben zum Reden oder Zeichnen. Kaufen Sie sich ein Diktiergerät oder ein Whiteboard oder benutzen Sie ein Mind-Mapping-Programm und versuchen Sie, komplexe Sachverhalte verbal zu formulieren oder zu visualisieren – beides schafft Distanz zum Text und hilft dabei, Probleme sprachlicher Natur (z. B. komplexe Beziehungsverhältnisse zwischen Variablen) zu lösen.
- Nutzen Sie Ihre Netzwerke und **kommunizieren** Sie über Ihre Arbeit. Bei länger anhaltenden Schreibhemmungen sollten Sie unbedingt die Person ins Vertrauen ziehen, die die Arbeit betreut.
- Auch der **Umgang mit Feedback** will gelernt sein. Hören Sie daher gut zu und gehen Sie nicht beim ersten Kritikpunkt zur Selbstverteidigung über. Wenn Sie das Feedback einer Person mehrmals als wenig konstruktiv empfinden, suchen Sie sich ein/e andere/n Leser/in.
- Suchen Sie sich nachahmenswerte ›**Schreib-Vorbilder**‹, an denen Sie sich orientieren. Dies können z. B. die (erfolgreich abgeschlossenen) Dissertationen von früheren Promovierenden Ihres/Ihrer Betreuer/in sein, oder generell wissenschaftliche Texte, die Sie für besonders gelungen halten.
- Schreiben Sie **frühzeitig und regelmäßig**, am besten täglich, von Beginn des Promotionsprozesses an – so bekommen Sie **Übung** im Schreiben und entwickeln eine Routine, die über Motivationskrisen hinweghelfen kann.
- Machen Sie sich Ihren eigenen **Perfektionsanspruch** bewusst und relativieren Sie ihn, indem Sie sich vor Augen führen: Die eingereichte Fassung können Sie für den Druck immer noch überarbeiten.
- Reflektieren Sie, **welche wissenschaftliche Operation** Sie in dem Teil der Arbeit durchzuführen versuchen, der Ihnen konkret Schwierigkeiten bereitet: Geht es darum, Begriffe zu definieren oder zu spezifizieren, Heterogenes zu sortieren, zu ordnen oder zu kategorisieren, oder streben Sie eine Unterscheidung bzw. einen Vergleich an? Machen Sie sich die unterschiedlichen Voraussetzungen und Anforderungen dieser Operationen klar.
- Versuchen Sie ab und an einen **Perspektivwechsel**: Schreiben Sie Rezensionen (s. Kap III.4) oder Artikel, schreiben Sie zur Neuorientierung ein **Abstract** Ihrer Dissertation oder aktualisieren Sie Ihr Exposé.
- Experimentieren Sie mit der **Arbeitsgliederung** – einfache Umstellungen können oft schon neue Ideen hervorbringen.
- Vermeiden Sie Enttäuschungen oder das Gefühl des Scheiterns, indem Sie zu hohe Ansprüche reduzieren und sich **realistische Schreibziele** setzen, die Sie (nicht unbedingt jedes Mal, aber doch manchmal) auch tatsächlich einhalten können.

- Kehren Sie **zum Anfang zurück**: Was war der ursprüngliche Antrieb, die erste Idee? Ist vielleicht Wichtiges auf der Strecke geblieben, oder hat sich das Projekt so weiterentwickelt, dass Sie grundlegende Aspekte neu bedenken müssen? Sind Sie mit der Entwicklung und dem Verlauf Ihrer Arbeit zufrieden?
- **Evaluieren** Sie Ihre aktuellen und bisherigen **Schreiberfahrungen** (z. B. die Studienabschlussarbeit, Rezensionen oder kleinere Artikel u. Ä.) – was hat Ihnen beim Schreiben geholfen, was nicht?
- Durch kritisches **Redigieren** und **Kürzungen** wird (fast) jeder Text besser!

Schreiben lernt man zwar sicher nicht dadurch, dass man Bücher darüber liest; dennoch können auch gut gemachte **Ratgeber** wichtige Funktionen erfüllen:

- **Ideengeber:** Auch wenn sich die Ratgeberliteratur fortlaufend selbst kopiert, findet man doch immer wieder brauchbare Hinweise und Tipps zur Strukturierung, Arbeitsplanung oder Argumentation.
- **Motivation:** Die Lektüre eines Schreibbuches kann über manche Schreibkrise hinweghelfen und zum Weiterschreiben ermuntern.
- **Beruhigung:** Es kann trotzdem durchaus sein, dass man keine brauchbare Anregung findet – in diesem Fall kann man sich in der Gewissheit zurücklehnen, nichts versäumt zu haben.

Ob man Schreibratgeber primär zur Anregung, Ablenkung oder als Nervennahrung konsultiert (oder lieber gar nicht), ist natürlich eine Typfrage. Wer keine Wunder erwartet und sich von den zahlreichen Überschneidungen zwischen den unterschiedlichen Ratgebern nicht abschrecken lässt, findet sicherlich einige Anregungen (vgl. z. B. die kommentierte Bibliografie in Sommer 2006, S. 137–143). Zu empfehlen sind etwa Brink (2005) mit sehr fundierten Informationen zu den Bereichen Literaturrecherche, -beschaffung und -beurteilung; Franck/Stary (2006), ein Sammelband, der einen guten Einstieg bietet; Kruse (2005), einer der Pioniere der Schreibberatung an deutschen Hochschulen; Pyerin (2003) mit einem Schwerpunkt auf der Überwindung von Schreibproblemen; und schließlich Sesink (2003). Zum Konzept der Absatzstruktur vgl. auch Aczel (2003, S. 51 ff.).

Literatur

Aczel, Richard: *How to Write an Essay*. Stuttgart 2003 [1998].

Braungart, Georg/Fricke, Harald/Grubmüller, Klaus/Müller, Jan-Dirk/Vollhardt, Friedrich/Weimar, Klaus (Hgg.): *Reallexikon der deutschen Literaturwissenschaft. Neubearbeitung des Reallexikons der deutschen Literaturgeschichte*. Berlin/New York 2007 [1997–2003].

Brink, Alfred: *Anfertigung wissenschaftlicher Arbeiten. Ein prozessorientierter Leitfaden zur Erstellung von Bachelor-, Master- und Diplomarbeiten in acht Lerneinheiten*. München 2005 [2004].

Eco, Umberto: »How I Write«. In: Ders.: *On Literature*. Translated by Martin McLaughlin. Orlando et al. 2004 [2002], S. 302–334.

Esselborn-Krumbiegel, Helga: *Von der Idee zum Text. Eine Anleitung zum wissenschaftlichen Schreiben*. Stuttgart 2004 [2002].

Flick, Uwe: *Qualitative Forschung. Eine Einführung*. Reinbek 2005.

Franck, Norbert/Stary, Joachim (Hgg.): *Die Technik wissenschaftlichen Arbeitens. Eine praktische Anleitung*. Paderborn 2006 [1977].

Furchner, Ingrid/Ruhmann, Gabriela/Tente, Christina: »Von der Schreibberatung für Studierende zur Lehrberatung für Dozenten«. In: Kruse, Otto/Jakobs, Eva-Maria/Ruhmann, Gabriele (Hgg.): *Schlüsselkompetenz Schreiben. Konzepte, Methoden, Projekte für Schreibberatung und Schreibdidaktik an der Hochschule*. Bielefeld 2003, S. 61–72.

Hartley, James: »Writing the Thesis«. In: Graves, Norman/Varma, Ved (Hgg.): *Working for a Doctorate. A Guide for the Humanities and Social Sciences*. London/New York 1997.

Jechle, Thomas: *Kommunikatives Schreiben. Prozeß und Entwicklung aus der Sicht kognitiver Schreibforschung.* Tübingen 1992.

Keseling, Gisbert: »Schreibstörungen«. In: Jakobs, Eva-Maria/Knorr, Dagmar (Hgg.): *Schreiben in den Wissenschaften.* Frankfurt a. M. u. a. 1997, S. 223–237.

Kruse, Otto: *Keine Angst vor dem leeren Blatt – ohne Schreibblockaden durchs Studium.* Frankfurt a. M. 2005.

Kruse, Otto/Jakobs, Eva-Maria: »Schreiben lehren an der Hochschule. Ein Überblick.« In: Kruse, Otto/Jakobs, Eva-Maria/Ruhmann, Gabriele (Hgg.): *Schlüsselkompetenz Schreiben. Konzepte, Methoden, Projekte für Schreibberatung und Schreibdidaktik an der Hochschule.* Bielefeld 2003, S. 19–34.

Pyerin, Brigitte: *Kreatives wissenschaftliches Schreiben – Tipps und Tricks gegen Schreibblockaden.* Weinheim/München 2003 [2001].

Schmidt, Siegfried J.: *Kalte Faszination. Medien, Kultur, Wissenschaft in der Mediengesellschaft.* Weilerswist 2000.

Sesink, Werner: *Einführung in das wissenschaftliche Arbeiten. Mit Internet – Textverarbeitung – Präsentation.* München 2003.

Sommer, Roy: *Schreibkompetenzen. Erfolgreich wissenschaftlich schreiben.* Stuttgart 2006.

Roy Sommer

7. Softwaregestützte Literaturverwaltung

Während der Themenfindungsphase einer Dissertation muss man eine große Menge von Literatur recherchieren, einsehen und querlesen, um einen Überblick über die bisherige Forschung zum eigenen Thema zu gewinnen und Ideen für die eigene Argumentation zu sammeln. Schreibt man später an den Teilkapiteln, benötigt man im richtigen Moment das passende Zitat oder die gewünschte These mitsamt den dazu gehörigen bibliografischen Angaben. Um zu vermeiden, dass man dieselben Arbeitsschritte mehrfach erledigen muss (Bibliografieren, Ausleihen, ggf. Fernleihen, Kopieren), sollte man möglichst schon zu Beginn der Promotionszeit ein gutes **System zur Literaturverwaltung** entwickeln: Dadurch spart man Arbeit, Zeit, Geld und Nerven.

Die konventionelle Lösung wäre ein **Zettelkasten**, zeitgemäßer sind jedoch eigens zur Literaturverwaltung entwickelte **Computerprogramme**, von denen es inzwischen eine ganze Reihe gibt und die gegenüber dem Zettelkatalog auch einige Vorteile aufweisen. Zwei der hierzulande am weitesten verbreiteten kommerziellen Literaturverwaltungsprogramme sind EndNote und Citavi, die sich sowohl im Anschaffungspreis, als auch hinsichtlich der Aufmachung und der angebotenen Features voneinander unterscheiden.

Der Klassiker unter den Literaturverwaltungsprogrammen ist **EndNote**, ein Programm, das momentan in der Version X vorliegt und sowohl für Windows als auch für Mac OS X erhältlich ist. Die drei wichtigsten Funktionen des englischsprachigen Programms betreffen die Literaturrecherche, die Literaturverwaltung sowie den Schreibprozess: Sehr hilfreich ist, dass man die bibliografischen Angaben zu einem Text nicht nur manuell in die vorgegebenen Textfelder (z.B. Autor, Titel, Jahr) eintragen kann, sondern über EndNote auch die Möglichkeit hat, direkt auf Onlinedatenbanken (z.B. Bibliothekskataloge) zuzugreifen und Datensätze dabei in die eigene EndNote-Bibliografie zu übertragen. Das erspart insbesondere bei größeren Recherchen sehr viel Zeit. Datenbanken, die nicht frei zugänglich sind, können zwar nicht direkt von Endnote aus ›angezapft‹ werden; man kann jedoch mit Hilfe von sogenannten Filtern recht einfach die auf konventionellem Wege recherchierten Informationen in eine EndNote-Datei importieren. Die bibliografischen Daten im engeren Sinne können in EndNote vielfältig ergänzt werden: Man kann Links zu Internetseiten, Bilddateien, eigene Notizen, Abstracts oder auch gleich den Volltext als lokal gespeicherte pdf-Datei hinzufügen.

Die Funktion »Cite while you Write« ermöglicht es, beim Schreiben in einem Textverarbeitungsprogramm auf EndNote zuzugreifen und so im Handumdrehen – bzw. per Mausklick – Quellenangaben einzufügen. EndNote kann dann nach Fertigstellung des Texts in Sekundenschnelle eine Bibliografie aller verwendeten Texte erzeugen, wobei zahlreiche Formatvorlagen für die Literaturverweise und die Bibliografie zur Auswahl stehen. Sehr praktisch ist, dass bei der Installation

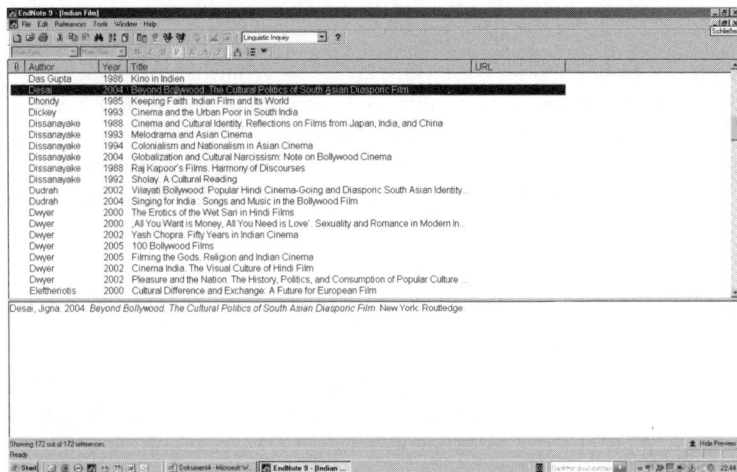

Endnote: Titelliste

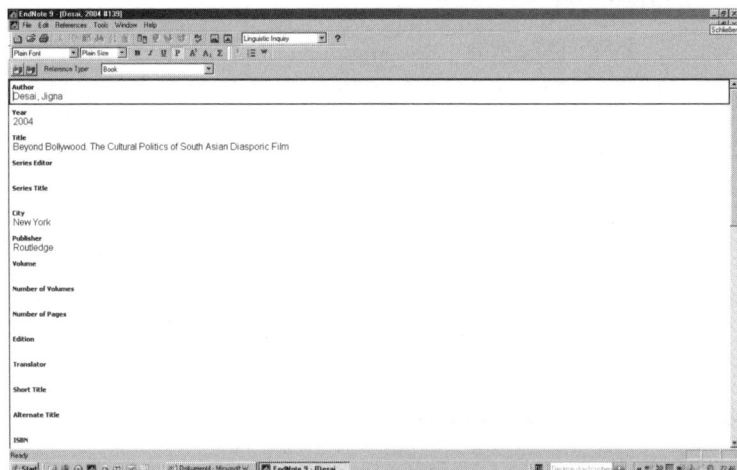

Endnote: Titelkartei

von EndNote in Microsoft-Word automatisch grafische Schaltflächen erzeugt werden, die eine direkte Verknüpfung von Word und EndNote herstellen.

EndNote wurde in einem naturwissenschaftlichen Kontext entwickelt, was man nicht nur den integrierten Beispielbibliografien und den umfangreichen auf der Homepage von EndNote angebotenen Bedienungshilfen (online Tutorials, Webinars) anmerkt, die zur Illustration Daten aus der Paläontologie verwenden. Auch die bereitgestellten Input-Filter (zum Import von Daten) und *output styles* (zur Formatierung der Literaturverweise und Bibliografien) orientieren sich überwiegend an naturwissenschaftlichen Konventionen. Dennoch ist Endnote problemlos für kultur- und geisteswissenschaftliche Arbeiten einsetzbar. Allen, die EndNote ausprobieren möchten, sei die kostenlose 30-Tage-Demoversion empfohlen. Die Vollversion kostet normalerweise ca. 190 €, die Studentenlizenz gibt es jedoch schon ab 105 €.

Mit 77 € noch etwas preisgünstiger ist die seit 2006 erhältliche deutschsprachige Software **Citavi**, eine Weiterentwicklung des kostenlosen Literaturverwaltungsprogramms LiteRat. Grundsätzlich orientiert sich Citavi im Funktionsumfang deutlich an EndNote, d.h. man kann auch mit Citavi Datenbanken durchsuchen, gefundene Daten importieren, bei der Textproduktion Literaturverweise einfügen und automatisch Bibliografien erzeugen. Außerdem verfügt Citavi über eine modernere Benutzeroberfläche, die allen Windows-Sozialisierten eine schnelle Orientierung und intuitives Verstehen ermöglicht, sowie einige nützliche Zusatzfunktionen: So umfasst jeder Eintrag übersichtliche Felder, um neben den bibliografischen Angaben und den Notizen zum Inhalt z.B. auch Angaben zum Standort oder – besonders hilfreich – wichtige Zitate festzuhalten und deren Kernaussagen zu spezifizieren. Für bei der Arbeit aufkommende Ideen ohne direkten Bezug zu einem Quellentext kann man auf das »Gedanken«-Fenster zurückgreifen, die Idee schnell notieren und sie dann später im Programmteil Wissensorganisation zusammen mit den Zitaten und Kernaussagen abrufen und sortieren. Diese Funktion kann bei der Bewältigung der Informationsmenge ebenso nützlich sein wie die in Citavi enthaltenen Hilfen zur Aufgabenplanung: Anstehende Arbeitsschritte können sowohl an konkrete Texte geknüpft oder allgemein formuliert werden, bei Bedarf kann man sich an Dringliches erinnern lassen. Eine weitere Zusatzfunktion, die zwar eine separate Installation erfordert, jedoch kostenlos ist, ist der ›Citavi Picker‹, mit dessen Hilfe man Internetseiten oder interessante Literaturangaben aus dem Internet per Mausklick als Titel in die eigene Literaturdatenbank aufnehmen kann.

Von Citavi gibt es ebenfalls eine kostenlose Testversion, die ein beschränktes Speichervolumen hat: Mit Citavi Free können in einem Projekt maximal 100 Datensätze angelegt werden. Für eine Dissertation braucht man daher wohl eine

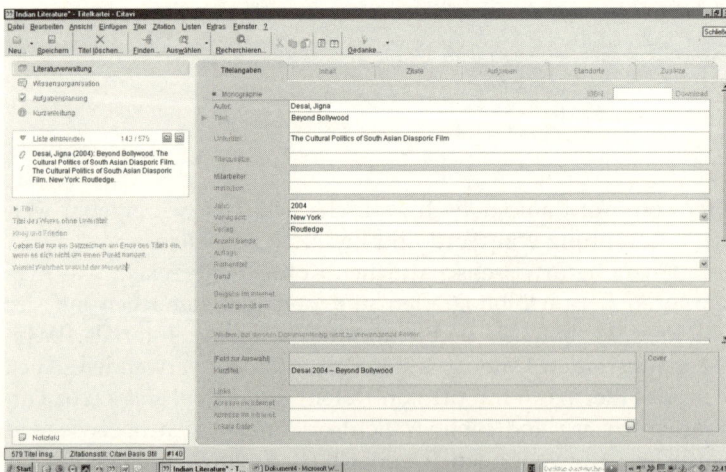

Citavi: Titelkartei

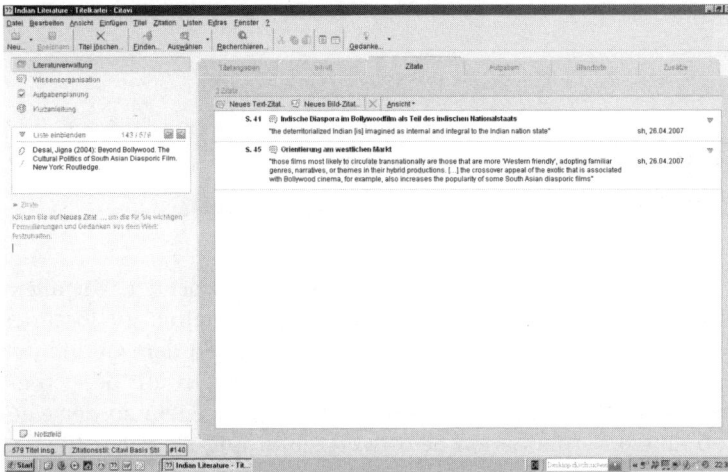

Citavi: Zitate

Vollversion, von denen die Citavi-Hersteller jeden Monat drei Stück an Studierende und Doktoranden verschenken; weitere Informationen zu »Citavi Grant« sowie zum Programm finden sich auf der Citavi-Homepage. Insgesamt ist Citavi zumindest für die Windows-Nutzer eine ernstzunehmende EndNote-Konkurrenz, wenn nicht gar eine vorzuziehende Alternative. Der einzige Haken betrifft wie so oft alle Mac-User: Auf ihren Computern läuft das Programm leider nicht.

Sandra Heinen

8. Krisen im Promotionsprozess: Formen, Ursachen, Handlungsoptionen

Jeder Promotionsprozess ist durch **Höhen und Tiefen** gekennzeichnet: Vor allem Arbeitsphasen, in denen ein für die Fragestellung der Dissertation zu lösendes Problem gärt und sich zuspitzt, sind von Unruhe, Frustration und dem Gefühl des Blockiert-Seins begleitet, da es aus Sicht des/der Promovierenden mit der Arbeit nicht voran zu gehen scheint. Dies führt in vielen Fällen zu Zweifeln an der eigenen Kompetenz und einem verminderten Selbstwertgefühl und ist daher für das Individuum zweifellos belastend. Dennoch handelt es sich um einen für die Promotion unabdingbaren Prozess, denn das Verfassen einer Dissertation ist – wie wissenschaftliches Arbeiten und das Schreiben von Texten generell – **ein kreativer Akt**, in dessen Verlauf **kritische Phasen »notwendige Begleiterscheinung«** sind (Fiedler/Hebecker 2006, S. 239). Trotz ihres unangenehmen Charakters bieten Krisen auch ein hohes Veränderungspotenzial: Häufig ermöglicht erst das krisenhafte Erleben einer Grenzsituation Wandel und Durchbruch.

Der ambivalente Charakter von Krisen wird in der Promotion als Übergangsphase besonders deutlich: Als »Teil der wissenschaftlichen Sozialisation an der Hochschule und [...] sozialer Prozess der Professionalisierung im Kontext wissenschaftlicher Bildung und Ausbildung« (Fiedler/Hebecker 2006, S. 249) markiert die Promotion den Übergang von der Ausbildungsphase des Studiums ins Berufsleben als eigenständige/r Wissenschaftler/in. Eine Promotion bietet dem/der Doktorand/in auf der einen Seite neue Chancen und Herausforderungen sowie die Möglichkeit, sich beruflich und persönlich zu entwickeln. Auf der anderen Seite ist die Promotion mit persönlichen und beruflichen Risiken verbunden. Die einer Gratwanderung zwischen Potenzial und Risiko im Forschungsprozess gleichende **Promotion** kann somit – wie z.B. auch die Habilitation und die sich anschließende Bewerbungsphase auf eine Professur – **selbst als krisenhafte Phase** in der (Wissenschafts-)Karriere beschrieben werden und beinhaltet »**Entwicklungskrisen und Anforderungskrisen**« (Klinkhammer 2004, S. 134).

Der **Rollenwechsel** von dem/der Student/in zum/zur Promovend/in verlangt (ebenso wie der von dem/der Nachwuchswissenschaftler/in zum/zur Habilitand/in oder Juniorprofessor/in) eine Auseinandersetzung mit der neuen Berufsrolle und den mit ihr verbundenen (Selbst- und Fremd-)Anforderungen sowie mit ihrem professionellen ›Habitus‹ im Sinne Pierre Bourdieus. Wie umstritten die Sicht auf die Promotion als Entwicklungsphase und die damit verbundene Rollenidentität von Promovierenden ist, zeigt nicht zuletzt die Debatte, ob die Promotion als dritte Phase des Studiums oder als erste Phase im Berufsleben als Forscher/in zu betrachten ist.

Als notwendiger Bestandteil im wissenschaftlichen Qualifizierungs- und Sozialisierungsprozess der Promotion sind Krisen demnach nur in seltenen Fällen als pathologisch einzustufen, sondern erfüllen produktive **Funktionen**. Fiedler und

Hebecker (2006, vgl. S. 238–242) unterscheiden insgesamt drei Krisen, die sie verschiedenen Phasen und Funktionen im Promotionsverlauf zuordnen:

- Am Ende der intensiven Phase der Einarbeitung in das Thema tritt in der Regel die »Materialkrise« auf. Sie führt zur **Abgrenzung und Konkretisierung des eigenen Forschungsvorhabens** und zur Einschränkung (oder ggf. auch Ausweitung) der Materialbasis bzw. der Fragestellung.

- Bei der späteren »Relevanzkrise« dagegen handelt es sich um eine Sinnkrise, die durch die Unsicherheit über die Relevanz des eigenen Forschungsanspruchs und der eigenen Forschungsergebnisse innerhalb der Wissenschaft und der Transferierbarkeit der gewonnenen Erkenntnisse auf den gesellschaftlichen, politischen oder wirtschaftlichen Bereich ausgelöst wird. Sucht man in dieser Phase verstärkt externes Feedback, kann diese Krise durch die **Klärung der Relevanz des eigenen Projekts** verhältnismäßig schnell und leicht behoben werden.

- Auch die in der Endphase der Dissertation übliche »Abschlusskrise«, die sich darin manifestiert, dass Promovierende die Arbeit am Manuskript nicht beenden können oder wollen, kann als Sinnkrise beschrieben werden. Im Unterschied zur Relevanzkrise ist die Ursache hier allerdings in den unklaren beruflichen Perspektiven und Möglichkeiten des/der Promovierenden zu suchen: »Viele Promovierende klammern sich an der Promotion fest, da die Arbeitsmarktsituation ungewiss ist. So entsteht eine paradoxe Situation, in der die Ungewissheit über die Zukunft zur Verzögerung bei der Abgabe der Arbeit führt und die Verlängerung der Bearbeitungszeit die Ungewissheit verstärkt.« (ebd., S. 241) Diese Krise kann durch eine **möglichst frühzeitige berufliche Orientierung und Zielfindung** vermieden werden (s. Kap. V.I).

Wenngleich Fiedlers und Hebeckers chronologische Systematisierung von Promotionskrisen durchaus plausibel ist und die drei Krisen im Regelfall tatsächlich in der von ihnen beschriebenen Reihenfolge auftreten, wird im Folgenden – im Sinne einer Anleitung zur Selbsthilfe – ein stärker handlungs- und problemlösungsorientierter Überblick über Promotionskrisen gegeben. Der Identifizierung des Problembereichs geht jedoch grundsätzlich die **Einschätzung des Ausmaßes einer Krise** voraus. Sollte dies Probleme bereiten, bieten sich externe Beratungsangebote wie Coaching oder Supervision an (s. Kap. II.4). Ob eine Blockade notwendiger und gewinnbringender Bestandteil des kreativen Forschungsprozesses ist und die mit ihr verbundenen negativen Emotionen daher ›einfach‹ auszuhalten und zu durchleben sind, oder ob die Blockade grundlegend bzw. längerfristig ist und den Erfolg des Forschungsprojekts gefährdet, kann nur im konkreten Fall entschieden werden.

Ein Anhaltspunkt für die Bewertung einer Krise ist, ob man sich selbst handlungsfähig fühlt. So wird eine Krise dann **pathologisch**, wenn ein Ungleichgewicht zwischen der subjektiven Bedeutung des Problems und den dem Individuum zur Verfügung stehenden Bewältigungsmöglichkeiten entsteht. In der Folge können produktive Möglichkeiten, die in der Krise stecken, nicht mehr genutzt werden. Auslöser für eine solche Blockade, die das Forschungsprojekt/-thema grundlegend betrifft, können beispielsweise darin bestehen, dass der/die Promovend/in zu Beginn des Projekts die zentrale Frage nach der eigenen Motivation nicht abschließend beantwortet hat (s. dazu Kap. II.1), oder dass die Beziehung zu dem/der

Betreuer/in so belastet ist, dass die Suche nach einer anderen Betreuungsperson notwendig erscheint. Wie die beiden Beispiele zeigen, wird im Anschluss an die Einschätzung des Ausmaßes einer Krise die Identifizierung ihrer Form(en) und Ursache(n) zentral, denn erst sie geben Anhaltspunkte für mögliche Lösungsstrategien.

Im Hinblick auf Formen und Ursachen werden nachfolgend ›fachlich-inhaltliche‹, ›organisatorische‹, ›psychosoziale‹ und ›soziostrukturelle‹ Problembereiche im Promotionsprozess unterschieden:

- Bei **fachlich-inhaltlichen Problemen** helfen häufig Ad-hoc-Lösungen, die keine umfassendere Verhaltensänderung, sondern lediglich einen verhältnismäßig geringen zeitlichen und psychischen Aufwand erfordern. Darunter fallen etwa die Aneignung von Computer- oder Recherchekenntnissen.
- Auch die Ursachen **organisatorischer Probleme**, z.B. ein defizitäres Projekt- und Zeitmanagement, hängen mit den individuellen Kompetenzen des/der Promovierenden zusammen. Sie sind allerdings weitaus komplexer als fachlich-inhaltliche Probleme. Eine von dem/der Einzelnen selbst herbeizuführende Verhaltensänderung ist daher nicht einfach, weist im Falle des Gelingens aber eine verhältnismäßig gute Erfolgsprognose auf, etwa die (Um-)Strukturierung des eigenen Arbeitsrhythmus – sei es durch die konsequente Beantwortung von E-Mails am Abend oder die Verbannung des eigenen Fernsehers in den Keller – oder die Organisation der Kinderbetreuung.
- **Psychosoziale Belastungen** dagegen, wie Rollenkonflikte mit dem/der Betreuer/in oder ein unausgewogenes Verhältnis von Arbeit und Privatleben, das aktuell meist unter dem Begriff ›Work-Life-Balance‹ verhandelt wird, können nicht vom Individuum allein behoben werden, sondern müssen zwischen den am Promotionsprozess direkt und indirekt Beteiligten ausgehandelt werden. Je nach Ausmaß der psychosozialen Belastung kann es ratsam sein, externe Beratungsangebote in Anspruch zu nehmen, z.B. Einzel- oder Gruppencoaching bzw. -supervision (s. Kap. II.4).
- Letzteres gilt auch für **soziostrukturelle Blockaden**, deren Ursachen in der Struktur der Wissenschaft als System liegen. Dazu sind beispielsweise aus der inhärenten Unsicherheit im universitären Karriereverlauf oder aus männlich geprägten Fachkulturen resultierende Blockaden zu zählen, die vom Individuum eine (oftmals nur schwer zu erreichende) Verhaltensanpassung verlangen.

Je nach Problembereich und Art der Ursache ergeben sich folglich Unterschiede im Handlungsbedarf bzw. verschiedene Handlungsoptionen und Ansatzpunkte für mögliche Problemlösungsstrategien.

Fachlich-inhaltliche Probleme

Krisen im fachlich-inhaltlichen Problembereich treten im Promotionsprozess unweigerlich auf. Sie bestehen beispielsweise in:
- der Suche nach einer **Betreuungsperson** (s. Kap. II.3)
- der **Themenwahl/-stellung** sowie Eingrenzung oder ggf. Ausweitung von Themenstellung und **Materialbasis** (s. Kap. IV.1 und IV.2)

- **der Gliederung** und **Strukturierung** der Arbeit (s. Kap. IV. 3 und IV.4)
- **dem Aufbau der Argumentation** und der **wissenschaftlichen Darstellung** (s. Kap. IV.5)
- **fehlenden Fertigkeiten und Routine(n)** z. B. im Hinblick auf Computerkenntnisse, Schreibtechniken oder Rechercheerfahrung (s. Kap. IV.6 und IV.7)

Der fachlich-inhaltliche Problembereich besteht überwiegend aus Entscheidungsprozessen, die nicht immer leicht zu bewältigen, aber doch in der Regel lösbar sind. Dabei kann es hilfreich sein, das Gespräch mit anderen Menschen zu suchen. Sollte der/die Betreuer/in als Ansprechpartner/in für eine drängende Frage nicht geeignet erscheinen, stehen Postdocs und andere Promovierende des eigenen Forschungsgebiets zumeist gern zur Verfügung. Dabei sollte man sich vor allem an diejenigen wenden, die bei derselben Person promovieren oder promoviert haben. Promovierende, die am Anfang der Dissertation stehen, noch keine/n Betreuer/in gefunden und bislang nur wenig Kontakte haben, können sich auch an eines der (über-)regionalen Promovierenden-Netzwerke wenden wie beispielsweise THESIS (s. Kap. I.2).

Obwohl fachlich-inhaltliche Probleme zumeist ›technisch‹ lösbar sind, ist es dennoch wichtig, sie ernst zu nehmen, da sie dem Kohärenzgefühl im Verhältnis zur eigenen Arbeit im Weg stehen können: Für ein erfolgreiches und zügiges Vorankommen ist dieses Kohärenzgefühl zentral, denn es besteht darin, einen Sinn im Thema oder Gegenstand der Forschungsarbeit zu sehen und grundlegend motiviert zu sein. Fachlich-inhaltliche Probleme hängen somit auch mit psychosozialen Aspekten zusammen (s. u.). Dies trifft auch auf den nachfolgend umrissenen organisatorischen Problembereich zu.

Organisatorische Probleme

Die im Promotionsprozess auftauchenden organisatorischen Probleme können auch als Anforderungen im Professionalisierungs- und Qualifizierungsprozess der Promotion aufgefasst werden, die es – wie bei jedem beruflichen Einstieg, Wechsel oder Aufstieg aufgrund der neuen oder zunehmenden Verantwortung und Arbeitsbelastung – zu meistern gilt. Da die Ratgeberliteratur für den organisatorischen Bereich sowie entsprechende Beratungs- und Dienstleistungsangebote bereits stark ausdifferenziert sind, beschränken sich die folgenden Ausführungen auf für Promovierende zentrale Aspekte:

- **Arbeitssituation**: Der Schreibtisch in der eigenen Wohnung kann, muss aber nicht der effektivste Arbeitsplatz sein – möglicherweise lassen sich Konzentrationsfähigkeit und Durchhaltevermögen in der Bibliothek oder, falls vorhanden, im Büro steigern.
- **Mobilität**: Ob es die Forschungsreise oder der Konferenzaufenthalt im In- und Ausland ist oder die mit dem Antritt eines Stipendiums bzw. einer Stelle verbundene Verlegung des Wohnsitzes bzw. Einrichtung eines Zweitwohnsitzes – von Promovierenden wird oft ein hohes Maß an Mobilität erwartet. Vor allem **Pendler/innen** müssen ihre Arbeit gut organisieren und strukturieren, indem sie z. B. Lese- oder Korrekturstoff mit auf Reisen nehmen, im Zug Ohrstöpsel

dabei haben – und ihr Arbeitspensum realistisch einschätzen lernen, da man auf Reisen selten so effektiv arbeiten kann wie zu Hause am Schreibtisch!

■ **Zeit**: Im Promotionsprozess ist der Zeitfaktor doppelt wichtig, da während der Arbeit an der Dissertation nicht nur Lebenszeit verstreicht, sondern die Dauer des Promotionsprozesses auch als Karrierefaktor wirksam wird. **Projekt- und Zeitmanagement** sind daher wichtige Kompetenzen, die Promovierende perfektionieren bzw. sich aneignen sollten (s. Kap. III.2). Bei Schwierigkeiten im Umgang mit dem Zeit- und Leistungsdruck, wenn die Selbstdisziplinierung versagt oder anderweitig arbeitsorganisatorische Hilfe benötigt wird, bietet es sich an, mit Kollegen und Kolleginnen eine Arbeitsgruppe zu bilden oder sich externe Unterstützung bei einem Coach oder einem/einer Supervisor/in zu suchen (s. Kap. II.4).

Mit dem Promotionsprozess verbundene organisatorische Probleme spielen wie schon der fachlich-inhaltliche Bereich für die individuelle Work-Life-Balance eine zentrale Rolle. Dennoch sind fachlich-inhaltliche und organisatorische Anforderungen und Probleme von psychosozialen Belastungen zu unterscheiden, da letztere erst durch die Erforschung ihrer Ursachen lösbar werden.

Psychosoziale Belastungen

Auch psychosoziale Belastungen bleiben im Promotionsprozess nicht aus. Sie haben zum Teil innere Ursachen. Ein Teil der Einflussfaktoren wirkt jedoch auch von außen belastend auf den/die Promovierende/n ein. Psychosoziale Problembereiche sind etwa folgende:

■ **Motivation**: Karriereplanung, persönliches Interesse, einem Vorbild nacheifern, Selbstverwirklichung, Freude am Forschen, Erwerb des Titels, etc. – die Gründe für das Schreiben einer Dissertation sind vielfältig. Promovierende sollten unbedingt die Frage klären, warum oder mit welchem Ziel sie eine Dissertation schreiben, und dadurch eine möglichst bewusste Entscheidung fällen. Wenn die Aufnahme einer Promotion hauptsächlich den Einstieg ins Berufsleben hinauszögert oder die Erwartungen anderer Menschen befriedigt, sollten Promovierende ehrlich zu sich sein und sich fragen, ob dies als Motivation für den wirklich nicht leichten Weg zum Ziel reichen wird (s. Kap. II.1).

■ **Persönliches Umfeld**: Promovierende sollten sich versichern, dass ihr Umfeld (vor allem Partner/in und Eltern) sie bei ihrem Vorhaben unterstützen. Sollte dies nicht der Fall sein, empfiehlt es sich, bei diesen Menschen um Verständnis zu werben und gemeinsam Lösungen für im Promotionsprozess auftauchende Probleme zu suchen.

■ **Gestaltung des Betreuungsverhältnisses zu Doktorvater bzw. Doktormutter**: Das Verhältnis zwischen Betreuer/in und Promovend/in ist nicht zuletzt aufgrund der strukturellen Abhängigkeit des/der Doktorand/in von Doktorvater/-mutter äußerst komplex. Bei Rollenkonflikten, anhaltenden kommunikativen Störungen oder wenn die Beratung und Betreuung als unzulänglich empfunden wird, sollten sich Promovierende entweder an das Graduiertenzentrum vor Ort wenden oder, sollte es ein solches nicht geben, die Inanspruchnahme externer Beratungsangebote erwägen (s. Kap. II.4).

- **Schreibblockaden:** Schreibblockaden sind als krisenhafte Symptome weit verbreitet und haben äußerst vielfältige Ursachen. Eine individuelle Ursachenforschung ist daher zur Lösung von Schreibblockaden unabdingbar (s. Kap. IV.6).
- **Emotionale Belastungen:** Eine Dissertation zu schreiben, erfordert Verzicht im Freizeitbereich, Durchhalte- und Durchsetzungsvermögen und bis zu einem gewissen Grad auch soziale Isolation. Mögliche Folgen sind Einsamkeit durch eine Reduzierung des Privatlebens oder der (ungewollte) Aufschub der Familiengründung und Einbußen bei der Lebensqualität. Die dem Promotionsprozess als Qualifizierung inhärente Unklarheit und Unsicherheit im Hinblick auf den Berufseinstieg sowie die weitere Zukunfts- und Karriereplanung kann zudem, vor allem in der Endphase der Dissertation, **Zukunftsängste** auslösen.

Der äußerst facettenreiche psychosoziale Problembereich spielt im Promotionsprozess eine entscheidende Rolle. Wenngleich derzeit eine Fülle von Ratgebern zur Vereinbarkeit von Familie und Beruf auf dem Markt ist, sind pauschale Ratschläge aufgrund der Komplexität der individuell verschiedenen Faktoren wenig hilfreich. Promovierende sollten jedoch dem Erreichen ihrer Work-Life-Balance ausreichend Aufmerksamkeit widmen, da sie der Schlüssel zu Leistungsfähigkeit und Leistungserfolg – nicht zuletzt im Promotionsprozess – ist.

Soziostrukturelle Blockaden

Neben fachlich-inhaltlichen und organisatorischen Problemen oder Blockaden, die mit der psychosozialen Situation des/der Einzelnen zusammenhängen, können Krisen im Promotionsprozess auch soziostrukturelle Ursachen haben. Insbesondere die folgenden, mit dem wissenschaftlichen Arbeiten grundlegend verknüpften Aspekte haben Anteil am Krisenpotenzial des Promotionsprozesses:
- **Risiken der akademischen Karriere:** Da Qualifizierungsstellen zeitlich begrenzt sind, Stellen für Akademische Räte immer seltener eingerichtet werden, alternative Absicherungen wie *tenure tracks* fehlen und die Lehrprofessur bislang lediglich diskutiert wird, ist der Aufstieg im Wissenschaftssystem mit einem hohen beruflichen Risiko verbunden. Für die Risikominimierung einer universitären Karriereplanung ist der frühzeitige Aufbau möglichst vieler und möglichst weitreichender **Netzwerke** von zentraler Bedeutung. Im Hinblick auf den außeruniversitären Arbeitsmarkt, auf dem Überqualifikation und Überalterung als Risikofaktoren wirksam werden, ist die **zweigleisige Karriereplanung** als risikominimierende Maßnahme während der Promotion anzusehen, die allerdings vielleicht nicht für jede/n eine Option ist und zudem ein äußerst ausgefeiltes Zeit- und Projektmanagement erfordert.
- **Suchtpotenzial des Wissenschaftssystems:** Klinkhammer (2004, S. 101) zufolge ist die Erwartung, dass Promovierende und Postdocs sich weiter und weiter qualifizieren, »ohne Garantien oder eine reale Einschätzung zu erhalten, dass sich dies im Sinne eines späteren Rufes zur Professor/in auch lohnt«, ein deutlicher Indikator für den ausgeprägten Suchtcharakter des (deutschen) Hochschulsystems. Die hohen Anforderungen im Hochschulbereich sind ebenso wie die scheinbare Unerreichbarkeit des Ziels für das Suchtpotenzial wissenschaftlichen Arbeitens verantwortlich: Um den riskanten und potenziell entbehrungs-

reichen Karriereweg überhaupt gehen zu können, müssen Unsicherheiten ausgeblendet und alle Entbehrungen durch das in der Zukunft liegende und dadurch gleichsam beständig aufgeschobene Ziel gerechtfertigt werden. Die Folgen können Selbstausbeutung und Realitätsverlust sein.

■ **Geschlechtsspezifische Barrieren:** Aktuelle Statistiken belegen, dass der **Frauenanteil** mit zunehmender Qualifikationsstufe im Vergleich zu den Vorjahren zwar weniger stark abnimmt, jedoch noch immer kontinuierlich sinkt. Dass Frauen trotz hoher Ausgangsqualifikation nur begrenzt Zugang zur ›Chefetage‹ des Wissenschaftssystems finden (der Frauenanteil unter Professor(inn)en liegt mit Ausnahme der Geisteswissenschaften unter 15%), lässt darauf schließen, dass ihnen an der Hochschule besondere Barrieren begegnen. Neben tradierten Rollenerwartungen vermittelt vor allem der **Mangel an gleichgeschlechtlichen Vorbildern in männlich geprägten Fachkulturen** Frauen in der Wissenschaft ein mangelndes Zugehörigkeitsgefühl. Als Hemmnis auf dem Weg zur Professorin wird die Wirksamkeit des Faktors Geschlecht auch an der Tendenz zur **gleichgeschlechtlichen Struktur informeller Netzwerke/Kontakte** erkennbar. Vor allem bei Führungspositionen führt die habituelle Ähnlichkeit mit dem/der Entscheider/in, bei dem/der es sich in der Mehrzahl der Fälle um einen Mann handelt, tendenziell eher zum Erfolg. Dem geschlechtsspezifisch geteilten Arbeitsmarkt Hochschule versuchen Instrumente zur Frauenförderung (s. Kap. II.6) entgegen zu wirken. Allerdings zeigt bereits die **Verschiebung von der Frauenförderung hin zu gleichstellungspolitischen Maßnahmen**, dass »diskriminierende Strukturen und Verhaltensweisen, die Frauen bestimmte Rollen zuweisen, […] auch eine Einengung und Benachteiligung von Männern [bedeuten], wenn diese nicht einem traditionellen Männerideal entsprechen können oder wollen, das auf völliger Aufopferung anderer Interessen im Dienste der Wissenschaft beruht« (Adams 2006, S. 93). Promotion und akademische Karriere beinhalten somit für Frauen und Männer mit Kinderwunsch und weniger traditionellem Rollenbild gleichermaßen ein hohes Krisenpotenzial.

Da Probleme im soziostrukturellen Bereich nicht vom Individuum allein gelöst werden können, sind die bisherigen Ausführungen als **erste Anregung zur Selbstreflexion** zu verstehen. Zur Vertiefung der Identifizierung soziostruktureller Gefüge im Wissenschaftssystem sowie der Reflexion der eigenen Rolle darin kann es hilfreich sein, sich Unterstützung im Rahmen **karriereorientierter Coachings bzw. Supervisionen** zu suchen (s. Kap. II.4). Abschließend sei darauf hingewiesen, dass die **soziostrukturellen** *Implikationen* des Hochschulsystems zwar z. B. noch immer dazu führen, dass Wissenschaftlerinnen selten Kinder haben. Statistiken belegen aber zugleich, dass Wissenschaftlerinnen mit Kind(ern) nicht weniger produktiv sind, z. B. weniger publizieren, als Wissenschaftlerinnen ohne Kind(er).

Die bisherigen Ausführungen gingen vom Ideal des Vollzeit-Promovierenden aus. Darüber hinaus gibt es jedoch auch Doktorandinnen und Doktoranden, die in Teilzeit – mit Kind oder im Beruf – promovieren. Für **Teilzeitpromovierende** resultiert aus der Orientierung der Wissenschaft »am Ideal des flexiblen, mobilen, möglichst mehr als Vollzeit arbeitenden Wissenschaftlers« (ebd., S. 96), das auf den in Einsamkeit und Freiheit lebenden, durch Ehefrau und Angestellte entlasteten Gelehrten des 19. Jahrhunderts zurückgeht, aus dem Leistungsanspruch und aus der finanziellen Unsicherheit durch befristete Beschäftigungsverhältnisse, ein ten-

denziell erhöhtes Krisenpotenzial. Dennoch gelingen auch Teilzeitpromotionen –
vor allem dann, wenn der/die Betreuer/in Verständnis für die besondere Heraus-
forderungslage des Promovierens in Teilzeit hat und seine/ihre Erwartungshaltung entsprechend anpassen kann. Zwar bieten die meisten Stipendienprogramme
Promovierenden, die ein Kind bekommen, eine Verlängerung bzw. Elternzeit an;
spezielle Stipendien oder geeignete Strukturen für Teilzeitpromovierende sind
zumindest in wirtschaftsfernen Fächern bislang jedoch eher eine Seltenheit. Es
bleibt abzuwarten, ob die Einführung eines Teilzeitstudiums im Zuge der Erhebung von Studiengebühren das Bewusstsein für die Situation von Teilzeitpromo-
vierenden erhöht und zu deren Verbesserung beiträgt.

Literatur

Adams, Andrea: »Promotion und Geschlechterverhältnis«. In: Koepernik, Claudia/Moes,
    Johannes/Tiefel, Sandra (Hgg.): *GEW-Handbuch Promovieren mit Perspektive. Ein Ratgeber
    von und für DoktorandInnen.* Bielefeld 2006, S. 93–102.
Fiedler, Werner/Hebecker, Eike: »Promotionskrisen und ihre Bewältigung«. In: Koepernik,
    Claudia/Moes, Johannes/Tiefel, Sandra (Hgg.): *GEW-Handbuch Promovieren mit Perspek-
    tive. Ein Ratgeber von und für DoktorandInnen.* Bielefeld 2006, S. 236–251.
Klinkhammer, Monika: *Supervision und Coaching für Wissenschaftlerinnen. Theoretische, empiri-
    sche und handlungsspezifische Aspekte.* Wiesbaden 2004.

Janine Hauthal

9. Die Vorbereitung auf die mündliche Prüfung

Die Abschlussprüfung ist die letzte große Hürde vor dem Erlangen des Doktortitels – die danach anfallende Überarbeitung des Manuskripts der Dissertation, die Verlagssuche und das Erstellen der Druckfassung sind vergleichsweise leicht zu bewerkstelligen. Da die Bewertung der Prüfungsleistung mit in die Endnote einfließt, lohnt sich eine gründliche Vorbereitung auf die **mündliche Promotionsprüfung**. Dadurch kann man zudem den Druck, der verständlicherweise in einer solchen Situation auf einem lastet, schon im Vorlauf reduzieren und so dafür sorgen, dass die letzte Prüfung der Promotionsphase kalkulierbar und im Idealfall für alle Beteiligten zu einem sehr positiven Erlebnis wird.

Die Vorbereitung beginnt damit, dass man die an der eigenen Fakultät vorgeschriebenen **Prüfungsmodalitäten** in der Promotionsordnung nachliest, sich beim Prüfungsamt und bereits Promovierten über zusätzliche individuelle oder institutionelle Konventionen informiert und strittige Fragen oder unklare Punkte, die es in vielen Promotionsordnungen gibt, mit autorisierten Personen klärt. Wichtig ist, dass dies schon zu Beginn der Promotionszeit geschieht, denn manche Promotionsordnungen verlangen z. B. den Besuch von bestimmten Veranstaltungen während der Promotionszeit oder einen Nachweis über Sprachkenntnisse (s. Kap. II.2). Promotionsvoraussetzungen dieser Art lassen sich nicht in kurzer Zeit nachholen und sollten daher beizeiten eingeplant werden.

Grundsätzlich werden **zwei Formen der mündlichen Prüfung** zum Abschluss des Promotionsverfahrens unterschieden: das Rigorosum (bzw. Kolloquium) und die Disputation (oder Verteidigung). Ob Promovierende zwischen Disputation und Rigorosum wählen können, ob sie wie in Dresden beides absolvieren müssen oder nur eine der beiden Prüfungsformen möglich ist, lässt sich den jeweiligen Promotionsordnungen entnehmen.

Beide Prüfungsformen werden von einer **Promotionskommission** abgenommen, die für jedes Promotionsverfahren eigens zusammengestellt wird. In der Regel sind die Gutachter/innen der Dissertation in der Promotionskommission vertreten sowie eine je nach Prüfungsform und -ordnung variierende Anzahl weiterer Wissenschaftler/innen, die eventuell auch von anderen Universitäten kommen können. Die Zusammenstellung der Promotionskommission erfolgt meist auf Vorschlag der Promovierenden. Man sollte sich daher rechtzeitig überlegen, welche Hochschullehrer/innen als Prüfer/innen in Frage kommen, und bei ihnen anfragen, ob sie bereit sind, an der Prüfung teilzunehmen.

Das **Rigorosum** (eigentlich *examen rigorosum* = strenge Prüfung) ist eine nicht öffentliche Prüfung, die den mündlichen Examensprüfungen zum Abschluss eines Studiums ähnelt. Dies hat vor allem mit der historischen Bedeutung dieser Prüfungsform zu tun: Lange Zeit war es üblich, zu promovieren, ohne das Studium zuvor formal abgeschlossen zu haben. Das Rigorosum war daher für Promovierende ohne Hochschulabschluss die gleichzeitige Abschlussprüfung des Studiums *und* der Promotion. Entsprechend werden im Rigorosum mehrere Fächer geprüft – neben dem Hauptfach, in dem die Dissertation geschrieben wurde, meist zwei Nebenfächer (alternativ auch zwei Hauptfächer). Manche Promotionsordnungen schreiben vor, dass auch in der Hauptfachprüfung nicht zum Dissertationsthema gefragt werden darf.

Die unterschiedlichen Fachprüfungen können entweder in einer langen gemeinsamen Prüfung oder in zwei bzw. drei getrennten Prüfungen innerhalb eines festgelegten Zeitraums (an der Philosophischen Fakultät der Universität Göttingen innerhalb eines Tages, an der Philosophischen Fakultät der Universität Düsseldorf innerhalb von zwei Wochen) stattfinden. Es ist meist möglich, die **Prüfungsthemen** vorab einzugrenzen. Erkundigen Sie sich auch diesbezüglich nach den allgemeinen Gepflogenheiten an Ihrer Institution und setzen Sie sich rechtzeitig mit den Prüfern und Prüferinnen in Verbindung, um entsprechende Absprachen zu treffen.

Während manche Promotionsordnungen (z.B. die der Philosophischen Fakultäten der Universitäten Freiburg und Heidelberg oder die der Sozialwissenschaftlichen Fakultät der Universität Göttingen) erst nach Abschluss des Promotionsverfahrens die Einsichtnahme in die Prüfungsakten (Gutachten zur Dissertation, Prüfungsprotokolle) erlauben, fordern andere (z.B. die Philosophische Fakultät der Universität Hannover oder die geisteswissenschaftlichen Fachbereiche der Justus-Liebig-Universität Gießen), dass der/die Doktorand/in in seinem/ihrem Disputationsvortrag nicht nur auf die Thesen der Dissertation, sondern auch auf die zur Dissertation erstellten Gutachten eingeht. In diesen Fällen hat der/die Doktorand/in das Recht auf vorherige **Einsichtnahme in die Gutachten**. Die Gutachten sind deshalb von großer Bedeutung, weil sie aus der Perspektive der Verfasser/innen Stärken und Schwächen der eingereichten Arbeit beschreiben und damit wahrscheinliche Fragen während der Disputation vorwegnehmen. Es empfiehlt sich daher unbedingt, von dem Recht auf Einsichtnahme Gebrauch zu machen.

Wie die Einsichtnahme im Einzelnen vor sich geht, ist in der Prüfungsordnung geregelt. Normalerweise gibt es eine mehrwöchige Frist, in der das Erstgutachten des Doktorvaters/der Doktormutter sowie das Zweitgutachten im Prüfungsamt oder Dekanat für die Professorinnen und Professoren der Fakultät oder des Fachbereichs ausliegen. Erhebt niemand Einspruch, beschließt die Prüfungskommission oder ein ähnliches Organ die **Annahme der Dissertation**. Danach können Promovierende die zu ihrer Dissertation erstellten Gutachten einsehen und bekommen mitunter bereits ihre Note mitgeteilt. Sind die Gutachten nur ohne Note einsehbar, geht diese oft aber aus den Beurteilungen hervor. Verfügt man über einen einigermaßen guten Kontakt zu den Betreuungspersonen, wird man in aller Regel bereits vorab informell über die Note informiert. Man sollte sich vorher erkundigen, ob es erlaubt ist, sich im Prüfungsamt Notizen zu machen (das Kopieren der Gutachten ist meist nicht zulässig); falls nicht, bringen Sie Ihr Kurzzeitgedächtnis auf Hochtouren und halten Sie alles wesentliche direkt nach Verlassen des Raumes schriftlich fest.

Eine **Disputation** ist, wie der Name bereits andeutet, im Gegensatz zum Rigorosum weniger eine Prüfung im konventionellen Sinne als ein wissenschaftliches Streitgespräch, in dessen Verlauf die zentralen Thesen und Ergebnisse der Doktorarbeit diskutiert werden. Ein solches ›Gespräch‹ verläuft dennoch natürlich nicht gleichberechtigt, weshalb der deutsche Begriff ›Verteidigung‹ treffender ist als die lateinische Bezeichnung. Eingeleitet wird eine Disputation meist von einem kurzen Vortrag des/der Promovierenden, in dem die die Hauptthesen der Dissertation zusammenfasst werden und der als Grundlage der sich anschließenden wissenschaftlichen Diskussion dient.

Rigorosum	Disputation (Verteidigung, Kolloquium)
Prüfungsgespräch	Vortrag des Prüflings mit anschließender Aussprache
Prüfung in mehreren Fächern (meist zum Hauptfach, in dem die Dissertation geschrieben wurde und zwei weiteren Nebenfächern)	Prüfung zum Thema der Dissertation und angrenzenden Wissensgebieten (eventuell auch zu anderen Teilgebieten des Fachs)
meist unter Ausschluss der Öffentlichkeit	in der Regel (fakultäts-)öffentlich

Obwohl das in einer Disputation überprüfte Fachwissen meist einen Bezug zur Doktorarbeit hat oder zumindest nur das Promotionsfach betrifft und man daher im Vergleich zum Rigorosum in der Vorbereitung weniger Lernstoff bewältigen muss, erfordert auch diese Prüfungsform eine sorgfältige Planung. Oft ist es üblich oder sogar vorgeschrieben, bereits vor der Disputation ein **Thesenpapier** mit den wichtigsten Ergebnissen der Dissertation an alle Mitglieder der Prüfungskommission zu verteilen. In manchen Fällen werden für die Disputation auch Thesen zu anderen Bereichen des Promotionsfachs gefordert. An der Philosophischen Fakultät der Universität Köln beispielsweise sind vor der Disputation drei Thesen einzureichen, von denen nur eine den Gegenstandsbereich der Dissertation betreffen darf.

Reicht man vor der Disputation Thesen ein, kann man damit den **Gesprächsverlauf steuern**. Durch die Wahl der Thesen werden thematische Schwerpunkte gesetzt, und streitbare Thesen werden in besonderem Maße Aufmerksamkeit auf sich ziehen. Ungewöhnliche Thesen sind daher kein Nachteil, sondern sogar zu empfehlen, da man als Prüfling Einwände vorhersehen und sich gut vorbereiten kann und das Streitgespräch zudem für die Prüfer/innen interessanter wird. Die Thesen sollten aber natürlich nicht zu gewagt, sondern so gewählt sein, dass man sie auch überzeugend begründen und vertreten kann.

Das zentrale Element einer Disputation ist der **Disputationsvortrag**, in dem der/die Doktorand/in die wichtigsten Thesen und Ergebnisse der Dissertation vorstellt. Man muss die in der Promotionsordnung vorgegebene Zeit für den Vortrag, die zwischen 15 und 30 Minuten betragen kann, unbedingt exakt einhalten. Unter anderem deshalb empfiehlt es sich, den Vortrag mehrmals probeweise laut vor Publikum vorzutragen. So kann man nicht nur die genaue Dauer des eigenen Vortrags feststellen und gegebenenfalls den Text an die Anforderungen anpassen, sondern auch eine lebendige Präsentationsform in angemessenem Sprechtempo mit klarer Intonation inklusive Blickkontakt mit dem Publikum einüben (zur Gestaltung von Vorträgen s. Kap. III.3). Inhaltlich sollte ein Disputationsvortrag sowohl adressaten- als auch situationsbezogen sein. Wahrscheinlich werden nur einige der Kommissionsmitglieder die Dissertation gelesen haben, weshalb es besonders wichtig ist, die wichtigsten Punkte der Arbeit klar und gut nachvollziehbar darzustellen. Der Vortrag sollte nicht zu speziell sein und Interesse am Thema wecken, ohne deshalb unwissenschaftlich zu sein. Hier ist eine sorgfältige Auswahl dessen gefragt, was in dem knappen zeitlichen Rahmen eines Disputationsvortrags angesprochen werden kann. Eventuell kann man die Interessen und Forschungsgebiete der Prüfer/innen berücksichtigen. Wie für das Thesenpapier so gilt auch für den Vortrag, dass er Anknüpfungspunkt für das sich anschließende Fachgespräch ist und dass Prüflinge ihn daher als Möglichkeit begreifen sollten, den Gesprächsverlauf zu lenken.

Die Fragen der Kommissionsmitglieder können aber auch über das Themenfeld der Dissertation hinausgehen – manche Promotionsordnungen schreiben dies sogar explizit vor. Um sich für das **Fachgespräch** im Anschluss an den Disputationsvortrag zu wappnen, sollte man sich an den schriftlichen Gutachten zur Dissertation orientieren, denn selten werden von den Gutachtern und Gutachterinnen in der Disputation ganz neue Kritikpunkte vorgebracht. Zur Vorbereitung auf die Fragen auch der anderen Prüfer/innen empfiehlt sich eine Profilanalyse der Interessensschwerpunkte aller am Prüfungsprozess Beteiligten (vgl. Stock et al. 2006, S. 159), um sich ein Bild von den Prüfern und Prüferinnen zu machen und sich insbesondere die Überschneidungen von deren Interessen mit dem eigenen Dissertationsthema vor Augen zu führen. Denn mit großer Wahrscheinlichkeit werden von den Prüfern und Prüferinnen Fragen aus diesen Bereichen gestellt.

Profilanalyse der Kommissionsmitglieder

Zur Vorbereitung auf eine mündliche Prüfung sollte man sich in erster Linie einen Überblick über die Forschungsschwerpunkte der Prüfer/innen verschaffen, indem man einige ihrer Publikationen einsieht und sich wiederkehrende Fragestellungen oder Themenschwerpunkte bewusst macht. Darüber hinaus kann es auch sehr hilfreich sein, sich bei anderen Promovierenden informell über das Kommunikationsverhalten der Kommissionsmitglieder zu informieren, damit man z.B. provokative Fragen oder eine Verweigerung des Blickkontakts in der Prüfungssituation schneller einordnen kann und sich dadurch nicht unnötig verunsichern lässt.

Egal ob Rigorosum oder Disputation: Das Ergebnis einer mündlichen Prüfung ist ebenso sehr eine Frage der Psychologie wie der wissenschaftlichen Leistung. Auch das sollte man bei der Vorbereitung berücksichtigen, indem man das eigene **Auftreten und Diskussionsverhalten** reflektiert und beispielsweise darauf achtet, weder unsicher noch arrogant, sondern freundlich und interessiert zu wirken. Da solche Dinge aus der Innensicht nicht immer leicht zu beurteilen sind, bespricht man sie ebenso wie die sich früher oder später stellende Frage nach der passenden Kleidung am besten mit Freunden.

Auch wenn man kein Prüfungsthema absprechen muss und die Prüfer/innen nicht selber bitten muss, an der Prüfung teilzunehmen, kann man von sich aus im Vorfeld der Prüfung **Kontakt** zu den Mitgliedern der Prüfungskommission aufnehmen und sich kurz vorstellen. Falls sich die Gelegenheit bietet, an mündlichen Promotionsprüfungen anderer Doktoranden/Doktorandinnen teilzunehmen, bevor man selbst an der Reihe ist, sollte man diese unbedingt wahrnehmen. Man bekommt so nicht nur einen Eindruck von der Gesamtsituation, sondern kann vielleicht sogar die eigenen Prüfer/innen schon einmal aus sicherer Warte beobachten.

Checkliste Disputation

- Prüfungsmodalitäten in Erfahrung bringen (Voraussetzungen, Fristen, Prozedere)
- mögliche Prüfer/innen wählen, Kontaktaufnahme
- Profilanalysen der Prüfer/innen durchführen
- Thesenpapier erstellen
- Disputationsvortrag schreiben und Vortrag (mündlich) einüben
- Informationen über üblichen Kleidungsstil einholen
- ggf. Feier im Anschluss an die Disputation organisieren (Sekt!)

Literatur

Gunzenhäuser, Randi/Haas, Erika: *Promovieren mit Plan. Ihr individueller Weg, von der Themensuche zum Doktortitel*. 2. Aufl. Opladen 2006.

Knigge-Illner, Helga: *Der Weg zum Doktortitel*. Frankfurt a. M./New York 2002.

Murray, Rowena: *How to Survive Your Viva. Defending a Thesis in an Oral Examination*. Maidenhead 2003.

Petri, Stefan: »Disputation oder Rigorosum? Abschluss der Promotion«. In: Koepernik, Claudia/Moes, Johannes/Tiefel, Sandra (Hgg.): *GEW-Handbuch Promovieren mit Perspektive. Ein Ratgeber von und für DoktorandInnen*. Bielefeld 2005, S. 294–300.

Stock, Steffen/Schneider, Patricia/Peper, Elisabeth/Molitor, Eva (Hgg.): *Erfolgreich promovieren. Ein Ratgeber von Promovierten für Promovierende*. Berlin et al. 2006.

Sandra Heinen

V. Promotion und Karriere

1. Berufsperspektiven für Promovierende

Unter der Überschrift »Dr. phil. ist besser als sein Ruf« veröffentlichte die Wochenzeitung *Die Zeit* ein Interview von Alexandra Werdes mit dem Berufsforscher Jürgen Enders. Darin stellt dieser die von der DFG unterstützte Kasseler Promoviertenstudie vor, die auf der Befragung von über 2200 Promovierten unterschiedlicher Fächer beruht (vgl. Enders/Bornmann 2001). Die Ergebnisse geben **Anlass zu Optimismus**: Der Arbeitslosenanteil unter den Promovierten war gering, und Praxisferne oder Überqualifikation wirkten sich in geringerem Maße auf die Berufschancen der Promovierten aus als gemeinhin angenommen. Insgesamt also konnte Enders ein positives Fazit ziehen:

> Finanziell zahlt sich diese Bildungsinvestition nicht bei allen aus, dafür führt sie oft in inhaltlich interessante Arbeitsbereiche. Die Promovierten sind hoch zufrieden mit ihrer derzeitigen Tätigkeit. Nur sieben Prozent würden nicht wieder promovieren. Generell gilt: Promovierte haben die besseren Aufstiegschancen. Sie machen nicht unbedingt Karriere; aber häufiger. (Werdes 2001, o.S.)

In seiner wissenschaftlichen Auswertung der Ergebnisse der Kasseler Promoviertenstudie verweist Enders (2002, S. 230) auf **fachspezifische Besonderheiten**: »So beträgt die durchschnittliche Dauer von Arbeitslosigkeitsphasen in den ersten neun bis zehn Jahren nach der Promotion 7 Monate für die Elektrotechniker und Wirtschaftswissenschaftler, aber 14 Monate für Germanisten, Politikwissenschaftler und Soziologen.« Auch die Berufsaussichten hängen von der Fachrichtung ab:

> Soziologen treffen zwar – ebenso wie Biologen, Germanisten und Politikwissenschaftler – auf größere Probleme bei der Beschäftigungssuche als die Promovierten der anderen untersuchten Fächer. Im Vergleich zu ihren nicht-promovierten Fachkollegen besitzen sie aber deutliche Vorteile. So finden promovierte Soziologien nach der Promotion – und wir betrachten hier nur diejenigen, die sich tatsächlich auf die Beschäftigungssuche begeben haben – deutlich schneller Beschäftigung als ihre nicht-promovierten Fachkollegen nach dem Universitätsabschluss. (ebd.)

Einschränkend ist allerdings hinzuzufügen, dass Enders zufolge zeitlich befristete Verträge, freiberufliche Tätigkeiten oder Teilzeitanstellungen gerade in den ersten Jahren nach der Promotion weit verbreitet sind. Diese unattraktiveren Beschäftigungsverhältnisse nehmen im Lauf der Jahre ab, Festanstellungen hingegen zu (vgl. ebd., S. 231). Auch wenn nicht immer bzw. nicht sofort der Traumjob wartet, eine Erkenntnis, die heutzutage für die meisten Arbeitsuchenden in beinahe allen Branchen gilt, kann der Doktortitel insgesamt durchaus als eine **gute Investition** in die weitere berufliche Laufbahn angesehen werden.

Diese Einschätzung bestätigen die weiteren Ergebnisse der Kasseler Promoviertenstudie, die unter promovierten Soziologen mit Beschäftigung innerhalb und außerhalb der Universität auch eine **Klassifikation nach Berufsgruppen** vorgenommen hat. Gesondert aufgeführt werden Führungskräfte Hochschule (Professuren), Mittelbauvertreter, Führungskräfte in öffentlichen Einrichtungen, Mitarbeiter in öffentlichen Einrichtungen, Führungskräfte im privaten Sektor und Selbstständige bzw. Freiberufler. Das Ergebnis, das sich mit Einschränkungen auch auf andere Fächer übertragen lässt (Wirtschaftswissenschaftler etwa sind der Kasseler Studie zufolge erfolgreicher, Germanisten weniger erfolgreich als Soziologen), macht Promovierenden durchaus Mut: »Der Doktortitel ist immer noch ein angesehener Abschluss auf dem deutschen Arbeitsmarkt« (Werdes 2001, o.S.).

Allerdings verweist Enders auch auf die besondere **Bedeutung zusätzlicher Schlüsselqualifikationen** im späteren Berufsleben (s. Kap. III.1). Nachgewiesene Führungsqualitäten sowie Teamfähigkeit, Kompetenzen im EDV-Bereich, Präsentationstechniken und Fremdsprachenkenntnisse wurden von den Befragten als besonders wichtig erachtet. Zudem wurden erhebliche Defizite in diesen Bereichen festgestellt. Die Ergebnisse der Kasseler Promoviertenstudie decken sich in dieser Hinsicht mit denen der Promoviertenbefragung des Gießener Graduiertenzentrums Kulturwissenschaften. So wurden Praktika zur Weiterqualifizierung von ehemaligen Promovierenden mit Nachdruck empfohlen (s. die Absolventenbefragung in Kap. V.2).

Die Promotion sollte also nicht nur in wissenschaftlicher Hinsicht als Qualifizierungsphase genutzt werden, sondern auch der Vorbereitung auf die Anforderungen des Arbeitsmarktes dienen. Die **berufliche Zielfindung** und der Weg zum **Berufseinstieg** gestalten sich aufgrund der unterschiedlichen Voraussetzungen zwar sehr individuell. Dennoch lassen sich einige Schritte und Maßnahmen benennen, für die auch neben der Arbeit an der Dissertation noch genügend Zeit bleibt. Dazu zählen

- das frühzeitige Ausloten der eigenen Interessen sowie die sorgfältige Abwägung der eigenen **Stärken und Schwächen,**
- die gründliche Information über **mögliche Berufsfelder und Tätigkeitsbereiche,**
- das Sammeln von **Praxiserfahrungen** im angestrebten Bereich,
- der **Aufbau von Kontakten** zu ehemaligen Promovierenden und potenziellen Arbeitgebern,
- die Auseinandersetzung mit **Bewerbungsstrategien,**
- das Zusammenstellen und die kontinuierliche Überarbeitung der **Bewerbungsunterlagen,**
- das regelmäßige **Beobachten des Stellenmarktes** sowie
- die Vorbereitung von **Initiativbewerbungen.**

Eine grundsätzliche Entscheidung sollte man so früh wie möglich treffen: Strebt man eine wissenschaftliche Karriere an, oder will man sich nach der Promotion beruflich ein neues Betätigungsfeld suchen?

Wissenschaftliche Karriere?

Diese Entscheidung ist deshalb von zentraler Bedeutung, weil in der Wissenschaft andere **Anforderungen und Erfolgskriterien** gelten als etwa in Wirtschaftsunternehmen. Da in der Postdoc-Phase zahlreiche Konkurrenten um die begehrten Stipendien und Assistentenstellen ein ›summa cum laude‹ vorweisen können, wird man sich mit einer schlechteren Note schwer tun. In der Wirtschaft spielt hingegen die Benotung der Dissertation keine Rolle. Die meisten Gesprächspartner (die ja in der Regel nicht promoviert sind) wissen dort nicht einmal, dass bei der Promotion eine Note verliehen wird – Titel ist Titel. Grundlegende Unterschiede gibt es auch hinsichtlich der Arbeitsweise. Während wissenschaftliche Forschung Gründlichkeit, methodisches Vorgehen und langfristiges, kontinuierliches Arbeiten verlangt, stehen außerhalb der Universität oft das Erreichen kurzfristiger Ziele und die Fähigkeit zur schnellen Anpassung an neue Herausforderungen im Vordergrund. Wie der Erfolg zustande gekommen ist, ist zweitrangig – Hauptsache ist, dass das Ergebnis stimmt.

Da klassische Mittelbaustellen (akademische Räte) nur selten ausgeschrieben werden, wird an deutschen Universitäten traditionell eine Karriere in der Wissenschaft mit der Berufung auf eine Professur gleichgesetzt. Durch die Einführung der Juniorprofessur oder der Stellen als Nachwuchsgruppenleiter im Emmy Noether-Programm haben sich zunehmend Qualifizierungswege etabliert, die auch in der *scientific community* als gleichwertige Alternative zur Assistentenstelle akzeptiert werden. Zudem wird die Einführung einer neuen Personalkategorie (›lecturer‹) unterhalb der Professur diskutiert. Da Entscheidungen darüber noch ausstehen, ist das **Ziel der Qualifizierung** in der Postdoc-Phase (mit oder ohne Habilitation) in der Regel nach wie vor die Professur (s. auch Kap. V.3).

Natürlich kann man auch mit einem ›cum laude‹ in der Wissenschaft Karriere machen, eine längere Promotionsdauer bedeutet nicht unbedingt das Aus, und man muss nicht unbedingt als studentische Hilfskraft oder wissenschaftliche/r Mitarbeiter/in Erfahrungen gesammelt haben, um später auf eine Professur berufen zu werden. Dennoch erhöhen die genannten **Kriterien** die Chancen auf eine erfolgreiche Laufbahn innerhalb der Hochschule:

- sehr guter Studienabschluss und hervorragende Dissertation (summa cum laude)
- Abschluss der Promotion möglichst innerhalb der vom Wissenschaftsrat und der DFG empfohlenen Drei-Jahres-Frist (bei einer Finanzierung durch Stipendium, vier Jahre für wissenschaftliche Mitarbeiter)
- wissenschaftliche Reputation des Doktorvaters/der Doktormutter bzw. der Betreuer/innen der Dissertation
- gute persönliche Beziehungen zum Doktorvater/zur Doktormutter und den Betreuern/Betreuerinnen (auch wenn dieser Aspekt selten offen thematisiert wird, hängt die Förderungsbereitschaft durch die eigenen ›peers‹ natürlich davon ab, wie man sich mit ihnen versteht)
- Einbindung in fachliche Netzwerke durch Mitgliedschaft in wissenschaftlichen Gesellschaften
- ausgewogenes Verhältnis zwischen wissenschaftlicher Spezialisierung und fachlicher Breite in den eigenen Forschungsprojekten und Publikationen
- ›akademischer‹ Lebenslauf (Hilfskraftstelle oder Studienstipendium eines Begabtenförderungswerkes, Mitarbeiterstelle oder Promotionsstipendium)

Neben diesen Kriterien lassen sich zahlreiche **wissenschaftsrelevante Zusatzqualifikationen** benennen, die bei Stellenausschreibungen für Professuren von den Bewerberinnen und Bewerbern erwartet werden. Auch hier müssen nicht alle

Aspekte im eigenen Lebenslauf nachzuweisen sein, wenn die Bewerbung erfolgreich sein soll – allerdings erhöhen nachweisbare Leistungen und Erfahrungen in den genannten Bereichen die Wahrscheinlichkeit des beruflichen Erfolgs innerhalb der Wissenschaft:

- Lehrerfahrung,
- Prüfungserfahrung,
- Mitarbeit in Gremien,
- Mitarbeit an der Konzeption neuer Studiengänge,
- Mitwirkung an interdisziplinären Forschungsprojekten,
- Auslandserfahrung,
- Erfahrungen bei der Drittmitteleinwerbung und der Durchführung von Drittmittelprojekten.

Zu guter Letzt kommt neben diesen Kriterien und Zusatzqualifikationen noch eine Hürde ins Spiel, die selbst der beste Lebenslauf nicht ohne eine gehörige Portion Glück überwinden kann: die Situation auf dem akademischen Arbeitsmarkt zum Zeitpunkt der eigenen Stellensuche. Wie bei den Lehrern an Schulen gibt es auch im Hochschulbereich **Generationenwechsel**, die ›Besetzungswellen‹, aber auch Flauten nach sich ziehen: Während in manchen Jahren zahlreiche Institute nach Pensionierungen ›runderneuert‹ werden, kommt es durchaus vor, dass jahrelang kaum freie Stellen ausgeschrieben werden. Hat man das Pech, in eine solche Flaute zu geraten, muss man sich entweder doch beruflich anderweitig orientieren, oder einen Umweg in Kauf nehmen: Eine durchaus reizvolle Alternative bietet der (vorübergehende) Weg ins Ausland, der – entgegen weit verbreiteten Vorurteilen – nicht nur Naturwissenschaftlern offen steht, sondern auch für promovierte Geisteswissenschaftler attraktiv sein kann.

Alternative Ausland

Wer sich über den internationalen Stellenmarkt für Akademiker/innen informieren möchte, findet im Internet eine Vielzahl von Jobbörsen. Zu empfehlen sind die britischen Seiten www.jobs.ac.uk (dort finden sich unter der Rubrik ›PhD studentships‹ auch Stipendienausschreibungen für Promovierende) und www.vacancies.ac.uk. Dieser durch Anzeigen finanzierte Service ist für Arbeitssuchende kostenlos. Für die USA ist www.h-net.org/jobs/zu empfehlen, eine Jobbörse mit Ausschreibungen aus den Bereichen ›History and the Humanities‹, ›Social Sciences‹ und ›Rhetoric and Composition‹. Von den Nutzern wird eine Spende von 10 USD erbeten.

Mit welcher Stellensituation man selbst beim Abschluss der eigenen wissenschaftlichen Qualifizierungsphase rechnen muss, ist nur schwer abzuschätzen. Sind die eigenen Betreuer/innen gut etabliert, vermögen sie die Altersstruktur der Professoren und Professorinnen ihres Faches einigermaßen zuverlässig zu beurteilen. Zudem empfiehlt es sich, von Beginn des Studiums an regelmäßig den **akademischen Stellenmarkt** zu verfolgen. Alle relevanten Stellen werden in der Wochenzeitung *Die Zeit* ausgeschrieben. Nach der Promotion lohnt sich eine Mitgliedschaft beim Deutschen Hochschulverband (DHV), zu dessen Leistungen ein regelmäßiger Stellenservice zählt (zu »Qualifizierungswegen in der Postdoc-Phase« s. Kap. V.3).

Generell sollten sich Promovierende, die nach Auslaufen ihrer Stelle oder ihres Stipendiums eine Fortsetzung ihrer wissenschaftlichen Tätigkeit in der Postdoc-Phase anstreben, auf eine **Übergangszeit ohne Finanzierung** einstellen. In einer Studie zu den Erfahrungen und Werdegängen ehemaliger DFG-Stipendiaten/Stipendiatinnen untersuchen Enders und Mugabushaka (2004) speziell die berufliche Situation des wissenschaftlichen Nachwuchses. Festgestellt wurde u.a. ein Anstieg der durchschnittlichen Arbeitslosigkeit zwischen dem Ende der Promotion und dem Beginn der Förderung durch ein Postdoc-Stipendium der DFG von 5,6 Monaten (Förderkohorte 1986/87) auf 7 Monate (1996/97). Es zeigt sich auch, dass die Stipendien selbst oft zur Überbrückung der Phase zwischen dem Ende des Promotionsverfahrens und dem Einstieg in den Beruf genutzt werden: In 18% der untersuchten Fälle wurde das Postdoc-Stipendium vorzeitig zurückgegeben oder gar nicht angetreten. In ihrem Kommentar zu den Ergebnissen der Studie aus Sicht der DFG bestätigt Scholz (2004) die Einschätzung der Verfasser, wonach die DFG den Übergängen zwischen den einzelnen Phasen einer wissenschaftlichen Karriere künftig besondere Beachtung schenken sollte.

Berufliche Orientierung: Career Services für Promovierende

Fällt die persönliche Entscheidung gegen eine Verlängerung der wissenschaftlichen Laufbahn über die Promotion hinaus, ist es ratsam, sich nicht nur an den Kriterien wissenschaftlicher Exzellenz zu orientieren, sondern auch die **Erwartungen prospektiver Arbeitgeber** und die **Aufgabenprofile** möglicher Stellen im Blick zu behalten. Da promovierte Geistes- und Sozialwissenschaftler/innen in einer Vielzahl von Bereichen und Funktionen Beschäftigung finden, lassen sich hier nur allgemeine, von Ehemaligen immer wieder positiv hervorgehobene Aspekte anführen. Dazu zählen u.a.

- eine möglichst kurze Promotionsdauer (Thema und Note spielen eine untergeordnete Rolle)
- Praxiserfahrungen vor oder während der Promotionsphase (Praktika, Hospitanzen etc.)
- Sammeln von Nachweisen über während der Promotionsphase erworbene zusätzliche Schlüsselqualifikationen
- Fokus auf den Erwerb und Nachweis rhetorischer, kommunikativer und didaktischer Kompetenzen sowie von Präsentations- und Vermittlungskompetenz
- Arbeitsmarkt beobachten
- während der Promotionsphase Initiativbewerbungen schreiben
- die eigenen Fähigkeiten und Kompetenzen in die Sprache der prospektiven Arbeitgeber »übersetzen« und das eigene Profil zu definieren versuchen
- an der Selbstvermarktung und am eigenen Auftreten feilen (Verhandlungssicherheit, Selbstbewusstsein, Reduktion komplexer Zusammenhänge auf das Wesentliche)

In vielen der genannten Bereiche kann man selbst das eigene Profil verbessern. Wer eine Tätigkeit außerhalb der Wissenschaft anstrebt, sollte nicht allzu großen Perfektionismus pflegen, sondern das Projekt Promotion pragmatisch angehen und durchführen. Viele der genannten Kernkompetenzen lassen sich durch **Unter-**

richts- und Vortragserfahrung nachweisen. Auch das kontinuierliche Beobachten des Arbeitmarkts kann man ohne größeren Aufwand zur Routine machen. Der Wissenschaftsladen Bonn e.V. stellt in einem wöchentlich erscheinenden Informationsheft mit dem Titel *Arbeitsmarkt Bildung, Kultur und Sozialwesen* **aktuelle Stellenangebote** für Geisteswissenschaftler/innen in ganz Deutschland zusammen. Die Mitarbeiter/innen des Wissenschaftsladens werten dazu Tages- und Wochenzeitschriften, Fachzeitschriften und Internetportale aus, so dass man als Abonnent jeden Donnerstag über rund 300 offene Stellen informiert wird. Die Kosten für das Abonnement mit einer Mindestlaufzeit von drei Monaten betragen 46,20 € im Quartal. (http://www.wilabonn.de/)

In anderen Bereichen, in denen objektives und professionelles Feedback erforderlich oder zumindest von Vorteil ist, empfiehlt sich der Besuch berufsorientierter Veranstaltungen, wie sie von Career Services angeboten werden (s. u.). Auch eine **individuelle Beratung** durch das »Team akademische Berufe« der örtlichen Agentur für Arbeit ist in der Phase der beruflichen Zielfindung zu empfehlen.

Besonders wichtig für die eigene Wirkung nach außen ist die Fähigkeit der präzisen und konzisen Darstellung komplexer Zusammenhänge, die im Filmgeschäft als ›**Pitching**‹ bezeichnet wird. Promovierende sollten in der Lage sein, die zentralen Gegenstände ihres Faches und die Problemstellung ihrer Doktorarbeit in wenigen Worten so zusammenzufassen, dass ihr Gegenüber (z.B. die fachlich völlig unkundige Vertreterin der Personalabteilung eines großen Unternehmens) das Projekt interessant findet. Dies ist umso schwieriger (und zugleich umso wichtiger), je exotischer die Disziplin oder das Dissertationsthema sind. Eine solche Kurzdarstellung kann und soll nicht in allen Details wissenschaftlich korrekt sein, sondern signalisieren, dass man über kommunikative Kompetenz verfügt und den **Perspektivenwechsel** vollziehen kann, der die Voraussetzung für die erfolgreiche Bewältigung schwieriger Kommunikationssituationen ist (z.B. Mitarbeitergespräche, Vertragsverhandlungen oder Pressekonferenzen).

»Humankapital«, »Filteranlagen« und »Ersatzsignale«:
Der Doktortitel aus der (wirtschaftswissenschaftlichen) Außenperspektive

Wie sollen Arbeitgeber bei der Auswahl von Führungskräften deren Fähigkeiten und Einstellungen, also ihr »Humankapital« (Franck 2005, S. 6 f.) einschätzen? Neben der Einrichtung immer komplexerer Auswahlverfahren (Assessment-Centers) und Schutzmechanismen wie der Befristung von Arbeitsverträgen, achten Arbeitgeber auf »Ersatzindikatoren« (ebd.) wie den Doktortitel, die auch als »Signale« (ebd.) bezeichnet werden. Die Universitäten erscheinen aus dieser Perspektive als »Filteranlagen« (ebd.), die ihre Absolventen in »Güteklassen« (ebd.) einteilen. Bildungsabschlüsse fungieren also als »Talentsignale« (ebd.), deren Qualität davon abhängt, ob bzw. in welchem Maße potenzielle Arbeitgeber auf die »Filterleistung« (ebd.) der Universitäten vertrauen und von Signalen wie dem Doktortitel auf »nicht inspizierbares Humankapital« (ebd.) schließen. Qualitätsmerkmale sind »Peer-Effekte« (ebd.), Ablehnungsquoten und Absolventenerfolg, deren Verteilung von den Merkmalen des Bildungssystems abhängt. Im internationalen Vergleich erscheint das deutsche Hochschulsystem traditionell als »Bürokratie ohne Elitesegment« (ebd., S. 11) mit einem »Monitoring vorgegebener Qualitätsdifferenzen durch den Staat« (ebd., S. 9), das sich von einem hierarchischen Bildungsmarkt nach dem Vorbild der USA mit starken Differenzen unter den Hochschulen hinsichtlich Qualität und Reputation stark unterscheidet – insbesondere hinsichtlich der Funktion der Promotion: »Deutsche Universitäten sind in etwa gleich starke Filteranlagen. Die Folge ist klar. Weil deutsche High Potentials nicht die Option haben, sich wie in den USA und Frankreich in unterschiedlich starke Hochschulfilter zu begeben, gibt es unter ihnen nach dem Studium eine nicht gedeckte Nachfrage nach Filterdiensten. In diese Lücke können prinzipiell verschiedene Angebote stoßen. Eines dieser Angebote ist die Promotion, die im klassischen Lehrstuhl-System eigentlich ein Professoren- und weniger ein Hochschulprodukt ist« (ebd., S. 12). Wenn sich die Hochschullandschaft in Deutschland durch Maßnahmen wie die Stärkung der Hochschulautonomie, die Einführung von Studiengebühren und die Exzellenzinitiative zu einem stärker kompetitiv ausgerichteten Bildungsmarkt entwickelt, könnte daher insbesondere in den Wirtschaftswissenschaften, in denen die Funktion der Promotion als Ersatzindikator besonders stark ausgeprägt ist, die Bedeutung des Doktortitels abnehmen und durch praxisnahe Alternativen wie MBA-Abschlüsse renommierter Universitäten ersetzt werden.

Für die grundständigen Studiengänge zählen die vom Wissenschaftsrat 1999 geforderten berufsvorbereitenden Programme und Praxisinitiativen mittlerweile zu den festen Bestandteilen des Leistungsangebots. Etwa 100 solcher Einrichtungen, die in der Regel als **Career Service** oder **Career Center** bezeichnet werden, gibt es mittlerweile in Deutschland. Als Schnittstellen zwischen Universität und Arbeitsmarkt erbringen sie Dienstleistungen sowohl für Studierende und Absolventen/Absolventinnen als auch für Unternehmen. Ihre Schwerpunkte liegen in den Bereichen Information und Beratung, Qualifizierung und Herstellung von Kontakten zur Arbeitswelt. **Zu den Angeboten der Career Services zählen u.a.**
- eine individuelle Berufs- und Karriereberatung,
- die Konzeption und Durchführung von arbeitsmarktorientierten Veranstaltungen sowie von Weiterbildungsseminaren zur studienbegleitenden Vermittlung praxisrelevanter Zusatzqualifikationen,
- Bewerbungstrainings und Jobmessen,
- Unternehmensbesichtigungen,
- die Vermittlung von Praktika sowie
- die Etablierung und Betreuung von Kooperationen zwischen Unternehmen und Fakultäten.

Hinzu kommen spezifische Programme zur Frauenförderung, Hochschulmarketing, Wissenstransfer sowie Aufbau und Pflege von Alumni-Netzwerken. Sieht man sich das Leistungsspektrum und die **Zielgruppen** der Career Services an, wird schnell deutlich, dass sie in aller Regel nicht auf die spezifischen Erwartungen von Promovierenden, zumal nicht von solchen in den Geistes-, Kultur- und Sozialwissenschaften, zugeschnitten sind. Hier besteht für die Universitäten Nachholbedarf, denn die überall angestrebte Erhöhung der Promotionszahlen lässt sich am ehesten dann erreichen, wenn den Promovierenden nicht nur ein exzellentes Forschungsumfeld, sondern auch Maßnahmen zur Vorbereitung auf den Berufseinstieg geboten werden.

Wie die (nicht repräsentative) Ehemaligenbefragung an der JLU Gießen zeigt (s. Kap. V.2), werden bestehende Angebote des Hochschulteams der Agentur für Arbeit (z.B. Seminare zur beruflichen Zielfindung) oder **Bewerbungstrainings** eher skeptisch betrachtet, obwohl viele der Befragten eine systematische Vorbereitung aufs Berufsleben anregten. Dieser scheinbare Widerspruch lässt sich zum Teil dadurch erklären, dass die Befragten selbst ihre berufliche Orientierung schon abgeschlossen hatten, bevor der Career Service des Giessener Graduiertenzentrums sein auf die Bedürfnisse von Promovierenden abgestimmtes Veranstaltungsprogramm ins Leben rief.

Die Erfahrung zeigt aber auch, dass Promovierende generell schwer dazu zu bewegen sind, an nicht-wissenschaftlichen Veranstaltungen teilzunehmen, die häufig für zu allgemein und oberflächlich gehalten werden. Hier müssen sicher auch auf Seiten des wissenschaftlichen Nachwuchses noch **Vorurteile** abgebaut und – bei berechtigter Kritik – qualitative Verbesserungen der bestehenden Angebote bzw. eine Erweiterung des Leistungsspektrums der Career Services eingefordert werden. Dabei sind die Interessenvertretungen des wissenschaftlichen Nachwuchses gefragt (s. Kap. I.2).

Auf der anderen Seite sollten auch die Hochschulen bei der Neustrukturierung der Doktorandenausbildung den Aspekt der beruflichen Orientierung nicht außer Acht lassen, wenn sie für Promovierende attraktiv sein wollen. Schließlich kann die promotionsbegleitende berufliche Orientierung auch zu der allseits geforderten **Senkung der Promotionsdauer** beitragen: Gute Zukunftsperspektiven motivieren zum zügigen Abschluss des Promotionsverfahrens. Aus diesem Grund sollten optimale Promotionsbedingungen auch optimale Vorbereitungen auf die berufliche Zukunft nach der Promotion einschließen.

Career Services für Promovierende müssen vor allem berücksichtigen, dass der Berufseinstieg von Promovierten in den Geistes- und Sozialwissenschaften nicht nach festen Mustern verläuft, sondern stark von individuellen Faktoren wie dem Kompetenzprofil, der Risikobereitschaft und der Mobilität abhängig ist. Dies bedeutet, dass Veranstaltungen zur beruflichen Zielfindung oder Bewerbungstrainings, wie sie vielerorts in Kooperation mit den Hochschulteams der Agenturen für Arbeit angeboten werden, nur eine Komponente in einem Maßnahmenkatalog sein können.

Bundesagentur für Arbeit

Die universitären Career Services arbeiten in der Regel mit den örtlichen Hochschulteams der Agentur für Arbeit zusammen. An Standorten mit hohen Studierendenzahlen haben diese eigene Teams für akademische Berufe eingerichtet, die u.a. Infotage, Beratungen, Veranstaltungen (Workshops, Bewerbungstrainings, Betriebsbesuche) und Absolventenmessen durchführen. Da die Bundesagentur für Arbeit darauf verzichtet, Standards für Kooperationen zwischen den lokalen Teams und den Career Services der Universitäten festzulegen, kann die Zusammenarbeit sehr flexibel gestaltet und die Angebotspalette erweitert werden – auch um Veranstaltungen, die spezifisch für Promovierende konzipiert sind. Da die Nachfrage gesichert sein sollte, sind Graduate Schools oder Graduiertenzentren gefordert, die nötigen Schritte (Kontakt zum lokalen Team, Veranstaltungskonzeption, Bekanntmachung, Evaluierung) einzuleiten bzw. durchzuführen. Die Angebote der Arbeitsagenturen sind kostenfrei oder zumindest sehr kostengünstig, für die Teilnahme werden Zertifikate ausgestellt, die man den Bewerbungsunterlagen beifügen kann.

Innovative Formate

Neben promotionsbegleitenden Workshops, Vorträgen und Absolventenkongressen erscheinen für die weitere Entwicklung und Optimierung insbesondere solche

Maßnahmen viel versprechend, die die Arbeitsprozesse Promovierender berücksichtigen und neue Beratungsformen wie das **Promotionscoaching** integrieren (s. Kap. II.4). So sind Promovierende während der Abschlussphase häufig nicht dazu zu bewegen, sich über das »Danach« Gedanken zu machen: Die Fertigstellung der Dissertation steht eindeutig im Vordergrund. Diese uneingeschränkte Konzentration auf das Erreichen des zentralen Projektziels ist in dieser Phase auch erforderlich, da Ablenkungen wie das Nachdenken über die berufliche Zukunft sehr leicht zu Motivationseinbrüchen führen und den zügigen Abschluss des Textes gefährden können. Der »Tunnelblick« ist in der Abschlussphase daher für viele Promovierende eine gute Strategie zur Zielerreichung.

Im Idealfall sind unterstützende Maßnahmen eines Career Service an die spezifischen Anforderungen der Zielgruppe angepasst. Konkret würde dies bedeuten, dass Promovierenden dann Angebote unterbreitet werden, wenn diese sich wieder auf neue Projekte konzentrieren können, nämlich in der oft mehrere Monate umfassenden Zeitspanne zwischen dem Einreichen der Dissertation und der Disputation. Besonders geeignet wäre ein **Intensiv-Coaching** mit dem Ziel, Bewerbungsstrategien zu entwickeln und fehlende Kompetenzen zu identifizieren, was sicher ein wichtiger Baustein in einem holistischen Konzept der Doktorandenausbildung darstellen würde. Dieses sollte kombiniert werden mit der Vermittlung von Kontakten (persönliche Ansprechpartner, Fachmessen) sowie ggf. von Praktikumsplätzen. Ein solches **Qualifizierungsangebot** nach dem Einreichen der Dissertation könnte also folgende Schritte umfassen:

- Coaching zur beruflichen Orientierung/Profiling,
- entsprechendes Praktikum,
- nachbereitendes Coaching.

Dies könnte bei entsprechender Vorbereitung innerhalb von drei bis vier Monaten zu leisten sein. Dann würde die Phase zwischen Abgabe und Verteidigung der Dissertation gut genutzt. Die Promovierenden würden selbstbewusster zur Disputation antreten – nämlich mit einer beruflichen Perspektive. Zudem wäre ein solches Angebot ein wichtiger Baustein für den Erfolg einer systematischen **Alumni-Arbeit**: Wer auf diese Weise gefördert und vermittelt wurde, ist vermutlich später leichter zu einem Engagement für die Institution zu bewegen.

Gerade von der Alumni-Arbeit würden wiederum die Promovierenden profitieren: Von besonderer Bedeutung sind im Graduiertenbereich nämlich **persönliche Kontakte** und der **Erfahrungsaustausch zwischen Promovierenden und Ehemaligen**. Aufgrund ihrer breiten Akzeptanz unter den Promovierenden handelt es sich bei Ehemaligennetzwerken nicht zuletzt um effiziente Maßnahmen zur Beseitigung der zum Teil gravierenden Informationsdefizite und Fehleinschätzungen hinsichtlich der Bedeutung eines Doktortitels auf dem Arbeitsmarkt. Gut funktionierende Alumni-Arbeit ist daher die beste Voraussetzung dafür, die berufliche Orientierung zu einem festen Bestandteil der Promotionsphase zu machen.

Fazit: Was kommt nach der Promotion?

Auch wenn dies etwas paradox klingen mag: Die Weichen für die berufliche Zukunft stellt man – bewusst und aktiv oder unbewusst (durch Untätigkeit) –

nicht nach dem Abschluss, sondern vor der Aufnahme der Arbeit an einem Promotionsprojekt. Bereits nach dem ersten Studienabschluss sollte man sich intensiv mit der Frage auseinandersetzen, in welchen Bereichen man später beruflich tätig sein möchte. Strebt man beispielsweise eine journalistische Karriere in den Printmedien oder im Fernsehbereich an, ist ein Volontariat bei einem Fernsehsender häufig die sinnvollere (weil erwartete) Einstiegsqualifikation. Da hier strikte Altersgrenzen gelten, ist die Reihenfolge – erhält man einen der begehrten Plätze – vorgegeben. Will man später in einer Führungsposition tätig sein, muss man nachweisen können, dass man bereits während der Promotionsphase in der Lage und gewillt war, mehrere Ziele parallel zu verfolgen – der erfolgreiche Abschluss weiterer wissenschaftlicher Projekte neben der Dissertation oder ein promotionsbegleitendes Praktikum stellen die Belastbarkeit und Kompetenz im Projektmanagement und Multitasking unter Beweis. Auch in dieser Hinsicht – und nicht nur aus der fachlichen Perspektive – kann und sollte die Promotionsphase als Qualifizierungsphase genutzt werden.

Literatur

Enders, Jürgen: »Berufspraxis der Hochschullehrer und Berufschancen des wissenschaftlichen Nachwuchses«. In: Stockmann, Reinhard/Meyer, Wolfgang/Knoll, Thomas (Hgg.): *Soziologie im Wandel. Universitäre Ausbildung und Arbeitsmarktchancen in Deutschland.* Opladen 2002, S. 215–236.

Enders, Jürgen/Bornmann, Lutz: *Karriere mit Doktortitel? Ausbildung, Beschäftigung und Berufserfolg von Promovierten.* Frankfurt a.M./New York, NY 2001.

Enders, Jürgen/Mugabushaka, Alexis-Michel: *Wissenschaft und Karriere – Erfahrungen und Werdegänge ehemaliger Stipendiaten der Deutschen Forschungsgemeinschaft.* Bonn 2004.

Franck, Egon: *Die deutsche Promotion als Karrieresprungbrett. Mechanismen der Talentsignalisierung im Ländervergleich.* Stuttgart et al. 2005.

Scholz, Beate: *Wegbereiter einer wissenschaftlichen Karriere. DFG-Stipendienförderung für Postdocs. Kommentar zu Enders/Mugabushaka: Wissenschaft und Karriere – Tabellenband – Erfahrungen und Werdegänge ehemaliger Stipendiaten der Deutschen Forschungsgemeinschaft.* Bonn 2004.

Werdes, Alexandra: »Dr. phil. ist besser als sein Ruf. Interview mit Jürgen Enders«. In: *Die ZEIT*, 48 (2001). http://www.zeit.de/2001/48/200148_c-promotion_xml

Irene Lamberz und Roy Sommer

2. Wie Ehemalige die Promotion bewerten: Ergebnisse einer Absolventenbefragung an der JLU Gießen

Da die strukturierte Doktorandenausbildung im Rahmen von Graduiertenzentren in Deutschland noch in den Kinderschuhen steckt, gibt es bislang auch kaum Erfahrungen mit Alumni-Netzwerken. Promovierte halten vielleicht Kontakt zu ihrem Doktorvater oder ihrer Doktormutter, es fehlen aber zentrale Anlaufstellen, die den **Erfahrungsaustausch** und die **Netzwerkbildung** zwischen Promovierenden und Ehemaligen ermöglichen und fördern. Eine Ausnahme ist der Career Service des Gießener Graduiertenzentrums Kulturwissenschaften (GGK), der seit 2002 einen jährlichen Absolventenkongress durchführt. In diesem Rahmen berichten Promovierte aus unterschiedlichen geistes- und sozialwissenschaftlichen Fächern über ihre Erfahrungen beim Berufseinstieg und reflektieren aus der Retrospektive ihren eigenen Werdegang. Die Promovierenden haben Gelegenheit, informelle Gespräche zu führen und sich aus erster Hand über verschiedene Berufsfelder und Kompetenzprofile zu informieren.

Rahmenbedingungen, Anlage und Durchführung der Umfrage

Als Teil einer umfassenden Evaluation der bisherigen Alumniarbeit wurde zwischen Dezember 2006 und Februar 2007 eine nicht-repräsentative **Umfrage** durchgeführt, deren Ergebnisse im Folgenden vorgestellt werden. An der von Irene Lamberz konzipierten und durchgeführten Studie waren neun ehemalige Promovierende und Postdocs der Universität Gießen beteiligt, die in einem geistes- oder sozialwissenschaftlichen Fach promoviert haben. Die meisten Befragten hatten bereits selbst als Lehrbeauftragte oder Referenten/Referentinnen auf den Absolventenkongressen des GGK oder als Lehrbeauftragte im Studienprogramm des Graduiertenzentrums ihre Erfahrungen an nachfolgende Promovierende weitergegeben.

Diejenigen, die die Arbeit des GGK in dieser Form bereits unterstützt hatten und somit mit den Zielen und Prinzipien des Gießener Alumni-Netzwerkes vertraut waren, signalisierten schneller ihre Bereitschaft, am Interview teilzunehmen, als andere. Zudem konnte festgestellt werden, dass auch unter den Referenten/Referentinnen der Absolventenkongresse die spontane Bereitschaft zur Teilnahme an der Umfrage abnahm, je länger das vorangegangene Engagement zurücklag. Dies sind deutliche Hinweise darauf, dass Career Service und Alumni-Arbeit eng zusammenhängen und **erfolgreiche Maßnahmen** in diesen Bereichen idealerweise auch in einem integrativen Konzept aufeinander abgestimmt sein sollten. Die Befragung konzentrierte sich auf vier **Themenbereiche**, die von der Anzahl der Fragen her in etwa gleich gewichtet wurden:

Themenbereich I: Berufsfindung/Berufliche Zielsetzung
Themenbereich II: Beruflicher Einstieg und Kernkompetenzen
Themenbereich III: Berufliche Erfahrung, beruflicher Erfolg
Themenbereich IV: Rückblick und Empfehlungen

Die Befragungen wurden mündlich am Telefon oder im Rahmen eines persönlichen Treffens in einem ein- bis zweistündigen Interview durchgeführt. Den Teilnehmern/Teilnehmerinnen wurde im Vorfeld der vollständige Fragebogen zugesandt, so dass sie sich noch vor dem Interview mit den Fragen auseinandersetzen konnten. Die meisten Befragten gaben an, den Bogen vor dem Interview kurz durchgegangen zu sein und sich Zeit für das offene Gespräch zu nehmen.

Die Befragten wurden auch nach ihrer Meinung zu dem Fragebogen befragt. Als Kritik wurde geäußert, dass die Kompetenzanalyse schwierig mit den Erfahrungen während der Promotion in Beziehung zu setzen sei. In diesem Teil der Befragung waren die Ehemaligen aufgefordert, einen möglichen Fortschritt in bestimmten Kompetenzbereichen zu evaluieren. Während der Umfrage tauchten – je nach Berufsfeld, persönlichem Hintergrund und Einstellung zur Promotion – gelegentlich Doppelungen bei den Fragen bzw. in den Antworten auf, die jedoch weder vermieden werden konnten noch sollten. Es zeigte sich, dass ähnliche Fragen in anderen Kontexten von vielen Teilnehmern/Teilnehmerinnen als Möglichkeit wahrgenommen wurden, bestimmte Aussagen zu bekräftigen, aber ggf. auch zu relativieren.

Themenbereich I: »Berufsfindung/Berufliche Zielsetzung«

Sind Sie von Anfang an (bereits mit Beginn der Promotion) zielgerichtet auf ein bestimmtes Berufsbild zugegangen?

Die eine Hälfte der Befragten hatte sich nach der Promotion eine Hochschullaufbahn zum Ziel gesetzt, die andere Hälfte hat die Promotion ohne das Ziel einer wissenschaftlichen Karriere begonnen. Von den 50% derjenigen, die eine **Hochschulkarriere** zu Beginn der Promotion fest angestrebt haben, sind am Ende noch ca. 20% übrig, die weiterhin – entweder aus einer Stelle an der Universität heraus oder über einen erneuten Quereinstieg aus einem anderen Beruf an die Universität zurück oder an der Hochschule bleiben wollen. Bei den Antworten ist außerdem auffällig, dass die Antwort »ja« zumindest mit dem Berufsfeld »Uni« korreliert. Dagegen folgt auf die Antwort »nein« meist eine eher vage Vorstellung von einem alternativen Berufsfeld. Die Berufe, die als weitere mögliche Karriereziele angegeben werden, bewegen sich im Bereich Medien, Journalismus, politische Beratung sowie Stiftungen.

Klarheit über die berufliche Orientierung zu Beginn der Promotion

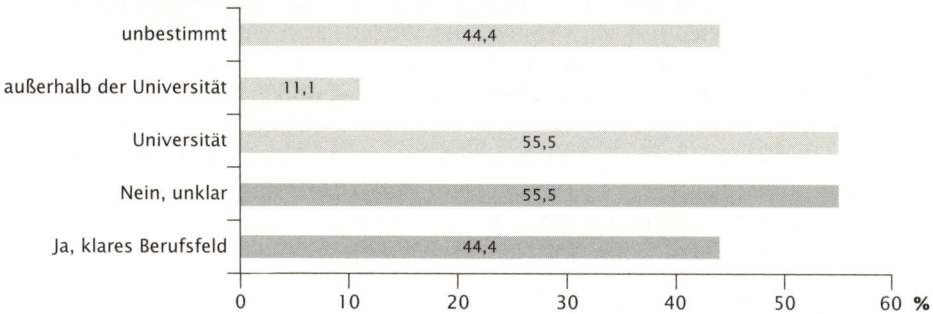

unbestimmt	44,4
außerhalb der Universität	11,1
Universität	55,5
Nein, unklar	55,5
Ja, klares Berufsfeld	44,4

(Achse: 0 10 20 30 40 50 60 %)

Haben Sie ein berufliches Traumziel?

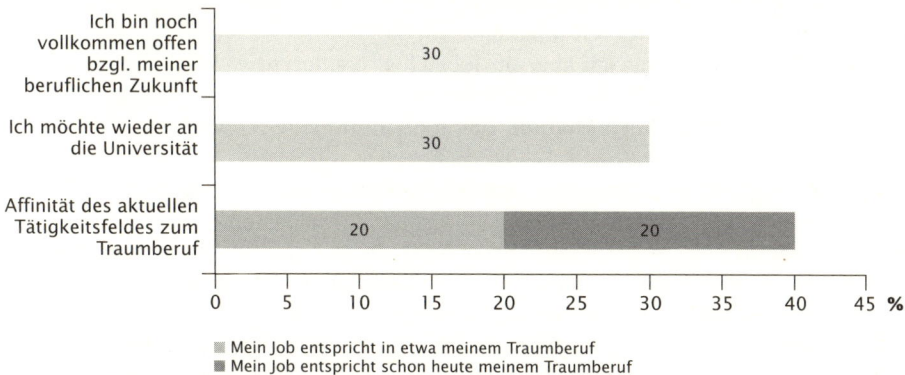

Um die Frage nach dem Karriereziel zu präzisieren und von pragmatischen Bedingungen zu lösen, werden die Promovierten nach ihrem **beruflichen Traumziel** befragt. Auffällig ist in den Antworten die positive Bewertung der **beruflichen Selbstständigkeit**. Außerdem tendieren die Befragten dazu, ein einmal eingeschlagenes Karriereziel ohne weitere Wechsel konsequent zu verfolgen. Nicht wenige Absolventen waren relativ schnell in der Lage, einen für sie angemessenen beruflichen Bereich zu finden, der ihrem Traumziel sogar größtenteils schon entspricht (40 %) (Abschluss der Promotion im Schnitt im Jahr 2000, Erreichen des Traumziels sechs Jahre später), wobei mehrere angaben, diesem zumindest sehr nahe gekommen zu sein. Demgegenüber besteht bei anderen Befragten weiterhin der Wunsch, im **Hochschulbereich** tätig zu sein oder wieder dort tätig zu werden (30 %). Ein weiteres Drittel der Befragten gibt an, weiterhin vollkommen offen zu sein, was die zukünftige berufliche Position betrifft. Von diesen Personen wurde von Anfang an kein bestimmtes berufliches Traumziel anvisiert (zumindest wurde in der Umfrage keines angegeben).

Haben Sie ein berufliches Traumziel?

Ich bin noch vollkommen offen bzgl. meiner beruflichen Zukunft	30
Ich möchte wieder an die Universität	30
Affinität des aktuellen Tätigkeitsfeldes zum Traumberuf	20 / 20

(Achse: 0 5 10 15 20 25 30 35 40 45 %)

■ Mein Job entspricht in etwa meinem Traumberuf
■ Mein Job entspricht schon heute meinem Traumberuf

Wollten Sie ursprünglich an der Universität bleiben? Wenn ja: Was hat Sie bewogen, Ihre Planung zu ändern?

Die Gründe, der Universität den Rücken zu kehren, sind vielfältig. Einige Promovierte sind schon zu Beginn der Promotion nicht an einer Hochschulkarriere interessiert. Andere stellen fest, dass sie mit der Wissenschaft eine Vorstellung verbinden, die sich in der Realität nicht einlösen lässt. Wieder andere beklagen den universitären Betrieb als ineffizient und blockierend und nicht mit ihrer Persönlichkeit in Einklang zu bringen. Der am häufigsten genannte Grund ist jedoch die **schlechte Stellensituation**, die eine weitere Planung in Richtung Uni-Karriere sehr riskant bis aussichtslos – ja in Kombination mit weiteren Opfern von Lebenszeit und in Anbetracht immer weiterer Prüfungen und Befristungen geradezu »erniedrigend« erscheinen lässt, wie es ein/e Interviewpartner/in auf den Punkt brachte.

Welche Berufsfelder kamen für Sie in Frage?

Die Hälfte der Befragten sah, wie oben dargestellt, ihre berufliche Zukunft zu Beginn der Promotion in und um die **Universitäten** oder in vergleichbaren Tätigkeitsfeldern, also **Stiftungen** oder **Forschungseinrichtungen**. 40% der Befragten bevorzugten hingegen zu Beginn der Promotion kein bestimmtes Berufsfeld, als mögliche Tätigkeitsbereiche wurden **Journalismus**, **Öffentlichkeitsarbeit**, **Medien** allgemein sowie **Tätigkeiten im politischen Bereich** genannt. Eine Ausnahme bildet der Bereich Unternehmens- und Finanzberatung (10%). Im Vergleich zu den Antworten auf die vorherige Frage nach beruflichen Zielvorstellungen wird hier nochmals stärker differenziert. Gleichbleibend ist das Interesse an Hochschulberufen.

Wie ist Ihre Berufswahl letztendlich zustande gekommen?

Da sich die Antworten auf die Frage nach den entscheidenden Faktoren bei der Berufswahl sehr variantenreich gestalten und kaum zu verallgemeinern sind, sollen im Folgenden einige Aussagen exemplarisch angeführt werden:

- Leidenschaft
- hoher Idealismus bzgl. der eigenen Berufsvorstellung
- Recherche nach beruflichen Möglichkeiten
- Einstieg gesucht, auf Stellen beworben
- Fragestellung: wie kann ich mich einbringen?
- klares Stellenprofil, das ich aber im Job selbst weiter entwickelt habe
- Zufall; Mischung aus Fleiß und Glück
- praktische Gründe: Verfügbarkeit des Jobs; räumliche Anbindung ideal; Selbstständigkeit reizvoll
- Arbeitslosigkeit; Entscheidung letztlich vorläufig und so ausgerichtet, dass die Uni-Karriere noch möglich ist
- entscheidend war die Kontinuität der Betreuungspersonen (Zweitgutachter)
- mein Netzwerk bestand schon vor der Dissertation; ich habe es weiter ausgebaut; heute sind v.a. internationale Kontakte relevant
- Der Berufseinstieg erfolgte über ein Praktikum. Dadurch war schon ein klarer Weg vorgezeichnet, denn hier habe ich meine entscheidenden Kontakte geknüpft und Feedback zu meiner Person und meinen Kompetenzen erhalten.

Welche Institution/welcher Kontakt war Ihnen dabei behilflich?

An erster Stelle stehen bei den Befragten **familiäre und private Netzwerke**. Für Stipendiaten sind zudem die **Stiftungen** ganz offenbar wichtige und ertragreiche Kontaktbörsen. Von den Befragten nannte nur eine/r den/die Betreuer/in und eine/einer den/die Vorgesetzte/n im Institut als Quelle für Kontakte, die für die berufliche Karriere hilfreich waren. Weiterhin wurden Praktika als wichtige Schritte in Richtung Netzwerk genannt.

> Haben Sie während Ihrer Promotion Beratungen, Coachings oder ähnliche unterstützende Maßnahmen zur beruflichen Zielfindung in Anspruch genommen?

Die meisten der Befragten haben keine berufsvorbereitenden Maßnahmen in Anspruch genommen, sondern sich sowohl ihre **Bewerbungsstrategien** als auch die entsprechenden Kontakte selbst erarbeitet. Als besonders sinnvoll werden **Praktika** empfunden; in einem Fall führte ein Praktikum sogar zu einer späteren Festanstellung. Umstritten war der Erfolg des **Hochschulteams der Agentur für Arbeit,** auch ein Bewerbungstraining des psychologischen Instituts wurde nicht mit Begeisterung aufgenommen. Andererseits regten viele der Befragten eine systematische Vorbereitung aufs Berufsleben an (zu Career Service s. Kap. V.1).

> Woher kommen die ›richtigen‹ Kontakte? Hat Ihnen jemand bei der Herstellung von Kontakten geholfen? Wurden Sie auch von der Universität unterstützt? Wenn nein, welche Art von Unterstützung könnten Sie sich vorstellen?

Ein Netzwerk beruflich relevanter Kontakte bewerten die meisten Befragten als sehr wesentlich für einen erfolgreichen beruflichen Einstieg. Daneben geben nach übereinstimmender Aussage oft **Freunde und Familienmitglieder** die entscheidenden Hinweise. Der Stellenwert der Dissertation und der Arbeit im wissenschaftlichen Bereich wird nur von einer Minderheit als eine wirklich ausreichende Vorbereitung aufs Berufsleben eingeschätzt. **Praktika** hingegen werden als sehr hilfreich angesehen.

Themenbereich II: »Beruflicher Einstieg und Kernkompetenzen«

> Welche von den folgenden Kompetenzen haben Sie durch Ihre Promotion erworben und/oder trainiert? Bitte geben Sie eine Einschätzung auf einer Skala von 1–10 an.

Die Teilnehmer/innen wurden danach befragt, wie sie die **Steigerung von Kernkompetenzen während der Promotion** einschätzen. Gefragt wurde nach einer Bewertung auf einer Skala von 1 bis 10, wobei die Tendenz dahin ging, eine »Note 5« zu verteilen, wenn keine erhebliche, sondern eine kontinuierliche Steigerung der Kompetenz vorlag, wohingegen »10« eine massive Steigerung der jeweiligen Kompetenz bedeutet. Folgende Kompetenzen sollten bewertet werden: Kreativität, Disziplin, Durchhaltevermögen, Geduld, Sorgfalt, Präzision (beim Denken, bei der Formulierung), Selbstvertrauen, Arbeitsmotivation, Zeitmanagement, Projektmanagement, Wissensaneignung und -verwertung, strukturiertes Arbeiten, Teamfähigkeit, Selbstbewusstsein/selbstbewusstes Auftreten, kommunikative und rhetori-

sche Kompetenzen, Kritikfähigkeit, schnelle Auffassungsgabe, Offenheit und Neugier für neue Themen, Innovationsgeist, Selbstmotivation, Hartnäckigkeit, Selbstorganisation, selbstständiges Arbeiten, Problemlösungskompetenz, Zielstrebigkeit,
sonstige Kompetenzen (hier konnten die Befragten freie Ergänzungen vornehmen).

Die individuellen Einschätzungen des Zugewinns an Kernkompetenzen weichen stark voneinander ab, so dass es nicht möglich ist, eindeutige »Trends« in der
Selbsteinschätzung Promovierter in dieser Hinsicht auszumachen. Entscheidend
für die unterschiedliche Bewertung sind zum einen persönliche Selbsteinschätzun-
gen hinsichtlich der Kompetenzen, die schon vor der Promotion vorhanden waren
und deshalb nicht weiter ausgebaut werden konnten, zum anderen aber – und dies
in besonderem Maße – die **Promotionsbedingungen** der Befragten. So ist ein deutlicher Unterschied hinsichtlich der Kompetenzen ›Teamfähigkeit‹, ›Selbstbewusstsein‹ und ›Neugier für neue Themen‹ zu verzeichnen, der sich auf die Eingliede-
rung z. B. in ein Stiftungs- oder Graduiertenkolleg zurückführen lässt: Im Falle
einer solchen Integration in Promotionsstrukturen ließ sich eine deutlich höhere
Bewertung des Kompetenzerwerbs feststellen (s. Kap. III.1). Andererseits sind auch
der Erfolg und der Arbeitsbereich im Anschluss an die Promotion offensichtliche
Einflussfaktoren, wenn es um die **Selbsteinschätzung** hinsichtlich hinzugewonne-
ner oder aber vernachlässigter Kompetenzen geht. So vergaben Selbstständige
hohe Punktzahlen für die Bereiche ›Selbstmotivation‹, ›Offenheit‹ und ›Neugier für
neue Themen‹, ›Innovationsgeist‹, ›Selbstorganisation‹ und ›selbstständiges Arbeiten‹, wohingegen wissenschaftlich Arbeitende ›Hartnäckigkeit‹, ›Präzision‹ und
›Durchhaltevermögen‹ als hinzugewonnene Kompetenzen betonten.

In der folgenden Grafik (s. u.) wird neben der Bewertung der Kompetenzen
auch die **institutionelle Einbindung** der Befragten (als Stipendiaten/Stipendiatin-
nen in Graduiertenkollegs und Begabtenförderungswerken sowie als wissenschaftliche Mitarbeiter/innen) berücksichtigt. Mitarbeiterstellen wurden als Umfeld sehr
unterschiedlich beurteilt. Von den Befragten fühlte sich nur eine/r hervorragend
betreut, während andere angaben, auf sich allein gestellt gewesen zu sein.

Im Durchschnitt werden die meisten Punktzahlen für Disziplin, Durchhaltevermögen, Präzision, Selbstvertrauen, und selbstständiges Arbeiten vergeben, kurz
darunter rangierten Wissensaneignung und -verwertung, Hartnäckigkeit, Selbstorganisation und Problemlösungskompetenz – dies sind alles in allem Kompetenzen,
die man beim Abschluss einer Promotion landläufig auch erwarten würde. Interessant ist jedoch, dass das Gesamtbild durchaus ein **Kopf-an-Kopf-Rennen ver-
schiedenster Kompetenzen** zeigt: keine der Kompetenzen wurde mit unter 41 %
und keine mit mehr als 64 % Verbesserung im Vergleich zum Stand vor der Promotion eingestuft.

Konnten Sie Ihrem Arbeitgeber Ihre Kompetenzen vermitteln? Wie haben Sie
ihn überzeugt?

Die meisten Befragten gaben an, dass **kommunikative und rhetorische Kompetenzen** von entscheidender Bedeutung seien. So wurde z. B. eine »passende« Präsentation des eigenen Projekts in wenigen Worten erwartet, wie überhaupt die
Fähigkeit, Dinge »auf den Punkt zu bringen«. Als entscheidend wird von den Promovierten im Rückblick auf ihre Bewerbungs- und Berufsanfängersituation auch
ein **selbstsicheres Auftreten** eingestuft. Interessant ist die Feststellung, dass der

Erwerb bzw. Ausbau von Kompetenzen im Rahmen der Promotion

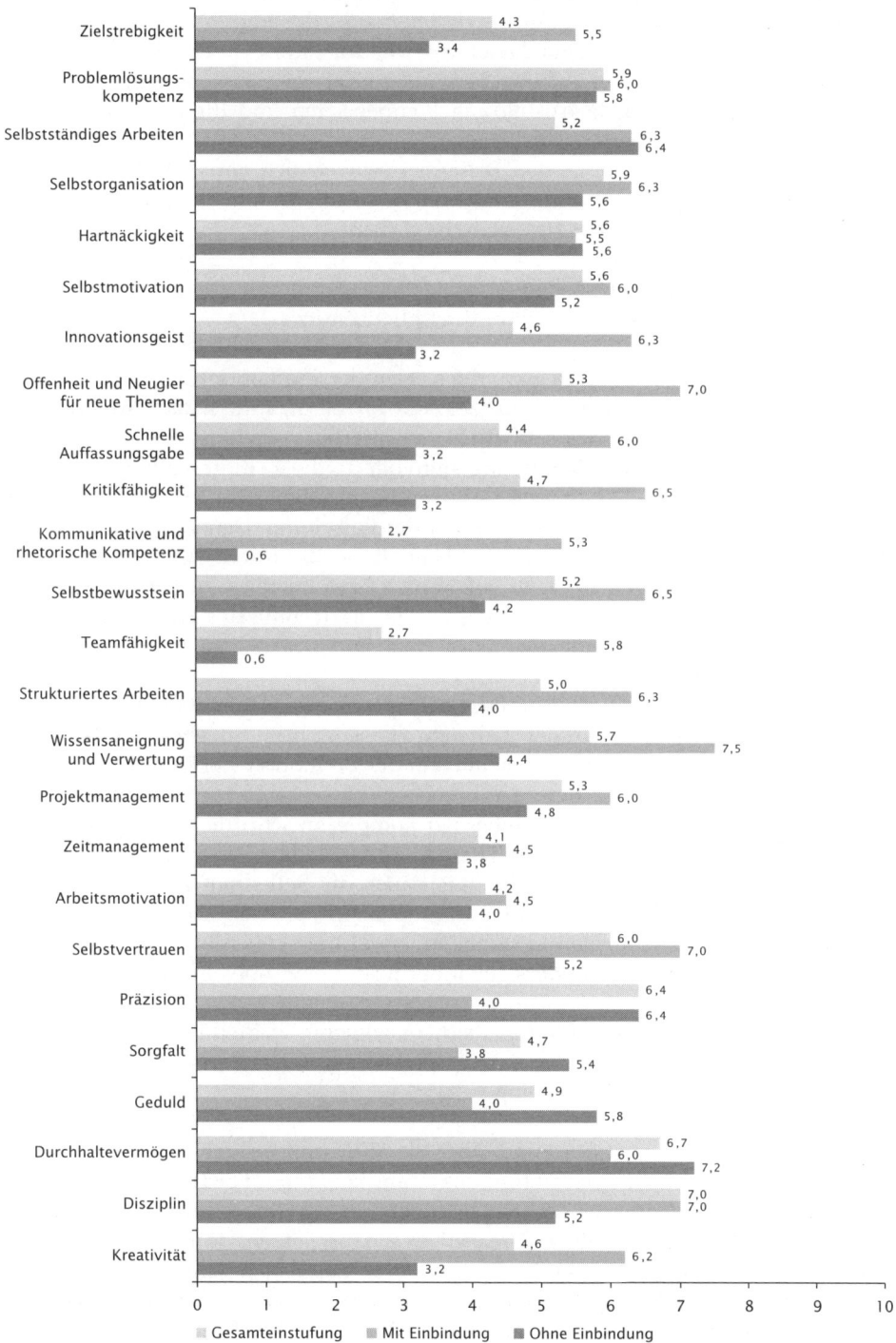

Zielstrebigkeit	4,3 / 5,5 / 3,4
Problemlösungskompetenz	5,9 / 6,0 / 5,8
Selbstständiges Arbeiten	5,2 / 6,3 / 6,4
Selbstorganisation	5,9 / 6,3 / 5,6
Hartnäckigkeit	5,6 / 5,5 / 5,6
Selbstmotivation	5,6 / 6,0 / 5,2
Innovationsgeist	4,6 / 6,3 / 3,2
Offenheit und Neugier für neue Themen	5,3 / 7,0 / 4,0
Schnelle Auffassungsgabe	4,4 / 6,0 / 3,2
Kritikfähigkeit	4,7 / 6,5 / 3,2
Kommunikative und rhetorische Kompetenz	2,7 / 5,3 / 0,6
Selbstbewusstsein	5,2 / 6,5 / 4,2
Teamfähigkeit	2,7 / 5,8 / 0,6
Strukturiertes Arbeiten	5,0 / 6,3 / 4,0
Wissensaneignung und Verwertung	5,7 / 7,5 / 4,4
Projektmanagement	5,3 / 6,0 / 4,8
Zeitmanagement	4,1 / 4,5 / 3,8
Arbeitsmotivation	4,2 / 4,5 / 4,0
Selbstvertrauen	6,0 / 7,0 / 5,2
Präzision	6,4 / 4,0 / 6,4
Sorgfalt	4,7 / 3,8 / 5,4
Geduld	4,9 / 4,0 / 5,8
Durchhaltevermögen	6,7 / 6,0 / 7,2
Disziplin	7,0 / 7,0 / 5,2
Kreativität	4,6 / 6,2 / 3,2

Gesamteinstufung   Mit Einbindung   Ohne Einbindung

›**geistige Horizont**‹ auch durchaus als ›Unique Selling Point‹ (USP) promovierter Kandidaten von Arbeitgebern wahrgenommen wird. Darüber hinaus sind Hartnäckigkeit, Beharrlichkeit und Neugier, wie überhaupt die emotionale und kognitive Bereitschaft, sich auf Neues einzulassen, speziell für Promovierte Schlüssel für den Jobeinstieg, da sie die von Arbeitgebern möglicherweise als »einseitig« wahrgenommene wissenschaftliche Ausbildung kompensieren und die **schnelle Auffassungsgabe** der Promovierten für die jeweilige Arbeitssituation nutzbar zu machen versprechen. Insgesamt fiel es den Befragten schwer, sich an ein konkretes Feedback auf ihr Auftreten bzw. ihre Bewerbung zu erinnern bzw. ihre Selbsteinschätzung an konkreten Beispielen zu veranschaulichen.

> Welche Arbeitsstrategien haben sich in Ihrer Promotionsphase als hilfreich erwiesen? Konnten Sie diese auch in Ihrem Beruf nutzen?

Befragt nach spezifischen Strategien, die sich in der Promotionsphase als hilfreich erwiesen haben und nach deren Nutzbarkeit im Beruf, führen die Promovierten vor allem die **Systematik des schriftlich orientierten Arbeitens** an. Nicht immer sei zwar eine schriftliche Archivierung sinnvoll, da die Zeitintervalle im Berufsleben eine kurzfristigere Arbeitsweise notwendig machten und insgesamt weniger Wert auf Gründlichkeit gelegt werde als in der Forschung. Dennoch helfe schriftliches Festhalten und Systematisieren auch heute noch, um auf längere Sicht komplexe Sachverhalte in den Blick zu bekommen bzw. im Blick zu behalten. In diesem Zusammenhang wird auch das *free writing* als Technik der kreativen Assoziation genannt, die dabei helfe, sich über erste Entwürfe an zu veröffentlichende Texte heranzuarbeiten.

Zeitpläne hingegen scheinen im Berufsalltag – zumindest in eher effizienzorientierten Branchen – nicht immer tauglich zu sein, hier sei eher **Multitasking** gefragt. Allerdings sei es dabei – wie auch in der Promotion – erforderlich, größere Projekte »in kleine Schritte herunterzubrechen«. Insgesamt wird die Nutzbarkeit von Projektarbeiten deutlich gegenüber der komplexen schriftlichen Arbeit hervorgehoben. Die **Fähigkeit, Ideen und Themen zu (er)finden,** ist nicht nur für Selbstständige nützlich. Für diesen Bereich spielt auch die **Selbstmotivation** eine große Rolle: die Fähigkeit, Hochs und Tiefs auszugleichen, sich ein Ziel vor Augen zu führen und immer wieder neu anzufangen, erweist sich allerdings speziell in diesem Zusammenhang als besonders gewinnbringend bzw. notwendig.

> Haben Sie den Eindruck, dass Ihr »Zeitmanagement« während der Dissertation auf andere Bereiche übertragbar war? (Haben Sie z. B. das Ausmaß des Arbeitsaufwandes im Beruf realistisch eingeschätzt?)

Die meisten der Befragten geben an, über die »Erlösung« durch ein vorgegebenes und stark an Unternehmensstrukturen bzw. am konkreten **Feedback** von Kunden und Mitarbeitern orientiertes **Zeitmanagement** sehr erleichtert gewesen zu sein. Es sei einfacher, den Arbeitsaufwand realistisch einzuschätzen, da die Abläufe überschaubarer seien und **weniger Perfektionismus** zugunsten schnellerer Entscheidungen vorherrsche. Viele geben sogar an, erst im Berufsleben so etwas wie Zeitmanagement erlernt zu haben. Im Berufsalltag stellt sich in den Augen der Betroffenen **Kommunikation** als wesentlich wichtigerer Faktor des Zeitmanagements heraus:

die Einbeziehung von Chefs und Kollegen sei ein wesentlicher Aspekt, der in die Planung mit einfließe. Ein wesentlicher Unterschied liege denn auch in der **Flexibilität** des Arbeitens. Für eine/n der Befragten stellt sein »unrealistisches Zeitmanagement« aber bis heute kein Manko, sondern im Gegenteil eine Ressource dar: sein **Optimismus** habe ihm immer geholfen und sei bis heute eine Motivationsquelle.

Welche Kernkompetenzen (vgl. oben) halten Sie für Ihren Berufseinstieg im Nachhinein für entscheidend?

Die Angaben, die von den Befragten zu dieser Frage gemacht wurden, sind sehr heterogen und können deshalb auch nur stichpunktartig wiedergegeben werden. Folgende Kompetenzen wurden hervorgehoben (jeweils Einzel- und Mehrfachnennungen):

- Sprachkompetenz; Formulieren
- sich neue Sachverhalte erschließen; Offenheit für verschiedenartige Projekte; Anschlussfähigkeit
- Hintergründe nachholen/Wissensaneignung
- Fähigkeit zum strukturierten Arbeiten/Zeitmanagement
- persönliches Auftreten
- Führungskompetenz (nicht durch Promotion, sondern durch vorherige Tätigkeiten erworben)
- Zuverlässigkeit/Disziplin/Durchhaltevermögen
- Selbstorganisation/Projektmanagement/Zeitmanagement
- Kommunikationskompetenz/Konfliktlösungskompetenz
- Hartnäckigkeit/Zielstrebigkeit/Beharrlichkeit, sich nicht entmutigen lassen
- Geduld/Sorgfalt, Präzision
- Selbstvertrauen
- Motivation/Selbstmotivation
- Problemlösungskompetenz

Mehrfach genannt wurden Hartnäckigkeit, Beharrlichkeit, Durchhaltevermögen und Selbstorganisation.

Themenbereich III: »Berufliche Erfahrung, beruflicher Erfolg und Status als Promovierte/r im Berufsleben«

Welche Kompetenzen erwiesen sich während Ihrer Berufstätigkeit als entscheidend, und inwiefern?

Auch bei der Frage nach den Kompetenzen, die sich *während* der Berufstätigkeit – also nach dem Berufseinstieg, in der beruflichen Routine – als entscheidend erwiesen haben, steht die **Kommunikationskompetenz** mit an erster Stelle. Hier wurde von den Befragten mehrfach darauf hingewiesen, dass diese Kompetenz ebenso wie Teamfähigkeit in der Regel während der Promotion nicht trainiert und so eine Gelegenheit zur Vorbereitung auf den Beruf verpasst würde. Als *Unique Selling Points* von Promovierten erwiesen sich dagegen die **Fähigkeit zu strukturiertem Arbeiten** sowie **sprachliche Fertigkeiten**. Als »Ausgleich« zu einer möglicherweise einseitigen wissenschaftlichen (und damit eher praxisfernen) Ausbildung wurden Geduld, erhöhter Einsatz sowie die Bereitschaft, sich schnell und effizient in fachfremde Themenbereiche einzuarbeiten, genannt.

Trägt die Promotion zur beruflichen Profilbildung (z. B. im Vergleich zu anderen Kolleginnen und Kollegen) bei?

Die Einschätzung hinsichtlich einer **Steigerung des Profils** durch die Promotion fällt eindeutig aus: Alle Befragten gaben an, dass sich die Einstufung hinsichtlich ihrer Kompetenz dadurch wesentlich erhöht habe. Allerdings seien die »Vorschusslorbeeren« nicht unbegrenzt strapazierbar und man müsse gegen das Image des »verkopften Akademikers« antreten. Auch die unterstellte Selbstständigkeit des Arbeitens sei nicht immer erwünscht bzw. vorteilhaft. Andererseits steht der Titel doch noch sehr häufig für eine Statuszuschreibung, die sich durch Expertise und Solidität auszeichnet.

Haben Sie sich in Ihrem beruflichen Umfeld als promovierte/r Geistes- bzw. Sozialwissenschaftler/in als »anders« empfunden? Worin äußerte sich diese Wahrnehmung und wie haben Sie darauf reagiert?

Diese Frage basiert auf der Grundannahme einer **sozialen Differenzierung zwischen Promovierten und Nicht-Promovierten**, welche die Teilnehmer/innen überwiegend bestätigt haben. Dabei unterscheiden sich die Antworten hinsichtlich der Perpektivierung als Selbst- oder Fremdeinschätzung: Einige Promovierte stellen z. B. die eigene Gewöhnung an den Titel in den Vordergrund ihrer Beobachtungen hinsichtlich einer sozialen Veränderung, während andere deutliche Reaktionen ihrer Umgebung – sei es in der Form eines Minderwertigkeitskomplexes, als »In-Group«-Verhalten oder einfach als »fremder Habitus« – deutlich wahrnehmen und artikulieren. Die Empfehlungen für ein Verhalten in solchen Situationen reicht von der **Selbstpräsentation** als »Exot«, um den Eindruck von **Sozialdünkel** zu vermeiden, über den gezielten – sei es zurückhaltenden oder im Gegenteil offensiven – Einsatz des »Dr.« je nach Umfeld, bis hin zu einer »Vermeidung« bzw. »Unterschlagung« des Titels. Diese Maßnahme wird entweder mit einer intrinsischen (»habe ich nicht nötig«) oder extern motivierten Selbsteinschätzung (»bietet Angriffsfläche«) begründet bzw. motiviert.

Halten Sie heute Ihre Erwartungen an eine verbesserte berufliche Perspektive durch die Promotion für erfüllbar, realistisch, berechtigt?

Die Antwort auf die Frage, ob Erwartungen an eine verbesserte berufliche Perspektive nach bzw. aufgrund der Promotion erfüllbar, realistisch und berechtigt sei, fällt überraschend optimistisch aus. Gerade die Frage nach der Berechtigung solcher Erwartungen, die auf das Selbstbewusstsein und den Anspruch Promovierter abzielt, im Berufsleben besondere Chancen zu erhalten, wird sehr positiv beantwortet: 78 % sind der Meinung, ihre Promotion würde bzw. sollte zu einer verbesserten Perspektive im Berufsleben berechtigen. Das gleiche gilt für die Erfüllbarkeit der Erwartungen, die von einem ungebrochenen (oder vielleicht auch neuen?) **Optimismus und Selbstbewusstsein** geistes- und sozialwissenschaftlich

Promovierter zeugt. Auch hier sind 78% der Befragten der Meinung, dass Erwartungen an eine verbesserte berufliche Perspektive nach der Promotion erfüllbar seien. Allein bei der realistischen Einschätzung kommt es zu einer **Relativierung der Erwartungshaltung**: immerhin 33% gehen nicht von einer deutlichen Verbesserung der Karrierechancen aus. Die Erfahrung, dass die Promotion und der Titel in der Praxis hinsichtlich des Kompetenzprofils häufig nicht genügend gewürdigt werden, hat sich bei den Befragten bereits relativierend niedergeschlagen.

Erwartungen an eine verbesserte berufliche Perspektive

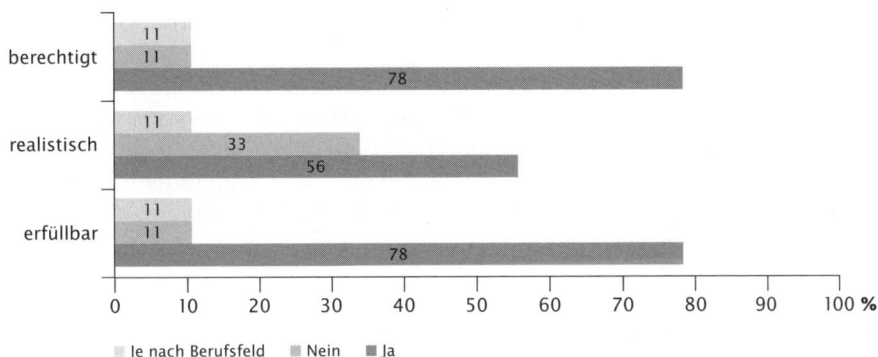

Je nach Berufsfeld   Nein   Ja

> Hat sich die Promotion positiv auf Ihre finanzielle Situation ausgewirkt? Sehen Sie die Zeit der Promotion im Nachhinein als sinnvolle berufliche Investition an?

Im Zusammenhang mit dem »Erfolgsfaktor Promotion« steht auch die Frage, ob die Teilnehmer/innen der Umfrage die Promotion im Nachhinein als **sinnvolle berufliche Investition** ansehen. Auch hier zeigt sich eine positive Haltung zum Doktortitel: 78% sind sich sicher, dass sie ihre Zeit und Kraft sinnvoll investiert haben. Nur 11% sind sich noch unsicher und nur weitere 11% geben an, dass sie im Rückblick lieber eine andere Qualifikation gewählt hätten.

> Gab es während Ihrer beruflichen Tätigkeit, besonders in der Phase des beruflichen Einstiegs, einen Richtungswechsel? Stand dieser im Zusammenhang mit Ihrer Promotion bzw. Ihrem Status als Promovierte/r?

Die Befragten geben überwiegend an, keinen gravierenden Richtungswechsel nach dem Berufseinstieg vorgenommen zu haben. Bewerbungen im Bereich **PR und Unternehmensberatung** seien von vornherein gescheitert, meinte eine/r der Befragten, dies könne mit dem Titel und dem Kompetenzprofil zu tun gehabt haben. Nur eine/r der Befragten hat die negative Erfahrung gemacht, dass es bei der Ausübung einer Tätigkeit in einem anderen Jobumfeld (Banken) aufgrund ihrer/seiner **Überqualifikation** Kompetenzstreitigkeiten gegeben habe. In der Pharmaindustrie sei ihr/sein Titel dagegen völlig unproblematisch gewesen, als sie/er dort über Zeitarbeit eingesetzt worden sei.

Haben Sie die Möglichkeit, Ihr Wissen und/oder Ihre Abstraktionsfähigkeit im Beruf karriereförderlich einzusetzen? Können Sie in Ihrem Beruf Wissen an andere weiter geben?

Die Kernkompetenz »Wissensvermittlung und Abstraktionsfähigkeit« ist für die Befragten bis heute wesentlicher Bestandteil ihrer Tätigkeit(en). Zwar geht es in ihrem aktuellen Berufsfeld häufig nicht mehr um die Vermittlung wissenschaftlicher Inhalte. Jedoch seien universitätsnahe Elemente wie »Lesungen«, »Tutorien« und »Organisation der Lehre« auch in anderen beruflichen Bereichen relevant. Als weitere Berufsfelder, in denen die genannten Kompetenzen ins Spiel kommen, werden »Öffentlichkeitsarbeit«, »Kundengespräche« und »Kundenberatung« genannt. Hierbei sei oftmals die indirekte Wissensvermittlung als Faktor der **Beeinflussung und Vermittlung geistiger Horizonte** entscheidend. Ein/e Befragte/r gibt an, aufgrund der promotionsspezifischen Qualifikation »Wissensvermittlung« auch in seinem heutigen – vollkommen fachfremden – beruflichen Umfeld immer wieder als besonders kompetent eingestuft und sogar von älteren und erfahreneren Kollegen um Rat gefragt zu werden.

Themenbereich IV: Rückblick und Empfehlungen

Was würden Sie anders machen, was vielleicht auch aus der Retrospektive anders beurteilen?

Auf die Frage, wie im Rückblick die Promotionsphase einzuschätzen sei, betonen viele der Befragten die Zweischneidigkeit der Situation: einerseits wird sie als Bereicherung, als Phase des persönlichen Wachstums bezeichnet, andererseits die Einsamkeit und das hohe Frustrationspotenzial als **psychische Belastung** herausgestellt. Auch für die privaten Konditionen gilt in der beurteilenden Rückschau eine starke Ambivalenz: neben einem negativ charakterisierten »Einzelkämpfertum« werden auch Freiräume für die Familie und die Möglichkeit persönlicher Selbstverwirklichung genannt. Insgesamt wirke der Lebenslauf mit einer Promotion »runder«. Eine solche Einschätzung steht als Aussage neben »Desillusionierung« und »Mangel an Selbstvertrauen«. Dabei spielt ganz offenbar die Konkretheit der Ziele, die durch die Promotion erreicht werden sollen, eine entscheidende Rolle.

War die Promotion für Ihren beruflichen Werdegang erforderlich und/oder hilfreich?

Bei der Einschätzung des Nutzens der Promotion für die jetzige Tätigkeit werden in der Umfrage »erforderlich« und »hilfreich« unterschieden, was sich auch deutlich in den Antworten niederschlägt. Die Kategorie »hilfreich« wird von den meisten Befragten bejaht (89 %), wohingegen nur 44 % sie in ihrem Berufsleben als »erforderlich« ansehen.

Doktortitel im Beruf: erforderlich und/oder nützlich?

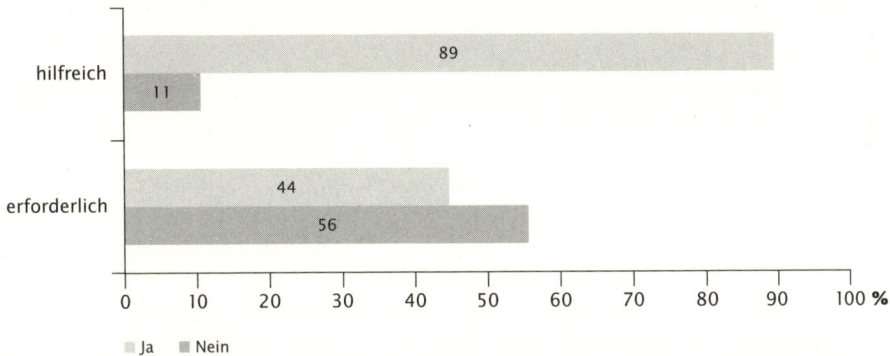

hilfreich	89
	11
erforderlich	44
	56

0   10   20   30   40   50   60   70   80   90   100 **%**

▪ Ja   ▪ Nein

Was würden Sie anders machen, was vielleicht auch aus der Retrospektive anders beurteilen?

Die meisten der Befragten geben an, ihre Promotion nicht zu bereuen; im Gegenteil würden sie sich heute wieder für diesen Bildungsweg entscheiden. Einige bewerteten sogar ihre problematischen Promotionsbedingungen als etwas, das ihnen heute ein »Alleinstellungsmerkmal« einbringen würde. Andere leiten aus den Promotionsbedingungen Revisionsbedarf ab. Kritisiert wird vor allem der **fehlende Praxisbezug**: Lediglich das Unterrichten wird als positive berufsvorbereitende Maßnahme hervorgehoben. Entsprechend wird als wünschenswert eingestuft, Promovierende zum Absolvieren von *Praktika* zu ermuntern. Eine verstärkte **Publikationstätigkeit** und der **Aufbau wissenschaftlicher Netzwerke** wurde dagegen vor allem von den weiterhin wissenschaftlich tätigen Absolventen hervorgehoben.

Im Gegenzug betonten die nicht-wissenschaftlich Arbeitenden die **Notwendigkeit berufsvorbereitender Maßnahmen**. Es sei außerdem wichtig, im Blick zu behalten, »wo und wie man sich von anderen abhebt«. Dabei könne auch übertriebener Ehrgeiz zum Problem werden, wenn man sich dadurch allzu weit von der Umgebung entferne. Zudem wurde betont, man solle den Doktortitel in außeruniversitären Kontexten nicht zu sehr herausstellen, um mögliche Konflikte mit nicht promovierten Kollegen oder Arbeitgebern zu vermeiden. Eine/r der Befragten gibt an, heute würde er gar nicht mehr studieren und erst recht nicht promovieren, da er hierin im Nachhinein nur einen Aufschub der beruflichen Entscheidung sehe. Die Universität erscheine ihr/ihm im Nachhinein als »absurde und ineffiziente Institution«, so die/der Befragte.

Insgesamt unterscheiden sich die Ansichten hinsichtlich des Wertes der Promotion als eigenständiges Ziel: Während der eine Teil der Befragten eine Stärkung der beruflichen Ausrichtung für wünschenswert hält, betonen die anderen den idealistischen und berufszielunabhängigen **Wert der Promotion**: Es sei wichtig, der Neigung mit vollem Einsatz zu folgen und – egal ob in der Promotionsphase oder im Beruf – die eigene Passion und die eigenen Träume und Visionen an die oberste Stelle zu setzen und damit aktiver an die Öffentlichkeit zu treten, sich sichtbarer zu machen. Hier schlummere häufig noch ein ungenutztes Erfolgspotenzial.

> Hatten Sie Probleme beim Wechsel von der Uni in die Berufswelt? Führen Sie bestimmte Probleme beim Berufseinstieg auf Ihre Promotion oder Promotionsphase zurück? Wenn ja, welche?

Bei der Frage nach der Umstellung von der Promotion ins Berufsleben wird die Unterscheidung »universitäre Laufbahn/außeruniversitäre Jobsituation« sichtbar. Beim Einstieg in ein anderes Berufsfeld sticht in den Antworten die Bedeutung zeitlicher Organisation als Veränderungsmoment ins Auge. Die Befragten sehen hier eine deutliche Veränderung in ihrer **Freiheit der Zeiteinteilung** und erleben die Umstellung als Einschnitt. Man kann sich in der Arbeit »nicht mehr selbst organisieren«, es kommen »andere Anforderungen« auf einen zu. Es geht mehr darum, kleinere Dinge zu koordinieren und Störungstoleranz aufzubauen. Viele erleben dies jedoch auch als Erleichterung. Im nicht-universitären Bereich sind **Kommunikation und Teamfähigkeit** stärker gefragt. Auch die vermehrte Verantwortung wird betont. In den Bereichen Selbstständigkeit und Stiftungswesen als Berufsfelder werden die Unterschiede weniger deutlich. Hier können im Gegenteil das selbstständige Arbeiten und die Erfahrung der Dissertation als Schlüsselkompetenzen angesehen werden.

> Haben Sie die Möglichkeit, Ihr Wissen und/oder Ihre Abstraktionsfähigkeit im Beruf karriereförderlich einzusetzen? Können Sie in Ihrem Beruf Wissen an andere weiter geben?

Wissensvermittlung und Abstraktionsfähigkeit stehen auch im Berufsleben der befragten Promovierten hoch im Kurs. Auch wenn bei nicht-universitären Laufbahnen keine fachwissenschaftlichen Inhalte mehr vermittelt bzw. »gelehrt« werden, so können doch die in der Promotion erworbenen Kompetenzen gewinnbringend eingesetzt werden. Zum Teil geschieht dies auf sehr kreative Weise (z. B. in Form von Lesungen bei einem/einer der Selbstständigen), zum Teil geht es um Meinungsbildung und Öffentlichkeitsarbeit, zum Teil um Beratungssituationen und Kundengespräche, und auch der Imagegewinn wird als Vorteil der Promotion genannt.

> Kann man aus Ihrer heutigen Sicht während der Promotionsphase schon etwas tun, um die eigenen Chancen zu verbessern? Was würden Sie Ihren ›Nachfolgern/Nachfolgerinnen‹ – allgemein und im Blick auf Ihr heutiges Berufsfeld – empfehlen?

In den Antworten der Befragten spiegelt sich deutlich das jeweilige aktuelle Berufsfeld mit seinem spezifischen Kompetenzprofil wieder. So gibt ein/e Teilnehmer/in, der/die bei einer Stiftung arbeitet, an, dass die erworbenen didaktischen Fähigkeiten ihm/ihr heute als Betreuer/in von Stipendiaten sehr zugute kämen und er/sie im Rückblick noch stärker dazu raten würde, **didaktische Kompetenzen** in der Dissertationsphase zu erwerben (s. Kap. III.5). In Anbetracht der Vielfalt der hier gegebenen Antworten können die »Tipps« der Promovierten nur stichwortartig aufgelistet werden: von der Empfehlung, die eigene Dissertation möglichst ablenkungsfrei und »ohne Verzetteln durchzuziehen« reichen die Vorschläge über die Anregung, möglichst frühzeitig **Netzwerke** zu knüpfen und häufig an **Konferenzen** teilzunehmen, bis zu dem Rat, die eigene Originalität zu entwickeln. Letztere Empfehlung steht im Gegensatz zum pragmatischen Ratschlag, sich mit der Themenstellung am zukünftigen Berufsfeld zu orientieren. Im Allgemeinen betonen die Antworten die **Vorteile einer frühzeitigen beruflichen Orientierung** und empfehlen, möglichst noch vor Beginn der Promotion zu entscheiden, »wohin die Reise gehen soll«. Konkret wird vorgeschlagen, regelmäßig und frühzeitig Stellenanzeigen zu lesen und Jobmessen zu besuchen, Kernkompetenzen wie Mentoring auszubauen, und vor allem – sei es über Praktika, Konferenzbesuche oder Publikationsforen – breit gestreute Kontakte aufzubauen.

Literatur

Enders, Jürgen/Mugabushaka, Alexis-Michel: *Wissenschaft und Karriere – Erfahrungen und Werdegänge ehemaliger Stipendiaten der Deutschen Forschungsgemeinschaft.* Bonn 2004.
Teichler, Ulrich: *Hochschule und Arbeitswelt. Konzeptionen, Diskussionen, Trends.* Frankfurt a. M. 2003.

Interview-Leitfaden

Themenbereich I: »Berufsfindung/Berufliche Zielsetzung«
Sind Sie von Anfang an (bereits mit Beginn der Promotion) zielgerichtet auf ein bestimmtes Berufsbild zugegangen?
Haben Sie ein berufliches Traumziel?
Wollten Sie ursprünglich an der Universität bleiben? Wenn ja: Was hat Sie bewogen, Ihre Planung zu ändern?
Welche Berufsfelder kamen für Sie in Frage?
Wie ist Ihre Berufswahl letztendlich zustande gekommen?
Welche Institution/welcher Kontakt war Ihnen dabei behilflich?
Haben Sie während Ihrer Promotion Beratungen, Coachings oder ähnliche unterstützende Maßnahmen zur beruflichen Zielfindung in Anspruch genommen?
Woher kommen die ›richtigen‹ Kontakte? Hat Ihnen jemand bei der Herstellung von Kontakten geholfen? Wurden Sie auch von der Universität unterstützt? Wenn nein, welche Art von Unterstützung könnten Sie sich vorstellen?

Themenbereich II: »Beruflicher Einstieg und Kernkompetenzen«
Welche von den folgenden Kompetenzen haben Sie durch Ihre Promotion erworben und/oder trainiert? Bitte geben Sie eine Einschätzung auf einer Skala von 1–10 an.
Konnten Sie Ihrem Arbeitgeber Ihre Kompetenzen vermitteln? Wie haben Sie ihn überzeugt?
Welche Arbeitsstrategien haben sich in Ihrer Promotionsphase als hilfreich erwiesen? Konnten Sie diese auch in Ihrem Beruf nutzen?

Haben Sie den Eindruck, dass Ihr »Zeitmanagement« während der Dissertation auf andere Bereiche übertragbar war? (Haben Sie z. B. das Ausmaß des Arbeitsaufwandes im Beruf realistisch eingeschätzt?)

Welche Kernkompetenzen (vgl. oben) halten Sie für Ihren Berufseinstieg im Nachhinein für entscheidend?

Themenbereich III: »Berufliche Erfahrung, beruflicher Erfolg und Status als Promovierte(r) im Berufsleben«

Welche Kompetenzen erwiesen sich während Ihrer Berufstätigkeit als entscheidend, und inwiefern?

Trägt die Promotion zur beruflichen Profilbildung (z. B. im Vergleich zu anderen KollegInnen) bei?

Haben Sie sich in Ihrem beruflichen Umfeld als promovierte(r) Geistes- bzw. Sozialwissenschaftler/in als »anders« empfunden? Worin äußerte sich diese Wahrnehmung und wie haben Sie darauf reagiert?

Halten Sie heute Ihre Erwartungen an eine verbesserte berufliche Perspektive durch die Promotion für erfüllbar, realistisch, berechtigt?

Hat sich die Promotion positiv auf Ihre finanzielle Situation ausgewirkt? Sehen Sie die Zeit der Promotion im Nachhinein als sinnvolle berufliche Investition an?

Gab es während Ihrer beruflichen Tätigkeit, besonders in der Phase des beruflichen Einstiegs, einen Richtungswechsel? Stand dieser im Zusammenhang mit Ihrer Promotion bzw. Ihrem Status als Promovierte(r)?

Haben Sie die Möglichkeit, Ihr Wissen und/oder Ihre Abstraktionsfähigkeit im Beruf karriereförderlich einzusetzen? Können Sie in Ihrem Beruf Wissen an andere weiter geben?

Themenbereich IV: Rückblick und Empfehlungen

Was würden Sie anders machen, was vielleicht auch aus der Retrospektive anders beurteilen?

War die Promotion für Ihren beruflichen Werdegang erforderlich und/oder hilfreich?

Was würden Sie anders machen, was vielleicht auch aus der Retrospektive anders beurteilen?

Hatten Sie Probleme beim Wechsel von der Uni in die Berufswelt? Führen Sie bestimmte Probleme beim Berufseinstieg auf Ihre Promotion oder Promotionsphase zurück? Wenn ja, welche?

Haben Sie die Möglichkeit, Ihr Wissen und/oder Ihre Abstraktionsfähigkeit im Beruf karriereförderlich einzusetzen? Können Sie in Ihrem Beruf Wissen an andere weiter geben?

Irene Lamberz

3. Qualifizierungswege in der Postdoc-Phase

Der Weg zu einer Festanstellung an einer Universität in Deutschland ist bekanntermaßen lang und schwierig und birgt zahlreiche Unwägbarkeiten, die sich vor allem daraus ergeben, dass es nur in geringem Umfang Mittelbaustellen gibt und die Bleibemöglichkeiten für diejenigen, die keine Führungsposition erreichen, daher sehr gering sind. Zudem unterliegt die Zahl der frei werdenden Stellen, ähnlich wie im Lehrerberuf, großen Schwankungen, die in erster Linie durch die Altersstruktur der Stelleninhaber, aber auch durch hochschulpolitische Entscheidungen hervorgerufen werden. Obwohl die sich daraus ergebende Planungsunsicherheit (nicht zuletzt auch im Hinblick auf die eigene Familienplanung) bewirkt, dass etwa die Hälfte aller Wissenschaftler/innen nach der Promotion außerhalb von Hochschulen und Forschungseinrichtungen tätig werden, stellt eine Karriere in der Wissenschaft nach wie vor für viele Promovierte ein attraktives Ziel dar.

Tipp: Internetportal

Eine **virtuelle Anlaufstelle für den wissenschaftlichen Nachwuchs** bietet seit 2006 das Internetportal *hochschulkarriere.de*, das aus einer gemeinsamen Initiative des Deutschen Hochschulverbandes, des Centrums für Hochschulentwicklung (CHE) und des Fördervereins Juniorprofessur e.V. hervorging und von der Stiftung Mercator unterstützt wird. Das Portal versteht sich als offene Informations- und Kommunikationsplattform für jüngere Wissenschaftlerinnen und Wissenschaftler und basiert auf derselben Technologie wie die Internet-Enzyklopädie Wikipedia: Alle Nutzer/innen haben nicht nur die Möglichkeit, Informationen abzurufen, sondern können sie auch bereitstellen oder vorhandene Informationen korrigieren. Die drei initiierenden Organisationen übernehmen die redaktionelle Betreuung, um die Qualität der Beiträge zu sichern.

Diejenigen, die auch im Anschluss an die Promotion wissenschaftlich arbeiten möchten, sollten die weitere Qualifizierung sorgfältig planen, denn in noch deutlich stärkerem Maße als von Doktoranden/Doktorandinnen wird von Postdoktoranden/Postdoktorandinnen **erfolgreiches Engagement in diversen Bereichen** erwartet: Spätestens bei der ersten Bewerbung um eine unbefristete Stelle sollte man neben wissenschaftlichen Publikationen und akademischer Lehrerfahrung auch sogenannte Zusatzqualifikationen nachweisen können. Dazu zählen z.B. die Organisation von Tagungen, Gremienarbeit im Rahmen der akademischen Selbstverwaltung, Erfahrung mit Projektanträgen oder in den Bereichen Öffentlichkeitsarbeit und Wissenschaftsmanagement. Abhängig davon, auf welchen Gebieten man schon in der Promotionsphase Erfahrungen gesammelt hat, kann man seine Postdoc-Zeit unterschiedlich gestalten, um vorhandene Lücken zu schließen.

Habilitationsstellen

Der klassische Weg zu einer Professur führt über eine sich an die Promotion anschließende **zweite wissenschaftliche Qualifikationsstufe**, die Habilitation. Die Habilitation war bis zur Einführung der Juniorprofessur eine notwendige Vorraussetzung für eine Berufung zum/zur Universitätsprofessor/in: Während mit der Promotion die Befähigung zum selbstständigen wissenschaftlichen Arbeiten unter Beweis gestellt wird, qualifiziert die Habilitation dazu, das eigene Fach in dessen ganzer Breite in Forschung und Lehre zu vertreten. Nach dem erfolgreichen Abschluss eines Habilitationsverfahrens wird dem Habilitierten die Venia Legendi, die **Lehrbefugnis für das betreffende (Teil-)Fach**, erteilt. Die Finanzierung der Habilitationsphase erfolgt üblicherweise über eine Stelle als wissenschaftlicher Mitarbeiter/wissenschaftliche Mitarbeiterin oder aber über ein Stipendium.

Wissenschaftliche Mitarbeiter/innen sind entweder einem Lehrstuhl oder einem durch Drittmittel finanzierten Forschungsprojekt zugeordnet. Gelegentlich werden auch Qualifizierungsstellen in universitären Einrichtungen, wie Graduiertenzentren, ausgeschrieben. Die Anbindung an einen Lehrstuhl bringt in der Regel eine geringe Lehrverpflichtung (ca. 4 Semesterwochenstunden), Arbeit für den/die Lehrstuhlinhaber/in sowie Aufgaben am Institut mit sich. Die Vorteile einer Mitarbeiterstelle liegen damit auf der Hand: Man erhält quasi en passant Einblick in den Hochschulalltag und hat die Möglichkeit, in zentralen Bereichen der akademischen Selbstverwaltung praktische Erfahrungen zu sammeln, die auch im Lebenslauf einen guten Eindruck machen. Damit einher gehen jedoch auch zwei Aspekte, die in den letzten Jahren immer wieder als Nachteile einer solchen Qualifizierungsform kritisiert wurden: Zum einen die Abhängigkeit vom weisungsberechtigten Lehrstuhlinhaber und fehlende Selbstständigkeit, zum anderen die zum Teil große zeitliche Einschränkung der eigenen Forschungstätigkeit durch die anfallenden Aufgaben an Institut und Lehrstuhl, die eine verlängerte Habilitationszeit zur Folge hat. Ob die Vor- oder die Nachteile überwiegen, hängt sowohl von dem/der Lehrstuhlinhaber/in, als auch von den Präferenzen des Mitarbeiters/der Mitarbeiterin ab und ist daher nur im Einzelfall zu entscheiden.

Interessiert man sich für eine Tätigkeit als wissenschaftliche/r Mitarbeiter/in, sollte man frühzeitig entsprechende Kontakte knüpfen. Denn aufgrund der recht engen Zusammenarbeit zwischen Professoren/Professorinnen und Mitarbeitern/Mitarbeiterinnen werden trotz der formal vorgeschriebenen öffentlichen Ausschreibung meist nur Personen eingestellt, die dem/der Lehrstuhlinhaber/in schon bekannt oder von Kollegen/Kolleginnen empfohlen worden sind. In der Praxis werden daher nicht selten solche Nachwuchswissenschaftler/innen als Mitarbeiter/innen eingestellt, die schon während des Studiums oder der Promotionszeit als studentische Hilfskräfte, wissenschaftliche Hilfskräfte mit Abschluss oder wissenschaftliche Mitarbeiter/innen an einem Lehrstuhl gearbeitet haben.

Neben den Stellen an Lehrstühlen gibt es auch **Stellen in Drittmittelprojekten** wie z.B. in DFG-Sonderforschungsbereichen. Solche Drittmittelprojekte gibt es aber nicht nur an Universitäten, sondern auch an **nicht universitären Einrichtungen im In- und Ausland**. Dazu zählen unter anderem die Institute der Max-Planck-Gesellschaft (interessant für Geistes-, Sozial- und Kulturwissenschaftler/-innen sind z.B. das MPI für Wissenschaftsgeschichte in Berlin oder das MPI für Gesellschaftsforschung in Köln), oder auch Stiftungen wie das Hamburger Institut für Sozialforschung oder das Institut für Zeitgeschichte in München. Im Unterschied zu Stellen am Lehrstuhl haben die Mitarbeiter/innen hier reine Forschungsstellen, die weder mit Lehrverpflichtungen noch mit Aufgaben im Bereich der akademischen Selbstverwaltung verbunden sind. Denn drittmittelgeförderte Forschergruppen bearbeiten ausschließlich ein gemeinsames übergeordnetes Forschungsprogramm. Dadurch sind alle Wissenschaftler/innen automatisch in ein Netzwerk eingebunden; gleichzeitig heißt dies aber auch, dass man sich als Teil einer Forschergruppe mit dem eigenen Projekt innerhalb eines vorgegebenen Rahmens platzieren muss.

Völlige Freiheit bei der Wahl des Forschungsgebiets hat man dagegen, wenn man eine eigene Stelle beantragt. Das **Förderinstrument »Eigene Stelle« der DFG** richtet sich an Nachwuchswissenschaftler/innen, deren Promotion noch nicht länger als 6 Jahre zurückliegt und die selbstständig arbeiten möchten. Die Antragstellenden suchen sich eine deutsche Institution aus, die ein geeignetes Umfeld für die eigene Forschung bietet und beantragen dann eine eigene Stelle bei der DFG. Zwar ist die wissenschaftliche Institution im Falle der Bewilligung formal der Arbeitgeber der/des Geförderten, diese/r muss jedoch keinerlei Institutsaufgaben übernehmen, sondern kann sich für zwei oder höchstens drei Jahre ganz auf das eigene Forschungsprojekt konzentrieren.

Die Höhe der Vergütung hängt bei allen Stellen von verschiedenen Faktoren, wie z. B. dem Alter des/der Angestellten, ab. Die Bezifferung des Bruttogehalts wird zudem durch die Reformen des Hochschulsystems in den letzten Jahren erschwert, denn aufgrund der Neuerungen gibt es momentan an Universitäten und anderen Forschungseinrichtungen ein Nebeneinander von alten und neuen Stellentypen und Vergütungsgruppen (C 1, BAT IIa, TVöD E13-E15 bzw. TV-L 13–15), wobei für alle aktuellen Stellenbesetzungen die neuen Tarife gelten.

Habilitationsstipendien

Alternativ zu einer Stelle kann man sich nach der Promotion auch um ein Stipendium bemühen. Die beiden bekanntesten **Forschungsstipendien für Postdoktoranden/Postdoktorandinnen** sind das **Emmy Noether-Programm** der DFG und das gemeinsam von der Fritz Thyssen Stiftung und der VolkswagenStiftung initiierte **Dilthey-Fellowship**. Beide Programme wollen jungen Nachwuchswissenschaftlern/Nachwuchswissenschaftlerinnen die Möglichkeit zu selbstständiger Forschung geben, wobei die Förderungsdauer von fünf Jahren (mit Verlängerungsmöglichkeit um ein Jahr im Emmy Noether-Programm und um drei bis fünf Jahre beim Dilthey-Fellowship) deutlich macht, dass nur längerfristige Projekte gefördert werden sollen. Während das Dilthey-Fellowship auch Habilitationsprojekte fördert, versteht sich das Emmy Noether-Programm ausdrücklich als Alternative zur Habilitation: Postdoktoranden/Postdoktorandinnen, die bereits über etwa zwei bis vier Jahre Forschungserfahrung (davon mindestens 12 Monate im Ausland) verfügen, sollen sich im Rahmen des Programms durch eine fünf- bis sechsjährige eigenverantwortliche Leitung einer Nachwuchsforschergruppe als Hochschullehrer/innen qualifizieren. In beiden Fördermodellen muss das zu fördernde Forschungsvorhaben an eine deutsche Hochschule oder außeruniversitäre Forschungseinrichtung angebunden sein. Eine Altersgrenze gibt es nicht, allerdings

sollte die Promotion bei der Antragstellung nicht länger als fünf Jahre zurückliegen. Die Übernahme von Lehraufgaben ist ebenfalls in beiden Programmen vorgesehen. Das Dilthey-Fellowship ist zwar im Gegensatz zum Emmy Noether-Programm keine Gruppen-, sondern eine Einzelförderung, die Einbeziehung von
Doktoranden in das eigene Forschungsprojekt über weitere Drittmittel wird jedoch
auch hier explizit gewünscht.

Natürlich sind dies längst nicht die einzigen Förderprogramme für Postdoktoranden. Kurzfristigere Förderungen kann man beispielsweise auch über ein **Postdoc-Stipendium der zahlreichen DFG-Graduiertenkollegs** erhalten. Zumindest
kurz erwähnt seien zudem das Heisenberg-Stipendium der DFG, das sich an
Nachwuchswissenschaftler/innen richtet, die bereits alle Voraussetzungen erfüllen, um auf eine unbefristete Professur berufen zu werden, sowie das ebenfalls
von der DFG ausgeschriebene NIH/DFG Research Career Transition Awards Program, das für sechs Jahre Forschungstätigkeit zunächst in den USA und im
Anschluss in Deutschland ermöglicht. Wer im Ausland forschen möchte, kann sich
alternativ auch bei der Alexander von Humboldt-Stiftung um ein Feodor Lynen-
Forschungsstipendium oder beim DAAD um ein Forschungsstipendium bewerben. Detaillierte Informationen zu allen Förderprogrammen finden sich im Internet
auf den Seiten der DFG, des DAAD bzw. der betreffenden Stiftungen (s. Kap.
VII.3).

Im Frühjahr 2002 wurde in der 5. Novelle des Hochschulrahmengesetzes von
der Bundesregierung versucht, Defizite und Probleme bei der Ausbildung des wissenschaftlichen Nachwuchses in Deutschland anzugehen. Zu diesem Zweck
wurde mit der **Juniorprofessur** eine neue Stellenform geschaffen, die sich an dem
im angloamerikanischen Raum verbreiteten Stellentypus des ›assistant professor‹
orientiert. Die Juniorprofessur richtet sich an Nachwuchswissenschaftler/innen,
die in einer etwa zweijährigen Postdoc-Phase bereits Erfahrungen in einer Forschungseinrichtung sammeln konnten. Mit Anfang 30 soll ihnen über die neue
Stellenform institutionelle Unabhängigkeit und Selbstständigkeit in der Forschung
ermöglicht werden – nicht zuletzt um dadurch eine internationale Anschlussfähigkeit der deutschen Forschung zu erzeugen. Es gibt zwar keine offizielle Altersgrenze für Juniorprofessuren, die Promotion darf bei Stellenantritt jedoch nicht
länger als 5 Jahre zurückliegen. Juniorprofessuren sind befristete Stellen, nach
deren Auslaufen im Idealfall die Berufung auf eine reguläre Professur erfolgt. Bei
einer Minderheit der Juniorprofessuren sind Entfristungen, sogenannte *tenure
track*-Optionen, vorgesehen.

War die Juniorprofessur ursprünglich als Regelvoraussetzung für eine Lebenszeitprofessur gedacht, so ist die **Zukunft dieser Stellenform heute unklar**. Nachdem das Bundesverfassungsgericht die Gesetzesnovelle im Juli 2004 aus formalen
Gründen für ungültig erklärt hat (Bildungspolitik ist Ländersache) und das Förderprogramm des Bundes, das Universitäten im Falle der Einrichtung von Juniorprofessuren bis Ende 2004 einen attraktiven finanziellen Zuschuss gewährte, ausgelaufen ist, ist immer wieder vom Scheitern der Juniorprofessur die Rede (zuletzt
im Juli 2006 in der Wochenzeitung *Die Zeit*). Begründet wird diese Diagnose meist
quantitativ mit der Anzahl der bisher eingerichteten Stellen. Von der Bundesregierung waren ursprünglich bundesweit 6000 Stellen anvisiert, diese Prognose musste
jedoch deutlich nach unten korrigiert werden: Seit 2002 wurden lediglich 1000

Juniorprofessuren ausgeschrieben, die meisten davon bis zum Wegfall des Förderungsprogramms der Bundesregierung Ende 2004.

Problematisch für die Stellenform der Juniorprofessur ist darüber hinaus aber vor allem, dass nach wie vor unklar ist, ob eine Tätigkeit als Juniorprofessor/in in Berufungsverfahren für Lebenszeitprofessuren tatsächlich als **Äquivalent zur Habilitation** akzeptiert wird (vgl. Fritsche/Renkes 2006). Ein Indikator für die allgemeine Skepsis ist das Ergebnis einer Mitgliederbefragung des Deutschen Hochschulverbands im Herbst 2006: Über 40% der Befragten halten die Einführung der Juniorprofessur für ›im Ansatz verfehlt‹ und nur knapp 12% betrachten sie als großen Fortschritt. Aufgrund der bestehenden Unsicherheiten entscheiden sich viele Juniorprofessoren/Juniorprofessorinnen, sicherheitshalber auch eine Habilitation abzuschließen und so die Grundidee, die zur Einführung dieser Stellenform führte, ad absurdum zu führen.

Deutscher Hochschulverband

Der Deutsche Hochschulverband ist die bundesweite Berufsvertretung der deutschen Universitätsprofessoren und des wissenschaftlichen Nachwuchses mit über 22000 Mitgliedern. Seit 2003 können alle promovierten Nachwuchswissenschaftler – neben Juniorprofessoren/Juniorprofessorinnen also auch Habilitanden/Habilitandinnen – Mitglied werden (Jahresbeitrag: 50 €). Der Hochschulverband veranstaltet nicht nur attraktive Seminare, u.a. zu Themen wie »Karriere und Berufung«, sondern bietet auch einen Ausschreibungsdienst, der über fachspezifische Mailinglisten über alle vakanten Professuren in Deutschland, Österreich und der Schweiz informiert. Zudem gibt der Hochschulverband ein *Handbuch für den wissenschaftlichen Nachwuchs* heraus, das inzwischen in der achten Auflage vorliegt (Ufermann 2006). Das Handbuch liefert aktuelle Zahlen u.a. zu Habilitationen (Fächergruppen, Durchschnittsalter, Frauenanteil) und zum wissenschaftlichen Personal an deutschen Universitäten. Es informiert über Berufsbilder, die rechtliche Situation des wissenschaftlichen Nachwuchses, die aktuellen Änderungen in der universitären Personalstruktur und fächerspezifische Berufschancen und Beschäftigungsperspektiven. Die Mitgliedschaft im Hochschulverband sowie in dem jeweils maßgeblichen Fachverband ist für promovierte Nachwuchswissenschaftler/innen sicherlich eine lohnende Investition.

Auf der im Oktober 2006 vom Bundesministerium für Bildung und Forschung und der DFG veranstalteten Konferenz zum Thema »Karrierewege in Wissenschaft und Forschung«, deren Ergebnisse in einem Sonderheft des Hochschulmagazins *duz* publiziert wurden (vgl. duz-SPECIAL 2006), bildete die **Diskussion um die Entfristung von Nachwuchsstellen** einen deutlichen Schwerpunkt. *Tenure track*-Modelle werden nicht nur im Rahmen von Juniorprofessuren als notwendige Maßnahmen betrachtet, die Verlässlichkeit wissenschaftlicher Berufswege und damit auch die Attraktivität deutscher Hochschulen für deutsche und ausländische Wissenschaftler/innen zu steigern. Die Humboldt-Universität zu Berlin hat daher als erste Hochschule in Deutschland die *tenure track*-Option für alle Juniorprofessuren eingeführt und auch die deutschen Förderungseinrichtungen haben inzwischen spezielle *tenure track*-Programme entwickelt. Große Ähnlichkeiten weisen hier die Lichtenberg-Professur der VolkswagenStiftung und die Heisenberg-Professur der DFG auf: Die DFG übernimmt für fünf Jahre, die VolkswagenStiftung für bis zu acht Jahre zur Förderung von Nachwuchswissenschaftlern/Nachwuchswissenschaftlerinnen alle anfallenden Kosten für eine neu eingerichtete Hochschulprofessur. Die *tenure track*-Option ist in beiden Fällen verbindlich: Die Hochschule, an der die Professur angesiedelt werden soll, muss sich bereits bei der Antragstellung verpflichten, im Falle einer positiven Evaluation die Folgekosten für die Umwandlung in eine Lebenszeitprofessur zu übernehmen. Während die Heisenberg-Professur in jedem Fall eine W2-Professur ist, kann eine Lichtenberg-Professur je nach den individuellen Voraussetzungen der Nachwuchswissenschaftler/innen als W1-, W2- oder W3-Professur eingerichtet werden.

Zwölf-Jahres-Frist

Die 5. Novelle des Hochschulrahmengesetzes (HRG) aus dem Jahr 2002 hat nicht nur die Stellenform der Juniorprofessur eingeführt, sondern auch eine **viel kritisierte Neuregelung** befristeter Beschäftigungsverhältnisse. Im Abschnitt zum wissenschaftlichen und künstlerischen Personal heißt es unter dem Punkt »Befristungsdauer« (§ 57b, Absatz 1): »Die Befristung von Arbeitsverträgen des in § 57a Abs. 1 Satz 1 genannten Personals, das nicht promoviert ist, ist bis zu einer Dauer von sechs Jahren zulässig. Nach abgeschlossener Promotion ist eine Befristung bis zu einer Dauer von sechs Jahren, im Bereich der Medizin bis zu einer Dauer von neun Jahren zulässig; die zulässige Befristungsdauer verlängert sich in dem Umfang, in dem Zeiten einer befristeten Beschäftigung nach Satz 1 und Promotionszeiten ohne Beschäftigung nach Satz 1 zusammen weniger als sechs Jahre betragen haben.« Da eine solche Begrenzung befristeter Beschäftigungsverhältnisse an Universitäten auf die maximale Dauer von 12 Jahren (für die Zeit vor der Promotion und die Zeit nach der Promotion zusammengenommen) dem Alltag in der Wissenschaft nicht gerecht wird, wurde von der Bundesregierung eine **Änderung** in Form des Wissenschaftszeitvertragsgesetzes erarbeitet, das am 18. April 2007 in Kraft getreten ist. In der aktuellen Regelung befristeter Beschäftigungsverhältnisse wurde zum einen eine **familienfreundliche Komponente** eingefügt: Bei Betreuung von Kindern verlängert sich die zulässige Befristungsdauer in der Qualifizierungsphase um zwei Jahre je Kind. Zum anderen sind **Beschäftigungsverhältnisse im Rahmen von Drittmittelprojekten jetzt von der 12-Jahres-Regelung ausgenommen**. Wer also eine aus Drittmitteln finanzierte Stelle hat, kann auch nach Ablauf der 12 Jahre noch weiter beschäftigt werden.

›Lecturer‹ oder Lehrprofessur

Da es deutlich mehr Nachwuchswissenschaftler/innen als frei werdende Professuren gibt, ist es nicht verwunderlich, dass einer Studie von Janson, Schomburg und Teichler (2006, S. 72) zufolge nur eine/r von drei Forschern/Forscherinnen eine Professur erhält. Angesichts der extremen Spezialisierung von Wissenschaftlern/Wissenschaftlerinnen und der allgemeinen Situation auf dem deutschen Arbeitsmarkt ist eine berufliche Umorientierung zu dem Zeitpunkt, an dem sich abzeichnet, dass womöglich keine Festanstellung mehr erreicht wird, oft problematisch. Und auch im akademischen Mittelbau ist die Aussicht auf eine Festanstellung als eher gering zu bewerten: Neben den früher noch recht häufigen Akademischen Ratsstellen, deren Anzahl in den letzten Jahren stark reduziert wurde, gibt es unterhalb der Professur noch einige Funktionsstellen, ansonsten jedoch **kaum unbefristete Arbeitsplätze**.

Als Stelle unterhalb der Professur ist – zumindest in der Konzeption von Annette Schavan – die zurzeit viel diskutierte neue akademische Personalkategorie des ›**lecturer**‹ gedacht, für deren Einführung sich die Bundesbildungsministerin angesichts des prognostizierten Anstiegs der Studierendenzahlen ausgesprochen hat.

Bundesweit ist demnach die Einstellung von 3000 Hochschuldozenten/Hochschuldozentinnen geplant, deren Hauptaufgabe im Bereich der Lehre liegen soll. Ob und zu welchem Anteil es sich dabei um unbefristete Stellen handeln wird, ist zurzeit noch unklar. In jedem Fall ist es aber so, dass ›lecturer‹ wie auch die anderen Formen unbefristeter Mittelbaustellen kaum Freiraum für eigene Forschung bieten werden.

In seiner jüngsten »Stellungnahme zur Personalstruktur an den Universitäten« vom 27. Januar 2007 hat der Wissenschaftsrat die Personalkategorie ›lecturer‹ kritisiert, weil diese dem »Stellenwert der Lehre und der Zielsetzung, entsprechende Positionen für sehr gute Wissenschaftler attraktiv zu machen, nicht gerecht« (5) werde. Daher fordert der Wissenschaftsrat alternativ die Etablierung von **Professuren mit einem Tätigkeitsschwerpunkt in der Lehre**, in deren Rahmen immerhin noch 30 % der Arbeitszeit auf Forschung entfallen sollen und deren Besoldungsgruppe derjenigen anderer Professuren entsprechen würde. Im Dezember 2006 haben sich Bund und Länder auf Eckpunkte für einen »Hochschulpakt 2020« geeinigt, durch dessen Maßnahmen der erwartete Anstieg der Studierenden aufgefangen werden soll. Die Ausarbeitung des Hochschulpakts steht zurzeit noch aus. Ob der Pakt neue Karrierewege an der Universität eröffnet, bleibt daher einstweilen ebenso abzuwarten wie die Antwort auf die Frage nach dem zukünftigen Stellenwert der Habilitation und der Juniorprofessur.

Literatur

Bund-Länder-Kommission für Bildungsplanung und Forschungsförderung (Hg.): *Frauen in Führungspositionen an Hochschulen und außerhochschulischen Forschungseinrichtungen.* Bonn 2006. http://www.blk-info.de/fileadmin/BLK-Materialien/heft136.pdf (25.06.2007)

Deutscher Hochschulverband. *Mitgliederbefragung 2006.*

duz-SPECIAL: *Juniorprofessur. … für eine exzellente Zukunft von Forschung und Lehre in Deutschland.* Berlin 2004. http://www.duz.de/docs/downloads/duzspec_junior.pdf (05.06.2007)

duz-SPECIAL: *Karrierewege in Wissenschaft und Forschung. Konferenz, 4. und 5. Oktober 2006.* Berlin 2006. http://www.duz.de/docs/downloads/duzspec-dfg.pdf (05.06.2007)

Fritsche, Angelika/Renkes, Veronika: »Verschiedene Wege offen halten. Den Königsweg zur Hochschulkarriere gibt es nicht«. In: duz-SPECIAL: *Karrierewege in Wissenschaft und Forschung. Konferenz, 4. und 5. Oktober 2006.* Berlin 2006, S. 7.
http://www.duz.de/docs/downloads/duzspec-dfg.pdf (05.06.2007)

Hartung, Manuel J.: »Ein letzter Gruß«. In: *Die Zeit* (13.07.2006).

Janson, Kerstin/Schomburg, Harald/Teichler, Ulrich: *Wissenschaftliche Wege zur Professur oder ins Abseits? Strukturinformationen zu Arbeitsmarkt und Beschäftigung an Hochschulen in Deutschland und den USA.* Kassel 2006. http://www.gain-network.org/file_depot/0–10000000/10000–20000/16468/folder/44145/INCHER+Studie+zum+wissenschaftlichen +Arbeitsmarkt.pdf (25.06.2007)

Ufermann, Birgit (Red.): *Handbuch für den wissenschaftlichen Nachwuchs.* Bonn 2006.

Wissenschaftsrat: *Empfehlung zu einer lehrorientierten Reform der Personalstruktur an Universitäten.* Berlin 2007.

Die (Internet-)Adressen der Alexander von Humboldt-Stiftung, des Institut für Zeitgeschichte (München-Berlin), des DAAD, der DFG, des Hamburger Institut für Sozialforschung, der Max-Planck-Gesellschaft sowie der VolkswagenStiftung finden sich im Anhang (s. Kap. VII.3).

Sandra Heinen

VI. Anstelle eines Fazits: 100 Tipps für (angehende) Promovierende

In den Kapiateln dieses Handbuchs wurde versucht, systematisch die zahlreichen unterschiedlichen Anforderungen und Perspektiven darzustellen, die mit einer Promotion verbunden sind. Der multiperspektivischen Anlage des Bandes entsprechend, soll zum Abschluss kein Fazit gezogen werden. Stattdessen finden Sie im Folgenden 100 Tipps der Autorinnen und Autoren, die zum Teil wichtige Anregungen aus den Kapiteln aufgreifen und in einigen Fällen darüber hinausgehende persönliche Einschätzungen vermitteln. Unsere Diskussionen zeigen, dass nicht jeder Tipp für alle gleichermaßen relevant ist und zu manchen Aspekten auch konträre Positionen vertreten werden. Die Liste versteht sich daher als eine Sammlung von Anregungen, die Ihnen bei Ihrer individuellen Positionierung behilflich sein kann.

1. Nehmen Sie sich vor Aufnahme oder zu Beginn der Promotion Zeit für die Klärung der Frage, warum bzw. mit welchem Ziel Sie promovieren möchten.
2. Auch wenn es sehr schmeichelhaft ist und Ihr Studium gleichsam ›krönt‹, wenn ein/e Hochschullehrer/in Ihnen anbietet, bei ihm/ihr zu promovieren – überprüfen Sie, ob eine Promotion wirklich mit Ihrer bisherigen persönlichen und beruflichen Lebensplanung übereinstimmt.
3. Wählen Sie unbedingt ein Thema, das Sie wirklich interessiert und mit dem Sie sich identifizieren können.
4. Wählen Sie Ihre/n Doktorvater/-mutter nicht nur nach fachlichen Gesichtspunkten, sondern auch nach Sympathie!
5. (Gleichgeschlechtliche) Vorbilder erleichtern die innere Karriereplanung.
6. Informieren Sie sich über die Zulassungsvoraussetzungen zur Promotion an der von Ihnen gewählten Universität (Promotionsordnung) und überdenken Sie Ihre Promotionsentscheidung unter Berücksichtigung der ggf. nachzuholenden Qualifikationen (z. B. Abschlüsse, Sprachkenntnisse) noch einmal neu.
7. Suchen Sie sich Verbündete im privaten und fachlichen Bereich!
8. Versichern Sie sich der Unterstützung durch Ihre/n Partner/in – im Idealfall kann (muss) diese/r die mit der Promotion verbundenen Belastungen ausgleichen.
9. Der Promotionsprozess ist mit Verzicht verbunden – Sie sollten sich daher gut überlegen und mit Ihrem Umfeld klären, wo Sie Einschränkungen vornehmen.
10. Halten Sie Ihr Sozialleben intakt – Sie brauchen außeruniversitäre Kontakte, um die mehrjährige Arbeit an der Promotion auszubalancieren und zwischendurch immer wieder ›aufzutanken‹.
11. Erfahrungsgemäß sind Dissertationsthemen zu Beginn der Promotionsphase eher zu weit als zu eng gewählt. Eine frühzeitige Eingrenzung erspart viel überflüssige Arbeit. Erweitern kann man Themen immer noch.
12. *Rome wasn't built in a day!* Promotionsprojekte sind auf eine Dauer von drei Jahren angelegt – setzen Sie daher nicht zu hohe Erwartungen in die Ergebnisse eines Tages, sonst sind Sie dauerhaft frustriert.
13. Die für eine Promotion vorgesehene Zeitspanne von drei Jahren wirkt zu Beginn ungeheuer lang, weshalb man leicht denkt, man hätte alle Zeit der Welt. Man sollte sich jedoch von diesem Eindruck nicht täuschen lassen und von Anfang an zielgerichtet und pragmatisch arbeiten, sonst werden aus den geplanten drei Jahren schnell fünf oder sogar mehr Jahre.

14. Warten Sie nicht auf Inspiration oder ›die richtige Stimmung‹ – fangen Sie heute, jetzt, mit der Arbeit an!

15. Machen Sie sich klar: Der Faktor ›Zeit‹ ist ein Karrierefaktor.

16. Informieren Sie sich über regionale und überregionale Interessenvertretungen und Netzwerke für Promovierende und werden Sie Mitglied, falls Sie eines der Programme/Konzepte überzeugend finden.

17. Wenn Sie kein/e ›Schreibtisch-Einzeltäter/in‹ sind, suchen Sie sich eine Universität mit einem strukturierten Promotionsprogramm!

18. Strukturierte Promotionsprogramme sind nicht jedermanns Sache – wer eine Alternative sucht, ohne auf ideelle Förderung, Netzwerke und eine gesicherte Finanzierung zu verzichten, ist mit seiner Stipendienbewerbung bei einem der Begabtenförderungswerke bestens aufgehoben.

19. Haben Sie schon über eine Promotion im Ausland nachgedacht? Für den Fall, dass Sie über die entsprechenden Qualifikationen, Sprachkenntnisse und Kontakte verfügen: In manchen, z.B. den skandinavischen Ländern sind die Promotionsbedingungen sehr attraktiv. Auskunft gibt die Studie *Promovieren in Europa*, ein Vergleich der Promotionsbedingungen in 13 Ländern (Kupfer/ Moes 2004, vollständige Angaben finden sich in Kap. VII.4).

20. Kürzere Auslandsaufenthalte zu Forschungszwecken sind sowohl zur Steigerung der Qualität der Doktorarbeit als auch mit Blick auf den Lebenslauf zu empfehlen. Falls es Ihr Projekt ermöglicht, sollten Sie diese Chance nutzen.

21. Stellen Sie sich darauf ein, dass Sie auch als Doktorand/in noch lernen müssen – anders als in der Studienzeit entscheiden Sie jedoch selbst, was Sie sich wann und wie schnell aneignen.

22. Wenn Sie sich Teile Ihres Forschungsfeldes noch erarbeiten oder Wissenslücken füllen müssen, können Sie dies mit dem Erwerb von Zusatzqualifikationen verbinden, indem Sie ein entsprechendes Forschungskolloquium oder einen Workshop organisieren.

23. Informieren Sie sich in Ihrer Bibliothek über Einführungs- oder Fortbildungsveranstaltungen oder kontaktieren Sie den/die Fachbibliothekar/in. Selbst wenn Sie schon über fundierte Recherchekompetenzen verfügen, werden Sie feststellen, dass man von den Profis noch viel lernen kann.

24. Richten Sie Ihren Arbeitsplatz nach ergonomischen Gesichtspunkten ein und sparen Sie nicht am Stuhl, Monitor und an der Tastatur. Falls Sie häufig mit dem Notebook arbeiten, empfiehlt sich unbedingt der Anschluss einer externen Tastatur, um die unvermeidlichen Belastungen der Handgelenke zu reduzieren.

25. Erfinden Sie ein sinnvolles System, um Ihre Dateien (insbesondere verschiedene Versionen eines Kapitels) zu benennen.

26. Erstellen Sie regelmäßig Back-ups (und Ausdrucke) aller wichtigen Dateien auf einer (externen) Festplatte, einem Memory-Stick oder einem anderen Speichermedium und bewahren Sie Arbeits- und Sicherheitskopien an unterschiedlichen Orten auf.

27. Nehmen Sie sich zu Beginn Zeit, um zu überlegen, mit welchen Hilfsmitteln Sie (die Ergebnisse) Ihre(r) Literaturrecherche systematisieren und archivieren. Ob Karteikarten oder eine Datenbank im Computer – je früher Sie sich entscheiden, desto geringer ist das Risiko des Datenverlusts und/oder die Übertragungsarbeit.

28. Aktualisieren Sie regelmäßig Ihre Arbeitsbibliografie – so vermeiden Sie zeitraubendes Nachrecherchieren in der Abschlussphase.

29. Machen Sie sich eine Liste mit Schlagworten, die Sie fortlaufend ergänzen und nach denen Sie Ihre Literaturrecherche strukturieren.

30. Archivieren Sie nicht nur die Ergebnisse Ihrer Literaturrecherchen, sondern auch die Suchanfragen (Welche Datenbanken habe ich wann und für welchen Zeitraum nach welchen Schlagworten durchsucht?).

31. Wählen Sie aus dem Ergebnis Ihrer Literaturrecherche immer nur einen Bruchteil aus, den Sie gründlich durcharbeiten.

32. Trainieren und perfektionieren Sie Ihre Kompetenzen im Schnell- und Querlesen!

33. Erfinden Sie nicht das Rad neu – mit großer Wahrscheinlichkeit existieren bereits (Vor-)Arbeiten in Ihrem Forschungsfeld. Tun Sie Ihr Bestes, um diese zu finden und bauen Sie Ihre Fragestellung darauf auf.

34. Setzen Sie Bookmarks auf die Webseiten wichtiger Verlage und informieren Sie sich dort regelmäßig über Neuerscheinungen in Ihrem Forschungsfeld.

35. Richten Sie sich an Ihrer Universität einen E-Mail-Account ein – das macht bei der Archivrecherche, bei Bewerbungen oder Einladungen zu Konferenzen, bei der Korrespondenz mit Verlagen etc. einen professionelleren Eindruck als die Adressen kostenloser Anbieter.

36. Nutzen Sie die Möglichkeit (falls vorhanden), sich über Ihre Hochschule, Ihr Graduiertenzentrum oder Graduiertenkolleg eine Homepage als ›virtuelle Visitenkarte‹ einzurichten, die Sie kontinuierlich aktualisieren. Geben Sie die Adresse in Ihrer Korrespondenz (auch E-Mail) an.

37. Auch in der Wissenschaft wird nur mit Wasser gekocht: Zuviel Ehrfurcht vor der Dissertation oder anderen Wissenschaftlern/Wissenschaftlerinnen hemmt die eigene Kreativität.

38. Machen Sie Ihren Zeitplan für sich (und andere) sichtbar: Hängen Sie einen Ausdruck an die Wand oder kaufen Sie sich einen Wandkalender. So können Sie (und andere!) sehen, an welchem Punkt des Promotionsprozesses Sie sein sollten und was Sie bis dahin schaffen woll(t)en.

39. Setzen Sie sich selbst realistische (!) Deadlines. Realistisch sind Deadlines dann, wenn es Ihnen gelungen ist, sie einzuhalten.

40. Informieren Sie sich rechtzeitig über alle mit der Promotion zusammenhängenden Formalia für Anmeldung, Abgabe und Disputation, um in der Schlussphase Verzögerungen zu vermeiden. Wann und wie oft tagt beispielsweise der Promotionsausschuss?

41. Strukturieren Sie Ihren Zeitplan von ›hinten‹, d.h. vom anvisierten Abgabetermin aus, und kalkulieren Sie einen Zeitpuffer für Unvorhergesehenes mit ein.

42. Das Sprichwort »Was man angefangen hat, muss man auch zu Ende bringen« gilt nicht immer – Sie müssen Ihre Promotion nicht um jeden Preis beenden. Wenn Sie im Promotionsprozess dauerhaft unzufrieden sind, kann ein Ende mit Schrecken besser sein als ein Schrecken ohne Ende.

43. Variieren Sie die Arbeit an der Dissertation – lesen, recherchieren, strukturieren, analysieren und schreiben Sie abwechselnd.

44. Wissenschaftliche Arbeit erfordert Multitasking: Versuchen Sie, unterschiedliche Schreibprojekte (z. B. Artikel, Vortragsmanuskript und Dissertation) parallel zu verfolgen. Auf diese Weise können nicht nur Schreibhemmungen

umgangen (man wechselt einfach das Schreibprojekt, um dann mit einem Erfolgserlebnis im Rücken und neuen Ideen zum Problemtext zurückzukehren), sondern auch professionelle Arbeitsweisen trainiert werden.

45. Evaluieren Sie Ihre Arbeitsorganisation, -methoden und -fortschritte und versuchen Sie dadurch, Ihr Leistungsvermögen zu kontrollieren und zu erhöhen.

46. Versuchen Sie mit Schlüsselfragen in den Schreibprozess einzusteigen, z.B.: Was sind Fragestellungen und Ziele der Dissertation? Mit welchen Ergebnissen wurde bereits zu meinem Thema geforscht? Was mache ich anders, und warum?

47. Fangen Sie frühzeitig an zu schreiben – es ist wirklich nicht ratsam, das Schreiben bis zur Endphase aufzuschieben.

48. Korrigieren Sie Rechtschreibung und Tippfehler später – beim Schreiben ist es wichtiger, den Ideenfluss nicht zu unterbrechen.

49. Überlegen Sie abends, bevor Sie aufhören zu schreiben, als letztes noch, was ungefähr in dem Absatz stehen sollte, mit dem Sie am nächsten Tag anfangen wollen (am besten sollte das etwas einfaches sein) – dieses ›Geschenk an sich selbst‹ hilft, am nächsten Tag schnell wieder ›reinzukommen‹!

50. Fragen Sie Ihre/n Betreuer/in, wie lang Ihre Dissertation sein soll bzw. darf – nicht jede/r Betreuer/in möchte 500 Seiten lesen.

51. Nehmen Sie sich beim Schreiben besonders viel Zeit für die Einleitung und überarbeiten Sie sie gründlich – denn: *There's no second chance to make a good first impression!*

52. Nehmen Sie sich auch für das letzte Kapitel ausreichend Zeit – wie die Einleitung ist der Schluss ein wichtiger Teil eines Textes, der bei der Beurteilung eine entscheidende Rolle spielt. Fassen Sie Ihre Arbeit daher prägnant zusammen und weisen Sie weiteren möglichen Forschungen die Richtung.

53. Kommunizieren Sie regelmäßig mit Ihren Betreuungspersonen, so dass diese stets über den aktuellen Stand Ihrer Arbeit informiert sind und ggf. unterstützend eingreifen können. Probleme müssen Sie zwar selbst lösen, das bedeutet aber nicht, dass Sie dabei auf Feedback verzichten sollten.

54. Sollten Sie keinen Promotionsvertrag unterzeichnet haben, versuchen Sie zu Beginn des Betreuungsverhältnisses mit Ihrem Doktorvater/Ihrer Doktormutter bestimmte Grundregeln zu vereinbaren (Häufigkeit der Treffen, Art und Umfang des Feedbacks zur Gliederung, zu ersten/letzten Textfassungen etc.).

55. Dokumentieren Sie die Treffen mit Ihrem/Ihrer Betreuer/in schriftlich, z.B. in Form von Ergebnisprotokollen und schicken Sie diese Ihrem/Ihrer Betreuer/-in zu.

56. Bedenken Sie: Kommunikative Missverständnisse resultieren oft auch daraus, dass Professorinnen und Professoren nicht als Betreuer/innen ausgebildet sind – beziehen Sie daher nicht alles negativ auf sich selbst!

57. Wenn Sie Probleme mit Ihrem/Ihrer Betreuer/in haben, suchen Sie eine/n Vertrauensdozenten/-dozentin auf oder fragen Sie eine/n möglichst fachfremde/n Dozenten/Dozentin Ihres Vertrauens, ob er/sie als Vermittler/in fungieren würde.

58. Es ist kein Weltuntergang, wenn Sie Ihre/n Betreuer/in wechseln möchten – daraus erwachsen Ihnen oft weniger Nachteile als wenn Sie bis zum Schluss ›durchhalten‹ und vielleicht mit einer schlechte(re)n Note abschließen.

59. Stellen Sie ab und zu einer fachfremden Person (Promovierenden anderer Fächer oder auch Familienmitgliedern ohne universitären Hintergrund) Ihr Dissertationsthema vor – das hilft oft dabei, die Fragestellung klarer in den Blick zu bekommen!

60. Jedes noch so komplexe Thema lässt sich auf einen kurzen Nenner bringen und allgemein verständlich darstellen. Trainieren Sie diese Fähigkeit zur Komplexitätsreduktion, denn kontextabhängige, adressatenorientierte Kurz- und Kürzestpräsentationen sind nicht nur ein zentrales Element der Selbstvermarktung, sondern spielen auch im beruflichen Alltag eine zentrale Rolle.

61. Nutzen Sie Konferenzen zur Kontaktaufnahme mit anderen Wissenschaftlerinnen und Wissenschaftlern. Jede/r erhält gerne positives Feedback (nicht zu verwechseln mit Schmeichelei!) – wenn Sie also bestimmte Aspekte eines Vortrags interessant fanden, sprechen Sie die/den Vortragende/n darauf an, und schon ist das Gespräch eröffnet.

62. Üben Sie sich im akademischen Small Talk, denn kaum etwas ist anstrengender, als während einer Konferenzpause alleine herumzustehen, während sich alle anderen angeregt unterhalten. Wichtiger als die typischen Themen, über die man sich ohnehin fortlaufend ein wenig informieren sollte (Bologna-Prozess, Exzellenzinitiative etc.; gute Informationsquellen bieten die in Kapitel VII.3 aufgeführten Institutionen), sind sogenannte ›ice-breaker‹ (das Wetter, das Essen, die Bahn…) – und vergessen Sie nicht, Ihren Nachbarn am Kaffeebüffet ebenfalls eine Tasse einzuschenken!

63. Viele wissenschaftliche Gesellschaften nehmen auch Promovierende auf. Eine Mitgliedschaft in einer oder mehreren solchen Vereinigungen, die für Sie fachlich relevant sind, kann beim Aufbau von Kontakten äußerst hilfreich sein.

64. Sehen Sie sich regelmäßig die Webseiten von Graduate Schools und Graduiertenzentren (vgl. Kap. VII.1) an und abonnieren Sie die von diesen Institutionen herausgegebenen Newsletter, um stets aktuelle Informationen über Veranstaltungen, Stellenausschreibungen, Stipendien etc. zu erhalten.

65. Versuchen Sie, sich während der Promotionsphase an der universitären Gremienarbeit zu beteiligen (Mitarbeiter/innen auf Doktorandenstellen haben die freie Auswahl, aber Graduiertenzentren und ähnliche Einrichtungen bieten auch Möglichkeiten für nicht fest angestellte Promovierende).

66. Fragen Sie in Ihrem Graduiertenkolleg oder -zentrum bzw. Ihrem Forschungsprojekt nach, ob Sie den entsprechenden (Drittmittel-)Antrag einsehen dürfen – so können Sie sich frühzeitig mit dieser im Rahmen einer akademischen Karriere zentralen Textsorte vertraut machen.

67. Entwickeln Sie für sich ein ›Belohnungssystem‹ – wenn Sie ein Teilziel erreicht oder auch nur den Tagesplan erfüllt haben, sollten Sie etwas tun, was Spaß macht.

68. Nehmen Sie sich selbst und Ihre Arbeit nicht allzu ernst – Wissenschaft ist kein Religionsersatz, sondern ein Job wie jeder andere.

69. Versuchen Sie, mit Menschen zu sprechen, die sich für Ihr Forschungsfeld stark interessieren – Sie werden Ihnen (wieder) vor Augen führen, wie interessant Ihr Projekt ist.

70. Freuen Sie sich über die Unabhängigkeit, mit der Sie Ihren Arbeitsprozess gestalten können.

71. Suchen Sie sich einen ›Lehrling‹ – eine Person, die nichts von Ihrem Forschungsfeld weiß, aber gern und interessiert zuhört – und erzählen Sie dieser regelmäßig, woran Sie arbeiten. Auf diese Weise werden Sie schnell feststellen, welche Fortschritte Sie bereits gemacht haben!

72. Suchen Sie sich frühzeitig kritische Leser/innen für die eigenen Texte und geben Sie bereits im Schreibprozess Textteile und Kapitel mit der Bitte um Feedback aus der Hand.

73. Seien Sie bereit, die Kritik Ihrer Leser/innen umzusetzen. Die allermeisten Texte werden durch (gegebenenfalls auch mehrmalige) Überarbeitungen besser.

74. Lassen Sie Ihre gesamte Dissertation mindestens von einer anderen Person Korrektur lesen – die eigenen Rechtschreib- und Tippfehler übersieht jede/r.

75. Suchen Sie Veranstaltungen außerhalb des universitären Rahmens auf, um auch über Ihren fachlichen Bereich hinaus offen und interessiert zu bleiben! Das schult die Fähigkeit, sich in andere einzufühlen und sich im Small Talk sicher zu bewegen.

76. Positives Denken nach amerikanischem Vorbild hilft (nur) dann, wenn es mit einer Realitätsorientierung verbunden ist.

77. Trotz der mit einer Promotion verbundenen Ungewissheit: Machen Sie nicht schon im Voraus Zugeständnisse an Ihre imaginäre Zukunft, sondern seien Sie selbstbewusst. Sie können es schaffen!

78. Vermeiden Sie nach Möglichkeit große Veränderung in der sogenannten Abschlussphase: Ziehen Sie nicht um, kaufen Sie keinen neuen Computer, trennen Sie sich nicht von Ihre/m Partner/in, treten Sie keinen neuen Job an – versuchen Sie stattdessen eine größtmögliche Bündelung und Konzentration Ihrer Energien für den Endspurt.

79. Die positive Aussicht auf Veränderung kann Ihnen die nötige Energie und den nötigen Pragmatismus verleihen, um die Arbeit zum Abschluss zu bringen.

80. Wählen Sie Ihre/n zweite/n (oder dritte/n) Korrektor/in in Rücksprache mit Ihrem/Ihrer Betreuer/in.

81. Wenn Sie Ihre Prüfungskommission für die Disputation selbst zusammenstellen können, halten Sie zuerst Rücksprache mit Ihrem/Ihrer Betreuer/in. Er/sie hat vielleicht bereits eine bestimmte Vorstellung von der Zusammensetzung (Kolleginnen und Kollegen, mit denen er/sie gern zusammen arbeitet), die Sie berücksichtigen sollten.

82. Versuchen Sie, vor der Disputation mit Ihrem/r Betreuer/in eine Probedisputation in seinem/ihrem Doktorandenkolloquium zu vereinbaren.

83. Erinnern Sie sich an die Funktion einer Disputation: Neben der Qualität der Forschung soll sie sicherstellen, dass Sie Autor/in Ihrer Dissertation sind.

84. Vergessen Sie bei der Veröffentlichung Ihrer Dissertation nicht die Danksagungen. Suchen Sie sich Vorbilder, an denen Sie sich hinsichtlich der Formulierungen und im Hinblick darauf, wem üblicherweise gedankt wird, orientieren können.

85. Wenn Sie keine Hochschulkarriere anstreben, informieren Sie sich über Möglichkeiten der Onlineveröffentlichung Ihrer Dissertation (z. B. in Ihrer Universitätsbibliothek oder bei einem entsprechenden Verlag) – so sparen Sie Geld und Zeit.

86. Melden Sie Ihre Dissertation bei der VG Wort an – auf diese Weise erhalten Sie zumindest einen Teil der Druckkosten zurück.

87. Die Kosten, die Ihnen im Zusammenhang mit der Dissertation entstehen, lassen sich u. U. von der Steuer absetzen. Wenn Sie sicher sein wollen, dass Sie alle Möglichkeiten nutzen, sollten Sie bei der Finanzplanung einen Steuerberater hinzuziehen.

88. Fangen Sie mit Ihrer Lebens- und Karriereplanung möglichst frühzeitig, d. h. bereits in der Promotionsphase, an und überlegen Sie sich, wo Sie in 10 Jahren stehen möchten.

89. Wenn Sie sich für die universitäre Karriere entscheiden, erwarten Sie keinen ›nine to five‹-Job!

90. Entscheiden Sie sich frühzeitig, ob Sie eine inner- oder außeruniversitäre Karriere anstreben, und sammeln Sie während Ihrer Promotionsphase Qualifikationen im entsprechenden Bereich!

91. Versuchen Sie grundsätzlich, während Ihrer Promotionsphase zusätzliche Qualifikationen zu erwerben! Diese können Ihnen sowohl innerhalb als auch außerhalb der Universität nützlich sein.

92. Vergessen Sie nicht, erworbene Zusatzqualifikationen auch zu dokumentieren, sei es mit offiziellen Bescheinigungen oder Arbeitsproben!

93. Bauen Sie sich eine multiple, flexible Berufsidentität auf und setzen Sie nicht alles auf *eine* Karte (die Hochschulkarriere). Idealerweise verfügen Sie angesichts des unsicheren Karrierewegs zur eigenen Professur über einen ›Plan B‹.

94. Versuchen Sie, frühzeitig (am besten über Kurzpraktika) Einblick in außeruniversitäre Berufsfelder zu gewinnen, um sich über attraktive Alternativen zur wissenschaftlichen Laufbahn zu informieren und Umgangsformen kennen zu lernen, die an der Universität unüblich, im Arbeitsleben außerhalb der Wissenschaft aber unbedingt erforderlich sind.

95. Wenn Sie nach Beendigung Ihrer Dissertation einen Job suchen, fragen Sie auch Ihre/n Betreuer/in: Er/sie weiß, wo Ihre Vorgänger/innen untergekommen sind und hat vielleicht eine Idee, die Sie weiterbringt.

96. Investieren Sie Zeit in Kontakte und Netzwerke! Netzwerke sind eine Ressource, die durch noch so viel Anstrengung, Fleiß oder auch Glück nicht zu ersetzen ist.

97. Nutzen Sie die Promotionsphase zum Erwerben von Schlüsselkompetenzen und generell auch für Ihre (Persönlichkeits-)Bildung im weiteren Sinne!

98. Versuchen Sie, immer wieder einen Blick von außen auf sich selbst (z. B. durch die Brille eines potenziellen Arbeitgebers) zu wagen und sich selbst mit Stärken und Schwächen (z. B. in Form eines persönlichen Portfolios) zu analysieren! Ziehen Sie dabei so weit möglich Außenstehende hinzu, denen Sie vertrauen.

99. Trainieren Sie Ihre Selbst- und Fremdwahrnehmung hin auf ein gesundes Selbstbewusstsein, das Stärken und Schwächen in ein sozialverträgliches Gleichgewicht bringt!

100. Zweifeln Sie möglichst wenig an Ihrem Wert, auch wenn Ihnen das nach etwaigen Bewerbungsrückschlägen schwer fallen sollte. Die meisten Promovierten finden ihren Weg – früher oder später.

Last, not least: Lassen Sie sich von gut gemeinten Ratschlägen inspirieren, nicht aber irritieren. Viele Wege führen zum Ziel, Patentrezepte sind ebenso unseriös wie wirkungslos. Die Autorinnen und Autoren des Handbuchs wünschen Ihnen für Ihr Projekt viel Erfolg!

VII. Anhang

1. Institutionalisierte Graduiertenförderung im geistes-, kultur- und sozialwissenschaftlichen Bereich an deutschen Hochschulen im Überblick

Der nachfolgende Überblick über Einrichtungen strukturierter Graduiertenförderung in den Geistes-, Kultur- und Sozialwissenschaften an deutschen Hochschulen ist das Ergebnis einer E-Mail-Umfrage, die im März 2007 an die Pressestellen von 177 Hochschulen in Deutschland verschickt wurden. Aus redaktionellen Gründen konnten nur fristgemäß eingegangene Antworten berücksichtigt werden. Unter den 35 Rückmeldungen befanden sich sieben Absagen (z. T. von Hochschulen, an denen es keine Einrichtungen im geistes-, kultur- und sozialwissenschaftlichen Bereich gibt) und 26 ausgefüllte Fragebögen. An zwei Universitäten (der Muthesius Kunsthochschule und der Pädagogischen Hochschule Freiburg) sind entsprechende Einrichtungen derzeit im Aufbau.

Die nachfolgende Aufstellung zeigt, dass die Universitäten bei der Reform der Doktorandenausbildung sehr unterschiedliche Wege gehen und in ihren Bemühungen unterschiedlich weit fortgeschritten sind. Um der Heterogenität der Einrichtungen Rechnung zu tragen und ein unverfälschtes Bild des Status quo im Sinne einer Momentaufnahme (Stand: Anfang April 2007) wiederzugeben, wurden die eingegangenen Angaben nur sehr zurückhaltend formal vereinheitlicht. Da sich der Bereich der Doktorandenausbildung derzeit rasant verändert, sollten interessierte Leser/innen die folgende Aufstellung als Anlass nehmen, sich im Internet selbst über die aktuelle Situation zu informieren.

Rheinisch Westfälische Technische Hochschule Aachen
Pressestelle@zhv.rwth-aachen.de

Bezeichnung des Graduiertenzentrums/ der Graduiertenschule/der Einrichtung zur Verbesserung der Promotionsbedingungen	k.A.
Kontaktadresse	Templergraben 55, 52056 Aachen
Homepage	k.A.
Gründungsjahr	k.A.
Beteiligte Fakultäten/Fachbereiche	k.A.
Beteiligte Fächer	k.A.
Zahl der beteiligten Hochschullehrer	k.A.
Zahl der beteiligten Postdoktoranden	k.A.
Zahl der betreuten Promovierenden	k.A.

Zahl der bereits abgeschlossenen Promotionen	k.A.
Stipendien	Graduiertenförderung nach den Richtlinien zur Förderung des wissenschaftlichen Nachwuchses an der RWTH Aachen. Ein hoher Anteil der Promotionen der Philosophischen Fakultät wird über Stipendien aus der Graduiertenförderung finanziert.
Fächerübergreifendes Studienprogramm	Soft Skills-Seminare werden fachbereichsübergreifend angeboten.
Career Service für Promovierende	Das Career Center der RWTH Aachen unterstützt beim Berufseinstieg durch Kontakte, Information, Beratung und Qualifizierung Absolventen der RWTH Aachen in allen Fachbereichen.
Alumni-Netzwerk	Alumni-Team der RWTH Aachen: ■ Pflege und Aufbau von Kontakten Ehemaliger untereinander und zu F & E-Gruppen der RWTH ■ fachliche Weiterbildung in Aachen und andernorts ■ Informationen über Neuerungen in Forschung und Entwicklung der RWTH
Sonstiges	Die RWTH Aachen hat das »Center for Doctoral Studies« institutionalisiert, das u.a. folgende Ziele verfolgt: ■ Erweiterung der fachlichen Perspektive um interdisziplinäre Sichtweisen ■ Ausbildung von Soft Skills ■ Ausbildung von Fähigkeiten zum akademischen Selbstmanagement ■ Vermittlung fachübergreifender Methodenkenntnis Leistungen im Rahmen der Teilnahme an diesem Programm werden bei Abschluss der Promotion zertifiziert. Das Programm soll in Kürze für die Geistes-, Kultur- und Sozialwissenschaften geöffnet werden.

Universität Augsburg
info@presse.uni-augsburg.de

Bezeichnung	**Graduiertenkolleg »Wissensfelder der Neuzeit«**
Kontaktadresse	Institut für Europäische Kulturgeschichte Eichleitnerstr. 30, 86159 Augsburg
Homepage	k.A.
Gründungsjahr	1998

Beteiligte Fakultäten/Fachbereiche	Phil.-Hist. und Phil.-Soz. Fakultät
Beteiligte Fächer	Geschichtswissenschaften, Europäische Kulturgeschichte, Politikwissenschaft, Literaturwissenschaft, Europäische Ethnologie, Kunstgeschichte
Zahl der beteiligten Hochschullehrer	12
Zahl der beteiligten Postdoktoranden	2
Zahl der betreuten Promovierenden	11
Zahl der bereits abgeschlossenen Promotionen	38
Stipendien	Doktoranden- und Postdocstipendien
Fächerübergreifendes Studienprogramm	ja
Career Service für Promovierende	im Rahmen des gesamtuniversitären Angebots
Alumni-Netzwerk	nein
Sonstiges	Kinderbetreuung im Rahmen des gesamtuniversitären Angebots

Universität Bayreuth
pressestelle@uni-bayreuth.de

Bezeichnung	**Master/Promotionsstudiengang der Graduate School »Mitteleuropa und Angelsächsische Welt – 1300–2000 – Central Europe and the English-Speaking World«**
Kontaktadresse	Prof. Dr. Franz Bosbach Universität Bayreuth, 95440 Bayreuth Tel.: 0921/554188 E-Mail: franz.bosbach@uni-bayreuth.de
Homepage	www.uni-bayreuth.de/graduate-school/history/index.html
Gründungsjahr	2006
Beteiligte Fakultäten/Fachbereiche	Kulturwissenschaftliche Fakultät, Sprach- und Literaturwissenschaftliche Fakultät
Beteiligte Fächer	Geschichte, Soziologie, Anglistik, Germanistik, Romanistik
Zahl der beteiligten Hochschullehrer	17
Zahl der beteiligten Postdoktoranden	noch keine
Zahl der betreuten Promovierenden	noch keine, Einschreibung ab SS 2007 möglich
Zahl der bereits abgeschlossenen Promotionen	noch keine, Einschreibung ab SS 2007 möglich
Stipendien	werden vermittelt

Fächerübergreifendes Studienprogramm	ja: vgl. beteiligte Fächer
Career Service für Promovierende	ja
Alumni-Netzwerk	noch nicht, Einschreibung ab SS 2007 möglich
Sonstiges	enge Verbindung von Masterstudium und Promotion, Möglichkeit des frühzeitigen Übergangs (ohne Masterabschluss) in die Promotionsphase

Bezeichnung	**Graduiertenkolleg »Geistiges Eigentum und Gemeinfreiheit«**
Kontaktadresse	Universität Bayreuth, 95440 Bayreuth
Homepage	www.gkrw.uni-bayreuth.de
Gründungsjahr	2006
Beteiligte Fakultäten/Fachbereiche	Rechtswissenschaften
Beteiligte Fächer	Zivilrecht, insb. Gewerblicher Rechtsschutz, Strafrecht, Verfassungsrecht, Europarecht, Internationales Recht, Rechtsgeschichte, Rechtstheorie
Zahl der beteiligten Hochschullehrer	8
Zahl der beteiligten Postdoktoranden	0
Zahl der betreuten Promovierenden	derzeit 23
Zahl der bereits abgeschlossenen Promotionen	2
Stipendien	14 Doktorandenstipendien, 1 Postdoktorandenstipendium
Fächerübergreifendes Studienprogramm	ja
Career Service für Promovierende	vereinzelt Workshops mit Unternehmen bzw. Rechtsanwaltskanzleien; Wahlpflichtpraktikum im Rahmen der Förderung
Alumni-Netzwerk	im Rahmen des allgemeinen Alumni-Netzwerks der Fakultät (»RWalumni«)

Freie Universität Berlin
kommunikationsstelle@fu-berlin.de

Bezeichnung	**Graduate School of North American Studies**
Kontaktadresse	Administrative Coordinator Lansstr. 5, 14195 Berlin Tel.: 030/838-52868, Fax: 030/838-52882 E-Mail: graduateschool@jfki.de
Homepage	www.jfki.fu-berlin.de/graduateschool/

Gründungsjahr	2007
Beteiligte Fakultäten/Fachbereiche	www.jfki.fu-berlin.de/graduateschool/en/institutions/
Beteiligte Fächer	www.jfki.fu-berlin.de/graduateschool/en/institutions/
Zahl der beteiligten Hochschullehrer	k.A.
Zahl der beteiligten Postdoktoranden	Programmbeginn in 2007
Zahl der betreuten Promovierenden	k.A.
Zahl der bereits abgeschlossenen Promotionen	k.A.
Stipendien	www.jfki.fu-berlin.de/graduateschool/en/scholarships/
Fächerübergreifendes Studienprogramm	k.A.
Career Service für Promovierende	k.A.
Alumni-Netzwerk	k.A.

Humboldt Universität zu Berlin
hu-presse@uv.hu-berlin.de

Bezeichnung	**Humboldt Graduate School**
Kontaktadresse	Humboldt-Universität Mirjam Müller Unter den Linden 6, 10099 Berlin
Homepage	http://forschung.hu-berlin.de/wiss_nachw/hgs_html
Gründungsjahr	2006
Beteiligte Fakultäten/Fachbereiche	übergreifend über alle Fakultäten; derzeit sind drei Promotionsprogramme Mitglieder: ■ Berlin School of Mind and Brain (www.mindandbrain.de) ■ Berlin Graduate School of Social Sciences (BGSS) (www.bgss.hu-berlin.de) ■ Graduiertenkolleg 1121 »Genetic and Immunologic Determinants of Pathogen-Host-Interactions« (www.idi-berlin.de)
Beteiligte Fächer	k.A.
Zahl der beteiligten Hochschullehrer	k.A.
Zahl der beteiligten Postdoktoranden	k.A.
Zahl der betreuten Promovierenden	k.A.
Zahl der bereits abgeschlossenen Promotionen	k.A.
Stipendien	ja

Fächerübergreifendes Studienprogramm	ja
Career Service für Promovierende	ja
Alumni-Netzwerk	ja

Die Humboldt-Universität bietet ihren Promovierenden derzeit in 33 strukturierten Promotionsprogrammen über alle Fächer hinweg die Möglichkeit zur Promotion:

DFG-Graduiertenkollegs –
Sprecherhochschule Humboldt-Universität

Graduiertkolleg 424: »Codierung von Gewalt im medialen Wandel«
Sprecher/in: Prof. Dr. Joseph Vogl
Philosophische Fakultät II
Institut für deutsche Literatur
Dorotheenstr. 24, 10117 Berlin
Tel.: 030/2093-9777, Fax: 030/2093-9607
E-Mail: elisabeth.wagner@rz.hu-berlin.de
Laufzeit: 04/98–03/07
Homepage: www2.hu-berlin.de/gewalt/

Graduiertenkolleg 754: »Myokardiale Genexpression und Funktion – Myokardhypertrophie«
Sprecher/in: Prof. Dr. Vera Regitz-Zagrosek
Charité – Universitätsmedizin Berlin
Deutsches Herzzentrum Berlin
Klinik für Innere Medizin – Kardiologie
Augustenburger Platz 1, 13353 Berlin
Tel.: 030/4593-2408, Fax: 030/4953-2409
E-Mail: vrz@dhzb.de
Laufzeit: 10/01–09/10
Homepage: www.charite.de/graduiertenkolleg754/

Internationales Graduiertenkolleg 780: »Stadtökologische Perspektiven einer europäischen Metropole – das Beispiel Berlin«
Sprecher/in: Prof. Dr. Wilfried Endlicher
Mathematisch-Naturwissenschaftliche Fakultät II
Geographisches Institut
Rudower Chaussee 16, 12489 Berlin
Tel.: 030/2093-6807, Fax: 030/2093-6844
E-Mail: wilfried.endlicher@rz.hu-berlin.de
Laufzeit: 04/02–02/11
Homepage: www.stadtoekologie-berlin.de

Graduiertenkolleg 870: »Geometrie zwischen Arithmetik und Analysis«
Sprecher/in: Prof. Dr. Jürg Kramer
Mathematisch-Naturwissenschaftliche Fakultät II
Institut für Mathematik
Rudower Chaussee 25, 12489 Berlin
Tel.: 030/2093-5815, Fax: 030/2093-5866
E-Mail: kramer@mathematik.hu-berlin.de
Laufzeit: 01/04–12/09
Homepage: www.mathematik.hu-berlin.de/gradkoll/

Graduiertenkolleg 1014: »Geschlecht als Wissenskategorie«
Sprecher/in: Prof. Dr. Christina von Braun
Philosophische Fakultät III
Institut für Kultur- und Kunstwissenschaften
Kulturwissenschaftliches Seminar
Kulturtheorie mit dem Schwerpunkt Geschlecht und Geschichte
Sophienstr. 22–22a, 10178 Berlin
Tel.: 030/2093-8244, Fax: 030/2093-8258
E-Mail: CvBraun@culture.hu-berlin.de
Stellvertreter/in: Prof. Dr. Volker Hess (Charité – Universitätsmedizin Berlin)
Charité – Universitätsmedizin Berlin
Institut für Geschichte der Medizin
Ziegelstr. 5–9, 10117 Berlin
Tel.: 030/450529-031o. -051, Fax: 030/450529-901
E-Mail: volker.hess@charite.de
Laufzeit: 01/05–06/09
Homepage: www2.hu-berlin.de/gkgeschlecht/

Graduiertenkolleg 1025: »Grundlagen und Funktionalität von größen- und grenzflächen-bestimmten Materialien«
Sprecher/in: Prof. Dr. Vlasta Bonacic-Koutecky
Mathematisch-Naturwissenschaftliche Fakultät I
Institut für Chemie
Brook-Taylor-Str. 2, 12489 Berlin
Tel.: 030/2093-5579o. -5590, Fax: 030/2093-5573
E-Mail: vbk@chemie.hu-berlin.de
Laufzeit: 04/04–09/08
Homepage: www2.hu-berlin.de/spin-optoelectronics/

Graduiertenkolleg 1121: »Genetic and Immunologic Determinants of Pathogen-Host-Interactions«
Sprecher/in: Prof. Dr. Richard Lucius
Mathematisch-Naturwissenschaftliche Fakultät I
Institut für Biologie
Philippstr. 13/Hannoversche Str. 2, 10115 Berlin
Tel.: 030/2093-6053, Fax: 030/2093-6051
E-Mail: richard.lucius@rz.hu-berlin.de
Laufzeit: 04/05–09/09
Homepage: www.idi-berlin.de/

Graduiertenkolleg 1128: »Analysis, Numerics and Optimization of Multiphase Problems«
Sprecher/in: Prof. Dr. Andreas Griewank
Mathematisch-Naturwissenschaftliche Fakultät II
Institut für Mathematik
Rudower Chaussee 25, 12489 Berlin
Tel.: 030/2093-5820, Fax: 030/2093-5859
E-Mail: griewank@mathematik.hu-berlin.de
Laufzeit: 04/05–09/09
Homepage: http://multiphase.mathematik.hu-berlin.de

Graduiertenkolleg 1208: »Hormonal Regulation of Energy Metabolism, Body Weight and Growth«
Sprecher/in: Prof. Dr. Josef Köhrle
Charité – Universitätsmedizin Berlin
Institut für Experimentelle Endokrinologie
Schumannstr. 20/21, 10117 Berlin
Tel.: 030/450 021
E-Mail: josef.koehrle@charite.de
Laufzeit: 10/05–03/10
Homepage: www.endokrinologie-berlin.com/GK

Graduiertenkolleg 1258: »Der Einfluss von Entzündungen auf die Funktion des Nervensystems«
Sprecher/in: Prof. Dr. Frauke Zipp
Charité – Universitätsmedizin Berlin
Institut für Neuroimmunologie
Forschungshaus Hufelandweg 14, 10117 Berlin
Tel.: 030/450539-028, Fax: 030/450539-906
E-Mail: frauke.zipp@charite.de
Laufzeit: 04/06–09/10

Graduiertenkolleg 1263: »Verfassung jenseits des Staates: Von der europäischen zur Globalen Rechtsgemeinschaft«
Sprecher/in: Prof. Dr. Ingolf Pernice
Juristische Fakultät
Fachgebiet für öffentliches Recht, Völker- und Europarecht
Unter den Linden 11, 10117 Berlin
Tel.: 030/2093-3773, Fax: 030/2093-3449
E-Mail: ingolf.pernice@rz.hu-berlin.de
Laufzeit: 04/06–09/10
Homepage: www.grakov-berlin.de

Graduiertenkolleg 1324: »Modellbasierte Entwicklung von Technologien für selbst-organisierende Informationssysteme zur Anwendung im Katastrophenmanagement«
Sprecher/in: Prof. Dr. Joachim Fischer
Mathematisch-Naturwissenschaftliche Fakultät II
Institut für Informatik
Rudower Chaussee 25, 12489 Berlin
Tel.: 030/2093-3109, Fax: 030/2093-3112
E-Mail: fischer@informatik.hu-berlin.de
Laufzeit: 04/06–09/10
Homepage: http://casablanca.informatik.hu-berlin.de/grk-wiki

Graduiertenkolleg 1360: »Genomische und systembiologische Analyse molekularer Netzwerke«
Sprecher/in: N.N.
Mathematisch-Naturwissenschaftliche Fakultät I
Institut für Biologie
Invalidenstr. 42, 10115 Berlin
Tel.: 030/2093-8698, Fax: 030/2093-8813
Laufzeit: 04/06–09/10

Beteiligungen der Humboldt-Universität an laufenden Graduiertenkollegs

Graduiertenkolleg 837: »Functional Insect Science« Sprecherhochschule: Universität Potsdam Sprecher/in: Prof. Dr. Bernd Walz Beteiligte Fakultät/Beteiligtes Institut der Humboldt-Universität zu Berlin: Mathematisch-Naturwissenschaftliche Fakultät I, Institut für Biologie Laufzeit: 04/03–03/09 Homepage: www.stud.uni-potsdam.de/~grk837/
Graduiertenkolleg 1013: »Prospektive Gestaltung von Mensch-Maschine-Systemen« Sprecherhochschule: Technische Universität Berlin Sprecher/in: Prof. Dr. Leon Urbas Beteiligte Fakultät/Beteiligtes Institut der Humboldt-Universität zu Berlin: Mathematisch-Naturwissenschaftliche Fakultät II, Institut für Psychologie Laufzeit: 10/04–03/09 Homepage: www.zmms.tu-berlin.de/prometei/
Internationales Graduiertenkolleg 1015: »Geschichte und Kultur der Metropolen des 20. Jahrhunderts Berlin – New York« Sprecherhochschule: Technische Universität Berlin Sprecher/in: Prof. Dr. Heinz Reif Beteiligte Fakultät/Beteiligtes Institut der Humboldt-Universität zu Berlin: Philosophische Fakultät I, Institut für Geschichtswissenschaften, Institut für Europäische Ethnologie; Philosophische Fakultät II, Institut für deutsche Literatur Laufzeit: 01/05–06/09 Homepage: www.metropolitanstudies.de/index.php?id=4
Graduiertenkolleg 1123: »Zelluläre Mechanismen von Lernen und Gedächtnis-konsolidierung in der hippokampalen Formation« Sprecherhochschule: Freie Universität Berlin Sprecher/in: Prof. Dr. Dietmar Kuhl Beteiligte Fakultät/Beteiligtes Institut der Humboldt-Universität zu Berlin: Mathematisch-Naturwissenschaftliche Fakultät I, Institut für Biologie Laufzeit: 04/05–09/09 Homepage: www.charite.de/ch/physio/neuro/GRK1123/
Graduiertenkolleg 1339: »Stochastische Modelle komplexer Prozesse und deren Anwendungen« Sprecherhochschule: Technische Universität Berlin Sprecher/in: Prof. Dr. Anton Bovier Beteiligte Fakultät/Beteiligtes Institut der Humboldt-Universität zu Berlin: Mathematisch-Naturwissenschaftliche Fakultät II, Institut für Mathematik Laufzeit: 10/06–03/11 Homepage: www.wias-berlin.de/people/bovier/irtg/irtg-bzh.html
Robert Bosch Stiftung – Beteiligung: »Multimorbidität im Alter und ausgewählte Pflegeprobleme« Sprecher/in: Frau Prof. Dr. Adelheid Kuhlmey Charité – Universitätsmedizin Berlin Zentrum für Human- und Gesundheitswissenschaften Institut für Medizinische Soziologie Campus Benjamin Franklin Thielallee 47, 14195 Berlin Tel.: 030/8445-1391, Fax: 030/8445-1392 E-Mail: adelheid.kuhlmey@charite.de Homepage: www.zhgb.de/kontakte.html

Graduate Schools, PHD-Programm DAAD u.a.

Berlin School of Mind and Brain
Graduiertenschule der Exzellenzinitiative
Prof. Villringer
ab 2006

Berlin Mathematical School
Graduiertenschule der Exzellenzinitiative
Partneruniversitäten: Technischen Universität Berlin und Freie Universität Berlin
Prof. Ziegler, Prof. Kramer, Prof. Schütte
ab 2006

Computational Neuroscience
Bernstein Zentrum Berlin (Charité-Universitätsmedizin Berlin, Freie Universität Berlin,
Humboldt-Universität zu Berlin, Fraunhofer FIRST, Max-Delbrück-Center, Wissenschafts-
kolleg zu Berlin, TU Berlin)
Prof. Obermayer
2007

**Analyse und Bewertung von natürlichen, produktionstechnischen und sozio-
ökonomischen Potenzialen für die Rinderhaltung in Kirgistan**
Graduate School der VWStiftung
Partneruniversität: Kirgisische Agraruniversität
Prof. Kaufmann
2006–2009

**Wege der Repräsentationen, Transformationen und Transfers:
Europa vom Mittelalter zur Moderne**
Doktorandenkolleg der Deutsch-Französischen Hochschule
Partner: École des Hautes Études en Sciences Sociales, Paris
Prof. Kaelble
ab 2006

Die Zukunft der europäischen Städte
Promotionskolleg bei der Heinrich-Böll-Stiftung
Partneruniversität: Universität Bremen
Prof. Häußermann
2005–2008

Promotionskolleg Agrarökonomik
Partneruniversitäten: Kiel, Halle-Wittenberg, Göttingen sowie IAMO, FAL Braunschweig
Prof. Odening
ab 2005

International PhD Program Molecular Cell Biology
Partner: Max-Delbrück-Center for Molecular Medicine (MDC) Berlin-Buch und Humboldt-
Universität zu Berlin, Faculty of Natural Sciences (1)
Prof. Saumweber
ab 2004

Berlin Doctoral Program Economics & Management Science (BDPEMS)
Prof. Hubert
ab 2003

Complex Surfaces in Material Science
Beteiligung an der International Max Planck Research School
Prof. Rademann
2002–2008

The Life Course: Evolutionary and Ontogenetic Dynamics (LIFE)
Beteiligung an der International Max Planck Research School
Prof. Asendorpf
2001–2007

Berlin Graduate School of Social Sciences
u. a. PHD-Programm Prof. Glaeßner
ab 2002

International Humboldt Graduate School on Structure, Function and Application of New Materials
Prof. Bonacic-Koutecky
ab 2001

International Graduate Program Medical Neurosciences
u. a. PHD-Programm Prof. Dirnagel
2001–2007

Technische Universität Berlin

Pressestelle@TU-Berlin.de

Bezeichnung	Graduiertenkolleg 1013 »Prospektive Gestaltung von Mensch-Technik-Interaktion« (prometei)
Kontaktadresse	Franklinstr. 28/29, Sekr. FR 2-7/2, 10587 Berlin
Homepage	www.zmms.tu-berlin/prometei.de
Gründungsjahr	2004
Beteiligte Fakultäten/Fachbereiche	**TU Berlin** Fakultät Verkehrs- und Maschinensysteme: Institut für Konstruktion, Mikro- und Medizintechnik, Institut für Land- und Seeverkehr, Institut für Psychologie und Arbeitswissenschaft; Fakultät Prozesswissenschaften: Institut für Prozess- und Anlagentechnik; Zentrum Mensch-Maschine-Systeme; **Humboldt-Universität zu Berlin** Institut für Psychologie **Fraunhofer Institut für Produktionsanlagen und Konstruktionstechnik – IPK** Geschäftsfeld Virtuelle Produktentwicklung
Beteiligte Fächer	Psychologie, Arbeitswissenschaften, Ingenieurwissenschaften, Informatik, Kommunikationswissenschaften
Zahl der beteiligten Hochschullehrer	8
Zahl der beteiligten Postdoktoranden	0
Zahl der betreuten Promovierenden	17

Zahl der bereits abgeschlossenen Promotionen	0
Stipendien	15
Fächerübergreifendes Studienprogramm	ja
Career Service für Promovierende	nein
Alumni-Netzwerk	noch nicht
Sonstiges	externe Kollegiaten

Bezeichnung	**Centrum für Metropolenforschung/Center for Metropolitan Studies; Transatlantisches DFG-Graduiertenkolleg »Geschichte und Kultur der Metropolen im 20. Jahrhundert«**
Kontaktadresse	Ernst-Reuter-Platz 7, 10587 Berlin
Homepage	www.metropolitanstudies.de
Gründungsjahr	2004
Beteiligte Fakultäten/Fachbereiche	I, VI; Graduiertenkolleg ist Kooperation mit HU und FU Berlin
Beteiligte Fächer	Architektur, Ethnologie, Geographie, Geschichte, Kulturwissenschaften, Kunstgeschichte, Philosophie, Romanistik, Soziologie, Stadtplanung, Theater-, Film- und Fernsehwissenschaft
Zahl der beteiligten Hochschullehrer	22
Zahl der beteiligten Postdoktoranden	3
Zahl der betreuten Promovierenden	20 (davon 12 im Rahmen eines von der DFG geförderten Transatlantischen Graduiertenkollegs)
Zahl der bereits abgeschlossenen Promotionen	2
Stipendien	14 (im Rahmen eines von der DFG geförderten Transatlantischen Graduiertenkollegs)
Fächerübergreifendes Studienprogramm	deutsch-amerikanische Seminare, Vorlesungsreihen, Doktorandenkolloquium, Seminar zum interdisziplinären Arbeiten
Career Service für Promovierende	Soft Skills-Trainings, Bewerbungsberatung
Alumni-Netzwerk	in Gründung
Sonstiges	integrierte Auslandsaufenthalte, gemeinsame deutsch-amerikanische Konferenzen, Kontakt zu Praktikern

Universität Bielefeld

pressestelle@uni-bielefeld.de

Name der Hochschule	**Universität Bielefeld/Universität Marburg**
Bezeichnung	**Gruppenbezogene Menschenfeindlichkeit**
Kontaktadresse	W. Heitmeyer Universitätsstr. 25, 33615 Bielefeld
Homepage	k.A.
Gründungsjahr	2004
Beteiligte Fakultäten/Fachbereiche	k.A.
Beteiligte Fächer	Pädagogik, Rechtswissenschaft, Soziologie, Psychologie
Zahl der beteiligten Hochschullehrer	10 (zusammen mit Marburg)
Zahl der beteiligten Postdoktoranden	1
Zahl der betreuten Promovierenden	20
Zahl der bereits abgeschlossenen Promotionen	k.A.
Stipendien	ja
Fächerübergreifendes Studienprogramm	ja
Career Service für Promovierende	k.A.
Alumni-Netzwerk	k.A.

Bezeichnung	**Bielefeld International Graduate School in History (BIGH)**
Kontaktadresse	Karsten Wilke (Koordinator) Universität Bielefeld Postfach 100131, 33501 Bielefeld Tel.: 0521/106-3230, Fax: 0521/106-2966 E-Mail: kwilke1@uni-bielefeld.de
Homepage	www.uni-bielefeld.de/geschichte/bigh/
Gründungsjahr	2005
Beteiligte Fakultäten/Fachbereiche	Geschichte (ab 2008: Soziologie)
Beteiligte Fächer	Geschichte, Soziologie, Politologie, Anthropologie
Zahl der beteiligten Hochschullehrer	14 (ab 2008: zzgl. 27 aus der Soziologie)
Zahl der beteiligten Postdoktoranden	z. Zt. 2 (über das Graduiertenkolleg)
Zahl der betreuten Promovierenden	80 (Geschichte), ab 2008 zzgl. 157 aus der Soziologie
Zahl der bereits abgeschlossenen Promotionen	23 (2005–2007)

Stipendien	ja (wenige)
Fächerübergreifendes Studienprogramm	ab kommendem Jahr mit Soziologie, Politologie und Anthropologie
Career Service für Promovierende	ja
Alumni-Netzwerk	ja
Sonstiges	starke Theorie- und Methodenorientierung der Ausbildung

Bezeichnung	**Graduiertenkolleg »Archiv, Macht, Wissen. Organisieren, Kontrollieren, Zerstören von Wissensbeständen von der Antike bis zur Gegenwart«**
Kontaktadresse	Prof. Dr. Martina Kessel Universität Bielefeld Postfach 100131, 33501 Bielefeld Tel.: 0521/106-3219 o. -3221, Fax: 0521/106-2966 E-Mail: Martina.kessel@uni-bielefeld.de
Homepage	www.uni-bielefeld.de/geschichte/gk1049
Gründungsjahr	2005
Beteiligte Fakultäten/Fachbereiche	Fakultät für Geschichtswissenschaft
Beteiligte Fächer	Geschichtswissenschaft (mit etlichen Projekten aus anderen Fächern)
Zahl der beteiligten Hochschullehrer	9
Zahl der beteiligten Postdoktoranden	bisher: 4
Zahl der betreuten Promovierenden	bisher: 14
Zahl der bereits abgeschlossenen Promotionen	–
Stipendien	ja (Promotions- und Postdocstipendien)
Fächerübergreifendes Studienprogramm	nein
Career Service für Promovierende	u. a. Soft Skills-Angebote; Vermittlung von Praktika etc. bei Archiven, Firmen, Museen und anderen möglichen Arbeitgebern; Vernetzung mit Partneruniversitäten im Ausland
Alumni-Netzwerk	noch kein Alumni-Netzwerk

Bezeichnung	**DFG Graduiertenkolleg 724 »Auf dem Weg in die Wissensgesellschaft«**
Kontaktadresse	Institut für Wissenschafts- und Technikforschung (IWT) Alexandra Wiebke (Koordination) Universität Bielefeld Postfach 100131, 33501 Bielefeld E-Mail: gk@iwt.uni-bielefeld.de
Homepage	www.uni-bielefeld.de/iwt/gk/
Gründungsjahr	2001
Beteiligte Fakultäten/Fachbereiche	Soziologie, Geschichtswissenschaft, Philosophie, Theologie, Rechtswissenschaft
Beteiligte Fächer	Soziologie, Geschichtswissenschaft, Philosophie, Rechtswissenschaft
Zahl der beteiligten Hochschullehrer	7
Zahl der beteiligten Postdoktoranden	1
Zahl der betreuten Promovierenden	ca. 25
Zahl der bereits abgeschlossenen Promotionen	5
Stipendien	alle 18 Monate Vollstipendien für 6 Doktoranden, zusätzlich assoziierte Kollegiaten, die über Stiftungen finanziert werden
Fächerübergreifendes Studienprogramm	6 SWS interdisziplinäre Veranstaltungen in den ersten 4 Promotionssemestern
Career Service für Promovierende	Berufspraktikerseminar
Alumni-Netzwerk	interne Mailinglisten

Name der Hochschule	**Universität Bielefeld/Universität Dortmund**
Bezeichnung	**DFG-Graduiertenkolleg »Jugendhilfe im Wandel«**
Kontaktadresse	Sprecher/innen: ■ Prof. Dr. Dr. h.c. Hans-Uwe Otto Universität Bielefeld Fakultät für Pädagogik, Arbeitsgruppe Sozialarbeit/Sozialpädagogik 33501 Bielefeld Tel.: 0521/106-3308 o. -6876, Fax: 0521/106-8047 E-Mail: hansuwe.otto@uni-bielefeld.de

	■ Prof. Dr. Gaby Flösser Universität Dortmund Fachbereich Erziehungswissenschaft und Soziologie Institut für Sozialpädagogik, Erwachsenenbildung und Pädagogik der frühen Kindheit 44221 Dortmund Tel.: 0231/755-2880 o. -2168, Fax: 0231/755-6225 E-Mail: gfloesser@fb12.uni-dortmund.de
Homepage	www.jugendhilfe-im-wandel.de
Gründungsjahr	Das Graduiertenkolleg wurde für eine Gesamtlaufzeit von insgesamt 12 Jahren beantragt und hat 1999 mit der ersten Förderphase begonnen. Seit dem 1.10.2005 ist das Graduiertenkolleg in die dritte Förderungsphase (6. – 9. Jahr) eingetreten.
Beteiligte Fakultäten/Fachbereiche	Fakultät für Pädagogik, Universität Bielefeld; Fachbereich Erziehungswissenschaft und Soziologie, Universität Dortmund
Beteiligte Fächer *(Fachvertreter/innen unterschiedlicher Hochschulen)*	1. Allgemeine Erziehungswissenschaft und Sozialisationstheorie 2. Jugendhilfe und Sozialberichterstattung 3. Organisationstheorie und Sozialpädagogik 4. Soziologie sozialer Probleme und abweichenden Verhaltens 5. Soziologie der Kindheit und Jugend 6. Allgemeine Pädagogik und Forschungsmethoden 7. Sozialpädagogik und Jugendhilfe 8. Kriminologie und Jugendhilfe 9. Jugendforschung und Medienpädagogik 10. Didaktik der Sozialpädagogik und historische Institutionenforschung 11. Erziehungswissenschaft und Formen pädagogischen Wissens
Zahl der beteiligten Hochschullehrer	Universität Bielefeld: 4 Universität Dortmund: 4 Weitere Antragsteller/innen: 4
Zahl der beteiligten Postdoktoranden	in der dritten Förderphase: 2
Zahl der betreuten Promovierenden	in der dritten Förderphase: 14
Zahl der bereits abgeschlossenen Promotionen	in der dritten Förderphase: 0
Stipendien	Stipendien nach den Richtlinien der DFG

Fächerübergreifendes Studienprogramm	Den herausragenden Nachwuchswissenschaftlerinnen und -wissenschaftlern aus erziehungs- und sozialwissenschaftlichen Studiengängen wird ein interdisziplinäres forschungsorientiertes Studienprogramm angeboten, mit dem die Promotionsvorhaben in einer theoretisch und empirisch fundierten Weise qualifiziert, begleitet und in einen konzeptionell-systematischen Zusammenhang gestellt werden können.
Career Service für Promovierende	k.A.
Alumni-Netzwerk	k.A.

Bezeichnung	**Graduiertenkolleg »Weltbegriffe und globale Strukturmuster«**
Kontaktadresse	Universität Bielefeld, Fakultät für Soziologie Postfach 100131, 33501 Bielefeld Tel.: 0521/106-4225, Fax: 0521/106-89024
Homepage	www.uni-bielefeld.de/soz/
Gründungsjahr	2003
Beteiligte Fakultäten/Fachbereiche	z.B. Soziologie, Geschichte, Politikwissenschaften, Ethnologie – Federführung Fakultät für Soziologie
Beteiligte Fächer	z.B. Soziologen, Politologen, Historiker, Sozialanthropologen, Geographen, Juristen, Theologen
Zahl der beteiligten Hochschullehrer	14 (11)
Zahl der beteiligten Postdoktoranden	weiterhin assoziiert/beteiligt: 2
Zahl der betreuten Promovierenden	21
Zahl der bereits abgeschlossenen Promotionen	4 (z.T. laufende Verfahren; weitere in Kürze)
Stipendien	ja: Doktoranden werden mit Stipendien gefördert; assoziierte Mitglieder haben z.T. Zugang zu finanziellen Mitteln des GKs; Forschungsstudierende erhalten Unterstützung im Rahmen eines eigenständigen Projektes
Fächerübergreifendes Studienprogramm	ja: Im Rahmen des Gastwissenschaftler-Programms immer wieder Workshops, Vorträge etc. mit Wissenschaftlern aus dem In- und Ausland; unterschiedliche Disziplinen vertreten

Career Service für Promovierende	Weiterbildungsmaßnahmen in Eigenregie und auch an der Uni; auch Soft Skills für nicht-wissenschaftliche Zeit danach im Angebot
Alumni-Netzwerk	Aufgrund der Laufzeit des GKs gibt es noch nicht viele abgeschlossene Verfahren; ein Alumni-Netzwerk ist jedoch angedacht.
Sonstiges	Einbettung in den Promotionsstudiengang der International Graduate School in Sociology (IGSS)

Bezeichnung	**International Graduate School in Sociology (IGSS)**
Kontaktadresse	Fakultät für Soziologie, Büro U3-113 Tel.: 0521/106-3826, Fax: 0521/106-89002 E-Mail: igss@uni-bielefeld.de
Homepage	www.uni-bielefeld.de/soz/igss/index.html
Gründungsjahr	2002
Beteiligte Fakultäten/Fachbereiche	Fakultät für Soziologie
Beteiligte Fächer	▪ Theorie und Geschichte der Soziologie ▪ Methoden der empirischen Sozialforschung ▪ Wirtschaft und Sozialstruktur ▪ Transnationalisierung und Entwicklung ▪ Soziale Probleme und Sozialpolitik ▪ Arbeit und Organisation ▪ Frauen- und Geschlechterforschung ▪ Medien und Interaktivität ▪ Politikwissenschaft und politische Soziologie
Zahl der beteiligten Hochschullehrer	27 Professoren
Zahl der beteiligten Postdoktoranden	–
Zahl der betreuten Promovierenden	157 (+25 im GK »Weltbegriffe und globale Strukturmuster«, +22 im GK »Auf dem Weg in die Wissensgesellschaft«)
Zahl der bereits abgeschlossenen Promotionen	59 (seit SS 2002)
Stipendien	keine (in den GKs regelmäßige Ausschreibungen)
Fächerübergreifendes Studienprogramm	ja: Courses for Teaching and Research, Courses for General Skills
Career Service für Promovierende	nein
Alumni-Netzwerk	ja

Universität Bremen
presse@uni-bremen.de

Bezeichnung	Doktorandenkolleg »Klinische Kinderpsychologie«
Kontaktadresse	Prof. Dr. Franz Petermann Zentrum für Klinische Psychologie und Rehabilitation Grazer Str. 6, 28359 Bremen Tel.: 0421/218-4616, Fax: 0421/218-4617 E-Mail: fpeterm@uni-bremen.de
Homepage	www.zrf.uni-bremen.de
Gründungsjahr	2006
Beteiligte Arbeitsbereiche	Zentrum für Klinische Psychologie und Rehabilitation, Lehrstuhl Klinische Psychologie, Lehrstuhl Diagnostik und Intervention
Beteiligte Fächer	1. Klinische Psychologie (Frau Prof. Dr. U. Petermann) 2. Klinische Kinderpsychologie (Frau Prof. Dr. U. Petermann) 3. Diagnostik und Intervention (Herr Prof. Dr. F. Petermann, Herr Priv. Doz. H.-Chr. Waldmann), 4. Rehabilitationspsychologie (Frau Prof. Dr. P. Hampel)
Zahl der beteiligten Hochschullehrer	4
Zahl der beteiligten Postdoktoranden	1
Zahl der betreuten Promovierenden	8
Zahl der bereits abgeschlossenen Promotionen	0
Stipendien	Dauer der Förderung: 24 + 12 Monate (1.024 € pro Monat)
Themen des Doktorandenkollegs	1. »Vergleich von Strukturmodellen zur Intelligenzdiagnostik« 2. »Adaption und Normierung einer neuropsychologischen Testbatterie für das Kindergartenalter« 3. »Replikation und Wirksamkeitsnachweis zum Training mit sozial unsicheren Kindern« 4. »Entwicklung und Durchführung katamnestischer Untersuchungen im Jugendhilfebereich« 5. »Aggressionsdiagnostik im Kindesalter« 6. »Weiterentwicklung von Elternberatung und Elterntraining«

	7. »Emotionale Einflüsse auf die sozial-kognitive Informationsverarbeitung bei Kindern im Kindergartenalter« 8. »Empirische Überprüfung und Bewertung eines modernen Testkonzeptes zur Entwicklungsbeschreibung (ET 6-6)«
Fächerübergreifendes Studienprogramm	Kollegsspezifische Veranstaltungen: ■ Wöchentliches Forschungskolloquium (2 SWS) ■ Berichtskolloquien zum Stand der Dissertationsvorhaben ■ Optionaler vier- bis achtwöchiger Aufenthalt im angloamerikanischen Ausland Weitere Veranstaltungen: 1. Semester: Dr. P. Büttner, Grundlagen der Kinder- und Jugendhilfe (Seminar) 2. Semester: PD Dr. M. Spranger, Neuropsychologische Grundlagen ■ Workshops (StudIP, Literaturrecherche, Postergestaltung, Methoden, Testtheorie, Intelligenzdiagnostik etc.) ■ Kommunikations- und Präsentationstraining (z.B. PowerPoint) ■ Publikationsgeeignetes Schreiben (z.B. Anfertigung von Lehrbuchrezensionen, Mitarbeit an wiss. Publikationen und Buchbeiträgen) ■ Förderung der Sprachkompetenz (z.B. Vorbereitung engl. Publikationen) ■ Weitere Angebote der Universität Bremen (z.B. Fremdsprachenzentrum, Zentrum für Netze (ZfN), Zentrum für Angewandte Informationstechnologie (ZAIT), Frauenförderung, BRIDGE)
Career Service für Promovierende	Diverse Aus- und Fortbildungsangebote sowie die enge Anbindung an die wissenschaftlichen Projekte am Zentrum für Klinische Psychologie sollen es den Stipendiaten ermöglichen, zielgerichtet in der internationalen Forschungsgemeinschaft, der Wirtschaft oder der Selbstständigkeit Fuß zu fassen.
Alumni-Netzwerk	Community Bremen – Mitglieder- und Ehemaligennetzwerk der Universität Bremen, www.alumni.uni-bremen.de
Sonstiges	Das Doktorandenkolleg Klinische Kinderpsychologie ist gemäß des Leitfadens der Deutschen Forschungsgemeinschaft (DFG) zur Konzeption von Graduiertenkollegs konzipiert.

Bezeichnung	Promotionskolleg »Nutzer/innenorientierte Gesundheitssicherung«
Kontaktadresse	E-Mail: promotionskolleg@uni-bremen.de
Homepage	www.promotionskolleg-fb11.uni-bremen.de
Gründungsjahr	2006
Beteiligte Fakultäten/Fachbereiche	Fachbereich Human- und Gesundheitswissenschaften, Technische Universität Dresden; Fachhochschule Nordostniedersachsen; Zentrum für Sozialpolitik der Universität Bremen
Beteiligte Fächer	Gesundheitswissenschaften, Pflegewissenschaften
Zahl der beteiligten Hochschullehrer	9
Zahl der beteiligten Postdoktoranden	2
Zahl der betreuten Promovierenden	8
Zahl der bereits abgeschlossenen Promotionen	0
Stipendien	8 Stipendien der Hans-Böckler-Stiftung
Fächerübergreifendes Studienprogramm	ja, mit gesundheits- und pflegewissenschaftlichem Schwerpunkt
Career Service für Promovierende	individuelle Beratung
Alumni-Netzwerk	über die Hans-Böckler-Stiftung

Bezeichnung	Graduate School of Social Sciences (GSSS)
Kontaktadresse	Werner Dressel, Executive Secretary Postfach 33 04 40, 28334 Bremen Tel.: 0421/218-4150 o. -4151 o. -4149, Fax: 0421/218-4153
Homepage	www.gsss.uni-bremen.de
Gründungsjahr	2002
Beteiligte Fakultäten/Fachbereiche	FB 8, 9
Beteiligte Fächer	Soziologie, Politikwissenschaft
Zahl der beteiligten Hochschullehrer	22, davon 3 *inhouse faculty*
Zahl der beteiligten Postdoktoranden	–
Zahl der betreuten Promovierenden	45
Zahl der bereits abgeschlossenen Promotionen	7
Stipendien	alle Doktoranden erhalten Stipendien
Fächerübergreifendes Studienprogramm	ja

Career Service für Promovierende	ja
Alumni-Netzwerk	ja

Universität Dortmund
Siehe Bielefeld

Friedrich-Alexander Universität Erlangen-Nürnberg
pressestelle@zuv.uni-erlangen.de

Bezeichnung	Graduiertenkolleg »Kulturtransfer im europäischen Mittelalter«
Kontaktadresse	Bismarckstr. 8, 91054 Erlangen
Homepage	www.kulturtransfer-mittelalter.de
Gründungsjahr	1999
Beteiligte Fakultäten/Fachbereiche	Philosophische I und II, Theologische Fakultät, Medizinische Fakultät
Beteiligte Fächer	Anglistik, Germanistik, Geschichtswissenschaft, Informatik, Kunstwissenschaft, Mittellateinische Philologie, Medizingeschichte, Musikwissenschaft, Nordistik, Romanistik, Philosophie, Sinologie, Historische Theologie
Zahl der beteiligten Hochschullehrer	14
Zahl der beteiligten Postdoktoranden	1
Zahl der betreuten Promovierenden	36 (in den drei Förderperioden)
Zahl der bereits abgeschlossenen Promotionen	21 (bis 2006)
Stipendien	13 pro Förderperiode
Fächerübergreifendes Studienprogramm	Mediävistische Graduiertenkurse, Ringvorlesungen, Stipendiatenkolloquien, Blockseminare (z. B. Paläographie, Islam etc.)
Career Service für Promovierende	nein
Alumni-Netzwerk	im Aufbau
Sonstiges	wiss. Exkursionen, wiss. Konferenzen

Bezeichnung	Graduiertenkolleg Kulturhermeneutik im Zeichen von Differenz und Transdifferenz
Kontaktadresse	Bismarckstr. 8, 91054 Erlangen
Homepage	www.kulturhermeneutik.uni-erlangen.de
Gründungsjahr	2001

Beteiligte Fakultäten/Fachbereiche	Philosophische I und II, Theologische Fakultät
Beteiligte Fächer	Anglistik, Amerikanistik, Kanadistik, Medienwissenschaft, Politische Wissenschaft, Sinologie, Soziologie, Sozialethik, Systematische Theologie
Zahl der beteiligten Hochschullehrer	9
Zahl der beteiligten Postdoktoranden	2
Zahl der betreuten Promovierenden	16
Zahl der bereits abgeschlossenen Promotionen	6 + 3 in 2007
Stipendien	18
Fächerübergreifendes Studienprogramm	ja
Career Service für Promovierende	nein, aber begleitende Workshops
Alumni-Netzwerk	ja
Sonstiges	spezielle Fortbildungsangebote: Rhetorik, Webmastering u. Ä.

Bezeichnung	**»Incentives – Bavarian Graduate Program in Economics«**
Kontaktadresse	Lange Gasse 20, 90403 Nuremberg Tel.: 0911/5302-268, Fax: 0911/5302-178 E-Mail: steffen.mueller@wiso.uni-erlangen.de
Homepage	www.bgpe.de
Gründungsjahr	2005
Beteiligte Fakultäten/Fachbereiche	Volkswirtschaftslehre
Beteiligte Fächer	Volkswirtschaftslehre
Zahl der beteiligten Hochschullehrer	38
Zahl der beteiligten Postdoktoranden	keine
Zahl der betreuten Promovierenden	12 direkt betreut
Zahl der bereits abgeschlossenen Promotionen	keine
Stipendien	75% Stelle für Doktoranden, BAT IIa
Fächerübergreifendes Studienprogramm	nein
Career Service für Promovierende	–
Alumni-Netzwerk	noch nicht

Sonstiges	bayernweites Doktorandenprogramm als Bestandteil des Elitenetzwerks Bayern; eigenes Curriculum mit umfangreichem Kursangebot, Auslandsaufenthalten, Gastforschern und Praktika; Angebote ausdrücklich auch für nicht direkt eingestellte Doktoranden

Justus-Liebig-Universität Gießen
pressestelle@uni-giessen.de

Bezeichnung	**Gießener Graduiertenzentrum Kulturwissenschaften (GGK)**
Kontaktadresse	Otto-Behaghel-Str. 10A, 35394 Gießen
Homepage	www.uni-giessen.de/graduiertenzentrum
Gründungsjahr	2002
Beteiligte Fakultäten/Fachbereiche	FB 03 Sozial- und Kulturwissenschaften, FB 04 Geschichts- und Kulturwissenschaften, FB 05 Sprache, Literatur, Kultur
Beteiligte Fächer	Fachbereich 03 ■ Erziehungswissenschaften ■ Heil- und Sonderpädagogik ■ Erziehungswissenschaft und Didaktik der Sozialwissenschaften ■ Politikwissenschaft ■ Gesellschaftswissenschaft ■ Kunstdidaktik ■ Musikwissenschaft und Musikdidaktik Fachbereich 04 ■ Altertumswissenschaften (Klassische Philologie/Klassische Archäologie/Alte Geschichte) ■ Evangelische Theologie ■ Katholische Theologie ■ Geschichte/Geschichtswissenschaft ■ Kunstgeschichte ■ Turkologie Fachbereich 05 ■ Germanistik (Sprachwissenschaft, Mediävistik, Neuere deutsche Literatur, Didaktik der deutschen Sprache und Literatur, Angewandte Sprachwissenschaft, Computerlinguistik, Deutsch als Fremdsprache) ■ Anglistik/Amerikanistik (Englische Sprachwissenschaft und Geschichte der englischen Sprache, Neuere Englische und Amerikanische Literatur, Didaktik der englischen Sprache und Literatur)

	■ Romanistik (Sprachwissenschaft, Literaturwissenschaft, Hispanistik, Didaktik der Romanischen Sprachen und Literaturen) ■ Slavistik ■ Angewandte Theaterwissenschaft
Zahl der beteiligten Hochschullehrer	ca. 90 (alle Professoren/Professorinnen der geistes- und sozialwissenschaftlichen Fachbereiche)
Zahl der beteiligten Postdoktoranden	ca. 20
Zahl der betreuten Promovierenden	ca. 200
Zahl der bereits abgeschlossenen Promotionen	ca. 40 pro Jahr
Stipendien	Stipendienberatung für die Bewerbung bei Begabtenförderungswerken; Zugang zur Stipendiendatenbank ELFI

Fächerübergreifendes Studienprogramm	Speziell auf Promotionsphase zugeschnittenes Grundangebot:
	■ Grundkurs Promotion
	  (jeweils im Wintersemester)
	■ Aufbaukurs Promotion
	  (jeweils im Sommersemester)
	■ Wissenschaftliches Schreiben
	■ Forschungskolloquien
	■ Methodenseminare
	■ Gastvorträge
	■ Workshops
	■ Vorbereitungskurs Disputation

Career Service für Promovierende	Das Angebot des GGK Career Service umfasst: ■ Semester-Veranstaltungen im Workshop-Format, die eigens für Promovierende in Zusammenarbeit mit der Agentur für Arbeit (Gießen) konzipiert und durch Ehemalige und/oder ausgewiesene Expert/innen durchgeführt werden ■ den GGK Absolventenkongress, der den Austausch mit Ehemaligen ermöglicht, um Näheres über deren Berufseinstieg und mögliche Tätigkeitsbereiche für promovierte Kultur-, Sozial- und Geisteswissenschaftler/innen zu erfahren ■ eine virtuelle Plattform auf der GGK Homepage mit aktuellen Links, die über berufliche Perspektiven und neue Trends auf dem Arbeitsmarkt informieren
Alumni-Netzwerk	im Aufbau

Sonstiges	Mitinitiator zweier multilateraler europäischer Netzwerke im Bereich der kulturwissenschaftlichen Doktorandenausbildung und Mitglied im Europäischen Forschungsnetzwerk ACUME

Bezeichnung	**International Graduate Centre for the Study of Culture (GCSC)**
Kontaktadresse	Otto-Behaghel-Str. 10A, 35394 Gießen
Homepage	www.uni-giessen.de/graduiertenzentrum/home/ggk-gcscuebersicht.html
Gründungsjahr	1.11.2006
Beteiligte Fakultäten/Fachbereiche	FB 03 »Sozial- und Kulturwissenschaften«, FB 04 »Geschichts- und Kulturwissenschaften«, FB 05 »Sprache, Literatur, Kultur«, Zentrum für Philosophie und Grundlagen der Wissenschaft
Beteiligte Fächer	s. GGK plus Philosophie
Zahl der beteiligten Hochschullehrer	ca. 50
Zahl der beteiligten Postdoktoranden	ca. 25
Zahl der betreuten Promovierenden	derzeit 50
Zahl der bereits abgeschlossenen Promotionen	0 (Programm läuft erst seit Herbst 2006)
Stipendien	10 Doktorandenstipendien pro Jahr alle 2 Jahre 3 Postdoc-Stipendien
Fächerübergreifendes Studienprogramm	Über das Grundprogramm des GGK (s. dort) hinaus international ausgerichtetes Studienprogramm mit interdisziplinären Doktorandenkolloquien, Master Classes, Symposien und Summer Schools. Teaching Centre zur Vermittlung hochschuldidaktischer Qualifikationen. Im Rahmen des Programms zahlreiche Möglichkeiten für die Doktorand/innen, internationale Konferenz- und Publikationserfahrung zu sammeln. Ziele des Studienprogramms: Verbesserung der akademischen Qualifikation, Unterstützung eigenständiger Forschung der Doktorand/innen, Vermittlung von berufsrelevanten Schlüsselqualifikationen, Verkürzung der Promotionszeiten, Internationalisierung der Doktorandenausbildung

Career Service für Promovierende	Wie GGK: auf die Bedürfnisse geistes- und sozialwissenschaftlicher Promovierender zugeschnittenes Kursprogramm, das Schlüsselqualifikationen vermittelt, mögliche Berufsfelder vorstellt und Kontakte vermittelt; über die außeruniversitären Kooperationspartner auch Vermittlung von Praktika
Alumni-Netzwerk	im Aufbau
Sonstiges	Forschungsprofil mit 8 interdisziplinären Forschungsfeldern; innovative Betreuungsstruktur, die Professoren/Professorinnen, Postdoc-Mentoren/Mentorinnen und *peer group mentoring* einschließt; Mitglied in mehreren hochkarätigen internationalen Netzwerken sowie zahlreiche bilaterale Kooperationen mit Universitäten im Ausland; in Deutschland zahlreiche außeruniversitäre Kooperationspartner; internationales research-fellowship-Programm, in dem hochkarätige Wissenschaftler/innen ans GCSC eingeladen werden, um zu forschen und im Studienprogramm mitzuwirken; Tutorien und Sprachkurse für ausländische Promovierende

Bezeichnung	**Internationales Promotionsprogramm »Literatur- und Kulturwissenschaft« (IPP)**
Kontaktadresse	Gießener Graduiertenzentrum Kulturwissenschaften Justus-Liebig-Universität Gießen Otto-Behagel-Str. 10E, 35394 Gießen
Homepage	www.uni-giessen.de/ipp
Gründungsjahr	WS 2002/03
Beteiligte Fakultäten/Fachbereiche	FB 05 »Sprache, Literatur, Kultur«
Beteiligte Fächer	Germanistik, Komparatistik, Anglistik/ Amerikanistik, Romanistik, Slavistik, Angewandte Theaterwissenschaft
Zahl der beteiligten Hochschullehrer	ca. 15
Zahl der beteiligten Postdoktoranden	ca. 20
Zahl der betreuten Promovierenden	83
Zahl der bereits abgeschlossenen Promotionen	k.A.
Stipendien	Finanzierung von Auslandsaufenthalten (Recherchen, Konferenzteilnahme etc.), außercurriculare Betreuung ausländischer Promovierender

Fächerübergreifendes Studienprogramm	s. GGK/GCSC; zusätzlich Master Classes und Workshops mit internationalen Expertinnen und Experten aus den Literatur- und Kulturwissenschaften; internationale Konferenzen und Summer Schools
Career Service für Promovierende	s. GGK
Alumni-Netzwerk	im Aufbau
Sonstiges	Mitglied zweier multilateraler europäischer Netzwerke im Bereich der kulturwissenschaftlichen Doktorandenausbildung und zahlreiche bilateraler Kooperationen mit renommierten internationalen Universitäten; Tutorien und Sprachkurse für ausländische Promovierende

Bezeichnung	**Graduiertenkolleg »Transnationale Medienereignisse von der Frühen Neuzeit bis zur Gegenwart«**
Kontaktadresse	Otto-Behaghel-Str. 10 C1, 35394 Gießen
Homepage	www.uni-giessen.de/gkmedienereignisse
Gründungsjahr	WS 2003/04
Beteiligte Fakultäten/Fachbereiche	FB 03 »Sozial- und Kulturwissenschaften«, FB 04 »Geschichts- und Kulturwissenschaften«, FB 05 »Sprache, Literatur, Kultur«
Beteiligte Fächer	Anglistik und Amerikanistik, Geschichtswissenschaft, Kunstgeschichte, Politikwissenschaften, Romanistik, Soziologie
Zahl der beteiligten Hochschullehrer	11
Zahl der beteiligten Postdoktoranden	2
Zahl der betreuten Promovierenden	12 pro Jahrgang
Zahl der bereits abgeschlossenen Promotionen	5
Stipendien	12 Doktorandenstipendien 2 Postdoktorandenstipendien
Fächerübergreifendes Studienprogramm	Kombination wissenschaftlicher und praxisorientierter Seminare; auf drei Jahre konzipiertes, modulares System von Pflichtveranstaltungen und fakultativen Lehrangeboten, unterteilt in inhaltlichen Teil (Semester 1–4) und schreibpraktischen Teil (Semester 5 und 6): ■ Doktorandenkolloquium (jeweils im WS) ■ Theorieseminare (jeweils im SS)

	▪ Grund- und Aufbaukurs Promotion des International Graduate Centre for the Study of Culture (GCSC) (s. dort) ▪ Vortragsprogramm mit Gastwissenschaftlern/-wissenschaftlerinnen ▪ Symposien zu fächerübergreifenden thematischen und methodischen Schwerpunkten des Graduiertenkollegs (jeweils im SS) mit Beteiligung der Stipendiaten bei der Planung und Durchführung
Career Service für Promovierende	s. GGK/GCSC
Sonstiges	Möglichkeit der Teilnahme am Forschungs- und Gastwissenschaftlerprogramm des SFB 434 »Erinnerungskulturen« sowie der Mitarbeit in den Sektionen des GGK/GCSC

Ruprecht-Karls-Universität Heidelberg

rottaro@zuv.uni-heidelberg.de

Bezeichnung	Graduiertenakademie
Kontaktadresse	Dr. Katharina Fuchs-Bodde (Geschäftsführerin) Seminarstr. 2, 69117 Heidelberg Tel.: 06221/543639 E-Mail: fuchs-bodde@zuv.uni-heidelberg.de
Homepage	www.graduateacademy.uni-heidelberg.de/
Gründungsjahr	2006
Beteiligte Fakultäten/Fachbereiche	Alle Fakultäten der Universität
Beteiligte Fächer	s. o.
Zahl der beteiligten Hochschullehrer	Im Kuratorium der Graduiertenakademie sind der Rektor der Universität sowie sechs weitere Hochschullehrer, ein Postdoktorand und vier Doktoranden vertreten. Dieses Gremium berät die Universität bei allen grundsätzlichen Fragen der Doktorandenausbildung.
Zahl der betreuten Promovierenden	Die Angebote der Graduiertenakademie (s. u.) können von allen Promovierenden der Universität genutzt werden
Zahl der bereits abgeschlossenen Promotionen	In Heidelberg werden jährlich ca. 1000 Promotionen abgeschlossen.
Stipendien	Vergabe der Stipendien aus der Landesgraduiertenförderung, ggf. Vergabe von Stipendien des DAAD. Ausschreibung von Stipendien aller Promotionsprogramme der Universität.
Fächerübergreifendes Studienprogramm	Seminarprogramm zu Schlüsselkompetenzen, Sprachkurse, Drittmitteleinwerbung

Career Service für Promovierende	in Vorbereitung
Alumni-Netzwerk	in Vorbereitung
Sonstiges	Die Graduiertenakademie initiiert und koordiniert den Aufbau von Graduiertenschulen und die Einführung strukturierter Promotionsprogramme in allen Wissenschaftsbereichen, legt universitätsweit geltende Qualitätsstandards für Promotionsprogramme fest, fördert den Austausch zwischen den einzelnen Wissenschaftsbereichen und sorgt für eine einheitliche und professionelle Außendarstellung aller Promotionsprogramme. In ihrer Servicestelle bietet sie sämtlichen (v. a. ausländischen) Doktoranden Rat und Unterstützung in allgemeinen Fragen wie Einschreibungsformalitäten, Wohnungssuche, Kinderbetreuung und Finanzierungsmöglichkeiten. Darüber hinaus bietet sie ein fächerübergreifendes Veranstaltungs- und Qualifizierungsangebot für die Doktoranden der Universität an. Das Angebot dient der Förderung des Austausches zwischen den Fachdisziplinen sowie der Vermittlung von berufsrelevanten Schlüsselqualifikationen (z. B. Präsentationstechniken, Projektmanagement, Personalführung).

Universität Hildesheim
praesident@uni-hildesheim.de

Bezeichnung	Promotionskolleg »Interkulturalität«
Kontaktadresse	Prof. Dr. Christa Womser-Hacker VP für Forschung, wissenschaftlichen Nachwuchs und Internationalisierung Marienburger Platz, 31141 Hildesheim E-Mail: womser@uni-hildesheim.de
Homepage	www.uni-hildesheim.de
Gründungsjahr	2007
Beteiligte Fakultäten / Fachbereiche	Erziehungs- und Sozialwissenschaften, Kulturwissenschaften, Informations- und Kommunikationswissenschaften
Beteiligte Fächer	Betriebswirtschaftslehre, Erziehungswissenschaften, Informatik, Informationswissenschaft, Kulturwissenschaft und ästhetische Kommunikation, Pädagogik, Philosophie, Politikwissenschaften, Psychologie, Sozial- und Organisationspädagogik, Sprachwissenschaft, u. a.
Zahl der beteiligten Hochschullehrer	ca. 20

Zahl der beteiligten Postdoktoranden	ca. 5
Zahl der betreuten Promovierenden	15
Zahl der bereits abgeschlossenen Promotionen	–
Stipendien	15 Promotionsstipendien
Fächerübergreifendes Studienprogramm	Rahmenprogramm, Summer School »Erfolgreich Promovieren«
Career Service für Promovierende	geplant
Alumni-Netzwerk	fächerspezifische Alumni-Netzwerke: Iplus. Ab_hier_kultur
Sonstiges	ProDoc Promotionsförderung für Frauen

Universität Kassel

presse@uni-kassel.de

Bezeichnung	Kasseler Internationales Graduiertenzentrum Gesellschaftswissenschaften (KIGG)
Kontaktadresse	Prof. Dr. Renate Dürr Universität Kassel/FB 05 Nora Platiel Str. 1, 34 127 Kassel
Homepage	www.uni-kassel.de/fb5/kigg
Gründungsjahr	2007
Beteiligte Fakultäten/Fachbereiche	Fachbereich 05: Gesellschaftswissenschaften
Beteiligte Fächer	Politologie, Soziologie, Geschichtswissenschaften, Sportwissenschaften, Geographie
Zahl der beteiligten Hochschullehrer	sämtliche Professoren/Professorinnen des FB 05 (derzeit: 31)
Zahl der beteiligten Postdoktoranden	derzeit: 0
Zahl der betreuten Promovierenden	derzeit 135
Zahl der bereits abgeschlossenen Promotionen	noch keine, da noch in Gründungsphase
Stipendien	nein
Fächerübergreifendes Studienprogramm	kein verpflichtendes Studienprogramm, sondern fächerübergreifendes Angebot, das auf freiwilliger Basis genutzt werden kann (z.B. zu Präsentationsformen/Rhetorik, Methoden und Theorien in den Sozial- und Geisteswissenschaften)
Career Service für Promovierende	uni-weiter Career Service für alle Absolventen/Absolventinnen
Alumni-Netzwerk	noch nicht
Sonstiges	Bereitstellung von Arbeitsplätzen an der Universität

Christian-Albrechts-Universität zu Kiel

presse@uv.uni-kiel.de

Bezeichnung	Graduiertenkolleg »Imaginatio borealis – Perzeption, Rezeption und Konstruktion des Nordens«
Kontaktadresse	Prof. Dr. Olaf Mörke (Sprecher des GK) Historisches Seminar der Christian-Albrechts-Universität zu Kiel, 24098 Kiel Tel.: 0431/880-2283 E-Mail: omoerke@email.uni-kiel.de
Homepage	www.uni-kiel.de/borealis/frameset.htm
Gründungsjahr	1999
Beteiligte Fakultäten/Fachbereiche	Philosophische Fakultät
Beteiligte Fächer	Europäische Ethnologie/Volkskunde, Geschichte der Frühen Neuzeit, Klassische Philologie, Kunstgeschichte, Mittel- und Neulateinische Philologie, Musikwissenschaft, Neuere Deutsche Literaturwissenschaft/Neuere Skandinavische Literaturwissenschaft, Osteuropäische Geschichte, Romanische Philologie/Literaturwissenschaft, Slawische Philologie, Sozial- und Wirtschaftsgeschichte/Spätes Mittelalter
Zahl der beteiligten Hochschullehrer	15/aktuell 12
Zahl der beteiligten Postdoktoranden	6 (ab III. Förderperiode ohne Postdocs)
Zahl der betreuten Promovierenden	44 (inkl. assoziierter Mitglieder) + aktuell 14 (seit III. Förderperiode)
Zahl der bereits abgeschlossenen Promotionen	26
Stipendien	DFG
Fächerübergreifendes Studienprogramm	in Ergänzung oder mit Unterbrechung des DFG-Stipendiums individuell möglich
Career Service für Promovierende	www.careercenter.uni-kiel.de/
Alumni-Netzwerk	www.uni-kiel.de/alumni/

Universität Leipzig
dez5@uni-leipzig.de

Bezeichnung	A) **Internationales Promotionsprogramm** **»Von der Signalverarbeitung zum Verhalten«** B) **Graduiertenkolleg »Universalität und Diversität: Sprachliche Strukturen und Prozesse«**
Kontaktadresse	Research Academy Leipzig Otto-Schill-Str. 2, 04109 Leipzig E-Mail: ipp@uni-leipzig.de
Homepage	www.uni-leipzig.de/ral/gz_lifesciences.htm
Gründungsjahr	A) Mitte November 2004 B) 1997
Beteiligte Fakultäten/Fachbereiche	Philologische Fakultät, Fakultät für Sozialwissenschaften und Philosophie, Sportwissenschaftliche Fakultät, Medizinische Fakultät, Fakultät für Mathematik und Informatik, Fakultät für Biowissenschaften, Pharmazie und Psychologie
Beteiligte Fächer	Soziologie, Sportwissenschaften, Medizin, Informatik, Biowissenschaften, Pharmazie und Psychologie, Linguistik, Slavistik
Zahl der beteiligten Hochschullehrer	A) 33 B) 8
Zahl der beteiligten Postdoktoranden	k.A.
Zahl der betreuten Promovierenden	A) 113 B) 23
Zahl der bereits abgeschlossenen Promotionen	A) 3 B ?
Stipendien	A) nein B) ja
Fächerübergreifendes Studienprogramm	ja
Career Service für Promovierende	bedingt
Alumni-Netzwerk	ja

Bezeichnung	Graduate School »Understanding Space and Territorialization: World History, Geography and Area Studies in an Age of Globalization« am Zentrum für Höhere Studien und am Graduiertenzentrum Geistes- und Sozialwissenschaften der Research Academy Leipzig
Kontaktadresse	PD Dr. Matthias Middell E-Mail: ral.humanities@uni-leipzig.de

Homepage	www.uni-leipzig.de/zhs, www2.uni-leipzig.de/ral
Gründungsjahr	2006; strukturierte Doktorandenqualifizierung mit Graduiertenkollegs und Internationalen Promotionsprogrammen am Zentrum für Höhere Studien seit 1996
Beteiligte Fakultäten/Fachbereiche	Fakultät für Sozialwissenschaften und Philosophie; Fakultät für Geschichte, Kunst und Orientwissenschaften, Philologische Fakultät; Fakultät für Physik und Geowissenschaften; Theologische Fakultät;
Beteiligte Fächer	alle an der Universität Leipzig vertretenen Sozial-, Kultur-, Geistes- und Geschichtswissenschaften
Zahl der beteiligten Hochschullehrer	35
Zahl der beteiligten Postdoktoranden	10
Zahl der betreuten Promovierenden	120
Zahl der bereits abgeschlossenen Promotionen	28
Stipendien	Stipendien des Graduiertenkollegs »Bruchzonen der Globalisierung« und Landesgraduiertenstipendien des Freistaates Sachsen
Fächerübergreifendes Studienprogramm	ja, für Details siehe Website
Career Service für Promovierende	ja
Alumni-Netzwerk	im Aufbau
Sonstiges	Anteil der ausländischen Doktoranden: 50%; enge Kooperation mit Hochschulen in Osteuropa, Afrika, Nord- und Südamerika sowie Asien; vertikale Verknüpfung mit internationalen Masterprogrammen »Global Studies« und »European Studies«

Universität Mannheim
presse@rektorat.uni-mannheim.de

Bezeichnung	**Graduate School of Economic and Social Sciences (GESS)**
Kontaktadresse	University of Mannheim 68131 Mannheim
Homepage	http://gess.uni-mannheim.de
Gründungsjahr	2006
Beteiligte Fakultäten/Fachbereiche	Betriebswirtschaftslehre, Volkswirtschaftslehre, Sozialwissenschaften

Beteiligte Fächer	Business: (koordiniert vom Center for Doctoral Studies in Business, CDSB) ■ Acounting & Taxation ■ Finance ■ Management ■ Operations & Information Systems Economics: (koordiniert vom Center for Doctoral Studies in Economics, CDSE) Social and Behavioral Sciences: (koordiniert vom Center for Doctoral Studies in Social and Behavioral Sciences, CDSS) ■ Political Science ■ Psychology ■ Sociology
Zahl der beteiligten Hochschullehrer	56 (18 CDSB; 22 CDSE; 16 CDSS)
Zahl der beteiligten Postdoktoranden	–
Zahl der betreuten Promovierenden	120–130 (jedes Jahr werden ca. 45 neue Doktoranden aufgenommen)
Zahl der bereits abgeschlossenen Promotionen	noch keine unter der neuen Struktur der GESS; unter der Vorgängerinstitution »CDSEM« (DFG-Kolleg »Risiko und Liquidität in Finanz-, Güter- und Faktormärkten«) wurden 8 Promotionen abgeschlossen.
Stipendien	ja, ca. 1200 € pro Monat
Fächerübergreifendes Studienprogramm	ja, die Studierenden können eine bestimmte Anzahl an Kursen aus den unterschiedlichen Doktorandenzentren (CDSB, CDSE oder CDSS) wählen
Career Service für Promovierende	Placement Officer; »Graduate Placement«-Rubrik auf Homepage (siehe Homepage des CDSE: http://cdse.uni-mannheim.de)
Alumni-Netzwerk	–

Bezeichnung	**Strukturiertes Promotionskolleg »Formations of the Global: Globalisierung aus kulturwissenschaftlicher Perspektive«**
Kontaktadresse	Universität Mannheim, Philosophische Fakultät Lehrstuhl Anglistik III (Amerikanistik) Schloss, EW 271, 68131 Mannheim
Homepage	www.phil.uni-mannheim.de/pk_globalisierung
Gründungsjahr	2005
Beteiligte Fakultäten/Fachbereiche	Philosophische Fakultät

Beteiligte Fächer	Anglistik/Amerikanistik, Romanistik, Germanistik, Geschichte, Medien- und Kommunikationswissenschaft, Philosophie.
Zahl der beteiligten Hochschullehrer	6
Zahl der beteiligten Postdoktoranden	0
Zahl der betreuten Promovierenden	19
Zahl der bereits abgeschlossenen Promotionen	0
Stipendien	ja: Nationale und internationale Stipendien des LGFG Baden Württemberg
Fächerübergreifendes Studienprogramm	ja: interdisziplinäre Ausrichtung des Promotionskollegs
Career Service für Promovierende	Vernetzung mit anderen Graduiertenkollegs, Mitglied des Globalization Studies Network.
Alumni-Netzwerk	im Aufbau
Sonstiges	Organisation von Konferenzen, Ringvorlesungen, Symposien und Gastvorträgen; Training von Präsentationstechniken; dreistufiges Betreuungskonzept (1. Betreuer und Mentoren aus verschiedenen Disziplinen, 2. Kontakt zwischen den Doktoranden/Doktorandinnen u. a. im interdisziplinären Oberseminar, 3. Besuch von Lehrveranstaltungen und Symposien)

Philipps Universität Marburg

pressestelle@Verwaltung.uni-marburg.de
siehe Bielefeld

Hochschule für Fernsehen und Film München

presse@hff-muc.de

Bezeichnung	**Angebote zur Promotionsbetreuung an anderen universitären Einrichtungen durch unsere filmwissenschaftliche Abteilung (Abteilung I Kommunikations- und Medienwissenschaft)**
Kontaktadresse	Frankenthaler Str. 23, 81539 München
Homepage	www.hff-muc.de
Gründungsjahr	1967
Beteiligte Fakultäten/Fachbereiche	Zusammenarbeit mit anderen medien- bzw. filmwissenschaftlichen Einrichtungen in Deutschland

Beteiligte Fächer	Abteilung I Kommunikations- und Medien-wissenschaft
Zahl der beteiligten Hochschullehrer	Prof. Dr. Michaela Krützen, Abteilung I Kommunikations- und Medienwissenschaft
Zahl der beteiligten Postdoktoranden	k.A.
Zahl der betreuten Promovierenden	k.A.
Zahl der bereits abgeschlossenen Promotionen	k.A.
Stipendien	k.A.
Fächerübergreifendes Studienprogramm	k.A.
Career Service für Promovierende	k.A.
Alumni-Netzwerk	ja

Ludwig-Maximilians-Universität München
presse@lmu.de

Bezeichnung	Promotionsstudiengang »Literaturwissen-schaft«
Kontaktadresse	Schellingstr. 3, 80799 München
Homepage	www.promotion-lit.uni-muenchen.de
Gründungsjahr	2001
Beteiligte Fakultäten/Fachbereiche	Fakultät für Sprach- und Literaturwissen-schaft
Beteiligte Fächer	Anglistik, Amerikanistik, Deutsch als Fremdsprache, Germanistik, Italianistik, Klassische Philologie, Komparatistik, Medi-ävistik, Nordistik, Romanistik, Slavistik, Theaterwissenschaft, Indologie, Japanologie, Neogräzistik, Sinologie
Zahl der beteiligten Hochschullehrer	43
Zahl der beteiligten Postdoktoranden	–
Zahl der betreuten Promovierenden	37
Zahl der bereits abgeschlossenen Promotionen	13
Stipendien	fachliche Unterstützung bei der Bewerbung
Fächerübergreifendes Studienprogramm	interdisziplinärer Studiengang
Career Service für Promovierende	im Rahmen des Career Centre an der LMU
Alumni-Netzwerk	vorhanden
Sonstiges	individuelle Betreuung durch eine/n Men-tor/in; Workshops und Symposien; Mög-lichkeit zum Erwerb von Lehrerfahrung; Arbeitsplatz mit PC, Drucker und Internet

Bezeichnung	**Munich Graduate School of Economics**
Kontaktadresse	Kaulbachstr. 45, 80539 München
Homepage	www.mgse.vwl.lmu.de
Gründungsjahr	2002
Beteiligte Fakultäten/Fachbereiche	Volkswirtschaftliche Fakultät
Beteiligte Fächer	Wirtschaftspolitik, Wirtschaftstheorie, Finanzwissenschaften
Zahl der beteiligten Hochschullehrer	15
Zahl der beteiligten Postdoktoranden	2
Zahl der betreuten Promovierenden	40
Zahl der bereits abgeschlossenen Promotionen	20
Stipendien	DFG
Fächerübergreifendes Studienprogramm	–
Career Service für Promovierende	individuelle Beratung und Unterstützung
Alumni-Netzwerk	noch zu gründen

Bezeichnung	**Linguistik – Internationales Promotions- programm (LIPP) »Sprachtheorie und Angewandte Sprachwissenschaft«**
Kontaktadresse	Dr. Melanie Moll Ludwigstr. 27/II, Raum 201, 80539 München Tel.: 089/2180-3846, Fax: 2180/13990 E-Mail: moll@lipp.lmu.de
Homepage	www.lipp.lmu.de
Gründungsjahr	2002
Beteiligte Fakultäten/Fachbereiche	Fakultät 13 – Fakultät für Sprach- und Literaturwissenschaft
Beteiligte Fächer	Allgemeine und Typologische, Sprachwissenschaft, Amerikanistik, Anglistik, Deutsch als Fremdsprache/Transnationale Germanistik, Finnougristik/Uralistik, Germanistische Linguistik, Phonetik und Sprachliche Kommunikation, Psycholinguistik und Sprachwissenschaft, Romanistik, Slavistik, Theoretische Linguistik, Vergleichende und indogermanische Sprachwissenschaft sowie Albanologie
Zahl der beteiligten Hochschullehrer	15 + 4 assoziierte Mitglieder
Zahl der beteiligten Postdoktoranden	12

Zahl der betreuten Promovierenden	45
Zahl der bereits abgeschlossenen Promotionen	12
Stipendien	nicht programmintern
Fächerübergreifendes Studienprogramm	Methodenseminare, Vorlesungsreihe, Doktorandenkolloquium, Workshops
Career Service für Promovierende	nein
Alumni-Netzwerk	ja
Sonstiges	■ finanzielle Unterstützung bei Forschungsreisen und Auslandsaufenthalten ■ internationales Gastprogramm ■ Sprachkurse Deutsch als Wissenschaftssprache und Academic English ■ Tutorien für Präsentationstechniken, Moderationstechniken, Postererstellung, etc. ■ außerfachliche Betreuung

Carl von Ossietzky Universität Oldenburg
presse@uni-oldenburg.de

Bezeichnung	Promotionsstudiengang »Kulturwissenschaftliche Geschlechterstudien«
Kontaktadresse	Carl von Ossietzky Universität, Fakultät III, Postfach 25 03, 26111 Oldenburg
Homepage	www.uni-oldenburg.de/zfg/studiengaenge/5303.html
Gründungsjahr	1997 (zunächst Aufbaustudiengang mit Zertifikatsabschluss, seit 2006 Promotionsstudiengang)
Beteiligte Fakultäten/Fachbereiche	FK III – Sprach- und Kulturwissenschaften – (kooptiert ferner Lehrende der FK IV, Politikwissenschaft und Lehrende der Universität Bremen. FB 10, Sprach- und Literaturwissenschaft, Anglistik)
Beteiligte Fächer	4
Zahl der beteiligten Hochschullehrer	3, zusätzlich Gastprofessorinnen bzw. Lehrbeauftragte
Zahl der beteiligten Postdoktoranden	3
Zahl der betreuten Promovierenden	z. Zt. 13
Zahl der bereits abgeschlossenen Promotionen	6

Stipendien	Stipendien durch diverse Stiftungen; in Vergangenheit: vier Stipendien durch Graduiertenförderung des Landes Niedersachsen
Fächerübergreifendes Studienprogramm	transdisziplinäres Studienprogramm (4–6 Semester)
Career Service für Promovierende	k.A.
Alumni-Netzwerk	im Aufbau
Sonstiges	jedes Semester: Öffentliches Forschungskolloquium mit auswärtigen Referenten/ Referentinnen; alle 2–3 Jahre Sommeruniversitäten

Bezeichnung	**Doktorandenzentrum Sonderpädagogik und Rehabilitation**
Kontaktadresse	Carl von Ossietzky Universität, Fakultät I, Postfach 25 03, 26111 Oldenburg
Homepage	www.uni-oldenburg.de/sonderpaedagogik/ 5679.html
Gründungsjahr	1998
Beteiligte Fakultäten/Fachbereiche	FK I – Erziehungs- und Bildungswissenschaften
Beteiligte Fächer	Sonder- und Rehabilitationspädagogik; Pädagogik/Erziehungswissenschaften
Zahl der beteiligten Hochschullehrer	9 (aus 4 Universitäten)
Zahl der beteiligten Postdoktoranden	2
Zahl der betreuten Promovierenden	18 (aktuell 04/2007)
Zahl der bereits abgeschlossenen Promotionen	18 (seit 1999)
Stipendien	–
Fächerübergreifendes Studienprogramm	Rehabilitationspädagogik (im Aufbau)
Career Service für Promovierende	Buddy-Program
Alumni-Netzwerk	fakultätsübergreifend (im Aufbau)
Sonstiges	Doktorandenzentrum hat ein Netzwerk von kooperationsbereiten Wissenschaftlern/ Wissenschaftlerinnen an mehreren Universitäten

Bezeichnung	Promotionsstudiengang »Fachdidaktische Lehr- und Lernforschung – Didaktische Rekonstruktion«
Kontaktadresse	Carl von Ossietzky Universität Oldenburg Didaktisches Zentrum, Promotionsstudiengang ProDid Ammerländer Heerstr. 114–118, 26129 Oldenburg
Homepage	www.diz.uni-oldenburg.de/20512.html
Gründungsjahr	2001
Beteiligte Fakultäten/Fachbereiche	FK I – Erziehungs- und Bildungswissenschaften FK III – Sprach- und Kulturwissenschaften FK IV – Human- und Gesellschaftswissenschaften FK V – Mathematik und Naturwissenschaften
Beteiligte Fächer	Anglistik, Biologie, Chemie, Germanistik,, Geschichte, Lehr- Lernforschung, Mathematik, Physik, Politikwissenschaft, Sachunterricht, Sport, Textiles Gestalten
Zahl der beteiligten Hochschullehrer	Aktuell: 27
Zahl der beteiligten Postdoktoranden	3
Zahl der betreuten Promovierenden	24
Zahl der bereits abgeschlossenen Promotionen	8
Stipendien	12 Georg-Christoph-Lichtenberg Stipendien
Fächerübergreifendes Studienprogramm	durch Workshops und Forschungskolloquien reger interdisziplinärer Austausch
Career Service für Promovierende	k.A.
Alumni-Netzwerk	k.A.

Universität Passau

pressestelle@uni-passau.de

Bezeichnung	Graduate School »International Cultural Studies« (GSICS)
Kontaktadresse	Prof. Dr. Susanne Hartwig E-Mail: susanne.hartwig@uni-passau.de o. gsics@uni-passau.de
Homepage	www.phil.uni-passau.de/graduiertenschule-gsics.html
Gründungsjahr	2007
Beteiligte Fakultäten/Fachbereiche	Philosophische Fakultät

Beteiligte Fächer	alle in der Philosophischen Fakultät zusammengefassten Fachgebiete
Zahl der beteiligten Hochschullehrer	37
Zahl der beteiligten Postdoktoranden	5
Zahl der betreuten Promovierenden	116
Zahl der bereits abgeschlossenen Promotionen	keine an der Graduate School
Stipendien	Bayerische Eliteförderung
Fächerübergreifendes Studienprogramm	Strukturierte Graduiertenausbildung mit vier Modulen: ■ Themenspezifische Weiterbildung im Bereich Internationalisierung und Interkulturelle Kommunikation ■ Textproduktions- und Präsentationskompetenz ■ Universitätsinterne Projektpräsentation ■ Universitätsexterne Projektpräsentation
Career Service für Promovierende	durch das Referat IV: Technologietransfer, Weiterbildung, Forschungsförderung
Alumni-Netzwerk	Ehemaligenverein, Kuwi Netzwerk International e.V., Aufbau eines Graduiertennetzwerks

Universität Potsdam

benthien@uni-potsdam.de

Bezeichnung	**Potsdam Graduate School**
Kontaktadresse	c/o Dr. Heike Küchmeister Haus 20, Karl-Liebknecht-Str. 24–25, 14476 Potsdam
Homepage	www.pogs.uni-potsdam.de/pogs/index.html
Gründungsjahr	2006
Beteiligte Fakultäten/Fachbereiche	universitätsoffen
Beteiligte Fächer	universitätsoffen
Zahl der beteiligten Hochschullehrer	keine Angaben möglich
Zahl der beteiligten Postdoktoranden	keine Angaben möglich
Zahl der betreuten Promovierenden	ca. 100 Promovierende in Promotionsprogrammen
Zahl der bereits abgeschlossenen Promotionen	2004: 147; 2005: 227; 2006: 179
Stipendien	ja: Ausschreibung von universitätseigenen Promotionsprogrammen; Einzelstipendien

Fächerübergreifendes Studienprogramm	ja: Zentrale fachübergreifende, berufsvorbereitende Qualifizierungsangebote (Kurse zu Schlüsselkompetenzen, wie beispielsweise Projektmanagement, Kooperationsfähigkeiten, Vermittlungskompetenzen und Mitarbeiterführung, Regeln »guter wissenschaftlicher Praxis« u. a.)
Career Service für Promovierende	ja: in Kooperation mit dem Career Service der Universität Potsdam
Alumni-Netzwerk	in Vorbereitung
Sonstiges	–

Hochschule für Musik und Theater Rostock

angelika.thoenes@hmt-rostock.de

Bezeichnung	Graduiertenkolleg »Kulturkontakt und Wissenschaftsdiskurs«
Kontaktadresse	Philosophische Fakultät Institut für Anglistik/Amerikanistik Prof. Dr. Gesa Mackenthun 18051 Rostock
Homepage	www.uni-rostock.de/andere/grk1242/
Gründungsjahr	2006
Beteiligte Fakultäten/Fachbereiche	Fakultäten der Universität Rostock (Philosophische, Theologische und Wirtschafts- und Sozialwissenschaftliche Fakultät) und die Hochschule für Musik und Theater
Beteiligte Fächer	Klassische Archäologie, Kirchengeschichte, germanistische Mediävistik, Europäische Ethnologie, Nordamerikastudien, Politikwissenschaft, Britische Kulturwissenschaft, Musikwissenschaft, Geschichtswissenschaft und Religionswissenschaft
Zahl der beteiligten Hochschullehrer	15
Zahl der beteiligten Postdoktoranden	2
Zahl der betreuten Promovierenden	15–25
Zahl der bereits abgeschlossenen Promotionen	0
Stipendien	ja: DFG
Fächerübergreifendes Studienprogramm	ja: Ringvorlesung, Kolloquium, Seminar
Career Service für Promovierende	nein
Alumni-Netzwerk	noch nicht

Hochschule für Technik Stuttgart

susanne.wranik@hft-stuttgart.de

Bezeichnung	**Citynet im Rahmen des zafh.net.; EU-Marie Curie RTN-Netzwerk**
Kontaktadresse	E-Mail: Dietrich.schneider@hft-stuttgart.de
Homepage	www.citynet.zafh.net
Gründungsjahr	1.1.2007
Beteiligte Fakultäten/Fachbereiche	FB-Bauphysik
Beteiligte Fächer	Architektur, Bauingenieurwesen, Informatik, Elektrotechnik, Bauphysik, Versorgungstechnik, Gebäudeautomation, Erneuerbare Energietechnik
Zahl der beteiligten Hochschullehrer	7
Zahl der beteiligten Postdoktoranden	10
Zahl der betreuten Promovierenden	10
Zahl der bereits abgeschlossenen Promotionen	–
Stipendien	ja: EU-Marie Curie *fellowships*
Fächerübergreifendes Studienprogramm	ja: halbjährliches Kursprogramm (14 Tage)
Career Service für Promovierende	ja: *career development plans*
Alumni-Netzwerk	ja

Universität Stuttgart

presse@uni-stuttgart.de

Bezeichnung	**Internationales Graduiertenkolleg »Sprachliche Repräsentation und ihre Interpretation«**
Kontaktadresse	Institut für Linguistik: Germanistik Keplerstr. 17, 70174 Stuttgart
Homepage	www.ims.uni-stuttgart.de/ Graduiertenkolleg/
Gründungsjahr	2000
Beteiligte Fakultäten/Fachbereiche	Philosophisch-historische Fakultät: Institut für Linguistik, Institut für Maschinelle Sprachverarbeitung
Beteiligte Fächer	Anglistik, Computerlinguistik, Germanistik, Linguistik, Romanistik
Zahl der beteiligten Hochschullehrer	14
Zahl der beteiligten Postdoktoranden	2
Zahl der betreuten Promovierenden	16

Zahl der bereits abgeschlossenen Promotionen	> 10
Stipendien	Doktoranden- und Postdoktorandenstipendien
Fächerübergreifendes Studienprogramm	spezielle Kurse für die Doktoranden in Phonetik, Neurolinguistik, Syntax und Semantik
Career Service für Promovierende	k.A.
Alumni-Netzwerk	k.A.

Pädagogische Hochschule Weingarten
riedmueller@ph-weingarten.de

Bezeichnung	**Überfachliches Doktoranden- und Habilitandenkolloquium**
Kontaktadresse	Prof. Dr. Thorsten Bohl: bohl@ph-weingarten.de; Prof. Dr. Siegbert Peetz: peetz@ph-weingarten.de
Homepage	www.ph-weingarten.de
Gründungsjahr	2006
Beteiligte Fakultäten/Fachbereiche	alle Fakultäten
Beteiligte Fächer	alle an der Hochschule vertretenen Fächer
Zahl der beteiligten Hochschullehrer	2
Zahl der beteiligten Postdoktoranden	1
Zahl der betreuten Promovierenden	15
Zahl der bereits abgeschlossenen Promotionen	0
Stipendien	finanzielle Unterstützung durch die Hochschule
Fächerübergreifendes Studienprogramm	zweistündiges überfachliches Kolloquium mit regelmäßiger externer Expertise
Career Service für Promovierende	–
Alumni-Netzwerk	–

Bergische Universität Wuppertal
presse@uni-wuppertal.de

Bezeichnung	**Zentrum für Graduiertenstudien (ZGS)**
Kontaktadresse	Gaußstr. 20, Gebäude O-09.32, 42119 Wuppertal
Homepage	www.zgs.uni-wuppertal.de

Gründungsjahr	2007
Beteiligte Fakultäten/Fachbereiche	FB A – Geistes- und Kulturwissenschaften, FB C – Mathematik und Naturwissenschaften, FB G – Bildungs- und Sozialwissenschaften
Beteiligte Fächer	FB A: Allgemeine Literatur- und Sprachwissenschaft, Anglistik/Amerikanistik, Evangelische und Katholische Theologie, Germanistik, Geschichte, Musikpädagogik, Philosophie, Politikwissenschaft, Romanistik FB C: Mathematik, Informatik, Physik, Chemie, Biologie FB G: Pädagogik, Psychologie, Soziologie, Sportwissenschaft, Technologie und Didaktik der Technik, Geographie
Zahl der beteiligten Hochschullehrer	k.A.
Zahl der beteiligten Postdoktoranden	k.A.
Zahl der betreuten Promovierenden	k.A.
Zahl der bereits abgeschlossenen Promotionen	k.A.
Stipendien	Stipendienberatung; Promovierende können beim ZGS finanzielle Unterstützung für selbst organisierte Gastvorträge und Workshops beantragen.
Fächerübergreifendes Studienprogramm	Strukturiertes Lehr- und Veranstaltungsprogramm für Promovierende unter Einbeziehung besonders qualifizierter Postdocs in Vorbereitung
Career Service für Promovierende	in Kooperation mit dem *Science Careers Center* für Wissenschaftlerinnen (SCC) der Bergischen Universität Wuppertal
Alumni-Netzwerk	im Aufbau

Name der Hochschule	**Bergische Universität Wuppertal (in Kooperation mit der Gesamthochschule Kassel)**
Bezeichnung	**Promotionskolleg »Kinder und Kindheiten im Spannungsfeld gesellschaftlicher Modernisierung. Normative Muster und Lebenslagen, sozialpädagogische und sozialpolitische Interventionen«**
Kontaktadresse	Universität Kassel, Fachbereich Sozialwesen Frau Rippe Arnold-Bode-Str. 10, 34125 Kassel Tel.: 0561/804-2942

Homepage	www.uni-kassel.de/fb4/kinder-und-kindheiten/
Gründungsjahr	2002
Beteiligte Fakultäten/Fachbereiche	Wuppertal: FB G – Bildungs- und Sozialwissenschaften Kassel: FB Sozialwesen und FB Erziehungswissenschaft
Beteiligte Fächer	Erziehungswissenschaft, Sozialpädagogik, Sozialpolitik, Soziologie
Zahl der beteiligten Hochschullehrer	4
Zahl der beteiligten Postdoktoranden	0
Zahl der betreuten Promovierenden	8 +1 (assoziiert)
Zahl der bereits abgeschlossenen Promotionen	k.A.
Stipendien	8 Promotionsstipendien (Hans-Böckler-Stiftung) für je 4 Hochschulabsolventen/-absolventinnen und Fachhochschulabsolventen/-absolventinnen
Fächerübergreifendes Studienprogramm	Doktorandenkolloquium an beiden Hochschulen, auch mit Gastreferenten/-referentinnen als Berater und Kommentatoren; 1–2 Methoden- und Theorie-Workshops im Semester; internationale Tagungen; mehrtägige Forschungswerkstätten zur empirischen Sozialforschung
Career Service für Promovierende	s. ZGS
Alumni-Netzwerk	s. ZGS

2. DFG-Graduiertenkollegs in den Geistes-, Kultur- und Sozialwissenschaften* (ab Förderbeginn 2001)

Universität:	**Johann Wolfgang Goethe-Universität Frankfurt am Main**
Titel:	**Satzarten: Variation und Interpretation**
Förderbeginn:	seit 2001
Kontaktdaten:	Professor Dr. Jost Gippert Johann Wolfgang Goethe-Universität Frankfurt am Main Institut für Vergleichende Sprachwissenschaft, Phonetik und Slavische Philologie Georg-Voigt-Straße 6 60325 Frankfurt
E-Mail:	gippert@em.uni-frankfurt.de
Webadresse:	http://web.uni-frankfurt.de/fb10/grad_koll/

Universität:	**Friedrich-Alexander-Universität Erlangen-Nürnberg**
Titel:	**Kulturhermeneutik im Zeichen von Differenz und Transdifferenz**
Förderbeginn:	seit 2001
Kontaktdaten:	Professor Dr. Kay Kirchmann Friedrich-Alexander-Universität Erlangen-Nürnberg Institut für Theater- und Medienwissenschaft Bismarckstraße 1 91054 Erlangen
E-Mail:	Kay. Kirchmann@uni-konstanz.de oder Kay. Kirchmann@thewi.phil.uni-erlangen.de
Webadresse:	http://www.kulturhermeneutik.uni-erlangen.de/

Universität:	**Universität des Saarlandes**
Titel:	**Sprachtechnologie und kognitive Systeme**
Förderbeginn:	seit 2001
Kontaktdaten:	Professor Dr. Matthew W. Crocker Universität des Saarlandes Professur für Psycholinguistik Im Stadtwald 66123 Saarbrücken
E-Mail:	crocker@coli.uni-sb.de
Webadresse:	http://www.coli.uni-saarland.de/projects/igk/

Universität:	**Universität Bielefeld**
Titel:	**Auf dem Weg in die Wissensgesellschaft: Wissenschaft in Anwendungs- und Beratungskontexten**
Förderbeginn:	seit 2002
Kontaktdaten:	Professor Dr. Peter Weingart Universität Bielefeld Institut für Wissenschafts- und Technikforschung (IWT) Postfach 100131 33501 Bielefeld
E-Mail:	weingart@uni-bielefeld.de
Webadresse:	http://www.uni-bielefeld.de/iwt/gk/

Universität:	**Johannes Gutenberg-Universität Mainz, Ruprecht-Karls-Universität Heidelberg**
Titel:	**Systemtransformation und Wirtschaftsintegration im zusammen-wachsenden Europa**
Förderbeginn:	2001–2010
Kontaktdaten:	Professor Dr. Dagmar Kaiser Johannes Gutenberg-Universität Mainz Fachbereich 03 – Rechts- und Wirtschaftswissenschaften Jakob-Welder-Weg 9 55128 Mainz Professor Dr. Peter-Christian Müller-Graff Ruprecht-Karls-Universität Heidelberg Institut für deutsches und europäisches Gesellschafts- und Wirt-schaftsrecht Friedrich-Ebert-Platz 2 69117 Heidelberg
E-Mail:	dkaiser@mail.jura.uni-mainz.de oder d.kaiser@uni-mainz.de p.mueller-graff@urz.uni-heidelberg.de oder p.mueller-graff@igw.uni-heidelberg.de
Webadresse:	http://www.graduiertenkolleg.eu/

Universität:	**Otto-Friedrich-Universität Bamberg**
Titel:	**Märkte und Sozialräume in Europa**
Förderbeginn:	seit 2002
Kontaktdaten:	Professor Dr. Richard Münch Otto-Friedrich-Universität Bamberg Fakultät Sozial- und Wirtschaftswissenschaften Lehrstuhl für Soziologie II Lichtenhaidestraße 11 96045 Bamberg
E-Mail:	richard.muench@sowi.uni-bamberg.de

Webadresse:	http://www.uni-bamberg.de/leistungen/forschung/foerderprogramme/graduiertenkolleg_maerkte_und_sozialraeume_in_europa/ Zum Zeitpunkt befindet sich diese Seite im Umbau und einige Informationen fehlen noch. Besuchen Sie in diesem Falle die alte Homepage des Kollegs: http://web.uni-bamberg.de/sowi/mse/

Universität:	**Eberhard-Karls-Universität Tübingen**
Titel:	**Globale Herausforderungen – transnationale und transkulturelle Lösungswege**
Förderbeginn:	2002–2008
Kontaktdaten:	Professor Dr. Gunter Schubert Eberhard-Karls-Universität Tübingen Seminar für Sinologie und Koreanistik Wilhelmstraße 133 72074 Tübingen
E-Mail:	gunter.schubert@uni-tuebingen.de
Webadresse:	http://www.uni-tuebingen.de/gk.globale-herausforderungen/

Universität:	**Ludwig-Maximilians-Universität München**
Titel:	**Markets, Institutions, and the Scope of Government**
Förderbeginn:	seit 2002
Kontaktdaten:	Professor Dr. Sven Rady Ludwig-Maximilians-Universität München Seminar für Dynamische Modellierung Kaulbachstraße 45 80539 München Stellvertreter: Professor Dr. Gerhard Illing Ludwig-Maximilians-Universität München Seminar für Makroökonomie Ludwigstraße 28 80539 München
E-Mail:	sven.rady@lrz.uni-muenchen.de gerhard.illing@lrz.uni-muenchen.de
Webadresse:	http://www.mgse.vwl.lmu.de/

Universität:	**Universität Konstanz**
Titel:	**Die Figur des Dritten**
Förderbeginn:	seit 2003
Kontaktdaten:	Professor Dr. Albrecht Koschorke Universität Konstanz Fachbereich Literaturwissenschaft Universitätsstraße 10 78464 Konstanz
E-Mail:	A.Koschorke@lrz.uni-muenchen.de
Webadresse:	http://www.uni-konstanz.de/figur3/

Universität:	**Universität Bielefeld**
Titel:	**Weltgesellschaft – Die Herstellung und Repräsentation von Globalität**
Förderbeginn:	seit 2003
Kontaktdaten:	Professor Dr. Bettina Heintz Universität Bielefeld Fakultät für Soziologie Postfach 100131 33501 Bielefeld
E-Mail:	bettina.heintz@uni-bielefeld.de
Webadresse:	http://www.uni-bielefeld.de/soz/iw/graduiertenkolleg/

Universität:	**Universität Trier**
Titel:	**Sklaverei – Knechtschaft und Frondienst – Zwangsarbeit. Unfreie Arbeits- und Lebensformen von der Antike bis zum 20. Jahrhundert**
Förderbeginn:	seit 2003
Kontaktdaten:	Professor Dr. Elisabeth Herrmann-Otto Universität Trier Abteilung Alte Geschichte Universitätsring 54296 Trier
E-Mail:	herrman1@uni-trier.de
Webadresse:	http://www.uni-trier.de/uni/fb3/geschichte/gk-sklaverei/

Universität:	**Universität Bielefeld, Philipps-Universität Marburg**
Titel:	**Gruppenbezogene Menschenfeindlichkeit: Ursachen, Phänomenologie, Konsequenzen**
Förderbeginn:	seit 2004
Kontaktdaten:	Professor Dr. Wilhelm Heitmeyer Universität Bielefeld Institut für interdisziplinäre Konflikt- und Gewaltforschung (IKG) Postfach 100131 33501 Bielefeld Professor Dr. Ulrich Wagner Philipps-Universität Marburg Fachbereich Psychologie Gutenbergstraße 18 35032 Marburg
E-Mail:	ikg@uni-bielefeld.de Wagner1@staff.uni-marburg.de
Webadresse:	http://www.uni-bielefeld.de/ikg/projekt_graduiertenkolleg.htm http://web.uni-marburg.de/menschenfeindlichkeit/

Universität:	**Eberhard-Karls-Universität Tübingen**
Titel:	**Bioethik – Zur Selbstgestaltung des Menschen durch Biotechniken**
Förderbeginn:	2004–2006
Kontaktdaten:	Professor Dr. Eve-Marie Engels Eberhard-Karls-Universität Tübingen Interfakultäres Zentrum für Ethik in den Wissenschaften (IZEW) Wilhelmstraße 19 72074 Tübingen
E-Mail:	eve-marie.engels@uni-tuebingen.de
Webadresse:	http://www.izew.uni-tuebingen.de/kolleg/

Universität:	**Justus-Liebig-Universität Gießen**
Titel:	**Transnationale Medienereignisse von der Frühen Neuzeit bis zur Gegenwart**
Förderbeginn:	seit 2003
Kontaktdaten:	Professor Dr. Friedrich Lenger Justus-Liebig-Universität Gießen Historisches Institut Professur für Neuere Geschichte I Otto-Behaghel-Straße 10 C 35394 Gießen Stellvertreter Professor Dr. Horst Carl Justus-Liebig-Universität Gießen Historisches Institut Professur für Neuere Geschichte II Otto-Behaghel-Straße 10 35394 Gießen
E-Mail:	Friedrich. Lenger@geschichte.uni-giessen.de horst.carl@geschichte.uni-giessen.de
Webadresse:	http://www.uni-giessen.de/gkmedienereignisse/home/index.php

Universität:	**Georg-August-Universität Göttingen**
Titel:	**Götterbilder – Gottesbilder – Weltbilder: Polytheismus und Monotheismus in der Welt der Antike**
Förderbeginn:	seit 2004
Kontaktdaten:	Professor Dr. Hermann Spieckermann Georg-August-Universität Göttingen Theologische Fakultät Seminar Altes Testament Platz der Göttinger Sieben 2 37073 Göttingen
E-Mail:	hspieck@gwdg.de oder Hermann.Spieckermann@theologie.uni-goettingen.de
Webadresse:	http://www.uni-goettingen.de/de/sh/55444.html

Universität:	**Universität Duisburg-Essen**
Titel:	**Naturwissenschaftlicher Unterricht**
Förderbeginn:	seit 2004
Kontaktdaten:	Professor Dr. Elke Sumfleth Universität Duisburg-Essen Fachbereich Chemie Institut für Didaktik der Chemie Schützenbahn 70 45127 Essen
E-Mail:	elke.sumfleth@uni-essen.de
Webadresse:	http://www.uni-essen.de/nwu/dox/13.1178.hgF9v.H.De.php

Universität:	**Technische Universität Hamburg-Harburg**
Titel:	**Kunst und Technik. Material und Form in künstlerischen und technischen Gestaltungsprozessen**
Förderbeginn:	seit 2005
Kontaktdaten:	Professor Dr. Margarete Jarchow Technische Universität Hamburg-Harburg Arbeitsgebiet Humanities (1–16) Kasernenstraße 12 21073 Hamburg
E-Mail:	jarchow@tu-harburg.de
Webadresse:	http://www.tu-harburg.de/kunstundtechnik/

Universität:	**Humboldt-Universität zu Berlin**
Titel:	**Geschlecht als Wissenskategorie**
Förderbeginn:	seit 2005
Kontaktdaten:	Professor Dr. Christina von Braun Humboldt-Universität zu Berlin Institut für Kultur- und Kunstwissenschaften Kulturwissenschaftliches Seminar Sophienstraße 22a 10178 Berlin
E-Mail:	cvbraun@culture.hu-berlin.de
Webadresse:	http://www2.hu-berlin.de/gkgeschlecht/

Universität:	**Technische Universität Berlin**
Titel:	**Geschichte und Kultur der Metropolen im 20. Jahrhundert**
Förderbeginn:	seit 2005

Kontaktdaten:	Professor Dr. Heinz Reif Technische Universität Berlin Fakultät I – Geisteswissenschaften Institut für Geschichte und Kunstgeschichte Center for Metropolitan Studies (CMS), Berlin Ernst-Reuter-Platz 7 10587 Berlin
E-Mail:	heinz.reif@metropolitanstudies.de
Webadresse:	http://www.metropolitanstudies.de/index.php?1

Universität:	**Bauhaus-Universität Weimar**
Titel:	**Mediale Historiographien**
Förderbeginn:	seit 2005
Kontaktdaten:	Professor Dr. Bernhard Siegert Bauhaus-Universität Weimar Fakultät Medien Professur Theorie und Geschichte der Kulturtechniken Bauhausstraße 11 99421 Weimar
E-Mail:	bernhard.siegert@medien.uni-weimar.de
Webadresse:	http://www.mediale-historiographien.de/AKT.html

Universität:	**Georg-August-Universität Göttingen**
Titel:	**Interdisziplinäre Umweltgeschichte – Naturale Umwelt und gesellschaftliches Handeln in Mitteleuropa**
Förderbeginn:	seit 2004
Kontaktdaten:	Professor Dr. Bernd Herrmann Georg-August-Universität Göttingen Johann-Friedrich-Blumenbach-Institut für Zoologie und Anthropologie Berliner Straße 28 37073 Göttingen
E-Mail:	bherrma@gwdg.de
Webadresse:	http://www.anthro.uni-goettingen.de/gk/

Universität:	**Otto-Friedrich-Universität Bamberg**
Titel:	**Generationenbewusstsein und Generationenkonflikte in Antike und Mittelalter**
Förderbeginn:	seit 2004
Kontaktdaten:	Professor Dr. Hartwin Brandt Otto-Friedrich-Universität Bamberg Graduiertenkolleg »Generationenbewusstsein und Generationenkonflikte in Antike und Mittelalter« Fischstr. 5–7 96045 Bamberg

E-Mail:	hartwin.brandt@ggeo.uni-bamberg.de
Webadresse:	http://www.uni-bamberg.de/index.php?id=2749

Universität:	**Universität Bielefeld**
Titel:	**Archiv, Macht, Wissen – Organisieren, Kontrollieren, Zerstören von Wissensbeständen von der Antike bis zur Gegenwart**
Förderbeginn:	seit 2005
Kontaktdaten:	Professor Dr. Martina Kessel Universität Bielefeld Fakultät für Geschichtswissenschaft, Philosophie und Theologie Arbeitsbereich Geschlechtergeschichte Postfach 100131 33501 Bielefeld
E-Mail:	martina.kessel@uni-Bielefeld.de
Webadresse:	http://www.uni-bielefeld.de/geschichte/gk1049/

Universität:	**Johann Wolfgang Goethe-Universität Frankfurt am Main**
Titel:	**Politische Kommunikation von der Antike bis ins 20. Jahrhundert**
Förderbeginn:	seit 2004
Kontaktdaten:	Professor Dr. Luise Schorn-Schütte Johann Wolfgang Goethe-Universität Frankfurt am Main Historisches Seminar Grüneburgplatz 1 60629 Frankfurt
E-Mail:	Schorn-Schuette@em.uni-frankfurt.de
Webadresse:	http://web.uni-frankfurt.de/fb08/HS/Schorn/IGK/

Universität:	**Georg-August-Universität Göttingen**
Titel:	**Generationengeschichte. Generationelle Dynamik und historischer Wandel im 19. und 20. Jahrhundert**
Förderbeginn:	seit 2005
Kontaktdaten:	Professor Dr. Bernd Weisbrod Georg-August-Universität Göttingen Philosophische Fakultät Seminar für Mittlere und Neuere Geschichte Platz der Göttinger Sieben 5 37073 Göttingen
E-Mail:	bweisbr@gwdg.de
Webadresse:	http://www.generationengeschichte.uni-goettingen.de/

Universität:	**Ludwig-Maximilians-Universität München**
Titel:	**Formen von Prestige in Kulturen des Altertums**

Förderbeginn:	seit 2005
Kontaktdaten:	Professor Dr. Martin Zimmermann Ludwig-Maximilians-Universität München Historisches Seminar Geschwister-Scholl-Platz 1 80539 München
E-Mail:	martin.zimmermann@lrz.uni-muenchen.de
Webadresse:	http://www.grk-prestige-im-altertum.lmu.de/

Universität:	**Universität Bayreuth**
Titel:	**Geistiges Eigentum und Gemeinfreiheit**
Förderbeginn:	seit 2006
Kontaktdaten:	Professor Dr. Diethelm Klippel Universität Bayreuth Rechts- und Wirtschaftswissenschaftliche Fakultät Lehrstuhl für Bürgerliches Recht und Rechtsgeschichte Universitätsstraße 30 95447 Bayreuth
E-Mail:	diethelm.klippel@uni-bayreuth.de
Webadresse:	http://www.gkrw.uni-bayreuth.de/

Universität:	**Universität Leipzig**
Titel:	**Funktion von Aufmerksamkeit bei kognitiven Prozessen**
Förderbeginn:	2005–2010
Kontaktdaten:	Professor Dr. Matthias M. Müller Universität Leipzig Institut für Psychologie I Allgemeine Psychologie & Methodenlehre Seeburgstraße 14–20 04103 Leipzig
E-Mail:	m.mueller@rz.uni-leipzig.de
Webadresse:	http://www.uni-leipzig.de/%7Egkattent/index.html

Universität:	**Europa-Universität Viadrina Frankfurt (Oder),** **Universität Potsdam**
Titel:	**Lebensformen und Lebenswissen**
Förderbeginn:	seit 2005

Kontaktdaten:	Professor Dr. Anselm Haverkamp Europa-Universität Viadrina Frankfurt (Oder) Kulturwissenschaftliche Fakultät Professur für Westeuropäische Literaturen Große Scharrnstraße 59 15230 Frankfurt Professor Dr. Christoph Menke Universität Potsdam Philosophische Fakultät Professur für Ethik/Ästhetik Am Neuen Palais 10 14469 Potsdam
E-Mail:	weslit@euv-frankfurt-o.de ethik@uni-potsdam.de
Webadresse:	http://www.gk-lebensformen-lebenswissen.de/

Universität:	**Georg-August-Universität Göttingen**
Titel:	**Passungsverhältnisse schulischen Lernens: Verstehen und Optimieren**
Förderbeginn:	seit 2005
Kontaktdaten:	Professor Dr. Marcus Hasselhorn Georg-August-Universität Göttingen Georg-Elias-Müller-Institut für Psychologie Abteilung 4: Pädagogische Psychologie und Entwicklungs- psychologie Waldweg 26 37073 Göttingen
E-Mail:	mhassel1@gwdg.de
Webadresse:	http://www.psych.uni-goettingen.de/special/grk1195/

Universität:	**Technische Universität Darmstadt**
Titel:	**Qualitätsverbesserung im E-Learning durch rückgekoppelte Prozesse**
Förderbeginn:	seit 2006
Kontaktdaten:	Professor Dr. Max Mühlhäuser Technische Universität Darmstadt Fachbereich – Informatik Fachgebiet Telekooperation Hochschulstraße 10 64289 Darmstadt
E-Mail:	max@informatik.tu-darmstadt.de
Webadresse:	http://www.cre-elearning.tu-darmstadt.de/gk/

Universität:	**Universität Rostock**
Titel:	**Kulturkontakt und Wissenschaftsdiskurs**
Förderbeginn:	seit 2006
Kontaktdaten:	Professor Dr. Gesa Mackenthun Universität Rostock Philosophische Fakultät Institut für Anglistik/Amerikanistik August-Bebel-Straße 28 18055 Rostock
E-Mail:	gesa.mackenthun@uni-rostock.de
Webadresse:	http://www.uni-rostock.de/andere/grk1242/

Universität:	**Bayerische Julius-Maximilians-Universität Würzburg**
Titel:	**Verarbeitung emotional relevanter Reize: Von den molekularen Grundlagen zur Empfindung**
Förderbeginn:	seit 2007
Kontaktdaten:	Professor Dr. Paul Pauli Julius-Maximilians-Universität Würzburg Lehrstuhl für Psychologie I Marcusstraße 9–11 97070 Würzburg
E-Mail:	pauli@psychologie.uni-wuerzburg.de
Webadresse:	http://www.uni-wuerzburg.de/ueber/forschung/ graduiertenkollegs/graduiertenkolleg_12531_emotions/home/

Universität:	**Universität Leipzig**
Titel:	**Bruchzonen der Globalisierung**
Förderbeginn:	seit 2006
Kontaktdaten:	Professor Dr. Ulf Engel Universität Leipzig Institut für Afrikanistik Beethovenstraße 15 04109 Leipzig
E-Mail:	uengel@uni-leipzig.de
Webadresse:	http://www.uni-leipzig.de/zhs/cms/index.php?option=com_ content & task=view & id=399 & Itemid=323 & lang=german

Universität:	Humboldt-Universität zu Berlin
Titel:	Verfassung jenseits des Staates: Von der europäischen zur globalen Rechtsgemeinschaft?
Förderbeginn:	seit 2006
Kontaktdaten:	Professor Dr. Ingolf Pernice Humboldt-Universität zu Berlin Walter-Hallstein-Institut für Europäisches Verfassungsrecht Unter den Linden 6 10117 Berlin
E-Mail:	Ingolf. Pernice@rz.hu-berlin.de
Webadresse:	http://www.grakov-berlin.de/

Universität:	Albert-Ludwigs-Universität Freiburg
Titel:	Freunde, Gönner, Getreue. Praxis und Semantik von Freundschaft und Patronage in historischer, anthropologischer und kultur-vergleichender Perspektive
Förderbeginn:	seit 2006
Kontaktdaten:	Professor Dr. Ronald G. Asch Albert-Ludwigs-Universität Freiburg Historisches Seminar Lehrstuhl für Neuere Geschichte Werthmannplatz KG IV 79085 Freiburg
E-Mail:	ronald.g.asch@geschichte.uni-freiburg.de
Webadresse:	http://www.grk-freundschaft.uni-freiburg.de/

Universität:	Technische Universität Darmstadt
Titel:	Topologie der Technik
Förderbeginn:	seit 2006
Kontaktdaten:	Professor Dr. Petra Gehring Technische Universität Darmstadt Institut für Philosophie Residenzschloß 64283 Darmstadt Professor Dr. Mikael Hard Technische Universität Darmstadt Institut für Geschichte Residenzschloß 64283 Darmstadt
E-Mail:	gehring@phil.tu-darmstadt.de hard@ifs.tu-darmstadt.de
Webadresse:	http://www.ifs.tu-darmstadt.de/index.php?id=gradkoll-tdt

Universität:	**Freie Universität Berlin**
Titel:	**InterArt**
Förderbeginn:	seit 2006
Kontaktdaten:	Professor Dr. Erika Fischer-Lichte Freie Universität Berlin Fachbereich Philosophie und Geisteswissenschaften Institut für Theaterwissenschaft (WE 7) Grunewaldstraße 35 12165 Berlin
E-Mail:	theater@zedat.fu-berlin.de
Webadresse:	http://userpage.fu-berlin.de/~interart/

Universität:	**Westfälische Wilhelms-Universität Münster**
Titel:	**Zivilgesellschaftliche Verständigungsprozesse vom 19. Jahrhundert bis zur Gegenwart – Deutschland und die Niederlande im Vergleich**
Förderbeginn:	seit 2006
Kontaktdaten:	Privatdozent Dr. Christiane Frantz Westfälische Wilhelms-Universität Münster Institut für Politikwissenschaft Platz der Weißen Rose 48151 Münster
E-Mail:	frantzc@uni-muenster.de
Webadresse:	http://www.hausderniederlande.de/

Universität:	**Friedrich-Schiller-Universität Jena**
Titel:	**Kulturelle Orientierungen und gesellschaftliche Ordnungsstrukturen in Südosteuropa**
Förderbeginn:	seit 2006
Kontaktdaten:	Professor Dr. Joachim von Puttkamer Friedrich-Schiller-Universität Jena Philosophische Fakultät Historisches Institut Fürstengraben 13 07743 Jena
E-Mail:	joachim.puttkamer@uni-jena.de
Webadresse:	http://www2.uni-jena.de/philosophie/histinst/osteuropa/graduiertenkolleg/

* Quelle: www.dfg.de (Stand: Juni 2007)

3. Adressen der Begabtenförderungswerke

Begabtenförderungswerke

Begabtenförderung im Hochschulbereich
Homepage: www.begabtenfoerderungswerke.de

Cusanuswerk
Adresse: Cusanuswerk, Bischöfliche Studienförderung, Baumschulallee 5,
53115 Bonn
Tel.: (0228) 98 384 0, Fax: (0228) 98 384 99
E-Mail: info@cusanuswerk.de, Homepage: www.cusanuswerk.de
Kommentar: Promotionsstipendien; Selbstbewerbung möglich:
1. März und 1. September

Ev. Studienwerk e.V.
Adresse: Haus Villigst, Iserlohner Strasse 25, 58239 Schwerte
Tel.: (02304) 755 196, Fax: (02304) 755 250
E-Mail: info@evstudienwerk.de, Homepage: www.evstudienwerk.de
Kommentar: Promotionsstipendien; Selbstbewerbung möglich: 15. Dezember und 15. Juni

Friedrich-Ebert-Stiftung e.V.
Adresse: Friedrich-Ebert-Stiftung e.V., Godesberger Allee 149, 53175 Bonn
Tel.: (0228) 883 0, Fax: (0228) 883 697
E-Mail: auskunft@fes.de, Homepage: www.fes.de
Kommentar: Promotionsstipendien; Selbstbewerbung möglich; es gibt keine Bewerbungs-
fristen

Friedrich-Naumann-Stiftung
Bereich Politische Bildung und Begabtenförderung
Abteilung Begabtenförderung
Adresse: Friedrich-Naumann-Stiftung, Abteilung Begabtenförderung,
Karl-Marx-Straße 2, 14482 Potsdam-Babelsberg
Tel.: (0331) 70 19 3 49, Fax: (0331) 70 19 2 22
E-Mail: begabtenfoerderung@fnst.org, Homepage: www.fnst.de
Kommentar: Promotionsstipendien; Selbstbewerbung möglich: 31. Mai und 30. November

Hanns-Seidel-Stiftung e.V.
Förderungswerk
Adresse: Hanns-Seidel-Stiftung e.V., Förderungswerk, Lazarettstraße 33,
80636 München
Tel.: (089) 1258 0, Fax: (089) 1258 403;
Herr Prof. Hans-Peter Niedermeier, Leiter des Förderungswerkes, Tel.: (089) 1258 300
E-Mail: info@hss.de, hans-peter.niedermeier@hss.de, Homepage: www.hss.de
Kommentar: Promotionsstipendien; Selbstbewerbung möglich:
15. Januar, 15. Mai und 15. Juli

Hans-Böckler-Stiftung
Adresse: Hans-Böckler-Stiftung, Hans-Böckler-Straße 39, 40476 Düsseldorf
Tel.: (0211) 7778 140, Fax: (0211) 7778 4140 (Dietrich Einert)
E-Mail: bewerbung@boeckler.de (Dietrich Einert), Homepage: www.boeckler.de
Kommentar: Promotionsstipendien; Selbstbewerbung möglich

Heinrich-Böll-Stiftung e.V.
Adresse: Heinrich-Böll-Stiftung e.V., Rosenthaler Str. 40/41, 10178 Berlin
Tel.: (030) 285 34 400, Fax: (030) 285 34 409 (Bärbel Karger)
E-Mail: info@boell.de, Homepage: www.boell.de
Kommentar: Promotionsstipendien; Selbstbewerbung möglich: 1. September

Konrad-Adenauer-Stiftung e.V.
Begabtenförderung
Adresse: Konrad-Adenauer-Stiftung e.V., Begabtenförderung, Rathausallee 12,
53757 St. Augustin
Tel.: (02241) 246 2281, Fax: (02241) 246 2573, Tel.: (02241) 2462477 (Monika Pock)
E-Mail: zentrale-bk@kas.de, (monika.pock@kas.de), Homepage: www.kas.de
Kommentar: Promotionsstipendien; Selbstbewerbung möglich: 15. Juli und 15. Dezember

Rosa-Luxemburg-Stiftung
Adresse: Rosa-Luxemburg-Stiftung, Franz-Mehring-Platz 1, 10243 Berlin
Tel.: (030) 44 310 223, Fax: (030) 44 310 188
E-Mail: studienwerk@rosalux.de, Homepage: www.rosalux.de
Kommentar: Promotionsstipendien; Selbstbewerbung möglich: 31. Oktober und 30. April

Stiftung der Deutschen Wirtschaft
Studienförderwerk Klaus Murmann
Adresse: Stiftung der Deutschen Wirtschaft, Studienförderwerk Klaus Murmann,
Breite Str. 29, 10178 Berlin
Tel.: (030) 20 33 1540, Fax: (030) 20 33 1555
E-Mail: sdw@sdw.org, Homepage: www.sdw.org
Kommentar: Promotionsstipendien; Selbstbewerbung möglich: Für noch nicht durch die sdw
geförderte (externe Bewerbungen): 15. Februar und 15. August.
Für bereits durch die sdw geförderte (interne Bewerbungen): 15. Februar, 15. Juni und
15. Oktober

Studienstiftung des Deutschen Volkes e.V
Adresse: Studienstiftung des Deutschen Volkes e.V., Ahrstr. 41, 53175 Bonn
Tel.: (0228) 82096 0, Fax: (0228) 82096 103
E-Mail: info@studienstiftung.de, Homepage: www.studienstiftung.de
Kommentar: Promotionsstipendien

Weitere Stiftungen

Alexander von Humboldt-Stiftung
Adresse: Alexander von Humboldt-Stiftung, Jean-Paul-Str. 12, 53173 Bonn
Tel.: (0228) 833 0, Fax: (0228) 833 199
E-Mail: info@avh.de, Homepage: http://www.humboldt-foundation.de/

Degussa Stiftung
Adresse: Degussa Stiftung, Bennigsenplatz 1, 40474 Düsseldorf
Tel.: (0211) 65 041 148, Fax.: (0211) 65 041 147
E-Mail: info@degussa-stiftung.de, Homepage: http://www.degussa-stiftung.de

Deutsche Bundesstiftung Umwelt
Adresse: Deutsche Bundesstiftung Umwelt, An der Bornau 2, 49090 Osnabrück;
Postfach 1705, 49007 Osnabrück
Tel.: (0541) 96330, Fax: (0541) 9633190
Kontakt zum Stipendienprogramm: Stipendienprogramme, An der Bornau 2,
49090 Osnabrück
Tel.: (0541) 96 33 0, Fax: (0541) 96 33 193
E-Mail: Kontaktformular, Homepage: http://www.dbu.de

ELFI – Servicestelle für elektronische Forschungsförderinformationen
Adresse: **ELFI** – Servicestelle für **EL**ektronische **F**orschungsförder**I**nformationen,
ELFI Gesellschaft für Forschungsdienstleistungen mbH, Geschäftsführer: Susanne Borchers,
Andreas Esch, Postfach 25 02 07, 44743 Bochum
Susanne Borchers (PR, Abo-Verwaltung, Datenbankpflege), Tel.: (0234) 32 28 426;
Andreas Esch (Administration, Datenbankpflege),
Tel.: (0234) 32 22 940, Fax: (0234) 32 14 926
E-Mail: elfi@elfi.info, Homepage: http://www.elfi.info/dhv.html

Fritz Thyssen Stiftung
Adresse: Fritz Thyssen Stiftung, Am Römerturm 3, 50667 Köln
Tel.: (0221) 27 74 96 0, Fax: (0221) 27 74 96 29
E-Mail: fts@fritz-thyssen-stiftung.de, Homepage: www.fritz-thyssen-stiftung.de

Gerda Henkel Stiftung
Adresse: Gerda Henkel Stiftung, Malkastenstraße 15, 40211 Düsseldorf
Tel.: (0211) 35 98 53, Fax: (0211) 35 71 37
E-Mail: info@gerda-henkel-stiftung.de, Homepage: www.gerda-henkel-stiftung.de

Gottlieb Daimler- und Karl Benz-Stiftung
Adresse: Gottlieb Daimler- und Karl Benz-Stiftung, Dr.-Carl-Benz-Platz 2,
68526 Ladenburg
Tel: (06203) 10 92 0, Fax: (06203) 10 92 5
E-Mail: info@daimler-benz-stiftung.de, Homepage: www.daimler-benz-stiftung.de

Körber-Stiftung
Adresse: Körber-Stiftung, Kehrwieder 12, 20457 Hamburg
Tel.: (040) 80 81 92 0, Fax: (040) 80 81 92 300
E-Mail: info@koerber-stiftung.de, Homepage: www.koerber-stiftung.de

Robert Bosch Stiftung
Adresse: Robert Bosch Stiftung GmbH, Heidehofstr. 31, 70184 Stuttgart;
Postanschrift: Postfach 10 06 28,
Tel.: (0711) 46084 0, Fax: (0711) 46084 1094
E-Mail: info@bosch-stiftung.de, Homepage: www.bosch-stiftung.de

Stiftung der Deutschen Wirtschaft
Adresse: Stiftung der Deutschen Wirtschaft im Haus der Deutschen Wirtschaft,
Breite Straße 29, 10178 Berlin
Tel.: (030) 20 33 15 40, Fax: (030) 20 33 15 55
E-Mail: sdw@sdw.org, Homepage: www.sdw.org

Stiftung Industrieforschung
Adresse: Stiftung Industrieforschung, Lindenallee 39 a, 50968 Köln
Tel.: (0221) 9370270, Fax: (0221) 343807
E-Mail: info@stiftung-industrieforschung.de,
Homepage: www.stiftung-industrieforschung.de

VolkswagenStiftung
Adresse: VolkswagenStiftung, Kastanienallee 35, 30519 Hannover
Tel.: (0511) 8381 0, Fax: (0511) 8381 344
E-Mail: info@volkswagenstiftung.de, Homepage: www.volkswagenstiftung.de/

Forschungsinstitutionen

Institut für Zeitgeschichte, München-Berlin
Adresse: Institut für Zeitgeschichte, Leonrodstraße 46b, 80636 München
Tel.: (089) 12688 0, Fax: (089) 12688 191
E-Mail: ifz(at)ifz-muenchen.de, Homepage: www.ifz-muenchen.de

Hamburger Institut für Sozialforschung
Adresse: Hamburger Institut für Sozialforschung, Mittelweg 36, 20148 Hamburg
Tel.: (040) 414097 0, Fax: (040) 414097 11
E-Mail: HIS@his-online.de, Homepage: www.his-online.de

Max-Planck-Gesellschaft
Adresse: Adresse: Max-Planck-Gesellschaft, Postfach 10 10 62, 80084 München
Tel.: (089) 2108 0, Fax: (089) 2108 1111
E-Mail: post@gv.mpg.de, Homepage: www.mpg.de/index.html

Weitere wichtige Institutionen

Bundesministerium für Bildung und Forschung
Adresse: Bundesministerium für Bildung und Forschung, Dienstsitz Berlin,
Hannoversche Straße 28–30, 10115 Berlin
Tel.: (030) 1857 0, Fax: (030) 1857 5516;
E-Mail: information@bmbf.bund.de, Homepage: www.bmbf.de

Deutsche Forschungsgemeinschaft (DFG)
Adresse: Deutsche Forschungsgemeinschaft, Kennedyallee 40, 53175 Bonn
Tel.: (0228) 885 1, Fax: (0228) 885 2777
E-Mail: postmaster@dfg.de, Homepage: www.dfg.de

Deutscher Akademischer Austauschdienst e.V. (DAAD)
Adresse: Deutscher Akademischer Austauschdienst, Kennedyallee 50, 53175 Bonn
Tel.: (0228) 882 0, Fax: (0228) 882 444
E-Mail: postmaster@daad.de, Homepage: www.daad.de

Deutscher Hochschulverband
Adresse: Deutscher Hochschulverband, Rheinallee 18, 53173 Bonn
Tel.: (0228) 902 66 66, Fax: (0228) 902 66 80
E-Mail: dhv@hochschulverband.de, Homepage: www.hochschulverband.de

Helmholtz-Gemeinschaft
Adresse: Geschäftsführung der Helmholtz-Gemeinschaft, Dr. Sebastian Schmidt,
Ahrstraße 45, 53175 Bonn
Tel.: (0228) 30818 0, Fax: (0228) 30818 30
E-Mail: org@helmholtz.de, Homepage: www.helmholtz.de

Hochschulrektorenkonferenz
Adresse: Hochschulrektorenkonferenz, Ahrstraße 39, 53175 Bonn
Tel.: (0228) 887 0, Fax: (0228) 887 110
E-Mail: post@hrk.de, Homepage: www.hrk.de

Stifterverband für die Deutsche Wissenschaft
Adresse: Stifterverband für die Deutsche Wissenschaft,
Postfach 16 44 60, 45224 Essen
Tel.: (0201) 8401 0, Fax: (0201) 8401 3 01
E-Mail: mail@stifterverband.de, Homepage: www.stifterverband.de

WR Wissenschaftsrat
Adresse: Geschäftsstelle des Wissenschaftsrates, Presse- und Öffentlichkeitsarbeit,
Brohler Straße 11, 50968 Köln
Tel.: (0221) 37 76 0, Fax: (0221) 38 84 40
E-Mail: post@wissenschaftsrat.de, Homepage: www.wissenschaftsrat.de

Netzwerke und Interessenvertretungen

Förderverein Juniorprofessur e.V.
Adresse: Förderverein Juniorprofessur, z.H. Frau Prof. Dr. P. Huhn, Berliner Str. 105,
38678 Clausthal-Zellerfeld
E-Mail: infoservice@juniorprofessur.com, Homepage: www.juniorprofessur.org/

GEW – Gewerkschaft Erziehung und Wissenschaft
Adresse: GEW-Hauptvorstand, Reifenberger Straße 21, 60489 Frankfurt a.M.
Tel.: (069) 78973 0, Fax: (069) 78973 201
E-Mail: info@gew.de, Homepage: www.gew.de/Startseite.html

Promovierendeninitiative π (PI)
Adresse: Promovierenden-Initiative, z.Hd. Klaus-Henning Metz, Sophienstr. 126,
60487 Frankfurt a.M.
Tel.: (01212) 5 336 80 267, Fax: (01212) 5 336 80 267
E-Mail: Promovierenden-Initiative@web.de, Homepage: www.promovierenden-initiative.de/

THESIS – Interdisziplinäres Netzwerk für Promovierende und Promovierte e.V.
Adresse: THESIS e.V., c/o Peter Schoner, Wilhelmshöher Allee 205, 34121 Kassel
Homepage: www.thesis.de

Bundesvertretung Akademischer Mittelbau (BAM)
http://mittelbau.org/

Bundeskonferenz der Frauen- und Gleichstellungsbeauftragten an Hochschulen (BuKOF)
Adresse: Dr. Andrea Löther, c/o Kompetenzzentrum Frauen in Wissenschaft und Forschung,
Poppelsdorfer Allee 15, 53115 Bonn
Tel.: (0228) 96 11 83 22, Fax: (0228) 96 11 83 40
E-Mail: andrea.loether@cews.org, Homepage: www.bukof.de/

Grundsätzliche Informationen zu Wissenschaft und Forschung finden sich im Wiki-Portal:
http://www.hochschulkarriere.de

4. Auswahlbibliografie

Adamczak, Wolfgang (Hg.): *How to Obtain a PhD in Germany. Guideline for Foreign Students, Who Want to Obtain a PhD at Hessian Universities. Technische Universität Darmstadt, University of Frankfurt, University of Gießen, University of Kassel, University of Marburg.* Kassel 2007 [2005].

Adamczak, Wolfgang et al.: *Ich will promovieren. Anregungen.* 8. Aufl. Kassel 2006 [1998]. http://www.uni-kassel.de/wiss_tr/Nachwuchs/promotio.pdf (31.05.2007)

Adamczak, Wolfgang: *Leitfaden für Betreuungen von Promotionen an der Universität Kassel.* 3. Aufl. Kassel 2006 [2005]. http://www.uni-kassel.de/wiss_tr/Nachwuchs/Leitfaden Betreuung.pdf (31.05.2007)

Baillie, Caroline et al. (Hgg.): *Travelling Facts. The Social Construction, Distribution, and Accumulation of Knowledge.* Frankfurt a. M. et al. 2004.

Bartlett, Alison/Mercer, Gina (Hgg.): *Postgraduate Research Supervision. Transforming (R)elations.* New York, NY et al. 2001.

Battige, Ulrich/Wenger, Margaret: *Graduate Schools – Graduiertenschulen.* Furtwangen im Schwarzwald 2005.

Bausum, Carolin: »Mentoring³. Promotionsförderung für den weiblichen wissenschaftlichen Nachwuchs an der Universität Dortmund«.
In: http://www.hd-on-line.de/ahdkongress06/fileadmin/presentations/panel3/ Bausum_mentoring_hoch_3_AHD_Kongress_6_03_6.pdf (04.06.2007)

Bayerisches Staatsinstitut für Hochschulforschung und Hochschulplanung (Hg.): *Beiträge zur Hochschulforschung* 24.1 (2002). In: http://www.ihf.bayern.de/dateien/beitraege/ Beitr_Hochschulf_1_2002.pdf (15.05.2007)

Becker, Howard S.: *Die Kunst des professionellen Schreibens. Ein Leitfaden für die Geistes- und Sozialwissenschaften.* Frankfurt a. M. 2000.

Bencich, Carole et al.: »Navigating in Unknown Waters: Proposing, Collecting Data, and Writing a Qualitative Dissertation«. In: *College Composition and Communication* 54.2 (2002), S. 289–306.

Berning, Ewald/Falk, Susanne: *Promovieren an den Universitäten in Bayern. Praxis – Modelle – Perspektiven.* München 2006. http://www.ihf.bayern.de/dateien/monographien/ Monographie_72.pdf (31.05.2007)

Blatt, Inge: *Neues vom Schreiben – Ergebnisse aus der Schreibforschung.* Hamburg 1993.

Blaxter, Loraine et al.: *How to Research.* 2. Aufl. Buckingham/Philadelphia, PA 2003 [2001].

Bolker, Joan: *Writing Your Dissertation in Fifteen Minutes a Day. A Guide to Starting, Revising, and Finishing Your Doctoral Thesis.* New York, NY 1998.

Bornmann, Lutz/Enders, Jürgen: »Was lange währt, wird endlich gut: Promotionsdauer an bundesdeutschen Universitäten«. In: Bayerisches Staatsinstitut für Hochschulforschung und Hochschulplanung München (Hg.): *Beiträge zur Hochschulforschung* 24.1 (2002), S. 52–57. http://userpage.fu-berlin.de/~jmoes/pide/Material/bornmann-enders-promotionsdauer-beitr_hochschulf_1_2002_s52.pdf (05.06.2007)

Brenner, Sabine: *Promotionsratgeber für die Doktoranden der Philosophischen Fakultät.* Düsseldorf 2001.

Connor, Helen et al.: *What Do Graduates Do Next?* Brighton 1997.

Delamont, Sara et al.: *Supervising the PhD. A Guide to Success.* Buckingham 1997.

Die Zeit – Chancen: Dr. phil. ist besser als sein Ruf. Interview mit Jürgen Enders. In: *Die Zeit,* Hamburg 48/2001.

Dunleavy, Patrick: *Authoring a PhD. How to Plan, Write and Finish a Doctoral Thesis or Dissertation*. Basingstoke et al. 2003.

duz-SPECIAL: *Zur Situation Promovierender in Deutschland. Ergebnisse der bundesweiten THESIS-Doktorandenbefragung 2004*. Berlin 2004. http://www.duz.de/docs/downloads/duzspec_promov.pdf (05.06.2007)

duz-SPECIAL: *Karrierewege in Wissenschaft und Forschung. Konferenz, 4. und 5. Oktober 2006*. Berlin 2006. http://www.duz.de/docs/downloads/duzspec-dfg.pdf (05.06.2007)

Eco, Umberto: *Wie man eine wissenschaftliche Abschlussarbeit schreibt. Doktor-, Diplom- und Magisterarbeit in den Geistes- und Sozialwissenschaften*. 10. Aufl. Heidelberg 2003 [1977].

Enders, Jürgen:»Brauchen die Universitäten in Deutschland ein neues Paradigma der Nachwuchsförderung?« In: Bayerisches Staatsinstitut für Hochschulforschung und Hochschulplanung München (Hg.): *Beiträge zur Hochschulforschung* 27.1 (2005), S. 34–47. http://www.ihf.bayern.de/dateien/beitraege/Beitr_Hochschulf_1_2005.pdf (05.06.2007)

Enders, Jürgen/Bornmann, Lutz: *Karriere mit Doktortitel? Ausbildung, Berufsverlauf und Berufserfolg von Promovierten*. Frankfurt a.M./New York., NY 2001.

Enders, Jürgen/Bornmann, Lutz:»Internationale Mobilität von bundesdeutschen Promovierten.« In: Bellmann, Lutz/Velling, Johannes (Hgg.): *Arbeitsmärkte für Hochqualifizierte. (Beiträge zur Arbeitsmarkt- und Berufsforschung 256)*. Nürnberg 2002, S. 357–374.

Enders, Jürgen/Bornmann, Lutz:»Übergangsverläufe und Statuspassagen nach der Promotion.« In: Wingens, Matthias/Sackmann, Reinhold (Hg.): *Bildung und Beruf. Ausbildung und berufsstruktureller Wandel in der Wissensgesellschaft*. Weinheim/München 2002, S. 159–175.

Enders, Jürgen/Bornmann, Lutz:»Übergänge, Umbrüche und Kontinuitäten – Die Phase im Anschluss an die Promotion«. In: Schwarz, Stefanie/Teichler, Ulrich (Hgg.): *Universität auf dem Prüfstand. Konzepte und Befunde der Hochschulforschung*. Frankfurt a.M. et al. 2003, S. 101–118.

Enders, Jürgen/Mugabushaka, Alexis-Michel: *Wissenschaft und Karriere – Erfahrungen und Werdegänge ehemaliger Stipendiaten der Deutschen Forschungsgemeinschaft*. Bonn 2004 [mit Tabellenband].

Fiedler, Werner/Hebecker, Eike (Hgg.): *Promovieren in Europa. Strukturen, Status und Perspektiven im Bologna-Prozess*. Leverkusen 2006.

Franck, Egon: *Die deutsche Promotion als Karrieresprungbrett. Mechanismen der Talentsignalisierung im Ländervergleich*. Stuttgart et al. 2005.

Gorzka, Gabriele/Lanzendorf, Ute (Hgg.): *Europeanising Doctoral Studies. The Russian Federation and Germany on the Way to Bologna*. Kassel 2006.

Graves, Norman/Varma, Ved (Hgg.): *Working for a Doctorate. A Guide for the Humanities and Social Sciences*. 2. Aufl. London et al. 1999 [1997].

Greenfield, Tony (Hg.): *Research methods. Guidance for postgraduates*. London 1996.

Gunzenhäuser, Randi/Haas, Erika: *Promovieren mit Plan. Ihr individueller Weg von der Themensuche zum Doktortitel*. 2. Aufl. Opladen/Farmington Hills 2006 [2000].

Janni, Wolfgang/Friese, Klaus: *Publizieren, Promovieren – leicht gemacht. Step by Step*. Berlin et al. 2004.

Klinkhammer, Monika: *Supervision und Coaching für Wissenschaftlerinnen. Theoretische, empirische und handlungsspezifische Aspekte*. Wiesbaden 2004.

Klinkhammer, Monika:»Supervision für Hochschullehrerinnen und Hochschullehrer: Beratungsbedarf kontra Beratungsbedürfnis?« In: *Supervision* 1 (2005), S. 60–64.

Knaut, Annette: *Ergebnisse der Doktorandenbefragung 2004*. In: http://www.hd-on-line.de/ahdkongress06/fileadmin/presentations/panel3/Knaut_THESIS_Dokt_befragungung.pdf (15.05.2007)

Knigge-Illner, Helga: *Der Weg zum Doktortitel*. Frankfurt a.M. et al. 2002.

Koepernik, Claudia et al. (Hgg.): *GEW-Handbuch Promovieren mit Perspektive. Ein Ratgeber von und für DoktorandInnen*. Bielefeld 2006.

Kruse, Otto: *Keine Angst vor dem leeren Blatt – ohne Schreibblockaden durchs Studium*. Frankfurt a.M. 2004.

Kupfer, Antonia/Moes, Johannes: *Promovieren in Europa. Ein internationaler Vergleich von Promotionsbedingungen.* 2. Aufl. Frankfurt a. M. 2004 [2003].

Leonard, Diana: *A Woman's Guide to Doctoral Studies.* Buckingham et al. 2001.

Messing, Barbara/Huber, Klaus-Peter: *Die Doktorarbeit. Vom Start zum Ziel. Ein Leit(d)faden für Promotionswillige.* 3. Aufl. Berlin et al. 2004 [1998].

Münch, Ingo von: *Promotion.* 3. Aufl. Tübingen 2006 [2002].

Murray, Rowena: *How to Write a Thesis.* Maidenhead et al. 2002.

Murray, Rowena: *How to Survive Your Viva.* Maidenhead et al. 2003.

Perrin, Daniel: *Schreiben ohne Reibungsverlust. Schreibcoaching für Profis.* Zürich 1999.

Phillips, Estelle M./Pugh, Derek S.: *How to Get a PhD. A Handbook for Students and Their Supervisors.* 4. Aufl. Maidenhead et al. 2005 [1994].

Preißner, Andreas/Engel, Stefan (Hgg.): *Promotionsratgeber.* 4. Aufl. München et al. 2001 [1994].

Pyerin, Brigitte: *Kreatives wissenschaftliches Schreiben – Tipps und Tricks gegen Schreibblockaden.* Weinheim und München 2001.

Rudestam, Kjell Erik/Newton, Rae R.: *Surviving Your Dissertation. A Comprehensive Guide to Content and Process.* 2. Aufl. Newbury Park, CA et al. 2001 [1992].

Rumsey, Sally: *How to Find Information. A Guide for Researchers.* Maidenhead 2004.

Sadlak, Jan (Hg.): *Studies on Higher Education. Doctoral Studies and Qualifications in Europe and the United States – Status and Prospects.* Bukarest 2004.

Scholz, Beate: *Wegbereiter einer wissenschaftlichen Karriere. DFG-Stipendienförderung für Postdocs. Kommentar zu Enders/Mugabushaka: Wissenschaft und Karriere – Tabellenband – Erfahrungen und Werdegänge ehemaliger Stipendiaten der Deutschen Forschungsgemeinschaft.* Bonn 2004.

Schwarz, Stefanie/Rehburg, Meike: »Wer trägt die Kosten? – Studienausgaben und Studienfinanzierung im europäischen Vergleich«. In: Schwarz, Stefanie/Teichler, Ulrich (Hgg.): *Universität auf dem Prüfstand. Konzepte und Befunde der Hochschulforschung.* Frankfurt a. M. et al. 2003, S. 119–136.

Schwarz, Stefanie/Teichler, Ulrich (Hgg.): *Universität auf dem Prüfstand. Konzepte und Befunde der Hochschulforschung.* Frankfurt a. M. et al. 2003.

Stifterverband für die Deutsche Wissenschaft e.V.: *Alumni-Netzwerke. Strategien der Absolventenarbeit an Hochschulen.* Essen 2001.

Stock, Steffen et al. (Hgg.): *Erfolgreich promovieren. Ein Ratgeber von Promovierten für Promovierende.* Berlin et al. 2006.

Teichler, Ulrich: *Die Internationalisierung der Hochschulen. Neue Herausforderungen und Strategien.* Frankfurt a. M. et al. 2007.

Wisker, Gina: *The Postgraduate Research Handbook. Succeed with Your MA, MPhil, EdD and PhD.* Basingstoke et al. 2001.

Wissenschaftsrat: *Empfehlungen zur Doktorandenausbildung.* Saarbrücken 2002. http://www.wissenschaftsrat.de/texte/5459–02.pdf (05.06.2007)

5. Die Autorinnen und Autoren

Dorothee Birke: Studium der Anglistik und Germanistik in Freiburg und Dublin; Teilnahme am Internationalen Promotionsprogramm »Literatur- und Kulturwissenschaft« (IPP) der Justus-Liebig-Universität Gießen; 2003–2006 wissenschaftliche Mitarbeiterin am Institut für Anglistik/Amerikanistik an der JLU; WS 2005/06 – SS 2007 (Co-)Geschäftsführerin des »Gießener Graduiertenzentrums Kulturwissenschaften« (GGK) sowie des im Rahmen der Exzellenzinitiative des Bundes und der Länder geförderten »International Graduate Centre for the Study of Culture« (GCSC) an der Universität Gießen.

Stella Butter: Studium der Anglistik, Germanistik und Geschichte in Mannheim und Stirling; Teilnahme am Internationalen Promotionsprogramm »Literatur- und Kulturwissenschaft« (IPP) der Justus-Liebig-Universität Gießen; 2003–2006 wissenschaftliche Mitarbeiterin am Institut für Anglistik/Amerikanistik an der JLU; WS 2005/06 – WS 2006/07 Co-Geschäftsführerin des »Gießener Graduiertenzentrums Kulturwissenschaften« (GGK); 2006 Promotion im Fach Anglistik; seit WS 2006/07 Koordinatorin des Internationalen Promotionsprogramms »Literatur- und Kulturwissenschaft (IPP)«.

Gerald Echterhoff: Studium der Psychologie in Köln und New York; 2002 Ph.D. an der New School for Social Research (New York); danach Postdoctoral Fellow an der Columbia University (New York); 2007 Habilitation; derzeit wissenschaftlicher Assistent an der Abteilung für Psychologie der Universität Bielefeld; Koautor des Handbuchs *Projekt- und Zeitmanagement: Strategien für ein erfolgreiches Studium* (mit Birgit Neumann, Uni-Wissen Kernkompetenzen. Stuttgart: Klett 2006).

Astrid Erll: Studium der Anglistik und Germanistik in Gießen; 2002 Promotion im Fach Anglistik an der Justus-Liebig-Universität Gießen und ausgezeichnet mit dem Dissertationspreis der Universität; 2002–2007 wissenschaftliche Mitarbeiterin im Sonderforschungsbereich »Erinnerungskulturen« der JLU Gießen und Mitarbeit im »Gießener Graduiertenzentrum Kulturwissenschaften« (GGK); 2006 Habilitation; Mitantragstellerin des im Rahmen der Exzellenzinitiative des Bundes und der Länder geförderten »International Graduate Centre for the Study of Culture« (GCSC); seit SS 2007 Professorin für Anglistik (Literatur- und Kulturwissenschaft) an der Bergischen Universität Wuppertal; Mitherausgeberin der Buchreihe *Media & Cultural Memory/Medien & kulturelle Erinnerung* (mit Ansgar Nünning) und Koautorin des Handbuchs *Interkulturelle Kompetenzen: Erfolgreich kommunizieren zwischen Kulturen* (mit Marion Gymnich, Uni-Wissen Kernkompetenzen. Stuttgart: Klett 2007).

Dilek Gürsoy: Studium der Anglistik, Amerikanistik und Psychologie in Wuppertal, Sevilla (Spanien) und Guelph (Kanada); Mitarbeiterin und Doktorandin am Zentrum für Graduiertenstudien (ZGS) der Bergischen Universität Wuppertal.

Marion Gymnich: Studium der Anglistik, Germanistik und Slavistik an der Universität Köln; 1999 Promotion im Fach Anglistik; 2002–2006 Koordinatorin des Internationalen Promotionsprogramms (IPP) »Literatur- und Kulturwissenschaft« der Justus-Liebig-Universität Gießen; 2005 Habilitation; Mitantragstellerin des im Rahmen der Exzellenzinitiative des Bundes und der Länder geförderten »International Graduate Centre for the Study of Culture« (GCSC); seit WS 2006/07 Professorin für Anglistik/Amerikanistik in Bonn; Koautorin des Handbuchs *Interkulturelle Kompetenzen: Erfolgreich kommunizieren zwischen Kulturen* (mit Astrid Erll, Uni-Wissen Kernkompetenzen. Stuttgart: Klett 2007).

Wolfgang Hallet: Studium der Anglistik und Germanistik in Trier; 1979–1993 Gymnasiallehrer für Deutsch und Englisch in Koblenz und Daun; 1993–1997 Lehrerausbilder; 1997–2004 Direktor des August-Viktoria Gymnasiums Trier; 2002 Promotion in Pädagogik (Teaching English as a Foreign Language) an der Universität Lüneburg; seit 2004 Professor für Didaktik der englischen Sprache und Literatur und Mitglied des Leitungsgremiums des Internationalen Promotionsprogramms »Literatur- und Kulturwissenschaft« (IPP) an der Justus-Liebig-Universität Gießen; Mitantragsteller und seit 2006 Mitglied im *Executive Board* des im Rahmen der Exzellenzinitiative des Bundes und der Länder geförderten »International Graduate Centre for the Study of Culture« (GCSC) und Leiter des *Teaching Centre*; Autor des Handbuchs *Didaktische Kompetenzen: Lehr- und Lernprozesse erfolgreich gestalten* (Uni-Wissen Kernkompetenzen. Stuttgart: Klett 2006).

Janine Hauthal: Studium der Angewandten Theaterwissenschaft in Gießen und Bristol; Teilnahme am Internationalen Promotionsprogramm »Literatur- und Kulturwissenschaft« (IPP); 2002–2007 wissenschaftliche Mitarbeiterin am »Gießener Graduiertenzentrum Kulturwissenschaften« (GGK); 2005–2007 Mitherausgeberin des GGK-Rezensionsmagazins *KULT_online*; seit dem SS 2007 Geschäftsführerin des Zentrums für Graduiertenstudien (ZGS) an der Bergischen Universität Wuppertal.

Sandra Heinen: Studium der Anglistik, Germanistik, Komparatistik sowie Theater-, Film- und Fernsehwissenschaft in Köln, Reading und Gießen; 2005 Promotion im DFG-Graduiertenkolleg »Klassizismus und Romantik im europäischen Kontext«; seit WS 2005/2006 Assistentin am Fach Anglistik/Amerikanistik an der Bergischen Universität Wuppertal.

Irene Lamberz: Studium der Slavistik, Interkulturellen Kommunikation und Psycholinguistik in München; Teilnahme am Internationalen Promotionsprogramm »Literatur- und Kulturwissenschaft« (IPP); seit WS 2003/04 wissenschaftliche Mitarbeiterin am »Gießener Graduiertenzentrum Kulturwissenschaften« (GGK), Leitung des Career Service.

Birgit Neumann: Studium der Anglistik, Philosophie, Romanistik und Pädagogik in Köln und Clermont-Ferrand; 2004 Promotion im Fach Anglistik an der Justus-Liebig-Universität Gießen und ausgezeichnet mit dem Dissertationspreis der Universität; 2003–2007 Mitarbeiterin und später Koordinatorin im Sonderforschungsbereich »Erinnerungskulturen« der JLU Gießen sowie Mitarbeit im »Gießener Graduiertenzentrum Kulturwissenschaften« (GGK); Mitantragstellerin des im Rahmen der Exzellenzinitiative des Bundes und der Länder geförderten »International Graduate Centre for the Study of Culture« (GCSC); Koautorin des Handbuchs *Projekt- und Zeitmanagement: Strategien für ein erfolgreiches Studium* (mit Gerald Echterhoff, Uni-Wissen Kernkompetenzen. Stuttgart: Klett 2006); seit SS 2007 Vertretungsprofessur im Fach Anglistik in Gießen; 2007 Habilitation.

Ansgar Nünning: seit 1996 Professor für Englische und Amerikanische Literatur- und Kulturwissenschaft an der Justus-Liebig-Universität Gießen; Mitglied im Leitungsgremium der DFG-Graduiertenkollegs »Didaktik des Fremdverstehens«, »Klassizismus und Romantik im europäischen Kontext« (Sprecher 2002–2005) und »Transnationale Medienereignisse«; Gründungsmitglied der internationalen Netzwerke zur Doktorandenausbildung »Hermes: European Graduate School for Aesthetic, Literary and Cultural Studies« und »ESSCS: European Summer School in Cultural Studies«; seit 2002 Teilprojektleiter im DFG-Sonderforschungsbereich »Erinnerungskulturen« und Wissenschaftlicher Projektleiter des vom DAAD geförderten Internationalen Promotionsprogramms »Literatur- und Kulturwissenschaft« (IPP); Gründungsdirektor und Geschäftsführender Direktor des »Gießener Graduiertenzentrums Kulturwissenschaften« (GGK) sowie des im Rahmen der Exzellenzinitiative des Bundes und der Länder geförderten »International Graduate Centre for the Study of Culture« (GCSC); Herausgeber der Buchreihen *Uni-Wissen Anglistik/Amerikanistik* und *Uni-Wissen Kernkompetenzen* sowie Mitherausgeber der Buchreihen *WVT-Handbücher zum literaturwissenschaftlichen Studium* und *ELCH: Studies in English Literary and Cultural History/ELK: Studien zur Englischen Literatur- und Kulturwissenschaft* (beide mit Vera Nünning), *Media & Cultural Memory/*

Medien & kulturelle Erinnerung (mit Astrid Erll); 2007 ausgezeichnet mit dem »Exzellenz in der Lehre«-Preis des Hessischen Ministeriums für Wissenschaft und Kunst.

Vera Nünning: Promotion über Virginia Woolf (1989) und Habilitation über Catherine Macaulay und die Anfänge des englischen Radikalismus (1995) an der Universität zu Köln; dort seit 1990 wissenschaftliche Assistentin und Oberassistentin; seit 1997 ernanntes Mitglied der Auswahlkommission des Cusanuswerkes für die Vergabe von Promotionsstipendien; 2000–2002 Professorin für Anglistische Literatur- und Kulturwissenschaft an der Technischen Universität Braunschweig; seit 2002 Professorin für Englische Philologie: Literaturwissenschaft an der Ruprecht-Karls-Universität Heidelberg; seit 2006 Prorektorin für Internationale Beziehungen der Universität Heidelberg; Herausgeberin der Buchreihen *WVT-Handbücher zum literaturwissenschaftlichen Studium* und *ELCH: Studies in English Literary and Cultural History/ELK: Studien zur Englischen Literatur- und Kulturwissenschaft* (mit Ansgar Nünning); 2007 Co-Veranstalterin der »ESSCS: European Summer School in Cultural Studies«.

Kathrin Ruhl: Studium Lehramt an Haupt- und Realschulen und der Politikwissenschaft in Gießen und Loughborough; Master in Politik (2001) an der University of York (GB); 2005 Promotion über »Frauen in der britischen Politik« an der Justus-Liebig-Universität Gießen; 2002–2006 wissenschaftliche Mitarbeiterin am »Gießener Graduiertenzentrum Kulturwissenschaften« (GGK); seit WS 2006/07 Geschäftsführerin des Interdisziplinären Promotionszentrums (IPZ) an der Universität Koblenz-Landau.

Roy Sommer: Studium der Anglistik, Germanistik und Slavistik in Regensburg, Edinburgh und Köln; 2000 Promotion im DFG-Graduiertenkolleg »Didaktik des Fremdverstehens« an der Justus-Liebig-Universität Gießen; 2001 ausgezeichnet mit dem Dissertationspreis der Universität Gießen; 2001–2005 Geschäftsführer des »Gießener Graduiertenzentrums Kulturwissenschaften« (GGK); 2005 Habilitation; seit WS 2005/06 Professor für Anglistik und Gründungsbeauftragter des Zentrums für Graduiertenstudien (ZGS) an der Bergischen Universität Wuppertal; Autor des Handbuchs *Schreibkompetenzen: Erfolgreich wissenschaftlich schreiben* (Uni-Wissen Kernkompetenzen. Stuttgart: Klett 2006).

Gesa Stedman: Studium der Anglistik, Romanistik sowie Film- und Theaterwissenschaft in Berlin (FU) und Warwick; 2000 Promotion an der Humboldt Universität Berlin; 2002–2005 Assistentin am Centre for British Studies Berlin; 2005 Habilitation; seit WS 2005/06 Professorin für Englische und Amerikanische Literatur an der Justus-Liebig-Universität Gießen; Mitantragstellerin des im Rahmen der Exzellenzinitiative des Bundes und der Länder geförderten »International Graduate Centre for the Study of Culture« (GCSC).

Sara B. Young: B. A. in deutscher und chinesischer Philologie an der Ohio State University/USA; M. A. (Germanistik) an der University of Wisconsin-Madison/USA; zurzeit Doktorandin an der University of Wisconsin-Madison und im Internationalen Promotionsprogramm »Literatur- und Kulturwissenschaft« (IPP) sowie wissenschaftliche Mitarbeiterin im Sonderforschungsbereich »Erinnerungskulturen« der Justus-Liebig-Universität Gießen.

Register